新撰姓氏錄・上

동북아역사 자료총서 57

발간사

『신찬성씨록』은 일본 고대국가의 지배체제와 이념을 이해하는 데 중요한 문헌입니다. 이미 재단에서는 일본고대사 역주사업의 일환으로『일본서기』역주본을 출간하였고, 이 역주본은 그 후속 작업으로 진행하였습니다. 이 역주집은 2014년도 초에 연구에 착수한 이래 7년에 걸친 작업끝에 완성한 성과입니다. 개개의 역주에는 방대한 자료를 활용하였고 알기쉽게 설명한 역작이라고 생각합니다.

『신찬성씨록』에는 모두 1,182씨가 수록되어 있습니다. 씨족들의 조상으로부터 내려오는 계보를 기록하였다는 점에서 족보와 유사한 면이 있지만, 조상의 출자와 사적, 천황가와의 관계 등 봉사의 유래를 적고 있어 정치적인 성격이 강한 계보서입니다. 천황을 중심으로 한 지배 계층을 계보적으로 연결하여 천황 중심의 중앙집권화를 추구하기 위한 목적이 있었습니다.

『신찬성씨록』에는 한반도에서 건너간 이주민의 후예들도 상당수 실려 있습니다. 고대 일본과 우호관계에 있던 백제계 씨족을 비롯하여 고구려, 신라, 가야계 출신들입니다. 크게 보면 전쟁, 권력투쟁, 자연재해 등 시대적인 상황에 따라 신천지를 찾아 이주한 민족의 이동으로 볼 수 있습니다. 다른 한편으로는 대일본 외교의 한 형태로 정치적 목적으로 파견되어 정주하는 일도 많았습니다. 이 책은 민족의 이동과 정착, 동화의 과정과 이들 후손들의 출자의식도 살펴볼 수 있는 매우 유익한 사료입니다. 현재의 관점에서 보면 재일한국인 문제, 중앙아시아에 퍼져 있는 고려인 문제, 기타 해외에 거주하고 한국 교민들의 문제를 전망해 보는 차원에서도 이 역주본은 의미가 있다고 생각합니다.

현재 심화되고 있는 한일 간 역사갈등의 해결방안을 모색해 나가는 데에 그 근원을 추구하는 일은 대단히 중요합니다. 일본 고대국가의 탄생기인 8세기에는 많은 관찬 사서가 편찬되었고 천황제라는 정치제도하에서 주변국에 대한 우월의식과 배타적인 대외의식이 나타났고, 이것이 사서에 반영되어 그후 일본의 대외인식과 팽창주의에 커다란 영향을 미치게 됩니다. 이른바 일본 근대 식민사관의 원류는 고대에서부터 비롯되었다는 점에서 일본 고대 사료에 대한 정확한 이해는 역사갈등의 문제를 해결하는 데에도 도움이 된다고 생각합니다.

이 역주집은 단지 원문의 해석에만 머물지 않고 해당 사료와 관련 있는 사건, 인물, 지명 등을 망라하여 당시의 역사적 흐름, 실태를 종합적으로 파악할 수 있습니다. 단지 씨족 계보서의 범위를 넘어 일본 고대사, 나아가 산일된 한국 고대의 씨족사 연구에도 도움이 될 것으로 생각합니다.

끝으로 장기간에 걸쳐 이 역주사업에 참여하여 분석하고 연구해 온 역주자 여러분들과 퇴직 후에도 이 책의 발간을 위해 애쓰신 연민수 박사님의 노고에 진심으로 감사 말씀을 드립니다. 『신찬성씨록』 역주본이 한일 고대사 연구의 기초 자료로서 활용되고, 올바른 역사인식 정립에 도움이 되기를 기대합니다.

2020년 8월
동북아역사재단
이사장 김도형

차례

- 발간사 / 3
- 범례 / 8
- 해제 / 9
- 신찬성씨록 상표(上表) / 62
- 신찬성씨록 서(序) / 71

上

제1질 (제1~10권)

제1권	좌경 황별	77
	우경 황별	127
	산성국 황별	141
	대화국 황별	143
	섭진국 황별	145
제2권	좌경 황별 상	147
제3권	좌경 황별 하	247
제4권	우경 황별 상	321
제5권	우경 황별 하	377
제6권	산성국 황별	443
제7권	대화국 황별	473
제8권	섭진국 황별	503
제9권	하내국 황별	543
제10권	화천국 황별	597

제2질 (제11~20권)

제11권	좌경 신별 상	637
제12권	좌경 신별 중	699

中

제13권	좌경 신별 하	7
제14권	우경 신별 상	45
제15권	우경 신별 하	97
제16권	산성국 신별	163
제17권	대화국 신별	225
제18권	섭진국 신별	297
제19권	하내국 신별	349
제20권	화천국 신별	413

제3질 (제21~30권)

제21권	좌경 제번 상	475
제22권	좌경 제번 하	525
제23권	우경 제번 상	587
제24권	우경 제번 하	639

차례

下

제25권	산성국 제번	7
제26권	대화국 제번	37
제27권	섭진국 제번	65
제28권	하내국 제번	99
제29권	화천국 제번	167
제30권	미정잡성	199
	미정잡성 좌경	204
	미정잡성 우경	219
	미정잡성 산성국	260
	미정잡성 대화국	274
	미정잡성 섭진국	287
	미정잡성 하내국	306
	미정잡성 화천국	347

- 편찬자 서명(署名) ··· 370
- 『신찬성씨록』 일문(逸文) ··· 382
- 『신찬성씨록』 보유(補遺) ··· 479
- 『신찬성씨록』 원문 ··· 489
- 부록 ··· 619
- 참고문헌 ··· 631
- 색인 ··· 643
- 역자 후기 ··· 732

범례

1. 이 역주서의 원문은 좌백유청(佐伯有淸)의 『신찬성씨록의 연구(본문편)』(1962, 吉川弘文館)을 저본으로 하였다.
2. 이 역주서의 001에서 1182까지의 일련번호는 편의상 붙인 사료의 배열 순서이다.
3. 역주는 원문, 번역, 주석 순서로 하였다.
4. 원문에 포함된 세주(細註)는 [ ] 안에 넣었다.
5. 일본음을 표기할 때 장음은 표시하지 않는 것을 원칙으로 하였고, 'ゐ'는 '웨'로 표기하였다. 'つ'는 '츠'로 표기하였고, 대마도(對馬島)의 경우만 '쓰시마'로 표기하였다.
6. 역주본의 한자 중 일부는 정자체로 수정하였고, 사료집의 한자는 원문 그대로 수록하였다.
7. 인명과 지명을 표기할 경우에는 한글음(한자; 일본음)으로 표기하였다.
8. 나량(奈良; 나라), 평안(平安; 헤이안), 겸창(鎌倉; 가마쿠라), 에도(江戶)가 지명으로 사용된 경우는 이 책의 원칙대로 한글(한자; 일본음) 순서로 표기하였다. 다만 시대명으로 사용된 경우는 나라(奈良), 헤이안(平安), 가마쿠라(鎌倉), 에도(江戶) 시대라고 표기하였다.
9. 주석에서 새롭게 제시된 자료에 관해서는 필요에 따라 해설을 달았다.
10. 현존 『신찬성씨록』은 초략본(抄略本) 형태로 전해진 것이어서 초략본이 이 역주본의 원문이다. 이 책에서는 '완전한 형태의 원본'을 '완본(完本) 『신찬성씨록』'이라고 칭하였다.

『신찬성씨록』의 편찬 과정과 연구의 흐름

머리말

『신찬성씨록』은 왕경(王京)과 기내(畿內) 지역에 거주하는 1,182씨의 씨족지를 바탕으로 편찬된 천황제 율령국가의 칙찬 계보서이다. 815년(弘仁 6)에 완성된 이 계보서의 완본은 산일되어 현존하는 것은 초략본이지만, 일문(逸文) 등을 통해 각 씨족 조상의 출자와 사적, 계보 등이 기록되었음을 확인할 수 있다. 전체의 구성은 황별(皇別), 신별(神別), 제번(諸蕃) 순이다. 즉 천황가의 후손임을 주장하는 씨족들을 시작으로 일본 신화에 등장하는 신들을 원조(元祖)로 한 후예 씨족들, 이어 도래계 씨족의 후손들을 제번으로 배열하였고, 미확정 씨족들을 「미정잡성(未定雜姓)」으로 마지막에 수록하였다. 이들은 일본 왕권을 구성하는 주요 씨족들이며 현실의 천황에 봉사하는 관인층이 중심을 이루고 있다. 따라서 이 『신찬성씨록』은 일본 고대 율령국가의 모든 공민을 대상으로 한 호적이나 계장과 달리 특정 계층을 대상으로 하였다는 점에서 차이가 있다.

『신찬성씨록』 서문에서는 승보(勝寶) 연간(750~756)에 특별히 은혜를 내려 제번 출신 사람들에게 원하는 대로 성을 주어 번속(蕃俗)과 화속(和俗)이 뒤섞이고, 삼한에서 건너온 사람들이 일본 신의 후예라고 칭하는 등 씨성과 출자의 혼란이 야기되어 이를 바로잡기 위해 편찬하게 되었다는 동기를 밝히고 있다. 씨성과 출자는 상관관계에 있으며 개사성(改賜姓), 서임 등에도 중요한 기준이 되었고, 제 씨족 중에는 타씨의 계보에 가탁, 부회하는 사례도 적지 않았다. 씨성의 문란이 국가질서를 흔드는 요인이 될 수 있다는 점에서 서문의 내용은 현실의 상황을 반영하고 있다. 그러나 출자를 사칭, 참칭하는 것은 황별, 신별, 제번 등 모든 씨족들에도 공통된 현상이다. 씨성은 개인이 마음대로 바꾸는 것이 아니라 국가의 공적 승인을 필요로 하고 통제하에 있었다. 따라서 기왕의 연구의 출발점인 서문의 내용에 기초하여 편찬의 목적을 설명하는 것은 한계가 있다. 씨성의 혼란을 재정비하는 것은 사회질서 안정을 위한 과정이고 수단이지 목적은 아니다. 『신찬성씨록』 편찬의 방향성은 천황제 율령국가의 지배질서 안정이라는 거시적인 시야에서 추구해야 할 문제라고 생각한다.

신분제로서의 씨성제는 율령을 기반으로 한 관료제 사회에서도 여전히 유효했으며, 이들을 천황권하에서 역사적, 제도적으로 종속시키는 새로운 장치와 원리가 필요했다고 본다. 8세기 말 나라조[奈良朝]의 정치적 혼란 속에서 헤이안[平安]으로 천도를 단행한 환무천황(桓武天皇)의 율령제 재건이라는 정치 개혁의 일환으로 실시된 새로운 지배질서의 이

넘과 분리해서는 생각할 수 없다. 권력의 핵심부가 모여 있는 왕경과 기내 지역 씨족들의 계보 장악과 씨성 통제는 천황제 국가체제를 유지, 강화해 나가는 것이 주요 과제였다고 생각된다. 바로 씨족들의 출자와 계보, 씨성은 『신찬성씨록』의 성격을 함축하고 있다.

한편 『신찬성씨록』에는 경기 지역 씨족만이 아니라 기외(畿外)의 씨족명도 기재되어 있고, 『고사기』와 『일본서기』 등에는 나오지 않는 씨성명과 인명 및 씨성의 유래를 둘러싼 전승 등이 기록되어 있다. 또 『신찬성씨록』에 등재된 전체 씨족 중에서 제번조에 수록되어 있는 외국계 씨족의 총수가 326씨이고, 「미정잡성」조 117씨 가운데도 외국계로 확인된 씨족이 48씨에 달한다. 헤이안 시대 초기의 총인구 가운데 외국계 씨족이 어느 정도의 비율이었는지는 확실하지 않지만, 중앙 씨족의 3분의 1가량을 외국계 씨족이 점하고 있어 상당한 비중이다. 또한 황별이나 신별에 게재된 제 씨족 가운데 황별과 신별로 출자를 개변한 한국계 씨족이 적지 않게 존재한다. 『신찬성씨록』은 고대 일본 중앙씨족의 분포를 알 수 있는 기초 자료일 뿐만 아니라 일본열도에 건너간 한국계 씨족사 연구에 있어서도 중요하며, 한국 고대사의 외연을 넓히는 데도 대단히 유용한 자료이다.

이러한 자료인 『신찬성씨록』에 대한 이해를 높이기 위해 다음과 같은 문제를 정리하였다. 첫째, 『신찬성씨록』에 대한 연구사를 정리하여 기존 연구의 방향과 문제점 제시, 둘째, 『신찬성씨록』 편찬 이전 칙찬 계보서 편찬의 역사와 『신찬성씨록』의 편찬 과정과 완료를 둘러싼 문제, 셋째, 『신찬성씨록』의 체제와 기재 방식에서 드러난 특징과 편찬 자료와 감교 방식에 관한 문제, 넷째, 『신찬성씨록』의 구성 원리와 편찬 목적에 관한 문제이다.

Ⅰ. 『신찬성씨록』 연구의 개시와 전개

1. 초략본(抄略本)과 일문(逸文)

에도(江戶) 시대의 국학자이자 『이칭일본전(異稱日本傳)』의 저자인 마쓰시타 겐린[松下見林]이 관문(寬文) 9년(1699)에 간행한 『신찬성씨록초(新撰姓氏錄抄)』 후서(後序)에서 현존 『신찬성씨록』이 초략본이라고 지적한 이후 초략본설과 원본설이 대립하였다. 그러나 율전관(栗田寬; 구리타 히로시)가 『태자전옥림초(太子傳玉林抄)』, 〈판상계도(坂上系圖)〉 등에서 일문 기사를 찾아 『신찬성씨록고증(新撰姓氏錄考證)』에 수록하고,[1] 반신우(伴信友; 반 노부토모)가 『정사요략(政事要略)』과 『동대사요록(東大寺要錄)』에서 「다미숙네(多末宿禰)」조와 「대중신조신(大中臣朝臣)」조 등의 『신찬성씨록』 일문을 정리하여 공개하면서,[2] 현존 『신찬성씨록』이 완본이 아니라 초략본이라는 것이 입증되었다. 이후에도 일문의 발견이 이어져 압각가(鴨脚家)에 소장된 「하무조신(賀茂朝臣)」, 「압현주(鴨縣主)」 관련 일문을 야마다 히데오[山田英雄]가 해설을 붙여서 출판하였고,[3] 화전영송(和田英松; 와다 히데마츠)는 『국서일문(國書逸文)』에 제시된 일문에 『고금집서주(古今集書注)』에 보이는 일문을 더하여 『신정증보국서일문(新訂增補國書逸文)』을 편찬하였다.[4] 그리고 전중탁(田中卓; 다나카 다카시)가 『고금화가집목록(古今和歌集目錄)』, 『일본고승전요문초(日本高僧傳要文抄)』, 『제왕편년기(帝王編年記)』 등에서 『신찬성씨록』의 일문 기사를 찾아 현존 『신찬성씨록』이 초략본이라는 것을 입증하였다.[5] 따라서 『신찬성씨록』은 가마쿠라[鎌倉] 시대 후기까지 완전한 형태의 완본이 존재하였지만, 현재는 산일되어 일문과 1,182개 씨성 표제 아래에 완본의 내용을 초략하여 정리한 형태로 존재한다는 것이 현재의 통설이 되었다. 또 좌백유청(佐伯有淸; 사에키 아리키요)는 1962년 이전에 발견된 일문을 『신찬성씨록의 연구』(본문편)[6] 「신찬성씨록일문(新撰姓氏錄逸文)」에 게재하였고, 그 이후에 새롭게 발견된 일문을 모아 『신찬성씨록의 연구』 고증편의 「일문보유(逸文補遺)」에 총 34개의 일문을 수록하였다.[7] 일문은 「성씨록운(姓氏錄云)」, 「성씨록왈(姓氏錄曰)」 등의 형식을 띠며 주석의 형태로 기재되어 있는 경우가 많고, 내용 면에서는 초략본인 현존 『신찬성씨록』보다 자세한 내용을 수록한 것에서부터 원문을 그대로 전하는 것이 아니라 변형된 경우까지 다양하다. 자세한 내용을 기재한 일문은 『신찬성씨록』 완본의 형식과 내용 연구에서 중요한 비교 자료가 된다.

한편 초략된 『신찬성씨록』의 사본은 오서(奧書)에 기재된 '건무(建武) 2년(1335)'과

---

1 栗田寬, 1900, 『新撰姓氏錄考證』 上, 吉川半七(栗田寬, 1969[復刊], 『新撰姓氏錄考證』 上, 臨川書店, pp. 49-56).
2 伴信友, 1907, 「多米宿禰本系帳考[附新撰姓氏錄本編抄本考]」, 『伴信友全集』 4, 國書刊行會, pp. 307-310.
3 古典保存會, 1939, 「付祿」, 『新撰姓氏錄抄錄』, 賀茂朝臣鴨縣主本系 抄錄 山田英雄 解說.
4 和田英松, 1940, 『國書逸文』, 國書刊行會, pp. 246-249(和田英松, 1995, 增補國書逸文研究會 編, 『新訂增補國書逸文』, 國書刊行會).
5 田中卓, 1953, 「新撰姓氏錄の基礎研究-原本と抄本とに關する諸問題」, 『大阪社會事業短期大學研究紀要』 2(田中卓, 1996, 『新撰姓氏錄の研究』, 田中卓著作集9, 國書刊行會, pp. 34-64).
6 佐伯有淸, 1962, 『新撰姓氏錄の研究』 本文篇, 吉川弘文館.
7 佐伯有淸, 1983, 『新撰姓氏錄の研究』 考證篇6, 吉川弘文館, pp. 316-323.

'연문(延文) 5년(1360)'이라는 연호에 의거하여 「연문계본(延文系本)」과 「건무계본(建武系本)」이라 칭하여 구별하고 있다. 현재는 「연문계본」의 대표적인 사본(寫本)인 신궁문고(神宮文庫) 소장 어무청직구장본(御巫淸直舊藏本)을 저본으로 삼아 교정을 진행한 좌백유청의 『신찬성씨록의 연구 본문편』과 『신찬성씨록의 연구 본문편』[8]을 기초로 하면서 「건무계본」의 고사본인 경도대학(京都大學) 소장 국정문고본(菊亭文庫本)을 저본으로 삼아 교정을 진행한 전중탁의 「신교 신찬성씨록(新校 新撰姓氏錄)」[9]이 『신찬성씨록』의 대표적인 교정본으로 알려져 있다. 그런데 이바라키 요시유키[茨木美行]가 좌백유청과 전중탁의 주석서에 상당한 오류가 있다는 점을 지적하며 『신찬성씨록』 사본의 재조사와 정확한 교이(校異)를 거친 주기(注記)와 교정(校正)을 통한 교본(校本)의 작성을 작업하고 있다는 보고서가 나왔다.[10] 향후 사본 가운데 더 양질의 본을 확정하고 이에 따라 주석을 부가하는 작업이 필요하다. 여기에서는 『신찬성씨록』의 역주는 좌백유청의 『신찬성씨록의 연구』 본문편을 준거로 삼고 전중탁의 「신교신찬성씨록」을 비교·검토하면서 진행하였다.

2. 『신찬성씨록』에 대한 연구 동향과 문제점

『신찬성씨록』에 관한 연구는 에도 시대에 활자본이 유포되면서 본격적으로 시작되었다. 대표적인 연구서로는 율전관(1835~1899)이 『신찬성씨록』 전체를 대상으로 주석을 행한 『신찬성씨록고증』[11]을 들 수 있다. 이 책이 출판된 뒤 개별 씨족에 관해 언급할 때 『신찬성씨록』이 근거로 제시되었고, 『신찬성씨록』에 관한 연구가 본격화되면서 연구의 수준이 비약적으로 향상되었다. 이후 활자서적에 의한 연구가 심화되면서 필사본과 활자본 등 여러 자료를 비교·검토하여 완본에 가까운 모습으로 『신찬성씨록』을 교정하는 연구가 이루어졌다.[12] 그런데 에도 시대의 국학자 본거선장(本居宣長; 모토오리 노리나가)부터 19세기 말의 구리타 히로시에 이르기까지 학자들의 관점에는 큰 차이를 발견하

---

8 佐伯有淸, 1962, 앞의 책.
9 田中卓, 1996, 「新校·新撰姓氏錄」, 위의 책, pp.246-712.
10 茨木美行, 2014, 「『新撰姓氏錄』の文獻學的研究」, 科學研究費助成事業研究成果報告書.
11 栗田寬, 1900, 『新撰姓氏錄考證』上, 吉川半七(栗田寬, 1969 [復刊], 『新撰姓氏錄考證』上, 臨川書店, pp. 49-56).
12 平田篤胤, 1936, 「新撰姓氏錄の論」, 山田孝雄 校訂, 『古史徵開題記』, 岩波文庫.

기 어렵다. 이들은 『신찬성씨록』이 황별, 신별, 제번의 순서로 기재되어 있듯이 원래 씨족에 귀천의 차이가 존재하고 그 귀천의 격에 따라 조정에 봉사해야 한다는 인식을 가지고 있었다. 이러한 관념은 메이지유신 이후 『신찬성씨록』을 국체(國體)를 수호하기 위한 각성의 서적이라고 규정하게 만들었다.[13] 그러나 『신찬성씨록』을 신전(神典)라고 간주하는 관념이 지배적인 시대에도 『신찬성씨록』에 기재된 내용과 전승에 관해 비판을 가한 연구도 함께 진행되었다.[14]

1945년 이후에는 전중탁과 관황(關晃; 세키 아키라) 등이 중심이 되어 『신찬성씨록』의 주석, 교정 작업과 『신찬성씨록』의 편찬 시기와 그 의도에 관해 연구를 진행하였다.[15] 기존의 『신찬성씨록』 연구를 비판적으로 계승한 좌백유청은 19종의 사본(寫本), 8종의 간본(刊本), 9종의 국학자 교합본을 모아 『신찬성씨록』의 교정본인 『신찬성씨록의 연구』 본문편과 『신찬성씨록』에 관한 기존의 연구를 재검토하여 『신찬성씨록의 연구』 연구편을 공간하였다.[16] 이어 이 본문편에 기초하여 1981~1989년까지 『신찬성씨록』 전체 기사에 대한 고증 작업을 진행하여 『신찬성씨록의 연구』 고증편(1~6)을 출간하였다. 아울러 2001년 『신찬성씨록의 연구』 습유편(拾遺篇)[17]이 공간되면서 판본 문제를 비롯한 『신찬성씨록』 연구의 기본적인 틀이 거의 정리되었다고 평가된다. 현재 일본 학계에서는 좌백유청의 방대한 기초적 연구 성과를 기초로 『신찬성씨록』 연구가 진행되고 있고, 개별 씨족에 관한 연구도 상당히 축적되었다.[18]

---

13 高木成祖, 1939, 「氏姓制度に關する一考察-新撰姓氏錄硏究の方法と其實例」, 『史料硏究の實例と其方法』, 雄山閣; 村尾次郎, 1941, 「氏姓崩壞に現はれた歸化人同化の一形相-新撰姓氏錄に至るまで-」, 『史學雜誌』 52-8; 太田亮, 1943, 「系圖と系譜」, 國史硏究會 編, 『岩波講座 日本歷史』, 岩波書店.

14 井上久米雄, 1929, 『本邦古代姓氏の硏究』, 永山德四郎; 岡本義信, 1942, 「新撰姓氏錄論」, 『國學院雜誌』 48-8; 阿部武彦, 1945, 「上代氏族の朝鮮觀について」」, 『史學雜誌』 56-45(阿部武彦, 1984, 『日本古代の氏族と祭祀』, 吉川弘文館).

15 田中卓, 1949, 「新撰姓氏錄撰述の次第」, 『國語·國文』 18-3; 田中卓, 1950, 「日本紀弘仁講書と新撰姓氏錄の撰述」, 『藝林』 創刊號(田中卓, 1996, 『新撰姓氏錄の硏究』, 田中卓著作集9, 國書刊行會); 田中卓, 1953, 「新撰姓氏錄の基礎硏究-原本と抄本とに關する諸問題」, 『大阪社會事業短期大學硏究紀要』 2; 關晃, 1951, 「新撰姓氏錄の編修目的について」, 『史學雜誌』 60-3(關晃, 1997, 『日本古代の政治と文化』, 關晃著作集5, 吉川弘文館).

16 佐伯有淸, 1962, 앞의 책; 佐伯有淸, 1963, 『新撰姓氏錄の硏究』 硏究編, 吉川弘文館.

17 佐伯有淸, 1981~1983, 『新撰姓氏錄の硏究』 考證篇1~6, 吉川弘文館; 佐伯有淸, 2001, 『新撰姓氏錄の硏究』 拾遺篇, 吉川弘文館.

한편 『신찬성씨록』의 편찬 목적에 대해 전중탁은 『신찬성씨록』은 만성의 번식과 귀화인 사성(賜姓)에 의한 출자의 명확화나 계보를 사칭함으로 인해 발생하는 씨족 상호 간의 싸움을 해결하기 위해 편찬된 것이다"라고 하였다.[19] 이에 대해 관황은 『신찬성씨록』의 서문에 기초해 그 편찬 목적을 규명하는 연구 경향에 대해 문제점을 제시하였다. 그는 『신찬성씨록』의 편찬에 대해 진인(眞人) 성을 일괄하여 황별의 제일 앞에 배치하고, 황별 신별, 제번의 순서로 배열한 점에 주목하였다. 또 『홍인사기(弘仁私記)』 서문에 보이는 "「신찬성씨목록(新撰姓氏目錄)」이 『신찬성씨록』 편찬 이전에 작성된 것이지만, 신윤(神胤, 神別)을 위에 놓고 황예(皇裔, 皇別)를 그 아래에 배치하여 존비가 뒤섞여 믿을 만하지 못하다는 이유로 금지되었다"라는 내용에 근거하여 신윤을 귀하게 여기던 당시의 관념을 바꾸어 황친을 높이려는 의도에서 『신찬성씨록』을 편찬한 것이라고 설명하였다. 이것은 『신찬성씨록』의 편찬 목적이 각 씨족을 황별, 신별, 제번의 순서로 나누어 재편성하는 데 있다고 설명한 것이다.[20] 좌백유청도 서문에만 기초하여 편찬 목적을 검토하는 연구에 관해 비판을 가하면서 관황이 제시한 의견에 관해서도 문제점을 제시하였다. 즉 황별, 신별의 순서는 대화개신 이후부터 존재했으며, '천무 8성(天武八姓)'을 제정한 것도 대화개신 이후에 강화된 황친의 사회적 지위를 더욱 굳건히 하고 이에 기초하여 천황 절대성을 강조하기 위한 것이라고 설명하였다. 또한 계장(計帳)을 제출하게 하고 『신찬성씨록』을 편찬한 것은 8~9세기경에 경기 지역에 들어가 중과를 피하려는 백성이 주로 절호(絶戶)에 편입하여 모명모음(冒名冒蔭)을 행하는 일이 많아짐으로 따라 이러한 모명모음 여부를 판정하고 그 방지를 위해 기준이 될 씨족서의 편찬이 필요했기 때문이라 주장하였다.[21]

『신찬성씨록』의 편찬 목적을 서문 내용에 중심을 둔 연구에서 편찬을 즈음한 시기의 상황에 초점을 맞추고자 한 점은 연구사적 의의가 있다. 다만 율령체제의 동요는 8세기 전반부터 이미 시작되었고, 기존의 씨족 결합의 이완에 따른 절호(絶戶)의 증가와 과역

---

18 근래에 나온 『신찬성씨록』에 관한 논고로는 管澤庸子, 2001, 「『新撰姓氏錄』における姓意識と渡來系氏族」, 『史窓』 58; 中村友一, 2002, 「『新撰姓氏錄』における「氏」と同祖同族關係」, 『駿大史學』 116; 中村友一, 2005, 「『新撰姓氏錄』と「未定雜姓」氏族について」, 『ヒストリア』 196, 大阪歷史學會 등이 있다.

19 田中卓, 1996, 앞의 책, p. 79.

20 關晃, 앞의 책, pp. 218-221.

21 佐伯有清, 1963, 앞의 책, pp. 127, 176-180.

이 없는 신분 획득을 목적으로 한 모명모음(冒名冒蔭) 현상은 상당히 진행되어 있었다. 따라서 모명모음 여부를 판정하고 그것을 방지하는 것이 『신찬성씨록』 편찬의 직접적인 계기나 목적이라고 이해한 것은 충분한 설명이라고 보기 어렵다.

관택용자(菅澤庸子; 스가사와 요코)는 등원중마려(藤原仲麻呂) 정권하의 도래계 씨족에 대한 광범한 사성정책이나 환무조 때 성(姓)의 재편 시책은 관인 재구성 작업의 일환이라고 주장하였다. 즉 환무천황은 이전 천황과의 관계로 인해 결정된 씨성질서에 머물지 않고, 해당 씨족의 공헌도에 기초하여 사성을 시행한 것이다. 따라서 환무조(桓武朝)에서 차아조(嵯峨朝)에 이르는 시기에 천황과 조정에 대한 공헌도에 따른 사성과 그를 통해 관인층을 재편성한 결과가 『신찬성씨록』에 기재되었다는 것이다. 즉 8성(姓) 본래의 취지에 부합된 형태로 전 체제(天武朝)의 공헌도에 따른 관인층이 아니라, 현 체제(桓武朝, 嵯峨朝)에 대한 공헌도에 따른 사성과 관인층의 재편상을 기록하기 위해 『신찬성씨록』을 편찬했다는 것이다.[22] '천무 8성'과의 관계를 끊고 환무조의 움직임에 초점을 맞추어 『신찬성씨록』의 편찬 목적을 규명한 것은 평가할 만하다. 그러나 성은 원래 천황과 개별 씨족의 관계 속에 결정되는 것이므로 시대에 따라 씨족의 공헌도도 변하게 마련이다. 이런 관점에서 본다면 환무조에 왜 이러한 변화를 기록할 필요가 생겼는가 하는 문제에 대한 설명이 필요하다.

국내에서 진행된 『신찬성씨록』에 관한 초기의 연구는 『신찬성씨록』의 제번에 기재된 한국계 씨족에 관한 기사를 사료 비판 없이 내용을 그대로 정리하여 소개하는 정도였다.[23] 이후 1980년도 중반 이후가 되면 한반도에서 이주한 도래계 씨족을 중심으로 『신찬성씨록』의 관련 내용을 인용하는 방식으로 진행되었고, 1980년 이후에는 「도래인」 연구의 연상선상에서 많은 연구 성과가 나왔다.[24] 이 중에서 『신찬성씨록』의 성립 배경과 체제, 내용 등에 관한 최근의 기초적인 연구는 커다란 성과라고 할 수 있다.[25] 한편

---

22 菅澤庸子, 2001, 앞의 글, p. 215.
23 홍사준, 1977, 「新撰姓氏錄의 百濟人姓氏考」, 『마한·백제문화』 2, 원광대학교 마한백제문화연구소; 홍순창, 1982, 「日本書紀, 新撰姓氏錄 所載의 百濟記事」, 『인문연구』 1, 영남대인문과학연구소; 홍순창, 1982, 「日本書紀, 新撰姓氏錄 所載의 高句麗記事 및 新羅·百濟·任那·加羅記事 補完」, 『인문연구』 2, 영남대인문과학연구소 등이 있다.
24 金恩淑, 1986, 「倭漢氏의 귀화전승의 기초적 연구」, 『歷史敎育』 40, 1986; 김은숙, 1990, 「西文氏의 귀화전승」, 『歷史學報』 118; 김은숙, 1991, 「新撰姓氏錄의 加耶系 氏族」, 『韓國古代史論叢』 2.
25 서보경, 2017, 「『新撰姓氏錄』의 기초적 연구」, 『한림일본학』 30; 서보경, 2018, 「『新撰姓氏錄』의 편찬

『신찬성씨록』의 편찬 목적에 대해서도 언급되었다. 김은숙은 천무천황 13년(684)에 만들어진 이른바 '천무 8성'은 황별, 신별, 제번의 구별을 통해 씨성 질서를 재편성한 것이지만, 환무조 이후에는 이를 무시한 사성이 이루어졌고, 제번 가운데서 고위 성을 획득한 사람들이 생겨나게 되었다고 한다. 따라서 이러한 상황을 『신찬성씨록』에 기재한 것이므로 『신찬성씨록』은 율령국가의 기반을 확립한 도래인의 지위 향상을 위해 만들어진 것이라 논하였다.[26] 이근우는 환무천황의 모계에 관한 기록이 일광감응(日光感應)으로 태어났다는 백제의 시조 도모왕(都慕王)까지 소급된 점에 초점을 맞추고, 환무천황 자신은 도래계 씨족의 후손이지만 태양에 감응하여 탄생한 태양신의 자손이라는 점을 백제 시조 전승을 통해서 강조하려 한 것으로 보았다. 따라서 환무천황이 자신의 입지를 강화하기 위해 『신찬성씨록』에 자신의 모계에 관한 기록을 공식화하고자 한 것이 『신찬성씨록』 편찬 목적의 하나였을 것이라 설명하였다.[27] 『신찬성씨록』의 편찬 목적에 대해 전론으로 언급한 것은 서보경이다. 이 연구의 전제논리는 환무조의 천지계(天智系) 황통의 부활과 일본 대외 정세의 변화이다. 일본의 씨성제 확립에 천무조의 '8색 성'이 『신찬성씨록』의 서문에 기재되어 있지 않고, 환무조부터 황별과 신별 씨족에게만 부여된 조신, 숙녜 성을 도래계 씨족에게 내리는 등 '천무 8성의 원칙'을 거의 무시하고 있어 천무계적인 요소와의 단절을 강조한다. 동시에 8세기 말 광인(光仁), 환무조부터 대외적인 긴장감이 감소해진 상황에서 『신찬성씨록』 편찬이 시작되었음을 지적하고 제번의 영역에 '당'을 포함함으로써 8세기에 등장한 『일본서기』보다도 제번의 외연을 확장시켰다고 한다. 따라서 『신찬성씨록』은 번국 지배의 외연을 확장함으로써 이민족을 지배하는 신왕조의 창시를 대내외적으로 천명하고자 한 것이라고 논하였다.[28] 또 『신찬성씨록』의 서술 체제와 편찬 자료의 검토를 통해 『신찬성씨록』은 내적으로는 왕경과 기내에 본관을 둔 씨족의 시조(始祖), 별조(別祖) 및 '동조(同祖)'의 관계 확인을 통해 씨족의 계보를 공인하여 부계(父系)에 의한 계보 질서를 체계화하고, 황별을 중시하는 입장을 드러낼 목적으로 편찬된 계보서라고 설명하였다.

자료와 勘校」, 『일본연구』 76; 서보경, 2018, 「『新撰姓氏錄』의 原型과 편자의 편찬 태도」, 『한림일본학』 32.

26 김은숙, 1994, 「新撰姓氏錄의 加耶系 氏族」, 『한국고대사논총』 2, 한국고대사회연구소, pp. 203-206.
27 이근우, 2001, 「桓武天皇 母系는 武寧王의 후손인가」, 『한국고대사연구』 26, pp. 213-214.
28 서보경, 2012, 「新撰姓氏錄의 편찬목적」, 『韓日關係史研究』 41.

이상의 연구에도 불구하고 해결해야 할 과제는 남아 있다. 『신찬성씨록』과 『일본서기』, 『고사기』에 기재된 조상 계보의 변화 문제에 대해서도 주목할 필요가 있다. 도래계 씨족을 바라보는 시각도 『일본서기』 등에 투영된 일본판 중화사상인 번국관에서 크게 벗어나지 못하고 있다. 게다가 고고학적인 발굴 성과와 문자 자료 등에 관한 언급이 미흡하다는 점도 지적하지 않을 수 없다. 한국과 일본의 고고학 자료, 특히 기내 지역의 발굴 성과는 『신찬성씨록』이 전하는 씨족의 활동 지역과도 밀접한 관계가 있으므로 고고학 관련 자료의 적극적인 활용이 필요하다. 『신찬성씨록』에 등재된 황별과 신별은 전체 씨족의 7할을 점하고 있고 계보적으로도 매우 밀접하게 연결되어 있어 천황제 율령국가의 지배 원리를 파악하는 데에 대단히 중요하다. 제번 중에서 중국계로 분류된 씨족 중에는 원래 한국계 출신도 상당수 존재한다. 예컨대 중국계로 분류된 하타씨[秦氏]와 아야씨[漢氏] 중에는 한국계 씨족들이 다수를 점하고 있어 이에 대한 새로운 검토가 필요하다. 또한 원래 한국계인데 황별과 신별로 출신을 바꾼 사례도 확인된다. 『신찬성씨록』의 전반적인 재검토를 통해 한국계 씨족의 적극적인 발굴과 원 출신을 복원하는 작업이 필요하다.

II. 『신찬성씨록』의 전사(前史)

1. 천무조의 씨성제 개편

『신찬성씨록』 편찬 이전에 씨족들의 씨성에 대한 개혁, 관련 기록의 조사, 관리 체계가 어떻게 이루어지고 있었는지 그 실태에 대해 살펴보기로 한다.

천무 11년(682)에 관인의 등용 기준인 고선(考選)에 족성(族姓)을 중시한다는 조를 내렸다. 이에 따르면, "무릇 모든 고선에는 그 씨족의 성 및 행적을 잘 조사한 후에 고려해야 한다. 만일 행적과 능력이 현저하더라도 그 씨족의 성이 확실하지 않으면 고선에 들 자격이 없다"[29]라고 하였다. 이것은 관리 등용에 해당 씨족의 성이 주요 기준이 되고 있음을 말해 주고 있다. 행적과 능력에 앞서 족성이 우선시되는 씨성제 사회의 성격을 잘 보여주고 있다. 이어 동년 12월조에 내린 조에는 다음과 같이 기록하고 있다.

---

29 『日本書紀』 天武紀 11년 8월조.

제씨의 사람들은 각기 씨상(氏上)을 정하여 신고하라. 또 그 일족이 많은 자는 나누어 각 씨족장을 정하라. 다 같이 관사에 신고하라. 연후에 그 상황을 짐작하여 처분하라. 관사의 판결을 받아라. 다만 조그만 일로 자기의 씨족이 아닌 사람을 억지로 끌어들여서는 안 된다.[30]

위에 기재된 조는 호적을 통한 지배의 원리와 달리 씨족장인 씨상을 통해 씨족 전체의 동향을 파악하고 지배하는 방식이다. 또한 타 씨족을 마음대로 내세워 씨족장으로 삼는 행위도 금지하여 씨성제의 혼란을 방지하고 체계적으로 씨족을 지배하기 위한 조정의 방침이라고 할 수 있다. 대보(大寶) 2년(702) 9월에는, 천지 3년(664)에 내려진 '갑자(甲子)의 선(宣)'에서 씨상을 확정할 때 기재에서 누락된 씨족에 대해 현재 성을 받고 있는 자로서 이미길(伊美吉) 이상으로 한정해서 신청하라는 조가 내려졌다.[31] 이미길은 천무의 8색의 성에서 4번째인 기촌(忌寸)으로 씨상을 낼 수 있는 계층의 범위가 고위 씨성을 갖은 관인층에 한정되어 있음을 말해 준다.

한편 관인 등용의 기준에 족성(族姓)이 중시되었다고 해도 관료제 사회의 성격상 능력자에 대한 배려도 확인할 수 있다. 중앙호족의 출신법(出身法)이라고 할 수 있는 천무 2년 5월에 내린 조에는 "공경대부 및 여러 신(臣), 연(連)과 반조(伴造) 등에게 무릇 처음으로 관인이 되면 먼저 대사인(大舍人)으로 봉사하게 하라. 그런 연후에 그 재능을 선별하여 알맞은 직책을 맡기도록 하라"[32]라고 기록하고 있다. 대사인은 양로령제(養老令制)에서는 중무성(中務省)의 좌우대사인료(左右大舍人寮)에 소속되어 5위 이상인 자의 자손, 6위 이하 8위 이상인 자의 적자 가운데에서 선발되었다. 율령제하에서 음서제의 영향이며 족성을 중시하는 씨성제의 연속선상에 있지만, 이 중에서도 재능은 제2의 선발 기준이 되었다. 지방 호족의 출신법이라고 생각되는 천무 5년(676) 4월조의 내용을 보면, "지방 출신자로 벼슬을 하고자 하는 자는 신(臣), 연(連), 반조(伴造)의 자식 및 국조(國造)의 자식은 가능하다. 다만 그 이하의 서민이라 하더라도 그 재능이 특별한 자의 경우는 역시 가능하다"[33]라는 칙을 내렸다. 족성이 빈천한 서민에게도 재능에 따라 출

---

30 『日本書紀』 天武紀 11년 12월 임술조.
31 『續日本紀』 大寶 2년 9월 기해조.
32 『日本書紀』 天武紀 2년 5월조.
33 『日本書紀』 天武紀 5년 4월조.

자의 길이 열려 있었음을 보여 준다. 다만 이러한 조항은 족성이라는 원칙에 따라 능력자를 발굴한다는 점에서 상위의 족성에 버금가는 관직에는 도달하기 어려운 한계가 있었다.

다음은 천무천황 13년(684) 10월에 제정된 8색(八色) 성(姓)에 대해 살펴보자. 천무 13년 10월에 조를 내려 제씨의 가바네(族姓)를 고쳐 8색 성을 만들어 천하의 만성을 통일한다고 하고, 진인(眞人)을 필두로 하여 조신(朝臣), 숙녜(宿禰), 기촌(忌寸), 도사(道師), 신(臣), 연(連), 도치(稻置) 등 모두 8개의 서열화된 성을 새롭게 제정하였다.[34] 종전에 신과 연은 소아씨(蘇我氏), 물부씨(物部氏), 대반씨(大伴氏) 등 유력 호족들에게 수여된 최고의 성이었지만, 개편된 8색 성에서는 하위에 서열되었다. 특히 신성(臣姓)의 최고 집정관인 대신은 소아씨가 독점하였고, 연성(連姓)의 최고 지위인 대련(大連)는 물부씨(物部氏)와 대반씨(大伴氏) 성으로 대신과 함께 왜왕권의 권력을 분담하고 있었다. 이러한 변화는 기존의 족성 체계에 대한 인식을 전면 부정하는 것이었다. 한편으로 8색 성의 제정은 기왕의 특권적 호족들을 배척하는 것이 아니라 이들에 걸맞은 새로운 성을 하사한다. 즉 천황은 새로운 성을 하사함으로써 새롭게 천황의 신민으로 재탄생시켜 충성과 봉사의 의무를 지우는 것이다.

8색 성 중에서 최고위 진인(眞人)은 조가 내려진 당일 수산공(守山公), 노공(路公) 등 13씨에게 하사되었다. 이들의 출자를 보면 계체(繼體) 이후 민달(敏達), 용명(用明) 등을 조상으로 하는 씨족들로 과거 왜왕의 계보를 잇는 공성(公姓) 계열의 구왕족 후손이라고 생각된다.[35] 천무는 계체 6세손으로 『일본서기』 편찬의 착수 시기에 계체의 즉위 사정을 정당화하기 위해 무열(武烈)을 상대적으로 악인으로 서술하기도 하였다.[36] 이어 『일본서기』 천무 13년(684) 11월에는 대삼륜군(大三輪君), 아배신(阿倍臣) 등 52씨에게 조신(朝臣)의 성을 하사하고 있다. 이들 씨족들의 대부분은 신성(臣姓) 씨족들이고 연(連) 및 일부 군성(君姓)이 포함되어 있다. 대화전대(大化前代)의 왜왕권을 구성하는 유력한 씨족들로서 천무조에서도 전대의 신분이 그대로 유지된 것으로 보인다. 동 천무 13년 12월에는 대반련(大伴連), 좌백련(佐伯連), 아담련(阿曇連), 기부련(忌部連), 미장련

---

34 『日本書紀』 天武紀 13년 冬10월조.
35 繼體 이전의 應神으로부터 계보를 구하는 씨족도 보이나, 『古事記』, 『日本書紀』에 의하면 繼體 자신은 應神의 5세손이라고 하듯이 양자는 동일 선조의식의 연상선상에 있다고 생각된다.
36 橫田健一, 1990, 「古代王權の成立と豪族の原像」, 『歷史讀本』 臨時增刊, p. 38.

(尾張連) 등 연(連) 성인 반조계(伴造系) 50씨에게 숙녜(宿禰)의 성을 주었다. 동 천무 14년 (685) 6월에는 대화련(大和連), 갈성련(葛城連) 등 기내의 국조(國造)와 도래계 유력 씨족 11씨에게 기촌(忌寸)의 성을 하사하였다. 이상 천무 13년 10월에서 이듬해 6월 사이 8색 중에서 상위 4개 성 126씨에 대한 족성의 개편을 완료하였다. 한편 천무 12년 9월에는 직(直), 수(首), 조(造) 등의 성을 갖는 38씨에게 연(連) 성을 주었고, 동 10월에도 길사(吉士), 조(造), 사(史), 직(直), 현주(縣主) 등의 성을 갖는 14씨에게 일괄적으로 연(連) 성을 하사하였다. 이들 52씨는 이듬해 8색 성 제정 시에 일부는 숙녜(宿禰), 그 외에는 대부분 기촌(忌寸)의 성으로 개성되었다. 천무 9~12년에 이르는 기간에 연(連)으로 개성한 씨족을 보면, 조(造) 40씨, 직(直) 14씨, 수(首) 5씨, 사(史) 2씨, 길사(吉士) 2씨, 현주(縣主) 2씨 등이다. 특히 천무 11년, 12년의 개성은 품부제(品部制)를 해체하고 그 반조(伴造)를 4등관제에 편입시키려는 의도가 있었다고 보인다.[37] 이상 8색 성의 개편으로 천무조 왕권은 관료제의 정비와 더불어 족성과 관위가 결합되었고, 신분의 사회적·정치적 계층화가 표식화되어 천황제 율령국가의 기반을 조성하게 되었다.[38]

2. 씨족의 기록물 관리와 사성(賜姓)

씨족들의 기록물에 대한 조사로는 『일본서기』 지통 5년(691) 8월조에 18씨에 대해 묘기(墓記)를 제출하라고 명한 것이 최초이다.[39] 묘기는 묘지명으로 사자의 생전 행적을 담은 기록이지만,[40] 구체적으로는 선조 대로부터 조상의 유래, 계보, 업적 등을 기록한 씨족의 계보집이기도 하다. 이보다 앞서 지통(持統) 2년(688) 11월에 거행된 천무의 상장의례인 빈궁에서 거행된 신료들의 조사(弔詞)에 대해 다음과 같이 기록하고 있다.

37　阿倍武彦, 1984, 「天武朝の族姓改革について」, 『日本古代の氏族と祭祀』, 吉川弘文館, p. 319.
38　8色姓制의 목적에 대해 종전에 황친의 사회적 지위를 확립하고 천황 절대성의 한 지주를 유지시키려는 것이었다(竹内理三, 1950, 「天武八姓制の意義」, 『史淵』 34)고 보는 설명에 대해, 3위 이상의 고위관인층은 朝臣이 압도적으로 많고, 眞人의 경우는 1위는 보이지 않고 2위가 19%, 3위가 10%로 宿禰와 비슷한 수치를 보이고 있다(原島禮二, 1961, 「八色姓と天武政權の構造」, 『史學雜誌』 70-8, pp. 6-7). 이러한 통계는 황친인 眞人이 최고 신분이었지만, 왕권의 구성은 전통적인 臣, 連 씨족과 임신의 난 때의 공신그룹이 많았고 이들이 천황권을 지지하는 주류 세력이었다고 생각된다.
39　『日本書紀』 持統紀 5년 8월 신해조.
40　菅澤庸子, 2001, 앞의 글, p. 212.

황태자가 공경, 백관 등과 여러 제번의 사신과 함께 빈궁에 가서 통곡하였다. 이에 제물을 올리고 순절무를 연주하였다. 여러 신료들은 각각 자신의 선조들이 섬겼던 상황을 말하고 차례로 나가 조사를 바쳤다.[41]

공경, 백관 각 씨족들의 조사는 그들의 선조가 천황가에 봉사해 왔던 유래를 담고 있다. 조정에서 제출을 명받은 묘기에도 이러한 내용이 포함되어 있었음을 짐작하기 어렵지 않다. 요컨대 묘기의 제출을 명한 것은 국가가 씨족들에 대한 역사와 계보를 장악하는 것이고, 각 씨족의 사적에 역사적 의미를 부여하여 천황가와 맺고 있는 현실적 신료 관계의 유래를 역사적으로 증명하기 위한 조치였다. 이들 18씨 중에는 등원(藤原), 석천(石川), 거세(巨勢), 춘일(春日), 상모야(上毛野), 대반(大伴), 평군(平群), 아배(阿倍), 수적(穗積), 아담(阿曇) 등 유력씨들이 포함되어 있어 우선적으로 이들의 씨족지를 제출하게 하였다. 이때 수집된 묘기는 『일본서기』 편찬의 재료로서 수사국으로 이관되었을 것으로 생각된다.

『일본서기』 편찬 이후 평안시대 홍인(弘仁) 3년(812)에 행해진 일본서기강서인 『일본서기사기(日本書紀私記)』 갑본(甲本) 「홍인사기(弘仁私記)」 병서(幷書)에서는, 씨족의 본계에 대해 천평승보(天平勝寶, 749~756) 이전에는 1세대마다 천하의 제씨는 본계를 바치고 이는 영원히 비부(秘府)에 보관되어 함부로 반출하기 어렵고 도서료에 보존되어 있다고 한다. 윤공(允恭) 시대에 성씨의 존비를 판단하기 어려워 탐탕(探湯)을 통해 그 진위를 가렸다는 전승은 당시 씨성의 혼란이 심각하였고 많은 씨족들이 출자의 개변을 통해 유력한 가문에 가탁, 부회하는 풍조가 횡행했다는 사실을 말해 주고 있다. 천무조에 시행된 씨성의 존비가 고과(考課)의 기준이 되는 일은 8세기에 들어서도 변하지 않았다. 이처럼 허위 씨성을 방지하기 위해 세대마다 「본계장」의 제출을 명하고, 이를 중무성 산하 도서료의 비밀 문서고에 보관하고 함부로 반출하지 못하도록 했던 것이다. 즉 세대마다 제출된 「본계장」에서 출자의 변동 등 진위를 판별하기 위한 조치라고 보인다.

『양로율령』 호령 「호적」조에는 호적은 항상 5회분[五比]을 보관하는데, 옛 것은 점차 폐기 처분하지만, 천지(天智) 때 만든 경오년적(庚午年籍)은 폐기하지 않는다고 규정하

---

41 『日本書紀』 持統紀 2년 冬11월 무오조.

고 있다. 호적의 작성은 6년에 1회이므로 5회는 30년을 말하고 상기 사료에 보이는 1세대마다 「본계」를 바친다는 기록과 일치한다. 즉 천하 제씨의 「본계」가 세대가 바뀔 때마다 제출되고 있음을 알 수 있다. 『속일본기(續日本紀)』 천평보자(天平寶字) 8년(764) 7월조에도 영문(令文)을 인용하고 있으며, 이는 경오년적이 '씨성의 근본'이기 때문에 후세에 씨성을 허위로 속이는 자가 진실을 왜곡하는 것을 방지하기 위해서였다.[42] 『신찬성씨록』 서문에도 "경오년에 이르러 호적을 편찬하여 만드니, 인민의 씨성[氏骨]이 각각 그 마땅함을 얻었다"라고 기록하고 있다. 이러한 제 기록으로부터 천지 때 제정된 경오년적에 등재된 씨성이 그후의 변화와 진위를 판별하는 기준이 되었음을 알 수 있다. 경인년적에 기초한 씨성도 시대가 지남에 따라 이를 문제삼아 개성을 청원하면 승인받는 일이 나타나고 있다. 시대가 내려갈수록 호적만으로는 씨의 전모와 개개의 개성 연차와 범위를 감정하기가 어렵게 되었고, 호적 자체가 당시 어떤 이유로 본래의 호로부터 떨어지자 절호가 되거나 타가의 성을 함부로 사용하는 모성이 범람하여 신뢰도가 떨어져 각 씨의 「본계장」인 가첩(家牒)이 중시되어 갔다.

『신찬성씨록』 서문을 보면 보자(寶字, 758) 말(末) 이후의 씨족지 편찬에 관한 기록이 나온다.

> 이후 역대의 제왕이 수시로 개정하여 끊임없이 이어져 왔다. 승보(勝寶) 연간(750~756)에 특별히 은혜를 베풀어 제번 출신 사람들에게 원하는 대로 허락하였다. 그래서 마침내 이전의 성과 뒤에 받은 성이 같아지고, 외국과 일본의 씨족이 서로 뒤섞이게 되었다. 각지의 서민들이 고귀한 신분의 후손이라고 내세우고, 삼한에서 건너온 사람들이 일본 신의 후예라고 일컫게 되었다. 시대가 변하고 사람이 바뀌니 알고 말할 수 있는 사람이 드물게 되었다. 보자 말(758)에 그 다툼이 더욱 빈번해져서 이에 이름 있는 학자들을 모아 씨족지를 편찬하였으나, 초안이 만들어지는 중에 어려움이 있는 때를 만나서 여러 학자들은 흩어지고 편찬은 중단되었다.

이 기록은 천지조(天智朝)의 경인년적 이후 씨성의 변화 과정을 보여 주고 있다. 특히 승보 연간에 이민족에 대한 다량의 사성으로 씨성과 출자의 혼란이 생겨 새로운 씨

---

[42] 『續日本紀』 天平寶字 8년 7월 정미조.

족지를 만들고자 하였으나 중단되었다고 한다. 이로써 『신찬성씨록』에 앞서 씨족지 편찬이 추진된 사실을 알 수 있다. 실제로 〈중신씨계도(中臣氏系圖)〉에 인용된 〈연희본계(延喜本系)〉에는 천평보자 5년(761)에 『씨족지』 편찬을 위한 기관인 '찬씨족지소(撰氏族志所)'가 설치되어 『씨족지』의 편찬을 진행한 것으로 소개된다. 상기의 "제번 출신 사람들에게 원하는 대로 허락하였다."라는 내용은 『속일본기』 천평보자 원년(757) 4월조에 "고려, 백제, 신라 등 오랫동안 성화를 흠모하여 일본의 습속에 들어와 정착한 사람들은 원하는 성을 모두 들어주었다"라는 기록을 말한다. 이때의 사성은 도래인에 대해 무제한으로 희망하는 성을 준다는 의미는 아니다.[43] '일본의 습속에 들어와 정착한 사람'이라는 전제가 있듯이, 이는 공민으로서 자격을 갖춘 이민족의 내민화 과정이다. 씨족지 편찬의 사유가 된 도래인에 대한 대량 사성 이후에도 사성정책은 계속되었다.

도래인 사성에 대해 『속일본기』의 사례를 통해 살펴보자.[44] 신귀(神龜) 원년(724) 2월에 "제관에서 봉사하는 한인부(韓人部) 1, 2인에게 그 봉사하는 직에 따라 성명[氏姓]을 주었다"라는 조를 내렸는데, 이들은 7세기 후반에 망명해 온 백제계, 고구려계 관인층을 말한다. 그해 5월에 다시 20씨 22인에게 새로운 성을 내렸다.[45] 개성된 인명을 보면, 하상기촌(河上忌寸), 신성련(新城連), 삼립련(三笠連), 남구련(男捄連), 우림련(羽林連), 신전련(神前連), 고구련(高丘連), 추야련(椎野連), 향산련(香山連), 국간련(國看連), 식규련(殖槻連), 개산련(蓋山連), 청원련(淸原連), 고중련(古衆連), 어립련(御立連), 물부사원련(物部射園連), 구미련(久米連), 장구련(長丘連), 상산련(城上連), 난파련(難波連), 마전련(麻田連) 등이다. 하상기촌을 제외하고는 전원 연(連) 성을 받았고, 관위는 종5위상에서 정8상위상까지의 중급 실무관인들이다. 이들은 원래 본국의 출자를 알 수 있는 씨명이었으나 일본의 씨성으로 완전히 탈바꿈되었다. 천평 17년(745) 5월에는 "축전(筑前), 축후(筑後), 풍전(豐前), 풍후(豐後), 비전(肥前), 비후(肥後), 일향(日向) 7국에 있는 무성(無姓)의 사람들에게 원하는 대로 성을 주었다." 이것은 구주 지역의 무성의 도래계 씨족에게 동화정책의 일환으로 시행된 것이다. 이어 천평보자 2년 6월에는 여익인(余益

---

43 이때의 姓을 氏로 보는 설도 있다. 가바네는 물론이고 우지조차 갖지 않은 귀화인에게 우지를 수여한다는 의미이며, 氏의 同化에 따른 혼란을 표현한 것이라고 본다(平野邦雄, 1962, 「古代氏姓・人名に現れた階級關係−特に歸化系氏族を通じて−」, 『日本古代史論集』 上卷, 坂本太郎博士還曆記念会, 吉川弘文館, pp. 4-12).
44 도래인에 대한 사성에 관해서는 伊藤千浪, 1985, 「律令制下の渡來人賜姓」, 『日本歷史』 442 참조.
45 『續日本紀』 神龜 원년 5월 신미조.

人) 등 4인에게 백제조신(百濟朝臣)을 내리고 고구려계 관인 9인에게 다가련(多可連), 장배련(長背連)의 성을 내렸다.[46] 또 천평보자 5년(761) 3월에는 백제 131인, 고구려인 29인, 신라인 20인, 한인(漢人) 8인 등 총 188인에 대한 사성을 단행하였다.[47] 백제인 여민선녀(余民善女) 등 4인에게 백제공(百濟公)을 사성한 것을 제외하면 모두 연(連) 혹은 조(造) 성을 내렸다. 이것은 천평보자 원년(757) 4월에 도래인에게 내려진 칙에 대한 후속조치로서 이 칙이 근거가 되어 개사성이 이루어졌다.[48] 이보다 앞서 천평보자 2년(758) 4월에도 고구려계 씨족 11인에게 난파련(難波連)의 성을 내리고,[49] 같은 해 8월에는 진사추주(津史秋主) 등 34인을 진사(津史)에서 진련(津連)으로 개성시켰다.[50] 천평신호(天平神護) 2년(766) 5월에는 상야국(上野國)의 신라인 193인에게 길정련(吉井連)의 씨성을 내렸고,[51] 신호경운(神護景雲) 2년(768) 3월에는 좌경인 양호비등인마려(楊胡毘登人麻呂) 등 60인에게 양호기촌(楊胡忌寸)[52]을 사성하였다. 또 보귀(寶龜) 8년(777) 정월에는 좌경인 전변사광본(田邊史廣本) 등 54인에게 상모야공(上毛野公)의 씨성을 주었다.[53] 모두 특정 도래계 일족에게 준 집단적 씨성이었다. 보귀 11년(780) 5월에 하막위백족(下莫位百足) 등 6씨 69인의 도래계 씨족들에게 일본 성을 주었다.[54] 연력 4년(785) 6월에는 종3위 우위사독(右衛士督) 판상대기촌예전마려(坂上大忌寸苅田麻呂) 등은 자신들의 선조가 후한 영제의 증손인 아지왕(阿智王)의 후예라며 숙녜(宿禰)로 개성해 줄 것을 청원하여 판상(坂上) 등 11씨 16인이 기촌(忌寸)에서 숙녜로 개성하였다.[55] 연력 8년(789) 10월에는 무장국(武藏國) 고려군인(高麗郡人)이 성무천황(聖武天皇)의 총애를 받아 고려조신(高麗朝臣)을 사성받았고,[56] 연력 9년(790) 7월에는 진련진도(津連眞道) 등이 관야조신(菅野朝臣)을 받았다.[57] 연(連)에서 조신(朝臣)으로의 개성은 8색의 성에서

---

46 『續日本紀』 天平寶字 2년 6월 갑진조.
47 『續日本紀』 天平寶字 5년 3월 경자조.
48 伊藤千浪, 1985, 앞의 글, p. 28.
49 『續日本紀』 天平寶字 2년 4월 기사조.
50 『續日本紀』 天平寶字 2년 8월 병인조.
51 『續日本紀』 天平神護 2년 5월 임술조.
52 『續日本紀』 神護景雲 2년 3월 계축조.
53 『續日本紀』 寶龜 8년 정월 무오조.
54 『續日本紀』 寶龜 11년 5월 갑술조.
55 『續日本紀』 延曆 4년 6월 계유조.
56 『續日本紀』 延曆 8년 10월 을묘조.

보면 5단계를 뛰어 넘는 파격적인 승진이었고, 천황가와의 특별한 관계에서 나왔다. 도래계 씨족들에 대한 사성은 대부분 공적인 절차를 거쳐 승인되었다.

이들의 상당수는 7세기 후반 한반도의 전란으로 망명해 온 사람들의 후손들이며, 이 시기 사성은 일본 정착 후에 능력을 인정받아 관인층이 된 인물도 적지 않다. 천황가와의 특별한 관계로 고위 성을 받은 사람도 있지만, 무성(無姓), 무씨(無氏) 사람의 경우는 씨성의 사여로 외국계인 '번인(蕃人)'의 일본화 과정을 통해 천황의 신민으로 재탄생되었음을 보여주고 있다.

다음은『씨족지』와『신찬성씨록』등 칙찬계보서 편찬의 시대적 배경이 된 천평승보 연간부터 연력 10년(791)에 이르기는 시기의 개사성 사례를『속일본기』에 의거하여 분류표로 제시한 것이다.

일본 관인층에 대한 사성도 천평승보 3년(759)에서 연력 10년(791)까지 8세기 후반에만 100회 이상 시행되었다. 분류표에서 보듯이 좌경과 우경에 많고 조신(朝臣), 숙녜(宿禰) 등 상위의 성도 경기와 주요 제국에 집중되어 있다. 유형별로는 조신(朝臣) 293인, 숙녜(宿禰) 180인, 기촌(忌寸) 65인, 신(臣) 333인, 연(連) 474인, 조(造) 456인, 공(公) 206인, 사(史) 14인, 직(直) 219인 등이다.[58] 도래계 씨족에게는 극히 제한된 조신과 숙녜 등 고위 성만 293인이고, 실무관료에 해당하는 신(臣), 연(連), 조(造)가 다수를 차지하고 있다. 이 시기는 율령국가의 공지공민제 이념이 퇴색해지고, 율령체제의 이완과 모순이 드러나기 시작하였다. 순인(淳仁)조에서는 이를 타개하기 위해 '신라 정토 계획'이 수립되었고, 이어 천평보자 8년(764)에는 신라 정토 계획을 주도한 등원중마려(藤原仲麻呂)의 정변과 실패에 이어 순인 폐위 등 정치적으로 매우 불안정한 상태였다. 이러한 상황에서 신분 상승의 지표인 사성정책이 추진되었다고 보인다. 사성을 통한 인민들에 대한 통제이다. 요컨대 사성은 천황의 은혜로서 관인층을 구성하는 씨족들과 충성과 봉사의 군신관계를 강화하여 지배질서를 확립하고자 했던 천황제 국가의 이념에서 시행되었다고 생각된다.

---

57 『續日本紀』延曆 9년 추7월 신사조.
58 眞人은 천황가의 후손에게 사여되는 것으로, 天武朝의 8색의 성 제정 시 고정되었다고 본다.

□ 일본씨족 사성(賜姓) 분류표[59]

	朝臣	宿禰	忌寸	臣	連	造	公	史	直	기타	총계
左京	87	14	42	3	14	18	14			1	
右京	10	26		13	51	32	13				
大和國	24						13				
山背國							11	14		11	
河內國	3			7	126					13	
攝津國	4				18						
和泉國	64										
伊豫國	15	21		8	10						
因幡國	15				19					7	
安房國	2										
近江國	4										
參河國			9								
上野國							9				
武藏國		1									
伊勢國	2	3	3	5							
讚岐國				127			52				
美作國				4	1						
阿波國		11			14						
出雲國	26										
土左國										41	
尾張國		8		8							
陸奧國	14			33	16		17				
播磨國					19						
備前國					7		64				
信濃國					8						
紀伊國									160		
遠江國					1						
越前國										1	
常陸國	2										
미상	21	96	11	125	170	406	13		59		
합계	293	180	65	333	474	456	206	14	219	74	2,314

---

59 이 분류는 개사성이 집중되는 『속일본기』에 나오는 천평승보 3년(759)에서 延曆 10년(791)의 기록이다. 1인 단독의 사성인 경우에는 제외한 것도 있어 통계에 차이가 있을 수 있다.

Ⅲ. 『신찬성씨록』 편찬 과정

1. 연력 18년의 「본계장」 제출령

『신찬성씨록』의 편찬은 환무천황(桓武天皇)이 연력(延曆) 18년(799) 12월에 각 씨족에게 계보기록인 「본계장(本系帳)」 제출에 관한 명령[60]을 내리면서 시작되었다. '연력 18년 칙'에는 「본계장」 제출에 관한 시행 항목이 명시되어 있다. 먼저 「본계장」에는 시조와 별조(別祖)에 관한 내용을 기재하여야 하며, 귀족에서 갈라져 나온 씨족(貴族之別)이라고 「본계장」에 기재한 경우는 '종중장자(宗中長子)'의 동의를 얻어야 한다. 그리고 「본계장」의 제출은 연력 19년(800) 8월 30일까지라고 시한을 정하였다고 기록되어 있다. 관련 내용을 순서대로 살펴보자.

첫째, 시조와 별조를 기재하라는 규정에 관해 살펴보자. 시조는 각 씨가 제출한 「본계장」에 기록된 각 씨족의 시원을 이루는 조상을 가리킨다. 영문(令文)의 해석서인 『영집해(令集解)』 상장령(喪葬令) 삼위이상조(三位以上條)에는 '별조씨종(別祖氏宗)'에 관한 주석이 달려 있다. 먼저 『의해(義解)』는 별조를 '별족(別族)의 시조'라고 하고, 『석기(釋記)』에는 별조를 '별씨(別氏)의 시조'라고 기재하고 있다. 또 『고기』는 별조가 '원래는 동족(同族)이었지만 현재는 별성(別姓)을 이룬 자'라고 해석하고 있다. 이들 제설에 따르면 별조는 씨명을 받아 새롭게 씨를 일으킨 인물을 가리킨다. 그리고 「일운(一云)」에는 새롭게 씨명[別姓]을 만들지 않고(不作別姓) 성을 받은(加姓者) 경우도 별조라고 해석하고 있다. 또 천무조 이후 『육국사(六國史)』의 씨성(氏姓; 우지가바네)에 관한 기록에서도 가바네[姓]는 성으로 기재하는 경우가 대부분이지만, 씨(氏, 우지)의 경우는 성(姓; 가바네)과 혼용된 사례가 많다. 예를 들면 『속일본기』 양로(養老) 원년(717) 9월 계묘조에는 "종5위상 일기촌소마려(壹忌寸小麻呂; 우테나노이미키오마로)가 거주한 지역의 명칭에 따라 씨를 명명하는 것이 이전부터의 상례임을 들어 자신은 물론이고 여러 자제에게 강본(岡本; 오카모토)이라는 성을 내려 줄 것을 청하였다."라고 기록되어 있다. 이 경우도 '일(壹; 우테나)'에서 '강본(岡本; 오카모토)'으로 씨명이 바뀌었는데 '성을 내려 주다(賜姓)'라고 표기하며 씨와 성을 혼용하여 적고 있다. 또 『속일본기』 천평보자 원년(757) 윤8

---

60 『日本後紀』 延曆 18년 12월 무술(29)조, "勅. 天下臣民. 氏族已衆. 或源同流別. 或宗異姓同. 欲據譜牒. 多經改易. 至檢籍帳. 難辨本枝. 宜布告天下. 令進本系帳."

월 계해조에는 성무천황(聖武天皇)의 부인 정2위 귤조신고나가지(橘朝臣古那可智; 다치바나노아손고나카치)와 무위(無位) 귤조신궁자(橘朝臣宮子; 다치바나노아손미야코) 등에게 본래의 성(本姓)을 고쳐서 광강조신(廣岡朝臣; 히로오카노아손)을 수여하였다고 한다. 이 경우도 씨명이 바뀌었는데 본성을 고쳤다고 하여 씨와 성을 혼용하고 있다. 따라서 영문의 해석과 『육국사』의 사례를 통해 보면 씨나 성을 새롭게 부여받은 자가 '별조'임을 알 수 있다. 예컨대 『신찬성씨록』 좌경 신별 「등원조신(藤原朝臣; 후지와라노아손)」조를 보면, 시조로 진속혼명(津速魂命; 쓰하야무스히노미코토)의 3세손 천아옥명(天兒屋命; 아메노고야네노미코토, 아마노고야네노미코토)이 나오고, 별조로는 천지(天智) 8년(669) 등원(藤原; 후지와라)이라는 씨명을 받은 중신련겸자(中臣連鎌子; 나카토미노무라지)와 천무 13년(684)에 조신 성을 받은 등원불비등(藤原不比等; 후지와라노후히토)이 기록되어 있다. 요컨대 「본계장」에 시조와 함께 기재해야 할 별조는 그 씨의 기원과 사성, 개성 내력을 증명해 주는 존재이므로 기재하도록 명한 것이다. 또 '연력 18년칙'에서 「본계장」에 시조와 별조를 기재하라고 명이 시행된 것은 『신찬성씨록』 일문에 기재된 「하무조신(賀茂朝臣; 가모노아손)」조와 「판상대숙녜(坂上大宿禰; 사카노우에노오스쿠네)」조, 그리고 『신찬성씨록』 산성국 황별 「왈좌(曰佐; 오사)」조 등에 본종의 본계에 별조(支流氏의 조상)가 기록된 것을 통해 확인된다. 따라서 지류의 각 씨의 본계와 본종씨의 본계를 대조하여 지류가 세운 별조에 관한 내용이 본종씨 본계에 적혀 있는지 여부를 확인하기 위해 양자를 기재하라고 규정한 것이다.

둘째, 귀족에서 분파된 씨족이라고 「본계장」에 기재한 경우는 '종중장자(宗中長子)'의 동의를 얻어야 한다는 내용을 살펴보자. '종중장자'는 본종씨의 장자를 가리키는데 씨장(氏長), 씨의 장자(氏之長子)로도 표기된다. 씨상(氏上, 氏長)은 천지천황 3년(664) 2월에 나온 이른바 '갑자의 선'에서 씨상을 정하라는 기사에서 처음으로 등장한다. 이 명령은 사법적(私法的)인 존재였던 씨상의 지위를 공법적으로 정착시켜 씨족단 내부의 서열을 바로잡고 씨상을 매개로 각 씨를 장악하려는 데 목적이 있다. 또 『일본서기』 천무천황 10년(681) 9월 갑진조에는 "각 씨의 씨상이 아직 결정되지 않았으면 각기 씨상을 정하여 이관(理官, 율령제 治部省)에 신고하라."라고 명하였고, 천무천황 11년(682) 12월 임술조에는 "각 씨의 사람들은 각기 씨상으로 적당한 자를 정하여 신고하라. 일족이 많은 자는 나누어 각각의 씨상을 정하여 모두 관사에 신고하라. 그 후에 그 상황을 짐작하여 처분하라. 관사의 판결을 받아라. 다만 조그만 일로 자기의 씨족이 아닌 사람을 억지로 끌어들여서는 안 된다"라고 명을 내렸다. 이러한 천무조의 씨상 관련 명령은, 천지조의 씨상을 정하라는 명이 내린 이후에도 아직 씨상을 정하지 않은 씨가 여전히 많았고, 씨상을 정하는 일이 각 씨족 내부에서 자주적으로 이루어졌다는 것을 말해 준다. 이것은 「본계장」 제출에 관한 명령이 강제성을 띠지 않은 것과 상통한다.

그런데 씨상(氏上)에 관한 사료는 율령의 조문에서는 확인되고 있지만, 씨상(씨장)의 임명에 관한 기사는 『속일본기』 영귀 2년(716) 9월 을미조의 태조신안마려(太朝臣安麻呂; 오노아손야스마로) 이후 더 이상 확인되지 않는다. 따라서 천지조부터 천무, 지통조를 거치며 『대보령(大寶令)』에서 확립된 이른바 공(법)적 제도로서의 씨상제가 영귀 2년(716) 무렵에 폐지된 것으로 생각된다.[61] 이후 씨상제는 관직에 수반한 씨장자제(氏長子制)로 변질되지만, 씨족단 내의 질서를 바로잡아 국가의 통제력을 강화하고 국가와 씨족단의 접점 역할을 수행한 것은 이전과 같다고 볼 수 있다.[62] 따라서 씨족 계보의 공인 작업은 '본종씨 장자'를 매개로 한 씨족 지배라는 형식을 통해 추진되었음을 알 수 있다. '연력 18년칙'에서 본종씨의 장자를 매개로 하여 「본계장」에 기재된 내용을 확인하는 작업은 『신찬성씨록』의 서문에서 「본계(장)」에 기재된 동조(同祖)관계에 관한 내용을 「종씨(宗氏, 본종씨의 본계)」와 비교·검토하였다는 내용과 연결된다. 또 『신찬성씨록』의 서문에는 "연력 19년(800) 8월 30일까지 「본계장」의 제출을 명하였지만 상당 시간이 지났음에도 경기의 본계도 아직 과반이 제출되지 않았다."라고 적혀 있다. 이것은 「본계장」 제출에 관한 초기 규정에 강제성이 없었다는 점과, 율령국가의 씨족을 대상으로 한 정책이 국가의 일방적 결정 전달이 아니라 신고하면 추인하는 방식을 취한 것과도 관련이 있다.[63] 한편으로는 현실적 측면에서 씨족들 중에는 「본계장」 자체가 없었거나 새로 만들기가 쉽지 않았던 이유도 있었다고 본다. 그리고 허위 기재가 드러날 경우 처벌을 두려워하여 처음부터 제출을 주저했을 가능성도 있다. 예를 들면, 『일본후기』

---

61 이른바 '공적 씨상제'는 『대보령』 시행 이후 관인, 관사제의 정비, 음위제에 근거한 상급관인의 재생산과 그에 대응하여 각 씨, 씨족 내에서 본종가, 본종씨가 확립되면서 씨족제의 적극적인 도입과 보호가 불필요한 단계에 도달한 점, 나라 시대에 들어서 빈번히 이루어진 개사성에 의해 각 씨족의 分枝가 진행된 점 등에 의거하여 폐지되었다(中村英中, 1985, 「律令國家と氏上制」, 『北大史學』 25, p. 31; 中村英中, 2004, 『古代氏族と宗教祭祀』, 吉川弘文館).

62 竹內理三, 1954, 「氏長子」, 『史淵』 63; 竹內理三, 1958, 『律令制と貴族政權 第2部 貴族政權の構造』, 御茶の水書房, p. 349.

63 서보경, 2017, 「『新撰姓氏錄』의 기초적 연구」, 『한림일본학』 30, p. 19.

대동(大同) 4년(809) 2월조에 『왜한총력제보도(倭漢惣歷帝譜圖)』에 노왕(魯王), 오왕(吳王), 고려왕(高麗王), 한(漢) 고조(高祖) 등이 천어중주존(天御中主尊)의 자손으로 되어 있는 등 일본과 외국(倭漢)의 계보가 뒤섞여 있어 천종(天宗)이 더럽혀지고 있다고 하여 소각을 명하고 발각되면 중벌에 처한다[64]는 칙이 내려지기도 하였다. 또 『일본서기사기』(갑본) 「홍인사기」 병서에도, 〈제왕계도(帝王系圖)〉에 근거하여 천손의 후손이며 신라왕, 고구려왕이 되고 민간에서 제왕이 되었다고 주장하는 자들이 있어 연력 연간에 제국에 명하여 이를 소각시켰지만 지금도 민간에 남아 있다고 하는 사실은 이를 대변해 준다.

셋째, 「본계장」 제출 시기에 관해서이다. 『신찬성씨록』의 편찬은 '연력 18년칙'에서 「본계장」 제출 시점을 명시한 것 이외에는 제출 시한을 언급한 기록은 보이지 않는다. 그런데 『신찬성씨록』 좌경 황별(상)의 「판전숙녜(坂田宿禰; 사카타노스쿠네)」조에 기재된 숙녜(宿禰)와 조신(朝臣) 사성에 관한 내용에 의거하면, 연력 22년(803)부터 대동(大同) 3년(808) 사이에 숙녜(宿禰) 성이, 홍인(弘仁) 4년(813)에 조신(朝臣) 성이 내려진 것이다. 그런데 씨성 표제에는 숙녜 사성은 반영되어 있지만, 조신 사성은 반영되어 있지 않다. 또 『신찬성씨록』 좌경 황별(하)의 「길전련(吉田連; 기치다노무라지)」조에는 홍인 2년의 숙녜 사성이 기재되어 있지만 씨성 표제에는 숙녜 사성이 반영되어 있지 않다. 따라서 「판전숙녜」조와 「길전련」조의 씨성 표제와 조문에 기재된 사성 내용의 차이에 대하여 「본계장」 제출이 이루어진 뒤에 행해진 사성이므로 씨성 표제에는 반영되지 않았고 『신찬성씨록』 2차 편찬 때 사성에 관한 내용만 보충해서 넣은 것[65]이라고 설명하고 있다.

그러나 '홍인모년'의 사성이 본문 내용에 기재된 경우도 씨성 표제와 일치하는 사례가 『신찬성씨록』 좌경 황별(하)의 「상모야조신(上毛野朝臣; 가미쓰케노노아손)」조의 홍인 원년 조신 사성과 『신찬성씨록』의 일문 기사인 「압각신가본(鴨脚神家本) 신찬성씨록잔간(新撰姓氏錄殘簡)」에 수록된 『신찬성씨록』 권17 하무조신(賀茂朝臣; 가모노아손) 본계의 홍인 2년 조신 사성 기사에서 확인된다. 홍인 연간의 사성도 『신찬성씨록』에 정확히 반영되어 있는 것을 알 수 있다. 따라서 연력 18년칙에 의거한 「본계장」 제출 마감 시기

---

64 『日本後紀』 大同 4년 2월 신미조.
65 田中卓, 1996, 『新撰姓氏錄の硏究』, 田中卓著作集9, 國書刊行會, p. 288; 佐伯有淸, 1981, 『新撰姓氏錄の硏究』 考證篇1, pp. 458-459.

를 지난 연력 22년 이후의 사성은 물론이고, 대동 연간(806~810), 홍인 원년(810)과 홍인 2년의 사성도 『신찬성씨록』의 씨성 표제와 본문의 사성 기사에 잘 반영되어 있다. 그러므로 현 시점에서 「본계장」제출의 마감 시점이 언제였는가 하는 문제는 확정짓기 어렵다.

다음은 『신찬성씨록』의 씨성 표제와 조문에 기재된 사성(賜姓)에 관한 내용이 합치되지 않는 이유가 무엇인지가 문제이다. 현존 『신찬성씨록』의 조문 가운데 자세한 내용이 기록된 조문과 을 자세한 내용이 기재된 일문에 기재된 내용을 살펴보면 각 씨가 제출한 본계장에는 씨성의 유래, 사적, 본종, 별조, 별조에서 나온 지류의 인명과 개사성에 관한 내용, 후예 씨족명과 본거지 등 다양한 내용이 기재되었을 것으로 보인다. 따라서 『신찬성씨록』을 초략할 때 일족의 개사성에 관한 내용이 남겨진 경우 본계장에 기재된 씨성 표제와 본문의 사성이 불일치가 생기게 된다. 이러한 현상의 실례가 『신찬성씨록』 좌경 황별(하)에 게재된 길전련조의 씨성 표제인 연성과 본문의 숙녜 사성 기사이다.

2. 『신찬성씨록』의 편찬 완료와 상표

『신찬성씨록』의 상표문에는 만다친황(萬多親王) 외 6명의 관인이 기재되어 있다. 이들 편찬 관계자 6명의 약전(略傳)과 그 지위로 볼 때, 4품 만다친왕, 종2위 등원조신원인(藤原朝臣園人; 후지와라노아손소노히토), 종3위 등원조신서사(藤原朝臣緒嗣; 후지와라노아손오쓰구) 등은 편찬을 감독하고, 아배조신진승(阿倍朝臣眞勝; 아베노아손마사카쓰), 삼원조신제평(三原朝臣弟平; 미하라노아손오토히라), 상모야조신영인(上毛野朝臣穎人; 가미쓰케노노아손가히히토) 등은 실제로 편찬 작업의 담당자들이다. 삼원제평(三原弟平)에 대해서는 자세한 경력을 알 수 없지만, 상모야영인(上毛野穎人)과 아배진승(阿倍眞勝) 등은 졸전(卒傳)에 보이듯이 학식이 깊은 인물로서 편찬에서 지도적인 역할을 담당했을 것이다.[66] 또 『신찬성씨록』의 제30권 말미에는 편찬의 실무를 담당한 것으로 생각되는 8인의 관위, 관직, 씨성명이 기록되어 있다. 석하조신국조(石河朝臣國助; 이시가와노아손쿠니스케) 등 앞에 기재된 3명은 모두 치부성 소속의 관인들이다. 치부성 장관의 대표적 업무가 「본성(本姓)」[67]에 관한 것이었고, 치부성에 소속된 대해부(大解部)와 소해부(少解

66　大和岩雄, 1976, 「『弘仁私記』 序考」『日本書紀硏究』 9, p. 21; 佐伯有淸, 1963, 『新撰姓氏錄の硏究』 硏究編, pp. 55-68.

部)는 씨의 분란과 규정에 관한 문제를 담당한 관사였다. 따라서 치부성 소속 3등관(승), 4등관(록)에 보임된 3인은 『신찬성씨록』의 편찬 작업에서 씨성의 감교 작업에 관여하였을 것이다. 석천국조(石川國助) 이외의 인물은 자세한 이력을 알 수가 없지만, 이들이 실제로 편찬 작업을 수행한 것으로 보인다.

『신찬성씨록』 모두에는 홍인 6년(815) 7월 20일자로 중무경 4품 만다친왕 이하 6인의 상표문과 서문이 기재되어 있다. 반면 『일본후기(日本後紀)』의 일문(逸文)인 홍인 5년(814) 6월 병자삭조에는 "중무경 4품 만다친왕, 우대신 종2위 등원조신원인(藤原朝臣園人) 등이 칙을 받들어 『신찬성씨록』 편찬을 완성하였다. 상표하여 말하기를 운운(云云)."이라고 적혀 있다. 그런데 『신찬성씨록』에는 중무경 4품 만다친왕 이하 6인의 상표문과 서문이 홍인 6년(815) 7월 20일자로 기재되어 있다. 『신찬성씨록』의 서문과 『일본기략(日本紀略)』에 기재된 『신찬성씨록』 완성과 상표 시기 사이에는 1년 가까운 시차가 난다. 또 『신찬성씨록』 상표문과 서문에 적힌 편찬을 주도한 인물들의 관위와 관직 면에서도 차이가 확인된다. 편찬에 관여한 등원조신원인 등의 서위와 임관 일자 등을 비교·검토하면, 『신찬성씨록』의 서문은 홍인 5년(814) 8월 이전에 일단 완성된 『신찬성씨록』에 부가된 것이다. 따라서 서문이 기재된 『신찬성씨록』의 완성은 『일본기략』의 홍인 5년 6월 병자삭조의 기재 내용과 연결된다. 즉 『일본기략』에서 홍인 5년에 『신찬성씨록』을 완성하였다는 것은 첫 번째 편찬을 가리키는 것이며, 홍인 6년의 상표문은 보완 과정을 거친 『신찬성씨록』(2차 편찬)을 상주할 때 다시 부가된 것이다.

서문까지 기재된 『신찬성씨록』을 다시 상표문을 붙여 상주한 까닭은 환무천황이 추진한 황친 질서의 재편과 천무천황계와 천지천황계 황친을 주 대상으로 한 사성을 통해 환무천황 직계 중심의 황친 체제를 구축하고자 한 움직임과 관련이 있다. 즉 환무조의 황친 범위 재규정 작업은, 황친의 비과세 특권을 악용하려 한 황친 사칭을 규제하기 위한 왕명(王名)의 인물에 대한 정리[68]와 황친의 정리를 통해 이들의 부양에 필요한 재정난을 해소한다는 배경도 존재한다. 그러나 연력 11년(792), 동 15년(796), 동 17년(798)의 칙을 통해 환무천황은 황친의 계층화와 범위 축소를 통해 환무천황 직계 중심의 황

---

67 『令集解』 職員令 治部省條 「卿一人[掌本姓]」에 인용된 『古記』에는 "本姓者, 諸人姓氏也."라고 적혀 있다.
68 林陸郎, 1962, 「桓武朝廟堂の人的構成」, 『國學院雜誌』 63-2·3; 林陸郎, 1969, 『上代政治社會の研究』, 吉川弘文館, pp. 191-193.

친 질서 구축을 도모하였다. 또 환무천황은 '광인(光仁)-환무(桓武)-차아(嵯峨)'로 이어지는 직계를 제외한 천지, 천무계 왕족들에 대한 사성을 통해 황적에서 배제하는 등의 과정을 통해 황친 사성을 일단락지었다. 일련의 작업이 일단락된 연력 18년에 「본계장」 제출을 명하면서 『신찬성씨록』 편찬 사업을 시작하였다. 더구나 환무천황은 정비된 황친 질서 위에 친왕을 관직에 보임시키는 방식으로 천황권의 강화를 도모하였다. 이러한 사성과 친왕 임관정책은 이러한 사성과 친왕 임관정책은 차아천황 대로 계승되어 1세 황자를 대상으로 한 사성과 이들을 의정관에 배치하는 임관의 형태로 이어졌다. 즉 차아조의 1세 황자를 대상으로 한 원조신(源朝臣; 미나모토노아손) 사성은 황적(皇籍)을 신적(臣籍)으로 강등시켜 1세 황자가 의정관에 진출하는 것을 가능하게 만들었다. 그러므로 천황의 아들이 부왕의 정치에 참여하며 그 체제를 보좌한다는 점에서 환무조 후반기 4친왕의 임관은 이른바 '사성원씨(賜姓源氏)' 정계 진출의 선구적인 사례로 간주된다.[69]

요컨대 『신찬성씨록』의 편찬이 시작된 연력 18년(799)은 황친의 계층화와 범위 축소를 통해 환무천황 직계 중심의 황친 질서 구축이 일단락된 시기였다. 또 『신찬성씨록』이 1차 완성된 홍인 5년은 1세 황자의 사성 문제가 공론화된 때였다. 즉 차아천황은 홍인 5년(814) 5월 황자와 황녀 8인에게 원조신(源朝臣)이라는 성을 주고 신적(臣籍)으로 내려보냈는데, 이들은 모두 후궁 소생의 황자녀들이었다. 홍인 6년 6월에 황자의 사성과 좌경에 본거지로 편입하는 일련의 작업이 완료되었다. 이후 『신찬성씨록』 좌경 황별(상)의 필두에 「원조신(源朝臣)」조를 게재하여 홍인 6년 7월에 상표문을 다시 붙여 올리게 된 것이다.

Ⅳ. 『신찬성씨록』의 형식과 편찬 자료의 교감

1. 『신찬성씨록』 씨성 배열과 특징

『신찬성씨록』의 서문에는 "본문 30권과 목록 1권을 합하여 31권으로 이루어져 있으며 1182씨를 30권에 3부로 나누어 수록하였다"라고 기재되어 있다. 그러나 현존 『신찬성

---

69 髙田淳, 1983, 「桓武朝後半期の親王任官について」, 『國史學』 121, pp. 76-77; 虎尾達哉, 1988, 「日本國家と皇親」, 『日本史研究』 307, p. 24.

씨록』은 초략본(抄略本)과 일문(逸文)의 형태로 남아 있을 뿐이고, 목록은 전해지지 않고 있다. 또 서문에는 "천신과 지기의 후손을 신별(神別)이라고 하고, 천황과 황자의 후손은 황별(皇別)이라고 하고, 대한(大漢)과 삼한(三韓)의 종족을 제번(諸蕃)이라고 한다."라고 기술하였다. 서문의 씨족 분류는 신별이 황별의 앞에 기재되어 있는데 비해 현존 『신찬성씨록』의 본문은 황별, 신별, 제번의 순서로 배열되어 있다. 그리고 "진인(眞人; 마히토)은 상위 씨족이므로 경기(京畿)를 모두 모아 1권으로 만들어 황별의 첫머리에 붙이고, 미정(未定)은 여러 씨족 중에서 분명하지 않은 것으로 모아서 1권으로 만들어 제번의 뒤에 배열하였다."라고 적혀 있다. 현존『신찬성씨록』도 3질(帙)로 구분되어 있고 제1질(제1~10권)에 황별(335씨)이 배치되어 있고, 제1권에 진인 성을 배열하고, 제2권에서 제10권까지 진인성을 제외한 황별 씨족이 실려 있다. 또 제2질(제11~20권)에는 천신(天神), 천손(天孫), 지기(地祇)로 분류된 신별(404씨)이 실려 있고, 제3질(제21~30권)에는 제번(326씨)과 확정되지 않은 미정잡성(117씨)이 배열되어 있다. 그 중 제21~29권에는 중국계(漢, 163씨), 한반도계(백제 104씨, 고구려 41씨, 신라 9씨, 임나 9씨) 씨족이 순서대로 실려 있고, 가장 마지막 권인 제30권에 미정잡성이 수록되어 있다. 『신찬성씨록』의 씨성 배열의 특징에 관해 살펴보자.

첫째, 『신찬성씨록』의 제1권에는 경기(京畿)의 진인 성 씨족이 게재되어 있고, 제2~10권까지는 그 외의 황별 씨족을 게재하며 황별 중시 입장을 드러내고 있다. 진인 성을 가진 씨족은 계보상의 시조가, 응신천황(應神天皇)의 아들 치정모이오왕(稚渟毛二俣王)의 후손을 제외하면 모두 계체(繼體) 이후 천황의 후손이다. 이 외의 황별 씨족은 신무천황(神武天皇)부터 차아천황(嵯峨天皇)의 후손을 시조로 삼고 있다. 또 차아조에 원조신(源朝臣) 사성 이전에 황친에게 조신 성을 내린 사례는 광군조신(廣根朝臣; 히로네노아손), 장강조신(長岡朝臣; 나가오카노아손), 양잠조신(良岑朝臣; 요시미네노아손), 춘원조신(春原朝臣; 하루하라노아손) 등이 있을 뿐이다. 즉 환무조의 황친에게 내려진 조신 성은 황친을 신하로 규정하기 위해 취해진 것이다.[70] 헤이안 시대에는 조신 성이 진인 성에 비해 우월한 위치를 점하게 되지만, 헤이안 시대 초기까지는 황친에게는 진인 성을 수여한다는 인식이 강하게 존재하였음을 말해주고 있다. 그러므로 『신찬성씨록』의 필두에 황별을 그 가장 앞부분에 진인 성, 그리고 좌경 황별 상의 첫머리에 원조신(源朝臣)

---

70 安田政彦, 1998, 「桓武朝の皇親賜姓」『平安時代皇親の硏究』, 吉川弘文館, p.178.

을 비롯한 광근조신, 장강조신, 양잠조신, 춘원조신 등의 조신 사성으로 신적으로 내려간 씨성을 게재한 것이다. 이러한 기술 순서는 황별 중시 입장을 잘 드러내고 있다.

둘째, 서문에서 신별이 황별보다 앞에 기재된 점에 주목하여 『신찬성씨록』 편찬 당시에 '신별[神胤]'을 상으로 황별[皇裔]을 하'로 하는 관념에 따라 신별, 황별의 순서로 씨성 본계를 배열한 것이 문제가 되어 홍인 5년에 완성된 『신찬성씨록』과 서문에 보완 작업이 필요했을 것으로 생각된다. 『신찬성씨록』 편찬 시기의 이른바 '신윤상위(神胤上位)'론에 관해 살펴보자. 신별계 씨족 사이에는 나라[奈良] 시대부터 헤이안 시대 초에 걸쳐서 고황산령신(高皇産靈神; 다카노무스비노가미), 신황산령신(神皇産靈神; 가미무스비노가미)을 조상으로 하고 그 위에 천지개벽 때 처음 나온 최초의 신인 천어중주신(天御中主神; 아메노미나카누시노가미)을 시조로 두는 풍조가 유행하였다.[71] 따라서 여러 씨족의 조상이 천어중주신이라는 하나의 신으로 통합되는 현상을 초래하였다. 『고사기』와 『일본서기』에는 고천원(高天原)에 출현한 최초의 신으로 천황가의 조상인 천조대신(天照大神; 아마테라스오미카미)도 '천어중주신'의 후손이라고 기록되어 있다. 그러므로 천어중주신을 시조로 받드는 나라, 헤이안 시대 초기의 풍조는, 신별계 씨족이 자신의 원래 조상신 위에 다시 천어중주신을 올려 황실의 조상신과 연결하면서 나타난 현상이다. 이것은 율령제 관료국가의 성립과 함께 천황을 중심으로 한 고대국가에 어울리게 자신의 조상을 황실에 연결하려는 현상에서 나타난 것이다. 또 『신찬성씨록』 서문에 나오는 "신별 상, 황별 하"라고 하는 문장은 '천손강림'부터 시작하여 『신찬성씨록』의 편찬이 완료된 차아천황 시대에 이르는 씨성 관련 정책을 시간의 흐름에 따라 정리한 말미에 기재되어 있다. 따라서 일본열도에 '씨족의 발생 순서'에 기초하여 '신별, 황별, 제번'이라는 3개의 출자 구분에 관해 순서대로 설명한 것임을 알 수 있다.

셋째, 제번 말미에 기재된 미정잡성의 117개 조는 모두 "~의 후손이다"라는 형태로 표기되어 있다. 이것은 『신찬성씨록』 편찬국이 제출된 각 씨의 본계장에 기재된 내용을 감교한 결과를 나타낸 것이다. 그 형식은 '삼례(三例)' 가운데 '지후(之後)'의 형식을 띠고 있다. 지후는 지류의 씨가 주장하는 동조(同祖)관계가 「고기(古記)」와 「종씨(본종씨의 본계)」 어느 쪽에도 기재되어 있지 않지만 세운 조상에는 오류가 없다는 것을 나타낸 표시이다. 그런데 「미정잡성」의 제번조에 게재된 씨족은 조상으로 제시한 인명이 다른 사

---

71 阿部武彦, 1962, 「古事記の氏族系譜」, 坂本太郎 編, 『古事記大成』 4, 平凡社, pp. 126-127.

료에 보이지 않는 경우가 대부분이고, 신별이나 황별에 편재된 씨족은 황통보(皇統譜)나 신통보(神統譜)에 보이지 않는 이름을 조상으로 삼고 있거나 세대수가 잘못 기재된 사례가 많다. 따라서 동조관계가 「고기」와 「본종씨의 본계」 어느 쪽에도 기재되어 있지 않고, 각 씨가 세운 조상의 확인도 불가능하기 때문에 출신을 정할 수가 없어서 본문에 게재되지 못하고 「미정잡성」으로 분류된 것이다. 그런데 미정잡성의 117씨는 호적의 본관지인 왕경과 국(國)에 황별, 신별, 제번의 순서로 정리되어 있다. 이러한 배치는, 「미정」으로 되어 있지만, 각 씨가 주장한 본계가 인정되었다면 어디에 배치되었을 것인지를 짐작할 수 있게 한다.

2. 『신찬성씨록』의 편찬 자료와 교감

『신찬성씨록』은 환무천황 연력 18년(799)에 나온 「본계장(本系帳)」 제출령에 의거하여 편찬이 시작되었다. 그러나 환무천황은 사업의 완성을 보지 못하고 세상을 떠났고, 아들인 차아천황이 계승하였다. 차아천황은 중무경(中務卿) 4품 만다친왕을 필두로 하는 편찬진을 구성하여 홍인 6년(815)에 『신찬성씨록』의 편찬 사업을 마쳤다. 『신찬성씨록』 편찬의 기초 자료는 각 씨족이 제출한 「본계장」이다. 그러나 「본계장」에 기재된 내용을 어떤 기준에 따라 선별하여 『신찬성씨록』에 게재했는지에 대해서는 불분명한 점이 있다. 각 씨족이 제출한 「본계장」(상표문에는 新系) 및 「고기(古記)」와 「구기(舊記)」(상표문에는 舊文)를 대조하여, 본계가 「고기」와 다른 경우 「고기」에 의거해 산정(刪定)하고, 본계에 「고기」가 인용되어 있을 경우 그 문장이 혼란스럽더라도 고치지 않고 그대로 수록했다고 한다. 따라서 제출된 본계와 「고기」를 교합하여 『신찬성씨록』에 수록한 것이지만, 「고기」가 진위 판별의 중요한 기준점이 되고 있음을 알 수 있다.

『신찬성씨록』의 상표문에는 "서부(書府, 書庫)[72]의 「구문(舊文)」과 「신계(新系)」를 서로 교합하여 수록하였다."라고 기재되어 있으므로 「신계」의 교감이 「구문」(「고기」, 「구사」)에 의해 이루어졌다는 것을 의미한다. 서문에는 「고기」와 「구사」가 교감의 기준으로 제시되어 있고, 「구문」은 「구사」와 「고기」를 아우른 것이다. 그리고 『신찬성씨록』의 상표문과 서문에는 '서고의 구문'이나 '서고의 비장(祕藏)을 열라'라는 문구가 적혀 있다. 조정의 서고에 소장된 문헌이 「신진본계(신계)」의 교감에 이용되었음을 알 수 있다. 따

---

[72] 孔安國, 『尙書』 序, "其餘錯亂摩滅, 弗可復知, 悉上送官, 藏之書府, 以待能者."

라서 『신찬성씨록』 편찬의 주된 자료인 「신진본계」를 감교할 때 사용한 「구문」과 『신찬성씨록』 편찬 때 서부에 소장된 씨성 관계 자료가 무엇인지를 검토할 필요가 있다.

1) 서고의 사서와 「구사(舊史)」

『신찬성씨록』의 편찬은 환무천황 연력 18년(799)에 시작되어 차아천황 홍인 5년(814)에 1차 완성을 보았다. 이후 수정 작업을 거쳐 홍인 6년(815)에 『신찬성씨록』의 편찬이 완료되었다. 『신찬성씨록』이 완성된 홍인 연간은 『일본서기』에 대한 강서(講書)가 이루어진 시기이기도 하다. 홍인 3년(813)부터 홍인 4년에 걸쳐 진행된 『일본서기』의 강서는 씨성의 혼란을 정리하고 고어(古語)의 복원과 보존 등을 표방하였다. 따라서 『신찬성씨록』의 편찬과 『일본서기』 강서의 관련성 연구는 이른 시기부터 진행되었다.[73] 『일본서기』에 대한 강서는 양로(養老), 홍인(弘仁), 승화(承和), 원경(元慶), 연희(延喜), 승평(承平), 강보(康保) 등 여러 차례에 걸쳐 행해졌다.[74] 양로 강서부터 강보 강서까지 7차에 걸쳐 박사들이 『일본서기』를 강의한 내용은 『사기(私記)』라는 이름으로 기록되었고, 그 가운데 일부가 남아 있다. 현존하는 것으로는 갑을병정의 4종이 있는데, 이 가운데 갑본이 홍인 연간의 강서에 관한 사기 즉 『홍인사기(弘仁私記)』이다.[75] 이 『홍인사기』의 서문에는 당시 조정의 서고와 민간에 존재한 씨성에 관한 문헌이 관찬과 사찬으로 나누어 기재되어 있다. 전자로는 『고사기』 3권, 『일본서기』 30권, 『제왕계도(帝王系圖)』, 『정서목록(正書目錄)』 등이 제시되어 있고, 후자로는 『신별기(神別記)』 10권 이외에 『제왕계도(帝王系圖)』, 『제민잡성기(諸民雜姓記)』, 『제번잡성기(諸蕃雜姓記)』, 『신찬성씨목록(新撰姓氏目錄)』 등이 열거되어 있다. 『홍인사기』의 서문에는 『신별기』[76]를 제외한 사찬서

---

73 村尾次郎, 1941, 「氏姓崩壞に現はれた歸化人同化の一形相－新撰姓氏錄に至るまで」『史學雜誌』 52-8, 關晃, 1942, 「上代における日本書紀講讀の硏究」『史學雜誌』 53-12, 同 1997, 『日本古代の政治と文化』 關晃著作集5, 吉川弘文館, 田中卓, 1950, 「日本紀弘仁講書と新撰姓氏錄の撰述」『藝林』 創刊號, 동 1996, 『新撰姓氏錄の硏究』 田中卓著作集9 國書刊行會, 志水正司, 1958, 「弘仁の日本書紀講讀と私記の成立」『史學』 31(1-4).

74 『釋日本紀』 康保 2년 外記勘申의 日本紀講例 참조.

75 黑板勝美 編輯, 1999, 「凡例」『日本書紀私記(甲本) 弘仁私記 序』『新訂增補 國史大系 8 日本書紀私記·釋日本紀·日本逸史』 吉川弘文館(新裝版第1刷).

76 村尾次郎은 『弘仁私記』 서문에서 사찬서를 비판 대상이라고 기술하였는데, 『신별기』 10권만 매우 긍정적인 평가를 받고 있는 점과 『本朝書籍目錄』 神事部에 '神別記十卷', 帝紀 중에도 '神別記十卷'이 기재되어 있어 가마쿠라 시대 이후까지 전승되었음을 알 수 있다는 점 등을 들어 『신별기』 10권이 민

는 모두 오서(誤書), 위서(僞書)라고 규정된 문헌으로 이러한 서적의 횡행이 씨성의 혼란을 가중시켰다고 기재되어 있다.

관찬서는 편찬 연도순으로 기재되어 있는데 필두에 등장한 것이 『고사기』 3권과 『일본서기』 30권, 『제왕계도』 1권이다. 『속일본기』 양로 4년(720) 5월 계유조에는 "이전부터 일품 사인친왕(舍人親王)이 천황의 명을 받아 『일본기』[77]의 편찬을 담당하였다. 이것이 완성되어 기(紀) 30권과 계도 1권을 찬상하였다"라고 기록되어 있다. 따라서 『일본(서)기』는 현재 전해지고 있는 30권 이외에 계도 1권이 존재했다는 것을 알 수 있다. 또 겸창(鎌倉) 시대 후반에 편찬된 『본조서적목록(本朝書籍目錄)』[78]에도 '사인친왕찬(舍人親王撰) 제왕계도일권(帝王系圖一卷)'이 기록되어 있다. 『본조서적목록』은 당시에 확인 가능한 서적을 총망라한 것이므로 『제왕계도』 1권이 이 무렵까지는 존재한 것으로 보인다. 『홍인사기』에 기재된 '기 30권'은 『일본서기』 30권을, '계도 1권'은 『제왕계도』 1권을 가리키는 것임을 알 수 있다. 『일본서기』 30권 및 『제왕계도』 1권에는 "지금 도서료와 민간에 존재한다"라는 주가 붙어 있다. 또 관사에서 헌상한 것에는 "지금 이것이 도서료에 있다"라는 주기가 있다. 그런데 민간에 존재한 사찬서에는 동일한 서명의 『제왕계도』가 있다. 그 분주에 "천손의 후손이 모두 제왕이 되거나 신라와 고구려에서 온 사람이 국왕(國王)이 되거나 민간인이 제왕(帝王)이 되었다고 한 내용이 기재되어 있다. 이에 금서로 간주하고 수색하여 소각하라는 명령을 내렸지만 아직도 민간에 존재한다"라고 기록되어 있다. 이러한 민간에 유포된 서적에 대한 금압 조치는 『일본후기』 대동 4년(809) 2월 신해조 기사에도 적혀 있다. 이 기사에는 『왜한총력제보도(倭漢惣歷帝譜圖)』라는 책의 문제점과 조정의 대책이 나타나 있다. "『왜한총력제보도』는 천어중주존(天御中主尊)을 시조로 내세우고, 노왕, 오왕, 고려왕, 한 고조 등도 그 후예라고 하였다. 일본과 중국이 서로 뒤섞여 천종(天宗)을 더럽히고 어리석은 백성이 미혹함에 사로잡히게 되었다. 흔히 실록이라고 부르는 것으로 여러 관사의 관인들이 가지고 있는 것을 모두 바치도록 하라. 만약 딴마음을 먹고 숨기거나 명령을 어기고 바치지 않는 자는 일이

간의 杜撰書가 아니라 '撰氏族志所'가 해체되었을 때 민간으로 나간 초안에 기초한 것이라고 추정하였다(村尾次郞, 앞의 글, pp. 916-917).

77 『일본서기』의 명칭 문제는 동북아역사재단 편, 2013, 「해제」(『역주 일본서기』 1, 동북아역사재단, 20-23쪽) 참조.

78 和田英松, 1970, 『本朝書籍目錄考証』, 明治書院(1936년 初版), p. 10.

발각되면 필히 중벌을 받을 것이다"라고 한다. 이 2개의 사례는 당시에 민간에 유포된 사찬의 계보가 다수 존재하였다는 것과 이것이 씨성과 상하존비의 혼란을 초래하자 관에서 이를 소지하거나 유포하는 것을 엄격히 금지했지만 근절되지 않았다는 것을 나타내고 있다.『일본서기』는 천황을 중심으로 하는 기록을 축으로 삼고 일본의 국가사(國家史)로 편찬된 것이므로 함께 편찬된『제왕계도』도 이에 상응하는 계보도로 구성되었을 것이다. 따라서 도서료에 보관된 관찬의『제왕계도』와 민간에 유포된『제왕계도』가 각기 다른 내용이고,『홍인사기』의 서문에도 동명이서(同名異書)가 초래하는 혼란을 방지하기 위해 민간에 존재하던『제왕계도』에 적힌 내용을 제시하며 금서가 된 이유를 기재하고 있다.

다음은 태정관에 보관된『정서목록(正書目錄)』과 민간에 유포된『신찬성씨목록(新撰姓氏目錄)』이 대비되어 기재되어 있다. 후자인『신찬성씨목록』의 주에는 '신윤(神胤)을 위로 황예(皇裔)를 아래로 운운'하고 있다. 이것은 민간에 유포된『신찬성씨목록』이『정서목록』의 천황의 후손을 위로, 신의 후손을 아래로 기재한 황별, 신별 순서와 다르게 구성된 것이라는 문제점을 언급한 것이다. 또『신찬성씨목록』의 주에는 "태정관에 있는『정서목록』이외에는 마음대로 '신의(新意)'를 가필한 것이다"라고 되어 있다. 민간에 있는『신찬성씨목록』은『정서목록』에 자의적으로 가필하여『신찬성씨목록』이라는 이름을 사칭한 오서(誤書)이다. 따라서『홍인사기』의 서문에서『신찬성씨록』그 자체를 비난하는 것이 아니라『신찬성씨록』의 이름을 빌려 가필한 이른바『신찬성씨목록』이라는 서적을 신뢰할 이유가 없다[79]고 지적한 것이다.

『홍인사기』서문에 기재된 관찬서와 그 보관 장소 등의 기록에 따르면, 나라 시대와 헤이안 시대 초기에는 도서료의 서고에『일본서기』와『제왕계도』등이 보관되고 있었음이 확인된다. 도서료는 중무성(中務省)에 소속된 관사로, 영문에 의거하면 국가 장서의 관리, 국사의 편찬, 유교와 불교의 경전 보관, 궁중의 불사(佛事)·지(紙)·필(筆)·묵(墨)의 조달 등을 도서두가 담당하였다고 한다. 이 외에도『고사기』와『속일본기』등의 사서도 함께 동 서고에 소장되어 있었음은 분명하다. 또『홍인사기』서문에서는 씨성의 혼란을 막고 국가가 정한 바른 역사를 알기 위해서는『구기(舊記)』를 읽을 것을 추천하고 있다. 또『신찬성씨록』의 황별조에는 「일본기합(日本紀合)」, 「일본기루(日本紀漏)」,

---

[79] 田中卓, 1996, 앞의 책, pp. 86-88.

「의일본기부(依日本紀附)」, 「속일본기부(續日本紀附)」, 「의속일본기판정(依續日本紀判定)」 등이 부기되어 있다. 『구기』란 『고사기』, 『일본서기』, 『속일본기』 등을 가리키고, 『신찬성씨록』 편찬 시에 「신진본계」를 감교할 때 기초 사료로서 이용되었다.[80] 특히 『일본서기』는 「본계[보첩]」, 『가기(家記)』, 『씨문(氏文)』 등에 기재된 각 씨의 조상 전승에 관한 내용을 교감할 때 각 씨가 주장한 조상의 봉사 내역을 판별·확정하는 전거로 중시되었다.

2) 서고의 문서와 「고기(古記)」

다음은 조정의 서고에 소장된 문서에 관해 살펴보자. 첫째, 『홍인사기』 서문에는 "승보(勝寶)[81] 이전 성무천황(聖武天皇) 시대에 일대마다 천하 제씨(諸氏)가 「본계」를 헌상하였다. 승보 이전에 제출된 「본계」는 도서료의 비고(祕庫)에 보존되어 있다."라고 기록되어 있다. 먼저 '천평승보 이전'이라는 문구에 주목해 보자. 『신찬성씨록』 서문에도 (천평)보자(寶字) 말에 『씨족지(氏族志)』 편찬 사업이 개시된 배경으로 천평승보 9년(757, 천평보자 원년) 4월 신사조에 고구려, 백제, 신라 등 도래계 씨족을 대상으로 한 사성(賜姓)을 명하고 있다. 이 명령으로 외국계인 제번 출신과 일본인 씨족 간의 구별이 어렵게 되어 서로 의심하게 되었으며, 서민들이 고귀한 씨족의 후예임을 주장하고, 삼한의 후예가 신윤을 주장하는 등 씨성의 혼란이 심해졌다고 한다. 따라서 천평승보 이전 시기인 성무천황 때에 제출된 「본계」는 대량의 사성이 발생하기 이전으로 씨성 변화가 비교적 적은 시기에 제출된 「본계」이다. 또 성무천황 때 제출된 제씨의 「본계」가 도서료의 중요 문서고에 소장되어 있어서 함부로 꺼내 볼 수 없는 자료라고 기록되어 있다. 그러므로 『신찬성씨록』 서문에서 차아천황(嵯峨天皇)이 『신찬성씨록』의 편찬을 명하고 중요 문서 등을 보관한 서고의 비밀 소장고를 열라고 한 것은, 도서료의 비밀 수장고에 있던 성무천황 때 제출된 제씨의 「본계」 등을 「신진본계」와 비교·조사하는 데 이용하여 『신찬성씨록』을 편찬하라고 명하였다는 것을 말한다.

둘째, 조정의 서고에 보관된 대표적인 옛 기록류로는 치부성에 보관된 계보 대장을 들 수 있다.[82] 웅곡공남(熊谷公男; 구마가이 기미오)은 치부성에 보관된 계보는 치부성의

80　柳宏吉, 1954, 「『新撰姓氏錄』に現れた續紀關係の附記」, 『續日本紀研究』 1-5, p. 133.
81　천평승보 연간(749~756)은 孝謙天皇의 시대이고, 천평보자 연간(757~764)은 孝謙, 淳仁, 稱德(孝謙重祚)天皇의 시대이다.

전신인 이관(理官)에서 관리하던 씨상(氏上)을 낼 수 있는 기촌(忌寸) 이상의 성을 받은 씨족을 대상으로 한 계보를 가리킨다고 설명하였다.[83] 또 치부성 장관이 담당한 대표적인 직무가 본성(本姓) 즉 씨성에 관한 것이고, 치부성에 소속된 대해부(大解部)와 소해부(少解部)가 보제쟁송(씨의 분란과 규정)의 국문을 담당한 관사였다. 그런데 씨성의 혼란이 문제시 된 나라 시대 후기에 보제쟁송 문제를 담당한 해부의 정원이 감소되었고 『연희치부식(延喜治部式)』에 기재된 치부성이 담당한 직무에 '본성'에 관한 내용이 빠져 있다. 이 점을 지적하며 좌백유청은 치부성에서 '본성'에 관한 문제를 관장하지 않았을 것이라고 지적하였다. 그런데 『연희치부식』에는 치부성에서 5위 이상의 관인의 계사[84] 문제를 담당하였다고 하여, 치부성이 '본성' 문제를 담당하지 않더라도 5위 이상의 씨족 계보는 계속적으로 치부성에서 보관하고 있었다고 볼 수 있다. 따라서 치부성에 보관된 계보대장도 관의 서고에 소장된 문서에 포함된다.

셋째, '정성(定姓)'의 근거로 중시된 천지천황 9년(670) 2월에 만들어진 이른바 '경오년적(庚午年籍)'[85]에 관해서이다. 경오년적은 단순히 호적을 작성하였다는 차원에 머물지 않고 '성을 정한다(定姓)'는 역할도 수행하였다. 『신찬성씨록』 서문의 "경오년에 이르러 호적을 편찬하여 만드니, 인민의 씨성이 각기 그 마땅함을 얻었다."라는 기록에서도 확인된다. 또 『속일본기』에는 경오년적을 전거로 제시하며 개사성을 청원한 기사가 다수 확인된다. 이것은 경오년적이 '정성'의 효시로서 고대 일본 사회에서 원칙적으로 중요시되었음을 잘 드러내 준다. 따라서 천지천황 때 최초로 정리된 '경오년적'이 1세기 반 이상에 걸쳐 '정성'의 기본 대장이 되었다. 그리고 『속일본후기』 승화(承和) 6년(839) 7월 임진조에는 좌경직(左京職), 5기내(畿內), 7도(道) 제국에 명하여 경오년적을 필사하여 중무성 수장고에 수납하라는 명이 내려졌고, 승화 10년(843) 정월 경진조에는 일이 잘 진척되지 않자 독촉하는 명을 내려 일을 마쳤다고 한다. 따라서 『속일본후기』에 따라 '경오년적'이 중무성에 수납되어 있었다는 것을 알 수 있다. '경오년적'은 승화 10년 12월 무오조에 정성에 관한 일에 사용된 것을 마지막으로 사적에서 모습을 감춘다. 이것은 『신찬성씨록』과 관련이 있다고 생각된다.[86]

---

82 熊谷公男, 1979, 「治部省の成立」, 『史學雜誌』 88-4, pp.26-29
83 熊谷公男, 1984, 「令制下のカバネと氏族系譜」, 『東北學院大學論集 歷史學·地理學』 14, p.145
84 『延喜治部式』, "凡立五位以上嫡子者. 父申牒省. 省移本貫知實. 知實後申官".
85 井上光貞, 1949, 「庚午年籍と對氏政策」, 『日本古代史の諸問題』, 思索社, pp. 284-285.

넷째, 관부(官符)류의 이용에 관해서 살펴보자. 『신찬성씨록』의 황별조에는 「일본기속일본기관부개성병합(日本紀續日本紀官符改姓幷合)」 등의 부기가 적혀 있다. 이것은 『신찬성씨록』의 교감에 관부(官符)가 이용되었음을 나타내고 있다.[87] 또 『신찬성씨록』 좌경 황별 「원조신(源朝臣)」조에는 "원조신신(源朝臣信) 등 8인이 금상(今上, 嵯峨天皇)의 친왕이다. 홍인 5년 5월 8일칙에 의거하여 사성되고 좌경 1조 1방에 관부되었다. 신(信)을 호주로 삼는다."라고 기록되어 있다. 이 조는 『신찬성씨록』의 기본 체제인 '삼례(三例)' 형식과도 무관한 형태로 구성되어 있다. 따라서 이 조문이 무엇에 기초한 것인지가 문제되었다. 사에키 아리키요는 『신찬성씨록』에 기재된 조문의 형식을 『육국사』와 태정관부 등의 문서와 비교·검토하여 「원조신」조의 원조신 이하 8인에 관한 기재가 8인의 사성을 기록한 태정관부와 거의 같은 형식임을 증명하였다.[88] 따라서 『신찬성씨록』은 태정관부를 직접적인 자료로 활용하였다는 것이 확인된다.

요컨대 『신찬성씨록』을 편찬하는 데 이용된 자료인 「구문(舊文)」은 『고사기』, 『일본서기』, 『제왕계도』, 『속일본기』 등의 사서와 씨성에 관한 관부류, 경오년적, 성무천황 때 제출된 제씨의 「본계」, 치부성에 보관된 씨족 계보 등의 문서를 아우른 것이다. 따라서 도서료에 소장된 『일본서기』를 비롯한 사서와 성무천황 때 제출된 제씨의 「본계」 등의 문서는 「고기」를 가리킨다. 그러므로 「고기」를 관의 서고에 보관된 문서류라고 보면 『신찬성씨록』의 서문에 기재된 "여러 성이 「본계」에는 빠져 있지만 「고기」에는 실려 있는 경우 「고기」의 내용을 뽑아서 붙였다"라는 문구는 「본계」에는 빠져 있는 씨성이라도 서고에 보관된 문서에서 뽑아 정리하였다는 의미로 해석하는 것이 가능하다.

3) 「본계장」의 교감과 삼례

『신찬성씨록』 서문에는 "신(臣)들이 「고기」를 두루 찾고 「구사」를 널리 살펴보았습니다. 내용은 어긋나고 표현도 어색하며, 음과 훈도 조잡하였습니다. 서로 어긋나는 뜻이나 주장을 해석하여 풀려고 하면 오히려 모순이 생기고, 두 가지 주장을 합하면 곧 어긋남

---

86 『續日本後紀』 承和 4년(837) 7월 기사조와 『日本三代實錄』 貞觀 14년(872) 8월 13일 신해조, 인화 3년(887) 7월 18일 무자조 등에서 『新撰姓氏錄』이 출자의 진위를 바로잡는 기준서 내지 출자의 異同을 살피는 참고서로 이용된 사례와 『新撰姓氏錄』 기재의 오류를 바로잡고자 한 사례 등이 확인된다.
87 岡本義信, 1942, 「新撰姓氏錄論」, 『國學院雜誌』 48-8, pp. 40-47.
88 佐伯有淸, 1963, 앞의 책, pp. 353-354.

이 있습니다"라고 기재되어 있다. 이것은『신찬성씨록』편찬진이「고기」와「구사」를 비교·검토의 대상으로 삼았다는 것을 나타낸다. 또 "「신진본계」의 내용이 고실(故實, 前例와 故事 등)과 다르거나, 두 씨가 뒤섞여 하나의 조상에 혼재되어 원류를 알 수 없거나, 조상의 순서를 뒤바꾸거나, 자신의 조상을 잃어버리고 다른 씨의 조상을 자신의 조상으로 삼거나, 다른 씨에 교묘하게 들어가 자신의 조상으로 삼기도 합니다."라고 기록되어 있다. 이것은「신진본계」가 가진 문제점을 서술한 것이다. 따라서『신찬성씨록』편찬진의 검토가「고기」와「구사」, 그리고「신진본계」라는 세 가지를 대상으로 삼았다는 것을 나타내고 있다.

조정의 서고에 소장된 문서인「고기」가「(신진)본계」의 감교와 어떤 관계가 있는지 살펴보자. 먼저『신찬성씨록』의 서문에는 "멀고 가까움을 분별하고 친하고 소원함을 나타내는 방법이 '삼례(三例)'라고 규정되어 있다. 삼례는 '출자(出自, ~로부터 나왔다)', '동조지후(同祖之後, ~와 조상이 같으며 ~의 후손이다)', '지후(之後, ~의 후손이다)'라는 3가지 형식으로 분류되어 있다. 첫 번째 '출자'에 대해서 "(계보상에서) 갈라져 나간 씨의 본종인 계보상의 종씨(枝別之宗)와 특별히 조상을 세워 다른 씨와 계보 관계가 없는(동조 관계가 없는) 시조를 세운 씨(特立之祖)는 '출자'라고 표기한다"라고 명시하고 있다. 그러므로 '특립지조' 이외의 모든 씨는 본계에 모씨(某氏)의 지류임을 주장할 수밖에 없다. 따라서 지류의 씨가 본계에서 주장한 동조관계의 사실 여부를「고기」와「본계(본종씨의 본계)」에 기재된 내용과 비교·검토하여 '동조지후'와 '지후'로 분류한 것이다. 그러므로 삼례는 본지(本枝)관계를 표시하는 분류 체계로 국가에 의한 각 씨에 대한 인정 결과를 나타낸 표시이다.

다음은 '동조지후'와 '지후'인데 양자는「고기」와「본계」,「종씨」와「고기」를 비교·검토한 결과라고 기록되어 있다.「고기」와「본계」가 대치된 개념으로 되어 있어「종씨」도「(본)종씨의 본계」를 의미한다.[89] 연력 18년(799) 12월 29일칙에는 '귀족지류(貴族之類)'는 종중장자(宗中長子), 즉 본종씨 장자의 서명을 받아서 제출하라는 조건이 제시되었다. 따라서『신찬성씨록』편찬 사업을 개시하는 단계에서부터 본종씨 장자의 인정이라는 방법이 규정되어 있었다. 또 동조관계의 판정에 본종(씨장, 씨상)씨가 관여한 것은 나라, 헤이안 시대를 통해 여러 사례가 확인된다. 각 씨족 내에서 가장 높은 위계를 보

---

89 熊谷公男, 1984, 앞의 글, p. 137.

유한 존재가 개성 청원 때 동조관계를 보증하는 역할을 담당하였다. 나라 시대에는 각 씨족의 대표자가 우지[氏]를 구성하는 권한을 인정받고 있었다. 그래서 별씨(別氏)나 지족(枝族)에 소속된 인물을 씨족의 일원으로 포함시킬 때 각 씨족의 대표자가 이른바 보증인이 된 것이다. 각 씨족의 대표자(본종)가 동조관계를 보증하면 조정에서도 이러한 계보관계를 추인하였다.[90] 그러므로 「고기」와 「본종씨의 본계」에 모두 실려 있거나, 어느 한쪽이라도 실려 있으면 동조지후로 분류한 것이다. 이것은 「신진본계」에 기재된 동조관계에 관한 기록을 「고기(서고에 소장된 성무천황 때 제출된 제씨의 본계를 비롯한 문서)」 및 「본종씨의 본계」와 비교·검토하여 양쪽 모두 혹은 한쪽이라도 기재되어 있으면 동조관계가 확인된다고 판단하여 동조지후라고 판정한 것을 나타낸다.

'지후(之後)'에 대해서는 "「종씨」와 「고기」 양쪽에 모두 누락되어 있어 사안이 매우 의심스럽지만 세운 조상에 잘못이 없을 경우는 '지후'라고 표기하였다"라고 한다. 이것은 지류 씨의 본계에서 주장하는 동조관계가 「본종씨의 본계」와 「고기」 어느 쪽에도 기재되어 있지 않지만 세운 조상에 오류가 없을 경우 '지후'라고 표기한 것을 의미한다. 따라서 『신찬성씨록』의 미정잡성조에 등재된 씨성의 각 조문에는 모두 '지후'라고 적혀 있지만, 이 경우는 신별이나 황별에 편재된 씨족은 황통보나 신통보에 보이지 않는 이름을 조상으로 삼고 있거나 세대수가 잘못 기재된 사례가 많다. 또 제번관계 씨족은 조상으로 제시한 인명이 다른 사료에 보이지 않는 경우가 대부분이다. 동조관계가 「고기」와 「본계」 어느 쪽에도 기록되어 있지 않을 뿐만 아니라, 각 씨족이 세운 조상에 관한 기록을 확인하는 것도 불가능하였기 때문에 본문에 게재되지 못하고 미정잡성으로 분류된 것이다.

요컨대 각 씨가 제출한 「신진본계」와 「고기」, 「본계」를 비교·검토하여 동조관계를 증명할 만한 내용이 기재되었는지 여부를 판정한 것이 동조지후와 지후로 규정된 것이다. 따라서 삼례라는 분류 체계는 내적으로 경(京)과 기내(畿內)에 본관을 둔 씨족의 시조(始祖), 별조(別祖) 및 동조관계를 확인하여, '부계(父系)'에 의한 계보 질서를 체계화하고 「본계장」에 기재된 내용의 허실을 판명하여 내적으로 씨성제의 혼란을 정리하는 데 목적을 두었다. 그리고 삼례 판정에 따라 어떤 씨족과 동조관계를 맺은 씨족인지, 어떤 시조나 별조를 둔 후손인지가 확정되면 황별, 신별, 제번 등의 출신이 결정된다.

---

90 서보경, 2016, 「'同祖'계보의 변화를 통해 본 王仁, 王辰爾系 씨족」, 『한일관계사연구』 53, p. 75.

이것이 '삼체(三體)'이다. '신찬성씨록'이라는 서명은 이전부터 공적, 사적으로 만들어진 여러 계보서와 달리 새롭게 편찬한 계보총서라는 입장에서 명명된 것이다.

V. 현존『신찬성씨록』의 기재상 특징

초략본 상태인 현존『신찬성씨록』과 일문(逸文)에 기재된 내용을 비교·검토하면『신찬성씨록』완본의 내용을 추정하는 것이 가능하다. 첫째, 권수와 씨성의 표제 표기를 살펴보면 현존『신찬성씨록』의 권수 표기는 '제○권'의 형식으로 기재되어 있는데, 일문에는 '권○', '권제○'라고 표기된 사례가 있다. 기재된 사례가 각각이어서 완본의 권수 표기 방식을 단정하기는 어렵다. 또 씨성 표제가 일문에는 「고교조신본계(高橋朝臣本系)」, 「하무조신본계(賀茂朝臣本系)」, 「압현주본계(鴨縣主本系)」 등으로 '씨성+본계'의 형식으로 기재되어 있지만, 현존『신찬성씨록』에는 '씨성'만 기재되어 있다. 그러므로 완본의 '본계'라는 두 글자가 초략할 때 일괄 생략된 것으로 보인다.

둘째,『신찬성씨록』서문에는 출신에 따라 황별, 신별, 제번의 '삼체'로 분류된 1,182씨성 표제를 각기 관부(貫附)된 헤이안[平安] 좌경과 우경, 그리고 기내의 5국에 분류하여 기재하였다. 또 분류된 씨성 표제는 출자(出自), 동조지후(同祖之後), 지후(之後)로 분류, 배열되어 있다. 이것이 '삼례'이다. 다만 초략본인 현존『신찬성씨록』의 각 조문에는 삼례에 관한 내용이 대부분 실려 있지만, '동조(~와 조상이 같다)'에 관한 내용만 기재되어 있는 조문도 상당수 확인된다. 이 중에 일문이 남아 있는 경우 양자를 비교한 결과 '지후' 부분이 초략이나 필사 과정에 생략되었음이 확인되었다. 또 일문에는 천황명 등이 전체 이름으로 기재되어 있지만 초략본에는 '동신(同神)', '동천황(同天皇)' 등 완문을 '동모(同某)'의 형태로 약술하여 기재한 사례가 상당수 확인된다. 이러한 약술은『신찬성씨록』이 초략되는 단계나 필사 단계에 이루어진 것으로 보인다.

셋째, 초략본에는 '동씨(同氏)'와 같이 삼례의 범주에 들지 않는 표기가 삼례를 표시하는 부분에 상당수 기재되어 있다. 초략본에 기재된 동씨관계 조문은 일문이 존재하지 않아 초략본과의 비교·검토가 불가능하다. 또 대부분의 판본에 '동씨'라고 적혀 있으므로 전사 과정의 오류라고 보기도 어렵다. 그런데 동씨는 씨가 같은 것이므로 동조관계와는 다른 의미를 지닌 단어이다. 즉 동조관계를 가진 사람들 중에는 실제 혈족이면서 같은 씨(氏; 우지)와 성(姓; 가바네)을 공유한 '혈연적 동성(同姓)씨족'과 혈연관계가 있더라도 씨명과 성명을 달리한 '혈연적 이성(異姓)씨족'도 존재한다. 후자는 혈연관계를 가지면서 몇 세대까지는 동성씨족이었는데 씨명의 변경이나 사성의 차이에 따라 '□숙네', '□련'으로 성이 다르게 되거나 '△조신', '○조신'으로 씨명이 달라진 사례이다. 또 혈족의 범위를 넘어선 '계보상의 동조관계'를 이룬 씨족의 경우는 의제적인 동조씨족에 해당된다. 따라서 동조관계에 비해 '동족'은 혈족적인 관계가 개입된 것이고, 동족 가운데서도 씨명을 같이하는 경우에 '동씨'라고 기재한 것으로 이해된다. 그러므로 씨성 문제에 상당한 지식을 보유한 인물에 의해 초략 단계에 가필된 것이라 이해된다.

넷째, 초략본인 현존 『신찬성씨록』에는 '지후(之後)', 일문에는 '출자(出自)'라고 기재되어 있어 삼례의 표기가 다르게 기재된 조문이 상당수 존재한다. 『신찬성씨록』의 판본 연구에서도 '출자'와 '지후'에 관한 표기가 가장 많은 차이를 보인다. 좌백유청은 원래 '출자'인 것이 초략할 때나 서사 과정에서 삼례의 의미를 충분히 이해하지 못하고 안이하게 '지후'라고 기재한 것이라고 설명하였다.[91] 그러나 『신찬성씨록』 완본에 '출자'라고 적힌 것을 초략할 때 '지후'로 고쳐 쓸 이유가 있었는지, 또 일문을 기록한 찬자가 '삼례'의 기재 자체를 바꾸어 쓸 필요가 있었는지는 의문이다. 따라서 현 단계에서는 『신찬성씨록』 완본에 기재된 것이 '출자'인지, '지후'인지에 대해서는 명확하게 판단하기 어렵다.

다섯째, 천황명의 표기도 초략본과 일문이 차이가 있다. 예를 들어, 초략본에 '성무천황어세(成務天皇御世)'라고 되어 있으며 일문에 '약대언천황(若帶彦天皇)시성무(諡成務)어세(御世)'라고 되어 있다. 일문에서는 공통적으로 천황의 칭호 기재가 일본식 시호 아래에 중국식 시호를 주석으로 달아 표기하고 있다. 따라서 『신찬성씨록』 완본에서는 일문과 같은 형식으로 천황명을 기재했을 것이고, 중국식 시호만 기재한 초략본의 천황명은 초략 때나 서사 과정에서 나타난 변형으로 생각된다.

여섯째, 『신찬성씨록』에는 "일본서기와 합치된다(일본기합[日本紀合])", "일본서기에는 누락되었다(일본기루[日本紀漏])", "속일본기와 합치된다(속일본기합[續日本記合])", "속일본기에는 누락되었다(속일본기루[續日本記漏])」 등의 부기가 황별의 조문에 기재되어 있

---

[91] 제21권부터 제29권까지 제번조에 게재된 '삼례' 관계 기사가 「延文五年系本」에서 '출자'로 기재된 데 비해 「建武二年系本」에서는 '지후'로 기재된 사례가 149개나 확인된다(佐伯有淸, 1962, 앞의 책, pp. 14-17).

다. 일문에는 부기가 보이지 않는다. 따라서 어떠한 기준에서 '합치(合)', '누락(漏)' 등을 판단하여 부기를 기재한 것인가. 이 문제에 관해서 유굉길(柳宏吉; 야나기 고키치)은 율전관(栗田寬; 구리타 히로시)의 『신찬성씨록고증(新撰姓氏錄考證)』에 기초하여 '일본기합'이라고 부기된 조문 53개를 제시하고, 그 가운데 『일본서기』에 사성 기사가 확인되는 것 48개, 확인 불가 5개, 계보 기사가 없는 것이 41개, 있는 것이 12개라고 분석하였다. 또 '속일본기합'이라 부기된 조문 31례를 제시하고, 사성도 계보도 보이지 않는 것 5개, 나머지 26개 가운데 19개는 사성 기사가 존재하고 계보 기사는 보이지 않는다고 설명하였다.[92] 이에 비해 좌백유청은 「연문오년계본(延文5년系本)」에 기초한 교정본을 분석 대상으로 삼아 '일본기합'이 부기된 조문 52개를 제시하고 사성이 확인되는 조문이 48개, 확인되지 않는 조문이 4개이고, '속일본기합'이 부기된 조문 30례를 제시하고 사성이 확인되는 조문이 28개, 사성이 확인되지 않는 조문이 2개라고 제시하였다.[93] 각기 다른 판본에 의거하여 검토한 양자는 부기가 각 씨의 개성과 사성에 관해 행해졌다는 결과를 도출하였다. 그러나 개성이나 사성 관련 기사가 『일본서기』나 『속일본기』에 기재되어 있지 않아 전혀 조합이 이루어지지 않는 사례가 존재하고, 분명히 사성 기사가 존재하므로 부기가 필요한 데도 달려있지 않은 경우도 있다. 따라서 여전히 의문은 남아 있지만, "일본서기, 속일본기, 관부(官符)의 개성(改姓) 기사와 합치된다"는 부기가 존재한 것으로 보아 개성에 관해 부기가 행해진 것은 분명하다. 그렇다면 부기는 언제 행해진 것인가이다. 관황(關晃; 세키 아키라)은 "부기가 일문에는 보이지 않고 초략본에만 보인다는 점, 초략본의 3례 구분에 대응하지 않으며 다수의 전승을 포함한 조문 전체를 대상으로 한 고기록과의 합치 여부를 판정하다는 것 자체가 불합리하다는 점 등을 들어 원본에 부기가 존재했다고 보기는 의문스럽다"[94]라고 설명하였다.

일곱째, 『신찬성씨록』의 완본에 기재된 내용은 무엇인가이다. 일문(逸文) 가운데 매우 상세한 내용이 기재되어 있는 「고교조신(高橋朝臣)」조와 「하무조신(賀茂朝臣)」조는 원문 전체 내지는 그것과 가까운 내용이 수록된 것으로 간주된다.[95] 그러므로 기재된

---

92 柳宏吉, 1954, 「新撰姓氏錄における『日本紀合』の附記」, 『續日本紀研究』 1-12, p.322, 동 1955, 「新撰姓氏錄に於ける『續日本紀合』の附記」, 『續日本紀研究』 2-10, pp.247~248.
93 佐伯有淸, 1963, 『新撰姓氏錄の硏究』 硏究編, pp.323~324.
94 關晃, 1951, 「新撰姓氏錄の編修目的について」, 『史學雜誌』 60-3, 동 1997, 『日本古代の政治と文化』 關晃著作集 5, 吉川弘文館, p.205.

일문 기사를 통해 『신찬성씨록』 완본에 기재된 내용을 추정하는 것이 가능하다. 양자를 비교 검토한 결과 『신찬성씨록』 완문에는 각 조문에 씨성 표제가 '씨성 + 본계'의 형식으로 기재되어 있고, 그 아래에 조문이 기재되어 있었을 것이다. 조문에는 첫째, '삼례', 둘째, 조상의 사적과 씨성의 유래, 셋째, 기내 외 각 국에 거주한 일족의 본종과 별조의 인명, 넷째, 개사성에 관한 내용(일족 포함), 다섯째, 「본계」 제출을 담당한 인물명 등이 기재되었을 것으로 추정된다. 특히 개성 기사와 함께 마지막 부분에 열거된 인물명은 「본계」를 제출할 당시에 관인으로 활동한 이력이 확인되는 인물로 일족 내에서 최고 위계를 가지며 본종으로서 「본계」 제출 때 중심적인 역할을 담당하였을 것으로 보인다.

여덟째, 같은 신(조상)에 관한 세대수 표기의 차이에 관해서이다. 3세와 4세의 세대수 기재의 혼란은 헤이안 시대 초기에 '본인'을 1세로 계산하는 법과 '아들'을 1세로 계산하는 세수 계산법이 존재한 것에 그 원인이 있다.[96] 그러나 3~4세손을 세는 방식에 따른 세대수 차이를 제외하더라도 세대수가 큰 차이를 나타낸 기사가 미정잡성뿐만 아니라 본문 기사에도 확인된다. 특히 신별계 씨족의 경우에 동족 간 세대수 차이가 심하게 나타난다. 이것은 나라 시대부터 헤이안 시대 초에 걸쳐서 고황산령신(高皇産靈神), 신황산령신(神皇産靈神)을 조상으로 삼고 천지개벽 때 처음 나온 최초의 신인 천어중주신(天御中主神)을 시조로 두는 풍조가 확산되면서, 여러 씨족의 조상이 천어중주신이라는 하나의 신으로 통합되는 현상과 관련이 있다. 이 현상은 천황을 중심으로 한 율령제 관료국가의 성립과 함께 신별계 씨족이 자신의 조상을 황실과 연결하기 위해 자신의 원래 조상신 위에 천어중주신을 올려 황실의 조상신과 계보상의 연결을 도모하면서 나타난 것이다.[97] 따라서 이른바 '시조가상(始祖加上)'을 통한 세대수 증가와 시조 계보의 소급이 각 씨족의 조상 전승 형성 시기에 따라 세대수의 차이를 만들어 냈다. 그러므로 『신찬성씨록』에 나타난 동족 간의 세대수 불통일은 단순히 후세의 착란이라고 이해하기보다는 당시 사회의 흐름을 반영한 것이다.

---

95 田中卓, 1996, 『新撰姓氏錄の研究』, 田中卓著作集9 國書刊行會, 1996, pp. 49-50.
96 黛弘道, 1954, 「律令時代に於ける計算法」, 『續日本記研究』 1-4, pp. 96-97.
97 阿部武彦, 1962, 앞의 글, pp. 126-127.

Ⅵ. 『신찬성씨록』의 구성 원리와 편찬 목적

1. 『신찬성씨록』 편찬과 구성 원리

『일본후기』 연력 18년(799) 12월에 『신찬성씨록』 편찬을 위한 다음과 같은 칙이 내려졌다.

> 천하의 신민인 씨족은 이미 많아졌다. 어느 씨족은 출자는 같으면서(同源) 별파로 되어 있고, 어떤 자는 본종(本宗)은 다르면서 동성으로 되어 있다. 보첩(譜牒)에 의거하려고 해도 개성이 많이 되어 있어, 호적과 계장을 조사해도 그 본종과 지족을 구별하기 어렵다. 그래서 천하에 포고하여 「본계장」을 진상시켜야 한다. 삼한제번(三韓諸蕃)도 동일하게 한다. 다만 이 「본계장」에는 시조 및 별조(별씨가 된 씨의 조상)명은 기록하지만, 지류(枝流)와 계사(繼嗣)의 이름은 기입하지 않는다. 만약 원래 귀족으로부터 갈라져 나온 자에 대해서는 본종의 씨(氏)의 장자의 서명을 받아 제출하라. 씨성에 대해서는 잘못이 많아 마땅히 사실을 정확하게 기록하고, 조작이 범람하기 때문에 거짓이 없도록 해서 내년 8월 30일 이전까지 모두 제출을 완료하라. 제출된 「본계장」은 편찬함에 이전의 기록과 다르거나 기일을 넘기는 경우는 마땅히 사안을 조사하여 처리하고, 영원히 등재하지 못하도록 한다. 무릇 유력하지 않은 보통의 씨족들은 모두 모아 1권으로 하고, 유력 씨족들은 별도로 1권씩으로 작성하라.[98]

이때의 칙은 『신찬성씨록』 편찬에 즈음하여 씨성과 출자에 대한 문제점을 지적하고 각 씨족들에게 「본계장」의 제출을 명하면서 의무 조항과 처벌 규정을 담았다. 상기 사료에서 보듯이 첫째, 동조(同祖)이면서 별파이고 출자는 다른데 동성인 까닭을 개성 때문에 생긴 것으로 보고, 보첩·호적·계장으로는 판별하기 어려우니 구체적인 내용이 담긴 「본계장」을 제출하라는 것이다. 둘째, 시조명과 사성(賜姓)로 분파되어 별도의 가문을 세운 조상명(別祖)을 기록하라는 것인데, 개성의 현황을 조사하여 본류를 파악하기 위한 조치라고 생각된다. 또 귀족의 분지에 대해서는 종가의 씨족장(氏長)의 서명을 받아 동조임을 확인하는 것인데, 이것은 종중장자가 갖고 있던 가기(家記)가 동조관계

---

[98] 『日本後紀』 延曆 18년 12월 무술조.

의 증거로서 중시되었다고 본다.[99] 또 허위로 기재하거나 기일을 넘기면 『신찬성씨록』의 등재에서 배제시킨다는 조치이다. 셋째, 씨족의 신분에 따라 『신찬성씨록』에 수록하는 권수 및 그 정보량에 상당한 차이가 있다는 것을 말해 준다. 이때의 「본계장」 제출에 '삼한제번(三韓諸蕃)'을 특기한 것은 한국계 도래인에 대한 특별한 인식을 보여 주며, 이는 「제번조(諸蕃條)」를 구성하는 『신찬성씨록』의 편찬 방침으로 보인다.

『신찬성씨록』 서문에는 편찬 상황에 대해 다음과 같이 기록하고 있다.

> 새로 바친 「본계(本系)」가 고실(故實)과 다른 경우가 많아서 두 씨를 섞고 합하여 함부로 한 조상으로 만들기도 하고, 원류를 알지 못하여 조상의 순서를 거꾸로 뒤바꾸거나 자기 조상을 잃어버리고 잘못 다른 씨에 들어가거나 다른 씨에 교묘하게 들어가 자기 조상으로 삼기도 한다. 새로운 씨족과 오래된 씨족이 어지러워져 정리하기 어렵고, 이 씨족과 저 씨족이 잘못 뒤섞인 것이 헤아릴 수 없다. 이런 까닭에 하루빨리 이루고자 하였으나, 이미 10년의 세월이 지나 버렸고 경기의 본계 중 바치지 않은 것이 반이 넘는다.

상기 서문에서 각 씨족으로부터 제출받은 문서에 가상의 조상을 만들기도 하고 남의 계보에 부회, 가탁하여 조상의 계조와 본류를 알 수 없는 것이 헤아릴 수 없다고 할 정도라고 하여 혼탁한 「본계장」의 실상을 전하고 있다. 동 상표문에서는 "서부(書府)의 오래된 문서와 진상된 「신계(新系)」를 교열하고, 확실하지 않은 것은 모아서 별권으로 하였다"[100]라고 기록하고 있다. 서부는 도서료에 보관 중인 과거에 작성된 비장(秘藏)의 문서고를 말한다. 씨족의 보첩(譜牒)이나 장적으로는 씨의 본지(本枝)를 분별하기 어려워 「본계장」을 제출시켰지만, "이 씨족과 저 씨족이 잘못 뒤섞인 것이 헤아릴 수 없다"라고 할 정도로 신구의 문서를 막론하고 문제가 많음을 토로하고 있다. 계보의 조작은 씨족의 출자, 국적을 막론하고 보편적인 현상이었다. 일본계의 경우 황별과 신별만이 존재한다는 자체가 많은 씨족들의 출자의 개변을 상징하고 있다. 출자와 씨성의 오류와 문제점을 바로잡으려는 시도는 기대만큼 이루지 못하였다. 편찬의 기초 자료로 삼은 문

---

99 義江明子, 1985, 『日本古代の氏の構造』, 吉川弘文館 참조.
100 『新撰姓氏錄』 上表, "然書府舊文, 見進新系, 讎校合之, 則捴以入錄, 其未詳者, 則集爲別卷."

서군의 심각성을 체감하면서 출자나 씨성의 허위를 밝혀냈으나 이를 걸러내거나 바로 잡는 데에는 한계가 있었다. 국사(國史) 등 고기류(古記類)에 근거해서 확인되거나 불분명한 것은 별권으로 편집하여 대부분 제출된 그대로 수록하였다.『신찬성씨록』 서문에도 보이듯이 「본계장」과 「고기」를 비교하여 「본계장」에 누락되었거나 다르면 「고기」에 의거해 고쳤지만, 「본계장」에는 있지만 「고기」에 없는 경우에 대해서는 언급이 없다.『신찬성씨록』 편자가 출자의 검증에 극히 소극적이었음을 보여 준다.[101] 이러한 사실은 천황제 국가의 지배이념 추구라는 대전제 속에서 강행할 수밖에 없었고, 편찬국에서도 이들 허위 문서를 묵인하거나 허용한 부분이 있었음을 말해 준다.

이러한 과정을 거쳐 최종적으로 홍인 6년(815) 7월 20일에 1,182씨가 수록된 본문 30권과 계도 1권이 완성되었다.『신찬성씨록』은 기존의 많은 씨족지를 집대성하여 새롭게 편찬한 최초의 칙찬 계보서라고 할 수 있다. 완성된『신찬성씨록』의 구성을 보면, 헤이안 좌경과 우경을 필두로 산성(山城), 대화(大和), 섭진(攝津), 하내(河內), 화천(和泉)의 순으로 배치하였다. 앞장에서 언급했듯이『신찬성씨록』 서문에 나오는 '삼례'는 본종의 시조와 원근, 친소관계를 나타내는 일종의 출자의 서열을 나타내는 표기법이다. 본종의 시조가 누구이고, 이 시조의 계보에 어떤 식으로 연결되어 있느냐가 씨족의 서열에서 기준점이 되고 있음을 말해 준다. 여기에서 흥미로운 사실은 황별의 경우 '동조지후(同祖之後)'가 전체 335씨 중에서 184씨로 55%를 차지한다. 즉 천황가와 연결된 유력한 씨와 동조관계에 들어가려면 본종가의 씨족장인 씨상(氏上)의 서명이 필요하다. 당시에 씨상은 혈연적으로 뭉친 집단의 장이 아니라 정치집단의 수장이고 씨족 간의 동조관계는 연합적 성격이 강했으므로, 이해관계만 일치되면 수용할 수 있는 사회적 현상이었다. 신별의 경우는 동조관계가 상대적으로 적지만, 신대로부터 천황가와 인연이 깊은 유력한 신의 몇 세대 후손이라고 하여 확인할 수 없는 중시조를 만들어 유력씨의 계보에 연결시키고 있다. 제번에서는 '출자(出自)'가 142씨로 전체의 44%를 차지하고 있다. 이것은 중국과 한반도 제국의 많은 왕조의 제왕, 인물로부터 출자를 구하고 있어, 상대적으로 비율이 높았다고 생각된다. 「미정잡성」의 경우는 예외 없이 '지후(之後)'로 기록되어 있다. 이것은 타 씨족과의 동조관계에 편입하고 싶어도 본종가 씨상(氏上)의 승인을 받지 못하여, 결국 편찬국으로부터 불확실한 씨로 간주되어 「미정잡성」으

---

101 關晃, 1997, 앞의 글,『日本古代の政治と文化』, p. 209.

로 편입된 것으로 보인다.

개개의 씨족의 본종은 동조관계를 통해 씨족단을 구성하지만, 본종의 정점에 있는 존재는 말할 것도 없이 천황가의 본존인 천조대신(天照大神)이다. 이 『신찬성씨록』은 천황가의 존엄과 정통성을 주장하고 이러한 신성성에 의해 천황제 국가를 지배해 나간다는 메시지였다. 신별의 후손이라고 자처하는 씨족들도 이 최고 본존과 분리할 수 없는 인연으로 맺어져 있다.[102] 『신찬성씨록』에서 전체의 7할에 육박하는 황별과 신별의 씨족들은 천황제 국가의 지배계층이자 혈연적, 의제적 동족집단으로서 강한 연대의식을 공유한다. 즉 『신찬성씨록』의 편찬 목적 중에 가장 중시된 것이 바로 출자의식이고, 그 정점에는 황조신이 자리잡고 있다.

2. 황별씨족의 계보와 동조·동족관계

황별씨족의 지역별 분포는 좌경 104씨, 우경 81씨, 산성국 24씨, 대화국 18씨, 섭진국 29씨, 하내국 46씨, 화천국 33씨 등 335씨로 되어 있다. 이 중에서 왕경에 거주하는 씨가 전체의 55%인 185씨로, 황별 중에도 현실의 우월적 지위를 갖고 있는 씨족이다. 이들의 출자를 보면 2~9대까지의 이른바 결사(缺史) 8대가 187씨로 56%에 이른다. 결사 8대는 계보와 생몰년 이외에는 기록이 없는 가상의 왕통보라고 할 수 있다. 사실상 이들을 원조(元祖)로 하는 씨족들의 계보는 후대에 조상의 계보를 부회한 결과이며, 대화정권 시절부터 유력 씨족들이 여기에 연결시키고 있다. 특히 결사 8대에서도 5대 효소(孝昭)와 8대 효원(孝元)으로부터 출자를 구하는 씨족이 각각 41씨, 100씨로 전체의 42%를 차지하고 있다. 이후 숭신(崇神)부터 응신(應神)까지가 86씨이고, 일본 고대의 왕통이 일원화되는 계체(繼體) 이후가 51씨 15%로 상대적으로 적은 비율이다. 이러한 사실은 천황가의 후예라고 하는 씨족들의 출자 실태를 반영하는 것으로, 실제 왕족 후손의 씨족들이라고 할 수 있다. 이로써 계체 이전의 황별로 구성되어 있는 씨족들은 대부분이 천황가와 관련이 없는 씨족들로서 가상의 계보를 만들어 천황가에 가탁한 사례라고 할 수 있다. 계체의 경우 일본 고대의 왕통보에서 왕조 교체의 상징적인 인물이다. 『일본서기』 계체기에 따르면, 그는 15대 응신 5세손으로 월전국(越前國)에서 25대 무열

---

[102] 『新撰姓氏錄』 편찬 목적을 氏上인 本宗氏를 확인하여 본종씨를 통해 씨족들을 장악하기 위한 것으로 보는 견해도 있다(中村友一, 2002, 앞의 글; 中村友一, 2005, 앞의 글). 본종씨 확인이라는 점은 공감하지만, 본종의 정점에 있는 천황가의 본존을 시야에 넣지 않고는 본질을 파악하기 어렵다.

(武烈)이 후사가 없자 중앙의 유력 호족들의 추대로 즉위했다는 전승을 전한다. 이것은 계보의 연속성을 주장하기 위한 기술이고, 계체를 응신과 계보적으로 연결하면 초대 신무로부터의 계체 이후까지 일계로 이어지는 왕통보가 성립하게 된다.

다음은 황별에 배치된 씨족들의 구성 원리에 대해 살펴보자. 전체 335씨를 10개 그룹으로 분류하고 있다. 모두의 좌경·우경 황별에서는 식장진인(息長眞人)에서 위나진인(爲奈眞人)까지 44씨로, 전원 진인 성을 갖는 씨족들이다. 이 중에서 필두인 식장진인은 응신의 황자 치정모이오왕(稚渟毛二俁王)의 후예라고 하는 씨족으로 천무(天武)의 8색성 제정 시에 진인을 받은 식장공(息長公)의 후예이다. 이 씨족은 『고사기』 등의 계보전승을 보면 중애(仲哀) 비로 나오는 신공황후가 식장씨이고, 응신의 비도 이 씨족의 여성으로 식장의 씨명을 갖는 왕비를 배출하였다고 전한다. 이 계보는 대화정권을 구성하고 있던 유력 호족이었다. 게다가 천무의 일본풍 시호가 천정중원영진인천황(天渟中原瀛眞人天皇)이고, 아버지 서명(舒明)의 일본풍 시호는 식장족일광액천황(息長足日廣額天皇)인 점에서 천무조와 매우 긴밀했다고 보인다. 다음에 나오는 노진인(路眞人) 역시 8색성 제정 시에 진인 성을 받았고, 다음 민달(敏達)의 후손인 대원진인(大原眞人)과 더불어 이들과 동조라고 주장하는 씨족들이 다수 존재한다. 말미에는 천지(天智), 천무(天武)의 황자들의 후손이다. 우경 황별 역시 식장진인과 동조라고 주장하는 산도진인(山道眞人)을 시작으로 계체에서 천무까지 각 천황의 왕자에서 출자를 구하는 진인계 씨족들이다. 이러한 사실은 『신찬성씨록』의 기본적인 배열을 구상하는 데 천무조의 8색 성이 참조되었다고 보인다.

좌경 황별(상) 이하의 씨들은 조신(朝臣), 숙녜(宿禰), 신(臣), 공(公), 수(首) 등 다양한 성을 갖고 있다. 씨의 배열도 출자가 우선임을 알 수 있다. 필두에는 광인(光仁), 환무(桓武), 차아(嵯峨)의 소생들이 원조신(源朝臣)의 성을 받은 인물들이다. 원조신신(源朝臣信)은 차아의 아들로 홍인 5년(814) 5월 8일의 칙으로 동생 홍(弘), 상(常)과 함께 신적(臣籍)으로 강하된 씨족이다. 『일본후기』 연력 11년(792)조에 "근년 경직(京職)에서 신속하게 제왕들에게 성을 주어 호적과 계장에 등재하는 것이 관례가 되어 왔다. 금후는 6세(世) 이하의 왕이 성을 받기를 청원하면 희망하는 성을 주기해서 신청한 연후에 행하라"[103]라고 하는 조가 내려진 직후, 동 연력 24년(805) 2월 을묘조에 승려 2인과 제왕

---

103 『日本後紀』 延曆 11년 7월 을묘조.

(諸王) 102인이 진인으로 사성되었다.104 6세 이하의 왕족에 대해 신적으로 바꾼 것으로, 환무조(桓武朝) 이후 후궁 소생의 자녀들이 원조신으로 사성되었다. 이어 천지와 천무를 비롯한 역대 천황의 황자의 후손들이 나온다.

다음 결사 8대인 효원(孝元)의 후손으로 나오는 무내숙녜(武內宿禰)는 많은 유력 씨족들의 공동 조상으로 되어 있다. 무내숙녜의 계보를 잇는 씨족은 49씨로 모든 지역에 걸쳐 분포하고 있고, 조신(朝臣)이 22씨로 고위 신분이 많다. 무내숙녜는 『일본서기』 전승에 경행(景行)에서 인덕(仁德)까지 5대에 걸쳐 천황에 봉사한 전설적인 인물이자 충신으로 묘사되어 있다. 무내숙녜를 조상으로 하는 씨족들의 면모를 보면 소아씨(蘇我氏), 거세씨(巨勢氏), 평군씨(平群氏), 갈성씨(葛城氏), 기씨(紀氏) 등 중앙의 유력씨들이고, 소아씨 이하 4씨는 대신을 배출한 명문가이다. 동 전승에 따르면 그는 경행 51년에 동량지신(棟梁之臣)로 임명되고, 성무(成務) 3년에는 대신이 되었고, 중애(仲哀) 9년에는 웅습 원정길에 천황이 급사하자 은밀히 사태를 수습한 지고의 충신으로 묘사되어 있다. 또한 신공황후의 신라 원정 시에 신의 계시를 받아 무내숙녜의 도움을 받았다는 이른바 삼한 정벌 설화와도 관련되어 있다. 무내숙녜에 대해 쓰다 쇼키치[津田左右吉]는 추고(推古)와 소아씨(蘇我氏)를 비교하면 그 이야기를 소아씨가 만든것이 아닌가 추정하였으나,105 7세기 후반에 중신겸족(中臣鎌足)의 행적이 무내숙녜와 유사함을 들어 중신겸족을 모델로 하여 만들어졌을 가능성이 높다.106 『속일본기』 경운(慶雲) 4년(707) 4월조에 내린 조서에 "등원조신(藤原朝臣)이 봉사해 온 것은 지금만이 아니다. 선조 천황 대대로 봉사해왔고, ······대신의 아버지인 등원대신이 봉사했던 모습은 건내숙녜(建內宿禰)가 봉사해 온 것과 같이 추앙되어야 한다"라고 특기하고 있듯이 등원겸족(藤原鎌足)을 무내숙녜의 공업에 비유하고 있다. 이 전승은 등원씨의 행적과 유사성이 많으며, 대화정권 시대 유력 씨족들의 후손들이 계보상의 동조관계로 연결시킨 것으로 생각된다.107

결사 8대의 효소(孝昭)를 시조로 하는 씨족들도 41씨에 달한다. 좌경 황별(하)의 필

---

104 『日本後紀』 延曆 24년 2월 을묘조.
105 津田左右吉, 1944, 『日本古典の硏究』 下, 岩波書店, p. 113.
106 岸俊男, 1966, 「たまきはる內の朝臣」, 『日本古代政治史研究』, 塙書房, p. 141.
107 武內宿禰에 대해서는, 志田諄一, 1961, 「武內宿禰傳承の成立」, 『歷史評論』 136; 佐藤治郎, 1983, 「武內宿禰傳承の研究序說」, 『日本歷史』 416 참조.

두에 나와 있는 대춘일씨(大春日氏)는 효소의 황자에서 출자를 갖고, 천무의 8색 성 제정 시에 조신(朝臣)을 받은 씨족으로, 연력 20년(801)에 대춘일조신으로 개성하였다. 대춘일씨와 동조관계에 있는 씨족으로는 화안부조신(和安部朝臣), 화이부숙녜(和爾部宿禰), 낙정신(櫟井臣), 엽률신(葉栗臣), 길전련(吉田連) 등 많은 씨족이 연결되어 있다. 상모야씨(上毛野氏)는 스진[崇神]에 출자를 잇고 있으며 지전조신(池田朝臣), 지원조신(池原朝臣) 등 제 씨족과 동조관계를 맺고 있다. 이 외에도 수인계(垂仁系) 12씨, 경행계(景行系) 22씨, 응신계(應神系) 13씨 등으로부터 많은 씨족들이 효소에서 출자를 구하고 계보로 연결시키고 있다. 이와 같이 황별의 특징은 종적 혈연관계뿐 아니라 횡적으로 확장된 계보망을 통해 황조신으로부터 내려오는 범천황가의 동일 출자, 동족의식을 공유하게 된다.

3. 신별씨족과 천황가

신별은 천신(天神), 천손(天孫), 지기(地祇)로 구분하고 있다. 좌경과 우경의 천신, 천손 계열의 유력 씨족들이 우선적으로 배열되었다.[108] 이들의 조신(祖神)과 그 후예 신들은 기기(記紀) 신화에 등장한다. 현실의 천황가와 협력·봉사하는 신료집단이 황조신인 천조대신(天照大神)의 시대부터 이러한 관계를 맺어 왔다는 사실을 주장하기 위해 신화의 세계에 투영시킨 것이다. 특히 천신 계열은 천조대신의 자손인 경경어존(瓊瓊杵尊)이 천손강림할 때 동반한 신들의 자손이 많고, 천손은 경경어존에서 신무(神武) 직전까지 3대 사이에 갈라진 후손들이고, 지기는 천손강림 이전에 토착한 신들의 후예를 가리킨다.

신별의 필두는 일본 고대 절대 권력의 명문가인 등원조신씨(藤原朝臣氏)이다. 좌경 신별의 동 조문에 출자는 진속혼명(津速魂命)의 3세손인 천아옥명(天兒屋命)이고, 그 13세손은 내대신(內大臣)으로 대직관(大織冠)의 관위를 갖는 중신련겸자(中臣連鎌子)이고, 천지 8년에 등원씨(藤原氏)를 사성받고, 천무 13년에 정1위 태정대신 불비등(不比登)이 조신을 받았다. 중신겸족(中臣鎌足)이 받은 등원은 적자인 불비등과 그 자손만 사용하였다. 이후 신호경운(神護景雲) 3년(769)에 중신조신청마려(中臣朝臣淸麻呂)가 대중

---

[108] 神別의 天神 계열은 265氏, 천손은 109氏, 지기로부터 나온 씨족은 30氏에 달한다. 「未定雜姓」 117씨 중에서도 신별로 분류할 수 있는 씨족이 35건 정도 확인된다.

신조신(大中臣朝臣)을 사성받고 신기관에 임명되었다.[109] 『신찬성씨록』에는 대중신씨(大中臣氏)와 중신씨(中臣氏)의 수는 19씨이지만, 동조라고 주장하는 씨도 25씨에 달하여 이 씨족의 번영을 말해 준다. 중신씨의 조신(祖神)인 『일본서기』 신대기에 나오는 천하옥근명(天兒屋根命)은 천조대신이 그의 동생 소잔명존(素戔嗚尊)에 대한 불신으로 암옥호(岩屋戶)에 은거하고 있을 때 그 앞에서 축사를 주상하여 모습을 나타내게 하였다는 전승이 있고, 천손강림 때에는 천손인 경경저존을 모시고 천강하였다는 5부신의 1인으로 나온다. 즉 중신씨는 천상의 세계에서부터 지상으로 강림하기까지 천황가의 조상신들과 밀접한 관계를 맺는다. 중신(中臣)이라는 씨명 자체가 신과 인간을 중개한다는 의미가 있으며, 조정의 제사씨족으로서 봉사해 온 유래가 있듯이 현실의 권력자 등원가의 원조라는 씨족의 특성상 『신찬성씨록』의 필두에 배치될 수밖에 없는 위치에 있었다.

신요속일명(神饒速日命)의 후예씨족으로 나오는 석상조신(石上朝臣)은 대화정권 시기에 유력한 씨족이었던 물부련(物部連)의 계보를 잇는 일족이다. 석상의 씨명은 물부씨의 씨신인 석상신궁의 진좌지인 석상의 지명에서 유래한다. 『일본서기』 주조(朱鳥) 원년(686) 이후에는 물부련마려(物部連麻呂)를 석상조신마려(石上朝臣麻呂)라고 기록하고 있듯이 물부련이 조신(朝臣)을 받는 천무 13년(684)경 석상의 씨명도 고쳤다고 보인다. 물부씨, 석상씨를 동조, 동족으로 하는 씨족만 해도 36씨에 이르고, 총 66씨가 신요속일명(神饒速日命)을 조신으로 하고 있다. 석상씨의 조신인 신요속일명은 『일본서기』 신무기(神武紀) 무오년(기원전 663)조에 신무보다 앞서 천반선(天磐船)을 타고 대화에 내려와 신무의 동정 시에 충성을 다해 돕는 인물로 나온다. 이 전승은 대화정권 시절부터 군사씨족으로서 봉사해 온 연원을 기록한 것이다.

좌경 신별(중)의 필두로 나오는 대반숙녜(大伴宿禰)는 대화정권에서 물부씨와 함께 유력 씨족으로 활약한 대반대련(大伴大連) 계열의 씨족이다. 동 성씨록에는 고광산령존(高皇産靈尊)의 5세손인 천압일명(天押日命)의 후손으로 나온다. 기기 신화에는 천손 강림 시에 함께 일향(日向)의 고천수봉(高千穗峯)에 내려와 천차부(天靫部)가 되었다고 한다. 이는 대화정권하에서 궁성을 경비하던 차부(靫負)의 직무에서 유래한다. 특히 조신으로 나오는 고황산령존은 천조대신과는 사돈 간으로 그의 딸과 천조대신의 아들 사이에서 태어난 천손은 바로 지상으로 강림한 경경저존(瓊瓊杵尊)이다. 신화의 세계에서

---

109 『續日本紀』 神護景雲 3년 6월 을묘조.

천황가와 맺은 인연으로 『신찬성씨록』에서 상위에 배열되었다. 천황가와의 친소관계가 『신찬성씨록』의 배열에서 중시되고 있음을 보여 준다. 고황산령존을 조신으로 하는 씨족은 대반숙녜 등 11씨에 이른다.

미장씨(尾張氏), 진수씨(津守氏), 해부씨(海部氏) 등 52씨의 조신인 천화명명(天火明命)은 『일본서기』 신대(하) 일서(一書)에서 경경저존의 형으로 나오고 있다. 특히 미장씨는 후에 천황가와 혼인관계를 맺어 5대 효소의 황후를 배출하여 6대 효안(孝安)을 낳았고, 10대 숭신(崇神) 때 천황이 미장씨 딸을 비로 맞아들였다고 전한다. 임신의 난 때에 대해인황자(大海人皇子)를 도와 천무(天武) 탄생의 공을 세워 그 후손들이 위계와 공전을 하사받는 등 씨족의 번영을 구가하였다.

『신찬성씨록』에 견양숙녜(犬養宿禰) 등 36씨의 조신으로 나오는 신혼명(神魂命)은 『일본서기』 신대기의 신황산령존(神皇産靈尊)으로 천지개벽 시에 천지어중주신(天之御中主神), 고어산소일신(高御産巢日神) 등과 고천원(高天原)에 출현한 조화의 3신 중 하나이다. 출운(出雲)을 중심으로 한 신화 세계의 수호신적인 존재이다. 견양숙녜의 후손인 귤삼천대(橘三千代)는 천무(天武)에서 원정(元正)에 이르는 5대에 봉사한 여관으로 미노왕(美努王)에 입실하여 귤제형(橘諸兄)을 낳고, 다시 등원불비등(藤原不比等)의 부인이 되어 성무(聖武)의 황후인 광명황후(光明皇后)를 낳아 씨족이 번영하는 기반을 만들었다. 그 밖에 『일본서기』 신대(상)의 일서에 천조대신와 소전오존이 서약할 때 태어났다는 천수일명(天穗日命)과 천진언근명(天津彦根命)을 조신으로 하는 씨족은 각각 17씨, 20씨에 이른다. 이른바 황조신과의 인연으로 태어난 신이 조상신이 되어 신대의 인연이 현실의 봉사로 이어지는 씨족의 계보가 형성되어 있다.

4. 제번씨족과 천황제 국가의 신민화

제번조에는 한(漢) 163씨, 백제 104씨, 고구려 41씨, 신라 9씨, 임나 9씨, 총 326씨를 수록하고 있다. 이 중에서 왕경에 거주하는 씨족이 전체의 53%인 174씨이고, 기내 지역은 하내국이 55씨로 다수를 점하고 있다. 이들 도래계 씨족 중에서 한계(漢系)에는 좌경 제번의 진시황 3세손 효무왕에서 나왔다는 태진공숙녜(太秦公宿禰)를 필두로 이 씨와 동조라고 주장하는 31씨가 수록되어 있다. 아울러 한 고조 계열 8씨, 후한의 광무제 6씨, 헌제 2씨, 효헌제 2씨, 영제 18씨 등 28씨가 황제의 후손으로부터 출자를 구하고 있다. 그 외에 위(魏) 무황제와 문제, 수(隋) 양제, 연왕(燕王) 공손연, 손권 등 역대 제왕을 조상의 계보로 하고 있다. 『속일본기』 연력 4년(785) 6월 계유조에는 동한씨(東漢氏)의 후예인 판상대기촌예전마려(坂上大忌寸苅田麻呂)가 자신의 선조를 "본래 후한 영제의 증손인 아지왕(阿智王)의 후예이다"라고 하면서 "선조의 왕족 성을 잃어버려 하급 사람의 비성(卑姓)을 받았다"라고 하였다. '비성'으로부터 탈출하기 위해 자신의 출자를 후한의 황제에게 가탁한 것이다. 게다가 〈판상계도(坂上系圖)〉에 인용된 『신찬성씨록』 일문(逸文)에는 그의 선조가 한 고조로 되어 있어 『속일본기』의 후한 영제설을 압도하는 개변을 행하고 있다. 진씨(秦氏)의 시조설화는 『기기』의 응신조(應神朝)에 도래 전승을 갖는 궁월군(弓月君) 설화가 원형으로 진시황의 계보에 부회·가상되었다. 진씨의 진시황 출자는 한씨에 대한 대항의식에서 한 황제보다 앞선 진시황에서 구한 것으로 생각된다.[110] 특히 기기 전승에 '진시황-궁월군 계열', '한 황제-아지사주(아지왕) 계열'의 씨족들이 일본으로 도래한 시기는 백제 초고왕(근초고왕), 귀수왕(근구수왕) 시대로 되어 있다. 진한의 황제를 출자로 하는 계보는 대부분 백제, 신라 등 한반도계로서 『신찬성씨록』 편찬 시 제출된 「본계장」에서 개변이 이루어졌다고 생각된다. 조상 계보의 유구함과 고귀성을 주장하는 것은 당시에 만연된 습속이며 관행처럼 되었다. 도래계 씨족들은 고귀한 왕조 제왕의 후예들이 천황의 덕화에 감화되어 이주하였음과 오랜 봉사와 충성의 연원을 주장하였다. 출자는 상위 성으로의 개성에 유리한 조건이 되었기 때문이다.

한반도계의 씨족 중에서는 백제 도모왕(都慕王) 18세손 무령왕의 후손인 화조신(和朝臣)이 필두에 나와 있다. 이 씨족은 성씨록 편찬을 시작한 환무의 외척으로 당시 도래계 씨족의 최고 위치에 있었다. 우경 제번 하에서는 의자왕을 출자로 하는 백제왕씨로부터 시작한다. 의자왕의 아들 선광(善光)의 후손들로서 도래씨족 중에서 특별한 지위를 부여받은 씨족이다. 이어 도모왕의 10세손인 귀수왕(貴首王)으로부터 출자를 주장하는 관야조신(菅野朝臣)이 배열되어 있다. 이것은 환무로부터 총애받던 관야조신씨의 우월한 지위에서 나온 현상이다. 특히 근초고왕, 근구수왕 계열의 출자는 18씨에 달한다. 이는 곧 대부분 『일본서기』 신공기, 응신기에 보이는 양국의 활발한 도래 전승에 기초하여 만들어진 계보라고 생각된다. 본국의 왕을 출자로 하는 씨족은 백제가 29씨로 가장 많고, 고구려는 추모왕, 호태왕 등 5씨, 임나는 하라하실왕(賀羅賀室王, 嘉悉王) 등 4씨이다. 이들의 출자는 모두 현실에 존재하지 않은 멸망한 왕조들이다. 신라 출자는 9씨에

---

110 關晃, 1966, 『歸化人』, 至文堂, p. 94.

불과하고 대부분 '신라국인+모'라고 표기하고 있고, 당 출신을 선조로 한 사례는 견당사 귀국선에 동행했다가 정주한 '당인(唐人)' 심유악(沈惟岳) 등 10여 명에 불과하다. 발해는 현실의 교류국으로 후예씨족이 1건도 없다.

 제번은 이미 멸망한 왕조의 후예들이 대부분이고, 천황의 지배질서 안에 들어와 있는 존재였다. 천황제 국가에서의 도래인의 활약상은 유학과 시문에 밝은 문장가를 비롯하여, 불교, 의술, 역법, 군사, 예능, 건축 등 다방면에 걸쳐 있고, 이들 중에는 황별이나 신별로 출자를 개변하거나 천황으로부터 총애를 받아 포상으로 고위직에 올라간 인물도 적지 않다. 양로 5년(721) 정월에 "문인과 무사는 국가가 소중히 여기는 바이고, 의술과 점복, 방술은 예로부터 지금까지 숭배하고 있다"라고 하면서 백관 중에서 사범이 될 만한 뛰어난 인재를 분야별로 선발하여 포상하고 후학을 양성하게 하였다.[111] 여기에는 배나공행(背奈公行), 여진승(余秦勝), 길의(吉宜) 등 11인의 도래계가 포함되어 있고, 이들은 국가가 관리하는 핵심 분야의 인재들이었다. 도래계에 대하여 왕권 내에서 배타적인 시선도 있었지만, 성씨록에서 제번은 천황제 국가 지배 체제의 한 축을 이루는 천황의 신민으로 포섭·융합된 존재임을 확인시키는 인증서였다.

맺음말

『신찬성씨록』의 구성 원리에서 보면 성씨록 편찬의 목적은 천조대신으로부터 내려오는 천황가의 대동맥으로부터 수혈받은 수많은 씨족들이 새로운 혈통을 생성하여 거대한 혈연적 가족주의 지배구조를 갖는 국가의 탄생이었다. 천황가와의 계보적인 연결망은 이미 기기(記紀)의 세계에서 보이고 있으며 이를 종합적으로 정리한 것이 성씨록이다. 계보의 장악은 천황제 국가의 존속과 지배질서를 유지하는 데 유효한 수단이었다. 지배계층인 씨족들 역시 천황가와의 친소관계가 위계와 관직에 영향을 미치고 있어 개변된 「본계장」을 만들어 성씨록에 등재하였다. 천황가와 계보적으로 출자를 공유한 것은 신격화된 천황가를 통해 자신들의 권력을 유지해 나가기 위해서였다. 이들은 권력 중심부인 경기 지역의 관인층으로서 현실의 천황가에 대해 충성·봉사하는 신민의 관계를 신

---

111 『續日本紀』 養老 5년 정월 갑술조.

화의 세계에 투영하였다. 씨족 상호 간에도 수없이 동조관계가 형성되어 수직적인 계보만이 아니라 수평적으로 연결된 거대한 의제적 동조 씨족군이 만들어졌다. 일본국의 지배 세력이라고 할 수 있는 중앙의 씨족단은 단순한 관인층이 아니라 계보적 연결고리를 통해 천황에 봉사하며 국가적 지배질서를 유지해 나가는 동업자였다.

제번을 구성하는 씨족들은 황별, 신별과 달리 외부에서 들어온 이종족으로 화내인(化內人)이 되어 천황의 지배질서 안에 편입되어 신민임을 공인받은 집단임을 나타낸다. 이들 중에는 조상의 출자를 중국이나 한반도의 역대 제왕에서 구하고 천황의 덕화를 흠모하여 이주했다는 도래 전승을 통해 권력에의 접근성을 강화시켰다. 그러나 현실의 왕조인 당이나 신라, 발해의 제왕으로부터 나왔다는 씨족은 1건도 보이지 않는다. 이들은 제번조의 성격을 말해 주는 것으로 천황제 국가의 지배 체제를 구성하고 확립하기 위한 존재였다.

이러한 출자와 계보는 오직 황별, 신별, 제번이라는 3개 층으로 이루어졌고, 대부분의 일반 공민은 여기에서 배제되었다. 그러나 『신찬성씨록』 서문에서도 지적하고 있듯이 씨족들의 출자와 계보는 허위로 작성된 것이 적지 않았고, 삼체로 구분하기 어려운 씨족들은 「미정잡성」으로 처리하고 대부분 수용하였다. 문서의 진위를 판별하는 기준이 조상의 출자에 있었으며, 기기에 보이는 천황가와 씨족들의 혈연과 봉사의 인연이 『신찬성씨록』의 이념으로 계승되었기 때문이었다. 천황제 국가의 성립을 상징하는 관찬 역사서 『일본서기』 이후 100여 년 만에 이완된 천황제 국가의 지배 체제를 새롭게 구축하기 위해 편찬한 것이 『신찬성씨록』이라고 생각된다.

◆ 신찬성씨록 상표(上表) ◆

上新撰姓氏錄表

臣萬多等言. 臣聞. 陰陽定位. 裁萬物以先人倫. 叙聖正名叶五音. 而甄姓氏. 是以因生之本自遠. 胙土之基增崇. 沿帝道而污隆. 襲王風而興替者也. 伏惟. 國家降天孫而創業. 橫地軸以開邦. 一統架宗. 環八洲以御. 辨五運無代. 跨億載而期圖. 高門接軫. 甲姓聯衡. 枝葉寔繁. 派流彌衆. 旣而德廣所覃. 占雲靡輟. 情願編戶. 星陣相尋. 或擬丘陵而挺峻. 或飛軒蓋以騰華. 又有僞曾冒祖. 妄認膏腴. 證神引皇. 虛託敝冕. 先朝鑒其假濫留慮根源. 昧旦臨軒. 仄景忘膳. 今臣等. 謹奉綸言. 追逐前旨. 從對三絶. 空淹四時. 矧夫才非博物. 識謝通膽. 何以溫知本枝. 抑揚緒閥. 然書府舊文. 見進新系. 讎校合之. 則捴以入錄. 其未詳者. 則集爲別卷. 年肇神武. 人兼倭漢. 凡一千一百八十二氏. 幷目三十一卷. 名新撰姓氏錄. 譬窺井談星. 取蠡議海. 恐綜覈疎訛. 撰緝謬違. 謹詣闕奉進. 伏增谷冰. 謹言.

　　　弘仁六年七月二十日
　中務卿 四品臣 萬多親王
　右大臣 從二位 兼行皇太弟傅 勳五等臣 藤原朝臣園人
　參議 從三位 行宮內卿 兼近江守臣 藤原朝臣緖嗣
　正五位下 行造東寺長官臣 阿部朝臣眞勝
　從五位上 行尾張守臣 三原朝臣弟平
　從五位上 行大外記 兼因幡介臣 上毛野朝臣穎人等上表

【번 역】

『신찬성씨록』 상표(上表)

신(臣) 만다(萬多) 등이 말씀 올립니다. 신(臣)은 음양이 제대로 자리를 잡아 만물을 만들어 인륜을 세웠고 예지를 가진 성인이 이름을 살펴서 오음에 따라 바르게 하여 성씨(姓氏)를 확실하게 하였다고 들었습니다. 그런데 출생으로 인한 근본이 멀어지자 땅을 사여받은 근거가 더욱 숭상되어 제(帝)의 치세에 따라 성쇠와 변화가 생겼습니다.

엎드려 생각하건대, 이 나라는 천손이 내려오셔서 창업하고 대지를 가로질러 나라를 열어 한 계통이 천하를 지탱하면서 팔주(八洲)를 다스렸습니다. 오운(五運)을 잘 아셨으므로 교체가 없었고 억년이 지나도록 뜻하는 바를 기대할 수 있었습니다.

귀족과 최고의 성(姓)이 수레를 갖추고 자손이 번성하고 지족이 많게 되었습니다. 덕이 널리 퍼지자 상서로운 구름의 모습을 보고 백성이 되고자 별처럼 몰려왔습니다. 혹은 구릉처럼 높아지려 하고 혹은 대부(大夫) 이상이 타는 수레를 타고 와서 과시하였습니다. 또 증조와 조상을 거짓으로 꾸미고 멋대로 부유한 명족(名族)인 것처럼 말하고 신이나 천황의 후예라고 주장하여 존귀한 집안인 것처럼 꾸몄습니다.

선조(先朝)께서 그 거짓과 외람됨을 살펴보고 그 근원에 대해 생각하시기를 새벽부터 조정에 나가서 밤까지 식음을 잊으실 정도였습니다.

지금 신 등은 삼가 윤지를 받들어 선조의 뜻을 따랐으나, 쓸데없이 책만 읽으면서 세월을 보냈습니다. 저희들의 재능은 박식하지 못하고 지식도 충분하지 않습니다. 어떻게 본종과 지족을 구별하고 계통과 집안을 논할 수가 있겠습니까?

그러나 서부(書府)의 오래된 문서와 진상된 신계(新系)를 교열하고, 확실하지 않은 것은 모아서 별권으로 하였습니다. 시대는 신무(神武)에서 시작하고, 사람은 왜(倭)와 한(漢)을 합쳤습니다. 모두 1,182씨를 31권으로 편찬하여『신찬성씨록(新撰姓氏錄)』이라고 이름 붙였습니다. 우물을 보며 별을 말하고 호리병을 가지고 바다를 논하는 것 같이 조잡하고 잘못된 책을 만들었을까 두렵습니다. 지금 삼가 올립니다. 황공할 뿐입니다. 삼가 말씀드렸습니다.

홍인(弘仁) 6년(815) 7월 20일에 중무경(中務卿) 4품 신(臣) 만다친왕(萬多親王; 만타신와우). 우대신 종2위 겸 행황태제부(行皇太弟傅) 훈5등 신(臣) 등원조신원인(藤原朝臣園人; 후지하라노아소미소논도). 참의 종3위 행궁내경(行宮內卿) 겸 근강수(近江守) 신(臣) 등원조신서사(藤原朝臣緒嗣; 후지하라노아소미오츠구). 정5위하 행조동사장관(行造東寺長官) 신(臣) 아배조신진승(阿倍朝臣眞勝; 아헤노아소미사네카쓰). 종5위상 행미장수(行尾張守) 신(臣) 삼원조신제평(三原朝臣弟平; 미하라노아소미오토히라). 종5위상 행대외기(行大

外記) 겸 인번개(因幡介) 신(臣) 상모야조신영인(上毛野朝臣穎人; 가미츠케노노아소미히데히토) 등이 표를 올립니다.

【주 석】

1. 신만다등언(臣萬多等言)

'신모언(臣某言)'은 상표문의 관용구이다.

2. 만다(萬多)

환무천황(桓武天皇; 간무텐노)(837~806, 재위 781~806)의 아들이며 차아천황(嵯峨天皇; 사가텐노)(786~842, 재위 809~823)의 동생인 만다친왕(萬多親王, 788~830)을 가리킨다. 『일본기략(日本紀略)』 천장(天長) 7년(830) 4월 갑자조의 만다친왕 훙전(薨前)에는 '삼품만다친왕훙. 환무천황제오황자. 모중무대보등원조신취취녀야. 조증일품. 년사십삼.(三品萬多親王薨. 桓武天皇第五皇子. 母中務大輔藤原朝臣鷲取女也. 詔贈一品. 年四十三.)'이라고 적혀 있다. 이를 통해 만다친왕이 환무천황의 다섯 번째 아들이며, 어머니는 중무대보였던 등원조신취취(藤原朝臣鷲取)의 딸이고, 만다친왕이 3품으로 830년에 43세로 죽자 천황이 1품의 품위를 추증하였음을 알 수 있다.

　이 표를 올린 815년에는 만다친왕은 28세였다. 『일본후기(日本後紀)』에서는 자전친왕(茨田親王; 만타신노)이라고 표기하고 있다.

3. 신문(臣聞)

'신문(臣聞)'은 '신모언(臣某言)' 뒤에 이어지는 상표문의 관용구이다.

4. 음양정위재. 만물이선인륜(陰陽定位. 裁萬物以先人倫)

음양정위(陰陽定位)는 천지정위(天地定位)와 같은 뜻이다. 『역경(易經)』 설괘전(說卦傳)에 '천지정위. 산택통기.(天地定位. 山澤通氣.)'라는 글이 보이는데, 이는 천지가 제대로 자리잡아야 산천이 온전하게 된다고 뜻이다. 『사기(史記)』 외척세가(外戚世家)에 '음양지변. 만물지통야.(陰陽之變. 萬物之統也.)'라는 글이 보이는데, 이것은 음양의 변화에 따라 만물이 만들어진다는 것이다. 『한서(漢書)』 예악지(禮樂志)에 '상천지. 이제예악. 소이통신명. 입인륜. 정정성. 절만사자야.(象天地. 以制禮樂. 所以通神明. 立人倫. 正情性.

節萬事者也.)'라고 적고 있다. 이 문장은 이러한 중국 문헌의 음양사상을 바탕으로 하고 있다.

5. 예성정명협오음(叡聖正名叶五音)

예성(叡聖)은 지덕이 뛰어나고 사리를 통달한 사람을 가리키며, 정명(正名)은 명의(名義)를 바르게 한다는 뜻이다.

오음(五音)은 음악의 음색으로 궁(宮), 상(商), 각(角), 치(徵), 우(羽)를 가리킨다. 후한의 반고(班固, 32~92)가 쓴 『백호통의(白虎通義)』에서 '고자. 성인취율정성. 이기기족. 인각오상이생. 오성유오. 궁상각치우. 전이상잡오오이십오. 전생사시. 이기수음실비. 고성유백야(古者．聖人吹律定姓．以記其族．人各五常而生．五聲有五．宮商角徵羽．轉而相襍五五二十五．轉生四時．異氣殊音悉備．故姓有百也.)'라고 적고 있으며, 후한의 정현(鄭玄, 127~200)의 『역위시류모(易緯是類謀)』에서는 '황제취율．이정성(黃帝吹律．以定姓.)'이라고 적고 있다. 이를 통해 중국의 후한시대에 성인이며 중국인의 조상으로 여겨지는 황제(黃帝)가 사람들의 성(姓)을 정하였다는 사상이 있었음을 알 수 있다.

이러한 중국의 문헌을 참고하여 이 상표문에서도 지혜로운 성인이 명의를 바로잡고 오음에 따라 사람들의 성(姓)을 정하였다는 문장을 썼을 것이다.

6. 국가항천손이창업(國家降天孫而創業)

천조대신(天照大神)의 손자[『고사기』의 이이예명(邇邇藝命; 니니기노미코토), 『일본서기』의 경경저존(瓊瓊杵尊; 니니기노미코토)]가 축자(筑紫)의 일향(日向)에 강림한 것을 말한다.

7. 횡지축이개방(橫地軸以開邦)

『고사기』, 『일본서기』에서 천조대신의 손자 니니기노미코토의 손자 신무천황(神武天皇)이 동쪽으로 가서 나량(奈良) 지역에서 나라를 연 것을 가리킨다.

8. 일통가종(一統架宗)

한 계통의 왕조가 천하를 지탱한다는 뜻이다.

9. 팔주(八洲)

팔주는 천황이 다스리는 일본국을 말한다. 『일본서기』 신대(神代) 상(上) 제4단 본문에서 '유시(由是), 시기대팔주국지호언(始起大八洲國之號焉).'이라고 적고 있다.『일본서기』
천무천황(天武天皇) 12년 춘정월 병오조에서는 천황을 '명신어대팔주왜근자천황(明神御
大八洲倭根子天皇).'이라고 부르고 있어 천황의 호칭에 대팔주를 다스리는 사람이라는
뜻이 들어 있음을 알 수 있다. 이는 대보령(大寶令)과 양로령(養老令)에 이어져서 현존
양로령 공식령(公式令) 조서식(詔書式)조에 '명신어대팔주천황조지(明神御大八洲天皇詔
旨)'로 남아 있다.

10. 변오운무대(辨五運無代)

오운은 목, 화, 토, 금, 수의 오행(五行)의 운행을 가리킨다. 역대 천황이 오운에 따라 그
자리에 오르는 것을 잘 알고 있었으므로 강제로 교체되는 일이 없었다는 뜻이다.

11. 과억재이기도(跨億載而期圖)

억재(億載)는 억년(億年)을 가리킨다. 매우 오랜 세월 동안 뜻하는 바를 기할 수 있었다
는 뜻이다.『일본서기』신대(神代) 하(下) 제5단 일서(一書)의 제일(第一)에 보이는 '보조
지융 . 당여천양무궁자의.(寶祚之隆 . 當如天壤無窮者矣.)'와 같은 사상이다.

12. 고문접진 . 갑성연형(高門接軫 . 甲姓聯衡)

고문(高門)은 귀족을 가리키고, 갑성(甲姓)은 사성(四姓) 중 최고의 성을 가리킨다. 진
(軫)는 수레 뒤쪽의 횡목, 형(衡)은 마차에서 말을 고정시키는 횡목으로, 접진(接軫)과
연형(聯衡)은 대구(對句)로 모두 수레를 갖춘다는 뜻이다. 수레는 높은 신분을 표시하므
로, 귀족과 최고의 성이 수레를 갖춘다는 것은 높은 신분이 되었다는 뜻이다.

13. 지엽식번 . 파류미중(枝葉寔繁 . 派流彌衆)

지엽(枝葉)은 자손, 파류(派流)는 지족(枝族)을 가리킨다. 지손과 지족이 번성하고 많아
졌다는 뜻이다.

14. 기이덕광소담 . 점운미철(旣而德廣所覃 . 占雲靡輟)

양(梁) 원제(元帝)의『직공도(職貢圖)』서(序)에 '제산항해 . 교비굴슬 . 점운망일 . 중역지
언.(梯山航海 . 交臂屈膝 . 占雲望日 . 重譯至焉.)'이라고 적고 있듯이 점운(占雲)은 먼 곳의

사람이 중국에서 서운(瑞雲)이 피어난 것을 보고 점을 쳐서 성인이 출현하였음을 알고 내공하는 것을 가리킨다. 이미 덕이 퍼진 곳은 구름을 점치는 일을 그치지 않고 몰려온다는 뜻이다.

15. 정원편호 . 성진상심(情願編戶 . 星陣相尋)

성진(星陣)은 군신이나 사람들이 별처럼 늘어선다는 뜻이다. 편호(編戶)는 백성이 되는 것을 말한다. 백성이 되고자 별처럼 몰려왔다는 뜻이다.

16. 혹비헌개이등화(或飛軒蓋以騰華)

헌(軒)은 대부 이상이 타는 수레를 가리킨다. 개(蓋)는 수레 위에 세우는 양산을 가리킨다.

17. 우유위증모조 . 망인고유(又有僞曾冒祖 . 妄認膏腴)

고유(膏腴)는 비옥하다는 뜻으로 여기에서는 부유한 명족(名族)을 가리킨다. 멋대로 증조를 거짓으로 만들어 부유한 명족인 것처럼 주장한다는 뜻이다.

18. 선조(先朝)

만다친왕이 이 표를 바친 차아천황(嵯峨天皇)의 선대 환무천황(桓武天皇)을 가리킨다.

19. 서부구문(書府舊文)

서부(書府)는 조정의 문적(文籍)을 모아놓은 부고(府庫)이며, 구문(舊文)은 『일본서기』, 『속일본기(續日本紀)』와 개사씨성에 관한 태정관부(太政官符) 등을 말한다. 「신찬성씨록서(新撰姓氏錄序)」에도 비슷한 내용이 보인다.

19. 신계(新系)

「신찬성씨록서(新撰姓氏錄序)」에 보이는 신진본계(新進本系)이다. 『일본후기(日本後紀)』 연력(延曆) 18년(799) 12월 무진조에서 「본계장(本系帳)」을 진상하도록 하였다고 적고 있다.

20. 별권(別卷)

별권은 미정잡성을 실은 것이다. 「신찬성씨록서」에서는 미정은 여러 씨 중에서 확실하지 않은 것으로 함께 모아 1권으로 만들어 제번(諸蕃)의 뒤에 붙였다고 적고 있다.

21. 홍인육년칠월이십일(弘仁六年七月二十日)

여기에서는 『신찬성씨록』 상표문을 홍인 6년(815) 7월 20일에 작성하였다. 그런데 『일본기략(日本紀略)』 홍인 5년(814) 6월 병자삭조에서는 "전에 중무경(中務卿) 4품 만다친왕과 우대신 종2위 등원조신원인(藤原朝臣園人) 들이 칙을 받들어 성씨록을 편찬하였는데, 이제 완성되었다."라고 적고 있어 『신찬성씨록』이 이미 홍인 5년(814) 6월 1일에 완성되었음을 알 수 있다.

814년 6월 1일에 성씨록이 완성되었는데 그로부터 13개월여가 지난 815년 7월 20일에 다시 완성을 보고하는 상표문이 작성된 이유에 대해서, 좌백유청(佐伯有淸)은 814년 5월 8일에 새로 사성받아 815년 6월 9일에 좌경에 등록된 원조신(源朝臣)을 성씨록에 추가하고 신별(神別)을 황별(皇別)의 앞에 배치하였던 것을 고쳐 황별을 제일 앞에 배치하는 작업이 다시 추진되었기 때문으로 추측하고 있다.

상표문을 올린 날짜 7월 20일에 대해서 의심하는 견해가 있다. 상표문에 이름을 올린 6명의 관위와 관직을 살펴보면 5명은 모두 정확하게 기술되었으나, 삼원조신제평(三原朝臣弟平)의 관직은 814년 7월 13일 이전의 것이기 때문이다. 즉 『일본후기』에 의하면 홍인 6년(815) 7월 13일에 자야가역(滋野家譯)이 미장수(尾張守)로 새로 임명되었는데, 7월 20일에 작성된 이 상표문에서는 삼원조신제평을 여전히 미장수로 표기하고 있기 때문이다. 따라서 이 상표문은 삼원조신제평이 미장수였던 7월 13일 이전에 작성한 것을 7월 20일에 올리면서 날짜만 고친 것이라고 보는 견해도 있다. 그러나 국사(國司)가 새로 임명되더라도 전임자가 신임자로 교체되는 것은 해유장(解由狀)을 태정관(太政官)에 상신한 후가 되므로 7월 20일에 상원조신제평의 관직을 미장수라고 적고 있는 것은 문제가 되지 않는다.

22. 등원조신원인(藤原朝臣園人, 756~818)

북가(北家) 등원풍마(藤原楓麿)와 식가(式家) 등원양계(藤原良繼)의 딸 사이에서 태어났다. 779년에 무위에서 종5위하를 받았다. 783년부터 6년간 소납언(少納言)과 우대변(右

大辯)을 지낸 후 미농국(美濃國), 비중국(備中國), 안예국(安藝國), 비후국(備後國), 풍후국(豊後國), 대화국(大和國) 등의 수(守)를 역임하면서 백성들에게 좋은 평판을 얻었다. 806년에 권참의(權參議), 참의(參議)를 거쳐 산양도관찰사(山陽道觀察使)로 임명되어 민정(民政)에 관한 많은 제언을 하였다.

차아천황(嵯峨天皇)이 황태자였던 시기에 춘궁대부(春宮大夫)였으며, 차아천황이 즉위한 다음해에 대납언(大納言) 민부경(民部卿)이 되었고, 812년에 우대신(右大臣) 동궁부(東宮傅)가 되었다. 818년에 그가 사망하자 차아천황은 그에게 정1위 좌대신을 추증하였다.

23. 등원조신서사(藤原朝臣緒嗣, 774~843)

환무천황(桓武天皇) 즉위의 일등공신인 등원백천(藤原百川, 732~779)의 아들이다. 아버지의 공으로 환무천황의 신임이 깊었다. 내사인(內舍人)으로 관인생활을 시작하여 중위소장(中衛少將), 우위사독(右衛士督) 등 주로 무관을 역임하였다. 802년에 종4위하로 참의(參議)가 되었다. 이때 그의 나이 29세로 그때까지 최연소 참의였다. 805년 12월에 전상(殿上)에서 69세의 참의 관야진도(菅野眞道)와 천하의 덕정에 대해 논쟁하고 하이(蝦夷)에 대한 군사행동과 평안경(平安京) 조영의 중지를 주장하여, 환무천황이 이를 실행하였다. 그후 산양도(山陽道), 기내(畿內), 동산도(東山道) 등의 관찰사로서 많은 주장(奏狀)을 제출하여 민중의 실정(實情)을 바탕으로 한 정론(政論)을 전개하였다. 821년에 대납언(大納言), 다음해에 종2위 황태자부(皇太子傅)가 되어, 순화천황(淳和天皇, 786~840, 재위 823~833)이 즉위한 후에 대상회(大嘗會)에 대해 쓸데없는 낭비의 절감을 요구하였다. 825년에 우대신이 되었고 다음해 동사(冬嗣)가 죽은 후에는 수반이 되었다. 832년에 좌대신이 되었고 다음해에는 정2위가 되었다. 『일본후기(日本後紀)』의 편찬에도 참가하였다.

24. 아배조신진승(阿倍朝臣眞勝, 754~826)

『유취국사』천장(天長) 3년(826) 9월 경오조에 실린 졸전에 의하면 대재대감으로 정6위상이었던 아배조신삼강(阿倍朝臣三綱)의 아들이다. 연력(延曆) 연간에 종5위하로 승진한 후 음양두(陰陽頭)가 되었고, 홍인(弘仁) 11년(820)에 종4위하로 승진하고 신기백(神祇伯)으로 임명되었다. 갑비국(甲斐國)과 이예국(伊豫國)의 수(守)도 역임하면서 좋은 평판을 얻고 종4위상으로 승진하였다. 826년에 73세로 사망하였다.

25. 삼원조신제평(三原朝臣弟平, 749?~818?)

『신찬성씨록』 좌경 황별(상)에서 삼원조신씨가 천무천황의 황자 1품 신전부친왕의 후손으로 나와 있으므로, 제평(弟平)이 신전부친왕의 후손임을 알 수 있다.

제평은 일본어로 '오토히라'라고 읽는다. 원래는 제평왕(弟平王), 을매왕(乙枚王), 을평왕(乙平王)로 불리었다. 『속일본기』에 의하면 연력(延曆) 10년(791) 1월에 무위인 을매왕(乙枚王)에게 종5위하를 사여하고 3월에 조주정(造酒正)에 임명하였다고 한다. 『속일본기』에서는 연력 18년(799) 2월에 삼원조신제평을 내장조로 삼았다고 적고 있으므로, 연력 10년 3월 이후 연력 18년 2월 이전에 삼원조신이라는 씨성을 사여받았음을 알 수 있다.

26. 상모야조신영인(上毛野朝臣穎人, 766~821)

『유취국사(類聚國史)』 홍인(弘仁) 12년(821) 8월 신사조에 실린 그의 졸전(卒傳)에 의하면 종5위하 상모야조신대천(上毛野朝臣大川)의 아들로, 문장생(文章生)으로 출발하여 연력(延曆) 연간에 견당록사(遣唐錄事)로 당에 사신으로 가서 활약하였다. 그 공을 인정받아 외종5위하를 사여받았다. 대동(大同) 연간 말년에 평성태상천황(平城太上天皇)이 평성경으로 옮겨갔을 때에 그도 외기(外記)로 그곳에 갔다. 약자(藥子)의 난 때에 평성경에서 평안경으로 돌아와 보고하였으므로 차아천황(嵯峨天皇)이 그 공을 인정하여 종5위상을 특별히 사여하였다.

◆ 신찬성씨록 서(序) ◆

『新撰姓氏錄』序

此者第一卷之序也. 不載於官書目錄. 而載此卷. 又抄姓氏錄文注於此卷. 是皆爲備指掌. 私所爲也.

　蓋聞, 天孫降襲西化之時, 神世伊開, 書記靡傳, 神武臨夏東征之年, 人物漸滋, 梟帥間起, 洎乎神劍下授, 靈鳥于飛, 歸首星陣, 群凶霧散. 膺受明命, 光宅中州, 泰階平齊, 海內淸謐. 旣而謹德考功, 胙土命氏. 國造, 縣主, 始號於斯. 垂仁撫運, 惠澤彌新, 擧措得中, 姓氏稍分. 況復任那欽風, 新羅歸賣爾來, 諸蕃仰德, 無思不來. 懷遠賜姓, 是時著明. 允恭御宇, 萬姓紛紜. 時下詔旨, 盟神探湯, 首實者全, 冒虛者害. 自玆厥後, 氏姓自定, 更無詐人, 涇渭別流. 皇極握鏡, 國記皆燔, 幼弱迷其根源, 狡強倍其僞說. 天智天皇儲宮也, 船史惠尺奉進燼書. 至庚午年, 編造戶籍, 人民氏骨, 各得其宜. 自玆以降, 歷代帝王, 隨時改正, 聯綿不絕.

　勝寶季中, 特有恩旨, 聽許諸蕃, 任願賜之. 遂使前姓後姓, 文字斯同, 蕃俗和俗氏族相疑. 萬方庶民, 陳高貴之枝葉, 三韓蕃賓, 稱日本之神胤. 時移人易, 罕知而言. 寶字之末, 其爭猶繁. 仍繁名儒, 撰氏族志. 抄案弗半, 逢時有難, 諸儒解體, 輟而不興. 皇統彌照聖明, 生而叡哲, 自體性仁. 威被日出之崖, 德光月胐之域. 停烽廢關, 文軌爲一. 慮周品物, 思切正名. 酒降絲綸, 撰勘本系. 緗帙未畢, 鳳輿登瑕.

　天朝至明, 紹脩前業. 至聖承聖, 垂眷後謀. 爰勅中務卿四品臣萬多親王, 右大臣從二位兼行皇太弟傅臣藤原朝臣園人, 參議正四位下行左衛門督兼近江守臣藤原朝臣緖嗣, 正五位下行陰陽頭臣阿部朝臣眞勝, 從五位上行尾張守三原朝臣弟平, 從五位上行大外記兼因幡介臣上毛野朝臣穎人等, 追慕前志, 推弘此文, 開書府之秘藏, 尋諸氏之苑丘.

　臣等歷探古記, 博觀舊史, 文駁辭踳, 音訓組雜. 會釋一事, 還作楯矛;搆合兩說,

則有牴梧. 新進本系, 多違故實. 或錯綜兩氏, 混爲一祖. 或不知源流, 倒錯祖次. 或迷失己祖, 過入他氏. 或巧入他氏, 以爲己祖. 新古煩亂, 不易芟夷. 彼此謬錯, 不可勝數. 是以雖欲成之不日, 而猶十歲於茲. 京畿本系, 未進過半.

今依見進, 以類詮矣. 本其元生, 則有三體；前其群分, 則有三例. 天神地祇之胄, 謂之神別. 天皇皇子之派, 謂之皇別. 大漢, 三韓之族, 謂之諸蕃. 所以別同異序, 前後是爲三體也. 或古記, 本系竝錄載, 而枝別之宗特立之祖, 書約出自. 或載古記而漏本系, 或載本系而漏古記, 書曰同祖之後. 宗氏古記, 雖云遺漏, 而立祖不謬, 但事涉狐疑, 書曰之後. 所以辨遠近, 示親疎, 是爲三例也. 夫寸璞尺木, 尙有瑕節. 況乎後世, 叵知前世. 故祖次相變, 世數頗誤, 則不爲大失討論而裁成. 眞人是皇別之上氏也, 幷集京畿, 以爲一卷, 附皇別首. 未定是諸氏之未明也, 摠爲一卷, 附諸蕃尾. 又有諸姓漏本系而載古記, 則抄古記以寫附. 本系之與古記違, 則據古記以刪定. 今按之中證孔古記, 則雖文駁, 而不必改, 所以存其文取辭達也. 京畿之氏, 大體牢籠諸國. 諸國之氏, 或不必入京畿.

臣等奉勅, 謹加硏精, 捃摭群言, 沙汰金礫. 裁舊記之煩蕉, 採會新之機要. 除新系之塗說, 撮通古之折中. 思所以令文約解易, 冷然示掌, 煥乎指南. 起自神武, 迄于弘仁. 溫故知新, 能事粗畢. 凡一千一百八十二氏, 惣爲三十卷. 勒成三部, 名曰新撰姓氏錄. 雖非韋編耽樂之義, 玉板翫好之文, 抑亦人倫之樞機, 國家之鑒括也. 唯京畿未進, 竝諸國且進等類, 一時難盡, 闕而不究, 其諸姓目列於別卷云爾.

【번 역】
『신찬성씨록』 서문

이것은 제1권의 서문이고, 관서(官書)의 목록에는 실려 있지 않다. 그러나 이 권(卷)에 싣는다. 또 성씨록의 문을 발췌해서 이 권에 주기한다. 이것은 모두 명확하게 하기 위해 내가 한 것이다.

무릇 듣건대 천손이 일향국 습(襲)에 강림하여 서쪽을 교화하였을 때, 신세(神世)가 이에 열렸으나 기록이 전하지 않습니다. 신무천황이 동정에 나서던 해에 사람들은 점점 많아지고, 효수(梟首)가 간간히 일어났습니다. 신검을 내려받고 신령스러운 새가 날기에 이르러 귀순하는 괴수들이 무리를 이루었고, 흉악한 무리들이 안개처럼 사라졌습니다. 밝은 천명을 받아 중주(中州)에 터를 잡자, 모든 것이 태평스럽고 나라 안이 맑고 고요해졌습니다. 드디어 행위를 삼가도록 하고 공을 평가하고 땅을 내려 주고 씨명을 정해 주니 국조와 현주라는 호칭이 이에 시작되었습니다.

　수인(垂仁) 때 좋은 기운에 응하니 혜택이 더욱 새롭고 조치가 적절하므로 성씨가 제법 나누어졌습니다. 하물며 또한 임나가 교화에 응하고 신라가 귀순한 이후, 모든 나라들이 덕을 우러러 오지 않으려는 자가 없었습니다. 멀리 있는 사람들은 생각하여 성을 내리니 이때 모든 것이 밝아졌습니다.

　윤공(允恭)이 천하를 다스릴 때 만 가지 성이 혼란해져서, 이때 맹신탐탕의 조칙을 내리니 사실을 말한 자는 온전하고 거짓을 꾀한 자는 해를 입었습니다. 이로부터 씨성이 저절로 정해져서 다시 속이는 사람이 없으니 경수와 위수가 따로 흐르는 것과 같았습니다.

　황극(皇極)이 즉위하고, 국기(國記)가 모두 불타 버리니 어리고 약한 자는 그 근원을 잃어버리고, 교활하고 강한 자는 가짜 주장을 내세우게 되었습니다.

　천지천황(天智天皇)이 동궁이었을 때 선사혜척(船史惠尺)이 타다 남은 책을 바쳤고, 경오년에 이르러 호적을 편찬하여 만드니 인민의 씨성[氏骨]이 각각 그 마땅함을 얻었습니다. 이후 역대 제왕이 수시로 개정하여 끊임없이 이어져 왔습니다. 승보(勝寶) 연간에 특별히 은혜로운 명령을 내려 제번 출신 사람들에게 원하는 대로 내려 주는 것을 허락하였습니다. 그래서 마침내 이전에 있던 성과 뒤에 받은 성을 나타내는 문자가 같아지고, 외국과 일본의 씨족이 서로 뒤섞이게 되었습니다. 각지의 서민들이 고귀한 신분의 후손이라고 내세우고, 삼한에서 건너온 사람들이 일본 신의 후손이라고 일컫게 되었습니다. 시대가 변하고 사람이 바뀌니 알고 말할 수 있는 사람이 드물게 되었습니다. 보자(寶字) 말에 그 다툼이 더욱 빈번해져서, 이에 이름 있는 학자들을 모아 씨족지(氏族志)를 편찬하였으나, 초안이 만들어지는 중에 어려움이 있는 때를 만나서 여러 학자들은 흩어지고 편찬은 중단되었습니다.

　환무천황[皇統彌照聖明]은 태어나면서부터 총명하고 스스로 어진 성품을 갖추어 위엄이 해가 뜨는 언덕에 미치고, 덕이 달이 뜨는 곳에 비추었습니다. 봉화를 멈추고 관문을 없애니 문화가 하나가 되고 모든 사물에 배려가 미쳤습니다. 정명(正名)을 간절히 생각하여 이에 명령을 내려 본계(本系)를 편찬하고 조사하도록 하였습니다. 그러나 책이 완성되기 전에 천황이 등하하셨습니다.

　천조(天朝)가 지극히 밝아서 이전의 사업을 이어받았고, 지극한 성스러움으로 성스러움을 이어 후대를 위하고자 하여, 이에 중무경 4품 신(臣) 만다친왕(萬多親王), 우대신 종2위 겸 행황태제부 신 등원조신원인(藤原朝臣園人), 참의 정4위하 행좌위문독 겸 근강수 신 등원조신서사(藤原朝臣緖嗣), 정5위하 행음양두 신 아부조신진승(阿部朝臣眞勝), 종5위상 행미장수 삼원조신제평(三原朝臣弟平), 종5위상 행대외기 겸 인번개 신 상모야조신영인(上毛野朝臣穎人) 등에 명하여, 이전의 뜻을 기리고 이 문화를 널리 펼 수 있도록 비밀 문서고를 열고, 여러 씨족의 근원을 찾도록 하였습니다.

　신들은 고기(古記)를 두루 찾고 옛 역사를 널리 보았는데, 내용은 어긋나고 표현은 어색하고, 음과 훈도 조잡하였습니다. 한 가지 일을 풀어 보면 도리어 모순이 생기고 두 가지 주장을 합해 보면 곧 어긋남이 있었습니다.

　새로 바친 본계(本系)가 고실과 다른 경우가 많아서 두 씨를 섞고 합하여 함부로 한 조상으로 만들기도 하고, 원류를 알지 못하여 조상의 순서를 거꾸로 뒤바꾸거나, 자기 조상을 잃어버리고 잘못 다른 씨에 들어가거나, 다른 씨에 교묘하게 들어가 자기 조상으로 삼기도 합니다. 새로운 씨족과 오래된 씨족이 어지러워져 정리하기 어렵고, 이 씨족과 저 씨족이 잘못 뒤섞인 것인 헤아릴 수 없습니다. 이런 까닭에 하루빨리 이루고자 하였으나, 이미 10년의 세월이 지나 버렸고 경기(京畿)의 본계 중 바치지 않은 것은 반이 넘습니다. 이제 바친 것에 의거하여 부류로써 헤아려 보았습니다. 원래 생겨난 바를 근본으로 하면 곧 '삼체(三體)'가 있고, 그 무리로 나누어진 것을 구별하면 곧 '삼례(三例)'가 있습니다.

　천신과 지기의 혈통을 신별(神別)이라고 하고, 천황과 황자의 갈래는 황별(皇別)이라고 하고, 대한(大漢)과 삼한(三韓)의 종족을 제번(諸蕃)이라고 합니다. 같고 다름을 구별하고 앞뒤의 순서를 매기는 수단입니다. 이를 '삼체'라고 합니다.

　본종에서 갈라져 특별히 가문을 세운 선조는 '출자(出自)'라고 기록하였습니다. 고기와 본계에 모두 기록되어 실려 있거나, 혹은 고기에는 실려 있으나 본계에 빠졌거나, 본계에 실려 있으나 고기에 빠진 경우는 '동조지후(同祖之後)'라고 기록하였습니다. 본종의 씨족과의 관계는 고기에는 누락되어 있지만, 선조를 세운 것에 잘못이 없고 단지 본지(本枝)의 관계가 의심스러우면 '지후(之後)'라고 기록하였습니다. 멀고 가까움을 분별하고, 가깝고 소원함을 나타내는 방법입니다. 이를 '삼례'라고 합니다.

무릇 작은 옥과 한 자 되는 나무에도 오히려 흠과 마디가 있는데, 하물며 후세에 전세를 알기 어렵습니다. 그러므로 조상의 순서가 서로 바뀌고 세대수가 크게 틀리더라도 곧 큰 잘못으로 여기지 않고, 공동으로 논의하여 판단하였습니다.

　진인(眞人)은 황별 중에서도 상위 씨족이므로, 경기를 모두 모아 1권으로 만들어 황별의 첫머리에 붙였습니다. 미정(未定)은 여러 씨족 중에서 분명하지 않은 것입니다. 모아서 1권으로 만들어 제번의 뒤에 붙였습니다. 또한 여러 성이 본계에 빠졌으나 고기에 실려 있는 경우는 고기의 내용을 뽑아서 붙였습니다. 본계가 고기와 다르면 고기에 의거하여 다듬어 정리하였습니다.

　이제 살펴보건대, 고기를 증거로 인용하였지만 비록 문장이 어긋나더라고 반드시 고치지는 않았습니다. 그 문장을 그대로 두어 내용이 통하는 것을 중시하였기 때문입니다. 경기의 씨족은 대체로 한정되어 있으므로, 지방의 씨족은 반드시 경기에 넣지 않기도 하였습니다.

　신들을 칙을 받들어 삼가 자세히 연구하고 여러 주장을 모아 옳고 그른 것을 골랐으며, 옛 기록의 번잡함을 잘라내고, 새로운 요점만 뽑아 모았습니다. 새로운 계보의 덧붙인 내용은 없애고, 과거와 통하도록 절충하였습니다. 내용을 요약하여 이해하기 쉽고, 손바닥 들여다보듯이 분명하고, 나침판처럼 밝게 하고자 생각하였습니다. 신무(神武)에서부터 홍인(弘仁)에 이르기까지 과거를 살펴 새로운 것을 알고자 하여, 맡은 일을 대충 마쳤습니다. 무릇 1,182씨를 30권으로 모아 3부로 완성하고 이름을 『신찬성씨록(新撰姓氏錄)』이라고 하였습니다. 이 책은 즐거움을 좇는 뜻도 아니고 옥판에 써서 즐기는 내용도 아니지만, 또한 인류의 중요한 기준이고 국가를 운영하는 요령입니다. 다만 경기에서 본계를 아직 제출하지 않은 것과 지방에서 바치는 것을 일시에 다 거두어들이기 어려우므로 빠진 대로 두었습니다. 여러 씨성의 목록은 별권에 나열하였습니다.

신찬성씨록
新撰姓氏錄

제1질
(제1~10권)

신찬성씨록
新撰姓氏錄

제 1 질

제 1 권

좌경^{左京} 황별^{皇別}

우경^{右京} 황별^{皇別}

산성국^{山城國} 황별^{皇別}

대화국^{大和國} 황별^{皇別}

섭진국^{攝津國} 황별^{皇別}

제1권 좌경左京 황별皇別

> [起自左京息長眞人 盡攝津國爲奈眞人四十四氏]
> 좌경의 식장진인(息長眞人; 오키나가노마히토)에서 섭진국(攝津國; 셋츠노쿠니)의 위나진인(爲奈眞人; 웨나노마히토)까지 44씨이다.

【주 석】

1. 좌경(左京)

평안경(平安京)의 좌경(左京)이다.

2. 황별(皇別)

씨족 분류의 하나이다. 『신찬성씨록』에서 씨족을 출자에 따라 신별, 황별, 제번으로 분류하였다. 황별은 천황, 황자에서 나온 씨족으로 신무천황 이후 황통에서 나누어져 신하가 되었다고 전해지는 씨족을 가리킨다.

3. 식장진인(息長眞人)

응신천황(應神天皇)의 후손이라고 주장하는 황별씨족이다. 뒤의 「식장진인」조(001) 참조.

4. 섭진국(攝津國)

현재의 대판부(大阪府)와 병고현(兵庫縣)의 일부에 해당한다. 5기내(畿內)의 하나이다. 고대 진국(津國)으로 난파진(難波津), 무고(務古, 武庫)의 수문(水門) 등 좋은 항구가 있어 대우궁(大隅宮), 난파고진궁(難波高津宮), 난파장병풍기궁(難波長柄豐碕宮) 등이 있었으며 외국 사절을 접대하기 위한 영빈관도 있었다. 7세기 후반에 섭진직(攝津職)을 설치하여 진국(津國)을 관할하도록 하였다. 헤이안 시대 초기에 난파궁(難波宮)이 폐지되면서 국사(國司)를 두게 되었다.

5. 위나진인(爲奈眞人)

선화천황(宣化天皇)의 아들 화염왕(火焰王)의 후손이라고 주장하는 황별 씨족이다. 뒤의 「위나진인」조(044) 참조.

6. 44씨(氏)

좌경(左京) 30씨, 우경(右京) 11씨, 산성국(山城國) 1씨, 대화국(大和國) 1씨, 섭진국(攝津國) 1씨로 모두 44씨가 『신찬성씨록초(新撰姓氏錄抄)』 제1권에 실려 있다.

001 【원문】
息長眞人
　出自譽田天皇[諡應神.]皇子稚淳毛二俣王之後也.

【번역】

식장진인(息長眞人; 오키나가노마히토)
　예전천황(譽田天皇; 호무타노스메라미코토)[시호는 응신(應神; 오우진)이다.]의 황자 치정모이오왕(稚淳毛二俣王; 와카누케후타마타노미코)의 후손에서 시작되었다.

【주석】

1. 식장진인(息長眞人)

식장(息長; 오키나가)이라는 씨명은 식장이라는 지명에서 유래하였다. 율령제 시대에 근강국(近江國) 판전군(坂田郡)의 지명이다. 지금의 자하현(滋賀縣 坂田郡 息長村)이다. 식장이라는 지명은 『일본서기』 천무천황(天武天皇) 원년(672) 7월 병신조에 '식장횡하(息長橫河)'가 처음 보인다. 이곳은 지금의 자하현 판전군 미원정(米原町) 성정(醒井) 부근이다.

『일본서기』 천무천황 13년(684) 10월 기묘삭조에서 식장공(息長公) 등 13씨가 진인을 사성받았다고 적고 있듯이 식장진인의 옛 성(姓)은 공(公)이었다. 그러나 식장공은 『일본서기』에서 황극천황(皇極天皇) 원년(642) 12월 을미조에 식장산전공(息長山田公)이 처음 보인다. 식장산전공은 서명천황(舒明天皇)의 장례에서 조사를 읽고 있다. 그 후 『일본서기』 지통천황 6년 11월 무술조와 지통천황 7년 3월 을사조에서는 직광사(直廣肆) 식장진인로(息長眞人老)가 신라에 파견되는 사신으로 물품을 사여받고 있다. 식장진인로는 지통조(持統朝)부터 원명조(元明朝)에 걸쳐 우대변(右大辯), 병부경(兵部卿), 우경대부(右京大夫)를 역임하였다.

『고사기』에는 개화천황단(開化天皇段)의 식장숙녜왕(息長宿禰王)을 비롯하여 경행천황단(景行天皇段)의 식장전별왕(息長田別王; 오키나가타와케노키미) 등이 보인다. 식장숙녜왕은 개화천황(開化天皇)의 증손으로, 그의 딸 식장대일매명[息長帶日賣命; 오키나가타라시히메노미코토, 신공황후(神功皇后), 『일본서기』에서는 기장족희존(氣長足姬尊; 오키나가타라시히메노미코토)이라고 적고 있음]은 중애천황(仲哀天皇)의 황후가 되어 응신천황을 낳았다.

식장전별왕의 손녀 식장진약중비매(息長眞若中比賣; 오키나가마와카나카츠히메)는 응신천황의 비가 되었다. 그리고 식장진수왕(息長眞手王)은 계체천황(繼體天皇)의 8비(妃) 중의 한 명인 마적낭자(麻績娘子)와 민달천황(敏達天皇)의 황후 광희(廣姬)의 아버지이다. 특히 광희는 압판언인대형황자(押坂彦人大兄皇子)를 낳았다. 압판언인대형황자는 서명천황(舒明天皇)의 아버지이며, 천지천황(天智天皇)과 천무천황(天武天皇)의 할아버지가 된다. 서명천황의 화풍(和風) 시호는 식장족일광액(息長足日廣額; 오키나가타라시히히로누카)천황인데, 이는 식장씨가 양육한 이마가 넓은 총명한 천황이라는 의미일 것이다.

서명천황은 압판언인대형황자와 그의 배다른 여동생 강수희(糠手姬) 황녀 사이에서 태어난 맏아들인데, 앞에서 언급한 서명천황의 장례식에서 조사를 읽은 식장산전공이 서명천황의 양육을 담당하였을 것으로 추측된다. 또한 서명천황이 아버지에게서 상속받은 영유민 압판부(押坂部; 오사카베, 刑部로도 표기됨)도 식장씨가 관리하였을 것이다.

천무천황 대에 8색(色) 사성(賜姓)을 시행하면서 천무천황의 할아버지의 외가 집안이며 서명천황의 양육을 담당하였던 식장공씨에게 최고의 성인 진인(眞人) 성을 사여한 것이었다. 진인 성은 도교와 관련이 있는 것으로 도교에 심취하였던 천무천황이 최고 성(姓)의 명칭으로 진인을 선택한 것이다.

식장진인씨 일족으로는 『속일본기(續日本紀)』나 그 후의 역사서에서 활약하는 모습이 보이지 않는다. 다만 고문서에 그 이름이 보이는데 이들은 주로 하위관료였다.

천평(天平) 19년(747) 12월 22일자 「근강국판전군사해비매매권(近江國坂田郡司解婢賣買券)」(『대일본고문서』 9-642~644)에 근강국 판전군 상단향(上丹鄕)의 호주 견정국족(堅井國足)의 호구 식장진인진야(息長眞人眞野)와 대령(大領) 정8위상 판전주인진인신량귀(坂田酒人眞人新良貴), 사사춘궁사인(寺使春宮舍人) 식장진인도녜마려(息長眞人刀禰麻呂), 증인(證人) 소초위상 식장진인인마려(息長眞人忍麻呂)가 보인다.

2. 예전천황(譽田天皇)

응신천황(應神天皇)이다.

3. 치정모이오왕(稚渟毛二俣王)

치정모이오왕(稚渟毛二俣王)은 응신천황의 황자이다. 그의 어머니에 대해서는 『고사기』와 『일본서기』가 다르게 적고 있다. 『고사기』 응신천황단에서는 응신천황이 사오장일자왕(咋俣長日子王; 후타마타나가히코노오호키미)의 딸 식장진약중비매(息長眞若中比賣; 오키나가마와카나카츠히메)를 맞아 약소모이오왕(若沼毛二俣王; 와카누케후타마타노오호키미)을 낳았다고 한다.

그러나 『일본서기』 응신천황 2년 춘3월 경술삭 임자조에서는 하파중언(河派仲彦; 가하마타나카츠미코)의 딸로 응신천황의 비(妃)가 된 제원(弟媛; 오토히메)가 치야모이파황자(稚野毛二派皇子; 와카노케후타마타노미코)를 낳았다고 한다. 제원은 『고사기』 경행천황단(景行天皇段)에 의하면 식장전별왕(息長田別王; 오키나가타와케노키미)의 아들 익오장일자왕(杙俣長日子王; 구히마타나가히코노오호키미)의 딸로 식장진약중비매의 여동생이다.

『고사기』 응신천황단에서는 약야모이오왕(若野毛二俣王; 와카누케후타마타노오호키미)의 후손에 대해 적고 있다. 즉 약야모이오왕이 식장진약중비매의 여동생 백사목이려변(百師木伊呂辯; 모모시키이로베)과 결혼하여 낳은 의부부저왕(意富富杼王; 오호호토노오호키미)이 삼국군(三國君; 미쿠니노키미), 파다군(波多君; 하타노키미), 식장판군(息長坂君; 오키나가노사카노키미), 주인군(酒人君; 사카히토노키미), 산도군(山道君; 야마지노키미), 축자(筑紫; 쓰쿠시)의 미다군(米多君; 메타노키미), 포세군(布勢君; 후세노키미) 등의 조상이라고 적고 있다. 여기에서 식장판군으로 나와 있으나, 식장판군은 이 외의 자료에는 보이지 않는다. 아마도 식장군과 판전군으로 적어야 할 것인데 탈자가 생긴 것으로 추측할 수 있다.

응신천황의 아들 약야모이오왕과 의부부저왕은 『석일본기(釋日本紀)』에 인용된 『상궁기(上宮記)』에서 호부등대공왕(乎富等大公王, 계체천황)의 계보 속에 보인다. 이는 호동(湖東)과 월(越) 출신의 식장씨가 근강국(近江國)의 재지 호족인 파다씨, 판전주인씨, 산도씨, 삼국씨 등과 함께 계체천황을 옹립하는 데 가담하였을 가능성을 말해 준다.

* 『**석일본기(釋日本紀)**』
현존하는 일본에서 가장 오래된 『일본서기』 주석서이다. 겸창(鎌倉) 시대 말기에 복부겸방(卜部兼方)이 저술하였다. 헤이안(平安) 시대 초기부터 조정에서 실시한 『일본서기』 강독의 필기내용을 신도(神道)의 시각에서 집대성한 것이다. 『풍토기(風土記)』 등 없어진 고전을 많이 인용하고 있는 점에서 귀중하다.

002 【원문】
山道眞人
息長眞人同祖. 稚渟毛二俁親王之後也. 日本紀合.

【번역】
산도진인(山道眞人; 야마지노마히토)
식장진인(息長眞人; 오키나가노마히트)과 조상이 같다. 치정모이오왕(稚渟毛二俁王; 와카누케후타마타노미코)의 후손이다. 『일본서기』와 합치한다.

【주석】
1. 산도진인(山道眞人)
산도(山道; 야마지)라는 씨명은 일본 고대 대부분의 씨명과 마찬가지로 지명에서 유래하였을 것이다. 그러나 이 지명은 사료에는 보이지 않는다.

『일본서기』 천무천황(天武天皇) 13년(684) 10월조에 의하면 산도공(山道公)이 진인성을 사성받았다고 하므로 산도진인의 옛 성(姓)은 공(公)이었음을 알 수 있다.

산도공 일족에 관해서는 이 밖의 사료에 보이지 않는다. 산도진인 일족도 고문서에 보일 뿐이다. 천평승보(天平勝寶) 2년(750) 5월 26일자 「출거전해(出擧錢解)」(3-405)에 '산도진인진수(山道眞人津守)'와 '산도진인삼중(山道眞人三中)'이 보일 뿐이다. 이 문서는 산도진인진수와 그의 처 식장진인가녀(息長眞人家女)와 아들 진도진인삼중이 보증인 식장진인흑마려(息長眞人黑麻呂)를 내세워 출거전(出擧錢)을 신청하는 문서이다. 이들은 함께 대화국(大和國) 식하군(式下郡, 현재 奈良縣 磯城郡)에 살고 있었을 것으로 추측되고 있다.

한편 무성(無姓)의 산도씨 일족도 『대일본고문서』(5-568, 5-584)에 보인다. 천평신호(天平神護) 2년(766) 10월 21일자 「월전국사해(越前國司解)」족우군(足羽郡)조에 안미향호주(安味鄕戶主) 산도죽마(山道竹麿), 안미향호주 산도죽마려(山道竹麻呂)가 보여 월전국 족우군(현재 福井縣 足羽郡과 福井市)에 산도씨가 거주하고 있었음을 알 수 있다.

2. 식장진인(息長眞人)

응신천황의 아들 치정모이오왕(稚淳毛二俣王)의 후손임을 칭하는 씨족이다. 위의 「식장진인」조(001) 참조.

3. 치정모이오친왕(稚淳毛二俣親王)

응신천황의 아들이다. 『고사기』 응신천황단에서는 약야모이오왕(若野毛二俣王; 와카누케후타마타노오호키미)으로 표기하고 있다. 약야모이오왕이 식장진약중비매의 여동생 백사목이려변(百師木伊呂變; 모모시키이로베)과 결혼하여 낳은 의부부저왕(意富富杼王; 오호호토노오호키미)의 후손으로 삼국군(三國君), 식장군 등을 들고 있다. 상기 「식장진인」조(001) 참조.

4. 일본기합(日本紀合)

『일본서기』 천무천황 13년(684) 10월 기묘삭조에서 산도공(山道公)이 진인을 사성받았다고 적고 있는 것과 합치한다는 것이다.

003 【원문】

坂田酒人眞人
　　息長眞人同祖.

【번역】

판전주인진인(坂田酒人眞人; 사카타노사카비토노마히토)
　식장진인(息長眞人; 오키나가노마히토)과 같은 조상을 가진다.

【주석】

1. 판전주인진인(坂田酒人眞人)

판전(坂田; 사카타)이라는 씨명은 지명에서 유래한다. 율령제 시대에 근강국(近江國) 판전군(坂田郡)이라는 지명과 관련이 있었을 것이다. 이곳은 현재 자하현(滋賀縣) 판전군(坂田郡)이다. 그리고 『화명유취초(和名類聚抄)』에 섭진국(攝津國) 동생군(東生郡) 주인향(酒人鄕)이 보이므로 주인(酒人)이라는 씨명도 지명에서 유래하였을 가능성이 있다.

『일본서기』 천무천황(天武天皇) 13년(684) 10월조에서는 판전공(坂田公)과 주인공(酒人公)이 진인(眞人)을 사성받았다고 적고 있다. 판전공과 주인공에 대해서는 『일본서기』 계체천황(繼體天皇) 원년 3월 계유조에서는 계체천황이 근왕(根王)의 딸 광원(廣媛)을 비(妃)로 맞아들여 낳은 두 아들 토황자(兎皇子)와 중황자(中皇子)가 각각 주인공과 판전공의 조상이라고 적고 있다. 그러나 『일본서기』에는 주인공과 판전공에 대해서는 더 이상 보이지 않는다.

한편 『고사기』 응신천황단에서는 응신천황의 아들 약야모이오왕(若野毛二俣王; 와카누케후타마타노오호키미)의 후손으로 주인군(酒人君)과 식장판군이 보인다. 아마도 식장군과 판전군으로 표기해야 할 것이 탈자가 생겨 현재 남아 있는 필사본에서는 식장판군이 되었을 가능성이 크다.

판전주인진인에 대해서는 『고사기』나 『일본서기』를 비롯한 육국사에서 보이지 않아 판전군과 주인군이 어떻게 팔전주인군이 되었는지 알 수 없으며, 판전주인군이 어떻게 판전주인진인이 되었는지도 알 수 없다. 그러나 고문서에는 판전주인진인씨가 보인다. 판전주인진인이 처음 보이는 것은 앞에서 언급한 천평 19년(747) 12월 22일자 「근강국 판전군사해비매매권(近江國坂田郡司解婢賣買券)」(『대일본고문서』 9-642~644)로 여기에 판전군의 대령(大領) 정8위상 판전주인진인신량귀(坂田酒人眞人新良貴)가 보인다.

그리고 천장(天長) 10년(833) 2월 30일자 「근강국대원향장해사(近江國大原鄕長解寫)」(『평안유문(平安遺文)』 1-39)에는 판전군의 소령(少領) 외종8위상 판전주인진인(坂田酒人眞人)이 보인다. 이 판전주인진인은 승화(承和) 6년(839) 3월 3일자 「근강국대원향장해사(近江國大原鄕長解寫)」(『평안유문』 1-38)에 보이는 판전군의 소령(少領) 외종8위상 판전주인진인광공(坂田酒人眞人廣公)과 동일인으로 이름이 생략되었다.

판전주인진인이 근강국 판전군의 호족으로서 군사(郡司)로 근무하였음을 알 수 있다. 한편 판전주인공씨도 고문서에 보인다. 천평보자(天平寶字) 6년(762) 8월 18일자 「근강국판전군상판향장해사(近江國坂田郡上坂鄕長解寫)」(『대일본고문서』 25-334)에는 판전군 상판향의 향장 판전주인공전교(坂田酒人公田按)라는 이름이 보인다.

이상 고문서에 보이는 판전주인진인이나 판전주인공을 통해 이들이 8세기 중엽에서 9세기 전반에 근강국 판전군에서 재지 호족으로 세력을 가지고 있었음을 알 수 있다. 이들은 판전군의 대원향, 상판향 등에 거주하였다. 이들이 판전주인이라는 씨명을 가지게 된 것은 판전군에서 술을 관장하는 씨족이었기 때문일 것으로 추측된다.

2. 식장진인동조(息長眞人同祖)

『고사기』 응신천황단에서 응신천황의 아들 약야모이오왕(若野毛二俁王; 와카누케후타마타노오호키미)이 식장진약중비매의 여동생 백사목이려변(百師木伊呂變; 모모시키이로베)과 결혼하여 낳은 의부부저왕(意富富杼王; 오호호토노오호키미)의 후손으로 삼국군(三國君), 파다군(波多君), 식장판군(息長坂君), 주인군(酒人君), 산도군(山道君), 축자(筑紫)의 미다군(米多君), 포세군(布勢君) 등이 보이고 있다. 여기에서 식장판군은 식장군과 판전군에 탈자가 생겨 식장판군이 된 것으로 보인다. 식장군이나 식장진인, 판전군과 주인군 등은 모두 응신천황의 손자 의부부저왕의 후손이다.

* 『화명유취초(和名類聚抄)』

『왜명유취초(倭名類聚抄)』, 『왜명초(倭名抄)』 등으로도 표기된다. 헤이안 시대 중기인 승평(承平) 연간(931~938)에 제호천황(醍醐天皇)의 딸 근자내친왕(勤子內親王)의 명을 받아 20대의 젊은 학자 원순(源順; 미나모토노시타고우)이 편찬한 일본 최초의 분류체 사전이다. 중국의 분류 사전인 『이아(爾雅)』의 영향을 받았다. 10권본과 20권본이 있는데 어느 것이 원순이 편찬한 것인지 알 수 없다. 10권본은 24부

(部) 128문(門), 20권본은 32부 249문으로 구성되었다. 한어(漢語)를 제시하고 그 단어의 출전, 자음(字音, 한자의 일본어 음독), 화명(和名, 한자의 일본어 훈독)을 적었다. 화명은 만엽가명(萬葉假名)로 표기되어 일본 고대 어휘의 연구에 귀중한 자료이며, 사본 중에는 성음(聲音)을 적은 것도 있어 일본 고대어의 액센트 자료로서도 사용된다. 이 책에 인용된 책 중에는 현존하지 않는 것이 많으며, 문학 작품에 잘 보이지 않는 일상 사용되는 물품의 화명도 많이 적혀 있다.

20권본의 제12부는 국군부(國郡部)로서 국(國), 군(郡), 향(鄕)의 이름이 보인다. 나파도원(那波道圓)이 원화(元和) 3년(1617)에 간행한 『화명유취초』 20권본의 본문은 '일본국립국회도서관 디지털 컬렉션'에서 검색할 수 있다.

004 【원문】

八多眞人
出自諡應神皇子稚野毛二俁王也. 日本紀合.

【번역】

팔다진인(八多眞人; 하타노마히토)

시호 응신(應神; 오우진)의 황자 치야모이오왕(稚野毛二俁王; 와카누케후타마타노미코)에서 나왔다. 『일본서기』와 합치한다.

【주석】

1. 팔다진인(八多眞人)

팔다(八多; 하타)라는 씨명은 근강국(近江國) 율본군(栗本郡) 우전장(羽田莊, 현재 滋賀縣 八日市)과 관련이 있다. 팔다는 파다(波多; 하타)로도 표기한다. 천무천황 13년(684) 10월에 팔색의 성을 정하였을 때 우전공(羽田公)에게 진인 성을 사여하였다.

『일본서기』 천무(天武) 원년(672) 7월 신묘조에서는 임신의 난 때 우전공시국(羽田公矢國, 八國으로도 표기함)은 근강(近江) 조정의 장군이었으나 아들 대인(大人)과 함께 일족을 이끌고 대해인황자(大海人皇子) 측에 투항하여 근강(近江)과 월(越) 지역의 전투에서 활약하였다. 그 공으로 천무천황 13년 10월에 우전공씨는 진인 성을 사성받았다. 그 후 지통천황(持統天皇)은 686년에 우전공시국이 사망하였을 때에 그에게 직대일(直大壹)의 관위를 추증하였다.

팔다진인씨 일족으로는 『속일본기(續日本紀)』에 파다진인여사(波多眞人餘射)가 대보(大寶) 3년(703)에 종7위하로 산음도(山陰道)에 파견되어 국사(國司)의 치적을 감찰하고 있다. 그는 화동(和銅) 7년(714)에는 종6위하에서 종5위하로 승진하였다. 양로(養老) 2년(718)에는 식부(式部)의 정원 외 소보(少輔)로 임명되었다. 파다진인족도(波多眞人足島)는 양로 7년(723)에 종6위상에서 종5위하로 승진하였다. 파다진인계수(波多眞人繼手)는 천평(天平) 3년(731) 종5위하에서 종5위상으로 승진하였다. 팔다진인당명(八多眞人唐名)은 보귀(寶龜) 11년(780)에 정6위상에서 종5위하로 승진하고 있다. 팔다진인씨가 일본 율령국가에서 중앙 관인으로 활약하였음을 알 수 있다.

2. 시응신(諡應神)

좌백유청(佐伯有淸)은 『신찬성씨록』 완본에는 '시(諡)' 자 앞에 '예전천황(譽田天皇)'이라는 글자가 있었을 것으로 추측하였다.

3. 치야모이오왕(稚野毛二俣王)

응신천황의 아들이다. 『고사기』 응신천황단에서는 약야모이오왕(若野毛二俣王; 와카누케후타마타노오호키미)으로 표기하였다. 그리고 약야모이오왕이 식장진약중비매의 여동생 백사목이려변과 결혼하여 낳은 의부부저왕의 후손으로 파다군(波多君)을 적고 있다.

4. 일본기합(日本紀合)

『일본서기』 천무(天武) 원년(672) 7월 신묘조에서 임신(壬申)의 난 때 근강조정의 장군이었던 우전공시국이 아들 대인(大人)과 일족을 이끌고 대해인황자 측에 투항하여 근강과 월(越) 지역의 전투에서 활약하고 천무 13년(684) 10월조에서 우전공씨가 진인 성을 사성받은 것을 가리킨다.

---

005 【원문】

三國眞人

諡繼體皇子椀子王之後也. 依日本紀附.

【번 역】

삼국진인(三國眞人; 미쿠니노마히토)

　시호 계체(繼體; 게이타이)의 황자 완자왕(椀子王; 마로코노미코)의 후손이다. 『일본서기』에 의거하여 부기하였다.

【주 석】

1. 삼국진인(三國眞人)

　삼국(三國; 미쿠니)이라는 씨명은 지명에서 유래한다. 『일본서기』 계체(繼體) 즉위 전기에 '삼국판중정(三國坂中井)'이 보인다. 이곳은 율령제 시대에는 월전국(越前國) 판정군(坂井郡)이 된다. 지금의 복정현(福井縣) 판정군(坂井郡) 삼국정(三國町)이다.

　『일본서기』 천무(天武) 13년(684) 10월 기묘삭조에서 진인 성을 사성한 13씨 중에 삼국공이 보이므로 삼국진인의 옛 성은 공(公)임을 알 수 있다. 『일본서기』 계체 원년 3월 계유조에서는 계체천황의 비 삼미군견목위(三尾君堅木槭)의 딸 왜원(倭媛)이 낳은 둘째 아들 완자황자(椀子皇子)가 삼국공의 조상이라고 적고 있다.

　한편 『고사기』 응신천황단에서는 응신천황의 아들 약야모이오왕(若野毛二俣王; 와카누케후타마타노오호키미)가 식장진약중비매의 여동생 백사목이려변(百師木伊呂辨; 모모시키이로베)과 결혼하여 낳은 의부부저왕(意富富杼王; 오호호토노오오키미)의 후손으로 삼국군(三國君)을 들고 있다.

　『선대구사본기(先代舊事本紀)』의 신황본기(神皇本紀) 응신(應神)천황조에서는 응신천황의 손자 약소사이오황자왕(若沼筒二俣皇子王; 와카누케후타마타노미코노미코토)이 삼국군 등의 조상이라고 적고 있으나, 같은 책의 제황본기(帝皇本紀) 계체천황조에서는 계체천황의 아들 완자황자가 삼국공의 조상이라고 적고 있다.

　『일본서기』에는 삼국공씨 일족으로 삼국공마려(三國公麻呂)가 보인다. 그는 대화(大化) 5년(649) 3월 무진조에서 창산전대신(倉山田大臣)이 중대형황자를 죽이려 하였다고 소아신일향(蘇我臣日向)이 밀고하자 효덕천황이 이를 확인하기 위해 파견한 사람 중에 보인다. 그는 백치 원년 2월 갑신조에서는 백치 발견을 축하하는 의식에서 백치가 탄 가마를 들고 가는 네 명 중의 한 명으로 등장하였다. 효덕 조정의 중신 중 한 명이었다.

　삼국진인씨 일족으로는 『일본서기』 천무 14년(685) 9월 신유조에 삼국진인우족(三國眞人友足)이 보인다. 천무천황이 대안전(大安殿)에 나가 왕경(王卿)들과 함께 정원에서

박희(博戱)를 관람하고 상하 의복을 사여한 10명 중의 한 명으로 등장하였다.

『속일본기』에는 삼국진인인족(三國眞人人足), 삼국진인대포(三國眞人大浦), 삼국진인광정(三國眞人廣庭), 삼국진인천국(三國眞人千國), 삼국진인백족(三國眞人百足), 삼국진인광견(三國眞人廣見) 등의 관위 승진 기사가 보여 이들이 중앙의 율령 관인으로 활약하고 있음을 알 수 있다.

고문서에서는 천평(天平) 3년(731) 2월 26일자 「월전국정세장(越前國正稅帳)」(『대일본고문서』 1-428)에서 판정군의 대령(大領)으로 삼국진인모(三國眞人某)라는 이름이 보이며 보귀(寶龜) 11년(780) 4월 3일자 「월전국판정군사해(越前國坂井郡司解)」(『대일본고문서』 6-603)에서는 대령 삼국진인정승(三國眞人淨乘)이라는 이름이 보인다. 삼국진인씨 일족이 월전국 판정군에서도 재지 호족으로서 군사(郡司)를 역임하였음을 알 수 있다.

2. 시계체(諡繼體)

좌백유청(佐伯有淸)은 『신찬성씨록』 완본에는 '시(諡)' 자 앞에 '남대적천황(男大迹天皇)'이라는 글자가 있었을 것으로 추측하였다.

3. 완자왕(椀子王)

『일본서기』 계체(繼體) 원년 3월 계유조에 계체천황의 비 삼미군견목위(三尾君堅木械)의 딸 왜원(倭媛)이 낳은 둘째 아들 완자황자(椀子皇子) 삼국공의 조상이라고 적고 있다.

4. 의일본기부(依日本紀附)

『일본서기』 천무(天武) 13년(684) 10월 기묘삭조에서 진인 성을 사성한 13씨 중에 삼국공이 보이고, 『일본서기』 계체 원년 3월 계유조에서는 계체천황의 비 삼미군견목위(三尾君堅木械)의 딸 왜원(倭媛)이 낳은 둘째 아들 완자황자(椀子皇子)가 삼국공의 조상이라고 적고 있는 것을 보고 황별에 삼국진인씨에 관한 내용을 넣었다는 것이다.

* **『선대구사본기(先代舊事本紀)』**
『구사기(舊事紀)』, 『구사본기(舊事本紀)』로도 표기한다. 천지개벽부터 추고천황(推古天皇)까지 역사를 기술한 역사서이다. 전10권으로 신대(神代) 본기, 신기(神祇) 본기, 천신(天神) 본기, 지기(地祇) 본기, 천손(天孫) 본기, 황손(皇孫) 본기, 천황(天皇) 본기, 신황(神皇) 본기, 제황(帝皇) 본기, 국조(國造) 본기

로 구성되었다.

서문에서는 추고천황의 명을 받들어 성덕태자(聖德太子)와 소아마자(蘇我馬子) 등이 저술했다고 적고 있어서, 이를 근거로 평안(平安) 중기에서부터 강호(江戶) 중기까지 일본에서 가장 오래된 역사책으로, 『고사기』와 『일본서기』보다 더 중시되는 일도 있었다. 그러나 강호 시대 후기에 국학자(國學者) 다전의준(多田義俊)과 이세정장(伊勢貞丈) 등은 이 책에 807년에 저술된 『고어습유(古語拾遺)』에서 인용된 부분이 보이고 있다는 점에서 이 책을 위서(僞書)로 보았다.

이 책은 『고어습유』에 인용된 부분이 보이는 점에서 대동(大同) 연간(806~810) 이후에 저술된 것임을 알 수 있다. 그러므로 서문에서 추고대에 이 책이 만들어진 것으로 적고 있는 것은 조작되었다.

그런데 『석일본기(釋日本紀)』에 인용된 승평(承平) 연간(931~938)의 일본기강연사기(日本紀講筵私記)에 처음 『선대구사본기』가 보인다. 일본기강연사기에 의하면 승평 연간의 강의에서 박사(博士) 시전부공망(矢田部公望)은 자신의 스승 등원춘해(藤原春海)가 『고사기』가 최초의 사서라고 주장한 것에 대해 반론을 제기하면서 '상궁태자(上宮太子)가 편찬한 선대구사본기 10권'이 최초의 사서라고 주장하고 있다. 따라서 『선대구사본기』는 대동 연간 이후 승평 연간 이전에 서술되었을 것으로 추측할 수 있다.

저자는 물부씨(物部氏) 관련자였을 것으로 추정되는데, 헤이안 시대 초기의 명법박사(明法博士)로 물부씨의 후예인 흥원민구(興原敏久, 788~849)가 유력시되고 있다.

천손 본기에는 『고사기』와 『일본서기』에는 보이지 않는 물부씨의 오래된 전승이 보이며, 국조 본기도 오래된 자료에 의한 것이라는 점에서 부분적으로 자료로서의 가치가 있다고 평가되고 있다.

006 【원 문】

路眞人

出自諡敏達皇子難波王之後也. 日本紀合.

【번 역】

노진인(路眞人; 미치노마히토)

시호 민달(敏達; 비타츠)천황의 황자 난파왕(難波王; 나니하노미코)의 후손이다. 『일본서기』와 합치한다.

【주 석】

1. 노진인(路眞人)

노(路; 미치)라는 씨명은 일본 고대 대부분의 씨명과 마찬가지로 지명에서 유래하였을 것이지만, 이 지명이 사료에 보이지 않아 어디인지 알 수 없다.

『일본서기』 천무(天武) 13년(684) 10월 기묘삭조에서 진인 성을 사성한 13씨 중에 노공(路公)이 보이므로 노진인의 옛 성은 공(公)임을 알 수 있다.

노공의 일족은 사료에 보이지 않아 알 수 없지만 노진인은『일본서기』 천무 14년(685) 9월 무오조에 노진인적견(路眞人迹見)이 보인다. 그는 직광삼(直廣參, 율령제의 정5위하에 해당)으로 남해사자(南海使者)로 파견되어 국사와 군사를 감찰하였다.『속일본기』에도 노진인대인(路眞人大人), 노진인마려(路眞人麻呂), 노진인충마려(路眞人虫麻呂), 노진인야상(路眞人野上), 노진인응양(路眞人鷹養), 노진인석성(路眞人石成), 노진인옥수(路眞人玉守), 노진인풍장(路眞人豐長) 등의 관위 수여 기사가 보인다. 노진인씨 일족은『일본후기(日本後紀)』에서 노진인연계(路眞人年繼),『속일본후기(續日本後紀)』에서 노진인계족(路眞人繼足)과 노진인씨자(路眞人氏子)에게 관위를 수여한 기사가 보인다. 노진인씨 일족이 중앙의 율령관인으로 활약하였음을 알 수 있다.

2. 시민달(諡敏達)

좌백유청(佐伯有淸)은 '시(諡)'자의 앞에 '정중창태주부천황(渟中倉太珠敷天皇)'이라는 글자가 있었을 것으로 추측하였다.

3. 난파왕(難波王)

민달천황의 아들이다.『고사기』 민달천황단에서는 민달천황이 춘일중약자(春日中若子)의 딸 노여자부인(老女子夫人)에게서 낳은 아들이 난파왕이라고 적고 있다. 한편『일본서기』 민달 4년 정월 시월조에서는 춘일신중군(春日臣仲君)의 딸 노여자부인(老女子夫人)에게서 낳은 3남 1녀 중에서 맏아들이 난파황자라고 적고 있다.『일본서기』 숭준천황 즉위 전기에서는 물부수옥대련(物部守屋大連)을 치러 가는 군대에 참가하고 있다.

『칠대사순례기(七大寺巡禮記)』에서는 대택사(大宅寺)가 난파황자사(難波皇子寺)라고도 불리운다고 적고, 이 절이 난파황자가 건립한 절이며 당탑의 일부가 원래대로 남아 있다고 적고 있다.

4. 일본기합(日本紀合)

『일본서기』 천무천황 13년 10월 기묘삭조에서 진인 성을 사성한 13씨 중에 노공이 보이는 것을 가리킨다.

*『칠대사순례기(七大寺巡禮記)』

『남도칠대사순례기(南都七大寺巡禮記)』, 『관가본제사연기집(菅家本諸寺緣起集)』이라고도 한다. 남도(南都) 나량(奈良)의 7대사인 동대사(東大寺), 대안사(大安寺), 서대사(西大寺), 흥복사(興福寺), 원흥사(元興寺), 약사사(藥師寺), 법륭사(法隆寺)와 당초제사(唐招提寺)를 비롯한 대화국(大和國) 내의 여러 사원과 연력사(延曆寺), 사천왕사(四天王寺), 육승사(六勝寺), 경도오산(京都五山), 겸창오산(鎌倉五山)과 그 밖의 명찰의 연기, 당사(堂舍), 불상 등에 대해 기록한 책이다(1책). 저자는 미상이다.

실정(室町) 시대 전기에 편찬되었을 것으로 추정된다. 나량의 7대사와 당초제사에 대해서는 『칠대사순례사기(七大寺巡禮私記)』를 기초로 하여 실정 시대 초기까지의 자료를 보충하면서 자세하게 서술하고, 그 밖의 사찰에 대해서는 간략하게 서술하고 있다. 7대사 이외의 사찰에 대해서 이 책에만 보이는 기사가 있다.

동경국립박물관에 소장된 관정우수택본(菅政友水澤本, 菅家本)이 유일하게 전하는 필사본인데, 이 책의 표지 바깥쪽에 '제사연기집(諸寺緣起集)'이라고 적고, 안쪽 제일 앞부분에 '남도칠대사순례기'라고 적고 있다. 이 책의 본문은 『계간미술사료(季刊美術史料)』 사원편(寺院篇) 상(上)에 실려 있다.

*『칠대사순례사기(七大寺巡禮私記)』

산위(散位) 대강친통(大江親通, ?~1151)이 1140년(保延 6)에 남도(南都) 나량(奈良)의 7대사인 동대사(東大寺), 대안사(大安寺), 서대사(西大寺), 흥복사(興福寺), 원흥사(元興寺), 약사사(藥師寺), 법륭사(法隆寺)와 당초제사(唐招提寺)를 돌아본 기록이다. 대강친통은 앞서 1106년(嘉承 1)에 나량의 절을 방문하여 당탑과 불상을 기록한 『칠대사일기(七大寺日記)』를 썼다. 이후 1140년에 이곳들을 다시 방문하고 역사와 전설 등 문학적 기술을 추가한 것이 이 책이다. 원정기(院政期) 7대사의 실정을 전하는 가장 중요한 자료이다.

007 【원문】

守山眞人
　路眞人同祖. 難波親王之後也. 日本紀合.

【번역】

수산진인(守山眞人; 모리야마노마히토)

노진인(路眞人; 미치노마히토)과 같은 조상이다. 난파친왕(難波親王)의 후손이다. 『일본서기』와 합치한다.

【주 석】

1. 수산진인(守山眞人)

수산(守山; 모리야마)은 대부분의 일본 고대 씨명과 마찬가지로 지명에서 유래하였을 것이지만, 사료에 이 지명은 보이지 않는다. 단지 이세국(伊勢國) 다기군(多氣郡)에 수산신사(守山神社)가 보일 뿐이다.

『일본서기』 천무천황(天武天皇) 13년(684) 10월 기묘삭조에서 진인(眞人) 성을 사성한 13씨 중에 수산공(守山公)이 보이므로 수산진인의 옛 성은 공(公)임을 알 수 있다. 수산공씨 일족은 사료에 보이지 않지만, 수산진인씨 일족은 고문서와 『속일본기』에 약간 보인다.

천평(天平) 17년(745) 2월 「좌대사료해(左大舍寮解)」(『대일본고문서』 2-411)에 '수산진인모(守山眞人某)'라는 이름이 보이고, 천평승보(天平勝寶) 3년(751) 5월 「하총국사해(下總國司解)」(『대일본고문서』 3-502)에 '수산진인지만려(守山眞人智萬侶)'라는 이름이 보인다. 『속일본기』 천평보자(天平寶字) 8년(764) 10월 경오조에서 수산진인면마려(守山眞人綿麻呂)가 정6위상에서 종5위하로 승진하고 있다.

008 【원문】

甘南備眞人
　路眞人同祖. 續日本紀合.

【번 역】

감남비진인(甘南備眞人; 가무나비노마히토)
노진인(路眞人; 미치노마히토)과 조상이 같다. 『속일본기』와 합치한다.

【주 석】

1. 감남비진인(甘南備眞人)

　감남비(甘南備; 가무나비)라는 씨명은 『만엽집(萬葉集)』에 '감남비(甘南備)의 리(里)'(7-1125)라고 보이는 지명과 관련이 있을 것이다. 감남비리(甘南備里)는 지금의 나량현(奈良縣) 생구군(生駒郡) 삼향정(三鄕町) 신남(神南) 부근으로 추정된다.

　『속일본기』 천평(天平) 12년(740) 9월 기축조에 "종5위하 신전왕(神前王)이 감남비진인 성을 받고 섭진량(攝津亮)으로 임명되었다."라고 적고 있듯이 감남비진인은 신전왕에서 시작되었다. 감남비진인이 민달천황의 아들 난파왕(難波王)의 후손인 노진인과 같은 조상이라고 하므로, 신전왕은 난파왕의 후손이 된다. 736년에 난파왕의 4세손인 갈성왕(葛城王)이 귤숙녜제형(橘宿禰諸兄)이라는 씨성과 이름을 사여받았고, 794년에 죽은 감남비진인고직이 민달천황의 6세손, 즉 난파왕의 5세손이었다는 점을 참고한다면 740년경에 감남비진인 성을 사여받은 신전왕은 난파왕의 4세손이었을 것으로 추측된다.

　감남비진인의 일족으로는 신전(神前), 이향(伊香) 등이 있다.

2. 노진인(路眞人)

　노진인은 민달천황의 황자 난파왕의 후손이다. 앞의 「노진인」조(006) 참조. 그런데 감남비진인과 노진인이 같은 조상이라는 것은 다른 자료에는 보이지 않는다.

3. 속일본기합(續日本紀合)

　『속일본기』 천평(天平) 12년 9월 기축조에서 신전왕에게 감남비진인 성을 사여하였다고 적고 있는 것을 가리킨다.

---

009 【원 문】
飛多眞人
　　路眞人同祖.

【번 역】

비다진인(飛多眞人; 히타노마히토)

노진인(路眞人; 미치노마히토)과 같은 조상이다.

【주 석】

1. 비다진인(飛多眞人)

비다(飛多; 히타)라는 씨명은 대화국 고시군(高市郡) 비탄(飛驒; 히타)이라는 지명과 관련이 있을 것이다. 이곳은 지금의 나량현 강원시(橿原市) 압공정(鴨公町) 비탄(飛驒)이다. 비다진인에 관해서는 이 밖에는 보이지 않아 잘 알 수 없다.

2. 노진인(路眞人)

노진인은 민달천황의 황자 난파왕의 후손이다. 앞의 「노진인」조(006) 참조.

---

010 【원 문】

英多眞人
　　路眞人同祖.

【번 역】

영다진인(英多眞人; 아가타노마히토)

노진인(路眞人; 미치노마히토)과 조상이 같다.

【주 석】

1. 영다진인(英多眞人)

영다(英多; 아가타)라는 씨명은 하내국(河內國) 하내군(河內郡) 영다향(英多鄕)이라는 지명과 관련이 있을 것이다. 이곳은 지금의 대판부(大阪府) 동대판시(東大阪市) 영전(英田)이다. 영다진인에 대해서는 더 이상 보이지 않아 잘 알 수 없다.

2. 노진인(路眞人)

노진인은 민달천황의 황자 난파왕의 후손이다. 앞의 「노진인」조(006) 참조.

---

011 【원문】

大宅眞人
　　路眞人同祖. 依續日本紀刊定.

【번 역】

대택진인(大宅眞人; 오야케노마히토)

　노진인(路眞人; 미치노마히토)과 조상이 같다. 『속일본기』에 의해 간정하였다.

【주 석】

1. 대택진인(大宅眞人)

　대택(大宅; 오야케)이라는 씨명은 지명에서 유래하였을 것이다. 그런데 하내국(河內國) 하내군(河內郡)과 대화국(大和國) 첨상군(添上郡)에 모두 대택향이라는 지명이 있었다. 어느 곳에 해당하는지는 알 수 없다.

　『속일본기』 천평(天平) 19년(747) 정월 임진조의 "국견진인진성(國見眞人眞城)에게 대택진인 성을 새로 내렸다."라는 기사를 통해 대택진인의 옛 씨성은 국견진인이었음을 알 수 있다.

　국견진인의 국견은 지명에서 유래한 것일 것이다. 국견은 『일본서기』 신무천황 즉위전기 무오년 9월 무진조에 국견구(國見丘)라는 지명이 보인다. 이곳은 지금의 나량현 앵정시와 우타군 대우타정 사이에 있는 경계총산(經ヶ塚山)으로 추정된다. 국견진인진성은 대택진인성을 사성받았지만, 『속일본기』에는 국견진인이라는 씨성을 계속 가진 사람이 보인다. 즉 국견진인아담(國見眞人阿曇, 國見眞人安曇으로도 표기됨)과 국견진인천전(國見眞人川田) 등이 있다. 국견진인천전은 778년 이후에는 국견진인씨는 보이지 않는다. 그러므로 778년 이후 『신찬성씨록』이 편찬되던 시기 이전에 국견진인씨는 모두 대택진인이라는 씨성을 가지게 되었을 것으로 추측된다.

2. 노진인(路眞人)

노진인은 민달천황의 황자 난파왕의 후손이다. 앞의 「노진인」조(006) 참조.

3. 의속일본기간정(依續日本紀刊定)

여기에서 『속일본기』의 기사를 참고하여 고쳤다고 하는 것은 위에서 언급한 『속일본기』 천평 19년 정월 임진조의 "국견진인진성(國見眞人眞城)에게 대택진인 성을 새로 내렸다."라는 기사와 관련 있을 것이다. 그러나 고친 내용이 무엇인지는 알 수 없다.

012 【원문】

大原眞人
　　出自諡敏達孫百濟王也. 續日本紀合.

【번역】

대원진인(大原眞人; 오하라노마히토)

　시호 민달(敏達; 비타츠)의 손자 백제왕(百濟王; 구다라노미코)에게서 시작되었다. 『속일본기』와 합치한다.

【주석】

1. 대원진인(大原眞人)

대원(大原; 오하라)이라는 씨명은 율령제의 산성국(山城國) 을훈군(乙訓郡) 대원(大原)이라는 지명에서 유래하였을 것이다. 이곳은 현재 경도시(京都市) 서경구(西京區) 대원야정(大原野町)으로 추정된다.

『속일본기(續日本紀)』 천평(天平) 11년(739) 하4월 갑자조에 의하면, 종4위상 고안왕(高安王) 등이 738년 10월 29일에 황족의 지위를 사퇴하겠다고 요청한 것을 성무천황이 받아들여 대원진인 성을 사여하였다고 한다. 고안왕이 대원진인 성을 사성받은 것은 『만엽집(萬葉集)』 권제4 「고안왕리부증낭자가 일수(高安王裏鮒贈娘子歌一首)」의 할주에서도 "고안왕이 뒤에 대원진인씨를 사성받았다(高安王, 後賜姓大原眞人氏)"라고 적고 있다.

 고안왕 이외에 이때에 함께 대원진인씨를 사성받았을 것으로 여겨지는 사람은 문부왕(門部王), 앵정왕(櫻井王), 금성왕(今城王)이다. 『만엽집』 권제3 「문부왕영동시지수작가 일수(門部王詠東市之樹作歌一首)」의 할주에서 "뒤에 대원진인씨를 사성받았다"라고 적고 있다. 대원진인문부는 『속일본기』 천평 14년 하4월 무술조에서 종4위하에서 종4위상으로 승진하고, 천평 17년 하4월 경술조에서는 대장경(大藏卿)이며 종4위상로 사망하였다고 한다.

 앵정왕의 사성에 대해 『일본고승전요문초(日本高僧傳要文抄)』 3권에 인용된 『음석산대승도전(音石山大僧都傳)』에서는 "화상(和尙)의 휘는 명전(明詮)이다. 속성은 대원씨(大原氏)이다. 좌경인(左京人)이다. 언인황자(彦人皇子)의 후손이다. 조상 탄정윤(彈正尹) 정4위하 앵정왕이 천평 11년에 대원씨(大原氏)를 사성받았다."라고 적고 있다. 『속일본기』 천평 16년 2월 병신조에서는 종4위하 대원진인앵정이 평성궁(平城宮)의 유수관(留守官)으로 등장하고 있다.

 금성왕은 『만엽집』에서 신귀(神龜) 원년(724)경에 고전여왕(高田女王)이 금성왕에게 보낸 노래의 제목에 이름이 처음 보인다. 그리고 그 후 천평 15년(743) 경에 금성왕이 지은 노래가 보인다. 이 노래는 성무천황이 공인경(恭仁京)에 천도한 후 평성경이 쇠락한 것을 한탄하며 지은 노래인데, 이 노래의 제목에 '대원진인금성(大原眞人今城)'이라고 적혀 있으므로, 아마도 고안왕, 문부왕, 앵정왕과 함께 천평 11년(739)에 함께 대원진인을 사성받았을 것이다.

 『속일본기』에는 대원진인고안을 비롯하여 대원진인 일족이 모두 17명이 등장하고 있는데 모두 고위관료로 활약하고 있다.

2. 시민달(諡敏達)

 좌백유청(佐伯有淸)은 『신찬성씨록』 완본에는 '시(諡)' 자 앞에 '정중창태주부천황(渟中倉太珠敷天皇)'이라는 글자가 있었을 것으로 추정하였다.

3. 백제왕(百濟王)

 백제왕이라는 칭호는 『일본서기』 서명(舒明) 11년 7월조와 동 12년 10월조에 보이는 백제천(百濟川), 백제궁(百濟宮)과 관련이 있다. 서명천황은 백제천변에 백제궁을 조영하여 살다가 서명 13년에 백제궁에서 죽었다. 좌백유청(佐伯有淸)은 서명천황이 '좌백제궁치천하천황(坐百濟宮治天下天皇)' 또는 '백제궁어우천황(百濟宮御宇天皇)'이라고 불리었을 가능성이 있을 것이라고 하였다.

여기에서 민달천황의 손자로 나오는 백제왕은 『고사기』, 『일본서기』에는 보이지 않는다. 앞에서 언급한 『음석산대승도전(音石山大僧都傳)』에서는 대원씨(大原氏)가 언인황자(彦人皇子)의 후손이라고 적고 있다. 따라서 백제왕은 민달천황의 아들 언인황자의 아들이다. 『고사기』 민달천황단에서는 민달천황이 배다른 여동생 전촌왕과 결혼하여 얻은 아들로 강본궁치천하천황(岡本宮治天下天皇, 서명천황), 중진왕(中津王), 다량왕(多良王)이 보인다. 다량왕은 원래는 구다량왕(久多良王; 구다라노미코)이었는데 『고사기』를 전사하는 중에 '구' 자가 탈락한 것으로 추측되고 있다.

그런데 고안왕과 앵정왕, 문부왕은 『본조황윤소운록(本朝皇胤紹運錄)』에서는 천무천황(天武天皇)의 황자 장친왕(長親王)의 아들 천내왕(川內王; 가와치노오오키미)의 아들로 등장하고 있다. 『속일본기』에 의하면 천내왕은 화동(和銅) 7년(714) 1월에 무위에서 종4위하의 관위를 받고 신귀(神龜) 5년(728)에 7월 19일에 죽었다. 그런데 고안왕은 화동 6년(713)에 무위에서 종5위하를 사여받았다. 만약 천내왕이 고안왕의 아버지라면 아버지가 아들보다 관위를 늦게 받은 셈이 된다. 따라서 천무천황의 손자 천내왕은 고안왕의 아버지일 수가 없다.

그런데 『본조황윤소운록』에서 천내왕을 고안왕 등의 아버지로 놓는 계보가 만들어진 이유는 무엇일까? 『일본서기』에는 천내왕과 일본음이 같은 하내왕(河內王; 가와치노오오키미)가 보인다. 하내왕은 686년 1월에 신라에서 파견한 사신 김지상을 접대하기 위해 축자에 파견되었다. 이때 관위는 정광사(淨廣肆)였다. 그리고 같은 해 9월에 천무천황이 죽자 빈궁(殯宮)에서 좌우대사인(左右大舍人)에 관한 조사(弔辭)를 읽었다. 689년 윤8월에는 축자대재수(筑紫大宰帥)로 임명되어 활약하다가 694년 3월경에 죽었다. 하내왕의 계보는 확실하지 않지만 서명천황의 동생 백제왕의 아들이거나 손자일 가능성이 있다. 그런데 백제왕의 손자 하내왕과 천무천황의 손자 천내왕이 일본어로 같은 음이므로 혼동되었을 가능성이 있다.

815년에 『신찬성씨록』이 편찬된 후, 실정(室町) 시대인 1426년에 『본조황윤소운록』이 편찬될 때까지의 어느 시기엔가 대원진인씨는 자신의 조상을 천무천황의 손자 천내왕으로 주장하게 되었을 것이다.

4. 속일본기합(續日本紀合)

『속일본기』천평 11년(739) 하4월 갑자조에서 종4위상 고안왕(高安王) 등에게 성무천황이 받아들여 대원진인 성을 사여한 것을 가리킨다.

* 『일본고승전요문초(日本高僧傳要文抄)』

동대사(東大寺) 존승원주(尊勝院主) 종성(宗性)이 1249년(建長1)부터 3년 걸려 완성한 일본 고승전이다. 연력 7년(788)에 편찬된 일본 최초의 고승전인『연력승록(延曆僧錄)』을 비롯한 여러 선행 전기류의 기록을 초록하였다. 오서(奧書)를 적어 선현의 유덕(遺德)을 추모하고 후곤(後昆)의 수학(修學)을 권장하기 위해 썼다고 적고 있다. 전체 3권으로 1권에서는 바라문승정(婆羅門僧正), 홍법대사(弘法大師) 공해(空海) 등 9명의 전기, 2권에서는 전교대사(傳敎大師) 최징(最澄), 자각대사(慈覺大師) 원인(圓仁) 등 천태종의 고승 7명의 전기를 적고 있다. 3권에서는 호명승정(護命僧正), 명전(明詮) 등 고승의 전기와 함께 현재 완본이 전하지 않는『연력승록』권1, 2, 5의 내용을 초록하였다. 여기에서는 감진(鑒眞), 도선(道璿), 사탁(思託), 성덕태자(聖德太子), 천지천황(天智天皇), 성무천황(聖武天皇), 광명황후(光明皇后), 문실정삼(文室淨三), 석상택사(石上宅嗣) 등 승속 24명의 전기를 수록하고 있다.

* 『본조황윤소운록(本朝皇胤紹運錄)』

일본황실계도(日本皇室系圖)로 가장 권위 있는 것이다. 1권. 내대신(內大臣) 동원만계(洞院滿季)가 후소송천황(後小松天皇)의 명령을 받아 당시 유포하던 많은 황실계도를 조합·감안하여 새로 천신(天神) 7대(代), 지신(地神) 5대(代)를 추가하여 1426년에 편찬하였다. 역대 천황과 그 황자녀의 혈통을 자세하게 표기하였다. 천황은 대수와 생모, 탄생, 입태자, 즉위, 양위, 봉어 등의 연월일과 휘, 능묘명 등을 적었고, 황자녀는 생모와 탄생, 최종관위와 관직, 훙년 등을 주기하였다.

사본은 많지만 1484년(文明 16)에 감로사친장(甘露寺親長)이 필사한 사본(일본 궁내청 서릉부 소장)이 현존하는 가장 오래된 것이다. 사본은 필사할 때마다 당시의 천황까지 추가하여 적었다. 인쇄본은『군서유종(郡書類從)』계보부(系譜部)(1954)에 실려 있는데 여기에는 소화천황(昭和天皇)까지의 황실계보가 수록되어 있다.

---

013 【원 문】

島根眞人

　　大原眞人同祖. 百濟親王之後也.

【번 역】

도근진인(島根眞人; 시마네노마히토)

　　대원진인(大原眞人; 오하라노마히토)과 같은 조상이다. 백제친왕(百濟親王; 구다라노미코)의 후손이다.

【주 석】

1. 도근진인(島根眞人)

도근(島根; 시마네)이라는 씨명은 대부분의 일본 고대 씨명과 마찬가지로 지명에서 유래하였을 것이다. 『화명유취초』에 아파국(阿波國) 나하군(那賀郡) 도근향(島根鄕)이 보인다. 율전관(栗田寬)은 아파국의 도근향과는 관련이 없을 것이라고 보았고, 좌백유청도 도근이 어떤 곳의 지명인지 알 수 없다고 하였다. 도근진인씨 일족에 대해서는 다른 사료에는 보이지 않으므로 자세한 것은 알 수 없다.

2. 대원진인(大原眞人)

민달천황의 손자 백제왕의 후손이다. 앞의 「대원진인」조(012) 참조.

3. 백제친왕(百濟親王)

민달천황의 손자 백제왕(百濟王; 구다라노미코)을 가리킨다. 앞의 「대원진인」조(012) 참조.

---

014 【원 문】

豐國眞人

　　大原眞人同祖. 續日本紀合.

【번 역】

풍국진인(豐國眞人; 도요쿠니노마히토)

　　대원진인(大原眞人; 오하라노마히토)과 같은 조상이다. 『속일본기』와 합치한다.

【주 석】

1. 풍국진인(豐國眞人)

풍국(豐國; 도요쿠니)이라는 씨명의 유래는 확실하지 않다. 풍국이라는 지명은 『화명유취초』에 원강국(遠江國) 반전군(磐田郡) 풍국향(豐國鄕)이 보인다. 그런데 『속일본기』 천평 12년 9월 기유조에는 풍전국 사람 풍국추산(豐國秋山)이 보이고, 『속일본기』 경운 2년 3월 병술조에는 풍국여왕(豐國女王)이 보인다. 따라서 풍국진인이라는 씨명이 지명에 따른 것인지, 풍국추산이나 풍국여왕과 관련이 있는지 확실하지 않다.

『속일본기』 천평승보(天平勝寶) 6년(754) 윤10월 경술조에서 종5위하 추소왕(秋篠王)과 아들 계성왕(繼成王) 및 질녀 빈명왕(濱名王), 선성왕(船城王), 애지왕(愛智王) 등 5명에게 구기진인(丘基眞人) 성을 사성하였다고 적고, 다시 천평승보 7년(755) 4월 정미조에서 종5위하 구기진인추소 등 21인에게 다시 풍국진인 성을 사여하였다고 적고 있다. 추소왕 등이 754년에 구기진인 성을 사성받았다가 다시 다음 해에 풍국진인 성을 사성받았음을 알 수 있다.

풍국진인씨 일족으로는 『속일본기』에 풍국진인추소 이외에 풍국진인선성(豐國眞人船城)이 보이고 『제목대성초(除目大成抄)』 연희(延喜) 6년(906)조에 풍국진인춘죽(豐國眞人春竹)이 보인다.

2. 대원진인(大原眞人)

민달천황의 손자 백제왕의 후손이다. 앞의 「대원진인」조(012) 참조.

3. 속일본기합(續日本紀合)

앞에서 언급한 『속일본기』 천평승보 6년(754) 윤10월 경술조에서 종5위하 추소왕(秋篠王)과 아들 계성왕(繼成王) 및 질녀 빈명왕(濱名王), 선성왕(船城王), 애지왕(愛智王) 등 5명에게 구기진인(丘基眞人) 성을 사성하였다고 적고, 다시 천평승보 7년(755) 4월 정미조에서 종5위하 구기진인추소 등 21인에게 다시 풍국진인 성을 사여하였다고 적고 있는 것을 가리킨다.

* 『제목대성초(除目大成抄; 지모쿠다이세이쇼우)』

『대문대성초(大問大成抄)』라고도 한다. 임관(任官) 행사인 제목(除目)을 집행하는 공경(公卿)을 위한 참고서이다. 겸창(鎌倉) 시대 초기에 섭정(攝政) 등원양경(藤原良經, 1169~1206)이 편찬하였으며 전체 10권이다. 매년 결원이 생긴 관직을 기록하여 제목을 집행할 때에, 임관자를 기입하는 문서인 대문서(大問書; 오마가키)를 모아서 연급(年給), 성공(成功; 조우고우), 관사(官司) 등의 거주(擧奏), 순임(巡任), 겸국(兼國) 등 임관의 사유에 따라 상세히 분류한 것이다.

015 【원문】
山於眞人
　　大原眞人同祖.

【번역】
산어진인(山於眞人; 야마노헤)
　　대원진인(大原眞人; 오하라노마히토)과 같은 조상이다.

【주석】
1. 산어진인(山於眞人)
산어(山於; 야마노헤)라는 씨명은 율령제의 대화국(大和國) 첨상군(添上郡) 산변향(山邊鄕)의 산변(山邊; 야마노헤)이라는 지명에서 유래하였을 것이다.
산어진인씨 일족은 사료에 보이지 않아 확실한 것을 알 수 없다.

2. 대원진인(大原眞人)
민달천황(敏達天皇)의 손자 백제왕(百濟王)의 후손이다. 앞의 「대원진인」조(012) 참조.

016 【원문】
吉野眞人
　　大原眞人同祖.

【번 역】

길야진인(吉野眞人; 요시노노마히토)

대원진인(大原眞人; 오하라노마히토)과 조상이 같다.

【주 석】

1. 길야진인(吉野眞人)

길야(吉野; 요시노)라는 씨명은 율령제의 대화국(大和國) 길야군(吉野郡) 길야향(吉野鄕)이라는 지명에서 유래하였을 것이다. 이곳은 지금의 나량현(奈良縣) 길야군(吉野郡) 하시정(下市町)과 대정정(大淀町) 일대이다.

길야진인씨 일족으로는 『속일본기』에는 길야진인명계(吉野眞人名繼), 길야진인고자(吉野朝臣高子), 길야진인궁성(吉野眞人宮城) 등이 보인다.

2. 대원진인(大原眞人)

민달천황의 손자 백제왕의 후손이다. 앞의「대원진인」조(012) 참조.

---

017 【원 문】

桑田眞人

　　大原眞人同祖.

【번 역】

상전진인(桑田眞人; 구하타노마히토)

대원진인(大原眞人; 오하라노마히토)과 같은 조상이다.

【주 석】

1. 상전진인(桑田眞人)

상전(桑田; 구하타)이라는 씨명은 율령제의 단파국(丹波國) 상전군(桑田郡) 상전향(桑田鄕)의 상전(桑田; 구하타)이라는 지명에서 유래하였을 것이다. 이곳은 현재 경도부(京都府) 귀강시(龜岡市) 소정(篠町)이다.

상전진인씨 일족으로는 『일본후기(日本後紀)』에 연력(延曆) 18년(799)에 정6위상에서 종5위하로 승진하고 뒤에 무장개(武藏介)가 되는 상전진인감남비(桒田眞人甘南備), 연력 23년(804)에 종5위하로서 주계조(主計助)로 임명되는 상전진인목진어마려(桒田眞人木津魚麻呂)가 보인다. 『속일본후기(續日本後紀)』에서 가상(嘉祥) 3년(850) 1월에 정6위상에서 종5위하로 승진하는 상전진인호길(桒田眞人虎吉) 등이 보인다.

2. 대원진인(大原眞人)

민달천황의 손자 백제왕의 후손이다. 앞의 「대원진인」조(012) 참조.

018 【원문】
池上眞人
　　大原眞人同祖.

【번 역】

지상진인(池上眞人; 이케노헤노마히토)
　대원진인(大原眞人; 오하라노마히토)과 같은 조상이다.

【주 석】

1. 지상진인(池上眞人)

지상(池上; 이케노헤)이라는 씨명은 율령제의 대화국(大和國) 십시군(十市郡) 지상향(池上鄕)이라는 지명에서 유래하였을 것이다. 이곳은 현재 나량현(奈良縣) 앵정시(櫻井市) 안배(安倍)·향구산(香久山) 일대이다.

『속일본기』 천평보자(天平寶字) 2년(758) 2월 신해조에서 "좌대사인(左大舍人) 광야왕(廣野王)에게 지상진인(池上眞人) 성을 사성하였다"라고 적고 있는 것을 통해 광야왕이 지상진인씨가 되었음을 알 수 있다.

지상진인씨 일족으로는 지상진인광야 이외에 지상진인광성(池上眞人廣成)이 보인다. 그런데 지상진인광성은 천평승보(天平勝寶) 2년(750) 8월자 「조동대사사해(造東大寺司

解)」(『대일본고문서』 25-133)에 그 이름이 보이므로 광야왕보다 먼저 지상진인을 사성받았음을 알 수 있다.

2. 대원진인(大原眞人)

민달천황의 손자 백제왕의 후손이다. 앞의 「대원진인」조(012) 참조.

---

019 【원문】
海上眞人
　　大原眞人同祖. 依續日本紀附.

【번역】

해상진인(海上眞人; 우나카미노마히토)

대원진인(大原眞人; 오하라노마히토)과 같은 조상이다. 『속일본기』에 의거하여 부가하였다.

【주석】

1. 해상진인(海上眞人)

해상(海上; 우나카미)이라는 씨명은 『화명유취초』의 상총국(上總國) 해상부(海上部)와 관련이 있을 것으로 추측된다.

『속일본기』 천평승보(天平勝寶) 3년(751) 춘정월 신해조에서 무위 청수왕(淸水王)과 아들 삼수왕(三狩王)에게 해상진인(海上眞人)을 사성하였다는 기록이 보이듯이, 이해에 청수왕과 삼수왕이 해상진인 성을 사여받았다.

해상진인씨 일족으로는 해상진인청수(海上眞人淸水, 또는 海上眞人淨水)와 해상진인삼수(海上眞人三狩) 이외에 해상진인진직(海上眞人眞直)이 『일본기략(日本紀略)』과 『유취국사(類聚國史)』의 연력(延曆) 13년(794) 11월 을미조에 보인다. 여기에서는 "좌경인(左京人) 해상진인진직이 옥에서 죽었다. 진직은 고(故) 대재소이(大宰少貳) 종5위상 삼수의 아들로 오랫동안 원한을 품고 있던 아버지의 첩비(妾婢)를 살해하였다"라고 적고 있다.

2. 대원진인(大原眞人)

민달천황의 손자 백제왕의 후손이다. 앞의 「대원진인」조(012) 참조.

3. 의속일본기부(依續日本紀附)

『속일본기』에 의거하여 부기하였다는 것은 위에서 언급한 『속일본기』 천평승보 3년(751) 춘정월 신해조에서 무위 청수왕(淸水王)과 아들 삼수왕(三狩王)에게 해상진인(海上眞人)을 사성하였다는 기사를 참고하여 해상진인씨 기사를 추가하였다는 뜻일 것이다.

어떤 내용이 추가된 것인지는 확실하지 않다. 그러나 연력 18년(799) 12월에 환무천황 조정에서 씨족들에게 『신찬성씨록』의 기초가 된 「본계장(本系帳)」을 작성하여 제출하도록 하였을 때 해상진인씨는 「본계장」을 제출하지 않았을 가능성이 있다. 그것은 연력 13년(795) 11월에 해상진인진직이 아버지의 비첩을 살해하여 옥사하였기 때문이다.

020 【원문】

淸原眞人
　　桑田眞人同祖. 百濟親王之後也.

【번역】

청원진인(淸原眞人; 기요하라노마히토)
　상전진인(桑田眞人; 구하타노마히토)과 같은 조상이다. 백제친왕의 후손이다.

【주석】

1. 청원진인(淸原眞人)

정원진인(淨原眞人)으로도 표기한다. 청원(淸原; 기요하라)이라는 씨명은 천무천황의 궁이었던 비조정어원궁(飛鳥淨御原宮)의 정어원(淨御原; 기요미하라)이라는 지명과 관련이 있을 것이다. 청원(淸原)은 정어원(淨御原)의 한풍(漢風) 약칭인 정원(淨原)과 같은 뜻이다.

『속일본기』천평보자(天平寶字) 8년(764) 동10월 신미조에서 "중무소승(中務少丞) 정6위상 대원진인도량마려(大原眞人都良麻呂)에게 정원진인(淨原眞人)이라는 성과 정정(淨貞)이라는 이름을 사여하였다"라고 적고 있듯이 청원진인의 옛 씨성은 대원진인이었다. 그런데 『속일본기』보귀(寶龜) 3년(772) 하4월 계축조에 의하면 종5위하 청원진인정정(淸原眞人淨貞)은 본래의 성인 대원진인(大原眞人) 성을 다시 갖게 되었다. 그러므로 이 조문에 보이는 청원진인씨에 청원진인정정(淸原眞人淨貞)은 포함되지 않는다.

한편 『일본후기』연력(延曆) 24년(805) 2월 을묘조에서는 소정왕(篠井王)과 판합왕(坂合王) 등 5명에게 정원진인(淨原眞人)을 사성하였다고 적고 있는데 이 정원진인소정과 정원진인판합이 이 조문의 청원진인씨일 것이다.

2. 상전진인(桑田眞人)
민달천황의 손자 백제왕의 후손이다. 앞의「상전진인」조(017) 참조.

3. 백제친왕(百濟親王)
민달천황의 손자 백제왕을 가리킨다. 백제왕에 대해서는 앞의「대원진인」조(012) 참조.

---

021 【원문】
香山眞人
　　出自諡敏達皇子春日王也.

【번역】
향산진인(香山眞人; 가구야마노마히토)
　시호 민달(敏達; 비타츠)의 황자 춘일왕(春日王; 가스가노미코)으로부터 나왔다.

【주석】
1. 향산진인(香山眞人)
향산(香山; 가구야마)이라는 씨명은 율령제의 대화국(大和國) 십시군(十市郡)의 천향산

(天香山)이라는 지명에서 유래한다. 이곳은 현재 나량현(奈良縣) 앵정시(櫻井市)의 향구산(香久山)이다.『속일본기』신귀(神龜) 원년(724) 5월조에서는 형궤무(荊軌武)에게 향산련씨(香山連氏)를 사여하였다고 적고 있다. 이 향산련씨를 유모로 가진 황족에게 향산진인씨를 사성하였을 가능성도 있다.

향산진인씨 일족에 대해서는 사료가 존재하지 않아 자세한 것은 알 수 없다.

2. 시민달(諡敏達)

좌백유청은『신찬성씨록』완본에는 '시(諡)' 자 앞에 '정중창태주부천황(渟中倉太珠敷天皇)'이라는 글자가 있었을 것으로 추정하였다.

3. 춘일왕(春日王)

민달천황(敏達天皇)의 아들이다.『고사기』민달천황단에서 춘일중약자(春日中若子)의 딸 노여자랑녀(老女子郎女)와 결혼하여 낳은 자식으로 난파왕(難波王), 상전왕(桑田王), 춘일왕(春日王), 대오왕(大俣王)의 이름이 보인다.『일본서기』민달천황 4년 춘정월 시월조에서는 춘일신중군(春日臣仲君)의 딸인 노여자부인(老女子夫人)을 부인(夫人)으로 삼았다고 하면서 그녀가 낳은 3남 1녀가 난파황자(難波皇子), 춘일황자(春日皇子), 상전황녀(桑田皇女), 대파황자(大派皇子)라고 적고 있다.

어머니가 춘일씨이므로 어머니의 씨명을 따라 이름을 붙였음을 알 수 있다.

---

022 【원문】

登美眞人
出自諡用明皇子來目王也. 續日本紀合.

【번 역】

등미진인(登美眞人; 도미노마히토)

시호 용명(用明; 요우메이)의 황자 내목왕(來目王; 구메노미코)에서 나왔다.『속일본기』와 합치한다.

【주 석】

1. 등미진인(登美眞人)

등미(登美; 도미)라는 씨명은 『속일본기』 화동(和銅) 7년(714) 11월 무자조에 보이는 '등미향(登美鄕)'이라는 지명에서 유래하였을 것이다. 이곳은 율령제의 대화국(大和國) 첨하군(添下郡)에 속하는 곳이다. 현재 나량현(奈良縣) 생구시(生駒市) 북부에서 나량시(奈良市) 서단부에 해당하는 곳이다.

『속일본기』 연력(延曆) 10년(791) 7월 기묘조에 의하면, 소납언(少納言) 종5위하 정월왕(正月王)이 생전에 자신과 네 아들, 네 딸에게 등미진인 성을 사여해 달라고 요청하려고 하다가 죽었다. 정월왕의 사후에 환무천황(桓武天皇)이 정월왕의 아들 등진왕(藤津王) 등의 요구를 받아들여 이들에게 등미진인 성을 사여하였다.

등미진인씨 일족으로는 등미진인등진 이외에 그의 아들 등미진인직명(登美眞人直名)이 『유취국사』에 보인다.

2. 시용명(諡用明)

좌백유청(佐伯有淸)은 『신찬성씨록』 완본에는 '시(諡)' 자 앞에 '귤풍일천황(橘豐日天皇)'이라는 글자가 있었을 것으로 추측하였다.

3. 내목왕(來目王)

구미왕(久米王; 구메노미코)라고도 표기한다.

『고사기』 용명천황단에서는 용명천황이 배다른 여동생 간인혈태부왕(間人穴太部王)과 결혼하여 상궁지구호풍총이명(上宮之廐戶豐聰耳命)과 구미왕(久米王)을 낳았다고 적고 있다.

『일본서기』 용명천황 원년 정월 임자삭조에서는 혈수부간인황녀(穴穗部間人皇女)를 황후로 세웠는데, 그녀가 낳은 4남 1녀 중에서 첫째가 구호황자(廐戶皇子), 둘째가 내목황자(來目皇子)라고 적고 있다.

내목왕의 후손으로는 산촌왕(山村王)이 있었음을 『속일본기』 신호경운 원년(767) 11월 계해조의 산촌왕 훙전을 통해 알 수 있다. 산촌왕은 치부경(治部卿)과 좌병위독(左兵衛督), 대화수(大和守), 참의를 역임하고 칭덕천황 대에 종3위의 관위까지 올라갔으며, 767년에 46세로 죽었다. 이 훙전에서 산촌왕이 용명천황의 황자 구미왕(久米王)의 후손이라고 적고 있다.『공경보임(公卿補任)』천평보자 8년(764)「산촌왕」조에서는 산촌왕이 양로 6년(722)생이므로 구미왕이 죽은 지 120년이 된다고 적고 있다.

4. 속일본기합(續日本紀合)

『속일본기』연력 10년(791) 7월 기묘조에서 환무천황 조정의 정월왕의 아들 등진왕(藤津王) 등의 요구를 받아들여 이들에게 등미진인 성을 사여한 것을 가리킨다.

023 【원 문】
蜷淵眞人
出自諡用明皇子殖栗王也.

【번 역】

권연진인(蜷淵眞人; 미나후치노마히토)

시호 용명(用明; 오우메이)의 황자 식률왕(殖栗王; 웨구리노미코토)에서 나왔다.

【주 석】

1. 권연진인(蜷淵眞人)

권연(蜷淵; 미나후치)라는 씨명은『일본서기』용명 2년 4월 병오조에 보이는 '남연(南淵; 미나부치)'이라는 지명에서 유래한다.

권연진인의 사성에 관해서는 사료가 보이지 않아 언제 사성받았는지 알 수 없다. 권연진인씨 일족으로는『일본후기』연력 16년 춘정월 갑오조에 권연진인강전(蜷淵眞人岡田)이 종5위하에서 종5위상으로 승진하는 모습이 보인다.

2. 시용명(諡用明)

좌백유청(佐伯有淸)은『신찬성씨록』완본에는 '시(諡)' 자 앞에 '귤풍일천황(橘豊日天皇)'이 있었을 것으로 추측하였다.

3. 식률왕(殖栗王)

『고사기』 용명천황단(用明天皇段)에서는 용명천황이 배다른 여동생 간인혈태부왕(間人穴太部王)과 결혼하여 상궁지구호풍총이명(上宮之廐戶豐聰耳命)과 구미왕(久米王), 식률왕(殖栗王)을 낳았다고 적고 있다.

『일본서기』 용명 원년 정월 임자삭조에서는 혈수부간인황녀(穴穗部間人皇女)를 황후로 세웠는데, 그녀가 낳은 4남 1녀 중에서 첫째가 주호황자(廐戶皇子), 둘째가 내목황자(來目皇子), 셋째가 식률황자(殖栗皇子)라고 적고 있다.

024 【원문】

三島眞人
　出自諡舒明皇子賀陽王也. 續日本紀合.

【번역】

삼도진인(三島眞人; 미시마노마히토)
　시호 서명(舒明; 조메이)의 황자 하양왕(賀陽王; 가야노미코토)에서 나왔다. 『속일본기』와 합치한다.

【주석】

1. 삼도진인(三島眞人)

삼도(三島; 미시마)라는 씨명은 율령제의 섭진국(攝津國) 도상군(島上郡) 삼도향(三島鄕)과 관련이 있다.

『속일본기』 천평승보 3년(751) 춘정월 신해조에 의하면, 무위 수수왕(垂水王)과 그 아들 삼실왕(三室王)과 조카 삼영왕(三影王), 일근왕(日根王), 명변왕(名邊王), 무위 여원왕(廬原王)과 그 아들 안담왕(安曇王), 삼립왕(三笠王), 대마왕(對馬王), 물부왕(物部王), 매야왕(枚野王), 손자 나라왕(奈羅王), 소창왕(小倉王), 무위 저명부왕(猪名部王)과 아들 대탕좌왕(大湯坐王), 제왕(弟王), 토원왕(菟原王), 삼상왕(三上王), 야원왕(野原王), 여파왕(礪波王) 등에게 삼도진인(三島眞人)을 사성하였다고 적고 있다.

이들 중에서 삼도진인여원(三島眞人廬原), 삼도진인안담(三島眞人安曇), 삼도진인대탕좌(三島眞人大湯坐)가 『속일본기』의 관위 수여 기사에 보인다. 이들 이외에 삼도진인 도마려(三島眞人島麻呂), 삼도진인명계(三島眞人名繼)도 관위 수여 기사에 보인다.

2. 시서명(諡舒明)
좌백유청(佐伯有淸)은 『신찬성씨록』 완본에는 '시(諡)' 자 앞에 '식장족일광액천황(息長足日廣額天皇)'이라는 글자가 있었을 것으로 추측하였다.

3. 하양왕(賀陽王)
『일본서기』 서명천황 2년 춘정월 무인조에서는 서명천황이 길비국(吉備國)의 문옥채녀(蚊屋采女; 가야노우네메)와 결혼하여 문옥황자(蚊屋皇子; 가야노미코)를 낳았다고 적고 있다.

4. 속일본기합(續日本紀合)
『속일본기』 천평승보(天平勝寶) 3년(751) 춘정월 신해조에서 무위 수수왕(垂水王) 등에게 삼도진인(三島眞人)을 사성한 것을 가리킨다.

---

025 【원문】
淡海眞人
　出自諡天智皇子大友王也. 續日本紀合.

【번역】

담해진인(淡海眞人; 아후미노마히토)
　시호 천지(天智; 덴치)의 황자 대우왕(大友王; 오토모노미코)에서 나왔다. 『속일본기』와 합치한다.

【주석】

1. 담해진인(淡海眞人)
근강진인(近江眞人)으로도 표기된다. 담해(淡海; 아후미)라는 씨명은 근강(近江; 오후미)

국과 관련이 있다.

『속일본기』 천평승보 3년(751) 춘정월 신해조에서 무위 어선왕(御船王)에게 담해진인을 사성하였다고 적고 있어 751년에 사성으로 담해진인씨가 등장하였음을 알 수 있다.

담해진인씨 일족으로는 『속일본기』에 보이는 위의 담해진인어선(淡海眞人御船) 또는 담해진인삼선(淡海眞人三船) 이외에 『일본후기』에 담해진인복량마려(淡海眞人福良麻呂), 담해진인진직(淡海眞人眞直), 담해진인유성(淡海眞人有成)이 보인다.

『속일본기』 연력(延曆) 4년(785) 7월 경술조에 실린 담해진인삼선의 졸전(卒傳)에는 삼선이 대우친왕(大友親王)의 증손이며, 조부는 갈야왕(葛野王), 부는 지변왕(池邊王)이라고 적고 있다.

『일본후기』 연력 24년(805) 2월 을묘조에서 환무천황 조정이 길병왕(吉竝王) 등 17인에게 근강진인(近江眞人)을 사성하였다고 적고 있듯이, 삼선 이외의 황족에게 근강진인(近江眞人)을 사성하였음을 알 수 있다. 805년에 새로 사성받은 사람들이 담해진인삼선과 어떤 관계인지는 알 수 없다.

2. 시천지(諡天智)

좌백유청(佐伯有淸)은 『신찬성씨록』 완본에는 '시(諡)' 자 앞에 '천명개별액천황(天命開別額天皇)'이라는 글자가 있었을 것으로 추측하였다.

3. 대우왕(大友王)

천지천황의 아들이다. 『일본서기』 천지천황 7년(668) 2월 무인조에, 천지천황이 이하채녀(伊賀采女)에게서 낳은 아들로 이하황자(伊賀皇子)가 있었는데 뒤에 대우황자(大友皇子)라고 불렀다고 적고 있다. 그 후 천지천황 10년에 태정대신이 되었으나, 천지천황의 사후 임신의 난이 일어나 대해인황자(大海人皇子)와 싸우다 패하여 25세의 나이로 자살하였다고 적고 있다.

4. 속일본기합(續日本紀合)

앞에서 언급한 『속일본기』 천평승보 3년(751) 춘정월 신해조에서 무위 어선왕(御船王)에게 담해진인을 사성하였다는 기사를 가리킨다.

026 【원 문】

三園眞人
　出自諡天武皇子淨廣壹磯城親王之後也.

【번 역】

삼원진인(三園眞人; 미소소노마히토)
　시호 천무(天武; 덴무)의 황자 정광일(淨廣壹) 기성친왕(磯城親王; 시키노미코)의 후손에서 시작되었다.

【주 석】

1. 삼원진인(三園眞人)

삼원(三園; 미소노)은 어원(御園; 미소노)으로도 표기한다. 삼원이라는 씨명은 궁중 안의 정원과 관련 있을 것으로 추측된다.

2. 시천무(諡天武)

좌백유청(佐伯有淸)은 『신찬성씨록』 완본에는 '시(諡)' 자 앞에 '천정중원영진인천황(天渟中原瀛眞人天皇)'이라는 글자가 있었을 것으로 추측하였다.

3. 정광일(淨廣壹)

『일본서기』에 의하면 천무천황 14년(685) 1월에 제왕(諸王)을 대상으로 하는 12계의 관위를 제정하였다. 정광일은 제6위의 관위이다.

4. 기성친왕(磯城親王)

천무천황의 아들이다. 『일본서기』 천무 2년 2월 계미조에 따르면, 천무천황이 육인신대마려(宍人臣大麻呂)의 딸에게서 낳은 2남 2녀 중에서 차남이 기성황자(磯城皇子)이다. 기성(磯城; 시키)은 지기(芝基; 시키)로도 표기되었다.

　『신찬성씨록』의 편찬 이후에 기성친왕의 후손으로 청춘진인(淸春眞人)이라는 씨성을 새로 사성받은 사람이 있었다. 즉 『일본삼대실록(日本三代實錄)』 정관(貞觀) 4년(862)

5월 22일조에 따르면, 좌경인 정6위상 판정왕(坂井王)이 청춘진인이라는 씨성을 사성 받았는데 그가 기성친왕의 5대손이었다고 한다. 이들과 삼원진인의 관계는 확실하지 않다.

027 【원문】
笠原眞人
　　三園眞人同祖. 磯城親王之後也.

【번역】
입원진인(笠原眞人; 가사하라노마히토)
　삼원진인(三園眞人; 미소소노마히토)과 조상이 같다. 기성친왕(磯城親王; 시키노미코)의 후손이다.

【주석】
1. 입원진인(笠原眞人)
입원(笠原; 가사하라)이라는 씨명은 지명과 관련이 있을 것으로 추정된다.『화명유취초』에 무장국(武藏國) 기옥군(埼玉郡) 입원향(笠原鄕)이 보인다.

입원진인씨 일족에 대해서는 더 이상 보이지 않아 자세한 것은 알 수 없다.

2. 삼원진인(三園眞人)
천무천황의 아들 기성친왕의 후손이다. 앞의「삼원진인」조(026) 참조.

3. 기성친왕(磯城親王)
천무천황의 아들이다. 앞의「삼원진인」조(026) 참조.

028 【원문】

高階眞人
　出自諡天武皇子淨廣壹太政大臣高市王也. 續日本紀合.

【번역】

고계진인(高階眞人; 다카시나노마히토)

　시호 천무(天武; 덴무)의 황자 정광일(淨廣壹) 태정대신(太政大臣) 고시왕(高市王)에게서 나왔다. 『속일본기』와 부합된다.

【주석】

1. 고계진인(高階眞人)

고계(高階; 다카시나)라는 씨명은 지명과 관련이 있을 것으로 추정된다. 『화명유취초』에 무장국(武藏國) 입간군(入間郡) 고계향(高階鄕)이 보인다.

『속일본기』보귀 4년(773) 10월 무신조에 의하면 안숙왕(安宿王)이 고계진인을 사성받았다고 한다. 안숙왕은 고시황자의 아들 장옥왕(長屋王)과 등원불비등의 딸 등원장아자(藤原長娥子) 사이에서 태어났다. 729년 장옥왕의 변(變) 때에 장옥왕과 그의 처 길비내친왕, 그리고 이들 사이에서 태어난 세 아들이 연좌되어 모두 죽었다. 그러나 등원장아자의 자식인 안숙왕, 황문왕(黃文王), 산배왕(山背王)은 사면받았다.

안숙왕은 737년에 음서로 종5위하를 받고, 그해 10월에 종4위하로 승진하고 740년에 종4위상, 751년에 정4위하로 승진하였다. 관직도 738년에 현번두(玄蕃頭), 746년에 치부경(治部卿), 749년에 중무대보(中務大輔), 754년에 내장두(內藏頭)를 역임하였다. 황문왕은 737년에 종5위하를 받고, 739년에 정4위하로 승진하였고, 740년에는 종4위상으로 승진하였으며, 741년에는 산위두(散位頭)가 되었다. 748년에 원정상황이 붕어하였을 때와 756년에 성무천황이 붕어하였을 때에 장속사(裝束司)로 활약하였다.

그러나 757년에 효겸천황이 대취왕(大炊王)을 황태자로 임명한 것에 반발하여 일어난 귤나량마려(橘奈良麻呂)의 난으로 세 사람의 운명은 크게 바뀌게 되었다. 귤나량마려가 천황으로 옹립하려 한 황문왕은 붙잡혀서 고문을 받고 죽었다. 안숙왕은 황문왕의 소개로 사정을 모르고 속아서 모의에 참가하였다고 변명하였지만 처자와 함께 좌도(佐渡)에 유배되었다. 그러나 이 난을 밀고한 산배왕은 그 공을 인정받아 757년 7월에 종4위상에서 3단계나 승진하여 종3위가 되었다. 그리고 그는 어머니의 씨성인 등원조신(藤原朝臣)을 사성받아 등원조신제정(藤原朝臣弟貞)이 되었다. 760년에는 곤궁대필(坤宮大弼)이 되었고, 762년에는 참의가 되어 의정관의 일원이 되었다가, 763년 11월에 죽었다.

안숙왕이 언제 유배에서 풀려났는지는 알 수 없지만, 위의 『속일본기』 기사를 통해 773년에 광인천황이 그에게 고계진인을 사성하였음을 알 수 있다.

『유취국사』와 『일본후기』, 『속일본후기』에 고계진인씨 일족의 모습이 보인다. 806년에 견당판관(遣唐判官)의 임무를 마치고 돌아와 정6위상에서 종5위상으로 승진한 고계진인원성(高階眞人遠成), 807년에 정6위상에서 종5위하로 승진한 고계진인진영(高階眞人眞永), 813년에 정6위상에서 종5위하로 승진한 고계진인정계(高階眞人淨階), 813년에 비전개(備前介)로 종5위하인 고계진인진중(高階眞人眞仲), 817년에 정6위상에서 종5위로 승진한 고계진인제중(高階眞人弟仲), 823년에 정6위상에서 종5위하로 승진한 고계진인석천(高階眞人石川), 827년 정6위상에서 종5위하로 승진한 고계진인청상(高階眞人淸上), 831년에 무위로 득도(得度)하게 된 고계진인영하(高階眞人永河), 833년에 정6위상에서 종5위하로 승진한 고계진인신징(高階眞人信澄), 839년에 정6위상에서 종5위하로 승진한 고계진인흑웅(高階眞人黑雄) 등이 보인다.

위의 안숙왕에 대한 사성 이후에 고시황자의 후손에 대한 고계진인 사성이 843년부터 883년까지 이어지고 있음을 『속일본후기』, 『일본문덕천황실록』, 『일본삼대실록』을 통해 확인할 수 있다.

2. 시천무(諡天武)

좌백유청(佐伯有淸)은 『신찬성씨록』 완본에는 '시(諡)' 자 앞에 '천정중원영진인천황(天渟中原瀛眞人天皇)'이라는 글자가 있었을 것으로 추측하였다.

3. 정광일(淨廣壹)

천무천황 14년(785)에 제정한 제왕의 12관위 중에서 제6위이다. 앞의 「삼원진인」조 (026) 정광일 참조.

4. 태정대신(太政大臣)

양로령(養老令)의 관위령(官位令)에서는 1품, 정1위, 종2위에 상당하는 관직을 태정대신이라고 적고 있다. 양로령 직원령(職員令)에서는 태정대신이 한 사람(천황)의 사범(師範)이며 천하의 모범이 되는 사람이라고 적고 있다. 이러한 규정은 대보령(大寶令)에도 있었을 것으로 추정되지만, 8세기 전반에는 태정대신이 임명되지 않았다. 760년 1월에 순인천황(淳仁天皇)이 등원중마려(藤原仲麻呂)를 태정대신에 임명한 것이 처음이다.

그런데 태정대신은 7세기 후반에 처음 시작되었다. 『일본서기』에 의하면, 671년 1월에 천지천황(天智天皇)이 아들 대우(大友)황자를 태정대신으로 처음 임명한 후 지통천황이 690년 7월에 고시(高市)황자를 태정대신으로 임명하였다. 천지천황 대의 근강령(近江令), 지통천황 대의 비조정어원령(飛鳥淨御原令)에 태정대신에 관한 규정이 있었을 것으로 추측된다.

5. 고시왕(高市王)

천무천황의 맏아들 고시황자(654~696)이다. 『일본서기』 천무천황 2년 2월 계미조에 의하면 천무천황이 흉형군덕선(胸形君德善)의 딸 이자낭(尼子娘)에게서 고시황자명(高市皇子命)을 낳았다고 적고 있다. 천무천황의 맏아들로 672년의 임신의 난 때에 활약하였으나 어머니가 축자(筑紫) 종상군(宗像郡)의 호족 출신이었다. 그래서 685년에 관위를 받을 때에 천무천황의 황자 중에서 황녀의 자식인 초벽황자(草壁皇子)와 대진황자(大津皇子)보다 낮은 관위를 받았다. 686년 10월에 천무천황이 죽은 직후 대진황자가 모반의 죄로 사형에 처해지고, 689년 4월에 황태자 초벽황자가 병으로 죽었다. 천무천황의 황후가 690년 1월에 즉위하여 지통천황이 되었다. 지통천황은 7월에 고시황자를 태정대신에 임명하였는데, 이때부터 696년 7월에 죽을 때까지 고시황자가 지통천황을 도와 정치를 하였다. 693년에는 관위가 정광일로 승진하였다.

6. 속일본기합(續日本紀合)

앞에서 언급한 『속일본기』 보귀 4년(773) 10월 무신조의 안숙왕(安宿王)이 고계진인을 사성받은 기사를 가리킨다.

029 【원문】

冰上眞人

出自諡天武皇子一品大惣管新田部王也. 續日本紀合.

【번역】

빙상진인(冰上眞人; 히카미노마히토)

시호 천무(天武; 덴무)의 황자 일품(一品) 대총관(大惣管) 신전부왕(新田部王)에게서 나왔다. 『속일본기』와 합치한다.

【주석】

1. 빙상진인(冰上眞人)

빙상(冰上; 히카미)이라는 씨명은 단파국(丹波國) 빙상군(冰上郡) 빙상향(冰上鄕)과 관련이 있다.

『공경보임(公卿補任)』 천평승보(天平勝寶) 9년조의 염소왕(鹽燒王)의 기사에 8월 3일 빙상진인을 사여하고 종3위로 임명하였다고 적고 있다. 『속일본기』에는 빙상진인 사성 기사는 보이지 않는다.

염소왕(715~764)은 천무천황(天武天皇)의 제10황자 신전부친왕(新田部親王)의 아들이며 성무천황(聖武天皇)의 종숙이다. 신전부친왕의 어머니는 부인(夫人) 등원오백중낭(藤原五百重娘)으로 등원겸족(藤原鎌足)의 딸이었다. 등원오백중낭은 천무천황이 죽은 후에 배다른 오빠인 등원불비등(藤原不比等, 659~720)의 처가 되어 등원조신마려(藤原朝臣麻呂, 695~737)를 낳았다. 오백중낭은 광명황후(光明皇后)와 궁자황태부인(宮子皇太夫人)의 고모였으므로, 염소왕은 광명황후의 고모의 손자였다. 성무천황은 딸 불파내친왕(不破內親王)과 염소왕을 739년경에 결혼시켰다. 염소왕은 성무천황의 사위가 된 후 742년 8월에 성무천황이 자향락궁(紫香樂宮)에 행행할 때 중무경(中務卿)으로 전차제사(前次第司)를 겸하게 되었다. 전차제사는 천황이 행행할 때 거가(車駕)의 앞에서 수행하였다. 뒤에서 수행하는 후차제사(後次第司)와 함께 행렬의 위의를 갖추도록 하는 관직이다. 그가 성무천황을 측근에서 보좌하였음을 알 수 있다.

그런데 그로부터 두 달 후 10월에 염소왕이 여유(女孺) 4명과 함께 평성궁의 옥에 갇

했다가 이두국(伊豆國) 삼도(三島)로 유배되었고, 불파내친왕도 내친왕의 칭호를 박탈당하였다. 『속일본기』 기사를 통해서는 어떤 일이 있었는지 확실한 것은 알 수 없다. 744년 1월에 성무천황의 유일하게 생존한 아들로 불파내친왕의 동생인 안적친왕(安積親王)이 급사한 후, 성무천황은 745년 4월에 염소왕의 유배형을 사면하여 평성경으로 돌아오도록 하였다. 염소왕은 746년 윤9월에 무위에서 본래 관위인 정4위하를 다시 받았다. 불파내친왕도 용서받고 내친왕이라고 다시 칭할 수 있게 되었다.

성무천황은 749년 5월에 양위하여 딸 아배내친왕(阿倍內親王)이 즉위하여 효겸천황(孝謙天皇)이 되었다. 그런데 성무상황이 756년 5월에 죽으면서, 효겸천황의 후계자로 염소왕의 동생으로 중무경(中務卿)인 도조왕(道祖王)을 황태자로 삼으라는 유조(遺詔)를 남겼다. 아마도 염소왕과 불파내친왕 사이에 태어난 지계지마려(志計志麻呂)에게 천황자리를 중계해 줄 사람으로 도조왕을 선택한 듯하다.

그러나 효겸천황은 757년 3월에 도조왕을 황태자 자리에서 쫓아내고 4월에 대취왕(大炊王)을 새로 황태자로 임명하였다. 염소왕에게는 관위를 한 단계 높여 정4위상으로 승진시키고 6월에는 대장경(大藏卿)으로 임명하였다.

그런데 그해 7월에 귤나량마려(橘奈良麻呂)의 난이 일어났다. 이때에 염소왕은 나량마려 측의 왕위 계승 후보자로 언급되어 연좌될 뻔하였다. 그러자 효겸천황이 염소왕의 아버지 신전부친왕의 공적을 이유로 그를 용서하고 그에게 빙상진인(冰上眞人)이라는 씨성을 주었다. 염소왕과 그의 자식들을 신적(臣籍)에 넣어 이들의 왕위 계승 가능성을 차단하려 한 것이었다.

다음 해 758년(天平寶字 2) 8월 1일에 효겸천황이 황태자 대취왕에게 양위하여 천황 순인(淳仁天皇)이 즉위하였다. 빙상진인염소는 신적에 들어가 왕위 계승에서 멀어진 후 승진을 거듭하게 되었다. 순인천황이 즉위한 날에 정4위상에서 종3위로 승진한 후 빙상진인염소는 순인천황 조정에서 예부경(禮部卿), 참의(參議), 미작수(美作守), 중납언(中納言), 문부경(文部卿) 등의 요직을 역임하였다. 그러나 효겸상황과 순인천황의 대립이 격화하면서 764년 9월에 등원조신중마려(藤原朝臣仲麻呂)가 난을 일으켰을 때 난군 측의 천황으로 옹립되어 효겸상황 측에 의해 참살당하였다. 효겸상황이 그의 처자가 연좌를 면하도록 하였다.

효겸천황이 염소왕의 관위를 높여 준 757년부터 764년 8월 중마려의 난이 발발하기 전까지의 기간은 염소왕이 중앙 정계에서 활발하게 활약한 시기로, 그의 아들이 음서로 관위를 받을 수 있었던 시기였다. 그런데 이 시기에 지계지마려가 관위를 받았다는 기사는 보이지 않는다. 이는 지계지마려가 764년에 아직 21세가 되지 않았음을 말해 준다. 즉 지계지마려가 태어난 해는 빨라야 745년이다. 불파내친왕은 718년에서 727년 사이에 태어났을 것으로 추정되므로, 그녀의 나이는 28세에서 37세 사이였다. 불파내친왕의 나이와 769년에 지계지마려가 천황으로 옹립될 수 있다고 여겨졌다는 점을 생각하면 성무천황이 사망한 756년 이전에 지계지마려가 태어났을 가능성이 크다.

지계지마려는 『속일본기』 신호경운(神護慶雲) 3년(769) 5월 임진조에 보인다. 이에 따르면 769년 5월에 불파내친왕의 외가 일족인 현견양숙녜자녀(縣犬養宿禰姊女)가 지계지마려를 황위에 앉히려고, 좌보천(佐保川)에서 주워 온 해골에 훔친 칭덕천황의 머리카락을 넣어 칭덕천황의 수명을 줄이는 염매저주(厭魅咀呪)를 3회 하였다가 발각되었다. 염매는 중죄였으나 죄를 감해 주어 현견양숙녜자녀의 이름을 고치고 유배형에 처했다고 적고 있다.

그리고 이어서 칭덕천황은 지계지마려에 대한 조치를 내렸다. 764년의 등원조신중마려의 난과 관련하여 염소왕이 참수되어 그 자식도 연좌되어야 하지만 어머니가 황녀이므로 죄를 사면하였다고 밝히고, 그러나 769년에 또다시 지계지마려가 자신을 저주한 사건에 연좌되었으므로 그를 토좌국(土佐國)으로 유배하겠다고 하였다.

이 사건은 뒤에 광인천황(光仁天皇) 대에 무고였음이 판명되어 771년 8월 주모자 현견양숙녜자녀는 사면되었고, 772년 12월에는 불파내친왕도 다시 내친왕 칭호를 회복하였다. 그러나 지계지마려에 대해서는 더 이상 보이지 않으므로 토좌국으로 유배된 후 곧 죽은 것이 아닌가 추측되고 있다.

빙상진인 일족으로는 염소왕과 불파내친왕의 또 다른 아들 천계(川繼)가 있다. 『속일본기』 연력(延曆) 원년(782) 윤정월 갑자조에 그에 관한 기사가 보인다. 광인태상천황이 781년 12월 23일에 73세로 사망한 후 환무천황(桓武天皇)이 복상 중이던 782년 윤1월 10일에 인번국수(因幡國守) 종5위하 빙상진인천계(冰上眞人川繼)의 모반 사건이 발각된 것이다. 아버지 염소왕은 효겸천황 대에 유력한 왕위 계승 후보자였으나 764년 9월 등원중마려의 난 때 난군 측의 천황으로 옹립되어 효겸상황 측에 의해 참살당하였다. 어머니 불파내친왕도 769년 5월에 아들 지계지마려를 천황위에 앉히려고 칭덕천황을 저주하였다는 혐의를 받아 이름을 개명당하고 평성경에서 추방당하였다.

이러한 부모의 전례를 보았던 빙상진인천계가 모반을 계획하였을 가능성은 적다. 그러나 이 사건을 계기로 환무천황은 천계와 그의 자매, 어머니 불파내친왕을 배류형에 처하였다. 천계의 장인 등원조신빈성(藤原朝臣濱成)은 어머니 집안을 문제삼아 산부왕을 황태자로 책립하는 것을 반대하였던 사람인데, 환무천황은 이 사건을 구실로 그를 참의와 시종 자리에서 물러나도록 하였다.

이 사건의 관련자로서 좌대변(左大辯) 종3위 대반숙녜가지(大伴宿禰家持), 우위사독(右衛士督) 정4위상 판상대기촌예전마려(坂上大忌寸苅田麻呂), 산위(散位) 정4위하 이세조신노인(伊勢朝臣老人), 종5위하 대원진인미기(大原眞人美氣), 종5위하 등원조신계언(藤原朝臣繼彦)을 해임하고, 그 밖에 빙상진인천계의 인척과 친구 35명을 평성경 바깥으로 추방하였다. 천무천황의 아들 사인친왕(舍人親王)의 손자로 대반숙녜가지와 친밀하였던 종4위하 삼방왕(三方王)도 이 사건과 연루되어 일행개(日向介)로 좌천되었다가, 다시 환무천황을 저주하였다는 죄목으로 일향국(日向國)에 유배되었다. 이로써 환무천황은 성무계(聖武系) 황친 세력과 자신을 반대하는 세력을 무력화시킬 수 있었다.

불파내친왕은 795년에 감형을 받아 담로(淡路)에서 화천(和泉)으로 유배지를 옮겼다. 빙상진인천계와 그의 자매 등이 배류형에서 언제 돌아와서 평안경의 좌경에 살게 되었는지는 알 수 없다.

2. 시천무(諡天武)

좌백유청(佐伯有淸)은 『신찬성씨록』 완본에는 '시(諡)' 자 앞에 '천정중원영진인천황(天渟中原瀛眞人天皇)'이라는 글자가 있었을 것으로 추측하였다.

3. 일품(一品)

율령제에서 친황에게 수여한 최고의 품위이다.

4. 대총관(大惣管)

『속일본기』 천평(天平) 3년(731) 11월 정묘조에서 기내총관(畿內惣管)과 제도진무사(諸道鎭撫使)를 설치하여 일품(一品) 신전부친왕을 대총관(大惣管)으로 삼고 종3위 등원조신우합(藤原朝臣宇合)을 부총관(副惣管)으로 삼았다고 적고 있다. 『등씨가전(藤氏家傳)』(下)에서는 사인친왕(舍人親王)을 지태정관사(知太政官事), 신전부친왕을 지총관사(知惣

管事)로 임명하였다고 적고 있어 대총관이 지총관사로도 불리었음을 알 수 있다.

5. 신전부왕(新田部王)

『일본서기』 천무천황 2년(673) 2월 계미조에 천무천황의 부인(夫人) 빙상빈(冰上嬪)의 여동생 오백중낭(五百重娘)이 신전부황자를 낳았다고 적고 있다. 신전부친왕(新田部親王, ?~735)은 천무천황의 제10황자이다.

6. 속일본기합(續日本紀合)

현재 『속일본기』에는 빙상진인 사성 기사는 보이지 않는다. 그러나 앞에서도 언급했듯이 『공경보임』 천평승보 9년조의 염소왕에 대한 기록에서는 천평승보 9년 8월 3일 빙상진인을 사성받았다고 적고 있다. 아마도 『신찬성씨록』의 편찬자들이 본 『속일본기』에는 염소왕에 대한 빙상진인 사성 기사가 있었을 가능성도 있다.

030 【원문】

岡眞人

出自諡天武皇子一品贈太政大臣舍人王也. 續日本紀合.

【번역】

강진인(岡眞人; 오카노마히토)

시호 천무(天武; 덴무)의 아들 일품 태정대신이 내려진 사인왕으로부터 나왔다. 『속일본기』와 합치한다.

【주석】

1. 강진인(岡眞人)

강(岡; 오카)이라는 씨명은 『일본서기』 서명천황 2년 10월 계묘조에 보이는 비조강(飛鳥岡)의 강이라는 지명과 관련이 있을 것으로 추정된다. 이곳은 현재 나량현(奈良縣) 고시군(高市郡) 명일향촌(明日香村)이다.

강진인이라는 씨성은 『속일본기』 천평승보(天平勝寶) 7년(755) 6월 임자조에 화기왕

(和氣王)과 세천왕(細川王)에게 강진인(岡眞人)이라는 성을 주었다고 적고 있어 화기왕과 세천왕에서 시작되었음을 알 수 있다. 화기왕은 사인친왕의 손자이며, 정3위 어원왕(御原王, 三原王으로도 표기된다)의 아들이다. 중무경으로 정3위였던 어원왕이 752년에 죽은 후 755년에 그의 아들 화기왕과 세천왕이 효겸천황에게 강진인을 사성받아 신적(臣籍)에 들어가게 되었다. 그 후 758년에 사인친왕의 아들 대취왕(大炊王)이 즉위하여 순인천황이 된 후 아버지 사인친왕에게 숭도진경황제(崇道盡敬皇帝)라는 칭호를 추증하였다. 이때 화기왕과 세천왕도 다시 황적(皇籍)에 복귀하였다. 이후 순인천황과 등원중마려(藤原仲麻呂) 정권하에서 내장두(內藏頭), 절부경(節部卿), 이예수(伊豫守) 등을 역임하고 764년 1월에는 종4위상까지 올라갔다. 그런데 764년 9월 등원중마려의 난 때에는 사전에 효겸상황(孝謙上皇) 측에 등원중마려 측의 계획을 알렸다. 등원중마려의 난이 진압되고 효겸상황이 중조(重祚)하여 칭덕천황이 즉위한 후 그 공을 인정받아 종3위로 승진하여 공경의 대열에 들어섰다. 764년 10월에 칭덕천황이 순인천황을 폐위할 때에 화기왕은 병부경(兵部卿)으로서 좌병위독(左兵衛督) 산촌왕(山村王), 외위대장(外衛大將) 백제왕경복(百濟王敬福) 등과 함께 수백 명의 군사를 이끌고 순인천황의 거처인 중궁원(中宮院)을 포위하였다. 765년 1월에 훈이등(勳二等)을 받고 5월에는 공전(功田) 50정(町)을 사여받았다.

그런데 칭덕천황의 후계자가 없었던 당시 조정에서 화기왕은 사인친왕의 손자로서 당시 유일하게 남아 있던 황친이었다. 765년 8월에 화기왕은 모반 사건에 연좌되어 이두국(伊豆國)으로 유배되던 도중에 교살당하였다.

화기왕과 세천왕 이외에 강진인은 보이지 않고, 이들도 다시 황적으로 들어갔기 때문에 『신찬성씨록』을 편찬하던 시기에는 강진인씨는 존재하지 않았다.

2. 시천무(諡天武)

좌백유청(佐伯有淸)은 『신찬성씨록』 완본에는 '시(諡)' 자 앞에 '천정중원영진인천황(天渟中原瀛眞人天皇)'이라는 글자가 있었을 것으로 추측하였다.

3. 일품증태정대신사인왕(一品贈太政大臣舍人王)

『일본서기』 천무천황 2년 2월 계미조에 따르면, 천무천황이 비(妃) 신전부황녀(新田部皇女)에게서 사인황자(舍人皇子)를 낳았다고 적고 있다. 신전부황녀는 천지천황과 아배창제마려(阿倍倉梯麻呂)의 딸 귤낭(橘娘) 사이에서 태어났다.

사인친왕(676~735)은 『일본서기』 지통천황 9년 1월조에 의하면 정광이(淨廣貳)의 관위를 받았다. 경운(慶雲) 원년(704)에 2품으로서 봉호를 200호 증액받았고, 화동(和銅) 7년(714)에도 봉호를 200호 증액받았다. 양로(養老) 2년(718) 1월에 1품으로 승진하고 양로 4년(720) 5월에는 『일본기(日本紀)』의 완성을 보고하였다. 천평(天平) 7년(735) 11월에 사인친왕이 죽자 성무천황은 태정대신에 준하여 장례를 거행하고 황족들에게 모두 장지에 가도록 하였으며, 중납언(中納言) 정3위 다치비진인현수(多治比眞人縣守) 등을 사인친왕의 저택에 보내어 태정대신을 추증하는 조(詔)를 선포하도록 하였다.

4. 속일본기합(續日本紀合)

『속일본기』 천평승보(天平勝寶) 7년 6월 임자조에서 화기왕(和氣王)과 세천왕(細川王)에게 강진인(岡眞人)이라는 성을 주었다는 기사를 가리킨다.

제1권 우경右京 황별皇別

031 【원문】
山道眞人
　息長眞人同祖. 應神皇子稚淳毛二俣親王之後也.

【번 역】
　산도진인(山道眞人; 야마지노마히토)
　식장진인(息長眞人; 오키나가노마히토)과 조상이 같다. 응신(應神; 오우진)의 황자 치정모이오친왕(稚淳毛二俣親王; 와카누케후타마타노미코)의 후손이다.

【주 석】
1. 산도진인(山道眞人)

　산도진인의 산도(山道; 야마지)는 월전국(越前國) 족우군(足羽郡) 부근의 지명에서 유래한 것으로 생각된다. 현재의 복정현(福井縣) 복정시(福井市) 및 족우군(足羽郡) 지역이다. 산도진인에 관해서는 좌경(左京) 황별(皇別)「산도진인」조(002) 참조.

2. 식장진인(息長眞人)

　식장진인에 관해서는 좌경 황별「식장진인」조(001) 참조.

3. 응신(應神)

　『일본서기』에 제15대 천황으로 나온다.

4. 치정모이오친왕(稚淳毛二俣親王)

　치야모이파황자(稚野毛二派皇子), 약소모이오왕(若沼毛二俣王), 약야모이오왕(若野毛二

侯王), 치정모이기황자(稚渟毛二岐皇子)라고도 한다. 모두 '와카누케후타마타'라고 읽는다. 왕·황자·친왕은 모두 천황의 왕자를 일컫는 말로, 그중 친왕은 율령제의 관념에 입각한 표현이다. 『신찬성씨록』에서 그를 산도진인을 비롯하여 식장진인·판전주인진인(坂田酒人眞人)·팔다진인(八多眞人)의 시조라고 하였다. 한편 그의 아들인 의부부등왕(意富富等王, 大郎子)은 『고사기』에 삼국군(三國君), 파다군(波多君), 식장군(息長君), 판전주인군(坂田酒人君), 산도군(山道君), 축자지말다군(筑紫之末多君), 포세군(布勢君)의 조상이라고 하였다. 산도진인, 식장진인, 판전주인진인, 팔다진인이 각각 산도군, 식장군, 판전주인군, 파다군에 대응되는 것으로 보아 '와카누케후타마타'의 후손이 '오호호도(意富富等)'의 후손으로 인식되기도 하였음을 알 수 있다.

032 【원문】
息長丹生眞人
　　息長眞人同祖.

【번역】

식장단생진인(息長丹生眞人; 오키나가니후노마히토)
　식장진인(息長眞人; 오키나가노마히토)과 조상이 같다.

【주석】

1. 식장(息長)

식장씨는 근강국(近江國) 판전군(坂田郡) 식장(息長)을 근거지로 한 호족이다. 현재의 자하현(滋賀縣) 미원시(米原市) 근강정(近江町) 및 미원정(米原町) 일대로 생각되며, 천야천(天野川) 북안에 식장이라는 지명이 남아 있다. 식장씨는 기장씨(氣長氏)라고도 한다. 『일본서기』와 『고사기』에서는 식장씨가 응신천황(應神天皇)의 아들인 약야모이오왕(若野毛二俁王)의 아들 의부부저왕(意富富杼王)의 후손이라고 하였다. 판전군은 미농(美濃) 및 월(越) 지역과 연결되는 교통의 요지이며(東山道, 北陸道), 천야천(天野川)을 통하여 대진(大津) 및 염진(鹽津) 등 비파호(琵琶湖)의 주요 포구와도 연결된다.

식장 및 기장이 이름의 일부로 들어 있는 인물은 기장숙녜왕(氣長宿禰王, 神功皇后의 아버지), 기장속희손(氣長足姬尊, 神功皇后), 식장신수왕(息長眞手王, 繼體의 妃 麻績娘子의 아버지), 식장족일광액천황(息長足日廣額天皇), 식장산전왕(息長山田王), 식장진인로(息長眞人老) 등이 있다.

현재 미원시에 남아 있는 고분군은, 자천(姉川) 주변에 10기 이상의 전방후원분으로 이루어진 판전고분군(坂田古墳群)과 천야천 주변에 4기의 전방후원분으로 이루어진 식장고분군(息長古墳群)이 있다. 전자는 4~5세기 말을 중심으로 조성되었는데 판전주인씨(坂田酒人氏)가, 후자는 5세기 말에서 6세기 사이에 축조되었는데 식장씨(息長氏)가 조성한 것으로 추측하고 있다.

2. 단생(丹生)

단생은 천야천으로 흘러 들어가는 단생천(丹生川) 일대로 생각된다. 현재 단생천의 상류에 상단생(上丹生; 가미츠니후)이라는 지명이 남아 있다. 단생은 단(丹), 즉 진사(辰砂, HgS)가 산출되는 곳을 말한다. 진사는 그 자체로 약재로 쓰이기도 하고, 가열하여 수은을 만들기도 하였다. 일본 여러 곳에 단생이라는 지명이 전한다.

그러나 한편으로 식장씨 중에서 단인(丹人)이나 단인부(丹人部)를 관장하게 된 인물이 식장단생진인이라는 성을 받았을 가능성도 있다. 이 성을 가진 사람으로는 식장단생진인인국도(息長丹生眞人國嶋), 식장단생진인대국(息長丹生眞人大國), 식장단생진인광장(息長丹生眞人廣長), 식장단생진인천수(息長丹生眞人川守), 식장단생진인상인(息長丹生眞人常人), 식장단생진인문계(息長丹生眞人文繼) 등이 보인다. 이들 중에는 그림을 그리는 화사(畫師)들이 많이 포함되어 있는데, 이는 단(丹)이 적색 염료 및 안료로 사용되는 점과 관련이 있는 것으로 생각된다.

---

033 【원문】

三國眞人

謚繼體皇子椀子王之後也. 日本紀合.

【번 역】

삼국진인(三國眞人; 미쿠니노마히토)

　시호 계체(繼體; 게이타이)의 황자 완자왕(椀子王; 마로코노미코)의 후손이다. 『일본기(日本紀)』와 합치한다.

【주 석】

1. 삼국(三國)

삼국(三國; 미쿠니)이라는 씨명은 『일본서기』 계체천황 즉위전기(卽位前紀)에 보이는 '삼국판중정(三國坂中井)'의 '삼국'에서 온 것이다. 고대에는 월전국(越前國) 판정군(坂井郡)에 속하였으며 현재의 복정현(福井縣) 판정시(坂井市) 삼국정(三國町)이다. 이곳은 구두룡천(九頭龍川)의 하구인 월전해안(越前海岸)에 위치하고 있으며, 현재의 복정항(福井港)과 인접해 있다.

2. 삼국진인(三國眞人)

삼국진인은 좌경 황별(皇別) 「삼국진인」조(005) 참조.

3. 시(諡)

시는 시호이며 죽은 사람에게 지어 주는 이름이라는 뜻이다. 계체(繼體) 역시 남대적천황(男大迹天皇)에 대한 중국식 시호이다. 천황에 대한 중국식 시호에 대해서는 8세기 중반에 성립된 『석일본기(釋日本紀)』에 담해삼선(淡海三船)이 신무천황(神武天皇) 때부터 일괄적으로 정했다는 기록이 있다. 제정 시기는 762~764년 사이로 추정되고 있다.

　그러나 이미 752년에 편찬된 『회풍조(懷風藻)』라는 한시집에 문무천황(文武天皇)이 보이고 758년에 승보감신성무황제(勝寶感神聖武皇帝) 및 보자칭덕효겸황제(寶字稱德孝謙皇帝)라는 시호를 제정한 바 있다. 아마도 일본 조정에서 중국식 시호를 짓고자 하는 경향이 750년대부터 현저해지자, 이전의 천황들에 대해서도 중국식 시호를 일괄적으로 제정한 것으로 생각된다.

4. 계체(繼體)

완문에는 시호 앞에 '남대적천황(男大迹天皇)'이라는 내용이 있었을 것이다. 남대적천황에 대해서는 좌경 황별 「삼국진인」조(005) 계체 참조.

5. 완자왕(椀子王)

『일본서기』계체(繼體) 원년 3월 계유조에는 계체의 비 삼미군견목위(三尾君堅木桅)의 딸 왜원(倭媛)이 낳은 둘째 아들 완자황자(椀子皇子) 삼국공(三國公)의 조상이라고 적고 있다.

6. 일본기합(日本紀合)

『일본서기』를 말한다. 『일본서기』천무천황(天武天皇) 13년(684) 10월 기묘조에 삼국공 등 13씨족에게 진인(眞人)이라는 성을 주었다는 내용이 보인다.

---

034 【원문】

坂田眞人
　出自謚繼體皇子仲王之後也. 日本紀合.

【번역】

판전진인(坂田眞人; 사카타노마히토)
　시호 계체(繼體; 게이타이)의 황자(皇子) 중왕(仲王; 나카노미코)의 후손으로부터 나왔다. 『일본기』와 합치한다.

【주석】

1. 판전진인(坂田眞人)

판전(坂田; 사카타)은 고대 근강국(近江國) 판전군(坂田郡)에서 유래한 것이다. 현재의 자하현(慈賀縣) 미원시(米原市) 판전(坂田) 일대이다. 판전진인(坂田眞人)의 원래 성은 판전공(坂田公)이다. 『일본서기』천무천황(天武天皇) 13년 10월 기묘삭조에 판전공 등 13씨족에게 진인(眞人)이라는 성을 주었다는 내용이 보인다.

2. 중왕(仲王)

계체천황과 광원(廣媛) 사이에서 태어난 아들이다. 『일본서기』 계체천황 원년(507) 3월 계유조에는 근왕(根王)의 딸 광원이 두 아들을 낳았는데, 작은아들이 중황자(中皇子)로 곧 판전공(坂田公)의 시조라는 내용이 보인다.

035 【원문】
多治眞人
　　宣化天皇皇子賀美惠波王之後也.

【번 역】

다치진인(多治眞人; 다지히노마히토)

선화천황(宣化天皇; 센쿠와텐노)의 황자 하미헤파왕(賀美惠波王; 가미웨하노미코)의 후손이다.

【주 석】

1. 다치진인(多治眞人)

다치(多治; 다지히)는 다치비(多治比), 단지(丹墀) 등으로도 표기하였다. 감제풀[虎杖花]을 '다치히'의 음사로 보는 견해와 지명에서 유래한 것으로 보는 견해, 다치비고왕(多治比古王)의 인척이나 유모가 단비련(丹比連)과 관련이 있어서 그로부터 유래한 것으로 보는 견해가 있다.

우선 꽃이름에서 유래한 것으로 보는 견해와 관련하여, 『일본삼대실록(日本三代實錄)』 정관(貞觀) 8년(867) 2월 정묘조에 다치비고왕이 태어났을 때 목욕물을 데우는 솥에 감제풀 꽃이 떨어졌으므로 이름을 다치비고왕이라고 하였고, 성장한 후 다치비공(多治比公)이라는 성을 받았다는 기록이 전한다. 한편 『일본서기』에는 반정천황(反井天皇)이 태어났을 때 아기를 씻기기 위해서 우물에서 물을 긷는데 우물에 감제풀 꽃이 떨어져서 다치비서치별(多治比瑞齒別)이라고 이름을 지었다는 내용이 보인다. 시간적인 선후로 볼 때 반정천황의 전승이 원래 있었고, 이를 다치비진인씨의 시조 전승으로 부회하였을 가능성이 크다.

지명으로는 고대 하내국(河內國) 단비군(丹比郡)과 관련이 있다. 이곳은 현재 대판부(大阪府) 우예야시(羽曳野市), 송원시(松原市), 계시(堺市) 등에 해당하는 지역이다. 그러나 다치진인의 본거지를 이곳으로 볼 근거가 부족하다. 그러므로 다치비고왕의 어머니나 유모가 단비련과 관련이 있을 가능성을 생각할 수 있다.

2. 선화천황(宣化天皇)

계체천황의 둘째 아들로 이름은 무소광국압순(武小廣國押盾)이다. 구대형광국압무금일천황(勾大兄廣國押武金日天皇, 安閑天皇)의 동모제(同母弟)이다.

3. 하미혜파왕(賀美惠波王)

선화천황의 둘째 아들이다. 『고사기』에서는 선화천황이 천내지약자비매(川內之若子比賣)를 맞아들여 화수왕(火穗王)과 혜파왕(惠波王)을 낳았으며, 혜파왕이 위나군(韋那君)과 다치비군(多治比君)의 시조라고 하였다. 이에 대해서 『일본서기』 선화천황 원년(536) 3월 기유조에서는 귤중황녀(橘仲皇女)가 상식엽황자(上殖葉皇子)를 낳았는데 완자(椀子)라고도 하며, 단비공(丹比公)과 위나공(偉那公) 두 성의 선조라고 하였다. 이들 자료를 종합해 보면 하미혜파왕이 '혜파왕', '상식엽황자', '완자황자'로도 불리었음을 알 수 있다.

036 【원문】

爲名眞人

宣化天皇皇子火焰王之後也. 日本紀合.

【번역】

위명진인(爲名眞人; 위나노마히토)

선화천황(宣化天皇; 센쿠와텐노)의 황자 화염왕(火焰王; 호노호노미코)의 후손이다. 『일본기』와 합치한다.

【주 석】

1. 위명진인(爲名眞人)

위명(爲名; 위나)은 위나(爲奈)·저명(猪名)으로도 표기하였다. 고대의 섭진국(攝津國) 하변군(河邊郡) 위나향(爲奈鄕)과 관련이 있는 것으로 생각된다. 이 지역에 설치된 저명부(猪名部)의 반조씨족(伴造氏族)인 위명부수씨(爲名部首氏)가 왕자의 유모였기 때문에 생긴 이름일 수도 있다.

위명진인은 원래 성(姓)이 공(公)이었는데,『일본서기』천무천황(天武天皇) 13년(684) 10월 기묘조에 저명공(猪名公) 등 13씨족에게 진인(眞人)이라는 성을 주었다고 하였다.

위명진인의 일족으로는 저명공고견(猪名公高見), 위나공반초(韋那公磐鍬), 저명진인석전(猪名眞人石前)과 저명진인대촌(猪名眞人大村), 위나진인마양(爲奈眞人馬養)과 위나진인동마려(爲奈眞人東麻呂), 위나진인옥족(爲奈眞人玉足), 위나진인풍인(爲奈眞人豐人), 위나진인을도자(爲奈眞人乙刀自), 위나진인관웅(爲奈眞人菅雄) 등이 보인다.『신찬성씨록』과 같이 위명진인이라고 표기한 예는 달리 보이지 않는다.

2. 선화천황(宣化天皇)

우경 황별「다치진인(多治眞人)」조(035) 참조.

3. 화염왕(火焰王)

『고사기』에서는 선화천황이 천내지약자비매(川內之若子比賣)와 혼인하여 화수왕(火穗王)을 낳았으며, 지비타군(志比陀君)의 시조라고 하였다.『일본서기』에서도 서비(庶妃)인 대하내치자원(大河內稚子媛)이 화염황자(火焰皇子)를 낳았는데 그가 추전군(椎田君)의 선조라고 하였다. 이처럼 화염왕에 대하여『고사기』와『일본서기』는『신찬성씨록』과 다른 내용을 전하고 있다. 그러나『선대구사본기』제황본기(帝皇本紀)와『일본삼대실록(日本三代實錄)』에서는 각각 위나군(偉那君)의 시조, 위나진인(爲奈眞人)의 조상으로 기록되어 있다.

4. 일본기합(日本紀合)

『일본서기』천무천황 13년(684) 10월 기묘조에서는 저명공(猪名公)에게 진인(眞人)이라는 성을 주었다는 기사가 보인다.

037 【원문】

春日眞人
　　敏達天皇皇子春日王之後也.

【번 역】

춘일진인(春日眞人; 가스가노마히토)
　　민달천황(敏達天皇; 비타츠텐노)의 황자 춘일왕(春日王; 가스가노미코)의 후손이다.

【주 석】

1. 춘일진인(春日眞人)

춘일(春日; 가스가)이라는 씨명(氏名)은 춘일왕에서 온 것이고, 춘일왕이라는 이름은 그의 어머니가 춘일중약자(春日中若子)의 딸 노여자랑녀(老女子郞女)인 데서 비롯된 것으로 생각된다. 춘일진인이라는 씨성(氏姓)은 『속일본기』 천평승보(天平勝寶) 3년(751) 정월에 춘일황자의 후예인 전부왕(田部王)을 춘일진인이라고 한 데서 처음 보인다. 춘일조신(春日朝臣)이라는 씨성을 가진 인물은 달리 보이지 않는다. 한편 화이씨(和珥氏) 계열의 대춘일조신(大春日朝臣)이 있다

2. 민달천황(敏達天皇)

『신찬성씨록』 완본에는 '민달(敏達)' 앞에 '정중창태주부천황시(渟中倉太珠敷天皇諡)'라는 글자가 있고 '민달' 다음에 '천황'이라는 글자는 없었던 것으로 보고 있다.

3. 춘일왕(春日王)

춘일왕에 관해서는 좌경 황별 「향산진인(香山眞人)」조(021) 참조.

038 【원문】

高額眞人
　春日眞人同祖. 春日親王之後也.

【번역】

고액진인(高額眞人; 다카누카노마히토)

　춘일진인(春日眞人; 가스가노마히토)과 조상이 같다. 춘일친왕(春日親王; 가스가노미코)의 후손이다.

【주석】

1. 고액진인(高額眞人)

고액(高額; 다카누카)이라는 씨명(氏名)은 대화국(大和國) 갈하군(葛下郡) 고액향(高額鄕)에서 비롯된 것으로 생각된다. 고액향은 현재 나량현(奈良縣) 갈성시(葛城市) 신장정(新莊町) 지역에 있었던 향(鄕)으로 생각된다. 『유취화명초(類聚和名抄)』에서는 갈하군에 속한 신호(神戶), 산직(山直), 고액(高額), 하미(賀美), 요전(蓼田), 품치(品治), 당마(當麻)의 7향이 기록되어 있다. 고액진인이라는 씨성은 천평승보(天平勝寶) 6년(754) 12월에 다미왕(多米王)에게 고액진인이라는 성을 내린 데서 비롯된 것으로 보인다(『속일본기』). 따라서 춘일친왕으로부터 고액조신이라는 씨성이 시작되었다고 한 것은 의문스럽다. 또한 고액조신이라는 씨성을 가진 인물은 달리 보이지 않는다.

2. 춘일진인(春日眞人)

춘일진인에 관해서는 앞의 「춘일진인」조(037) 참조.

3. 춘일친왕(春日親王)

춘일친왕에 관해서는 좌경 황별 「향산진인(香山眞人)」조(021) 참조.

039 【원문】

當麻眞人
　用明皇子麿古王之後也. 日本紀合.

【번역】

당마진인(當麻眞人; 다기마노마히토)
　용명(用明; 요우메이)의 황자 마고왕(麿古王; 마로코노미코)의 후손이다.『일본기』와 합치한다.

【주석】

1. 당마진인(當麻眞人)

당마(當麻)는 '다기마' 혹은 '다이마'라고 발음한다. 당마는 나량분지의 서부 이상산(二上山)의 동쪽에 위치한 당마사(當麻寺)를 중심으로 한 지역이다. 이곳은 나량분지와 하내(河內)를 연결하는 교통의 요지로서 평석상(平石峠), 암교상(巖橋峠), 죽내상(竹內峠) 등의 고개가 있다. 석기의 제작에 쓰이는 사누카이트의 산지로도 유명하다.

당마라는 씨명은 마고왕(麿古王)의 또 다른 이름인 당마왕에서 온 것이다.『고사기(古事記)』용명천황단(用明天皇段)에는 당마왕이라는 이름이 당마지창수비려(當麻之倉首比呂)의 딸 반녀(飯女)가 어머니인 데서 비롯된 것으로 기록되어 있다.

2. 마고왕(麿古王)

마고왕은『일본서기』에 따르면 용명천황과 갈성직광자(葛城直廣子) 사이에서 마려자황자(麻呂子皇子)가 태어났으며, 당마공(當麻公)의 선조라고 하였다.『상궁성덕법왕제설(上宮聖德法王帝說)』에서 용명천황이 갈목당마창수비리고(葛木當麻倉首比里古)의 딸 이비고랑녀(伊比古郎女)와 혼인하여 호마려고왕(乎麻呂古王)을 낳았다고 하였다. 마고왕의 모계가 당마 지역에 기반을 두고 있기 때문에 당마왕이라고도 부른 것으로 보인다.

『일본서기』추고(推古) 11년(603) 4월에서 7월에 걸쳐 당마황자(當摩皇子)가 정신라장군(征新羅將軍)에 임명되었고, 난파(難波)를 출발하여 파마(播磨)에 도착하였는데 처인 사인희왕(舍人姬王; 도네리노히메미코)이 적석(赤石)에서 죽으므로 그녀를 장사지내고 신라를 치지 않고 돌아왔다는 내용이 보인다.

3. 일본기합(日本紀合)

『일본서기』 천무천황 13년(684) 10월조에 기묘조에 당마공(當麻公)에게 진인(眞人)이라는 성을 내렸다는 기사가 보인다.

040 【원문】

文室眞人
　天武皇子二品長王之後也. 續日本紀合.

【번역】

문실진인(文室眞人; 후미야노마히토)

　천무(天武; 덴무)의 황자(皇子)인 2품(二品) 장왕(長王; 나가노미코)의 후손이다. 『속일본기』와 합치한다.

【주석】

1. 문실진인(文室眞人)

문실(文室; 후미야)이라는 씨명과 관련하여, 지명으로 병고현(兵庫縣) 단파시(丹波市) 청원정(靑垣町) 문실이나 자하현(滋賀縣) 장빈시(長濱市) 여오정(余吳町) 문실, 복정현(福井縣) 월전시(越前市) 문실정(文室町) 등이 보이지만 문실진인과의 연관성이 분명하지 않다. 그래서 문실은 문옥(文屋)이라고도 표기하므로, 학관(學館)과 같이 학습을 하는 건물 등을 뜻하는 것으로 보는 견해가 있다.

　문실진인이라는 씨성은 『속일본기』 천평승보(天平勝寶) 4년(752) 9월 을축조에서 종3위 지노왕(智努王)에게 문실진인을 사성(賜姓)한 것에서 비롯된 것이다. 지노왕은 이 사성을 통하여 문실진일지노(文室眞人智努)가 되었고, 정3위 전대납언(前大納言) 문실진인대시(文室眞人大市)는 지노의 동생이다. 삼제조신대원(三諸朝臣大原)은 지노의 아홉째 아들이다. 문실진인은 문실조신(文室朝臣), 삼제조신(三諸朝臣), 삼산조신(三山朝臣)으로 분화되었으며, 문실진인과 문실조신에는 고시친왕(高市親王)의 계열도 있었다.

2. 천무황자(天武皇子)

천무황자에 관해서는 좌경 황별 「삼국진인」조(005) 천무 참조. 완본에는 '천무(天武)' 앞에 '천정중원영진인천황시(天渟中原瀛眞人天皇諡)'라는 글자가 있었던 것으로 생각된다.

3. 장왕(長王)

장왕은 천무천황과 대강황녀(大江皇女) 사이에서 태어났으며, 『속일본기』 영귀(靈龜) 원년(715) 6월 갑인조에 의하면 "1품 장친왕이 죽었는데, 천무천황의 네 번째 황자"라고 하였으며, 율서왕(栗栖王), 문실진인읍진(文室眞人邑珍), 광뢰여왕(廣瀨女王) 등이 그의 자식들이다.

4. 속일본기합(續日本紀合)

『속일본기』 천평승보(天平勝寶) 4년(752) 9월 을축조에서 종3위 지노왕 등에게 문실진인이라는 성을 주었다는 내용이 보인다.

041 【원문】

豐野眞人
天武天皇皇子淨廣壹高市王之後也. 續日本紀合.

【번역】

풍야진인(豐野眞人; 도요노마히토)

천무천황(天武天皇; 덴무텐노)의 황자(皇子) 정광일(淨廣壹) 고시왕(高市王; 다케치노미코)의 후손이다. 『속일본기』와 합치한다.

【주 석】

1. 풍야진인(豐野眞人)

풍야진인의 연원은 분명하지 않다. 풍야진인이라는 씨성은 『속일본기』 천평보자 원년(757) 윤8월 계해조에 출운왕(出雲王), 소원왕(篠原王), 미장왕(尾張王), 엄지왕(奄智王), 저명부왕(猪名部王)에게 풍야진인이라는 성을 내렸다는 내용이 보인다.

풍야진인 일족 중 풍야진인택야(豐野眞人澤野)는 가상(嘉祥) 원년(848)에 형제자매들과 함께 고계진인(高階眞人)이라는 성을 받았다.

2. 정광일(淨廣壹)

정광일은 천무(天武) 14년(685)에 시행된 관위(冠位) 48계 중 하나다. 천황의 일족인 친왕·내친왕·왕·여왕에게 명(明)과 정(淨)으로 시작되는 12단계의 관위가 부여되었는데, 정광일은 그중에서 6단계에 해당한다.

3. 고시왕(高市王)

좌경 황별 「고계진인(高階眞人)」조(028) 참조.

제1권 산성국山城國 황별皇別

【주 석】

1. 산성국(山城國)

산성국(야마시로노쿠니)는 현재 경도부(京都府)의 경도시(京都市), 목진천시(木津川市), 장강경시(長岡京市), 향일시(向日市) 일대에 있던 율령제하의 행정구역이며, 기내(畿內)에 속하였다. 원래는 산배국(山背國), 산대국(山代國)으로 표기하였으나 연력(延曆) 13년(794) 환무천황(桓武天皇)이 산천이 자연적으로 성을 이루고 있다고 하여 산성국으로 표기하도록 하였다.

2. 황별(皇別)

천황이나 황자(皇子)를 시조로 하는 씨족을 지칭하는 용어이다. 황별에 대하여, 신별(神別)은 천신과 지신의 자손으로, 제번(諸蕃)은 한반도 및 중국 대륙에서 건너온 사람들의 자손으로 분류하였다.

042 【원 문】

三國眞人
　繼體皇子椀子王之後也. 日本紀合.

【번 역】

삼국진인(三國眞人; 미쿠니노마히토)
　계체(繼體; 게이타이)의 황자(皇子) 완자왕(椀子王; 마로코노미코)의 후손이다. 『일본기』와 합치한다.

【주 석】

1. 삼국진인(三國眞人)

삼국은 『일본서기』 계체기(繼體紀)에 보이는 삼국 판정중(坂井中)에서 비롯된 것이다. 삼국은 현재의 복정현(福井縣) 판정시(坂井市) 삼국(三國) 일대이다. 삼국진인은 좌경(左京) 황별(皇別) 「삼국진인」조(005) 참조.

2. 완자왕(椀子王)

좌경 황별 「삼국진인」조(005) 참조.

제1권 대화국大和國 황별皇別

【주 석】

1. 대화국(大和國)

대화국(야마토노쿠니)는 현재의 나량현(奈良縣) 일대에 설치되었던 율령제하의 행정구역으로 기내(畿內)에 속하였다. 처음에는 대왜국(大倭國)·왜국(倭國)으로 표기되다가 대양덕(大養德)을 거쳐 천평보자(天平寶字) 원년(757)경부터 대화국으로 표기되기 시작하였다. 일본 고대 국가의 발상지이며, 등원경(藤原京)·평성경(平城京)이 조영되기도 하였다.

2. 황별(皇別)

천황이나 황자(皇子)를 시조로 하는 씨족을 지칭하는 용어이다. 황별에 대하여 신별(神別)은 천신과 지신의 자손으로, 제번(諸蕃)은 한반도 및 중국 대륙에서 건너온 사람들의 자손으로 분류하였다.

---

043 【원 문】

酒人眞人

　繼體皇子菟王之後也. 日本紀合.

【번 역】

주인진인(酒人眞人; 사카히토노마히토)

　주인진인은 계체(繼體; 게이타이)의 황자(皇子) 토왕(菟王; 우사기노미코)의 후손이다. 『일본기』와 합치한다.

【주 석】

1. 주인진인(酒人眞人)

주인(酒人; 사카히토)이라는 씨명은 주인부(酒人部)를 관장하는 반조(伴造)로서, 술을 빚는 일을 담당한 데서 비롯된 것으로 추측된다. 일족으로는 『일본후기(日本後紀)』에 주인진인인상(酒人眞人人上), 『속일본후기(續日本後紀)』에 주인진인광공(酒人眞人廣公)이 보인다.

2. 계체(繼體)

『신찬성씨록』 완본에는 '계체' 앞에 '남대적천황시(男大迹天皇諡)'라는 여섯 글자가 있었을 것이다. 계체천황에 대해서는 우경 황별 「삼국진인」조(033) 참조.

3. 토왕(兔王)

『일본서기』 계체 원년(507) 3월 계유조에 계체가 광원(廣媛)과의 사이에서 두 아들을 낳았는데 큰아들이 토황자이며 주인공(酒人公)의 선조라고 하였다.

4. 일본기합(日本紀合)

주인진인은 원래 주인공(酒人公)이었으며, 『일본서기』 천무천황 13년(684) 10월 기묘조에 주인공 등에게 진인(眞人)이라는 성을 내렸다는 내용이 보인다.

제1권 섭진국攝津國 황별皇別

【주 석】

1. 섭진국(攝津國)

섭진국(셋츠노쿠니)는 현재의 대판부(大阪府) 북·중부의 대부분과 병고현(兵庫縣) 남부 일대에 설치되었던 율령제하의 행정구역으로, 기내(畿內)에 속하였다. '진(津)을 관장한다[攝]'라는 뜻으로 섭진직(攝津職)이라는 기관이 설치되었다가, 국으로 개편되었다. 응신천황(應神天皇)의 난파대우궁(難波大隅宮), 인덕천황(仁德天皇)의 난파고진궁(難波高津宮)이 있었다고 전하며, 대화(大化) 원년(645)에 효덕천황(孝德天皇)이 이곳으로 천도하여 대화개신을 단행하기도 하였다.

2. 황별(皇別)

천황이나 황자(皇子)를 시조로 하는 씨족을 지칭하는 용어이다. 황별에 대하여, 신별(神別)은 천신과 지신의 자손으로, 제번(諸蕃)은 한반도 및 중국 대륙에서 건너온 사람들의 자손으로 분류하였다.

---

044 【원 문】

爲奈眞人

宣化皇子火焰王之後也. 日本紀合.

【번 역】

위나진인(爲奈眞人; 위나노마히토)

선화(宣化; 센쿠와)의 황자 화염왕(火焰王; 호노호노미코)의 후손이다. 『일본기』와 합치한다.

【주 석】

1. 위나진인(爲奈眞人)

위나(爲奈; 위나)라는 씨명은 위명(爲名; 위나) 혹은 저명(猪名; 위나)으로도 표기하며, 섭진국(攝津國) 하변군(河邊郡) 위나향(爲奈鄕)이라는 지명에서 온 것이다. 화염왕의 유모가 해당 지역에 설치된 저명부(猪名部)를 통솔하는 위명부수씨(爲名部首氏) 출신이었기 때문에 씨명(氏名)으로 사용되었을 가능성이 있다. 섭진국 황별의 천원공(川原公)과 동족관계이다. 『일본삼대실록(日本三代實錄)』에는 선화천황(宣化天皇)의 두 번째 황자 화염왕의 11세 후손으로 섭진국 하변인(河邊人) 대선(大膳) 대진(大進) 정6위상 위나진인관웅(爲奈眞人菅雄)이 보인다. 우경(右京) 황별(皇別) 「위명진인(爲名眞人)」조(036) 참조.

2. 선화(宣化)

제26대 천황이며 『신찬성씨록』 완본에는 '선화' 앞에 '무소광국압순천황시(武小廣國押盾天皇謚)'라는 글자가 더 있었을 것으로 추정하고 있다.

3. 화염왕(火焰王)

우경(右京) 황별(皇別) 「위명진인(爲名眞人)」조(036) 참조.

4. 일본기합(日本紀合)

위나진인은 원래 저명공(猪名公)이었으며, 『일본서기』 천무천황 13년(684) 10월 기묘조에 저명공 등에게 진인(眞人)이라는 성을 내렸다는 내용이 보인다.

신찬성씨록
新撰姓氏錄

제1질

제2권

좌경左京 황별皇別 상

[起源朝臣 盡新田部宿禰卌二氏]

원조신(源朝臣; 미나모토노아소미)에서 신전부숙녜(新田部宿禰; 니히타베노스쿠네)까지 42씨이다.

045 【원문】

源朝臣

　源朝臣信, 年六.[腹廣井氏.] 弟源朝臣弘, 年四.[腹上毛野氏.] 弟源朝臣常, 年四. 弟源朝臣明, 年二.[已上二人, 腹飯高氏.] 妹源朝臣貞姫, 年六.[腹布勢氏.] 妹源朝臣潔姫, 年六. 妹源朝臣全姫, 年四.[已上二人, 腹當麻氏.] 妹源朝臣善姫, 年二.[腹百濟氏.] 信等八人 是今上親王也而依弘仁五年五月八日勅賜姓, 貫於左京一條一坊. 即以信爲戶主.

【번 역】

원조신(源朝臣; 미나모토노아소미)

　원조신신(源朝臣信; 미나모토노아소미마코토)은 나이 6세이다.[어머니는 광정씨(廣井氏; 히로위시)이다.]. 아우 원조신홍(源朝臣弘; 미나모토노아소미히로시)은 나이 4세이다.[어머니는 상모야씨(上毛野氏; 가미츠케노시)이다.] 아우 원조신상(源朝臣常; 미나모토노아소미토키하)은 나이 4세이다. 아우 원조신명(源朝臣明; 미나모토노아소미아키라)은 나이 2세이다.[이상 두 사람은 어머니가 반고씨(飯高氏; 이히다카시)이다.] 누이 원조신정희(源朝臣貞姫; 미나모토노아소미사다히메)는 나이 6세이다.[어머니는 포세씨(布勢氏; 후세시)이다.] 누이 원조신결희(源朝臣潔姫; 미나모토노아소미키요히메)는 나이 6세이다. 누이 원조신전희(源朝臣全姫; 미나모토노아소미마타히메)는 나이 4세이다.[이상 두 사람은 어머니가 당마씨(當麻氏; 다기마시)이다.] 누이 원조신선희(源朝臣善姫; 미나모토노아소미요시히메)는 나이 2세이다.[어머니는 백제씨(百濟氏; 구다라시)이다.] 신(信) 등 여덟 사람은 금상(今上)의 친왕(親王)인데 홍인(弘仁) 5년(814) 5월 8일에 칙으로 성을 내리고 좌경(左京) 1조(一條) 1방(一坊)에 편제하고, 신(信)으로 호주(戶主)를 삼았다.

【주 석】

1. 원조신(源朝臣)

원(源; 미나모토)은 조상이 같은 근원이라는 뜻으로 사용된 것으로 생각된다. 『위서(魏書)』 원하전(源賀傳)에는 조조(曹操)의 둘째 아들로 위(魏)를 건국한 조비(曹丕)가 하서왕(河西王)의 아들 하(賀)에게 자신과 근원이 같은데 사정이 있어서 성을 나눈 것이라고 하고 원씨(源氏)로 삼았다는 내용이 보인다.

원조신에 관한 조항은 『신찬성씨록』의 일반적인 기록 방식과 큰 차이를 보이는데 이는 신(信) 등 8명에게 성을 내리는 천황의 칙(勅)을 담은 태정관부(太政官符)를 그대로 옮겨왔기 때문이다. 예를 들어 연력(延曆) 21년(802)에 태정관(太政官)이 민부성(民部省)에 내린 태정관부에서는 "원조신고명(源朝臣高明)은 나이 8세이다. 원조신겸명(源朝臣兼明)은 나이 8세이다. 원조신자명(源朝臣自明)은 나이 4세이다. 원조신윤명(源朝臣允明)은 나이 3세이다. 원조신겸자(源朝臣兼子)는 나이 7세이다. 원조신아자(源朝臣雅子)는 나이 7세이다. 원조신엄자(源朝臣嚴子)는 나이 6세이다. 우대신(右大臣)이 알리기를, 칙을 받드니, 7사람은 황자(皇子)이다. 작년 12월 28일 칙서에 의거하여 성을 내리고 좌경(左京) 일조(一條) 일방(一坊)에 편제하고, 고명(高明)을 호주로 삼으라.'라고 하셨다. 중무성은 잘 알아서 알린 대로 행하라. 태정관부가 도착하면 받들어 행하라."라고 하였다. 두 내용은 태정관부의 형식적인 문구를 제외하면 동일한 내용을 담고 있음을 알 수 있다.

2. 원조신신(源朝臣信)

제52대 차아천황(嵯峨天皇, 재위 809~823)의 아들이다. 『일본후기(日本後紀)』 홍인(弘仁) 6년(815) 6월 무오조에 "황자 원조신신, 아우 홍(弘) 등을 좌경(左京)에 관부(貫附)하였다."라는 기록이 보이고, 『유취국사(類聚國史)』에서는 천장(天長) 7년(830) 정월 을미조에 "근천야(芹川野)에 행차하여 유렵(遊獵)을 하였는데, 종4위하 원조신신이 시종(侍從)가 되었다."라는 기록이 보인다. 이후 그는 참의(參議), 좌병위독(左兵衛督), 좌근위중장(左近衛中將), 무장수(武藏守), 중납언(中納言), 대납언(大納言), 동궁부(東宮傅), 좌대신(左大臣) 등의 요직을 거쳤다. 그 아들 심(尋)은 춘조신(春朝臣)이라는 성을 받았다.

3. 연륙(年六)

원조신신의 나이는 6세로 되어 있는데, 『신찬성씨록』이 완성된 홍인(弘仁) 6년(815)의 나이이다.

4. 광정씨(廣井氏)

『일본삼대실록(日本三代實錄)』 정관(貞觀) 10년(868) 윤12월 29일 정미조의 원조신신의 훙전(薨傳)에는 어머니가 광정숙녜씨(廣井宿禰氏)라고 하였다. 어머니의 이름은 알 수 없다.

5. 원조신홍(源朝臣弘)

원조신신의 동생으로 신농수(信濃守), 궁내경(宮內卿), 치부경(治部卿), 좌대변(左大辨), 중납언(中納言) 등을 역임하였다. 정관(貞觀) 5년(864) 정월 25일에 52세로 죽었는데, 『일본삼대실록』의 훙전(薨傳)에서는 그가 차아(嵯峨) 태상천황의 아들이고 어머니는 모야조신씨(毛野朝臣氏)이며 경사(經史)를 즐겨 읽고 예서(隸書)에 능하다고 하였다. 성품이 관대하고 중후하며 정치에도 밝아서 일을 처리하는 것이 청렴하고 과단성이 있었다고 하였다. 차아의 아들 중에서 가장 학문을 좋아하여 특별히 경적(經籍)을 내렸는데 다른 아들보다 배나 많았다고 한다.

6. 원조신상(源朝臣常)

원조신신의 동생으로 병부경(兵部卿), 중납언(中納言), 좌근위대장(左近衛大將), 대납언(大納言), 우대신(右大臣), 동궁부(東宮傅), 좌대신(左大臣) 등의 요직을 거쳤다. 제형(齊衡) 원년(854) 6월 13일에 43세로 죽었는데, 『일본문덕천황실록(日本文德天皇實錄)』의 훙전(薨傳)에는 차아 태상천황의 황자이며 원씨(源氏)의 세 번째 아들로 어머니는 반고씨(飯高氏)라고 하였다. 재능이 있는 사람은 끌어 주고 거짓말을 하고 망령된 무리들은 미워하여 친하게 지내지 않았으므로 당시 사람들이 승상(丞相)의 그릇이라고 여겼다고 하였다.

7. 원조신명(源朝臣明)

원조신상과 같은 어머니에게서 태어났으며, 천장(天長) 9년(832)에 무위(無位)에서 종4

위상에 올랐으며 이후 대학두(大學頭), 가하수(加賀守), 좌경대부(左京大夫), 형부경(刑部卿), 참의(參議) 등을 지냈다. 차아천황이 죽은 후에 출가하였고, 천태종의 승려 소연(素然)으로 죽었다.

8. 반고씨(飯高氏)

원조신상과 원조신명의 어머니로 이름이 택도자(宅刀自)로 전한다.

9. 원조신정희(源朝臣貞姬)

『일본후기』 홍인(弘仁) 6년(815) 6월 무오조에 원조신신 등과 함께 좌경(左京)에 관부(貫附)되었다는 내용이 보이고, 승화(承和) 8년(841)에 무위로부터 종4위상에 올랐으며, 원경(元慶) 4년(880) 7월 17일에 산사(散事) 정4위하로 죽었다는 기록이 보인다.

10. 포세씨(布勢氏)

원조신정희의 어머니의 이름은 알 수 없다. 포세씨에 관해서는 좌경 황별(상)「포세조신(布勢朝臣)」조(055) 참조.

11. 원조신결희(源朝臣潔姬)

『일본문덕천황실록』 인수(仁壽) 원년(851) 11월 을해조에서 우대신(右大臣) 등원조신양방(藤原朝臣良房)에게 정2위, 그 부인 정4위하 원조신결희에게 종3위를 주었다는 기록이 보인다. 그녀의 훙전(薨傳)에는 차아천황이 등원조신양방에 특별히 명을 내려 결희와 혼인하도록 하였다는 내용이 보인다. 청화천황(淸和天皇)의 황태후는 두 사람 사이의 장녀이다.

12. 원조신전희(源朝臣全姬)

원조신결희와 어머니가 같으며, 정관(貞觀) 2년(860)에 상시(尙侍)가 되었다. 원경(元慶) 6년(882) 정월 25일에 죽었다.

13. 당마씨(當麻氏)

『일본삼대실록』 당마진인청웅(當麻眞人淸雄)의 졸전(卒傳)에, 아버지는 정6위상 치전마

(治田鷹)이고 청웅(淸雄)의 누이가 차아천황의 행희(幸姬)가 되어 원조신결희와 원조신전희 두 황녀(皇女)를 낳았고, 결희는 태정대신 충인공(忠仁公)의 부인이라고 하였다. 당마진인(當麻眞人)은 우경 황별 「당마진인」조(039) 참조.

14. 원조신선희(源朝臣善姬)

『일본후기』홍인(弘仁) 6년(815) 6월 무오조에 원조신신 등과 함께 좌경(左京)에 관부(貫附)되었다는 기록이 보인다.

15. 백제씨(百濟氏)

백제숙녜씨(百濟宿禰氏)로 생각되며 이름은 알 수 없다.『일본후기』홍인(弘仁) 6년(815) 정월 경진조에 종8위하 백제숙녜사천자(百濟宿禰四千子)에게 외종5위하를 주었다는 기사가 보이는데, 이를 원조신선희의 어머니로 보는 견해도 있다.

16. 금상(今上)

차아천황(嵯峨天皇, 재위 809~823)을 말한다.

17. 홍인(弘仁) 칙(勅)

『유취삼대격(類聚三代格)』(권17)에 해당 칙이 실려 있다. 그 내용은 차아천황이 자신의 덕화가 부족한데 헛되이 세월이 흘러 자식들이 많아져서 나라의 땅과 재산을 허비하고 있으므로, 친왕(親王)이라는 호칭을 없애고 조신(朝臣)이라는 성을 내려 같은 호적에 편제하되 후에 관직에 나갈 때는 6위를 주도록 하라는 것이다.

---

046 【원문】

良岑朝臣
　　從四位下良峯朝臣安世 是皇統彌照天皇[諡桓武.]御宇也, 從七位下百濟宿禰之繼, 爲女嬬而供奉所生也. 延曆廿一年十二月廿七日, 特賜姓良岑朝臣, 貫於右京.

【번역】

양잠조신(良岑朝臣; 요시미네노아소미)

종4위하(從四位下) 양봉조신안세(良峯朝臣安世; 요시미네노아소미야스요)는 황통미조천황(皇統彌照天皇; 아마츠히츠기이야테라스노스메라미코토)[시호는 환무(桓武; 간무)이다.]이 다스릴 때, 종7위하(從七位下) 백제숙녜지계(百濟宿禰之繼; 구다라노스쿠네나가츠쿠)가, 여유(女孺)가 되어 천황을 받들어 낳았다. 연력(延曆) 21년(802) 12월 27일에 특별히 양잠조신이라는 성을 내리고 우경(右京)에 편제하였다.

【주석】

1. 양잠조신(良岑朝臣)

양잠(良岑)은 양봉(良峯; 요시미네)이라고도 표기하며, 산성국(山城國) 을훈군(乙訓郡) 양봉(良峯)에서 유래된 것으로 생각된다. 양봉은 현재의 경도시(京都市) 서경구(西京區) 대원야(大原野) 소염정(小鹽町) 일대이다. 현재 이곳에 선봉사(善峯寺; 요시미네데라) 선봉천(善峯川; 요시미네가와) 등의 지명이 남아 있다.

양잠조신은 환무천황(桓武天皇)과 백제숙녜지계 사이에서 태어난 안세왕(安世王)이 왕족으로부터 신하의 신분이 되면서 받은 씨성(氏姓)이다.

2. 양봉조신안세(良峯朝臣安世)

환무천황의 아들로 어머니는 여유(女孺) 종7위하 백제숙녜영계(百濟宿禰永繼; 구다라노스쿠네나가츠쿠)이고 중납언(中納言)을 지낸 등동사조신(藤冬嗣朝臣)의 동모제(同母弟)이다. 영계는 정5위상 비조부나지환(飛鳥部奈止丸)의 딸이다. 안세는 연력(延曆) 4년(785) 을축년에 태어났으며, 어릴 때 매와 개를 좋아하고 기사(騎射)를 즐겨하였으며, 다른 기예에도 모두 재능이 있었다고 한다. 장성한 때 이르러 처음 『효경』을 읽었는데 다 읽고 나서 "명교(名敎)의 지극함이 이 책 속에 있는가."라고 탄식하였다고 한다. 연력 21년(802) 12월 27일에 특별히 양봉조신이라는 성을 하사받았고, 우경에 편제되었다. 양봉조신안세가 정5위하에서 종4위하가 된 것은 홍인(弘仁) 5년(814) 2월 을묘이다(『유취국사(類聚國史)』 敍位). 천장(天長) 3년(826)에 동모형인 좌대신(左大臣) 등원동사(藤原冬嗣)가 죽자 병을 칭하고 궁중에 들어가지 않았다(『공경보임(公卿補任)』 袖書). 『일본기략(日本紀略)』 천장 7년(830) 7월 무인조에 대납언(大納言) 정3위 양잠조신안세가 죽었으므로 종2위를 추증하였다는 내용이 보인다. 『공경보임』 천장 7년조에 7월 6일에 죽었는데, 7일에 정2위를 추증하였으며 두(頭) 6년, 참의(參議) 6년, 중납언 8년, 대납언 3년, 우대장(右大將) 8년을 지냈다는 내용이 보인다.

3. 황통미조천황(皇統彌照天皇)

연력(延曆) 25년(806) 4월 1일에 정한 환무천황(桓武天皇)의 일본식 시호로 정확하게는 일본근자황통미조존(日本根子皇統彌照尊)이다.

4. 백제숙녜지계(百濟宿禰之繼)

지계(之繼)는 영계(永繼)라고도 표기하였다. 비조부나지환(飛鳥部奈止丸)의 딸로 처음에는 등원내마려(藤原內麻呂)와 혼인하여 진하(眞夏)와 동사(冬嗣)를 낳았다. 그녀의 아버지인 비조부나지환은 백제안숙공나등마려(百濟安宿公奈登麻呂)로도 표기하며 천평신호(天平神護) 원년(765)에 정6위상에서 외종5위하로 올랐다(『속일본기』). 『만엽집(萬葉集)』에는 찬기수(讚岐守) 안숙왕(安宿王)이 출운연(出雲掾) 안숙나저마(安宿奈杼麿)의 집에 모여서 지은 연가(宴歌) 2수가 전한다. 안숙왕이라는 이름이 안숙(安宿, 飛鳥)에서 유래한 것으로 보면, 안숙왕의 유모가 안숙공(비조부) 출신일 가능성이 있다.

『정창원문서(正倉院文書)』에는 백제안숙공광성(百濟安宿公廣成)이라는 인물이 보이는데, 그는 그 밖에도 안숙부(安宿部), 안숙호(安宿戶), 백제비조호기미(百濟飛鳥戶伎美) 등으로 씨성명을 표기하였다. 그는 하내국(河內國) 안숙군(安宿郡) 사람이므로, 지계의 아버지 나지마(奈止磨, 奈登麻呂)도 하내국 안숙군이 본관이었을 것으로 생각된다.

『일본후기』 홍인(弘仁) 3년(812) 정월 신미조에 우경인(右京人) 정6위상 비조호조선종(飛鳥戶造善宗) 하내국인(河內國人) 정6위상 비조호조명계(飛鳥戶造名繼)에게 백제숙녜라는 성을 주었다는 기사가 보이므로, 이보다 다소 앞서는 시기였던 것으로 생각된다.

백제숙녜씨의 계보에 대한 기록은 『신찬성씨록』에 보이지 않으나, 우경(右京) 제번(하) 비조호조(飛鳥戶造)나 하내국(河內國) 제번(諸蕃)의 비조호조가 백제숙녜씨에 해당할 것이다. 비조호조는 동성왕과 무령왕의 아버지인 곤지(昆支)를 시조로 한다.

5. 여유(女孺)

여유(女孺)라고도 표기하며 후궁(後宮) 중궁(中宮)에서 근무하는 하급 여관(女官)이다.

『양로령(養老令)』 후궁직원령(後宮職員令)에 의하면 내시사(內侍司) 100인, 장사(藏司)에 10인, 서사(書司)에 6인, 약사(藥司)에 4인, 병사(兵司)에 6인, 위사(闈司)에 10인, 전사(殿司)에 5인, 소사(掃司)에 10인이 배정되어 있었다. 각 씨족이 13세 이상, 30세 이하의 씨녀(氏女)를 바치면 이를 여유로 삼았다.

6. 관어우경(貫於右京)

양봉조신안세가 좌경(左京)으로 이관(移貫)된 것은 홍인(弘仁) 6년(815) 6월 무오의 일이다. 따라서 양잠조신이라는 성을 받은 연력 21년(802) 12월부터 좌경으로 이관된 홍인 6년까지는 우경(右京)을 본적으로 하였다.

따라서 양잠조신의 조항이 좌경 황별(皇別)에 수록된 것은 안세가 우경에서 좌경으로 이관된 홍인 6년 6월 19일부터 『신찬성씨록』의 상표문이 작성된 홍인 6년 7월 20일 사이라고 할 수 있다.

047 【원문】

長岡朝臣
　正六位上長岡朝臣岡成是皇統彌照天皇[諡桓武.]之御東宮也, 多治比眞人豐繼, 爲女嬬而供奉所生也. 延曆六年, 特賜姓長岡朝臣, 貫於右京. 續日本紀合.

【번역】

장강조신(長岡朝臣; 나가워카노아소미).

정6위상(正六位上) 장강조신강성(長岡朝臣岡成; 나가워카노아소미워카나리)은 황통미조천황(皇統彌照天皇; 아마츠히츠기이야테라스노스메라미코토)[시호는 환무(桓武)이다.]가 동궁(東宮)일 때, 다치비진인풍계(多治比眞人豐繼; 다지히노마히토토요츠쿠)가 여유(女嬬)가 되어 받들어 낳았다. 연력(延曆) 6년에 특별히 장강조신(長岡朝臣)이라는 성을 내리고 우경(右京)에 편제하였다. 『속일본기』와 합치한다.

【주 석】

1. 장강조신(長岡朝臣)

장강(長岡; 나가워카)이라는 씨명은 산배국(山背國) 을훈군(乙訓郡) 장강촌(長岡村)에서 온 것으로 생각된다.『속일본기』연력(延曆) 3년(784) 5월 병술에 천도하기 위하여 등원조신소흑마려(藤原朝臣小黑麻呂)를 이곳에 보내어 지형을 살펴보게 하였다는 기사가 보인다. 장강은 현재 경도부(京都府) 향일시(向日市) 계관정정(鷄冠井町) 일원의 장강궁(長岡宮) 유적이 있는 곳이다. 이곳은 784년부터 794년까지 일본 고대국가의 수도였다. 향일시의 남서쪽에 장강경시(長岡京市)가 있는데, 이곳 역시 장강이라는 이름을 가지고 있다.

2. 장강조신강성(長岡朝臣岡成)

『일본후기』홍인(弘仁) 6년(815) 6월 경자에 장강조신강성이 산위료(散位寮)의 장관인 산위두(散位頭)에 임명되었다는 기사가 보이고, 천장(天長) 10년(833) 11월 18일에 그의 최고 관위인 종4위상에 올랐다. 가상(嘉祥) 원년(848) 12월에 죽었다. 장강조신강성이 정6위상에서 종5위하에 오른 것은 홍인 원년(810) 11월 무오이다(『일본후기』). 따라서 이 기사는 810년 11월 이전의 기록에 의거한 것임을 알 수 있다

그의 일족으로는 장강조신수웅(長岡朝臣秀雄)이 있다. 그는 대장성(大藏省)의 대승(大丞), 원강수(遠江守), 삼하수(參河守) 등을 지냈다.

3. 동궁(東宮)

환무천황이 동궁으로 있었던 기간은 보귀(寶龜) 4년(773) 1월부터 천응(天應) 원년(781) 4월까지이다.

4. 다치비진인풍계(多治比眞人豐繼)

『일본후기』연력(延曆) 18년(799) 정월 정사조에만 보이는데 종5위하에서 종5위상에 올랐다.

5. 속일본기합(續日本紀合)

『속일본기』연력 6년(787) 2월 경신조에 강성에게 장강조신을 사성한 기사가 보인다.

048 【원문】

廣根朝臣

　　正六位上廣根朝臣諸勝是光仁天皇龍潛之時, 女嬬從五位下縣犬養宿禰勇耳, 侍御而所生也. 桓武天皇延曆六年, 特賜廣根朝臣. 續日本紀合.

【번역】

광근조신(廣根朝臣; 히로네노아소미)

　　정6위상 광근조신제승(廣根朝臣諸勝; 히로네노아소미모로카츠)은 광인천황(光仁天皇)이 천황이 되기 전에 여유(女嬬) 종5위하 현견양숙녜용이(縣犬養宿禰勇耳; 아가타노이누카히노스쿠네이사미미)가 받들어 낳았다. 환무천황(桓武天皇) 연력(延曆) 6년(787)에 특별히 광근조신(廣根朝臣)을 내렸다. 『속일본기』와 합치한다.

【주석】

1. 광근조신(廣根朝臣)

광근(廣根)이라는 씨명은 뿌리가 넓게 퍼지듯이 집안이 번성하라는 의미를 담은 것으로 생각된다.

2. 광근조신제승(廣根朝臣諸勝)

『일본후기』 홍인(弘仁) 원년(810) 9월 정미조에 정6위상 광근조신제승에게 종5위하를 주었다는 기사가 보이므로, 이 조항은 홍인 원년 9월 이전의 기록에 의거한 것이다. 종5위하에 서위되면서 동시에 산성개(山城介)에 임명되었고 이후 섭진개(攝津介)를 지냈다.

3. 광인천황(光仁天皇)

제49대 천황(재위 770~781)으로 원래 이름은 백벽왕(白壁王; 709~782)이었다. 천지천황(天智天皇)의 아들인 시기친왕(施基親王)의 여섯째 아들이다. 『신찬성씨록』 완본에는 광인이라는 글자 앞에 백벽천황시(白壁天皇諡) 혹은 천종고소천황시(天宗高紹天皇諡)가 있었던 것으로 보고 있다.

4. 현견양숙녜용이(縣犬養宿禰勇耳)

『속일본기』 천웅(天應) 원년(781) 정월에 무위(無位) 여유(女孺) 현견양숙녜용이에게 종5위하를 주었다는 기사가 보인다. 현견양씨(縣犬養氏)는 신혼명(神魂命)의 후손이라고 자칭하는 씨족으로 원래의 성은 연(連)이었으며 궁문이나 창고를 지키는 견양부(犬養部)를 통솔하는 반조씨족(伴造氏族)이었다. 임신의 난 때 현견양대반(縣犬養大伴)이 대해인황자(大海人皇子; 후의 天武天皇)의 사인(舍人)으로 활약하였으며, 684년에 숙녜(宿禰)라는 성을 받았다. 일족인 현견양삼천대(縣犬養三千代)가 천무천황부터 원정천황(元正天皇)까지 5대에 걸쳐 봉사하였고 그리하여 귤숙녜(橘宿禰)라는 씨성을 받았다.

5. 속일본기합(續日本紀合)

『속일본기』 연력(延曆) 6년(787) 2월에 제승(諸勝)에게 광근조신을 사성(賜姓)하였다는 기사가 보인다.

---

049 【원 문】

春原朝臣
　　天智天皇皇子淨廣壹河島王之後也.

【번 역】

춘원조신(春原朝臣; 하루하라노아소미)
　천지천황(天智天皇; 텐치텐노) 황자(皇子) 정광일(淨廣壹) 하도왕(河島王; 가하시마노미코)의 후손이다.

【주 석】

1. 춘원조신(春原朝臣)

춘원조신이라는 성을 받은 인물은 오백지왕(五百枝王)이며(『일본후기』 대동 원년 기묘조), 춘원조신의 춘원(春原)은 오백지왕의 증조부인 춘일왕(春日王)과 조부인 시원왕(市原王)에서 각각 춘과 원을 따온 것으로 보는 견해가 있다.

『공경보임』에 의하면 춘원오백지(春原五百枝)에 대하여 안귀왕의 손자이고 시원왕의 아들이며 어머니는 광인천황(光仁天皇)의 딸이자 평성천황(平城天皇)의 누이인 능등내친왕(能登內親王)이라고 하였고, 또한 전원천황(田原天皇)의 4대손이자 춘일왕의 증손이라고 하였다. 이를 통해서, '전원천황[施基皇子]-춘일왕(春日王)-안귀왕(安貴王)-시원왕(市原王)-오백지왕(五百枝王)'이라는 계보를 확인할 수 있으며, 전원천황은 춘일궁어우천황(春日宮御宇天皇) 혹은 어춘일궁천황(御春日宮天皇)이라고도 불렀다. 따라서 춘일궁의 춘과 전원천황의 원을 따서 춘원이라는 이름을 만들었을 가능성도 있다.

다만 춘원조신이 하도왕의 후손이라고 하였으므로 시기황자의 시호인 춘일궁어우천황이나 그 아들인 춘일왕과 증손자인 시원왕과는 계통이 다르므로, 시기황자 계열에서 이름을 따온 것이라고 단정하기 어렵다.

2. 정광일(淨廣壹)

천무천황(天武天皇) 14년(685)에 제정된 관위(冠位) 중 왕족에게 부여한 관위이다. 왕족에게 부여하는 관위로는 명대일(明大壹), 명광일(明廣壹), 명대이(明大貳), 명광이(明廣貳), 정대일(淨大壹), 정광일(淨廣壹), 정대이(淨大貳), 정광이(淨廣貳), 정대삼(淨大參), 정광삼(淨廣參), 정대사(淨大肆), 정광사(淨廣肆)의 12등급이 있었다. 관위가 제정되는 날, 초벽황자(草壁皇子)에게 정광일, 대진황자(大津皇子)에게 정대이, 고시황자(高市皇子)에게 정광이, 천도황자(川島皇子)와 인벽황자(忍壁皇子)에게 정대삼이 주어졌다. 명위(明位)를 준 실례는 확인되지 않으므로, 초벽황자에게 준 정광일이 당시로서는 최고의 관위였으며 하도왕의 정광일은 후대에 추증한 것으로 보인다. 왕족에게 주어진 관위는 대보(大寶) 원년(701)에 1품에서 4품으로 정비되었다.

3. 하도왕(河島王)

『일본서기』에서는 천도황자(川島皇子; 가하시마노미코)라고 표기하였으며, 천지천황(天智天皇)과 인해조소룡(忍海造小龍)의 딸 색부고낭(色夫古娘) 사이에서 태어났다고 하였다(657~691). 천무천황 10년(681) 3월에는 인벽황자(忍壁皇子) 등과 함께『일본서기』편찬과 밀접한 관련이 있는 제기(帝紀) 및 상고제사(上古諸事)를 기정(記定)하는 일을 맡았다. 지통천황(持統天皇) 5년(691)에 죽었다.

『회풍조(懷風藻)』에서는 하도황자(河島皇子)가 담해제(淡海帝, 천지천황)의 둘째 아들이며 정대삼(淨大參)의 관위로 35세에 죽었다고 하였다. 또한『만엽집』을 통하여 그의 부인이 박뢰부황녀(泊瀨部皇女)였음을 알 수 있다.

050 【원 문】

三原朝臣
　　天武天皇皇子一品新田部王之後也.

【번 역】

삼원조신(三原朝臣; 미하라노아소미)
　　천무천황(天武天皇) 황자(皇子) 1품 신전부왕(新田部王; 니히타베노미코)의 후손이다.

【주 석】

1. 삼원조신(三原朝臣)

삼원이라는 씨명은 담로국(淡路國) 삼원군(三原郡) 삼원(三原)과 관련이 있는 것으로 생각된다. 삼원조신이라는 성을 받은 사람은 『일본후기』 연력 18년(799) 2월조에 보이는 삼원조신제평(三原朝臣弟平)으로 생각된다. 원래 제평(弟平; 오토히라)은 을매왕(乙枚王), 을평왕(乙平王)으로도 표기되었으며, 신전부친왕(新田部親王)의 혈통을 이은 왕족이었다. 한편 『일본삼대실록(日本三代實錄)』 정관(貞觀) 원년(859)조에는 신전부친왕의 후손인 고원왕(高原王)에게 삼원조신이라는 성을 주었다는 기사가 보여 두 사람이 일족임을 알 수 있다.

2. 천무천황(天武天皇)

제40대 천황(재위 672~686)으로 전하며 왕자 때 이름은 대해인(大海人)이었다. 부왕은 서명천황(舒明天皇)이고 모후는 보황녀(寶皇女, 후의 皇極天皇과 齊明天皇)이며, 왕후는 노야찬량황녀(鸕野讚良皇女, 후의 持統天皇)이다. 왕자로는 초벽황자(草壁皇子), 고시황자(高市皇子), 사인친왕(舍人親王) 등이 있다. 형인 천지천황(天智天皇) 사후 임신의 난(672)을 통하여 왕위에 올랐으며 황족을 주요 관직에 배치한 황친정치를 시행하는 한편, 8색의 성을 정하여 신분의 서열을 명확하게 하였으며, 비조정어원령(飛鳥淨御原令)을 제정하는 한편, 일본 최초의 본격적인 도성이라고 할 수 있는 등원경(藤原京)의 조영과

『고사기』, 『일본서기』의 편찬을 시작하였다.

『신찬성씨록』 완본에는 천무 위에 천정중원영진인천황시(天渟中原瀛眞人天皇諡)라는 10글자가 있었고, 천무 아래의 천황이라는 글자는 없었을 것으로 보고 있다.

3. 신전부왕(新田部王)

천무천황(天武天皇)의 아들(?~735)이며, 등원겸족(藤原鎌足)의 딸인 오백중낭(五百重娘) 사이에 태어났다. 천무(天武), 지통(持統) 사후 황친으로서 중요한 위치에 있었으며, 장옥왕(長屋王)의 변 당시 그 처리를 맡았다. 아들로는 염소왕(鹽燒王), 도조왕(道祖王), 장야왕(長野王)을 두었다. 좌경(左京) 황별(皇別) 「빙상진인(冰上眞人)」조(029) 참조.

---

050 【원 문】

永原朝臣
　　天武天皇皇子淨廣壹高市王之後也. 續日本紀合.

【번 역】

영원조신(永原朝臣; 나가하라노아소미)
　천무천황(天武天皇) 황자(皇子) 정광일(淨廣壹) 고시왕(高市王; 다케치노미코)의 후손이다. 『속일본기』와 합치한다.

【주 석】

1. 영원조신(永原朝臣)

영원이라는 씨명은 이 성을 받은 사람들이 모두 등원씨(藤原氏)이므로, 등원씨의 원(原)에 영원하다는 의미의 영(永)을 덧붙인 것으로 생각된다.

등원씨로서 영원조신에 사성된 예로는 『일본후기』 대동(大同) 3년(808)의 등원조신자이태비(藤原朝臣子伊太比)와 등원조신혜자(藤原朝臣惠子)가 있으며, 이보다 앞선 연력(延曆) 15년(796)에 영원조신최제마려(永原朝臣最弟麻呂)가 보인다(『일본후기』). 고시왕의 후손으로서 등원씨(藤原氏)에 사성된 사람은 장옥왕(長屋王)의 아들인 산배왕(山背王)이 있다. 천평(天平) 원년(729)에 장옥왕의 변 당시 등원씨를 어머니로 하는 안숙왕

(安宿王), 황문왕(黃文王), 산배왕(山背王)은 등원불비등(藤原不比等)의 후손이라고 하여 죽음을 면하였다. 다시 천평승보(天平勝寶) 8년(757)에 안숙왕과 황문왕이 모반을 일으켰을 때 산배왕이 이를 밀고한 공로로, 효겸천황(孝謙天皇)으로부터 등원씨를 하사받고 이름을 제정(弟貞)이라고 하였다. 자이태비(子伊太比)와 혜자(惠子)는 바로 산배왕, 즉 등원제정(藤原弟貞)의 자식이다.

2. 천무천황(天武天皇)

제40대 천황으로 서명천황(舒明天皇)과 보황녀(寶皇女) 사이에서 태어났다. 형인 천지천황(天智天皇) 사후 임신의 난을 통하여 왕위에 올랐으며, 율령의 제정, 등원경(藤原京) 조영의 개시, 『고사기』, 『일본서기』의 편찬 개시 등 중요한 시책을 추진하였다. 「삼원조신(三原朝臣)」조(050) 천무천황 참조.

3. 고시왕(高市王)

천무천황(天武天皇)의 장남(654~696)이며 어머니는 이자낭(尼子娘)이다. 임신의 난(672) 때 천무 측의 군사 지휘 책임을 맡았으며, 지통천황(持統天皇)이 즉위한 후에 태정대신(太政大臣)이 되었다. 고시왕의 아들인 장옥왕(長屋王)의 후손으로 영원조신 이외에 고계진인이 있다. 좌경 황별「고계진인(高階眞人)」조(028) 고시왕 참조.

4. 속일본기합(續日本紀合)

『속일본기』에는 영원조신을 사성하였다는 기사가 보이지 않는다. 고시왕의 손자인 산배왕이 등원조신씨가 된 사실이 『속일본기』 천평보자(天平寶字) 7년(763) 10월 병술조에 보인다는 뜻으로 생각된다.

052 【원문】

橘朝臣

甘南備眞人同祖. 敏達天皇皇子難波皇子男. 贈從二位栗隈王男. 治部卿從四位下美努王. 美努王娶從四位下縣犬養宿禰東人女贈正一位縣犬養橘

> 宿禰三千代大夫人, 生左大臣諸兄, 中宮大夫佐爲宿禰. 贈從二位牟漏女王,
> 女王適贈太政大臣藤原房前, 生太政大臣永手, 大納言眞楯等. 和銅元年十
> 一月己卯大嘗會. 廿五日癸未曲宴, 賜橘宿禰姓於大夫人. 天平八年十二月
> 甲子, 詔參議從三位行左大辨葛城王賜橘宿禰諸兄.

【번역】

귤조신(橘朝臣; 다치바나노아소미)

감남비진인(甘南備眞人; 가무나비노마히토)과 조상이 같다. 민달천황(敏達天皇; 비타츠)의 황자인 난파황자(難波皇子; 나니하노미코)의 아들이 증종2위(贈從二位) 율외왕(栗隈王; 구루쿠마노미코)이다. 그 아들은 치부경(治部卿) 종4위하 미노왕(美努王; 미노노미코)이다. 미노왕이 종4위하 현견양숙녜동인(縣犬養宿禰東人; 아가타노이누카히노스쿠네아즈마히토)의 딸 증정1위(贈正一位) 현견양귤숙녜삼천대(縣犬養橘宿禰三千代; 아가타노이누카히타치바나노스쿠네미치요) 대부인(大夫人)과 혼인하여, 좌대신(左大臣) 제형(諸兄; 모로에), 중궁대부(中宮大夫) 좌위숙녜(佐爲宿禰; 사위노스쿠네). 증종2위(贈從二位) 모루여왕(牟漏女王; 무로노오호키미)을 낳았다. 여왕(女王)이 증태정대신(贈太政大臣) 등원방전(藤原房前; 후지하라노후사사키)에게 시집가서 태정대신(太政大臣) 영수(永手; 나가테), 대납언(大納言) 진순(眞楯; 마타테) 등을 낳았다. 화동(和銅) 원년(708) 11월 기묘(己卯)에 대상회(大嘗會)가 있었고, 25일 계미의 곡연(曲宴)에서 귤숙녜(橘宿禰; 다치바나노스쿠네)라는 성을 대부인에게 내렸다. 천평(天平) 8년(736) 12월 갑자(甲子)에 참의(參議) 종3위 행좌대변(行左大辨) 갈성왕(葛城王; 가츠라기노미코)에게 귤숙녜제형(橘宿禰諸兄; 다치바나노스쿠네모로에)라는 이름을 내렸다.

【주석】

1. 귤조신(橘朝臣)

귤(橘)이라는 씨명은 원명천황(元明天皇)이 현견양삼천대(縣犬養三千代)에게 귤을 내린 일에서 비롯되었다. 『속일본기』 천평(天平) 8년(736) 11월 병술조에 의하면, 화동(和銅) 원년(708)에 원명천황의 대상제(大嘗祭) 때 삼천대(三千代)가 이를 도왔고 대상제가 끝난 후 연회에서 지극한 충성심을 칭찬하는 뜻으로 귤을 주면서 아울러 귤숙녜(橘宿禰)

라는 성을 내렸다는 내용이 보인다. 다시 천평승보(天平勝寶) 2년(750)에 귤숙녜제형에게 귤조신이라는 성을 내렸다(『속일본기』). 일족으로는 귤숙녜좌위(橘宿禰佐爲)와 귤숙녜나량마려(橘宿禰奈良麻呂), 귤조신궁자(橘朝臣宮子), 귤조신진질(橘朝臣眞姪) 등이 있다.

2. 감남비진인(甘南備眞人)

좌경(左京) 황별(상)「감남비진인」조(008) 참조.

3. 민달천황(敏達天皇)

제30대 천황(재위 572~585)으로 흠명천황(欽明天皇)과 석희황녀(石姬皇女) 사이에서 태어났다. 백제대정궁(百濟大井宮)과 역어전행옥궁(譯語田幸玉宮)에 거처하였으며, 흠명천황의 유언에 따라 임나 부흥을 꾀하려고 백제와 협의를 거듭하였으나 진전을 보지 못하였다. 소아마자(蘇我馬子)가 절을 짓고 부처를 섬기자 역병이 발생하였고, 이에 민달천황이 불교를 금지하고 절을 불태웠다. 『신찬성씨록』 완본에는 '정중창태주부천황시민달(渟中倉太珠敷天皇諡敏達) 황자난파왕지후야(皇子難波王之後也)'로 되어 있었을 것으로 보고 있다.

4. 난파황자(難波皇子)

좌경(左京) 황별(皇別)「노진인(路眞人)」조(006) 난파왕 참조.

5. 율외왕(栗隈王)

율전왕(栗前王)이라고도 하며, 『일본서기』 천지(天智) 7년(668)에 후대의 대재부(大宰府) 장관에 해당하는 축자솔(筑紫率)에 임명되었으며, 임신의 난 당시에 대해인황자(大海人皇子, 후의 天武天皇)가 좌백련남(佐伯連男)을 보내어 병사를 일으킬 것을 요구하였으나, 축자국(筑紫國)은 외적을 막기 위해 바다를 지키는 곳이라고 하여 거절하였다. 천무천황 4년(675)에 병정관장(兵政官長)에 임명되었으며, 이듬해에 죽었다.

6. 미노왕(美努王)

삼야왕(三野王), 미노왕(彌努王), 미노왕(美弩王), 미노왕(美奴王) 등으로 다양하게 표기되었다. 임신의 난 때 대해인황자 측이 병력을 동원할 것을 요구했을 때 아버지인 율외왕을 칼을 차고 지켰다. 천무(天武) 10년(681) 3월에는 천도황자(川島皇子) 등과 함께 제기(帝紀) 및 상고제사(上古諸事)를 기정(記定)하라는 명령을 받았다. 또한 천무 13년(684) 2월에는 도읍을 정하기 위하여 삼야왕(三野王)을 신농(信濃)에 보내어 지형을 보도록 하였고, 같은 해 4월에 신농국(信濃國)의 지도를 바쳤다는 내용이 보인다. 지통(持統) 8년(694)에는 축자대재솔(筑紫大宰率)에 임명되었다. 『속일본기』에 따르면 좌경대부(左京大夫), 섭진대부(攝津大夫), 치부경(治部卿)을 지냈으며, 화동(和銅) 원년(708)에 죽었다.

7. 현견양숙녜삼천대(縣犬養宿禰三千代)

현견양씨(縣犬養氏)는 둔창(屯倉)을 관리하는 반조씨족(伴造氏族)이다. 현견양대려(縣犬養大侶)가 임신의 난 때 대해인황자(大海人皇子)를 근시하였고 천무(天武) 12년(683)에 숙녜(宿禰)라는 성을 받았다. 삼천대(三千代)는 현견양씨가 바친 씨녀(氏女)로 생각된다. 처음에는 민달천황(敏達天皇)의 후손인 미노왕과 결혼하여 갈성왕(葛城王, 후의 橘諸兄), 좌위왕(佐爲王, 후의 橘佐爲), 모루여왕(牟漏女王)을 낳았고, 다시 등원불비등(藤原不比等)의 후처가 되어 광명자(光明子)를 낳았다. 원명천황의 대상제 때 귤씨를 사성받아 귤씨의 시조가 되었다. 영귀(靈龜) 2년(716)에 딸인 안숙원(安宿媛, 후의 光明皇后)이 당시 황태자였던 수황자(首皇子, 후의 聖武天皇)의 비가 되었고, 양로(養老) 원년(717)에 종3위에 올랐으며, 양로 5년(721)에 궁인(宮人)으로서는 최고 관위인 정3위에 올랐다. 같은 해 원명천황이 위독하자 출가하였으며 천평(天平) 5년(733)에 죽었다. 천평보자(天平寶字) 4년(760)에 정1위 대부인(大夫人)에 추증되었다.

원명천황과의 밀접한 관계를 통하여 등원불비등이 정치적 권력을 다지는 데 크게 기여한 것으로 평가되고 있다. 『만엽집』에는 신호(神護) 4년(727)에 광명자가 아들을 낳았을 때 삼천대가 지은 것으로 생각되는 현견양명부(縣犬養命婦)의 노래가 전하며, 법륭사(法隆寺)에는 그녀가 가지고 있었던 불상으로 전해지는 아미타삼존상이 있다.

8. 중궁대부(中宮大夫) 좌위숙녜(佐爲宿禰)

미노왕과 삼천대 사이에서 태어났으며 원래 이름은 좌위왕(佐爲王)이다. 천평(天平) 8년(736)에 형인 갈성왕과 함께 외가의 성인 귤숙녜라는 씨성을 칭하게 되었다(橘宿禰佐

爲). 좌위가 중궁직(中宮職)의 장관인 중궁대부에 임관한 기사는 『속일본기』 등에 보이지 않으나, 천평 9년(737)에 중궁대부 겸 우병위솔(右兵衛率) 정4위하 귤숙녜좌위가 죽었다는 기사가 있으므로 죽을 당시에 중궁대부였음을 알 수 있다. 좌위의 딸인 성무천황(聖武天皇)의 부인(夫人) 고나가지(古那可智)에게는 천평승보(天平勝寶) 9년(757)에 광강조신(廣岡朝臣)이라는 성이 주어졌다.

9. 모루여왕(牟漏女王)

미노왕과 삼천대 사이에서 태어났으며, 무루왕(無漏王)이라고도 표기하였다. 『법륭사류기자재장(法隆寺流記資財帳)』에 천평(天平) 8년(736)에 화형백동경(花形白銅鏡) 1면을 기진한 사실이 기록되어 있다. 등원방전(藤原房前)과 결혼하여 영수(永手)와 진순(眞楯)을 낳았다.

10. 등원방전(藤原房前)

등원불비등(藤原不比等)의 둘째 아들(681~737)로 참의(參議) 민부경(民部卿) 등을 지냈으며, 사후에 정1위 태정대신(太政大臣)에 추증되었다. 등원북가(藤原北家)의 시조이며 등원북경(藤原北卿)이라고도 하였다. 부인은 미노왕의 딸인 모루여왕(牟漏女王)이고 아들로는 등원영수(藤原永手, 714~771), 등원진순(藤原眞楯, 715~766), 등원어순(藤原御楯, ?~764)이 있고, 딸로는 성무천황의 부인이 된 북전(北殿)이 있다. 혈연적으로 성무천황의 외삼촌이었으며, 조정 내에서도 원정천황(元正天皇) 사후에 내신(內臣)이 되어 성무천황을 보필하는 지위에 있었다.

11. 영수(永手)

등원방전(藤原房前)의 둘째 아들(714~771)로 중납언, 식부경, 대납언, 우대신, 좌대신 등을 지냈고, 천평보자(天平寶字) 8년(764) 혜미압승(惠美押勝)의 난 때 효겸천황(孝謙天皇) 측에서 활약하여 정3위 대납언(大納言)에 임명되었다. 도경(道鏡)이 정권을 장악한 이후 태정관(太政官)의 선두에 있었다. 칭덕천황(稱德天皇)이 죽은 후 백벽왕(白壁王, 후의 光仁天皇)을 옹립하는 데 힘썼고 그 공로로 정1위에 서위되었으며, 사후에 태정대신에 추증되었다. 『공경보임』에 화동(和銅) 7년(714)에 태어난 것으로 되어 있으며, 보귀(寶龜) 2년(771)에 58세로 죽었다. 『속일본기』에 실린 그의 훙전(薨傳)에서는 효겸천황 때 승려 도경(道鏡)이 권세를 떨칠 때 영수가 사직을 안정시킨 공이 많았다고 하였다.

12. 진순(眞楯)

등원방전(藤原房前)의 셋째 아들(715~766)로 원래 이름은 팔속(八束)이었다. 성무천황(聖武天皇)에게 그 재능을 인정받아 빠른 승진을 거듭하였으며, 천평(天平) 20년(748)에 참의(參議)에 올랐다. 등원중마려(藤原仲麻呂)의 난 때 효겸상황(孝謙上皇) 측에서 활약하여 정3위 수도대장(授刀大將)에 임명되었다. 『속일본기』의 홍전에는 그의 도량이 넓고 깊다고 하였다. 대화수(大和守), 참의(參議), 대재수(大宰帥), 대납언(大納言), 식부경(式部卿) 등을 지냈으며, 천평신호(天平神護) 2년(766)에 52세로 죽었다.

13. 갈성왕(葛城王)

미노왕과 삼천대 사이에서 태어났으며, 후의 귤숙녜제형(橘宿禰諸兄; 684~757)이다. 『공경보임』에는 천무(天武) 13년(684)에 태어났으며, 민달천황(敏達天皇)의 아들 난파왕(難波王)의 4세손이라고 하였다. '민달천황-난파왕-율외왕(栗隈王)-미노왕(美努王)-갈성왕'으로 이어지는 계보로 보아 갈성왕은 5세왕에 해당하여 황친(皇親)의 범위에 있었으나, 스스로 신하의 신분을 갖고자 하여 천평(天平) 8년(734)에 귤숙녜(橘宿禰)라는 씨성을 받았다. 다시 천평승보(天平勝寶) 2년(750)에는 조신(朝臣)이라는 성을 받았다. 최종 관직은 좌대신이었으며, 천평보자(天平寶字) 원년(757)에 죽었다.

053 【원문】

淡海朝臣
　　春原朝臣同祖. 河島親王之後也.

【번 역】

담해조신(淡海朝臣; 아후미노아소미)

춘원조신(春原朝臣; 하루하라노아소미)과 조상이 같다. 하도친왕(河島親王; 기하시마신와우)의 후손이다.

【주 석】

1. 담해조신(淡海朝臣)

담해(淡海; 아후미, 현재는 오오미)라는 씨명은 근강국(近江國) 비파호(琵琶湖)와 관련된 것이다. 담해는 호수라는 뜻이며 비파호를 가리킨다. 담해진인(淡海眞人)과 마찬가지로 근강국(近江國, 현재의 滋賀縣)의 지명에서 유래한 것으로 생각된다. 근강(아후미) 역시 호수라는 뜻이다.

『일본후기』 홍인(弘仁) 3년(812) 6월 병진조에 "좌경인(左京人) 미작진인풍정(美作眞人豐庭) 등 세 사람에게 담해조신을 사성하였다."라는 기사가 보인다. 그러나 이보다 앞선 대동(大同) 원년(806) 2월 경술조에 "종5위하 담해조신정직(淡海朝臣貞直)을 (형부) 소보(少輔)로 삼았다."라는 기사가 있으므로 이미 담해조신이라는 씨성이 있었음을 알 수 있다.

좌경 황별 「담해진인(淡海眞人)」조(025)에서는 천지(天智)의 황자 대우왕(大友王)에서 비롯되었다고 하였으므로, 담해조신과는 계통이 다른 것으로 보인다.

2. 춘원조신(春原朝臣)

우경 황별 「춘원조신」조(049) 참조.

3. 하도친왕(河島親王)

우경 황별 「춘원조신」조(049) 하도왕(河島王) 참조. 하도왕을 시조로 하는 씨족으로는 춘원조신, 담해조신 이외에 담해진인이 있다. 『일본삼대실록』 정관(貞觀) 7년(865) 6월 을축조에 "좌경인(左京人) 6세(六世) 무위(無位) 삼판왕(三坂王)에게 담해진인이라는 성을 내렸는데, 하도왕자(河島王子)의 예손(裔孫)"이라고 하였다.

---

054 【원문】

阿倍朝臣

孝元天皇皇子大彦命之後也. 日本紀·續日本紀合.

【번역】

아배조신(阿倍朝臣; 아헤노아소미)

효원천황(孝元天皇; 가우구웬텐노)의 황자(皇子) 대언명(大彦命; 오히코노미코토)의 후손이다. 『일본기』・『속일본기』와 합치한다.

【주석】

1. 아배조신(阿倍朝臣)

아배(阿倍)라는 씨명은 율령제하의 대화국(大和國) 십시군(十市郡) 안배촌(安倍村)이라는 지명에서 유래한 것으로 추정된다. 현재의 나량현(奈良縣) 앵정시(櫻井市) 아부(阿部)에 해당한다. 이곳에는 고옥안배신사(高屋安倍神社)가 있다.

아배조신은 원래 아배신(阿倍臣)이었는데, 『일본서기』 천무(天武) 13년(684) 11월 무신삭에 아배신에게 조신(朝臣)이라는 성을 내렸다고 하였다. 아배신 일족으로는 『일본서기』 선화기(宣化紀)의 아배대마려신(阿倍大麻呂臣), 민달기(敏達紀)의 아배목신(阿倍目臣), 숭준기(崇峻紀)의 아배신인(阿倍臣人), 추고기(推古紀)의 아배조신(阿倍鳥臣)・아배신마려(阿倍臣摩侶), 황극기(皇極紀)의 아배소족원(阿倍小足媛), 효덕기(孝德紀)의 아배내마려신(阿倍內摩呂臣)・아배창제마려대신(阿倍倉梯麻呂大臣)・아배거증배신(阿倍渠曾倍臣), 제명기(齊明紀)의 아배인전신비라부(阿倍引田臣比羅夫), 천지기(天智紀)의 아배신귤낭(阿倍臣橘娘)이 있다. 조신이라는 성을 하사받은 이후에도 『속일본기』 문무기(文武紀)의 아배조신어주인(阿倍朝臣御主人), 경운(慶雲) 2년(705)의 아배조신숙나마려(阿倍朝臣宿奈麻呂) 등 다수가 보인다.

아배신의 경우 주목해야 할 것은 복성(複姓)이 다양하게 분화된 씨족이라는 점이다. 아배신 일족의 복성이 성립된 시기는 6세기 말경으로 보고 있다. 예를 들어 아배조신은 아배조자신(阿倍鳥子臣), 아배내신조(阿倍內臣鳥)로도 나타나는데, 아배내신(阿倍內臣)은 아배신의 복성이다. 내(內)는 대화국(大和國) 우지군(宇智郡), 즉 현재의 나량현 오조시(五條市) 일대의 지명에서 비롯된 것으로 생각된다. 그 밖에도 아배인전신(阿倍引田臣), 아배거증배신(阿倍渠曾倍臣), 아배포세신(阿倍布勢臣), 아배장전조신(阿倍長田朝臣), 아배구노조신(阿倍久努朝臣), 아배박조신(阿倍狛朝臣), 아배소전조신(阿倍小殿朝臣) 등이 아배신의 복성이다. 이러한 복성은 주로 사는 장소나 직능에 따라 다른 씨명을 칭한 결과이며, 아배신의 본종(本宗)에서 분리되어 나왔음을 의미한다. 그러나 복성은 의제적인 동족관계를 나타내는 경우도 있다. 한편 복성을 가진 인물이 아배신 일족의 씨상(氏上)에 임명되면 그 집안만 아배조신이라는 성을 쓸 수 있도록 하였다.

예를 들어 포세조신어주인(布勢朝臣御主人)은 지통천황(持統天皇) 8년(694)에 씨상으로 임명되었고, 이후 아배조신어주인(阿倍朝臣御主人)으로 나타난다. 지통천황 7년에 보이는 인전조신소마려(引田朝臣少麻呂; 히케타노아손스쿠나마로)는 아배인전신비라부(阿倍引田臣比羅夫)의 아들인데, 경운(慶雲) 원년(704)에 아배조신을 칭하게 되었다. 아배조신어주인이 죽은 후 씨상의 지위가 어주인의 후손으로 전해지지 않고 소마려에게 전해졌기 때문으로 생각된다.

2. 효원천황(孝元天皇)

일본의 제8대 천황으로 일본식 시호는 대일본근자언국견존(大日本根子彦國牽尊), 대왜근자일자국구류명(大倭根子日子國玖琉命)이다. 시호에 포함된 왜근자(倭根子; 야마토네코)라는 용어는 7대 효령(孝靈), 8대 효원(孝元), 9대 개화(開化), 22대 청녕(淸寧)에 보이고, 7세기 말에서 8세기 초까지의 지통(持統), 문무(文武), 원명(元明), 원정(元正)에 보인다. 효령 등의 천황이 별다른 사적이 없고 실재하는지가 의문시되므로, 시호도 『일본서기』 편찬의 최종 단계에 후대 천황의 시호를 바탕으로 조작한 것으로 보는 견해가 있다.

효원천황의 아들 중 대언명은 아배신(阿倍臣), 선신(膳臣), 아폐신(阿閉臣), 협협성산군(狹狹城山君), 축자국조(筑紫國造) 등 많은 씨족의 시조로 유명하다.

한편 『신찬성씨록』 완본에는 '효원' 앞에 '대왜근자언국견천황시(大倭根子彦國牽天皇謚)'가 있고, '효원' 다음에는 '천황'이라는 글자가 없었을 것으로 보고 있다.

3. 대언명(大彦命)

대비고명(大毘古命)으로도 표기하며, 효원천황의 맏아들이며 개화천황(開化天皇)의 형으로 전한다. 어머니는 울색미명(鬱色謎命)이며, 숭신천황(崇神天皇) 때 북륙도(北陸道)를 평정하였다고 한다. 『일본서기』에서는 아배신(阿倍臣), 선신(膳臣), 아폐신(阿閉臣), 사사성산군(沙沙城山郡), 축자국조(筑紫國造), 월국조(越國造), 이하신(伊賀臣) 7씨족의 시조로 전한다. 도하산철검명(稻荷山鐵劍銘)의 의부비궤(意富比跪; 오호비코)를 대언명으로 추정하는 견해도 있다.

4. 일본기·속일본기합(日本紀·續日本紀合)

『일본서기』 천무천황(天武天皇) 13년(684) 11월 무신삭조에 아배신(阿倍臣) 등 52씨족에게 조신이라는 성을 내렸다는 기사가 보인다. 『속일본기』에는 경운(慶雲) 원년(704) 11월 병신조에 인전조신숙나마려(引田朝臣宿奈麻呂)에게 아배조신(阿倍朝臣)이라는 성을 내렸다고 하였으며, 화동(和銅) 4년(711) 12월 임자조에 박조신추마려(狛朝臣秋麻呂)가 본래의 성인 아배조신을 회복하였다는 기사 등이 보인다.

055 【원문】

布勢朝臣
　　阿倍朝臣同祖. 日本紀漏.

【번역】

포세조신(布勢朝臣; 후세노아소미)
　아배조신(阿倍朝臣; 아베노아소미)과 조상이 같다. 『일본기』에 누락되었다.

【주석】

1. 포세조신(布勢朝臣)

포세(布勢; 후세)라는 씨명은 『일본서기』 안한기(安閑紀) 2년(535) 5월 갑인조에 보이는 기국(紀國) 경단둔창(經湍屯倉)이 설치된 경단(經湍; 후세)이라는 지명에서 비롯된 것으로 보인다. 경단은 현재 화가산시(和歌山市) 포세시옥(布勢施屋)으로 비정하는 견해가 있지만 정확한 위치는 알 수 없다.

포세조신은 원래 성이 부제신(富制臣) 혹은 포세신(布勢臣)이었으며 아배보세신(阿倍普勢臣)이라고도 하였다. 천무(天武) 13년(684)에 아배신(阿倍臣)이 조신(朝臣)이라는 성을 받았을 때 포세신도 함께 조신이라는 성을 받은 것으로 추측된다.

포세신의 일족으로는 포세신이마려(布勢臣耳麻呂), 포세마고신(布勢麻古臣), 포세조신어주인(布勢朝臣御主人) 등 6국사에 다수가 보인다. 그중 포세마고신은 포세조신어주인의 아버지이며, 포세조신어주인은 지통(持統) 8년(694) 정월 병술에 아배조신(阿倍朝臣) 가문의 씨상(氏上)이 되었고 이후 아배조신이라는 씨성을 사용하였다. 그러나 이때 포세조신씨가 모두 아배조신으로 바뀐 것은 아니며, 그 이후에도 포세조신이마려(布勢朝臣耳麻呂)와 같이 포세조신이라는 성을 쓰는 사람도 있었다. 고야조신(高野朝臣)이라는 씨성을 화사신립(和史新笠) 한 사람만 쓰게 한 예에서도 알 수 있듯이, 일본 고대에 씨성의 변경은 한 사람 혹은 몇 사람 등 제한된 범위에 적용되는 경우가 일반적이었다. 반대로 아배신에서 아배포세신(阿倍布勢臣)이라는 복성(複姓)이 성립되는 배경에도 아배신이라는 본종(本宗)의 구성원이 늘어나는 것을 막기 위한 의도가 있었던 것으로 생각된다.

아배조신과 포세조신 일족은 둔창(屯倉)의 설치 및 대외관계에서 활동한 사례가 많았다. 예를 들어 『일본서기』에서는 포세조신이마려가 천지(天智) 7년(668)에 신라 사신 김동엄(金東嚴)에게 배 1척을 줄 때 이를 전하는 사신 역할을 하였다고 하며, 『속일본기』에서는 포세조신인(布勢朝臣人)이 화동(和銅) 7년(714) 12월에 신라의 사신이 일본 왕경에 들어갈 때 기병 170명을 이끌고 마중하는 역할을 맡았다고 하였다. 그 밖에도 포세조신씨의 일족이 당에 사신으로 파견된 경우도 확인된다.

2. 일본기루(日本紀漏)

포세신에게 조신이라는 성을 내렸다는 기사는 『일본서기』에 보이지 않는다.

056 【원 문】
宍人朝臣
　　阿倍朝臣同祖. 大彦命男彦背立大稻腰命之後也. 日本紀合.

【번 역】
육인조신(宍人朝臣; 시시히토노아소미)

　아배조신(阿倍朝臣; 아베노아소미)과 조상이 같다. 대언명(大彦命; 오히코노미코토)의 아들 언배립대도요명(彦背立大稻腰命; 히코세타츠오이나코시노미코토)의 후손이다. 『일본기』와 합치한다.

【주 석】

1. 육인조신(宍人朝臣)

육인(宍人)이라는 씨명은 새나 짐승의 고기를 조리하는 일을 맡은 집단인 육인부(宍人部)에서 비롯된 것으로 보인다. 『신찬성씨록』 완문에는 완인(完人)으로 되어 있으나, 완은 육(宍)의 오자 혹은 통용자이다. 한편 육(宍)은 고기 육(肉)과 통용되는 글자이다. 육인부는 『일본서기』 웅략기(雄略紀) 2년 10월 병자조에 웅략천황이 어마뢰(御馬瀨)에서 사냥한 후에 잡은 고기를 요리하기 위하여 육인부를 두게 되었다는 자세한 전승이 보인다.

이때 육회(肉膾)를 잘 만드는 선신장야(膳臣長野)가 육인부가 되었다. 선신이라는 씨족이 원래 천황의 식선(食膳)을 담당하였으므로 이때에 이르러 새와 짐승의 고기를 다루어 음식을 만드는 집단이 따로 설치되었음을 알 수 있다.

『일본서기』 숭준(崇峻) 2년(589) 7월 임진삭조에 따르면 육인신안(宍人臣鴈)을 동해도(東海道)로 보내어 동쪽의 바다에 면한 여러 지역의 경계를 살펴보도록 하였다고 하였다. 이와 연관하여 준하국(駿河國) 준하군(駿河郡) 육인향(宍人鄉)(『화명유취초』)이라는 지명이나 이두국(伊豆國) 나하군(那賀郡)의 육인부탕만려(宍人部湯萬呂) 같은 인명을 통하여 동해도 지역에 육인부가 설치되었음을 알 수 있다. 이처럼 지방에 새나 짐승을 직접 포획하는 육인부가 설치되고, 이들을 육인직(宍人直)이라는 국조(國造) 급의 지방 호족들이 관할하여 포획한 고기를 중앙으로 바치면, 대선직(大膳職)·내선직(內膳職) 등의 관사에 소속된 육인신 혹은 육인조신이 최종적으로 천황에게 조리하여 바치는 방식으로 천황에서 부민에 이르는 지배 구조가 운용되었다. 이러한 부민제는 백제의 22부 중 내관(內官) 12부와 유사한 측면을 가지고 있다. 특히 육부(肉部)와 일본의 육인부는 그 구조나 성격이 비슷한 것으로 생각된다.

2. 아배조신(阿倍朝臣)

우경 황별(상) 「아배조신」조(054) 참조.

3. 대언명(大彥命)

우경 황별(상) 「아배조신」조(054) 참조.

4. 언배립대도요명(彥背立大稻腰命)

『고사기』 효원천황단(孝元天皇段)에서는 대언명의 아들 중 둘째 아들인 비고이나허사별명(比古伊那許士別命; 히코이나코시와케노미코토)가 선신(膳臣)의 시조라고 하였으므로 동일 인물로 생각되지만, 『일본서기』에는 보이지 않는다. 그러나 『신찬성씨록』에서는 아폐신(阿閉臣), 고교조신(高橋朝臣), 이하신(伊賀臣)조에 각각 언배립대도여명(彥背立大稻興命), 언뢰립대도기명(彥瀨立大稻起命), 대도여명(大稻興命) 등으로 보인다. 『일본서기』에서는 경행천황(景行天皇)에게 백합(白蛤)을 바친 인물이 선신(膳臣)의 원조(遠祖)인 반록륙안(磐鹿六鴈; 이하카무츠카리)이라고 하였다.

5. 일본기합(日本紀合)

『일본서기』 천무 13년(684) 11월 무신삭조에 육인신 등에게 조신이라는 성을 내렸다는 내용이 보인다.

057 【원문】

高橋朝臣
　　阿倍朝臣同祖. 大稻興命之後也. 景行天皇巡狩東國供獻大蛤. 于時, 天皇喜其奇美, 賜姓膳臣. 天淳中原瀛眞人天皇[諡天武.]十二年, 改膳臣賜高橋朝臣.

【번 역】

고교조신(高橋朝臣; 다카하시노아소미)

　아배조신(阿倍朝臣; 아헤노아소미)과 조상이 같다. 대도여명(大稻興命; 오이나코시노미코토)의 후손이다. 경행천황(景行天皇; 게이카우텐노)이 동국(東國)을 순수(巡狩)할 때 큰 백합을 바쳤다. 이때 천황(天皇)이 조개의 형상이 특이하고 맛도 좋은 것을 기뻐하여, 선신(膳臣; 가시하데노오미)이라는 성을 내렸다. 천정중원영진인천황(天淳中原瀛眞人天皇; 아메노누나하라오키노마히토노스메라미코토)[시호는 천무(天武)이다.] 12년에 선신을 고쳐 고교조신(高橋朝臣)을 내렸다.

【주 석】

1. 고교조신(高橋朝臣)

『일본서기』 숭신천황(崇神天皇) 8년 4월 을묘조에 보이는 고교읍(高橋邑), 무열천황(武烈天皇) 즉위전기(卽位前紀)에 보이는 타개파지(柂箇播志; 다카하시)나 『만엽집』의 석상(石上) 포류(布流)의 고교(高橋) 등이 보인다. 이곳은 현재 나량현(奈良縣) 천리시(天理市) 역본정(櫟本町) 일대이다.

2. 대도여명(大稻輿命)

좌경 황별(상) 「완인조신(完人朝臣)」조(056)에 보이는 언배립대도요명(彦背立大稻腰命; 히코세오이나코시노미코토), 『고사기』 효원천황단(孝元天皇段)에 선신(膳臣)의 시조로 보이는 비고이나허사별명(比古伊那許士別命; 히코이나코시와케노미코토)과 동일 인물이다.

3. 경행천황

수인천황(垂仁天皇)의 셋째 아들로, 12대 천황으로 알려진 인물이다. 『일본서기』에 의하면 경행천황이 재위 53년 되는 해에 자신의 아들인 소대왕(小碓王)이 평정한 곳을 살펴보고자 이세(伊勢)를 지나 동해(東海) 지역으로 들어갔다. 현재의 방총반도(房總半島)에 이르러 각하조(覺賀鳥)라는 새가 우는 소리를 듣고 이를 찾으러 바다에 들어갔다가 백합을 얻었고 이를 선신(膳臣)의 조상인 반록류안(磐鹿六鴈)이 회로 만들어 바쳤다. 이에 선대반부(膳大伴部)를 하사하였다. 『신찬성씨록』에서는 선신의 시조가 대도요명(大稻腰命)이라고 하였으나, 두 사람이 동일 인물인지는 분명하지 않다.

4. 동국(東國)

대화개신(大化改新) 이전에는 후대의 동산도(東山道)와 동해도(東海道)에 속하는 여러 지역을 두루 가리키는 용어로 사용되었다. 『일본서기』 경행천황 40년 시세조(是歲條)에 산동(山東)의 여러 지역을 오유국(吾嬬國; 아즈마노쿠니)이라고 부르게 되었다는 내용이 보인다. 신농국(信濃國)과 상모국(相模國) 이동의 여러 지역이다. 율령제 시대의 동산도·동해도와는 다른 뜻이다.

5. 대합(大蛤)

백합(白蛤), 문합(文蛤), 화합(花蛤)라고도 하며, 널리 식용하는 조개류이다. 『일본서기』 경행천황 53년 10월조에서는 백합(白蛤)이라고 하였고, 『고교씨문(高橋氏文)』에서는 팔척백합(八尺白蛤)이라고 하였다. 일본어로는 '우무기' 혹은 '하마구리'라고 한다.

6. 선신(膳臣)

선신의 일족으로는 『일본서기』 이중기(履中紀)의 선신여기(膳臣余磯), 웅략기(雄略紀)의 선신장야(膳臣長野) 및 선신반구(膳臣斑鳩), 안한기(安閑紀)의 선신대마려(膳臣大麻呂), 흠명기(欽明紀)의 선신파제편(膳臣巴提便) 및 선신경자(膳臣傾子), 추고기(推古紀)의 선신대반(膳臣大伴), 제명기(齊明紀)의 선신엽적(膳臣葉積), 천무기(天武紀)의 선신마루(膳臣摩漏) 등이 보인다. 선신반구는 가야 지역에 장군으로 파견되고, 선신파제편은 백제에 사신으로 파견되고, 선신경자는 고구려 사신을 접대하는 역할을 맡고, 선신대반은 가야의 사신을 맞이하는 직책에 임명되고, 선신엽적은 고구려에 사신으로 파견되는 등 선신씨 일족은 대외관계 및 의전 업무에서 빈번하게 활동하였다. 선신씨가 고교씨가 된 이후에도 고교조신립간(高橋朝臣笠間)은 견당대사(遣唐大使), 고교조신로마려(高橋朝臣老麻呂)는 견발해부사(遣渤海副使)에 임명되었고, 선신대구(膳臣大丘)는 천평(天平) 5년(753)에 당에 들어갔다.

7. 천정중원영진인천황십이년(天淳中原瀛眞人天皇十二年)

52씨족에 대하여 조신(朝臣)이라는 성을 내린 것은 천무 13년(684) 11월 무신삭(戊申朔)의 일이다. 그런데 천무 12년(683)에 선신에게 고교조신이라는 성을 내렸다고 한 것은 현재의 『신찬성씨록』이 완본을 초록하는 과정에서 생긴 잘못이라고 보는 견해가 있다. 다만 조신이라는 성을 받은 씨족에 대하여 『일본서기』와 합치된다고 하는 기술이 『신찬성씨록』의 여러 곳에 보이는데, 이곳에서 굳이 12년이라고 명기한 점에서 의문이 남는다.

058 【원문】

許曾倍朝臣
　阿倍朝臣同祖. 大彦命之後也. 日本紀漏.

【번역】

허증배조신(許曾倍朝臣; 고소헤노아소미)
　아배조신(阿倍朝臣; 아헤노아소미)과 조상이 같다. 대언명(大彦命; 오히코노미코토)의 후손이다. 『일본기』에 누락되어 있다.

【주석】

1. 허증배조신(許曾倍朝臣)

허증배(許曾倍; 고소베)라는 씨명은 섭진국(攝津國) 도상군(島上郡) 고증부(古曾部)라는 지명에서 비롯된 것으로 보고 있다. 고증부는 현재의 대판부(大阪府) 고규시(高槻市) 반수(磐手) 일대로 추정된다. 허증배는 거증배(渠曾倍; 고소베), 거증배(巨曾倍), 사호(社戶), 사부(社部)라고도 표기하였다. 허증배조신의 원래 성은 신(臣)이며, 조신(朝臣)에 사성된 시기는 확인할 수 없다.

일족으로는 『일본서기』 대화(大化) 원년(645)의 아배거증배신(阿倍渠曾倍臣), 천무기(天武紀)의 사호신대구(社戶臣大口), 『속일본기』 대보(大寶) 원년(701)의 허증배조신양마려(許曾倍朝臣陽麻呂), 천평(天平) 3년(731)의 허증배조신족인(許曾倍朝臣足人), 천평보자(天平寶字) 6년(762)의 허증배조신난파마려(許曾倍朝臣難波麻呂) 등이 보인다.

2. 아배조신(阿倍朝臣)

좌경 황별(상) 「아배조신」조(054) 참조.

3. 대언명(大彦命)

좌경 황별(상) 「아배조신」조(054) 대언명 참조.

4. 일본기루(日本紀漏)

『일본서기』 천무 13년(684) 11월 무신삭에 아배신(阿倍臣)에게 조신(朝臣)이라는 성을 내린 내용은 보이지만, 허증배신에 대한 사성 내용은 보이지 않는다.

059 【원 문】
阿閇臣
　　阿倍朝臣同祖.

【번 역】

아폐신(阿閇臣; 아헤노오미)

　아배조신(阿倍朝臣; 아헤노아소미)과 조상이 같다.

【주 석】

1. 아폐신(阿閇臣)

아폐(阿閇)라는 씨명은 이하국(伊賀國) 아폐군(阿閇郡)이라는 지명에서 비롯된 것이다. 아폐군은 현재의 삼중현(三重縣) 아산군(阿山郡) 및 상야시(上野市) 일대이다. 아폐라는 지명은 임신의 난 과정에서 대해인황자(大海人皇子, 후의 天武天皇)가 길야(吉野)에서 동쪽으로 탈출하면서 아폐에 머물렀다는 내용에서 처음 보인다(『일본서기』 천무천황 원년).
　아폐신은 『일본서기』 효원기(孝元紀)에 대언명(大彦命)이 아폐신 등 7씨족의 시조라고 하였으므로, 아배신(阿倍臣), 선신(膳臣) 등과 마찬가지로 대언명을 시조로 하는 씨족이다.

2. 아배조신(阿倍朝臣)

좌경 황별(상) 「아배조신」조(054) 참조.

060 【원 문】
竹田臣
　　阿倍朝臣同祖. 大彦命男武渟川別命之後也.

【번 역】

죽전신(竹田臣; 다케타노오미)

아배조신(阿倍朝臣; 아베노아소미)과 조상이 같다. 대언명(大彦命; 오히코노미코토)의 아들 무정천별명(武渟川別命; 다케누카하와케노미코토)의 후손이다.

【주 석】

1. 죽전신(竹田臣)

죽전(竹田)은 『연희식(延喜式)』 신명장(神名帳)에 보이는 대화국(大和國) 십시군(十市郡)의 죽전신사(竹田神社)와 관련이 있는 것으로 추측된다. 현재도 나량현(奈良縣) 강원시(橿原市) 동죽전정(東竹田町)에 죽전신사가 있다. 이곳은 대화삼산(大和三山)의 하나인 이성산(耳成山)에서 동북쪽으로 1.5킬로미터 정도 떨어져 있다.

죽전신 일족으로는 죽전신문계(竹田臣門繼, 782~855)와 죽전신전계(竹田臣田繼)가 있다. 문계는 홍인(弘仁) 4년(813) 정월 경오조에 청잠숙녜(淸岑宿禰)라는 씨성을 받았고, 『속일본후기』 승화(承和) 3년(836) 윤5월 임신조에 조신(朝臣)으로 개성되었다. 문계는 상야개(上野介), 우마조(右馬助), 준하개(駿河介), 장문수(長門守), 전약두(典藥頭), 비후수(備後守), 봉전두(縫殿頭)를 역임하였으며, 관직을 그만둔 후에는 난파(難波)에 은거하였으며 제형(齊衡) 2년(855)에 죽었다.

일족 중에 죽전천계(竹田千繼) 역시 전약료(典藥寮)의 의생(醫生)으로 본초학(本草學)에 밝았던 것으로 전한다(『정사요략(政事要略)』「지요잡사(至要雜事)」「학교(學校)」). 의생은 약부(藥部)나 의술을 세습하는 집안의 자제를 먼저 충원하고 서인들 중에서는 13세 이상 16세 이하로서 총명한 자를 뽑도록 되어 있는데, 천계의 경우 17세에 입학한 것으로 보아 죽전신씨가 의술을 세습하는 집안이었던 것으로 생각된다.

2. 아배조신(阿倍朝臣)

좌경 황별(상) 「아배조신」조(054) 참조.

3. 대언명(大彦命)

좌경 황별(상) 「아배조신」조(054) 대언명 참조. 『고사기』에서는 대비고명(大毘古命)으로 보인다.

4. 무정천별명(武渟川別命)

무정천별명은 『고사기』 효원천황단(孝元天皇段)에 대비고명(大毘古命)의 아들이며, 아배신(阿倍臣) 등의 조상이라고 되어 있다. 또한 숭신천황단(崇神天皇段)에 대비고명을 고지도(高志道)에 파견하고 아들인 건소하별명(建沼河別命; 다케누카하와케노미코토)을 동방(東方) 12도에 보냈다는 내용이 보인다. 『일본서기』 숭신천황 60년 7월 기유조에 길비진언(吉備眞彦)과 무정하별(武渟河別; 다케누카하와케)을 보내 출운(出雲)의 진근(振根)을 주살하도록 하였다는 내용이 보인다. 수인천황(垂仁天皇) 25년 2월 갑자조에 아배신의 원조(遠祖)인 무정천별(武渟川別; 다케누카하노와케)이 5대부(大夫)의 한 사람으로 이름이 보인다. 『선대구사본기(先代舊事本紀)』 국조본기(國造本紀)에서는 나수국조(那須國造)가 경행천황(景行天皇) 때 건소하명(建沼河命; 다케누카하노미코토)의 손자 대신명(大臣命)을 국조(國造)로 정한 것이라고 하였다.

나수국조는 하야국(下野國) 나수군(那須郡)을 근거로 한 호족으로 씨성은 나수직(那須直)이며, 나수국조비문(那須國造碑文)으로 유명하다. 나수군은 현재의 회목현(栃木縣) 나수군에 해당한다. 『속일본후기』 승화(承和) 15년(848) 5월 신미조에 나수직적룡(那須直赤龍) 등에게 아배육오신(阿倍陸奥臣)을 사성한 기사가 보이므로 나수직 역시 아배씨와 동족임을 알 수 있다.

061 【원문】

名張臣
  阿倍朝臣同祖. 大彦命之後也.

【번 역】

명장신(名張臣; 나하리노오미)

 아배조신(阿倍朝臣; 아베노아소미)과 조상이 같다. 대언명(大彦命; 오히코노미코토)의 후손이다.

【주 석】

1. 명장신(名張臣)

명장(名張)이라는 씨명은 율령제하의 이하국(伊賀國) 명장군(名張郡) 명장향(名張鄕)이라는 지명에서 비롯된 것이다. 현재의 삼중현(三重縣) 명장시(名張市) 일대에 해당한다. 명장신 일족은 달리 사료에 보이지 않는다.

2. 아배조신(阿倍朝臣)

『평안유문(平安遺文)』에 의하면 이하국 명장군에 안부전(安部田)이라고 불리는 토지가 있었다. 이는 명장신씨의 본거지와 아배씨가 밀접한 관련이 있음을 보여 주는 것이다. 그러나 명장신씨는 지방 호족에 불과하므로, 아배씨와 조상이 같다고 한 것은 아배씨의 통솔하에 있었으므로 의제적인 혈연관계를 설정했기 때문으로 생각된다. 이처럼 『신찬성씨록』은 반드시 혈연적인 관계만이 아니라 정치적 관계를 반영하는 경우도 있다.

3. 대언명(大彦命)

좌경 황별(상) 「아배조신」조(054) 대언명 참조.

062 【원 문】

佐佐貴山公
　　阿倍朝臣同祖.

【번 역】

좌좌귀산공(佐佐貴山公; 사사키야마노키미)
　　아배조신(阿倍朝臣; 아베노아소미)과 조상이 같다.

【주 석】

1. 좌좌귀산공(佐佐貴山公)

좌좌귀산(佐佐貴山) 자체가 씨명일 가능성이 있다. 원래 압반황자(押磐皇子)의 죽음과 관련된 지역에 있었던 지방 호족이었는데, 유골을 되찾은 일과 관련하여 공이라는 성을 받았다고 생각한다. 사사키야마 전체가 지명이고 이것을 씨명으로 사용하였을 가능성이 있으며, 이들이 압반황자의 능을 지키게 되면서 왕릉을 뜻하는 사사키 또는 사자키를 덧붙였을 수 있다.

좌좌기(佐佐貴; 사사키)는 왕릉을 뜻하는 사사키라는 용어와 관련이 있는 것으로 생각되며, 협협성(狹狹城; 사사키)·좌좌기(佐佐紀; 사사키)라고도 표기하였다. 좌백유청(佐伯有淸)은 씨명 중의 산(山)은 원래 이 씨족이 산부(山部) 혹은 산수부(山守部)를 이끄는 반조씨족(伴造氏族)에서 유래하였기 때문으로 보았다. 다만 이때 산은 천황의 능을 뜻하는 산릉(山陵)과 관련이 있는 것으로 생각된다.

『일본서기』 현종(顯宗) 원년 5월에 한대숙녜(韓袋宿禰)가 압반황자의 살해에 연좌되므로 왕릉을 지키는 능호(陵戶)로 삼고 아울러 산을 지키게 하였다는 내용이 보인다. 이때 왜대숙녜(倭袋宿禰)는 누이인 치목(置目)이 압반황자의 유골을 찾는 데 공을 세웠으므로 본성(本姓)인 협협성산군씨(狹狹城山君氏)를 받았다고 하였다.

그러나 『고사기』 안강천황단(安康天皇段)에서는 한대(韓袋)가 좌좌기산군(佐佐紀山君)의 조상이라고 하며, 왜대(倭袋)는 등장하지 않는다. 따라서 왜대가 시변왕(市邊王, 押磐皇子)을 죽였다는 내용도 보이지 않는다. 그렇다면 『일본서기』의 왜대숙녜는 한대숙녜의 이름에 들어 있는 한(韓), 즉 한반도와 대비시켜 조작된 가공 인물로 볼 수 있다. 또한 『고사기』에서는 천한 노파가 시변왕의 유골을 찾는 데 도움을 주었고 유골을 찾아서 능을 만들고 한대의 자식들에게 능을 지키도록 하였다는 내용이 보이므로, 시변왕의 유골 발견과 능의 조영을 계기로 이에 도움을 준 한대 일족이 왕릉(사자키, 사사기)이라는 뜻을 가진 씨명을 갖게 된 것으로 볼 수 있다.

일족으로는 『속일본기』에 좌좌귀산군친인(佐佐貴山君親人), 좌좌귀산군족인(佐佐貴山君足人), 좌좌귀산공인족(佐佐貴山公人足), 좌좌귀산공유기비(佐佐貴山公由氣比), 좌좌귀산공유하비(佐佐貴山公由賀比)가 보인다.

2. 아배조신(阿倍朝臣)

『일본서기』 효원천황(孝元天皇) 7년 2월 정묘조에 대언명(大彦命)이 아배신(阿倍臣)과 협협성산군(狹狹城山君) 등 7씨족의 시조라는 내용이 보인다.

063 【원문】

膳大伴部

阿倍朝臣同祖. 大彦命孫磐鹿六雁命之後也. 景行天皇巡狩東國, 至上總國, 從海路渡淡水門, 出海中得白蛤, 於是磐鹿六雁爲膳進之. 故美六雁賜膳大伴部.

【번 역】

선대반부(膳大伴部; 가시하데오토모베)

아배조신(阿倍朝臣; 아헤노아소미)과 조상이 같다. 대언명(大彦命; 오히코노미코토)의 손자 반록륙안명(磐鹿六雁命; 이하카무츠카리노미코토)의 후손이다. 경행천황(景行天皇; 게이카우텐노)이 동국(東國; 아즈마노쿠니)을 순수하여, 상총국(上總國; 가미츠후사노쿠니)에 이르러 해로로 담수문(淡水門; 아하노미나토)을 건넜다. 그리고 바다 가운데로 나아가 백합조개를 얻었다. 이것을 반록륙안이 요리로 만들어 바쳤다. 그러므로 육안(六雁; 무츠카리)을 훌륭하게 여겨 선대반부라는 씨명을 하사하였다.

【주 석】

1. 선대반부(膳大伴部)

선대반부라는 씨명은 선신(膳臣)의 통솔하에 있던 부민(部民)의 후예가 사용한 것으로 생각된다. 선신은 천황의 식선(食膳)을 담당하는 씨족으로, 율령제하에서 내선직(內膳職)과 관인의 음식을 담당하는 대선직(大膳職)에서 근무하였다. 이들은 어식국(御食國)이라고 불리는 지역에서 바치는 천황의 식선에 사용할 소금과 어패류 등을 중앙에서 관리하였다. 이때 현지에서 공납물의 징수와 관리를 맡은 집단과 기내(畿內) 주변에 거주하면서 내선직과 대선직에서 선부(膳部)로서 실무를 담당한 집단이 선대반부를 칭하였을 것이다. 『고교씨문(高橋氏文)』에는 여러 지역 사람을 나누어 대반부(大伴部)로 삼고 반록륙갈명(磐鹿六獦命)에게 주었다는 내용이 보인다. 대반부는 선신이 이끄는 반부의 중요성을 반영하는 것으로 생각된다. 선신이 이끄는 반부는 지방 호족들이 대왕에 대한 복속 의례로서 진상하는 음식물을 관장하였다. 그리하여 대반이라는 칭호를 사용한 것으로 보인다.

2. 아배조신(阿倍朝臣)

좌경 황별(상) 「아배조신」조(054) 참조.

3. 대언명(大彦命)

좌경 황별(상) 「아배조신」조(054) 대언명 참조.

4. 반록륙안명(磐鹿六鴈命)

『일본서기』 경행천황(景行天皇) 53년 10월조에 선신(膳臣)의 원조(遠祖)로 이름이 보인다. 우경 황별(상) 「약앵부조신(若櫻部朝臣)」조에서는 이파아모도가리명(伊波我牟都加利命; 이하카무츠카리노미코토)으로, 『고교씨문(高橋氏文)』에서는 반록륙갈명(磐鹿六猲命)으로 나타난다. 『고교씨문』에 의하면, 경행천황이 이세(伊勢)·상총국(上總國) 부도궁(浮島宮)을 거쳐 갈식야(葛飾野)에 이르러 사냥을 하도록 하였는데, 이때 태후가 이상한 새의 울음소리를 듣고 그 새의 모습을 보고 싶다고 하였다. 이에 반록륙갈이 배를 타고 새를 좇았는데, 새를 잡지 못하고 돌아오는 길에 썰물을 만나 갯벌에 갇히고 말았다. 그래서 배를 끌어내기 위하여 갯벌을 파다가 큰 백합을 얻었고, 이를 천황에게 요리하여 바쳤다고 하였다.

5. 경행천황(景行天皇)

수인천황(垂仁天皇)의 셋째 아들로 12대 천황으로 알려진 인물이다. 「고교조신(高橋朝臣)」조(057) 경행천황 참조.

6. 상총국(上總國)

현재 천엽현(千葉縣) 중앙부에 있었던 율령제 시대의 지역 명칭이다. 원래 상구국(上捄國; 가미츠후사노쿠니)라고 하였으나 대보(大寶) 4년(704)에 상총국(上總國; 가즈사노쿠니)로 고쳤다. 구(捄)와 총(總)은 모두 '후사'라고 읽으며 꽃이 필 때 씨방이 생기는 모시의 특성을 나타내는 것으로 생각된다. 상총은 '가미츠후사'에서 '가즈사'로 음이 변한 것이다. 상총국에는 시원군(市原郡), 해상군(海上郡) 등 15군(郡)이 속해 있었으며, 국부(國府)는 국분사(國分寺)가 위치한 천엽현(千葉縣) 시원시(市原市)로 추정된다.

7. 담수문(淡水門)

담(淡)은 안방(安房; 아하)으로도 표기하며 현재의 천엽현(千葉縣) 방총반도(房總半島)의 남단부를 가리킨다.

8. 회(膾)

『화명유취초(和名類聚抄)』에서는 일본음으로 '나마스(奈萬須)'라고 하며 고기를 잘게 썬 것이라고 하였다.

9. 사선대반부(賜膳大伴部)

『고사기』 경행천황단에서는 선대반부를 정했다고 하였으나, 『일본서기』 경행천황 53년 10월조에서는 육안신(六雁臣)의 공을 아름답게 여겨 선대반부를 하사하였다고 하였다. 실제로 동국(東國) 12국(國)에 광범위하게 선대반부 및 대반부(大伴部)가 존재하며, 이는 반드시 경행천황 당시의 일은 아니더라도 대화정권(大和政權)이 동국 지역을 통합하고 이를 지배하는 과정에서 천황의 식선에 사용할 어패류 등을 공납하도록 한 사실과 연관이 있는 것으로 볼 수 있다.

---

064 【원문】

阿倍志斐連

　　命八世孫稚子臣之後也. 孫自臣八世孫名代. 諡天武御世獻之楊花. 勅曰, "何花哉" 名代奏曰, "辛夷花也." 群臣奏曰, "是楊花也." 名代猶強奏, "辛夷花." 因賜阿倍志斐連姓也. 日本紀漏.

【번 역】

아배지비련(阿倍志斐連; 아헤시히노무라지)

　　대언명(大彦命; 오히코노미코토)의 8세손인 치자신(稚子臣; 와쿠코노오미)의 후손이다. 손자신(孫自臣; 히코시노오미)의 8세손 명대(名代; 나시로)가 시호 천무(天武) 때 버드나무 꽃을 바쳤다. (천황이) 묻기를 "무슨 꽃이냐?"라고 하자, 명대가 아뢰기를 "목련입니다."라고 하였다. 여러 신하들이 아뢰기를 "그것은 버드나무 꽃입니다."라고 하였다. 명대는 여전히 고집을 부리며 "목련입니다."라고 하였다. 그래서 아배지비련이라는 성을 하사하였다. 『일본기』에는 누락되었다.

【주 석】

1. 아배지비련(阿倍志斐連)

지비(志斐)는 '시히'라고 읽으며 '고집을 피우다'라는 뜻을 담고 있다. 명대(名代)가 버드나무 꽃을 목련이라고 고집을 피웠기 때문에 붙은 씨명으로 전한다. 지비의 용례로는, 『만엽집(萬葉集)』에 지비구(志斐嫗)가 화답해 올리는 노래로 "싫다고 하는데도 이야기 하라, 이야기하라고 하셔서 지비가 말씀드렸는데, 그것을 억지 이야기라고 하시다니."라는 내용이 있다. 아배지비련 이외에도 지비련(志斐連), 중신지비련(中臣志斐連)이 있는 것으로 보아, 억지스러운 이야기를 하는 전문 집단과 관련이 있는 것으로 생각된다. 후대의 만담과 같이 유희나 오락의 일종이었을 것이다.

아배지비련의 일족으로는 『속일본기(續日本紀)』 보귀(寶龜) 9년(778) 2월 계해조 등에 보이는 종5위하 아배지비련동인(阿倍志斐連東人)만 확인되며 대좌사(大左史) 풍후원외개(豐後員外介) 등을 지냈다.

2. 대언명(大彦命)

좌경 황별(상) 「아배조신」조(054) 대언명 참조.

3. 치자신(稚子臣)

여기에만 보이는 인명이다.

4. 손자신(孫自臣)

치자신(稚子臣)의 아들로 추정된다. 자손신(自孫臣), 자신(自臣) 등 글자의 순서를 바꾸거나 손(孫)을 삭제하여 '치자신의 손자로부터' 혹은 '치비신으로부터'로 해석하는 의견도 있으나, 손자신을 인명으로 보고 치자신의 아들로 보는 것이 온당한 것으로 생각된다.

5. 명대(名代)

여기에만 보이는 인명이다.

6. 시천무어세(謚天武御世)

『신찬성씨록』 완본에는 '천정중원영진인천황(天渟中原瀛眞人天皇)'이라는 내용이 있었을 것으로 추정하고 있다.

7. 신이화(辛夷花)

목련을 말한다. 『화명유취초(和名類聚抄)』에서 '야마아라라기(夜末阿良良木)' 또는 '고부시하지카미(古不之波之加美)'라고 한다고 하였다. 한방에서 신이(辛夷)는 봉오리 상태의 목련꽃을 말하며 비염, 축농증, 코막힘 등을 치료하는 약재로 사용하였다. 학명은 'Magnolia kobus'이다.

8. 일본기루(日本紀漏)

『일본서기』 천무천황(天武天皇) 10년(681) 4월 경술조와 12월 계사조, 12년 9월 정미조와 10월 기미조 등에 연(連)이라는 성을 여러 씨족에 하사하였다는 기사가 있지만, 아배지비련에 대한 사성(賜姓) 기사는 보이지 않는다.

---

065 【원 문】

石川朝臣
　　孝元天皇皇子彦太忍信命之後也. 日本紀合.

【번 역】

석천조신(石川朝臣; 이시카하노아소미)
　　효원천황(孝元天皇; 가우구웬텐노)의 황자(皇子) 언태인신명(彦太忍信命; 히코후츠오시노마코토노미코토)의 후예이다. 『일본기』와 합치한다.

【주 석】

1. 석천조신(石川朝臣)

석천(石川)이라는 씨명은 율령제하의 하내국(河內國) 석천(石川)이라는 지명에서 유래된 것이다. 현재의 대판부(大阪府) 우예야시(羽曳野市) 부전림시(富田林市)와 하내장야시(河內長野市) 일대이며, 이 지역에는 대화천(大和川)과 합류하는 석천이 흐르고 있다.

석천조신의 일족으로는 『일본서기』 천무천황(天武天皇) 14년(685) 9월 무오조의 석천조신충명(石川朝臣蟲名)을 비롯하여 『속일본기』 문무천황(文武天皇) 2년(702) 7월 계미조의 석천조신소로(石川朝臣小老), 화동(和銅) 원년(708) 3월 병오조의 석천조신석족(石川朝臣石足), 천평(天平) 7년(735) 4월 무신조의 석천조신년족(石川朝臣年足) 등 다수가 보인다.

석천조신은 원래 소아신(蘇我臣)에서 분화된 씨족이다. 소아신씨의 시조가 소아석하숙녜(蘇我石河宿禰)로 전하며 그는 무내숙녜(武內宿禰)의 아들이며 하내국(河內國) 석천 지역에서 태어났으므로 석천이라고 이름을 지었다고 한다. 후에 종아(宗我, 蘇我)의 큰집과 종아숙녜(宗我宿禰)라는 씨성을 하사받았다고 한다(『일본삼대실록(日本三代實錄)』 元慶 원년 12월 27일 계사조). 『일본서기』 민달천황(敏達天皇) 13년(584) 시세(是歲)조에 소아마자숙녜(蘇我馬子宿禰)가 석천의 저택에 불전을 만드니 불법의 단서가 이로부터 만들어졌다고 하여, 소아마자(蘇我馬子)도 석천에 저택을 가지고 있는 등 밀접한 관련을 보인다. 소아마자의 손자이자 산전사(山田寺)를 건립한 것으로 유명한 소아창산전석천마려(蘇我倉山田石川麻呂)의 이름에도 석천이 들어 있다.

소아신이 석천조신으로 씨명을 바꾼 것은 임신(壬申)의 난 당시 소아신적형(蘇我臣赤兄)과 소아신과안(蘇我臣果安)이 천지천황(天智天皇)의 아들인 대우황자(大友皇子) 측에 가담한 사실과 천무천황 10년(681) 3월에 제기(帝紀) 및 상고제사(上古諸事)를 기정(記定)하도록 한 사실과 관련이 있는 것으로 추정된다. 천무 진영에 맞섰던 조상들의 씨명을 그대로 쓰기 어려웠을 것으로 보인다.

2. 효원천황(孝元天皇)

좌경 황별(상) 「아배조신(阿倍朝臣)」조(054) 효원천황 참조.

3. 언태인신명(彥太忍信命)

『일본서기』에서는 효원천황(孝元天皇)의 아들로 무내숙녜(武內宿禰; 다케시우치노스쿠네)의 조부라고 하였다. 『고사기』 효원천황단에서는 비고포도압지신명(比古布都押之信命)이라고 표기하였고 건내숙녜(建內宿禰; 다케시우치노스쿠네)의 아버지라고 하였다. 무내숙녜는 9명의 자식을 두었는데 그중 소하석하숙녜(蘇賀石河宿禰)가 소아신(蘇我臣), 천변신(川邊臣) 등의 조상이 되었다고 한다. 언태인신명의 이름은 산성국 황별「적신(的臣)」조(195), 「여등련(與等連)」조(196), 「출정신(出庭臣)」조(198), 대화국 황별「내신(內臣)」조(212), 「아기나군(阿祇奈君)」조(239), 섭진국 황별「판본신(坂本臣)」조(238), 하내국 황별「소하(蘇何)」조(276) 등에 보인다.

4. 일본기합(日本紀合)

『일본서기』 천무천황(天武天皇) 13년(684) 11월 무신삭조에 석천신(石川臣)에게 조신(朝臣)이라는 성을 하사하였다는 내용이 보이는 것을 말한다.

066 【원 문】

田口朝臣

石川朝臣同祖. 武內宿禰大臣之後也. 蝙蝠臣. 豐御食炊屋姬天皇[謚推古.]御世, 家於大和國高市郡田口村, 仍號田口臣. 日本紀漏.

【번 역】

전구조신(田口朝臣; 다구치노아소미)

석천조신(石川朝臣; 이시카하노아소미)과 조상이 같다. 무내숙녜대신(武內宿禰大臣; 다케시우치노스쿠네노오미)의 후손이다. 편복신(蝙蝠臣; 가하호리노오미)은 풍어식취옥희천황(豐御食炊屋姬天皇; 도요미케카시키야히메)[시호는 추고(推古)이다.]의 시대에 대화국(大和國; 야마토노쿠니) 고시군(高市郡; 다케치노코호리) 전구촌(田口村; 다쿠치노무라)에 살았다. 그리하여 전구신이라고 하였다. 『일본기』에는 누락되었다.

【주 석】

1. 전구조신(田口朝臣)

전구(田口)라는 씨명은 율령제하의 대화국(大和國) 고시군(高市郡) 전구촌(田口村)에서 비롯된 것으로 보인다. 현재의 나량현(奈良縣) 강원시(橿原市) 화전정(和田町) 일대이다.

전구조신의 일족으로는 『속일본기』에 전구조신익인(田口朝臣益人, 658~723), 전구조신광마려(田口朝臣廣麻呂), 전구조신어부(田口朝臣御負), 전구조신가주(田口朝臣家主) 등 다수가 보인다. 『동남원문서(東南院文書)』에도 검교주전장관(檢校鑄錢長官) 종5위하 전구조신식계(田口朝臣息繼)가 보인다.

2. 무내숙녜대신(武內宿禰大臣)

『일본서기』에는 무내숙녜(武內宿禰), 『고사기』에는 건내숙녜(建內宿禰), 다른 문헌에는 건내족니(建內足尼) 등으로 기재되어 있다. 경행천황(景行天皇) 14년에 출생하여 성무천황(成武天皇) 대에 대신(大臣)의 지위에 올랐으며, 중애천황(仲哀天皇)을 거쳐 신공(神功), 응신(應神), 인덕(仁德) 대까지 300년에 이르는 기간 동안 활약한 인물로 전하고 있다. 『공경보임(公卿補任)』에서 나이 295세, 관직에 있었던 기간이 244년이라고 할 정도로 장수한 인물로 나타나 의문스러운 점이 많다. 기씨(紀氏)·거세씨(巨勢氏)·평군씨(平群氏)·갈성씨(葛城氏)·소아씨(蘇我氏) 등 중앙 유력 호족의 공통의 조상으로 간주되었다. 그러나 이러한 관념은 혈연에 바탕을 둔 것이 아니라 의제적인 관계일 것으로 보고 있다.

『일본서기』 경행천황기(景行天皇紀)에서는 옥주인남무웅심명(屋主忍男武雄心命)과 기직(紀直)의 먼 조상인 토도언(菟道彦)의 딸인 영원(影媛) 사이에서 태어났다고 하였다. 또한 효원천황기(孝元天皇紀)에서는 효원(孝元)의 아들인 언태인신명(彦太忍信命)을 무내숙녜의 조부라고 하였으므로, 무내숙녜는 효원천황의 3세손에 해당한다. 응신천황기(應神天皇紀)에는 그의 아우로 감미내숙녜(甘美內宿禰)가 보인다. 『고사기』에서는 효원천황의 아들인 비고포도압지신명(比古布都押之信命, 彦太忍信命)과 목국조(木國造)인 우두비고(宇豆比古)의 누이인 산하영일매(山下影日賣) 사이에서 건내숙녜가 태어났으며, 효원천황의 손자라고 하였다. 또한 그와 이복형제인 미사내숙녜(味師內宿禰, 甘美內宿禰)의 이름이 보인다.

그의 자식으로는 『일본서기』에서는 평군목토숙녜(平群木菟宿禰)만 부자관계로 명시되어 있으나, 『고사기』에서는 7남 2녀와 27씨의 후예씨족을 기록하고 있다.

파다팔대숙녜(波多八代宿禰, 羽田矢代宿禰; 하타노야시로스쿠네)는 파다신(波多臣)·임신(林臣)·파미신(波美臣)·성천신(星川臣)·담해신(淡海臣)·장곡부군(長谷部君)의 조상이다.

허세소병숙녜(許勢小柄宿禰; 고세노오카라노스쿠네)는 허세신(許勢臣, 巨勢臣)·작부신(雀部臣)·경부신(輕部臣)의 조상이다.

소하석하숙녜(蘇賀石河宿禰, 石川宿禰; 소가노이시카와노스쿠네)는 소아신(蘇我臣)·천변신(川辺臣)·전중신(田中臣)·고향신(高向臣)·소치전신(小治田臣)·앵정신(櫻井臣)·안조신(岸田臣)의 조상이다.

평군도구숙녜(平群都久宿禰, 平群木菟宿禰; 헤구리노츠쿠노스쿠네)는 평군신(平群臣)·좌화량신(佐和良臣)·마어직련(馬御樴連)의 조상이다.

목각숙녜(木角宿禰, 紀角宿禰; 기노츠노노스쿠네)는 목신(木臣, 紀臣)·도노신(都奴臣)·판본신(坂本臣)의 조상이다.

갈성장강증도비고(葛城長江曾都毘古, 葛城襲津彦; 가즈라키노나가에노소츠비코)는 옥수신(玉手臣)·적신(的臣)·생강신(生江臣)·아예나신(阿藝那臣)의 조상이다.

약자숙녜(若子宿禰; 와쿠고노스쿠네)는 강야재신(江野財臣)의 조상이다. 그에 관한 『일본서기』의 기록을 살펴보면, 경행천황이 기이(紀伊)에 행차하여 신에게 제사를 지내려고 하였으나 불길하다는 점괘가 나와서 대신 옥주인남무웅심명을 파견하고, 아비백원(阿備柏原; 아비노카시와바라)에서 9년간 머무르면서, 영원으로부터 무내숙녜를 낳았다고 하였다. 또한 무내숙녜는 성무천황과 같은 날에 태어났다고 하였다(경행천황 14년).

경행 25년 7월 3일조 및 27년 2월 12일조에서는 무내숙녜를 북륙(北陸) 및 동쪽 지방에 파견하여 지형과 백성의 상황을 시찰하게 하였고, 돌아와서는 하이(蝦夷)를 정벌할 것을 진언하였다고 한다. 경행 51년 1월 7일에 여러 날에 걸쳐서 연회를 베풀었는데 치족언(稚足彦)과 무내숙녜는 연회에 참여하지 않았다. 그 이유를 물으니, 모두 연회를 즐기느라 나라를 생각하지 않고 있으므로 비상 사태에 대비하고 있다고 하였다. 이에 치족언을 황태자로 삼고 무내숙녜를 동량지신(棟樑之臣)으로 삼았다고 한다(『일본서기』 경행 51년 8월 4일조).

성무천황 때는 무내숙녜를 대신(大臣)으로 삼았고, 생일이 같다는 이유로 성무가 무내숙녜를 특별히 총애하였다는 내용이 보인다(『일본서기』 성무 3년 정월 7일조).

중애천황 때는 중애가 신탁에도 불구하고 신라를 정벌하려던 계획을 중지하면서 신벌을 받아 죽었을 때, 신공황후(神功皇后)와 무내숙녜가 그 사실을 숨기고 중애의 유해를 해로로 몰래 혈문(穴門)로 옮겨 풍포궁(豐浦宮)에서 빈례를 행하였다는 내용이 보인다.

또 중애천황이 죽은 후 신공은 스스로 제주가 되어 중애를 저주한 신의 이름을 알고자 하였는데, 이때 무내숙녜가 금(琴)을 연주하도록 하였다. 그리고 신공이 나하(儺河)의 물을 신전(神田)에 대려고 물길을 팠는데 도중에 큰 바위가 나타났다. 이때 무내숙녜를 불러 신에게 칼과 거울을 바쳐 기원하여 물길이 통하도록 하였다고 한다.

한편 중애가 죽었다는 사실을 알고 미판황자(麛坂皇子)·인웅황자(忍熊皇子)가 반란을 일으키자, 무내숙녜는 기이수문(紀伊水門)에 이르러 화이신(和珥臣)의 조상인 무진웅(武振熊)과 함께 수만의 병사를 이끌고 산배(山背), 토도(菟道, 宇治)를 지나 봉판(逢坂, 현재의 京都府과 滋賀縣의 경계에 있는 逢坂山)에서 인웅황자를 격파하였다고 한다.

신공(神功) 섭정 13년에는 태자와 함께 각록(角鹿)의 사반대신(笥飯大神, 현재의 福井縣 敦賀市 氣比神宮)에 참배하였고, 돌아온 후에 열린 연회에서는 태자를 대신하여 황후에 대한 답가를 지었다.

신공 섭정 47년에 신라와 백제 사이에 공물 문제가 발생하자, 신공이 신에게 누구를 보내면 좋을지를 물었는데 신이 무내숙녜에게 의논하도록 하여 결국 천웅장언(千熊長彦)을 파견하게 되었다고 한다.

응신(應神) 7년 9월에는 고구려인·백제인·임나인(任那人)·신라인 등을 이끌고 한인지(韓人池)를 만들었다고 하였다. 9년 4월에는 무내숙녜가 축자(筑紫)에 가 있는 사이에 동생인 감미내숙녜(甘美內宿禰)가 형을 무고하였고 신탁[探湯]을 행한 결과가 무내숙녜가 승리하였다고 한다.

인덕(仁德) 원년 1월에는 응신의 아들인 대초료존(大鷦鷯尊, 후의 仁德皇)과 무내숙녜의 아들인 평군목토숙녜(平群木菟宿禰)가 같은 날 태어났다. 이때 인덕의 산실에 부엉이[鷦鷯]가 날아들고, 목토의 산실에 굴뚝새[木菟]가 날아들었다. 그래서 새의 이름을 서로 교환하여 이름을 지었다고 한다. 인덕 30년에 기러기가 차전제(茨田堤)에 알을 낳으므로, 인덕과 무내숙녜가 장생을 기리는 노래를 지었다고 한다. 윤공(允恭) 5년조에는 무내숙녜의 무덤에 관한 전승이 남아 있다.

『고사기』에서는 허세신(許勢臣, 巨勢臣)·소아신(蘇我臣)·평군신(平群臣)·목신(木臣, 紀臣) 등 27씨족이 무내숙녜의 후예씨족이라고 하였다.

3. 편복신(蝙蝠臣)

소아전구신천굴(蘇我田口臣川堀)을 말한다. 『왜명류취초(倭名類聚抄)』에서는 편복(蝙蝠)

의 일본어 훈이 '가하호리(加波保里)'라고 하였으므로, 천굴(川堀; 가하호리) 대신에 박쥐를 뜻하는 편복(가하호리)을 쓴 것임을 알 수 있다. 『일본서기』 대화(大化) 원년(645) 9월 무진조에 의하면, 고인황자(古人皇子)가 소아전구신천굴 등과 모반을 꾀하였다고 하였다. 이처럼 모반에 가담한 인물이므로 원래의 이름을 쓰지 않고 부정적인 의미를 담은 동음어를 사용한 것으로 보인다.

4. 풍어식취옥희(豐御食炊屋姫)

『일본서기』 추고천황(推古天皇) 즉위전기에 풍어식취옥희천황은 천국배개광정천황(天國排開廣庭天皇)의 딸이며 귤풍일천황(橘豐日天皇)의 동모매(同母妹)로 어릴 때는 액전부황녀(額田部皇女)로 불렸다고 하였다.

5. 일본기루(日本紀漏)

『일본서기』에 성을 내린 기사가 보이지 않는다.

067 【원 문】

櫻井朝臣

石川朝臣同祖. 蘇我石川宿禰四世孫稻目宿禰大臣之後也. 日本紀合.

【번 역】

앵정조신(櫻井朝臣; 사쿠라이노아소미)

석천조신(石川朝臣)과 조상이 같다. 소아석천숙녜(蘇我石川宿禰; 소가노이시카하노스쿠네)의 4세손인 도목숙녜대신(稻目宿禰大臣; 이나메노스쿠네노오오미)의 후손이다. 『일본기』와 합치한다.

【주 석】

1. 앵정조신(櫻井朝臣)

앵정(櫻井)이라는 씨명은 율령제 시대의 하내국(河內國) 석천군(石川郡) 앵정이라는 지명에서 비롯된 것으로 추정하고 있다. 이곳은 현재 대판부(大阪府) 부전림시(富田林市)

앵정이다. 앵정조신은 원래 신(臣)이라는 성을 가지고 있었으나, 『일본서기』 천무천황 13년(684) 11월 무신삭조에 앵정신이 다른 52씨와 더불어 조신이라는 성을 받은 사실이 보인다.

앵정신·앵정조신의 일족으로는, 『일본서기』 서명천황 즉위전기의 앵정신화자고(櫻井臣和慈古)가 보일 뿐이고, 『신찬성씨록』 편찬 당시까지 그 일족을 확인할 수 없다. 앵정신화자고는 소아도목(蘇我稻目)의 후손이라고 하였으므로 소아도목의 아들이나 손자로서 곧 소아하이(蘇我蝦夷)의 숙부나 4촌 형제였을 것이다. 소아도목의 딸로 흠명(欽明)의 왕비가 된 견염원(堅鹽媛)이 낳은 아들 앵정황자(櫻井皇子) 등으로 보아 소아씨와 앵정이라는 지역이 밀접한 관련이 있음을 알 수 있다.

2. 석천조신(石川朝臣)

좌경 황별(상) 「석천조신」조(065) 참조.

3. 소아석천숙녜(蘇我石川宿禰)

『고사기』 효원천황단에서 건내숙녜(建內宿禰)의 아들이며 소아신(蘇我臣), 앵정신(櫻井臣) 등의 조상이라고 하였다. 『일본서기』에서는 응신천황 3년에 기각숙녜(紀角宿禰)와 함께 백제에 파견되었다고 하였다. 『기씨가첩(紀氏家牒)』에서는 그가 대왜국 고시현 소아리에 집이 있어서 소아석하숙녜라고 불렀다고 하고, 소아신이 천변신의 조상이라고 하였다. 또한 그의 아들 소아만지(蘇我滿智)가 이중·반정·윤공·안강·웅략 5대에 걸쳐 봉사(奉仕)하였다는 내용이 보인다.

4. 도목숙녜대신(稻目宿禰大臣)

『일본서기』 선화천황(宣化天皇) 원년(536) 2월 임신삭(壬申朔)조에 소아도목숙녜(蘇我稻目宿禰)를 대신으로 삼았다고 하였고, 같은 해 5월 신축(辛丑)에 소아대신도목숙녜(蘇我大臣稻目宿禰)가 미장련(尾張連)을 보내 미장국(尾張國) 둔창(屯倉)의 곡식을 옮겼다는 내용이 보인다. 또한 흠명(欽明) 즉위전기(卽位前紀) 12월 갑신조에 소아도목숙녜대신을 대신으로 삼았다고 하였다. 흠명 2년(541) 3월조에는 소아대신도목숙녜의 딸로 견염원(堅鹽媛)이 있는데 7남 6녀를 낳았다고 하였고, 『상궁성덕법왕제설(上宮聖德法王帝說)』에서도 종아도목족니대신(宗我稻目足尼大臣)의 딸 지다사비매명(支多斯比賣命, 堅

鹽媛)이 이파례지변궁치천하귤풍일천황(伊波禮池邊宮治天下橘豐日天皇)을 낳았는데 그가 성덕태자의 아버지라고 하였다. 흠명 13년(552) 10월에 백제 성명왕(聖明王)이 석가불 금동상 등을 바치자 소아대신도목숙녜가 아뢰기를, "서번제국(西蕃諸國)이 모두 예배하는데, 풍추일본(豐秋日本)이 어찌 홀로 등지겠는가."라고 하자 천황이 진심으로 원하는 도목숙녜에게 맡겨 예배하도록 해보라고 하였다.

이에 대신이 소간전(小墾田)의 집에 모시고, 향원(向原)의 집을 희사하여 절로 삼았다고 하였다. 흠명 14년(553) 7월 갑자조에 소아대신도목숙녜가 칙을 받들어 왕진이(王辰爾)를 보내어 선부(船賦)를 조사하여 기록하도록 하였다는 내용이 보인다. 흠명 16년(555) 7월 임술조에 소아대신도목숙녜와 수적반궁신(穗積磐弓臣) 등을 길비5군(吉備五郡)에 보내어 백저둔창(白猪屯倉)을 두었고, 동 17년(556) 7월 기묘조에서는 소아대신도목숙녜 등을 비전아도군(備前兒島郡)에 보내어 둔창을 두었다고 하였다. 흠명 23년(562) 8월조에서는 갑옷 2벌, 금으로 장식한 칼 2자루, 모양을 새긴 동종 3구, 오색번(五色幡) 2자루, 미녀원(美女媛)과 그 시녀 오전자(吾田子)를 소아도목숙녜대신에게 보냈다고 하였다. 흠명 31년(570) 3월 갑신삭에 소아대신도목숙녜가 죽었다고 하였다.

용명천황(用明天皇) 원년(586) 정월 임자삭조에서는 소아대신도목숙녜(蘇我大臣稻目宿禰)의 딸 석촌명(石寸名)을 세워 빈으로 삼았는데 전목황자(田目皇子)를 낳았다고 하였다. 『상궁성덕법왕제설』에서도 천황이 소아이나미숙녜대신(蘇我伊奈米宿禰大臣)의 딸 이지지나랑녀(伊志支那郞女)를 맞아들여 다미왕(多米王)을 낳았다고 하였고, 『고사기』 용명천황단(用明天皇段)에서도 천황이 도목숙녜대신(稻目宿禰大臣)의 딸을 의부예다지비매(意富藝多志比賣)를 맞아들여 다미왕(多米王)을 낳았다고 하였다. 『일본서기』 숭준천황(崇峻天皇) 즉위전기에 박뢰부천황(泊瀨部天皇)의 어머니는 소자군(小姊君)인데 도목숙녜의 딸이라고 하였다. 이처럼 소아도목은 안한천황·선화천황·흠명천황에 걸쳐 대신의 지위에 있었고, 그 딸들이 천황의 후궁에 들어가 천황과 황자를 낳았음을 알 수 있다. 또한 불교의 수용에 적극적이었으므로 후대의 불교 관련 사료에 빈번하게 등장한다.

소아도목의 계보에 대해서는 『공경보임(公卿補任)』 선화천황(宣化天皇) 조항의 소아도목숙녜의 말미에 원년(536) 2월에 임명되었으며 만지숙녜(滿智宿禰)의 증손이고 한자(韓子)의 손자이며 고려(高麗)의 아들이라고 하였다. 또 흠명천황 조항의 소아도목숙녜의 말미에는 31년(570) 봄 3월에 죽었는데 관직에 35년 동안 있었으며, 용명(用明)·숭준(崇峻)·추고(推古) 세 천황의 외조부라고 하였다. 또한 『기씨계도전(紀氏系圖傳)』 일 문에도 소아도목숙녜는 소아석하숙녜의 현손이며 만지숙녜의 증손이고 한자숙녜(韓子宿禰)의 손자이며 마배숙녜(馬背宿禰)의 아들이라고 하였다.

5. 일본기합(日本紀合)
『일본서기』 천무천황 13년(684) 11월 경신조에 석천신(石川臣)에게 조신이라는 성을 내린 기사가 보인다.

068 【원 문】
紀朝臣
石川朝臣同祖. 建內宿禰男紀角宿禰之後也.

【번 역】

기조신(紀朝臣; 기노아소미)
　석천조신(石川朝臣; 이시카하노아소미)과 조상이 같다. 건내숙녜(建內宿禰; 다케시노우치노스쿠네)의 아들 기각숙녜(紀角宿禰; 기노츠노노스쿠네)의 후손이다.

【주 석】

1. 기조신(紀朝臣)
　기(紀)라는 씨명은 『기씨가첩(紀氏家牒)』에서, 무내숙녜가 기이국조(紀伊國造)인 우두언(宇豆彦)의 딸 우내원(宇乃媛)을 맞아들여 각숙녜(角宿禰)를 낳고, 대왜국(大倭國) 평군현(平群縣) 기리(紀里)에 살았다고 하였으므로, 기리라는 지명에서 비롯된 것으로 보인다. 기리는 후대의 대화국(大和國) 평군군(平群郡) 평군향(平群鄉)이며, 현재의 나량현(奈良縣) 생구군(生駒郡) 평군정(平群町) 상장(上莊)에 해당한다. 『연희식(延喜式)』 신명장(神名帳)에도 평군(平群)에 위치한 기씨신사(紀氏神社)가 실려 있다. 목국(木國; 기노쿠니) 후대의 기이국(紀伊國; 기노쿠니)을 근거지로 한 기직(紀直)과는 구별된다. 기직은 신혼명(神魂命)의 5세손인 천도근명(天道根命) 혹은 신혼명의 아들인 어식지명(御食持命)을 시조로 하는 신별 씨족이다. 그러나 두 씨족은 전혀 무관하지 않으며, 무내숙녜와 기이국조 가문이 혼인관계를 맺었고 그 때문에 무내숙녜가 살았던 곳의 지명을 기(紀)라고 하였을 가능성이 있다.

기조신의 원래 성은 신(臣)이었는데, 『일본서기(日本書紀)』 천무천황(天武天皇) 13년(684) 11월 무신삭에 기(紀) 등 52씨에게 조신이라는 성을 내렸다고 하였다.

기조신(紀朝臣)의 일족으로는 신이라는 성을 쓰던 시대의 기신나솔미마사(紀臣奈率彌麻沙, 『일본서기』 흠명천황 2년 7월조 등), 기신염수(紀臣鹽手, 『일본서기』 서명천황 즉위전기), 기마리기타신(紀麻利耆拖臣, 『일본서기』 대화 2년 3월 신사조 등), 목신마려(木臣麻呂, 『일본서기』 대화 5년 3월 경오조), 기대인신(紀大人臣, 『일본서기』 천지천황 10년 정월 계묘조 등), 기신아폐마려(紀臣阿閉麻呂, 『일본서기』 천무천황 원년 7월 신묘조), 기신대음(紀臣大音, 『일본서기』 천무천황 원년 4월 임자조), 기신가다마려(紀臣訶多麻呂, 『일본서기』 천무천황 2년 12월 무술조 등), 기신가좌마려(紀臣訶佐麻呂, 『일본서기』 천무천황 5년 4월 기미조) 등이 있다.

조신이라는 성을 받은 이후에는 기조신진인(紀朝臣眞人, 『일본서기』 주조 원년 9월 갑자조 등), 기조신궁장(紀朝臣弓張, 『일본서기』 주조 원년 9월 병인조 등), 기조신마려(紀朝臣麻呂, 『일본서기』 지통천황 7년 6월 임술조 등), 기조신남인(紀朝臣男人, 『속일본기』 경운 2년 12월 계유조 등), 기조신청인(紀朝臣淸人, 『속일본기』 화동 7년 2월 무술조 등), 기조신마로(紀朝臣麻路, 『속일본기』 양로 4년 정월 갑자조 등), 기조신반마려(紀朝臣飯麻呂, 『속일본기』 천평 원년 3월 갑오조 등), 기조신광순(紀朝臣廣純, 『속일본기』 천평보자 2년 정월 무인조 등), 기조신선수(紀朝臣船守, 『속일본기』 천평보자 8년 9월 을사조 등), 기조신광정(紀朝臣廣庭, 『속일본기』 천평보자 8년 10월 경오조 등), 기조신고좌미(紀朝臣古佐美, 『속일본기』 천평보자 8년 10월 기축조 등), 기조신가수(紀朝臣家守, 『속일본기』 보귀 2년 정월 신사조 등), 기조신견양(紀朝臣犬養, 『속일본기』 보귀 2년 4월 임오조 등), 기조신작량(紀朝臣作良, 『속일본기』 보귀 9년 정월 계해조 등), 기조신형원(紀朝臣兄原, 『속일본기』 연력 3년 정월 기묘조 등), 기조신즙계(紀朝臣楫繼, 『속일본기』 연력 10년 12월 경인조 등), 기조신승장(紀朝臣勝長, 『일본후기』 연력 16년 3월 계축조 등), 기조신광빈(紀朝臣廣濱, 『일본후기』 연력 18년 경술조 등), 기조신승마려(紀朝臣繩麻呂, 『일본후기』 연력 18년 5월 신해조 등), 기조신사마려(紀朝臣咋麻呂, 『일본후기』 연력 18년 5월 계축조 등), 기조신국웅(紀朝臣國雄, 『일본후기』 연력 23년 4월 임자조 등), 기조신전상(紀朝臣田上, 『일본후기』 연력 23년 4월 임자조 등), 기조신강계(紀朝臣岡繼, 『일본후기』 연력 23년 10월 계축조 등), 기조신량문(紀

朝臣良門, 『일본후기』 연력 23년 10월 계축조 등), 기조신백계(紀朝臣百繼, 『일본후기』 대동 원년 정월 계사조 등), 기조신정성(紀朝臣貞成, 『일본후기』 대동 3년 5월 경인조 등), 기조신장전마려(紀朝臣長田麻呂, 『일본후기』 대동 3년 5월 을미조 등), 기조신말성(紀朝臣末成, 『일본후기』 홍인 원년 9월 정미조 등), 기조신화기마려(紀朝臣和氣麻呂, 『일본후기』 홍인 2년 6월 계해삭조 등) 등 다수가 사료에 보인다.

　신(臣) 성을 가진 인물로는 기신나솔미마사(紀臣奈率彌麻沙)를 들 수 있다. 『일본서기』 흠명(欽明) 2년(541) 7월조의 분주에 "기신나솔은 기신이 한부(韓婦)와 혼인하여 낳았고 그 때문에 백제에 머물게 되었다."라고 하였다. 그 아버지의 이름은 전하지 않으나, 기신 일족이 백제에 건너가 활동하였다는 사실을 짐작할 수 있다.

2. 석천조신동조(石川朝臣同祖)

좌경 황별(상)의 「석천조신(石川朝臣)」조에 효원천황(孝元天皇)의 황자 언태인신명(彦太忍信命)의 후손이라고 하였다. 『선대구사본기』 「천황본기」의 효원천황조에 언태인신명이 기신 등의 조상이라고 하였다. 앞의 「석천조신(石川朝臣)」조(065) 참조.

3. 건내숙녜(建內宿禰)

건내숙녜에 대해서는 좌경 황별(상)의 「전구조신(田口朝臣)」조(066) 참조. 건내숙녜라는 표기는 『고사기』에 보이며, 『신찬성씨록』에서는 본조 외에 좌경 황별(상)의 「작부조신(雀部朝臣)」조, 대화국(大和國) 황별의 「강소신(江沼臣)」조·「지후신(池後臣)」조, 섭진국(攝津國) 황별의 「작부조신(雀部朝臣)」조, 하내국(河內國) 황별의 「기축(紀祝)」조·「기부(紀部)」조, 화천국(和泉國) 황별의 「판본조신(坂本朝臣)」조·「적신(的臣)」조·「기신미신(紀辛梶臣)」조·「대가신(大家臣)」조에서도 보인다.

4. 기각숙녜(紀角宿禰)

『고사기』 효원천황단(孝元天皇段)에서 목각숙녜(木角宿禰)는 목신(木臣)·도노신(都奴臣)·판본신(坂本臣)의 조상이라고 하였다. 『일본서기』 응신천황(應神天皇) 3년 시세조(是歲條)에서는 백제의 진사왕(辰斯王)이 즉위한 이후 귀국(貴國) 천황(天皇)에게 예를 잃으므로 기각숙녜를 보내어 그 무례함을 꾸짖자, 백제국이 진사왕을 죽여 사과하였으며, 기각숙녜 등이 곧 아화(阿花)를 세워 왕으로 삼고 돌아왔다는 내용이 보인다.

또한 인덕천황 41년 3월조에 기각숙녜를 백제에 보내어 처음으로 국군(國郡)의 영역을 나누고 향토에서 나는 것을 자세히 기록하였으며, 이때 백제 왕족인 주군(酒君)이 무례하므로 기각숙녜가 백제 왕을 꾸짖자 백제 왕이 두려워서 주군을 쇠사슬로 묶어 습진언(襲津彦)에 딸려 진상하였다고 한다.

『기씨가첩(紀氏家牒)』에서는 무내숙녜(武內宿禰)가 기이국조(紀伊國造) 우두언(宇豆彦)의 딸 우내원(宇乃媛)과 혼인하여 각숙녜(角宿禰)를 낳고 대왜국(大倭國) 평군현(平群縣) 기리(紀里)에 살았으므로 이름을 기각숙녜라고 하였으며, 기신(紀臣), 각신(角臣), 판본신(坂本臣)의 조상이라는 내용이 보인다.

『신찬성씨록』좌경 황별(상)의「각조신(角朝臣)」·「판본조신(坂本朝臣)」, 하내국(河內國) 황별의「기축(紀祝)」, 화천국(和泉國) 황별의「판본조신(坂本朝臣)」·「기신미신(紀辛梶臣)」·「대가신(大家臣)」·「소수전수(掃守田首)」등의 각 조에 기각숙녜의 이름이 보인다. 한편 우경 황별의「소수전수(掃守田首)」조에는 기도노숙녜(紀都奴宿禰; 기노츠노노스쿠네), 하내국 황별의「기부(紀部)」조에는 도야숙녜명(都野宿禰命; 츠노노스쿠네노미토토)이라는 이름으로 보인다.

『고사기』와『일본서기』에 보이지 않지만, 기각숙녜의 아들로는 백성숙녜(白城宿禰; 시라기노스쿠네)가 있어서, 기각숙녜와 한반도의 관련성을 짐작하게 한다. 좌경 황별(상)의「판본조신(坂本朝臣)」조 및 화천국 황별의「판본조신」조에 백성숙녜가 보이며,『기씨가첩』에 보이는 기대반숙녜(紀大磐宿禰)의 아들 신미숙녜(辛梶宿禰), 기신미숙녜(紀辛梶宿禰)의 아우 건일숙녜(建日宿禰)라고 한 계보와 화천국 황별의「판본조신(坂本朝臣)」조에서 백성숙녜(白城宿禰)의 3세손 건일신(建日臣)이라는 계보를 비교해 보면,『일본서기』웅략(雄略) 9년 3월조에 보이는 기소궁숙녜(紀小弓宿禰)일 가능성이 있다.

기소궁숙녜는『일본서기』웅략 9년 3월조에 의하면, 신라를 정벌하는 장군의 한 사람으로 신라에 건너갔다가 병으로 죽은 것으로 되어 있다. 같은 해 5월 아버지 기소궁숙녜의 죽음을 알게 된 기대반숙녜가 신라로 가서 소록화숙녜(小鹿火宿禰)가 장악하고 있던 병마(兵馬), 선관(船官) 등 여러 관직을 차지하고 독단적으로 일을 처리하면서, 소록화숙녜 및 소아한자숙녜(蘇我韓子宿禰)와 대립하게 되었고, 결국 기대반숙녜가 소아한자숙녜를 활로 쏘아 죽이기에 이른다. 또한 현종(顯宗) 3년 시세조에 기생반숙녜(紀生磐宿禰)라는 표기로 보이며, 임나에 근거해서 고구려와 교통하고 장차 서쪽으로 삼한의 왕이 되려고 하여 관부(官府)를 정비하고 스스로 신성하다고 주장하였다는 내용이 보인다.

이어서 흠명(欽明)부터 추고(推古) 때 활동한 인물로 기남마려숙녜(紀男麻呂宿禰)가 있다. 『일본서기』 흠명 23년(562) 7월조에, 대장군 기남마려숙녜가 다리(哆唎)로부터 군사를 이끌고 나아가 신라가 임나를 멸한 일을 문책하고자 임나로 들어갔다는 내용이 보인다. 그후 기남마려숙녜는 용명(用明) 2년(587) 7월에 물부수옥대련(物部守屋大連)을 토멸하는 측에 가담하였으며(『일본서기』 숭준천황 즉위전기), 숭준(崇峻) 4년(591) 11월에는 거세원신(巨勢猿臣) 등과 더불어 대장군이 되어 임나를 부흥시키기 위한 군사를 이끌고 축자(筑紫)에 나아갔으나, 한반도로 건너가지 못하고 추고 3년(595) 7월에 귀환하였다고 한다. 이와 같이 기각숙녜를 비롯한 기남마려숙녜 등 기씨 일족은 한반도와 밀접한 관련을 가진 집단임을 알 수 있다.

069 【원 문】

角朝臣
　　紀朝臣同祖. 紀角宿禰之後也. 日本紀合.

【번 역】

각조신(角朝臣; 츠노노아소미)
　　기조신(紀朝臣; 기노아소미)과 조상이 같다. 기각숙녜(紀角宿禰; 기노츠노노스쿠네)의 후손이다. 『일본기』와 합치한다.

【주 석】

1. 각조신(角朝臣)

각(角)이라는 씨명은 각국(角國, 都怒國; 츠노노쿠니)에서 유래한 것이다. 각국은 후에 주방국(周防國) 도농군(都濃郡)이 되었으며 현재의 산구현(山口縣) 도농군(都濃郡; 츠노군)에 해당한다. 『일본서기』 웅략(雄略) 9년 5월조에 의하면, 소록화숙녜(小鹿火宿禰)가 기소궁숙녜(紀小弓宿禰)의 상여를 따라왔다가 혼자 각국(角國)에 머무르면서 왜자련(倭子連)이라는 사람을 보내어 팔지경(八咫鏡)을 대반대련(大伴大連)에게 바치고, 자신은 기경(紀卿, 紀大磐宿禰)과 더불어 천조(天朝)를 받들어 섬길 수 없으므로 각국에 머물도록 해 달라고 하였고, 대반대련이 이를 아뢰어 각국에 머물게 되었다. 그래서 각신(角臣)이라고 이름하게 되었다고 한다.

한편 『선대구사본기』 국조본기(國造本紀) 도노국조(都怒國造)조에서는 난파고진조(難波高津朝, 仁德) 때 기신(紀臣)과 조상이 같은 도노족니(都怒足尼, 紀角宿禰)의 아들 전도족니(田鳥足尼)를 국조(國造)로 정하였다고 하였다.

각조신(角朝臣)의 본래 씨성은 웅략 9년 5월조에 보이는 것처럼 각신(角臣)이었으며, 천무(天武) 13년(684) 11월 무신삭에 조신이라는 성을 내렸다. 각조신은 도노조신(都努朝臣)·도농조신(都濃朝臣)이라고도 표기하며, 그 일족으로는 도노조신우사(都努朝臣牛飼, 『일본서기』 천무 14년 5월 신미조 등), 각조신가주(角朝臣家主, 『속일본기』 양로 7년 정월 병자조 등), 각조신도수(角朝臣道守, 『속일본기』 천평 20년 정월 무인조 등), 각조신축자마려(角朝臣筑紫麻呂, 『속일본기』 연력 8년 정월 기유조 등), 각조신광강(角朝臣廣江, 『속일본기』 연력 8년 정월 기사조), 도노조신복인(都努朝臣福人, 『속일본후기』 승화 7년 2월 임자조 등), 도노조신청정(都努朝臣淸貞, 『일본문덕천황실록』 천안 2년 정월 경자조 등) 등이 있다.

이들 일족 중에는 신라에 사신으로 파견된 인물이 적지 않다. 도노조신우사(都努朝臣牛飼)는 천무(天武) 13년(684) 4월에 견신라소사(遣新羅小使)로서 신라에 파견되었다가 다음해 5월에 귀국하였다(『일본서기』 천무 13년 4월 및 14년 4월조). 각조신가주(角朝臣家主)는 천평(天平) 4년(732) 정월에 견신라사(遣新羅使)에 임명되었으며, 같은 해 8월에 신라로부터 귀국하였다(『속일본기』 천평 4년 정월 갑자 및 8월 신사조). 이처럼 기씨는 한반도와 밀접한 관련성을 가진 씨족이었다.

2. 기조신동조(紀朝臣同祖)

기조신의 시조는 기각숙녜(紀角宿禰)이다. 『고사기』 효원천황단(孝元天皇段)에서도 목각숙녜(木角宿禰)가 도노신(都奴臣; 츠노노오미)의 조상이라고 하였다. 다만 각조신의 직접적인 시조는 소록화숙녜(小鹿火宿禰)인데, 기각숙녜를 시조라고 하는 것은 당시의 동족 관념을 이해하는 데 중요한 단서가 된다.

3. 기각숙녜(紀角宿禰)

기각숙녜는 「기조신」조(068)의 기각숙녜 참조. 『선대구사본기』 국조본기에 보이는 전조족니(田鳥足尼)는 기각숙녜(紀角宿禰, 都怒足尼)의 아들인데, 『속일본기』에서는 기전조숙녜(紀田鳥宿禰)로 보인다(『속일본기』 연력 10년 12월 병신조). 관련 자료를 종합해 보면, 기각숙녜와 전도숙녜는 부자간이며, 소록화숙녜와 기대반숙녜는 기각숙녜의 손자임을 알 수 있다.

4. 일본기합(日本紀合)

『일본서기』 웅략(雄略) 9년 5월조에 각신(角臣)은 처음에 각국(角國)에 거주하였으므로 이때부터 각신으로 이름하게 되었다고 하였고, 천무(天武) 13년(684) 11월 무신삭조에 각신에게 조신(朝臣)이라는 성을 내렸다고 하였다.

070 【원문】

坂本朝臣
　紀朝臣同祖. 紀角宿禰男白城宿禰之後也.

【번역】

판본조신(坂本朝臣; 사카모토노아소미)
　기조신(紀朝臣; 기노아소미)과 조상이 같다. 기각숙녜(紀角宿禰; 기노츠노노스쿠네)의 아들 백성숙녜(白城宿禰; 시라키노스쿠네)의 후손이다.

【주석】

1. 판본조신(坂本朝臣)

판본(坂本)이라는 씨명은 화천국(和泉國) 화천군(和泉郡) 판본향(坂本鄉)과 관련이 있는 것으로 보인다. 판본향은 현재 대판부(大阪府) 화천시(和泉市) 판본정(阪本町)이다.

판본조신(坂本朝臣)의 원래 성은 신(臣)이고, 판본신(坂本臣)의 조상은 근신(根臣) 혹은 근사주(根使主)이다. 『일본서기』에는 안강(安康) 원년 2월 무진삭조에서 판본신의 조상인 근사주가 대박뢰황자(大泊瀨皇子)와 번사황녀(幡梭皇女)의 혼사를 주선하는 과정에서 옥으로 장식한 머리장식[珠縵]을 차지하였다는 내용이 보이고, 웅략(雄略) 14년 4월 갑오삭조에는 그 사실이 발각되어 근사주가 죽임을 당하고 그 자손은 각각 대초향부(大

草香部)와 모정현주(茅渟縣主)의 부낭자(負囊者)로 삼았다는 내용이 보인다. 그리고 이 때부터 근사주의 후손이 판본신이 되었다고 하였는데, 이는 근사주의 자손이 각각 대초향부와 모정현주의 부낭자가 되었다는 내용과 모순되며, 판본신이라는 씨성을 갖게 된 이유도 분명하지 않다. 판본신이 조신이라는 성을 갖게 된 사실은 『일본서기』 천무(天武) 13년(684) 11월 무신삭조에 보인다.

판본조신의 일족 중 신성(臣姓) 시대의 인물로는 판본신의 딸 감미원(甘美媛, 『일본서기』 흠명 23년 7월 是月條), 판본신강수(坂本臣糠手, 『일본서기』 숭준 즉위전기 등), 판본신재(坂本臣財, 『일본서기』 천무 원년 7월조 등) 등이 보인다. 조신(朝臣)이라는 성을 받은 이후의 인물로는 판본조신록전(坂本朝臣鹿田, 『속일본기』 문무 원년 11월 계묘조), 판본조신아증마려(坂本朝臣阿曾麻呂, 『속일본기』 경운 2년 12월 계유조 등), 판본조신우두마좌(坂本朝臣宇頭麻佐, 『속일본기』 신귀 11년 윤정월 정미조 등), 판본조신상마려(坂本朝臣上麻呂, 천평보자 2년 8월 28일자 「조동대사사해(造東大寺司解)」 4-295 등), 판본조신남족(坂本朝臣男足, 『속일본기』 천평보자 8년 정월 을사조 등), 판본조신승마려(坂本朝臣繩麻呂, 『속일본기』 보귀 6년 정월 경술조 등), 판본조신대족(坂本朝臣大足, 『속일본기』 연력 3년 정월 기묘조 등), 판본조신좌다기마(坂本朝臣佐多氣麿, 『일본후기』 연력 23년 10월 병오조 등), 판본조신궁계(坂本朝臣宮繼, 『유취국사』 31 行幸 홍인 14년 2월 계축조), 판본조신씨자(坂本朝臣氏子, 『일본삼대실록』 정관 1년 11월 임인조 등)가 있다.

2. 기조신동조(紀朝臣同祖)

『고사기』 효원천황단(孝元天皇段)에 건내숙녜(建內宿禰)의 아들인 목각숙녜(木角宿禰)가 목신(木臣), 도노신(都奴臣), 판본신(坂本臣)의 조상이라고 보인다. 기조신(紀朝臣)에 대해서는 좌경 황별(상) 「기조신」조(068) 참조.

3. 기각숙녜(紀角宿禰)

기각숙녜에 대해서는 좌경 황별(상) 「기조신」조(068) 참조. 『고사기』 효원천황단의 목각숙녜(木角宿禰)가 판본신(坂本臣)의 조상으로 보인다.

4. 백성숙녜(白城宿禰)

화천국(和泉國) 황별(皇別)의 「판본조신(坂本朝臣)」조에도 건내숙녜(建內宿禰)의 아들 기각숙녜의 후손이고 그 아들은 백성숙녜(白城宿禰)라고 되어 있고, 『기씨가첩(紀氏家牒)』에도 아들 백성숙녜가 나오지만, 『고사기』와 『일본서기』에는 보이지 않는다.

071 【원문】
林朝臣
　　石川朝臣同祖. 武內宿禰之後也. 日本紀合.

【번역】
임조신(林朝臣; 하야시노아소미)
　　석천조신(石川朝臣; 이시카하노아소미)과 조상이 같다. 무내숙녜(武內宿禰; 다케시우치노스쿠네)의 후손이다. 『일본기』와 합치한다.

【주석】
1. 임조신(林朝臣)
임(林)이라는 씨명은 율령제 시대의 하내국(河內國) 지기군(志紀郡) 배지향(拜志鄕), 즉 현재 대판부(大阪府) 남하내군(南河內郡) 지기촌(志紀村)의 지명에서 유래한 것으로 보고 있다. 임조신의 원래 성은 신(臣)이었으며, 『일본서기』 천무 13년(684) 11월 무신삭조에 조신이라는 성을 내렸다는 내용이 보인다. 그러나 임조신 일족은 나량 시대에는 이미 쇠퇴한 것으로 보이며, 기록에 나타나는 사람이 없다. 연력(延曆) 6년(787)에 조신이라는 성을 받은 임신해주(林臣海主)는 하내국 지기군 사람이므로(『속일본기』 연력 6년 6월 임인조), 좌경 황별의 임조신과는 구별된다. 『일본후기』 연력 24년(805) 8월 정사조에 근강국(近江國) 사람 정6위상 임조신무계(林朝臣茂繼)를 좌경(左京)에 편부하였다는 내용이 보이므로, 그가 본조에 실린 본계(本系)를 제출한 인물일 가능성이 있다.

2. 석천조신(石川朝臣)
석천조신에 대해서는 좌경 황별(상) 「석천조신」조(065) 참조.

3. 무내숙녜지후(武內宿禰之後)

『고사기』 효원천황단(孝元天皇段)에 건내숙녜(建內宿禰)의 자식은 모두 9명인데, 그중 파다팔대숙녜(波多八代宿禰)가 파다신(波多臣)과 임신(林臣)의 조상이라고 하였다. 『기씨가첩(紀氏家牒)』에도 우전팔대숙녜(羽田八代宿禰)의 아들이 흑천숙녜(黑川宿禰)이고, 그의 아들이 우시사숙녜(羽矢師宿禰; 하야시노스쿠네)인데 임숙녜(林宿禰; 하야시노스쿠네)라고도 표기하며, 깃털이 세 개가 달린 화살을 잘 만들었으므로 우시사숙녜라고 한다고 기록하고 있다. 이 우시사숙녜가 임조신의 시조로 생각되지만, 그가 화살을 잘 만들었다는 내용은 후대의 조작으로 생각된다. 원래 임조신의 조상은 하내국 지기군 배지향을 근거지로 하였기 때문에 그 지명을 씨명으로 삼았는데, 후대에 자기 씨족을 미화하기 위하여 조상이 화살을 잘 만들었다는 이야기를 지어낸 것으로 보인다.

4. 일본기합(日本紀合)

『일본서기』 천무(天武) 13년(684) 11월 무신삭조에 임신(林臣)에게 조신(朝臣)이라는 성을 내렸다는 내용이 보인다.

---

072 【원문】

道守朝臣
　　波多朝臣同祖. 波多矢代宿禰之後也. 日本紀合.

【번역】

도수조신(道守朝臣; 치모리노아소미)

파다조신(波多朝臣; 하타노아소미)과 조상이 같다. 파다시대숙녜(波多矢代宿禰; 하타노야시로노스쿠네)의 후손이다. 『일본기』와 합치한다.

【주석】

1. 도수조신(道守朝臣)

도수(道守)라는 씨명은 지명인지 직명(職名)인지 분명하지 않다. 도수는 '미치모리' 또는 '치모리'라고 읽으며, 일본 고대의 관직명으로는 주요 도로나 역로(驛路)를 관리하는 사람을 말한다. 율전관(栗田寬)은 『신찬성씨록고증(新撰姓氏錄考證)』에서 도수는 『일본서기』 신대권에 보이는 천수도(泉守道; 치모리)과 마찬가지로 '치모리'라고 읽어야 하며, 직명에서 유래한 것으로 보았다. 한편 본거선장(本居宣長)은 『고사기전(古事記傳)』에서 화천국(和泉國) 대조군(大鳥郡) 계(堺) 남장(南莊)에 도수사(道守社)가 있으며, 산수(山守)·야수(野守)와 마찬가지로 도로를 지키는 자라는 의미라고 하였다.

사료상으로는 천평신호(天平神護) 2년(766) 10월 21일자 「월전국사해(越前國司解)」(『대일본고문서』 5-566, 567, 577)에 월전국(越前國) 족우군(足羽郡) 안에 도수촌(道守村) 및 도수리(道守里)가 보이며 같은 해 9~10월경의 「월전국족우군사해(越前國足羽郡司解)」(동 5-546) 및 천평신호 3년(767) 3월 2일자의 「도수신식충녀해(道守臣息虫女解)」(동 5-656)에 도수장(道守莊)이라는 장원의 명칭이 기록되어 있다. 이와 관련하여 도수남식(道守男食), 도수상족(道守床足), 도수식충녀(道守息虫女), 도수을충녀(道守乙虫女) 등의 인명이 보인다. 그중 도수식충녀는 도수신식충녀(道守臣息虫女)라고도 기록하였으므로, 이들 모두가 도수신(道守臣) 일족으로 생각된다. 이들 도수신씨의 씨명은 월전국 족우군 도수촌, 즉 현재 복정현(福井縣) 복정시(福井市) 서남부 일대의 지명에 따른 것이다. 현재도 이곳에 현립 도수고등학교가 위치하고 있다. 따라서 도수조신(道守朝臣)의 씨명이 지명에 의거한 것이라고 볼 여지가 있다.

그러나 좌경(左京) 황별(皇別)에는 또 하나의 도수조신씨가 실려 있는데, 이는 조상이 개화천황(開化天皇)의 아들인 무풍엽협별명(武豐葉頰別命; 다케토요하츠라와케노미코토)의 후손이라고 하였다(「도수조신」조, 081). 우경 황별에 보이는 도수신도 도수조신과 조상이 같으며 풍엽협별명(豐葉頰別命; 도요하츠라와케노미코토)의 후손이라고 하였다. 산성국(山城國) 황별의 도수신 역시 도수조신과 조상이 같으며 무파도량화기명(武波都良和氣命; 다케하츠라와케)의 후손이며, 금목(今木) 역시 도수(道守)와 조상이 같은데 건풍우협별명(建豐羽頰別命; 다케토요하츠라와케노미코토)의 후손이라고 하였다. 섭진국(攝津國) 황별의 도수신 역시 도수조신과 조상이 같으며 무엽협별(武葉頰別; 다케하츠라와케)의 후손이라고 하였다. 이처럼 도수신은 '다케토요하츠라와케'를 시조로 하는 씨족과 파다시대숙녜(波多矢代宿禰)를 시조로 하는 씨족이 있어서 어느 계통인지 구별하기 어렵다.

『일본서기』 천지기(天智紀)에 도수신마려(道守臣麻呂), 『속일본기』 순인기(淳仁紀)에 도수신다기류(道守臣多祁留), 환무기(桓武紀)에 도수신동인(道守臣東人) 등이 보인다.

도수신동인은 나이가 120세가 되었는데도 머리털이 여전히 많고, 귀도 소년과 같이 밝았다고 한다. 그 밖에 경국집(經國集)에 연력(延曆) 20년(801)의 문장생(文章生) 대초위하(大初位下) 도수조신궁계(道守朝臣宮繼)가 보인다. 그중 도수신마려는 천지(天智) 7년(668) 11월 을유에 견신라사(遣新羅使)로 신라에 파견되었다. 동족관계에 있는 기신(紀臣), 각신(角臣), 판본신(坂本臣) 등의 예로 보면 도수신마려는 파다시대숙녜의 후손이라고 주장하는 도수조신의 조상일 가능성이 있다. 도수신마려는 『파마국풍토기(播磨國風土記)』 찬곡군(讚容郡) 선인산(船引山)조에 "근강천황(近江天皇, 天智天皇) 때 도수신이 이곳의 국재(國宰)가 되어 이 산에서 관선(官船)을 만들어 끌어내렸으므로 산 이름이 선인산이 되었다고 하였는데, 이 도수신이 도수신마려로 생각된다. 그가 관선을 선인산에서 만들어 끌어내렸다는 전승으로 미루어 보면, 기신(紀臣)과 동족관계일 가능성이 크다.

본조의 도수조신씨 일족인지는 알 수 없으나, 대보(大寶) 연간에 찬기국수(讚岐國守)로 도수조신이 보이는데(「萬濃池後碑銘」『平安遺文』金-94), 도수조신풍족(道守朝臣豐足, 천평승보 원년 8월 「경사상일장(經師上日帳)」, 『대일본고문서』 3-309), 도수조신삼호(道守朝臣三虎, 보귀 원년 9월 28일 「씨명궐공진문(氏名闕貢進文)」, 『대일본고문서』 22-215) 등의 이름이 사료에 보인다.

2. 파다조신동조(波多朝臣同祖)

팔다조신(八多朝臣)이라고도 표기하며, 우경 황별(상) 「팔다조신」조(119)에 석천조신(石川朝臣)과 조상이 같으며 무내숙녜명(武內宿禰命)의 후손이라고 하였다.

3. 파다시대숙녜(波多矢代宿禰)

파다시대숙녜는, 『고사기』 효원천황단(孝元天皇段)에 '파다팔대숙녜(波多八代宿禰)'는 파다신(波多臣), 임신(林臣), 파미신(波美臣), 성천신(星川臣), 담해신(淡海臣), 장곡부군(長谷部君)의 조상이라고 하였다. 『일본서기』 응신(應神) 3년 시세조(是歲條)에 "백제의 진사왕(辰斯王)이 즉위하여 귀국(貴國) 천황(天皇)에게 예를 잃으므로 기각숙녜(紀角宿禰)와 우전시대숙녜(羽田矢代宿禰)를 보내 그 무례함을 꾸짖었다."라는 내용이 보인다. 또한 이중천황(履中天皇) 즉위전기(即位前紀)에 흑원(黑媛)이 우전시대숙녜의 딸이라고 하였다. 『신찬성씨록』 하내국(河內國) 황별(皇別)의 「도수조신(道守朝臣)」조(263),

화천국(和泉國) 황별의 「도수조신(道守朝臣)」조(303)에 팔다팔대숙녜(八多八代宿禰), 하내국 황별의 「도수신(道守臣)」조(263)에 파다팔대숙녜(波多八代宿禰)가 보인다. 『기씨가첩(紀氏家牒)』에는 우전팔대숙녜(羽田八代宿禰)의 아들 흑천숙녜(黑川宿禰)가 보이고, 흑천숙녜의 자손에 대해서는 『기씨가첩』에 그 아들인 우시사숙녜(羽矢師宿禰, 혹은 林宿禰)가 깃털이 셋 달린 화살을 잘 만들어서 우시사숙녜라고 하였다는 내용이 보인다. 이러한 전승은 임조신(林朝臣)과 관련된 것으로 생각된다.

이어서 우시사숙녜의 아들 박뢰부숙녜(泊瀨部宿禰)가 대왜국(大倭國) 기성현(磯城縣) 박뢰산(泊瀨山) 아래에 살았으므로 박뢰부숙녜라고 하였으며, 웅략천황(雄略天皇)이 박뢰산구련(泊瀨山口連)이라는 씨성을 내렸다고 하였다. 이는 『고사기』에 보이는 파다팔대숙녜(波多八代宿禰)를 시조로 하는 장곡부군(長谷部君) 및 하내국 황별의 「산구조신(山口朝臣)」조(264)과 관련된 씨족 전승으로 생각된다.

4. 일본기합(日本紀合)

『일본서기』 천무천황 13년(684) 11월 무신삭에 도수신(道守臣) 등에게 조신(朝臣)이라는 성을 내렸다는 기사가 보인다.

073 【원문】
雀部朝臣
　　巨勢朝臣同祖. 建內宿禰之後也. 星河建彥宿禰, 謚應神御世, 代於皇太子大鷦鷯尊, 繫木綿襷, 掌監御膳. 因賜名曰大雀臣. 日本紀合.

【번역】
작부조신(雀部朝臣; 사사키베노아소미)

　거세조신(巨勢朝臣; 고세노아소미)과 조상이 같다. 건내숙녜(建內宿禰; 다케시우치노스쿠네)의 후손이다. 성하건언숙녜(星河建彥宿禰; 호시카하노타케히코노스쿠네)가 시호 응신(應神; 오우진)의 시대에 황태자 대초료존(大鷦鷯尊; 오사사키노미코토)을 대신하여 천으로 만든 어깨띠를 매고 천황이 먹을 음식을 조리하는 일을 맡아 감독하였다. 그래서 이름을 내려 대작신(大雀臣; 오사사키노오미)이라고 하였다. 『일본기』와 합치한다.

【주 석】

1. 작부조신(雀部朝臣)

작부(雀部)라는 씨명은 인덕천황(仁德天皇)의 이름인 대초료존(大鷦鷯尊, 『고사기』의 大雀命)의 명대부(名代部)인 작부(雀部)의 반조씨족(伴造氏族)에서 비롯된 것으로 보인다. 작부조신(雀部朝臣)의 원래 성은 신(臣)이었는데, 『일본서기』 천무천황(天武天皇) 13년 (684) 11월 무신삭조에 작부신(雀部臣)에게 조신(朝臣)이라는 성을 내렸다는 내용이 보인다.

작부조신의 일족으로는 작부조신진인(雀部朝臣眞人, 천평 17년 4월 17일 「내선사해(內膳司解)」, 『대일본고문서』 2-406), 작부조신동녀(雀部朝臣東女, 『속일본기』 천평보자 4년 정월 병인), 작부조신육오(雀部朝臣陸奧, 『속일본기』 천평보자 8년 10월 신묘 등), 작부조신광지(雀部朝臣廣持, 『속일본기』 보귀 7년 4월 병자), 작부조신충마려(雀部朝臣虫麻呂, 『속일본기』 연력 4년 정월 계묘), 작부조□(雀部朝□, 대동 11년 7월 11일 「현번료첩안(玄蕃寮牒案)」, 『평안유문(平安遺文)』 10-25), 작부조신가계(雀部朝臣家繼, 『유취국사(類聚國史)』 99 叙位, 홍인 14년 정월 계해), 작부조신춘지(雀部朝臣春枝, 『일본문덕천황실록(日本文德天皇實錄)』 제형 원년 12월 경진 등), 작부조신조도(雀部朝臣祖道, 『일본삼대실록(日本三代實錄)』 정관 7년 8월 기미조), 작부조신의자(雀部朝臣宜子, 『일본삼대실록』 원경 3년 정월 계묘조), 작부조신무세(雀部朝臣茂世, 『일본삼대실록』 원경 3년 6월 을유조) 등이 보인다.

일족 중에 작부조신진인과 작부조신조도는 내선사(內膳司)의 전선(典膳)이었다. 작부조신씨는 완인조신(完人朝臣)이나 고교조신(高橋朝臣)과 마찬가지로 대선직(大膳職) 및 내선사의 선부(膳部)가 되는 부명씨(負名氏)이다. 이들은 율령제가 정비되기 전에는 씨성제로 편제되어 대왕의 식선(食膳)을 담당하였고, 율령제하에서는 일반적인 관사와는 정원이나 운용 원리가 다른 내선사의 봉선(奉膳, 정원 2인) 및 전선(典膳, 정원 6인) 등으로 복무하였다.

작부(雀部)라는 씨명을 사용하는 씨족으로는 신팔정이명(神八井耳命)의 후예인 작부신(雀部臣), 작부조(雀部造), 작부련(雀部連), 작부군(雀部君), 작부직(雀部直) 등이 있다. 작부련의 경우는 『선대구사본기』 「천손본기(天孫本紀)」에 요속일존(饒速日尊)의 9세손 제언명(弟彦命)의 아우 옥승산대근고명(玉勝山代根古命)에 산대수주(山代水主)·작부련(雀部連)·경부조(輕部造)·소의부수(蘇宜部首) 등의 조상이라고 주기하고 있다.

작부군은 출운국(出雲國)에 거주하였던 사람들이 확인되지만, 그 계통은 분명하지 않다. 작부군천주(雀部君千主)는 출운국 출운군(出雲郡) 칠소향(漆沼鄉) 공전리(工田里)의 호주였으며, 작부군소도(雀部君小島)는 신문군(神門郡) 활협향(滑狹鄉) 아녜리(阿禰里)의 신문신석마려(神門臣石麻呂)의 호구(戶口)로 보인다.

작부직(雀部直)으로는 『속일본기』에 작부직형자(雀部直兄子)가 보인다. 그는 신호경운(神護景雲) 2년(768) 윤6월에 내약우(內藥佑)로서 삼하국(參河國) 원외개(員外介)를 겸직하고 있다.

작부군천주(雀部君千主) 등 작부군은 출운국에 거주하고 있어 일찍부터 출운국에 작부가 설치되었던 것으로 보이지만, 성이 없는 명대부(名代部)인 작부는 주로 동국(東國)에 분포한다. 삼하국(參河國) 보반군(寶飯郡)에 작부향(雀部鄉)이 있고 같은 군 형원향(形原鄉)의 호주로 작부소충(雀部小虫)이 보인다(천평보자 2년 5월 15일자 「조사소공문(造寺所公文)」, 『대일본고문서』 25-79). 또 그 호구(戶口)로 작부어원수(雀部御垣守, 같은 문서 25-79)가 보이므로, 대화개신 이전 단계에 삼하국에 작부가 설치되었던 것으로 생각된다. 또 하총국(下總國) 결성군(結城郡)의 방인(防人) 작부광도(雀部廣島, 『만엽집』 20-4393), 상륙국(常陸國) 나하군(那賀郡) 황묘향(荒墓鄉)의 호주 토사부흑마려(土師部黑麻呂)의 호구 작부나위마(雀部奈爲麿, 천평 15년 10월 「정창원조포묵서명(正倉院調布墨書銘)」 『영락유문(寧樂遺文)』 하-758), 상륙국 행방군(行方郡) 행방향(行方鄉)의 호주 작부근마려(雀部根麻呂) 및 그 호구 작부□(雀部)□, 「정창원조포묵서명」 『서릉부기요(書陵部紀要)』 3-부39), 상륙국 나하군 사람으로 생각되는 작부정월□(雀部正月□, 「상륙국호적(常陸國戶籍)」 단간 1-315) 등이 있는 점이나 하야국(下野國) 하내군(河內郡)의 상신주폐사(上神主廢寺)에서 출토된 기와 명문에 작부모인(雀部毛人), 작부소주(雀部小酒), 작부소제(雀部小諸), 작부소백(雀部少伯), 작부수남(雀部收男), 작부을화(雀部乙和), 작부고만려(雀部古萬呂), 작부네마려(雀部禰麻呂), 작부진인(雀部眞人), 작부만려(雀部萬呂), 작부안마려(雀部安麻呂) 등의 인명이 확인되는 점으로 미루어 하총(下總)·상륙(常陸)·하야(下野) 지역에 일찍부터 작부(雀部)가 존재하였음을 알 수 있다. 상야국(上野國) 좌위군(佐位郡)에도 작부향(雀部鄉)이 있었다.

한편 서일본에서는 출운국 이외에 단파국(丹波國) 천전군(天田郡)에 작부향이 있었다. 천인(天仁) 2년(1109) 7월 10일자의 「단파국재청관인해안(丹波國在廳官人解案)」에 대판관대(大判官代)로서 서명한 작부뢰정(雀部賴貞)은 단파 지역 작부의 후예씨족이거나 혹은 그 반조씨족의 후예일 것이다(『평안유문』 4-1547). 원경(元慶) 7년(883) 9월 15일자의 「하내국관심사연기자재장(河內國觀心寺緣起資財帳)」에 작부국부(雀部國富)가 보이므로 단마국(但馬國)에도 작부가 존재하였음을 알 수 있다(『평안유문』 1-196).

기이국(紀伊國)에서는 천희(天喜) 5년(1057) 12월의 「기이국고진향사해(紀伊國高津鄕司解)」에 작부길차(雀部吉次)가 보이고(『평안유문』 3-935), 천희 6년(1058) 3월 12일자의 「기이국고진향사해」에 작부중송(雀部重松)이 보인다(『평안유문』 3-939). 아파국(阿波國) 및 찬기국(讚岐國)에도 작부가 있었다. 연희(延喜) 5년(905) 「아파국 판야군(板野郡) 전상향(田上鄕) 호적(戶籍)」에도 작부미매(雀部米賣)가 보이고(『평안유문』 1-225), 관홍(寬弘) 원년(1004)의 「찬기국 대내군(大內郡) 입야향(入野鄕) 호적」에 작부충자(雀部虫子)가 보인다(『평안유문』 2-567).

2. 거세조신동조(巨勢朝臣同祖)

거세조신(巨勢朝臣)의 본류에 대해서는 우경(右京) 황별(상)의 「거세조신」조(120)에서 석천(石川)과 조상이 같으며 거세웅병숙녜(巨勢雄柄宿禰)의 후손이라고 하였다. 거세웅병숙녜에 대해서는 『고사기』 효원천황단(孝元天皇段)에서 건내숙녜(建內宿禰)의 아들인 허세소병숙녜(許勢小柄宿禰)가 허세신(許勢臣), 작부신(雀部臣), 경부신(輕部臣)의 조상이라고 하였다.

허세신에 대해서는 우경 황별(상) 「거세조신」조(120) 참조. 경부신의 본류에 대해서는 『신찬성씨록』에 기재되어 있지 않다. 화천국 황별의 「경부(輕部)」조(329)에, 왜일향건일향팔강전명(倭日向建日向八綱田命)의 후손인데 웅략천황(雄略天皇) 때 가리내향(加里乃鄕)을 바치므로 경부군(輕部君)이라는 성을 내렸다고 하였다. 좌경 신별(상)의 「경부조(輕部造)」조(369)에서는 석상(石上)과 조상이 같다고 되어 있다. 경부조의 조상에 대해서는 『선대구사본기』 천손본기(天孫本紀)에 옥승산대근고명(玉勝山代根古命)이 산대수주(山代水主), 작부련(雀部連), 경부조(輕部造), 소의부수(蘇宜部首) 등의 조상이라고 하였다. 경부조의 동족 중에 작부련이 있다는 사실은 경부신(輕部臣)의 동족으로 작부신(雀部臣)이 존재할 가능성을 보여 주는 것이다.

경부라는 씨명은 『고사기』 윤공천황단(允恭天皇段)에 목리지경태자(木梨之輕太子)의 명대(名代)로서 경부를 정했다고 하였으므로, 목리지경태자의 명대부(名代部)인 경부에서 유래한 것이며, 경부신은 그 반조씨족이다.

경부신은 『일본서기』 천무천황(天武天皇) 13년(684) 11월 무신삭조에서 조신(朝臣)이라는 성을 내렸다는 내용이 보인다. 『속일본기』 천평승보(天平勝寶) 3년(751) 2월 기묘조의 작부조신진인(雀部朝臣眞人) 등의 글에서는 경부조신의 조상을 거세남인대신(巨勢男人大臣)의 아들 이도숙녜(伊刀宿禰)라고 하였고, 일족으로 경부조신족뢰(輕部朝臣足瀨)가 있다(『일본서기』 천무천황 14년 10월 임오조).

3. 건내숙녜(建內宿禰)

건내숙녜(建內宿禰)에 대해서는 좌경(左京) 황별(상)의 「전구조신(田口朝臣)」조(066)의 무내숙녜대신(武內宿禰大臣) 참조.

4. 성하건언숙녜(星河建彦宿禰)

『속일본기』 천평승보(天平勝寶) 3년(751) 2월 기묘조에서는 성천건일자(星川建日子, 星河建彦宿禰)로 되어 있다. 이 기사는 전선(典膳) 정6위하 작부조신진인(雀部朝臣眞人) 등이 "반여옥수궁(磐余玉穗宮)과 구금의궁(勾金椅宮) 등이 천하를 다스린 천황의 시대에 작부조신남인(雀部朝臣男人) 등이 대신(大臣)이 되어 섬겼는데 거세남인대신(巨勢男人大臣)으로 잘못 기록되었으며, 우리 선조인 거세남병숙녜(巨勢男柄宿禰)의 아들은 세 명이 있었는데 성천건일자가 작부조신(雀部朝臣) 등의 조상이며, 이도숙녜(伊刀宿禰)는 경부조신(輕部朝臣) 등의 조상이며 호리숙녜(乎利宿禰)는 거세조신(巨勢朝臣) 등의 조상입니다. 정어원조정(淨御原朝廷)에서 8가지 성을 정할 때, 작부조신이라는 성을 받았는데, 거세와 작부가 비록 원래 같은 조상이기는 하지만, 성이 달라진 후에 대신에 임명되었습니다. 지금 성스러운 기운을 맞아서 바르게 고치지 않는다면, 마침내 씨족 이름의 단서를 잃어 영원히 근원이 없는 백성이 될 것입니다. 바라옵건대, 거세대신을 고쳐 작부대신이라고 하여 이름을 오래도록 전하고 후손들에게 영예로움을 보일 수 있게 해 주십시오."라고 하였고, 대납언 종2위 거세조신나저마려(巨勢朝臣奈氐麻呂) 또한 그 일에 대하여 증명하므로 치부에 알려서 청에 따라 고치도록 하였다는 내용이다.

이에 의하면 성천건일자는 거세남병숙녜의 장자이며 작부조신의 직접적인 조상이라고 하였고, 『신찬성씨록』에 기재된 내용과 같다. 그러나 거세조신씨의 직접적인 조상인 거세남인대신이 작부조신남인이고 이후에 거세대신을 작부대신이라고 불렀다는 내용은 그대로 믿기 어렵다. 작부조신진인의 주장에는 거세조신보다 작부조신이 거세남병숙녜의 후예씨족 중에서 본류임을 강조하고, 거세조신의 조상으로 되어 있는 거세남인대신도 작부조신의 직접적인 조상으로 포섭하려는 의식이 나타나 있다. 그렇지만 종6위하에 불과한 낮은 지위를 가진 작부조신진인의 주장을 대납언 종2위라는 고위 관인이었던 거세조신나저마려가 어떤 이유로 수용하고 증명해 주었는지는 알기 어렵다.

이에 대하여 『일본서기』 계체기(繼體紀)에 보이는 허세남인(許勢男人)에 대한 전승을 거세씨(巨勢氏) 스스로도 신뢰하지 않았다고 보는 견해가 있다. 직목효차랑(直木孝次郎)은 허세남인에 대한 전승을 믿을 수 없는 이유로 작부조신진인의 주장 속에서 허세남인이 반여옥수궁과 구금교궁의 천황, 즉 계체와 안한(安閑)의 시대에 걸쳐 대신을 지냈다고 하였으나, 『일본서기』 계체 23년(529) 9월에 허세남인이 죽었다는 사실과 모순되는 점을 지적하였다. 나아가 허세남인이 대신이 되었다는 전승은 거세씨의 계보를 수식하기 위하여 조작된 것으로 보았다.

그러나 허세남인이 죽었다고 하는 계체 23년 기유년이 실제로는 안한천황 2년(535)에 해당하는 것으로 보아 이러한 모순을 해결하고자 하는 견해도 있다. 따라서 작부조신진인이 주장하는 내용이 『일본서기』에 전하는 내용보다 더 오래된 작부씨의 가전(家傳)에 의거하였을 가능성을 완전히 부정할 수 없다.

성하건언숙녜(星河建彦宿禰)의 자손에 대해서는, 『기씨가첩(紀氏家牒)』에서 건언숙녜(建彦宿禰)의 아들은 거세천변숙녜(巨勢川邊宿禰)이며 경부숙녜(輕部宿禰)라고도 하는데 사는 집이 경리(輕里)의 성하(星河) 가에 있었기 때문이라고 하였다. 천변숙녜의 아들은 거세천상숙녜(巨勢川上宿禰)이고 그 아들이 거세남인숙녜(巨勢男人宿禰)인데 대신에 임명되었다고 하였다.

5. 대초료존(大鷦鷯尊)

대초료존(大鷦鷯尊)은 『고사기』에 대작명(大雀命)으로 되어 있으며 난파지고진궁(難波之高津宮)에서 천하를 다스렸다고 하였다. 『일본서기』 인덕천황(仁德天皇) 즉위전기(即位前紀)에서는 대초료천황(大鷦鷯天皇)이 예전천황(譽田天皇)의 넷째 아들로 어머니는 중희명(仲姬命)이라고 하였다.

6. 목면거(木綿襷)

목면(木綿)은 닥나무를 삼베처럼 가공하여 천을 짠 것을 말한다. 거(襷)는 질빵이라는 뜻으로 옷소매를 고정시키는 역할을 하는데, 일본에서는 음식을 조리할 때와 맹신탐탕(盟神探湯)이라는 신판(神判)을 행할 때 사용되었다.

7. 대작신(大雀臣)

대초료존(대작명)의 명대부(名代部)인 작부(雀部)의 반조(伴造)가 되었다고 하는 사실을 바탕으로 만들어진 이름으로 생각된다.

8. 일본기합(日本紀合)

『일본서기』 천무천황 13년(684) 11월 무신조에 작부신(雀部臣) 등에게 조신이라는 성을 내렸다는 기사가 보인다.

---

074 【원 문】

生江臣
　　石川朝臣同祖. 武內宿禰之後也. 日本紀漏.

【번 역】

생강신(生江臣; 이쿠에노오미)
　석천조신(石川朝臣; 이시카하노아소미)과 조상이 같다. 무내숙녜(武內宿禰; 다케시우치노스쿠네)의 후손이다. 『일본기』에는 누락되었다.

【주 석】

1. 생강신(生江臣)

생강(生江)이라는 씨명은 월전국(越前國) 족우군(足羽郡)의 생강(生江)이라는 지명에서 비롯된 것이다. 현재의 복정현(福井縣) 족우군 사촌(社村) 일대이다. 생강은 적강(的江; 이쿠에)이라고도 표기한다. 생강의 용례는 천평신호(天平神護) 2년 10월 10일자의 「월전국족우군사해(越前國足羽郡司解)」의 생강천(生江川)이나 인평(仁平) 3년 4월 29일자의 「동대사제장원문서목록(東大寺諸莊園文書目錄)」월전국조「생강장(生江莊) 1권 9매 승화(承和) 11년 이후 군사판(郡司判)」(『평안유문』 6-2310)의 생강장,「도수장개전도(道守莊開田圖)」에 보이는 적강리(的江里) 등에서 확인할 수 있다.

생강신씨(生江臣氏)는 월전국 족우군을 본거지로 하여 이 지역에 다수 거주하였고, 국군제(國郡制)가 시행되면서 군사(郡司)를 배출한 유력 호족 가문이었다. 이 지역의 생강신으로는 생강신금궁(生江臣金弓, 천평 3년 2월 26일자의「월전국정세장(越前國正稅帳)」, 『대일본고문서』 1-433), 생강신동인(生江臣東人, 천평승보 7년 5월 3일자「월전국사등해(越前國使等解)」, 동 4-58), 생강신가도녀(生江臣家道女, 천평승보 9년 5월 2일자「생강신가도녀본원경공진문(生江臣家道女本願經貢進文)」, 동 4-231 등)와 생강신대전녀(生江臣大田女, 상동), 생강신식도(生江臣息島, 천평보자 3년 4월 8일자「생강신식도해(生江臣息島解)」, 동 4-239 등), 생강신국립(生江臣國立, 천평보자 3년 5월 13일자「월전국족우군소령생강신국립해(越前國足羽郡少領生江臣國立解)」, 동 4-366), 생강신안마려(生江臣安麻呂, 천평신호 2년 9월 19일자「월전국족우군사해(越前國足羽郡司解)」, 동 5-543), 생강신흑족(生江臣黑足, 천평신호 2년 10월 10일자「월전국족우군사해(越前國足羽郡司解)」, 동 5-551), 생강신장빈(生江臣長濱, 천평신호 3년 2월 22일자「생강광성해(生江廣成解)」, 동 5-646)과 생강신촌인(生江臣村人, 상동) 등이 보인다.

한편 월전국 단생군(丹生郡)의 주정(主政)으로 생강신적다(生江臣積多, 천평 3년 2월 26일자「월전국정세장」, 동 1-432)의 이름이 보이므로, 단생군에도 생강신씨 일족이 있었음을 알 수 있다. 또한 생강신씨서(生江臣氏緖, 『일본삼대실록』 정관 8년 8월 7일 기묘조)는 월전국 금립군(今立郡)의 대령(大領)으로 보이므로, 이 지역에도 생강신씨가 있었음을 알 수 있다.

생강신씨의 일족으로 평성경(平城京)에 거주하였던 것으로 보이는 생강신지마려(生江臣智麻呂)가 있는데(『속일본기』 천평보자 2년 7월 병자조), 그는 천평보자 2년(758) 7월 6일에 정6위상에서 종5위하가 되었으며, 천평보자 3년 정월 11일에 좌도수(佐渡守)에 임명되었다(『속일본기』 천평보자 3년 정월 무인조). 생강신씨는 미장국(尾張國)에도 거주하였는데, 생강신안구다(生江臣安久多)는 미장국(尾張國) 산전군(山田郡) 사람으로서 천평승보(天平勝寶) 원년(749) 5월 15일에 미장국의 국분사(國分寺)에 물품을 바친 공으로 외종5위하에 서위되었다.

2. 석천조신(石川朝臣)

좌경 황별(상) 「석천조신」조(065) 참조.

3. 무내숙녜(武內宿禰)

『고사기』 효원천황단(孝元天皇段)에서는 건내숙녜(建內宿禰)의 아들인 갈성장강증도비고(葛城長江曾都毘古)는 옥수신(玉手臣), 생강신(生江臣) 등의 조상이라고 하였다. 생강신씨와 조상을 같이하는 씨족으로는 수국조(穗國造)가 있는데, 『선대구사본기』 국조본기에 "수국조는 박뢰조창조(泊瀨朝倉朝, 雄略) 때 생강신의 조상 갈성습진언명(葛城襲津彦命)의 4세손 토상족니(菟上足尼)를 국조로 정하였다는 내용이 보인다. 호국은 율령제하의 삼하국(參河國) 보요군(寶飫郡)으로 현재의 애지현(愛知縣) 보반군(寶飯郡)에 해당한다.

4. 일본기루(日本紀漏)

『신찬성씨록』에는 생강신씨의 계보와 사성에 관한 기록이 있으나, 『일본서기』에는 전혀 보이지 않는다.

---

075 【원문】
布師首
　　生江臣同祖. 武內宿禰之後也.

【번 역】

포사수(布師首; 누노시노오비토)

　생강신(生江臣; 이쿠에노오미)과 조상이 같다. 무내숙녜(武內宿禰; 다케시우치노스쿠네)의 후손이다.

【주 석】

1. 포사수(布師首)

포사(布師; 누노시)라는 씨명은 율령제하의 섭진국(攝津國) 토원군(菟原郡) 포부향(布敷

鄉)의 포부(布敷; 누노시키)라는 지명에서 비롯된 것으로 추측된다. 현재의 병고현 신호시 즙합구 포인정(布引町; 누노히키) 일대이다.

포사수와 동족으로는 섭진국 황별의 포부수(布敷首), 하내국 황별의 포인수(布忍首), 화천국 황별의 포사신(布師臣)이 있다.

포사수씨 일족으로는 포사수반(布師首磐, 『일본서기』 천지 10년 12월 계묘조), 포사수가수(布師首家守, 천평 연간의 「우바새공진문(優婆塞貢進文), 『대일본고문서』 25-166), 포사수마지마려(布師首麻知麻呂, 상동), 포사수강만려(布師首岡萬呂, 보귀 3년경 「봉사일체경소잡물납병하장(奉寫一切經所雜物納幷下帳)」 樂書 동 20-323)가 있다.

포사수반은 천지천황 10년(671) 11월에 사문 도구(道久), 축자군살야마(筑紫郡薩野馬), 한도승사파(韓島勝娑婆) 등과 함께 당에서 대마도로 돌아왔는데, 아마도 천지천황 8년(669)에 당으로 파견된 제7차 견당사의 일원이었던 것으로 생각된다. 도사수가수는 평성경 좌경 9조 1방에 사는 사람으로 우바새로서 공진한 인물이고, 포사구마지마려는 가수가 속한 호의 호주이다.

2. 생강신동조(生江臣同祖)

섭진국 황별 「포부수(布敷首)」조의 옥수(玉手)와 조상이 같으며, 갈목습진언명(葛木襲津彦命)의 후예라고 하였고, 화천국 황별의 「포사신(布師臣)」조에서 판본조신(坂本朝臣)과 조상이 같으며, 건내숙녜(建內宿禰)의 아들 갈성습진언명(葛城襲津彦命)의 후손이라고 하였고, 다른 포부씨(布敷氏)도 갈성습진언명의 후예라고 하고 있으므로, 생강신과 조상이 같다고 한 것과 모순되지 않는다. 생강신에 대해서는 좌경 황별(상) 「생강신」조 (074) 참조.

3. 무내숙녜지후(武內宿禰之後)

섭진국 황별의 「포부수(布敷首)」조에서 갈목습진언명의 후손이라고 하였고, 화천국 황별의 「포사신(布師臣)」조에서 건내숙녜의 아들 갈성습진언명의 후손이라고 하였으므로 포사수씨가 무내숙녜의 아들인 갈성습진언명의 후손으로 알려졌음을 확인할 수 있다. 무내숙녜에 대해서는 좌경 황별(상) 「전구조신(田口朝臣)」조 무내숙녜대신(武內宿禰大臣) 참조.

076 【원 문】

箭口朝臣
　　宗我石川宿禰四世孫稻目宿禰之後也.

【번 역】

전구조신(箭口朝臣; 야쿠치노아소미)
　　종아석천숙녜(宗我石川宿禰; 소가노이시카하노스쿠네)의 4세손인 도목숙녜(稻目宿禰; 이나메노스쿠네)의 후손이다.

【주 석】

1. 전구조신(箭口朝臣)

전구(箭口; 야쿠치)라는 씨명은 내락산(乃樂山)에서 남쪽으로 중진도(中津道)로 직진하면 이르는 향구산(香久山) 고개 주변으로 추정되는 팔구(八口; 야구치)와 연관이 있는 것으로 생각된다. 그래서 전구조신은 팔구조신(八口朝臣)으로도 표기하였다. 전구조신의 원래 씨성은 전구신(箭口臣)으로 추정되지만 『일본서기』에는 보이지 않는다.

전구조신의 일족으로는 팔구조신음강(八口朝臣音橿, 『일본서기』 지통천황 주조 원년 10월 기사조), 전구조신진제(箭口朝臣眞弟, 『속일본기』 천평보자 8년 2월 신사조), 전구조신잠업(箭口朝臣岑業, 『일본삼대실록』 원경 원년 12월 27일 계사조) 등이 있다. 전구조신 잠업은 원경(元慶) 원년(877) 12월에 석천조신목촌(石川朝臣木村)과 함께 종악조신(宗岳朝臣)이라는 씨성을 받았다.

2. 종아석천숙녜(宗我石川宿禰)

『일본삼대실록』 원경 원년(877) 12월 27일 계사조에 의하면, 우경인(右京人) 장문수(長門守)를 지낸 종5위하 석천조신목촌(石川朝臣木村)이 아뢰기를, 대신(大臣) 무내숙녜(武內宿禰)의 아들 종아석천(宗我石川)이 하내국(河內國) 석천(石川)의 별업(別業)에서 태어났으므로 석천이라고 이름을 지었고, 종아대가(宗我大家)를 하사하여 거처로 삼았으므로 종아숙녜(宗我宿禰)라고 하였는데, 천무천황 13년(684)에 조신(朝臣)이라는 성을 하사받았다고 하고, 선조의 이름으로 자손의 성을 삼아 선조의 이름을 피휘할 수 없으니 씨명을 고쳐 달라고 하였다. 이에 석천이라는 씨명을 종악으로 고치도록 하였다. 이때 전구조신씨도 함께 씨명을 고친 것으로 보아 석천조신씨와 가까운 친족관계에 있었던 것으로 보인다.

3. 도목숙녜(稻目宿禰)

좌경 황별(상)「앵정조신(櫻井朝臣)」조(067)의 소아석천숙녜(蘇我石川宿禰) 및 도목숙녜 참조.

077 【원 문】

多朝臣
出自諡神武皇子神八井耳命之後也. 日本紀合.

【번 역】

다조신(多朝臣; 오호노아소미)

시호 신무(神武; 진무)의 황자(皇子) 신팔정이명(神八井耳命; 가무야위미미노미코토)의 후손으로부터 나왔다. 『일본기』와 합치한다.

【주 석】

1. 다조신(多朝臣)

다(多; 오호)라는 씨명은 태(太; 오호) 혹은 의부(意富; 오호)라고도 표기하며, 율령제하의 대화국(大和國) 십시군(十市郡) 어부향(飫富鄕; 오호)이라는 지명에서 비롯된 것으로 보인다. 다조신의 원래 성은 신(臣)이었는데, 『일본서기』 천무 13년(685) 11월 무신삭조에 다신(多臣) 등에게 조신이라는 성을 내렸다고 하였다.

다신 일족으로는 다신장부(多臣蔣敷, 『일본서기』 제명천황 7년 9월조), 다신품치(多臣品治, 『일본서기』 천무천황 원년 6월 임오조 등)가 있고, 조신 성을 받은 이후로는 태조신안마려(太朝臣安麻呂, 『속일본기』 경운 원년 정월 계사조 등), 태조신원건치(太朝臣遠建治, 『속일본기』 화동 7년 12월 무오조), 태조신국길(太朝臣國吉, 『속일본기』 천평 9년 9월 기해조 등), 태조신덕족(太朝臣德足, 『속일본기』 천평 17년 정월 을축조 등), 다조신견양(多朝臣犬養, 『속일본기』 천평신호 원년 3월 정미조 등), 다조신풍인(多朝臣豐人, 보귀 7년 5월 10일자 「소야천근계(小野川根啓)」, 『대일본고문서』 25-361), 다조신응양(多朝臣鷹養, 천평승보 8년 10월 3일 이후 「쌍창북잡물출용장(雙倉北雜物出用帳)」, 『대일본고문서』 4-200 등), 다조신입록(多朝臣入鹿, 『일본후기』 연력 24년 11월 무자조 등), 다조신인장(多朝臣人長, 『일본후기』 대동 3년 11월 갑오조 등) 등이 있다.

그 일족 중에서 태조신안마려는 『고사기』의 편찬자로 저명한 인물이며 나량시(奈良市) 차뢰정(此瀨町) 전원(田原)에서 "좌경(左京) 4조 4방 종4위하 훈5등(勳五等) 태조신안만려가 계해년 7월 6일에 죽었다. 양로(養老) 7년(723) 12월 15일."이라는 내용의 묘지가 발견되었다. 구안(久安) 5년(1149) 3월 13일자 「다신궁주진장(多神宮注進帳)」에는 태안마려(太安麻呂)가 다품치(多品治)의 아들인데 원래의 씨명으로 고쳐 다(多)를 태(太)로 고쳤으며, 칙명으로 편찬하게 된 『고사기』 3권을 바쳤다는 내용이 보인다.

또한 『아소가략계보(阿蘇家略系譜)』에는 신팔정이명에서 안마려에 이르는 다음과 같은 계보가 기록되어 있다. '신일본반여언천황(神日本磐餘彦天皇, 신무천황)-신팔정이명(神八井耳命)-언팔정이명(彦八井耳命)-무우도언명(武宇都彦命)-부항언명(敷桁彦命)-무혜하전명(武惠賀前命)-무제목명(武諸木命)-무인응명(武忍凝命)-무상견족니신(武裳見足尼臣)-도견신(稻見臣, 혹은 稻箕臣)-모건신(毛建臣)-석지신(石持臣)-풍인신(豐忍臣)-우기고신(宇氣古臣)-품치(品治)-안만려(安萬侶).' 안만려의 형제로 도마려(道麻呂), 택성(宅成), 원건치(遠建治)가 병기되어 있다. 안만려에 대해서는 민부경(民部卿) 종4위하이며 화동(和銅) 5년(712) 정월에 『고사기』를 헌상하였으며 양로 7년(723) 7월 경오에 죽었다고 하였다.

2. 신팔정이명(神八井耳命)

『고사기』 신무천황단에 신팔정이명은 의부신(意富臣) 등의 시조라고 하였고, 『일본서기』 수정천황(綏靖天皇) 즉위전기에 반심을 품은 배다른 형인 수연이명(手研耳命)을 신팔정이명이 아우인 신정명천이존(神渟名川耳尊)과 함께 죽이고자 하였으나, 신팔정이명이 차마 죽이지 못하자 아우가 형의 활을 빼앗아 수연이명을 쏘아 죽이고 결국 천황의 지위에 오르게 되었다는 내용이 보인다.

3. 일본기합(日本紀合)

『일본서기』 천무천황 13년(684) 11월 무신조에 다신(多臣) 등에게 조신(朝臣)이라는 성을 하사한 내용이 보인다.

078 【원 문】
小子部宿禰
　　多朝臣同祖. 神八井耳命之後也. 大泊瀨幼武天皇御世, 所遣諸國, 取斂蠶兒. 誤聚小兒貢之. 天皇大哂, 賜姓小兒部連. 日本紀合.

【번 역】

소자부숙네(小子部宿禰; 치히사코베노스쿠네)
　　다조신(多朝臣; 오호노아소미)과 조상이 같다. 신팔정이명(神八井耳命; 가무야위미미노미코토)의 후손이다. 대박뢰유무천황(大泊瀨幼武天皇; 오하츠세와카타케텐노)의 시대에 여러 지역에 파견하여 누에를 거두어 오도록 하였는데, 잘못하여 어린아이를 모아서 바쳤다. 천황이 크게 웃으며, 소아부련(小兒部連; 치히사코베노무라지)을 사성하였다. 『일본기』와 합치한다.

【주 석】

1. 소자부숙네(小子部宿禰)

소자부(小子部)라는 씨명은 소자부라는 부민(部民)을 통솔하는 반조씨족(伴造氏族)인 점에서 비롯된 것이다. 소자부숙네의 원래 성은 연(連)이었는데, 『일본서기』 천무천황 13년(684) 12월 기묘조에 소자부련에게 숙네라는 성을 하사하였다는 내용이 보인다.

　　소자부련 단계의 인물로는 소자부련과라(小子部連蜾蠃, 『일본서기』 웅략 7년 7월 병자조 등), 소자부련서구(小子部連鉏鉤, 『일본서기』 천무천황 원년 6월 정해조 등)가 있다. 숙네 성을 받은 이후의 인물로는 소자숙네신성(小子宿禰身成, 『일본후기』 홍인 2년 3월 계묘)이 있다.

2. 다조신동조(多朝臣同祖)

『고사기』 신무천황단(神武天皇段)에 신팔정이명이 의부신(意富臣)과 소자부련(小子部連) 등의 조상이라고 하였다. 화천국(和泉國) 황별(皇別)의 「소자부련」조(312)에서도 다조신과 동조이고 신팔정이명의 후손이라고 하였다.

3. 신팔정이명(神八井耳命)

『일본서기』에서는 신무천황(神武天皇)의 아들이고 수정천황(綏靖天皇)의 형으로 다신(多臣) 및 그 동족의 조상으로 되어 있으며, 어머니는 사대주신(事代主神)의 딸인 원도비오십령원명(媛蹈韛五十鈴媛命)이라고 하였다.

4. 대박뢰유무천황(大泊瀨幼武天皇)

웅략천황(雄略天皇)의 일본식 시호이다. 『신찬성씨록』 완본에는 '천황' 다음에 '시웅략(諡雄略)'이라는 글자가 있었을 것으로 추정하고 있다.

5. 소아부련(小兒部連)

『일본서기』 웅략 6년 3월 정해조에 과라(蜾蠃)가 궁궐 담 아래에서 아이들을 키웠으므로 소자부련(小子部連)이라는 성을 주었다는 내용이 보인다.

6. 일본기합(日本紀合)

『일본서기』 천무(天武) 13년(684) 12월 기묘조에 소자부련에게 숙녜(宿禰)를 사성하였다는 내용이 보인다.

---

079 【원문】

吉備朝臣
　大日本根子彦太瓊天皇[諡孝靈.]子稚武彦命之後也.

【번역】

길비조신(吉備朝臣; 기비노아소미)

대일본근자언태경천황(大日本根子彦太瓊天皇; 오야마토네코히코후토니텐노)[시호는 효령(孝靈)이다.]의 아들 치무언명(稚武彦命; 와카타케히코노미코토)의 후손이다.

【주 석】

1. 길비조신(吉備朝臣)

길비(吉備; 기비)라는 씨명은 길비국(吉備國)이라는 일본 고대에 존재하였던 지방 국가의 이름에서 비롯된 것이다. 길비국은 지금의 강산현(岡山縣) 전역과 광도현(廣島縣)의 동부, 향천현(香川縣) 도서 지역, 병고현(兵庫縣) 서부 일대에 걸쳐 있는 영역을 지배하였으며, 대화(大和), 출운(出雲), 축자(筑紫)에 버금가는 세력을 가지고 있었다. 그 대표적인 유적인 조산고분(造山古墳)과 작산고분(作山古墳)이라는 대형 전방후원분이다. 길비국은 율령제하에서 비전(備前)·비중(備中)·비후(備後)·미작(美作) 등으로 분할되었다.

길비조신의 본래 성은 신(臣)이었다. 그런데 길비국의 지배층은 길비의 하도신(下道臣)과 상도신(上道臣)이며, 그 밖에 향옥신(香屋臣)·삼야신(三野臣)·입신(笠臣)·원신(苑臣) 등이 있다. 『국조본기(國造本紀)』에 의하면 길비 지방에는 길비씨(吉備氏) 아래 대백씨(大伯氏), 상도씨(上道氏), 삼야씨(三野氏), 하도씨(下道氏), 가야씨(加夜氏·賀陽氏·賀夜氏), 향옥씨(香屋氏), 입신씨(笠臣氏), 소전씨(小田氏)가 있다고 하였다. 이 조항의 길비조신도 길비신에서 길비조신이 된 것이 아니라, 하도신(下道臣)의 후예인 하도조신(下道朝臣)이 개성한 것이다.

길비신이라는 호칭은 하도신·상도신 등의 총칭이기도 하며, 길비신은 길비 지역의 지배세력이므로, 광의의 조상에 해당하는 인물로 길비하도신전진옥(吉備下道臣前津屋, 『일본서기』 웅략기 7년 8월조)을 들 수 있다. 동시에 『일본서기』의 다른 전승에서는 길비국조(吉備國造)인 길비신산(吉備臣山)이라는 인물도 보인다. 이 길비하도신전진옥과 길비신산은 동일하게 대화왕권의 통제에 반발한 인물로 전한다. 『일본서기』에 의하면, 전진옥의 경우는 어린 여자를 대화왕권에 속한 사람으로 삼고, 성인 여자를 자기 사람으로 삼아 싸우게 하였는데, 어린 여자가 이기자 칼을 뽑아 그녀를 죽였다고 한다. 다시 작은 수탉을 대화왕권의 닭으로 삼고 나서 털을 뽑고 날개를 자르고, 큰 수탉을 자기 닭으로 삼고 쇠발톱을 달아서 싸우게 하였는데, 역시 작은 닭이 이기자 죽였다. 이에 대화왕권의 대왕이 물부(物部) 병사 30명을 보내서 전진옥과 그 일족 70인을 죽였다고 한다.

그 밖에도 『일본서기』에는, 길비상도신전협(吉備上道臣田狹, 『일본서기』 웅략기 7년 시세조)이라는 인물이 역시 대화왕권의 대왕에 대하여 복종하지 않았다는 전승을 전하고 있다. 전협(田狹)은 이른바 임나국사(任那國司)로 보이며, 그 아들인 제군(弟君)은 백제에 파견되었다. 또한 이른바 임나일본부(任那日本府) 행군원수(行軍元帥)의 한 사람인 길비신소리(吉備臣小梨, 『일본서기』 웅략기 8년 2월조), 정신라장군(征新羅將軍)으로 전하는 길비신미대(吉備臣尾代, 『일본서기』 웅략기 23년 8월 병자조)도 상도신 계열의 인물일 가능성이 있다.

전협이 대왕 웅략에게 반의를 품게 된 것은 자신의 처인 치원(稚媛)을 웅략에게 빼앗겼기 때문이라고 하였다(『일본서기』 웅략기 7년 시세조). 전협의 처인 치원은 이름을 알 수 없는 길비상도신(吉備上道臣) 일족의 딸로 전한다(『일본서기』 웅략기 원년 3월조). 전협은 치원으로부터 형군(兄君)과 제군(弟君)을 낳았으며, 형제 중 아우인 제군은 백제로 건너가서 본국에 대하여 모반하려는 뜻을 품었기 때문에 그 처인 장원(樟媛)에게 죽음을 당했다고 한다(『일본서기』 웅략기 7년 시세조), 형인 형군은 대왕 웅략이 죽었을 때 그의 어머니 길비치원(吉備稚媛)과 함께 왕자 성천(星川)의 반란에 가담하였다가 역시 죽음을 당했다(『일본서기』 청녕기 즉위전기, 웅략기 23년 8월조). 이때 길비상도신 일족은 왕자 성천을 구하기 위하여 40척의 배를 이끌고 출발하였으나 이미 왕자 성천이 죽었다는 사실을 알고 귀환하였다. 이 사건을 계기로 대왕 청녕은 길비상도신이 관장하던 산부(山部)를 몰수하였다고 한다(『일본서기』 청천기 즉위전기, 웅략기 23년 8월). 또한 『일본서기』 흠명기(欽明紀)에 보이는 길비신(吉備臣, 흠명기 2년 4월조·5년 3월조·5년 11월조)이라는 이름이 보이는데, 이른바 임나일본부와 관련된 인물인 점에서 길비상도신 일족일 가능성이 있다.

이처럼 『일본서기』에 보이는 길비신은 대부분 길비상도신 일족이고, 길비하도신전진옥 이외에 길비하도신(吉備下道臣) 일족은 보이지 않는다. 그러나 685년에 하도신은 조신(朝臣)의 성을 받았다(『일본서기』 천무기 13년 11월 무신삭조). 이 사성을 통하여 하도신은 하도조신(下道朝臣)이 되었다. 하도조신에 대해서는 하기의 「하도조신」조(080) 참조.

2. 대일본근자언태경천황(大日本根子彥太瓊天皇)

효령천황(孝靈天皇)이다. 『신찬성씨록』 완본에는 천황(天皇)이라는 글자 아래 시효령(諡

孝靈)이라는 세 글자가 있었던 것으로 추정하는 견해가 있다.『고사기』효령천황단(孝靈天皇段)에서는 대왜근자일자부두이명(大倭根子日子賦斗邇命)은 흑전여호궁(黑田廬戶宮)에서 천하를 다스렸다고 하였다.『일본서기』효령천황 즉위전기(卽位前紀)에 대일본근자언태경천황(大日本根子彦太瓊天皇)은 일본족언국압인천황(日本足彦國押人天皇, 孝安天皇)의 태자이며 어머니는 천족언국압인명(天足彦國押人命)의 딸 압원(押媛)이라고 하였다. 형제로는『고사기』에 대길비제진명(大吉備諸進命)의 이름이 보인다.

그가 거처한 궁은 종래에 산자락에 있었던 궁들과 달리 대화분지의 중앙에 있었다. 즉위한 지 2년 되는 해에 기성현주(磯城縣主) 대목(大目)의 딸인 세원명(細媛命)을 황후로 삼았고 언국견존(彦國牽尊, 후의 孝元天皇)을 낳았다. 또한 춘일천유조산향원(春日千乳早山香媛)과 왜국향원(倭國香媛) 등을 비로 삼았고, 그들과의 사이에서 숭신천황(崇神天皇) 때 사도장군(四道將軍)으로 활약한 언오십협근언명(彦五十狹芹彦命)과 질병 치유 및 반란 진압에서 중요한 역할을 한 왜적적일백습희명(倭迹迹日百襲姬命)을 얻었다고 한다. 그러나 그 밖의 행적은 거의 없는 전설적인 인물이며, 씨족의 계보를 천황과 연결시키기 위해서 효령천황의 후손이라고 주장하는 경우가 많았다.

3. 치무언명(稚武彦命)

『일본서기』에서는 치무언명(稚武彦命),『고사기』에서는 약일자건길비진일자명(若日子建吉備津日子命)과 약건길비진일자명(若建吉備津日子命), 다른 문헌에서는 약무언명(若武彦命) 등으로 나타난다.『일본서기』에서는 제7대 효령천황(孝靈天皇)의 아들로 길비신(吉備臣)의 원조(遠祖)로 전하고,『고사기』에서는 길비하도신(吉備下道臣)과 입신(笠臣)의 조상이라고 하였다.

한편『신찬성씨록』에서는 이 조항에서 좌경 황별인 길비조신이 그의 후손이라고 하였고, 하도조신(下道朝臣)이 길비조신과 동조관계이며 치무언명의 손자 길비무언명(吉備武彦命)의 후손이라고 하였고, 우경 황별의 입조신(笠朝臣)이 치무언명의 후손이라고 하였고, 입신(笠臣)이 입조신과 동조관계이며, 치언무명의 손자 압별명(鴨別命)의 후손이라고 하였고, 길비신(吉備臣)이 치무언명의 손자 어우별명(御友別命)의 후손이라고 하였고, 진발부(眞髮部)가 치무언명의 아들 길비무언명(吉備武彦命)의 후손이라고 하였고, 노원공(廬原公)이 입조신과 동조관계인데, 치무언명의 후손이라고 하였다.

『고사기』에 의하면, 길비상도신(吉備上道臣)의 조상인 대길비진일자명(大吉備津日子

命)과 길비하도신의 조상인 약일자건길비진일자명은 이모형제 간이며, 두 형제 때에 이르러 상도신과 하도신으로 분기되었다고 하였다.

그러나 『일본서기』에서는 어우별(御友別)의 맏아들 도속별(稻速別)이 하도신의 시조가 되고, 둘째 아들 중언(仲彦)이 상도신과 향옥신의 시조가 되고, 제언(弟彦)이 삼야신의 시조가 되고, 어우별의 동생 압별(鴨別)이 입신의 시조가 되고, 어우별의 형 포응별이 원신의 시조가 되었다고 하였다.(응신기 22년 9월 경인조).

아마도 길비신과 동족이라고 주장하는 여러 씨족의 계보 원형은 앞의 『일본서기』에 보이는 계보 전승이 가장 오래되었을 것이고, 길비신을 중심으로 하는 씨족이 모두 치무언명을 시조로 삼고 있었을 것으로 생각된다. 그리고 하도신의 시조인 도속별이 가장 먼저 등장하는 것으로 보아 중심씨족은 하도신이었을 것으로 추측할 수 있다. 그러나 하도신씨가 전진옥(前津屋)의 반란 전승에서 보듯이 대화왕권과 갈등을 일으키면서, 그 중심씨족이 상도신으로 바뀌었을 가능성이 있다. 한편 상도신씨의 경우는 전협(田狹)이나 제군(弟君)의 전승에서 알 수 있듯이 대화왕권과 갈등을 일으키기도 하였으나, 대화왕권에 반감을 품은 제군을 죽인 그의 처 장원(樟媛)이나 홍계왕(弘計王)을 즉위시키는 과정에서 기여한 공로가 있는 길비신처럼 대화왕권과 우호적인 관계를 맺은 인물도 있었다. 이처럼 상도신 일족이 대화왕권과 관계를 강화하면서 하도신을 중심으로 한 씨족 계보로부터 분리되었을 가능성이 있다.

080 【원문】

下道朝臣

吉備朝臣同祖. 稚武彦命之孫吉備武彦命之後也.

【번 역】

하도조신(下道朝臣; 시모츠미치노아소미)

길비조신(吉備朝臣; 기비노아소미)과 조상이 같다. 치무언명(稚武彦命; 와카타케히코노미코토)의 손자 길비무언명(吉備武彦命; 기비노타케히코노미코토)의 후손이다.

【주 석】

1. 하도조신(下道朝臣)

하도(下道)라는 씨명은 일본 고대 율령제하 비중국(備中國) 하도군(下道郡)에서 비롯된 것이며, 하도군은 현재의 강산현(岡山縣) 강산시(岡山市)·창부시(倉敷市) 일부 지역에 해당한다.

하도조신(下道朝臣)의 원래 성은 신(臣)이었는데 685년에 조신이라는 성을 받았다(『日本書紀』 天武天皇 13년 11월 무신삭조).

하도조신 일족 중에서 일부는 길비조신(吉備朝臣)을 칭하게 되었으므로, 하도조신으로 이름이 확인되는 인물은 하도조신광구(下道朝臣廣口, 天平 10년경 「官人歷名」, 『대일본고문서』 24-84 등), 하도조신가례비(下道朝臣加禮比, 天平 11년 「備中國大稅負死亡人帳」, 동 2-249), 하도조신직언(下道朝臣直言, 天平 17년 12월 4일자 「經師等調度充帳」, 동 8-580), 하도조신복배(下道朝臣福倍, 상동), 하도조신흑마려(下道朝臣黑麻呂, 『續日本紀』 天平寶字 4년 정월 병인 등), 하도조신복마려(下道朝臣福麻呂, 天平寶字 4년 8월 3일자 「後一切經料雜勒納帳」, 『대일본고문서』 14-424 등), 하도조신장인(下道朝臣長人, 『續日本紀』 寶龜 10년 2월 갑신조 등), 하도조신계성(下道朝臣繼成, 『日本後紀』 大同 원년 2월 기유조 등), 하도조신문계(下道朝臣門繼, 『日本三代實錄』 貞觀 11년 정월 을축조 등)가 있다.

이들 중에서 하도조신가례비는 비중국(備中國) 와옥군(窪屋郡) 미화향(美和鄉) 시인리(市忍里)의 호주이므로 하도조신의 본거지라고 할 수 있는 비중국에 거주하는 인물이었음을 알 수 있다. 그 밖에도 비중국에 거주한 인물로 『비중국풍토기(備中國風土記)』 일문에 보이는 하도조신인주(下道朝臣人主)를 들 수 있다. 『풍토기』 일문에 따르면, 그는 천평 6년(갑술년, 734)에 하야군(賀夜郡)의 군사(郡司) 중 가장 높은 대령(大領)이었으며 관위는 종6위상이었음을 알 수 있다.

한편 하도신(下道臣) 일족은 평성경(平城京)에도 거주하고 있었다. 하도신색부다(下道臣色夫多, 『續日本紀』 天平神護 원년 정월 기해조 등), 하도신음마려(下道臣蔭麻呂, 天平神護 2년 12월 17일자 「左方頭等解」, 『대일본고문서』 5-637 등)가 그러한 예이다. 색부다는 766년에 종5위하 주전조(主殿助)로서 조신이라는 성을 받았다(『續日本紀』 天平神護 2년 5월 계해조). 음마려 역시 773년에는 하도조신음마려로 보이므로 역시 하도신에서 하도조신이 되었음을 알 수 있다(寶龜 4년 「倉代西端雄物出入帳」, 『대일본고문서』 21-236). 또한 음마려의 경우는 신이나 조신을 기록하지 않고 여러 차례 하도음마려(下

道蔭麻呂)로 나타나기 때문에, 이와 유사한 사례가 널리 존재할 것으로 추측할 수 있다.

2. 길비조신동조(吉備朝臣同祖)

좌경 황별(상)에 보이는 길비조신(吉備朝臣)이 원래 하도조신(下道朝臣)이었다. 하도조신진비(下道朝臣眞備)가 길비조신이라는 씨성(氏姓)을 받은 것은 746년이고(『續日本紀』天平 18년 10월 정묘조), 하도조신을길비(下道朝臣乙吉備) 등 세 사람이 길비조신이라는 씨성을 받은 것은 748년이었다(『續日本紀』天平 20년 11월 기축조). 이처럼 하도조신 중에서 일부 사람들이 길비조신이라는 씨성을 새롭게 받게 되었음을 알 수 있다.

3. 치무언명(稚武彦命)

치무언명에 대해서는 좌경 황별(상)「길비조신(吉備朝臣)」조(079)의 치무언명 참조.

4. 길비무언명(吉備武彦命)

『일본서기』에서는 길비무언(吉備武彦), 다른 문헌에서는 길비건언명(吉備建彦命)이라고 표기하였다. 경행(景行) 대에 일본무존(日本武尊)이 동쪽으로 정벌하였을 때 함께 따라간 인물이라고 한다.

『일본서기』에서는 경행 40년에 천황이 길비무언과 대반무일련(大伴武日連)을 불러 일본무존을 따라가도록 하였고, 길비무언은 월국(越國)에 보내어 그 지형의 험준함과 평탄함, 인민의 복종 여부를 살펴보도록 하였으며, 이때 일본무존은 신농(信濃)으로 들어갔다고 한다. 경행 51년에는 길비무언의 딸 길비혈호무원(吉備穴戶武媛)을 비로 삼고 무란왕(武卵王)과 십성별왕(十城別王)을 낳았다고 하였다. 그러나 『일본서기』에는 길비무언명의 조상에 대한 내용은 보이지 않는다.

『고사기』에서는 길비신(吉備臣) 등의 조상인 어서우이건일자(御鉏友耳建日子) 혹은 길비신건일자(吉備臣建日子)가 왜건명(倭建命), 즉 일본무존에 딸려 보냈다고 하였다.

『신찬성씨록』에서는 우경 황별(하)의「진발부(眞髮部)」조(172)에서 길비무언명(吉備武彦命), 노원공(廬原公)조에서 길비건언명이 보이는데, 전자에서는 치무언명의 아들, 후자에서는 손자라고 하였다. 『선대구사본기(先代舊事本紀)』국조본기(國造本紀)의 노원국조(廬原國造)조에도 길비무언명의 이름이 보인다. 『비중국풍토기(備中國風土記)』 일문에는 하야군(賀夜郡) 이세어신사(伊勢御神社) 동쪽에 궁뢰천(宮瀨川)이라는 강이 있는데, 강의 서쪽에, 길비건일자명(吉備建日子命)의 궁이 있다. 이 3세왕(三世王)의 궁을 지었기 때문 궁뢰(宮瀨)라고 하였다고 전한다. 길비건자일명을 3세왕이라고 한 것은 이 조항과 여원공(廬原公)조에서 길비무언명이 치무언명의 손자라고 한 기술과 일치한다.

『일본삼대실록』에서도 좌경인(左京人) 좌대사(左大史) 정6위상 인남야신종웅(印南野臣宗雄)에 대하여 그 조상이 길비무언명(吉備武彦命)인데 길비무언명의 둘째 아들인 어우별명(御友別命)의 11세손 인상(人上) 천평신호(天平神護) 원년(765)에 사는 곳의 이름을 따서 인남야신(印南野臣)이라는 성을 칭하게 되었다고 하였다(『日本三代實錄』 元慶 3년 10월 무인조).

081 【원 문】

道守朝臣
開化天皇皇子武豐葉列別命之後也.

【번 역】

도수조신(道守朝臣; 치모리노아소미)

개화천황(開化天皇)의 황자(皇子) 무풍엽렬별명(武豐葉列別命; 다케토요하즈라와케노미코토)의 후손이다.

【주 석】

1. 도수조신(道守朝臣)

도수(道守)라는 씨명은 지명인지 직명인지 분명하지 않으나, 지명에서 비롯되었을 가능성이 크다. 또한 도수는 '미치모리'와 '치모리'라는 2가지 훈이 있다. 또한 도수조신은 두 계통이 있다. 『신찬성씨록』에서는 산성국(山城國) 황별(皇別)의 도수신(道守臣), 금목(今木), 섭진국(攝津國) 황별의 도수신, 우경 황별(하)의 도수신은 무엽협별명(豐葉頰別命)을 시조로 한다고 하였다. 『일본서기』 천무 13년 11월조에는 도수조신의 원래 성은 신(臣)이었는데, 685년에 조신의 성을 받았다고 한다.

목간에 보이는 도수를 포함하는 인명을 살펴보면, 도수나가마려(道守奈加麻呂, 『藤原

宮木簡』1, 解說, 97), 도수신로(道守臣老,『平城宮木簡』1-68), 도수진□만려(道守眞□萬呂,『平城宮木簡』1, 解說, 143), 도수천족(道守千足, 天平 7년 윤11월 23일자「高槻市桃園町出土木簡」,『日本歷史』256). 도수재만려(道守在萬呂,『木硏集報』3-12), 도수신대□(道守臣大□,『飛鳥藤原宮發掘調査出土木簡槪報』9), 도수어문(道守御門,『木簡硏究』25-23), 도수신동인(道守臣東人,『飛鳥藤原宮發掘調査出土木簡槪報』17), 도수진인(道守眞人,『平城宮發掘調査出土木簡槪報』27) 등이 있다.

문헌 자료에서는 도수시칙(道守是則, 大和國添上郡少領, 延喜 11년 4월「東夫寺上座慶贊愁狀」『平安遺文』1-318), 도수봉성(道守峯成, 右衛門府生, 延喜 16년 7월 3일「獄囚等罪狀」『政事要略』81)이 보인다.

이들 자료를 통해서 도수라는 씨명을 가진 사람들이 섭진국(攝津國)·대화국(大和國)·기이국(紀伊國)·찬기국(讚岐國) 등에 분포하고 있음을 알 수 있다.

2. 개화천황(開化天皇)

효원천황(孝元天皇)의 둘째 아들로, 어머니는 울색웅명(欝色雄命)의 누이인 울색미명(欝色謎命; 우츠시코메노미코토)이다. 동모형제로는 대언명(大彦命)·소언남심명(少彦男心命)·왜적적희명(倭迹迹姬命), 이모형제로는 언태인신명(彦太忍信命)·무식안언명(武埴安彦命)이 있다고 하였다. 제9대 천황으로 역사적인 사실은 거의 기록되지 않은 이른바 결사 8대에 속하는 천황 중 한 명이다. 즉위하면서 솔천궁(率川宮)으로 도읍을 옮겼다고 하는데, 이곳은 이전의 도읍과 다리 대화분지의 북쪽에 위치하고 있다. 즉위한 지 6년 만에 효원천황의 비(妃) 중 한 사람인 이향색미명(伊香色謎命)을 황후로 삼아 어간성존(御間城尊, 후의 崇神天皇)을 낳았다. 또한 단파죽야원(丹波竹野媛), 화이신(和珥臣)의 조상인 모진명(姥津命)의 누이 모진원(姥津媛)을 비로 삼아 그 사이에서 협수언명(狹穗彦命), 협수희명(狹穗姬命), 일엽초원명(日葉酢媛命), 신공황후(神功皇后)의 조부에 해당하는 언좌왕(彦坐王)을 낳았다고 한다.

3. 무풍엽열별명(武豐葉列別命)

『고사기』개화천황단(開化天皇段)에 천황이 갈성(葛城)의 수견숙녜(垂見宿禰)의 딸 전비매(鸇比賣)를 맞아들여 건풍파두라화기(建豐波豆羅和氣; 다케토요하츠라와케)를 낳았고, 그는 도수신(道守臣), 인해부조(忍海部造), 어명부조(御名部造), 도우인해부(稻羽忍

海部), 단파(丹波)의 죽야별(竹野別), 의망(依網)의 아비고(阿毘古) 등의 조상이라고 하였다. 또한 『선대구사본기』 천황본기(天皇本紀)의 개화천황조(開化天皇條)에는 무치협명(武齒頰命; 다케하츠라노미코토)이 도수신 등의 조상이라고 하였다.

현재도 풍강시(豊岡市) 죽야정(竹野町)의 도수신사(道守神社)와 경단후시(京丹後市)의 재궁신사(齋宮神社)에서 각각 풍엽두라별명(豐葉豆羅別命)과 건풍엽두라화기(建豐葉豆羅和氣)를 제신으로 모시고 있다.

082 【원 문】

御使朝臣
　出自諡景行皇子氣入彦命之後也. 譽田天皇御世, 御室雜使大壬生等, 逋逃不仕. 天皇遣使尋求, 竝不復命. 於是氣入彦命, 奉詔括追於參河國, 捕獲參來. 天皇嘉合使旨, 賜姓御使連也. 續日本紀合.

【번 역】

어사조신(御使朝臣; 미츠카히노아소미)

시호 경행(景行; 게이카우)의 황자(皇子) 기입언명(氣入彦命; 게이리히코노미코토)의 후손으로부터 나왔다. 예전천황(譽田天皇; 호무타텐노)의 시대에, 궁실의 잡일을 하는 대임생(大壬生; 오미부) 등이 도망쳐 섬기지 않았다. 천황이 사자를 보내어 찾도록 하였으나 모두 복명(復命)하지 않았다. 이에 기입언명이 명을 받들어 삼하국(參河國; 미카하노쿠니)을 찾아가서 붙잡아서 돌아왔다. 천황이 사자로 보낸 뜻을 달성한 것을 가상히 여겨서 어사련(御使連)이라는 성을 내렸다. 『속일본기』와 합치한다.

【주 석】

1. **어사조신(御使朝臣)**

어사(御使)라는 씨명은 삼사(三使; 미츠카이)라고도 표기한다. 어사조신의 원래 성은 연(連)이며, 전국적으로 설치된 어사부(御使部, 三使部)를 통괄하는 반조씨족(伴造氏族)이다. 어사련(御使連)은 신호경운(神護景雲) 2년(768)에 어사련청족(御使連淸足) 등이 조신이라는 성을 받았다(『続日本紀』神護景雲 2년 9월 을미조).

어사련이라는 씨성을 가진 인물로는 삼사련인마려(三使連人麻呂, 『續日本紀』天平 9년 2월 무오조), 어사련을마려(御使連乙麻呂, 天平 10년 「和泉監正稅帳」, 『대일본고문서』 2-82 등), 삼사련정족(三使連淨足, 『續日本紀』 天平勝寶 2년 12월 계해조), 어사련마려(御使連麻呂, 『續日本紀』 天平寶字 5년 3월 기유조), 어사련청족(御使連淸足, 『續日本紀』 神護景雲 2년 9월 을미조 등), 어사련청성(御使連淸成, 『續日本紀』 神護景雲 2년 9월 을미조), 어사련전공(御使連田公, 『續日本紀』 神護景雲 2년 9월 을미조) 등이 있다.

그중 삼사련정족은 750년에 준하국(駿河國) 여원군(廬原郡) 다호포(多胡浦) 변에서 황금을 얻어 바쳤으므로 종6위하에 임명한 인물로 보인다(『續日本紀』 天平勝寶 2년 3월 무술조 및 12월 계해조), 같은 이름이라고 할 수 있는 어사련청족(御使連淸足)은 768년에 조신이라는 성을 받았다(『續日本紀』 神護景雲 2년 9월 을미조). 이때 관위가 정7위상이므로, 준하국의 삼사련정족과는 다른 사람으로 보인다.

어사조신이라는 씨성을 가진 사람으로는 어사조신금사(御使朝臣今嗣, 『類聚國史』 193, 渤海, 延曆 17년 4월 갑술조), 어사조신복자(御使朝臣福子, 『日本文德天皇實錄』 齊衡 원년 정월 계사조)가 있다.

어사조신이 전국에 분포하고 있는 어사부(御使部)를 중앙에서 관장하는 반조씨족이라고 한다면, 당연히 지방에 어사부 및 그와 연관된 씨족들이 존재해야 한다. 어사부 역시 삼사부(三使部)로도 표기될 수 있다. 삼사부를 칭한 씨족으로는 단마국(但馬國) 칠미군(七美郡) 칠미향(七美鄕)의 삼사부신성(三使部身成, 『木簡硏究』 23-10), 원강국(遠江國)의 삼사부수마려(三使部首麻呂, 天平 12년 「遠江國濱名郡輸租帳」 2-264), 삼사부수마(三使部水麿, 상동 2-266), 삼사부주마려(三使部酒麻呂, 상동 2-270), 삼사부□마(三使部□麿, 「伊場遺跡出土木簡」 『伊場遺跡土文字集成』 2-17).

그 밖에 성을 확인할 수 없는 경우로는, 삼사진상(三使眞上, 天平 10년경 「藥師寺三綱牒」 裏書 7-180), 삼사직교(三使直蛟, 天平勝寶 3년 2월 23일자 「寫書所請壽量品墨筆帳」 11-485), 삼사진록(三使眞鹿, 天平勝寶 3년 3월 5일자 「經師上紙帳」 11-415), 삼사시만려(三使屎万呂, 天平寶字 3년 6월 28일자 「造東大寺司□工所解」 4-369), 삼사충족(三使虫足, 天平寶字 6년 4월 「造石山寺所下錢帳」 15-459), 삼사만려(三使万呂, 寶龜 2년 6월 6일자 「奉寫一切經料墨紙筆用帳案」 18-454 등), 삼사석만려(三使石万呂, 寶龜 2년 9월 11일자 「僧長榮手實」 19-76) 등이 있다. 목간에서도 어사당계(御使當繼, 『木簡硏究』 12, 53)가

보인다.

2. 시경행(諡景行)

『신찬성씨록』 완본에는 '시(諡)'라는 글자 앞에 '대족언인대별천황(大足彦忍代別天皇)'이라는 8글자가 있었을 것으로 생각된다.

3. 기입언명(氣入彦命)

우경 황별(하)의 「어립사(御立史)」조에도 기입언명이라는 이름이 보이지만, 『고사기』와 『일본서기』에서는 경행천황(景行天皇)의 아들로 그 이름이 보이지 않는다. 율전관(栗田寬)과 좌백유청(佐伯有淸)은 경행의 아들 중 오백성입언명(五百城入彦命)과 이름이 유사하므로 기입언명과 동일 인물일 것으로 추정하였다.

4. 예전천황(譽田天皇)

『신찬성씨록』 완본에는 '천황'이라는 글자 다음에 '시응신(諡應神)'이라는 3글자가 있었을 것으로 보인다. 본조에서 전하는 내용은 『고사기』・『일본서기』에 보이지 않는다.

5. 어실잡사(御室雜使)

좌백유청(佐伯有淸)은 『일본서기』에 보이는 어굴전(御窟殿)과 어굴원(御窟院)의 어굴(御窟)이 '미무로'로 읽히므로, 어실(御室; 미무로)이 어굴을 가리키는 것으로 보았다. 또한 어실을 씨명으로 하는 사람으로는 어실조신금사(御室朝臣今嗣, 『日本後紀』 大同 3년 11월 갑진조 등), 어실조신시유(御室朝臣是維, 『日本後紀』 弘仁 원년 9월 임자조 등), 어실조신씨계(御室朝臣氏繼, 『日本後紀』 弘仁 원년 11월 기사조), 어실조신안상(御室朝臣安常, 『日本三代實錄』 貞觀 3년 3월 무자조 등) 등이 있는데 이들도 어굴전 등과 관련이 있는 것으로 보았다. 율전관(栗田寬)은 잡사(雜使)에 대하여 후대에 각 관사에 소속되어 잡무를 담당하던 사부(使部)나 사정(仕丁)의 부류로 이해하였다.

6. 대왕생(大王生)

율전관(栗田寬)은 대왕생을 대임생(大壬生)의 오기로 보고, 부곡(部曲)인 대임생부(大壬生部)를 뜻하는 것으로 파악하였다(『新撰姓氏錄考證』). 그러나 좌백유청(佐伯有淸)은 대왕생이 대임생인 것은 맞지만, 임생부(壬生部; 미부베)를 왕부(王部; 미부베)라고도 하므로 굳이 오기로 볼 필요가 없다고 하였다. 그리하여 임생부 혹은 생부(生部)나 대왕부(大王部)·대생부(大生部)를 동일한 것으로 보았다(『新撰姓氏錄の硏究』考證篇1). 임생부는 대왕(大王)의 자녀들을 양육하기 위하여 설치한 부로 유부(乳部)라고도 하였다.

대생부 등의 사례로는 대생부다(大生部多, 『日本書紀』 皇極 3년 7월조), 대생부직삼수마려(大生部直三穗麻呂, 『續日本紀』 神龜 원년 2월 임자 등), 대생직산방(大生直山方, 天平勝寶 2년 정월 8일자「但馬國司解」, 『대일본고문서』 3-355 등), 대생족인(大生足人, 天平寶字 8년 3월 30일자「吉祥悔過所解」, 동 5-470), 대생석부(大生石敷, 寶龜 6년 9월 22일자「丈部長岡等月借錢解」, 동 6-584), 대생부을충(大生部乙虫, 「多賀城木簡」, 『多賀城跡第廿四次調査說明資料同年報』, 1974) 등이 있다.

7. 포도(逋逃)

『서경(書經)』「비서(費誓)」에서 "말이나 소가 달아나거나 노비들이 도망쳤을 때 멋대로 자리를 떠나 쫓지 않았는데도 그들이 원래 주인에게 돌아오면 내가 그대들에게 상을 내리겠다. 그러나 그대들이 자리를 비우고 쫓아갔는데도 그들이 원래 주인에게 돌아오지 않았다면 그대들은 정해진 벌을 받게 될 것이다(馬牛其風, 臣妾逋逃, 勿敢越逐, 祗復之, 我商賚汝. 乃越逐不復, 汝則有常刑)."라고 하였다. 신분이 낮은 자들이 고역을 피해 도망치는 것을 말한다.

8. 삼하국(參河國)

삼하국(三河國; 미카와노쿠니)·삼천국(三川國; 미카와노쿠니)로도 표기하며 현재의 애지현(愛知縣) 동반부에 해당한다. 7세기의 목간에서는 모두 삼천국으로 나타나므로, 삼하국(參河國)으로 표기하게 된 것은 율령제 이후 평성경(平城京) 시대까지이며, 장강경(長岡京) 이후는 삼하국(三河國)으로 주로 표기하였다. 『신찬성씨록』은 평안경(平安京) 시대에 편찬되었는데, 이 조항에서는 삼하국(參河國)이라고 표기하였다. 『선대구사본기(先代舊事本紀)』 천황본기(天皇本紀) 성무천황(成務天皇)조에서는 일본무존(日本武尊)의 아들 좌백명(佐伯命)이 삼천어사련(三川御使連) 등의 조상이라고 하였다.

9. 합속일본기(合續日本紀)

768년에 좌경인 정7위상 어사련청족(御使連淸足), 어사련청성(御使連淸成), 어사련전공

(御使連田公) 등 18인에게 조신이라는 성을 내렸다는 기사가 있다.

083 【원문】

犬上朝臣
出自諡景行皇子日本武尊也.

【번역】

견상조신(犬上朝臣; 이누카미노아소미)
시호 경행(景行; 게이카우)의 황자(皇子)인 일본무존(日本武尊; 야마토타케루노미코토)으로부터 나왔다.

【주석】

1. 견상조신(犬上朝臣)

견상(犬上; 이누카미)이라는 씨명은 율령제하의 근강국(近江國) 견상군(犬上郡)이라는 지명 혹은 그 지역의 유력 호족인 견상씨(犬上氏)에서 유래한 것으로 보인다. 견상군은 현재 자하현(滋賀縣) 견상군(犬上郡)에 해당한다. 고대에는 개가 신앙의 대상이 되기도 하고, 수렵이나 경계를 목적으로 개를 키우는 일이 중시되어 견양부(犬養部; 이누카이베)처럼 개를 기르기 위한 집단이 설정되기도 하였다.

견상조신의 원래 성은 지역 호족에게 흔히 보이는 군(君)이었는데, 685년에 조신(朝臣)이라는 성을 받았다(『일본서기』 天武 13년 11월 무신삭조).

견상군의 조상으로는 창견별(倉見別, 『일본서기』 신공황후 섭정 원년 2월조 등)이 보이고, 군(君)이라는 성을 가진 사람으로는 견상군어전초(犬上君御田鍬, 『일본서기』 推古 22년 6월 기묘조 등), 견상건부군(犬上健部君, 『일본서기』 효덕 즉위전기), 견상군백마려(犬上君白麻呂, 『日本書紀』 齊明 2년 9월조), 견상군(犬上君, 『일본서기』 천지 2년 5월 계축삭조) 등이 있다.

견상군어전초는 견수사(遣隋使, 『일본서기』 推古 22년 6월 기묘조와 동 23년 9월조)와 견당사(遣唐使, 『일본서기』 舒明 2년 8월 정유조, 동 4년 8월조)로서 중국을 다녀왔고, 견상군백마려는 견고려대판관(遣高麗大判官, 『일본서기』 齊明 2년 9월조)에 임명되었으며, 이름을 알 수 없는 견상군(犬上君) 역시 고구려에 가서 군사적인 문제를 알렸으며 백제 지역으로 가서 규해(糺解)를 만났는데 규해가 복신(福信)의 죄를 이야기하였다고 한다 (『일본서기』 天智 2년 5월 계축삭조). 이처럼 견상군 일족은 외교 방면에서 활동하고 있음을 알 수 있다.

견상조신이라는 씨성을 가진 인물로는 견상조신진인(犬上朝臣眞人, 天平感寶 원년 6월 10일자 「奴碑賣卷」, 『대일본고문서』 3-259), 견상조신도가비녀(犬上朝臣都可比女, 상동 3-259), 이름을 알 수 없는 견상조신(犬上朝臣, 寶龜 9년 4월 19일자 「穗積眞乘元東大寺功德分家地雜物寄進解」, 동 6-600), 견상조신망성(犬上朝臣望成, 『日本後紀』 延曆 24년 6월 병진조 등) 등의 이름이 보인다. 또한 근강국(近江國) 검비위사(撿非違使)로서 이전에 견상군의 대령(大領)을 지낸 견상춘길(犬上春吉)이 보인다(『日本三代實錄』 仁和 원년 7월 신축조).

2. 시경행(諡景行)

『신찬성씨록』 완본에는 '시(諡)' 앞에 '대족언인대별천황(大足彦忍代別天皇)'이라는 8글자가 있었을 것으로 보인다.

3. 일본무존(日本武尊)

왜건명(倭建命, 『고사기』 景行天皇段)이라고 하며, 경행천황의 아들이자 중애천황(仲哀天皇)의 아버지이다. 구주 지역의 웅습(熊襲)과 동국(東國)을 정벌한 인물로 유명하다. 일본무존을 시조로 하는 씨족은 다음과 같다.

    좌경(左京) 황별(皇別) 견상조신(犬上朝臣): 일본무존(日本武尊)의 후손
    우경(右京) 황별(皇別) 건부공(建部公): 견상조신과 동조이고 일본무존의 후손
    화천국(和泉國) 황별(皇別) 화기공(和氣公): 견상조신과 동조이고, 왜건존(倭建尊)의 후손
    화천국 황별 현주(縣主): 화기공과 동조이고, 일본무존의 후손
    화천국 황별 서본(習本): 왜건존의 3세손 대황전명(大荒田命)의 후손

또한 『고사기』에서는 왜건명이 의부다모화기(意富多牟和氣)의 딸 포다지비매(布多遲比賣)를 맞이하여 도의별왕(稻依別王)을 낳았는데, 그는 견상군(犬上君)과 건부군(建部君) 등의 시조라고 하였다. 『일본서기』에서는 소대존(小碓尊), 일본동남(日本童男), 일본무존이라고 하는데, 양도입희(兩道入姬)를 비로 삼아 도의별왕의 견상군과 무부군(武部君)의 시조라고 하였다.

084 【원문】

坂田宿禰

息長眞人同祖. 應神皇子稚渟毛二派王之後也. 天渟中原瀛眞人天皇[諡天武.]御世, 出家入道, 法名信正. 娶近江國人槻本公轉戶女, 生男石村, 附母氏姓冒槻本公, 男外從五位下老, 男從五位上奈呂麻呂. 次從五位下豊成. 次豊人等. 皇統彌照天皇[諡桓武.]延曆廿二年, 賜宿禰姓. 於是追陳父志, 取祖父生長之地名, 改槻本賜坂田宿禰. 今上弘仁四年, 同奈呂麻呂等, 改賜朝臣姓也.

【번역】

판전숙녜(坂田宿禰; 사카타노스쿠네)

식장진인(息長眞人; 오키나가노마히토)과 조상이 같다. 응신(應神; 오우진)의 황자(皇子) 치정모이파왕(稚渟毛二派王; 와카누케후타마타노미코)의 후손이다. 천정중원영진인천황(天渟中原瀛眞人天皇; 아마노누나하라오키노마히토텐노)[시호는 천무(天武; 덴무)이다.]의 시대에 출가하여 불도에 들어가 법명(法名)을 신정(信正; 신샤우)이라고 한 자가 근강국(近江國; 아후미노쿠니) 사람 규본공전호(槻本公轉戶; 츠키모토노키미쿠루베)의 딸과 혼인하여 아들 석촌(石村)을 낳고, 어머니의 씨성을 따라 규본공(槻本公)이라고 하였다. 그 아들은 외종5위하 노(老; 오유)이고, 그 아들은 종5위상 나테마려(奈呂麻呂; 나테마로)이고, 그 다음은 종5위하 풍성(豊成; 토요나리), 풍인(豊人; 토요히토) 등이다. 황통미조천황(皇統彌照天皇; 아마츠히츠키이야테라스텐노)[시호는 환무(桓武; 간무)이다.]의 연력(延曆) 22년에 숙녜(宿禰)라는 성을 내렸다. 이에 아버지의 뜻을 그리워하여 할아버지가 생장한 곳의 이름을 따서 규본(槻本)을 고쳐서 판전숙녜(坂田宿禰; 사카타노스쿠네)를 내렸다. 금상(今上)의 홍인(弘仁) 4년에 나저마려 등과 같이 조신(朝臣)이라는 성으로 고쳐 하사하였다.

【주 석】

1. 판전숙녜(坂田宿禰)

판전(坂田; 사카타)이라는 씨명은 근강국(近江國) 판전군(坂田郡)이라는 지명에서 비롯된 것으로 생각된다. 현재의 자하현(滋賀縣) 미원시(米原市) 일대이다.

판전숙녜(坂田宿禰)의 원래 씨성은 규본공(槻本公)이었는데, 먼저 숙녜(宿禰)라는 성을 받아 규본숙녜(槻本宿禰)가 되었고, 다시 규본이라는 씨명을 고쳐 판전숙녜가 되었다.

2. 식장진인동조(息長眞人同祖)

식장진인(息長眞人)는 좌경(左京) 황별(皇別)의 「식장진인」조(001) 참조. 판전숙녜씨의 조상으로 나타나는 신정(信正)은 식장씨(息長氏)를 칭하고 있었던 것으로 생각된다.

3. 응신(應神)

『신찬성씨록』 완본에는 '응신(應神)' 앞에 '예전천황시(譽田天皇諡)'라는 5글자가 있었을 것이다. 응신은 예전별존(譽田別尊), 예전별천황(譽田別天皇), 태중천황(胎中天皇), 품타화기명(品陀和氣命), 대병화기명(大鞆和氣命), 품태천황(品太天皇), 범모도화희왕(凡牟都和希王) 등 다양한 별칭을 가지고 있다.

그러나 응신이 실재한 인물인지에 대해서는 논란이 끊이지 않고 있다. 정상광정(井上光貞)은 이름에 작위적인 요소가 없고 『일본서기』 등의 기록과 『삼국사기』 「백제본기」의 기록이 대응된다는 점에서 실재한 최초의 천황이라고 판단하였다. 그래서 『송서』에 보이는 왜5왕 중 찬(讚)으로 비정하기도 한다. 이처럼 4세기 후반부터 5세기 초까지 실재하였을 가능성을 인정하는 견해가 있는가 하면, 강전영홍(岡田英弘)은 응신의 5세손으로 왕위에 오른 계체(繼體)의 조상신일 뿐이라고 하여 실재를 부정하였다. 『일본서기』와 『고사기』에서 인덕천황(仁德天皇)의 행적과 중복되는 점을 들어, 응신과 인덕이 동일인물이라고 보는 견해도 있다.

4. 치정모이파왕(稚渟毛二派王)

응신천황의 아들로 치야모이파왕(稚野毛二派王), 치정모이기황자(稚渟毛二岐皇子), 약소모이오왕(若沼毛二俣王), 약야모이오왕(若野毛二俣王) 등으로 표기한다. 좌경(左京) 황별(皇別)의 「식장진인(息長眞人)」조(001) 치정모이오왕(稚停毛二俣王) 참조.

5. 법명신정(法名信正)

신정(信正)이라는 인물의 실제 이름은 알 수 없다. 남연조신연명(南淵朝臣年名)의 훙전(薨傳)에 의하면 연명(年名)은 좌경인(左京人)인데 대화수(大和守) 종4위하 나저마(奈氏麿)의 손자인데, 본성(本姓)은 식장진인(息長眞人)이었으나, 중간에 외척(外戚)의 성을 사용하여 규본공(槻本公)이 되었는데, 후에 판전(坂田)으로 고쳤다고 하였다(『扶桑略記』 元慶 元年 4월 8일 己卯條).『공경보임(公卿補任)』·『이려파자류초(伊呂波字類抄)』의 기록 등을 종합해 보면, 원래 식장씨(息長氏)였는데 외척의 성을 따라 규본공이 되었다가, 다시 판전으로 고쳤다가, 연명에 이르러 남연(南淵)이라는 씨명을 갖게 되었음을 알 수 있다.

6. 규본공전호(槻本公轉戶)

여기에만 보인다. 근강국(近江國)의 규본씨(槻本氏)에 대해서는 다음의 규본공(槻本公) 참조.

7. 석촌(石村)

여기에만 보인다.

8. 규본공(槻本公)

규본(槻本)이라는 씨명은, 율령제하의 섭진국(攝津國) 서성군(西成郡) 규본향(槻本鄕)이라는 지명과 관련이 있을 것으로 생각되지만, 규본씨가 근강국(近江國)에 다수 거주하고 있으므로, 근강국 지역에도 규본이라는 지명이 있었을 가능성이 있다.

규본공(槻本公)이라는 씨성은 이 조에만 보인다. 공(公)이라는 성(姓) 이외에는 규본촌주(槻本村主)·규본련(槻本連)이 있다.

9. 노(老)

월전국(越前國) 족우군(足羽郡)의 군사로서 의주장(擬主帳) 무위(無位) 규보공로(槻本公老)가 보인다(天平神護 2년 9월 19일자「越前國足羽郡司解」, 『대일본고문서』 5-542). 778년에 정6위상으로부터 외종5위하가 되었고(『續日本紀』寶龜 9년 정월 계해조), 같은 해에 우병위좌(右兵衛佐)에 임명되었다(『續日本紀』寶龜 9년 3월 병진조). 그는 정상황후(井上皇后)와 타호친왕(他戶親王)의 무고(巫蠱)를 고변하여 환무(桓武)의 즉위에 크게 공헌한 인물이다(『類聚國史』 卷79, 賞功, 延曆 22년 정월 임술조).

10. 나테마려(奈弖麻呂)

규본공로(槻本公老)의 아들로 환무(桓武) 때인 797년에 외종5위하의 관위로 내장조(內藏助)에 서임되었다(『日本後紀』 延曆 16년 2월 을축조). 799년에 장문수(長門守)가 되었고(『日本後紀』 延曆 18년 정월 갑술조), 803년에 아버지 노(老)의 공로를 인정받아 종5위하가 되었으며, 씨성도 규본공(槻本公)에서 판전숙녜(坂田宿禰)로 바뀌었다(『想聚國史』 권79, 賞功, 延曆 22년 정월 임술조). 평성(平城) 때인 808년에 정5위하가 되고(『類聚國史』 권99, 叙位, 大同 3년 정월 정미조), 809년에 조동사장관(造東寺長官)에 임명되었다(『日本後紀』 大同 4년 2월 기미조). 810년에 약자(藥子)의 변이 발생하면서 종4위하 대화수(大和守)에 임명되었다(『日本後紀』 弘仁 원년 9월 정미조). 818년에 종4위하로 죽었다(『日本紀略』 弘仁 9년 2월 무오조). 나저마려가 조신이라는 성을 칭하게 된 것은 813년에 숙녜를 조신으로 고친 이후이다.

나저마려의 아들로는 남연조신홍정(南淵朝臣弘貞)과 남연조신영하(南淵朝臣永河,『日本文德天皇實錄』 天安 元年 10월 丙子條)가 있다. 영하의 아들로 남연조신연명이 있다(『扶桑略記』 元慶 원년 4월 기묘조).

11. 풍성(豐成)

규본공나저마려(槻本公奈弖麻呂)의 아우로 803년에 나저마려와 함께 숙녜라는 성을 받았다(『類聚國史』 卷79, 賞功, 延曆 22년 정월 임술조).

12. 풍인(豐人)

규본공나저마려(槻本公奈弖麻呂)의 아우로 803년에 나저마려와 함께 숙녜라는 성을 받았다(상동).

13. 사판전숙녜(賜坂本宿禰)

나저마려(奈呂麻呂)를 비롯한 형제들이 규본숙녜(槻本宿禰)라는 씨성을 고쳐 판전숙녜(坂田宿禰)가 된 시기는 규본숙녜가 된 803년 이후 판전숙녜로 나타나는 808년 사이로 생각할 수 있다(『類聚國史』 卷99, 叙位, 大同 3년 정월 정미조).

085 【원문】
間人宿禰
　　仲哀天皇皇子譽屋別命之後也.

【번역】

간인숙녜(間人宿禰; 하시히토노스쿠네)
　　중애천황(仲哀天皇; 추아이텐노)의 황자(皇子) 예옥별명(譽屋別命; 호무야와케노미코토)의 후손이다.

【주석】

1. 간인숙녜(間人宿禰)

간인(間人; 하시히토 혹은 마히토)이라는 씨명은 간인이라는 부곡(部曲)의 반조씨족(伴造氏族)이었던 사실에서 비롯된 것으로 생각된다. 간인을 하시히토라 읽으면 하시가 계단이나 사다리를 뜻한다고 보아, 높은 건물에 오르는 사다리를 관리하는 사람들을 뜻한다고 볼 수 있다. 한편 간인을 마히토라고 읽으면 사람과 사람 사이에 있는 사람, 즉 신분이나 맡은 일이 다른 사람 사이를 연결하는 역할을 수행하는 집단을 상정할 수 있다.

간인숙녜(間人宿禰)의 원래 성은 연(連)이며, 685년에 숙녜(宿禰)라는 성을 받았다(『日本書紀』 天武 13년 12월 己卯條). 간인숙녜 중에는 좌경 신별(중)의 간인숙녜와 같이 신혼명(神魂命)의 5세손인 옥즐비고명(玉櫛比古命)의 후손이라고 하여 신별(神別) 계통의 씨족이 있다. 따라서 두 씨족을 구별하기 어렵다.

간인련(間人連)이라는 씨성을 가진 사람으로는 간인련염개(間人連鹽蓋, 『日本書紀』 推

古 18년 10월 정유조), 간인련어기(間人連御廐, 『日本書紀』齊明 3년 是歲條), 간인련대개(間人連大蓋, 『日本書紀』 天智 2년 3월조 등), 간인숙녜남군(間人宿禰男君, 神龜 3년 「山背國愛宕郡 出雲鄕 雲上里·雲下里計帳」, 『대일본고문서』 1-333·353), 간인숙녜녹도(間入宿禰鹿島, 天平 8년 3월 12일자 「岡本宅請經帳」, 동 7-51 등), 간인숙녜옥포(間人宿禰玉浦, 天平 10년 「周防國正稅帳」, 동 2-131), 간인숙녜제양(間人宿禰鵜養, 天平寶字 8년 2월 9일자 「東大寺越前國高串莊券」, 동 5-477 등), 간인숙녜응양(間人彌鷹養, 天平寶字 8년 2월 9일자 「東大寺越前國高串莊券」, 동 5-477 등), 간인숙녜대포(間人彌大浦, 『萬葉集』 3-289 등), 간인숙녜비태만려(間人宿禰斐太萬呂, 『平城宮發掘調査出土木簡槪報』 6-72), 간인숙녜량종(間人宿禰良宗, 『日本三代實錄』 元慶 6년 정월 경술조) 등이 있다.

그중에서 간인련염개는 아폐신대록(阿閉臣大錄)과 함께 임나(任那)로 가는 사인의 안내자 역할을 하였다(『日本書紀』 推古 18년 10월 정유조). 간인련어기는 신라사(新羅使)를 따라 당에 건너가도록 명령을 받았다(『日本書紀』 齊明 3년 是歲條). 또 간인련대개는 신라를 공격하는 전장군(前將軍)으로 파견되었다(『日本書紀』 天智 2년 3월조). 이처럼 간인련은 7세기의 대외관계에서 여러 가지 활동을 하였음을 알 수 있다.

2. 중애천황(仲哀天皇)

일본무존(日本武尊)의 둘째 아들이자 신공왕후(神功王后)의 남편이며 응신천황(應神天皇)의 아버지로 전하는 인물이지만, 그 실재성을 분명하지 않다. 좌백유청(佐伯有淸)은 『신찬성씨록』 완본에는 '중애(仲哀)' 앞에 '족중언천황시(足仲彥天皇諡)'라는 6글자가 있고, '중애' 다음에는 '천황'이라는 글자가 없었을 것으로 추측한다(『新撰姓氏錄の硏究』). 그의 일본식 시호인 족중언(足仲彥, 다라시나카즈히코) 중에서 다라시와 히코는 경행천황(景行天皇)과 성무천황(成務天皇)도 공유하는 부분이며, 신공왕후 역시 '다라시나카쓰히메'인데, 7세기경의 천황 이름에도 쓰였다. 따라서 중애를 가공의 인물로 보는 견해도 있다.

3. 예옥별명(譽屋別命)

중애천황의 아들이다. 『일본서기』에서는 내웅전조(來熊田造)의 조상 대주주(大酒主)의 딸 제원(弟媛)을 맞이하여 예옥별황자(譽屋別皇子)를 낳았다고 하였고, 『고사기』 중애천황단(仲哀天皇段)에서는 식장대비매명(息長帶比賣命)이 품야화기명(品夜和氣命)을 낳았다고 하였다. 산성국(山城國) 황별(皇別)의 간인조(間人造), 하내국(河內國) 황별의 소의부수(蘇宜部首)에도 예옥별명의 이름이 보인다.

086 【원문】

新田部宿禰
　安寧天皇皇子磯津彦命之後也. 日本紀合.

【번역】

신전부숙녜(新田部宿禰; 니히타베노스쿠네)

안녕천황(安寧天皇; 안네이텐노)의 황자(皇子) 기진언명(磯津彦命; 시키츠히코노미코토)의 후손이다. 『일본기』와 합치한다.

【주석】

1. 신전부숙녜(新田部宿禰)

신전부(新田部)라는 씨명은 새롭게 설치된 전부(田部)라는 의미이며, 신전부숙녜는 신전부의 반조씨족(伴造氏族)일 가능성이 있다. 신전부숙녜의 원래 성은 연(連)이었는데, 685년에 숙녜(宿禰)라는 성을 받았다(『日本書紀』 天武 13년 12월 기묘조).

신전부련이라는 씨성을 가진 인물로는 신전부련미마려(新田部連米麻呂, 『日本書紀』 齊明 4년 11월 경인조 및 무자조), 신전부련형견(新田部連形見, 『平城宮發掘調査出土木簡槪報』)이 있다. 신전부숙녜라는 씨성을 가진 인물로는 신전부숙녜입가(新田部宿禰入加, 天平勝寶 2년 5월 6일자 「出擧錢解」 3-391), 신전부숙녜안하(新田部宿禰安河, 『日本三代實錄』 元慶 7년 정월 갑술조 등)가 보인다.

성이 없는 사람으로는 신전부궁(新田部弓, 天平 4년 이전 「播磨國正稅帳」, 『대일본고문서』 2-151), 신전부진상(新田部眞床, 天平 20년 4월 25일자 「寫書所解」, 『대일본고문서』 3-80), 신전부궁만려(新田部宮萬呂, 天平勝寶 7년 2월 「寫經疏間紙充裝潢帳」, 『대일본고문서』 9-531), 신전부조마려(新田部鳥麻呂, 天平勝寶 7년 3월 「寫經疏間紙充裝潢帳」, 『대일본고문서』 9-534 등), 신전부이하마려(新田部伊賀麻呂, 天平寶字 4년 7월 22일자 「校生歷

名」, 『대일본고문서』 14-359), 신전부명(新田部名, 「多賀城出土古瓦銘」) 등이 있다.

2. 안녕천황(安寧天皇)

일본의 제3대 천황으로 전하는 인물이며, 역사적 사실이 거의 기록되어 있지 않은 이른바 결사(缺史) 8대의 천황 중 한 사람이다. 『신찬성씨록』 완본에는 '안녕(安寧)' 앞에 '기성진언옥수간천황시(磯城津彦玉手看天皇諡)'라는 10글자가 있었고, '안녕' 다음에는 '천황'이라는 글자가 없었을 것으로 추정하고 있다.

3. 기진언명(磯津彦命)

안녕천황의 아들 중 한 명이다. 『일본서기』 본문에는 그 이름이 보이지 않고, 인용한 일서(一書)에 기성진언명(磯城津彦命; 시키츠히코노미코토)으로 보인다. 그는 저사련(猪使連)의 시조라고 하였다. 또한 『선대구사본기(先代舊事本紀)』「천황본기(天皇本紀)」의 안녕천황조에서도 기성진언명이 저사련과 신전부 등의 조상이라고 하였다. 그러므로 본조의 기진언명은 기와 진 사이에 성(城)이라는 글자가 빠진 것으로 보인다.

기성(磯城; 시키)은 지귀(志貴)·지기(志紀)·사목(師木)·지규(志癸)라고도 표기하며, 나라분지의 동남부를 지칭하는 지역 명칭이다. 삼륜산(三輪山)의 서쪽에서 초뢰천(初瀬川; 하츠세가와) 유역으로, 현재의 기성군(磯城郡)과 앵정시(櫻井市), 천리시(天理市) 일부를 가리킨다.

이 지역은 『일본서기』에서 신무천황(神武天皇)이 동정(東征)할 때 복종하지 않은 세력으로 기성(磯城)의 팔십효수(八十梟帥)가 보이며, 『고사기』에서는 수정천황(綏靖天皇)의 대후(大后)가 사목현주(師木縣主)의 조상인 하오비매(河俣毘賣)로 되어 있다. 또한 숭신천황(崇神天皇)이 도읍을 기성서리궁(磯城瑞籬宮; 시키노미즈가키노미야)으로 옮겼다고 전하며, 흠명천황(欽明天皇)의 궁이 기성군(磯城郡) 기성도(磯城島; 시키시마)의 금자궁(金刺宮; 가나사시노미야)으로 되어 있다. 또한 도하산고분출토철검(稲荷山古墳出土鐵劍)의 명문 중에 획가다지로(獲加多支鹵)의 궁이 사귀궁(斯鬼宮; 시키노미야)으로 되어 있다.

고고학적으로도 이 지역에는 당고건유적(唐古鍵遺跡)을 비롯하여 환호집락(環濠集落)·조리제(條里制)의 흔적이 남아 있으며, 앵정시 북부에는 저묘고분(箸墓古墳)으로 대표되는 전향유적(纏向遺跡)이 있다.

『고사기』 안녕천황단(安寧天皇段)에 따르면 현주(縣主) 파연(波延)의 딸 아구두비매(阿久斗比賣)를 맞이하여 사목진일자명(師木津日子命, 시키츠히코노미코토)을 낳았으며, 다시 그 아들 중 한 명이 이하(伊賀)의 수지도치(須知稻置), 나파리도치(那婆理稻置), 삼야도치(三野稻置)의 조상이라고 하였다. 또 한 아들인 화지도미명(和知都美命)은 담도(淡道)의 어정궁(御井宮)에 거처하였으며, 승이려니(蠅伊呂泥; 하에이로네)와 부야마등구이아찰비매(富夜麻登久邇阿札比賣; 오호야마토쿠니아레히메)를 낳았으며, 두 사람은 모두 효령천황(孝靈天皇)의 비가 되었다고 한다.

4. 합일본기(合日本紀)

천무(天武) 13년(684)에 신전부련에게 숙녜라는 성을 내렸다는 『일본서기』의 기사와 합치한다는 뜻이다(『日本書紀』 天武 13년 12월 기묘조).

신찬성씨록
新撰姓氏錄

제1질

제3권

좌경左京 황별皇別 하

[起大春日朝臣 盡鴨縣主三十二氏]

대춘일조신(大春日朝臣; 오카스가노아소미)에서 압현주(鴨縣主; 가모노아가타누시)까지 32씨이다.

087 【원문】

大春日朝臣
　出自孝昭天皇皇子天帶彦國押人命也. 仲臣令家重千金. 委糟爲堵. 于時大鷦鷯天皇[諡仁德.]臨幸其家. 詔號糟垣臣. 後改爲春日臣. 桓武天皇延曆廿年. 賜大春日朝臣姓.

【번 역】

대춘일조신(大春日朝臣; 오카스가노아소미)

　효소천황(孝昭天皇; 가우세우텐노)의 황자 천대언국압인명(天帶彦國押人命; 아마타라시히코쿠니노오시히토노미코토)으로부터 나왔다. 중신(仲臣; 나카노오미)이 집에 천금(千金)을 쌓아두고 술지게미를 쌓아올려 담을 만들게 하였다. 대초료천황(大鷦鷯天皇; 오사자키노스메라미코토)[시호는 인덕(仁德; 닌토쿠)이다.]이 그 집에 행차하여 조원신(糟垣臣; 가스가키노오미)이라 부르라고 명하였다. 뒤에 고쳐서 춘일신(春日臣; 가스카노오미)이 되었다. 환무천황(桓武天皇; 간무텐노) 연력(延曆) 20년에 대춘일조신(大春日朝臣; 오카스가노아소미)이라는 성을 받았다.

【주 석】

1. 대춘일조신(大春日朝臣)

대춘일(大春日; 오카스가)라는 씨명은 율령제 대화국(大和國) 첨상군(添上郡) 춘일(春日; 가스가)이라는 지명에서 유래한 것으로 추정된다. 이곳은 현재 나량현(奈良縣) 나량시(奈良市) 백호사정(白毫寺町) 부근이다. 『일본서기』에는 천무천황(天武天皇) 13년(684) 11월에 대삼륜군(大三輪君; 오미와노키미) 이하 총 52씨에게 조신 성을 줄 때 (대)춘일신,

대택신(大宅臣), 속전신(粟田臣), 소야신(小野臣) 등 화이(和珥)계 6씨가 조신 성으로 개성하였다. 춘일씨 본류 일족은 이미 천무천황 13년에 조신으로 개성하였기 때문에, 연력 20년(801)에 조신 성을 받아『신찬성씨록』에 수록된 대춘일조신은 본계가 아닌 방계 일족이다.

춘일씨의 최초 본거지는 현재 나량현 천리시(千里市) 화이(和爾; 와니) 지역이었고, 북쪽의 춘일 지역(현재 나량시 백호사정 부근)을 본거지로 삼으면서 씨명을 춘일이라 칭하였다. 춘일씨를 중심으로 대택, 속전, 소야 등 많은 씨족이 '와니씨(和珥氏・和邇氏・丸邇氏・丸氏)'를 칭하며 의제적인 동족집단을 광범위하게 형성한 것으로 간주된다.

대춘일조신 일족으로는『속일본기』에 나오는 인물로 화동(和銅) 2년(709) 정월 병인조에 종6위하에서 종5위하(極位)로 승진한 대춘일조신적형(大春日朝臣赤兄)과 양로(養老) 7년(723) 정월 병자조의 종5위하(극위) 대춘일조신가주(大春日朝臣家主), 신귀(神龜) 원년(724) 2월 임자조에 정6위상에서 종5위하(극위)로 승진한 대춘일조신과안(大春日朝臣果安), 신호경운(神護慶雲) 원년(767) 정월 경오조에 정6위상에서 외종5위하(극위)로 승진한 대춘일조신오백세(大春日朝臣五百世), 연력(延暦) 9년(7909) 7월 무자조에 종5위하(극위) 관노정(官奴正)에 임명된 대춘일조신청족(大春日朝臣淸足) 등이 있다.

평안(平安) 초기 이후의 대춘일씨 일족은 대부분은 학예 관계자로서 나타난다. 대춘일조신영웅(大春日朝臣穎雄)은『홍인사기(弘仁私記)』서(序)에 의하면 대춘일조신영웅은 홍인(弘仁) 4년(813)의 일본기 강연에 참석한 수업자의 한 사람이며, 대외기(大外記)에 보임된 인물이다. 또 대춘일조신진야마려(大春日朝臣眞野麻呂)는 제형(齋衡) 3년(856) 원년 정월 이전부터 정관(貞觀) 4년(862) 정월 사이에 역박사(曆博士)로 재임하였고, 정관 2년(860)에는 음양두(陰陽頭)에도 취임하였다.『일본문덕천황실록(日本文德天皇實錄)』천안(天安) 원년(857) 정월 병진조에는 진야마려(眞野麻呂)까지 그 일족이 5세대에 걸쳐 역술(曆術)을 전했다고 기록하고 있다. 그리고『일본삼대실록(日本三代實錄)』정관 7년(865) 5월 16일 병신조에는 대춘일조신택주(大春日朝臣宅主)가 감해유차관(勘解由次官)에 임명되었고,『일본삼대실록』정관 11년(869) 4월 13일 경자조에는 정6위상 대춘일조신안영(大春日朝臣安永)이 행좌소사(行左少史)에 보임된 기록이 보인다. 대춘일조신안수(大春日朝臣安守)는『일본삼대실록』에는 정관 14년에 소외기(少外記), 존문발해객사(存問渤海客使), 영객사(領客使), 좌대사(左大史)에, 원경 3년(879) 정월 7일 정유조에는 감해유차관(勘解由次官)에 임명된 기록이 보인다. 대춘일조신안명(大春日朝臣

安名)은 원경 원년(877)에 소외기, 존문발해객사를, 원경 5년(881) 대외기(大外記)를, 대춘일조신선도(大春日朝臣善道)는 원경 6년(882)에 대학조(大學助)를 역임하는 등 학자나 외교계, 학술계 관인을 배출하였다. 또 안영, 안수, 안명 등은 안(安) 자를 이름에서 공유하고 있어 근친자로 보인다.

『일본문덕천황실록』 제형 3년(856) 8월 정유조에는 대학박사 종5위상(極位) 춘일신웅계(春日臣雄繼)가 대춘일조신성을 받았다고 적혀 있다. 또 춘일조신택성(春日朝臣宅成)은 정관 원년(859) 2월 9일 을미조에는 대초위하(大初位下)로 발해통사(渤海通事)에 임명된 이후 원경 원년(877) 2월 3일 을사조에 정6위상(극위)으로서 발해통사로 임명되는 등, 정관 원년부터 원경 원년 사이에 여러 차례 발해통사에 임명되었다. 최하층 대초위하의 위계에서 외종5위하까지 승진하였다. 웅계는 씨성이 춘일신이라 표기되어 있고, '대(大)' 자가 없기 때문에 대춘일씨와는 본래 계통이 다르거나 방계 출신자로 학술적인 자질과 직능에 따라 본류인 대춘일씨 일족에 연결된 것으로 보인다.

*『홍인사기(弘仁私記)』
나라[奈良] 시대부터 헤이안 시대 중기에 걸쳐 궁정에서『일본서기』강독회가 열렸다.『일본서기사기(日本書紀私記)』는 양로(養老) 5년(721), 홍인(弘仁) 3년(812), 승화(承和) 10년(843), 원경(元慶) 2년(878), 연희(延喜) 4년(904), 승평(承平) 6년(936), 강보(康保) 2년(965) 등 7회의 강독회에 관한 기록을 가리킨다. 현존본으로는 갑을병정(甲乙丙丁) 4종이 알려져 있다. 갑을병본은 수호(水戶) 창고관(彰考館)에 전해진 것이므로 창고관본이라 칭한다. 창고관은 강호(江戶) 시대에 상륙국(常陸國) 수호번(水戶藩; 미토번)이『대일본사(大日本史)』를 편찬하기 위해 만든 수사국(修史局)이다. 이 가운데 갑본을 홍인 강독회에 관한 사기(私記)라는 점에서『홍인사기』라고 부르고 있다.

2. 효소천황(孝昭天皇)

『일본서기』권제4에 수록된 제7대 천황으로, 제2대 수정천황(綏靖天皇)부터 제9대의 개화천황(開化天皇)까지는 구체적인 사적이 기록되어 있지 않아 결사(缺史) 8대라고 부르며 실재했을 가능성이 거의 없는 천황들이다. 좌백유청(佐伯有淸)은『신찬성씨록』완본에서는 '효소(孝昭)' 앞에 '관송언향식도천황시(觀松彦香殖稻天皇諡)'라는 아홉 글자가 있고, '효소' 다음의 '천황(天皇)'이라는 2글자는 없었을 것이라고 추정하였다.

3. 천대언국압인명(天帶彦國押人命)

효소천황(孝昭天皇)의 황자이다.『일본서기』에는 천족언국압인명(天足彦國押人命; 아마타라시히코쿠니오시히토노미코토), 『고사기』에는 천압대일자명(天押大日子命; 아메오시타라시히코노미코토)이라고 적혀 있다. 『일본서기』와 『고사기』 모두 사적(事績)에 관한 기재는 없다. 『일본서기』 효소천황 6년 봄 정월 정해삭 경자조에는 "천족언국압인명은 화이신(和珥臣; 와니노오미) 등의 시조이다."라고 기재되어 있고, 『고사기』 효소천황단에는 춘일신(春日臣), 대택신(大宅臣) 등 15씨의 조상이라고 적혀 있다.

4. 중신(仲臣)

일문(逸文) 중신신(中臣臣; 나카토미노오미)조에는 "관송언향식도천황(觀松彦香殖稻天皇; 미마츠히코카에시네노스메라미코토)[시호는 효소(孝昭)이다.]의 황자, 천족언국압인명(天足彦國押人命; 아메타라시히코쿠니오시히토노미코토)의 7세손 점착대사주(鋤着大使主; 다카네츠키노오미)의 후손이다."라고 적혀 있다.

5. 춘일신(春日臣)

춘일씨(春日臣)는 첨상군(添上郡) 춘일향(春日鄕) 주변을 본거로 한 씨족으로 5세기 후반 이래 웅략(雄略), 인현(仁賢), 민달(敏達) 3대 왕의 왕비를 낸 집안이다. 천무조의 조신(朝臣) 사성 기사에서 와니계 6씨 가운데 첫 번째에 위치하고 있고, 춘일 앞에 대(大) 자를 붙여 대춘일이라 기록한 것으로 보더라도 당시 명문으로 대우받았음을 알 수 있다.

『일본서기』 웅략 원년 3월[是月]조에는 3명의 비를 세웠는데 그 가운데 춘일화이신심목(春日和珥臣深目; 가스가노와니노오미후카메)의 딸 동녀군(童女君)이 춘일대낭황녀(春日大娘皇女; 가스가노오이라츠메노히메미코)를 낳았다고 한다. 춘일화이신심목은 『고사기』 웅략천황단에는 보이지 않지만, 환이좌도기신(丸邇佐都紀臣; 와니노사츠키노오미)의 딸인 원저비매(袁杼比賣; 오도히메)와 혼인하기 위해 천황이 춘일(春日; 가스가)에 행차하였다는 이야기가 전해지고 있으므로 환이좌도기신의 딸인 원저비매가 춘일 지역에 거주하였음을 알 수 있다.

태전량(太田亮; 오오타 아키라)이 쓴 『성씨가계사전(姓氏家系辭典)』에 수록된 「화이계도(和邇系圖)」에는 좌도기신의 보주(譜注)에 '심목신(深目臣)'이라 기재되어 있다. 『일본서기』 웅략천황 원년 3월조의 춘일화이신심목이라는 이름과 일치한다. 다만 『고사기』가 좌도기신의 딸을 원저비매라고 기록하고 있지만, 『일본서기』는 심목의 딸 이름을 동녀군이라 적고 있다. 〈화이씨계도〉에는 동녀군이 좌도기신의 딸이라 적혀 있다. 이것은 〈화이씨계도〉가 좌도기신과 화이신심목을 동일인이라 보았기 때문이다. 또 〈화이씨계도〉에서는 좌도기신의 아우 인화신(人華臣)의 보문(譜文)에 "인덕천황이 중신가에 행차하여……조원신이라 칭해졌고 이를 고쳐 춘일신이라 하였다."라는 『신찬성씨록』의 내용과 같은 전승이 기록되어 있다. 인화신은 보주에 일운 중신(仲臣)이라고 기재되어 있다. 『신찬성씨록』 미정잡성 우경 중신신조 일문에 점착대사주의 아들로 중신이라는 이름이 기재되어 있지만 다른 사람인 듯하다.

6. 환무천황(桓武天皇)

환무천황(737~806)은 781년부터 806년까지 재위했는데, 천지천황(天智天皇)의 후손인 광인천황(光仁天皇)의 아들로서 광인의 뒤를 이어 즉위하였다. 모친은 백제에서 도래한 화사씨(和史氏)의 딸이다. 환무천황 스스로 자신의 모친이 백제계임을 밝힐 정도로 그가 도래계 자손임을 강조하였다. 왕경을 조영하여 평안(平安)으로 천도하였고, 동북지방의 하이(蝦夷) 정벌을 완성하였다. 새롭게 율령격식을 정비하고 이를 시행하여 8세기의 율령제를 수정하고 지방 정치의 쇄신을 도모하는 등 율령정치 재건을 위해 힘쓴 천황으로 평가되고 있다.

시호는 황통미조천황(皇統彌照天皇; 아마츠히츠기이야테라스스메라미코토), 일본근자황통미조존(日本根者皇統彌照尊; 야마토네코아마츠히츠기이야테라스스메라미코토)이다. 환무천황에 관해서는 『신찬성씨록』 서(序)의 황통미조성명(皇統彌照聖明)조와 좌경 황별(상) 「양잠조신(良岑朝臣)」조(046) 황통미조천황 참조.

7. 연력이십년(延曆廿年) 사대춘일조신성(賜大春日朝臣姓)

연력 20년(801)에 대춘일조신의 사성은 춘일조신씨가 대춘일조신으로 개성된 것을 가리킨다. 다만 현존 『일본후기(日本後紀)』에 연력 19년(800)에서 연력 22년(803)까지의 기록이 빠져 있기 때문에 연력 20년(801)에 대춘일조신이라는 성을 받은 것이 어떤 씨족인지는 알 수 없다. 『신찬성씨록』 편찬을 전후한 시기의 대춘일조신씨로는 대춘일조신청족(大春日朝臣淸足), 대춘일조신어성(大春日朝臣魚成), 대춘일조신영웅(大春日朝臣穎雄) 등이 육국사에서 확인된다. 이들 가운데 대춘일조신청(정)족은 『속일본기』 연력 8년(789) 정월 기유조에 대춘일조신의 씨성을 칭하고 있음이 확인되므로 연력 20년의 사성과는 관계가 없다. 대춘일조신어성과 대춘일조신영웅은 『홍인사기(弘仁私記)』 서(序)에서 대외기(大外記) 정6위상 대춘일조신영웅의 분주에 "왕자 대대언국압인명(大帶彦國押人命)의 후손, 종5위하 어성(魚成)의 첫째 아들이다."라고 적혀 있으므로 부자관계임을 알 수 있다. 활동 시기를 고려하면 이들이 연력 20년에 대춘일조신의 씨성을 받은 사람일 가능성이 높다.

088 【원문】

小野朝臣
　大春日朝臣同祖. 彦姥津命五世孫米餠搗大使主命之後也. 大德小野臣妹子. 家于近江國滋賀郡小野村. 因以爲氏. 日本紀合.

【번역】

소야조신(小野朝臣; 오노노아소미)

대춘일조신(大春日朝臣; 오카스가노아소미)과 조상이 같으며, 언로진명(彦姥津命; 히코오케츠노미코토)의 5세손 미병도대사주명(米餠搗大使主命; 다가테츠키노오미)의 후손이다. 대덕(大德) 소야신매자(小野臣妹子; 오노노이모코)가 근강국(近江國; 오오미노쿠니) 자하군(滋賀郡; 시가노코호리) 소야촌(小野村; 오노노무라)에 거주하였다. 그리하여 이로써 씨를 삼았다. 『일본서기』와 합치한다.

【주석】

1. 소야조신(小野朝臣)

소야(小野; 오노노)라는 씨명은 율령제 근강국(近江國) 자하군(滋賀郡) 소야(小野; 오노노)라는 지명에서 유래한 것으로 추정된다. 이곳은 현재 자하현(滋賀縣) 자하군(滋賀郡) 소야(小野) 지역이다. 『일본서기』 천무천황(天武天皇) 13년(684) 11월 무신삭조에 "대삼륜군(大三輪君), 대춘일신(大春日臣) 등과 함께 소야신(小野臣)이 조신이라는 성을 받았다."라고 적혀 있다. 『고사기(古事記)』 효소천황단(孝昭天皇段)에는 춘일신(春日臣), 대택신(大宅臣), 속전신(粟田臣), 소야신(小野臣), 시본신(柿本臣), 역정신(櫟井臣) 등 천압대일자명(天押帶日子命; 아메오시타라시히토노미코토) 후예 16씨의 이름 가운데 하나이다. 근강국 자하군 소야촌(小野村) 부근에는 대총산(大塚山) 고분 등의 전기 고분이 많이 존재한다.『연희식(延喜式)』신명장(神名帳)에 명신대사소야신사(名神大社小野神社)도 보인다.

소야신 일족으로는『일본서기』추고(推古) 15년(607) 7월 경술조에 수나라에 파견된 소야신매자(小野臣妹子)가 보인다.

소야조신 일족으로는『일본서기』지통천황(持統天皇) 9년(695) 7월 신미조에 신라사로 파견된 소야조신모야(小野朝臣毛野)가 보인다. 그는 추고천황 15년(607)에 견수사로 파견된 소야매자의 손자로 문무천황(文武天皇) 4년(700) 10월에 축자대이(筑紫大貳)가 되었고, 대보(大寶) 2년(702) 5월에 종4위하로 참의(參議)가 되었다. 경운(慶雲) 2년(705) 11월에는 정4위상 중무경(中務卿), 화동(和銅) 원년(708) 3월에는 중납언(中納言)의 지위에 올랐다. 화동 2년(709)에는 정4위상에서 종3위(극위)로 승진하였다. 화동 7년(714) 4월 신미조의 졸전 기사가 실려 있다.『속일본기』양로 2년(718) 3월 을묘조에는 소야조신마양(小野朝臣馬養)이 견신라사로 파견되었다가 양로 3년 2월 기사조에 귀국한 기사가 보이고, 양로 3년(719) 7월 경자조에는 정5위하(극위)로 단파국수(丹波國守)에 보임한 기록이 보인다. 그리고『속일본기』천평승보 5년(753) 2월 신사조와 천평보자(天平寶字) 2년(758) 9월 정해조에는 종5위하 소야신전수(小野朝臣田守) 견신라대사와 견발해대사로 파견된 기록이 보인다.『속일본기』보귀(寶龜) 9년(778) 11월 을미조에는 정6위상 소야조신자야(小野朝臣滋野)가 견당판관(遣唐判官) 임무를 마치고 귀국하였다는 기록이 보이며, 보귀 11년(780) 3월 임오조에는 종5위하(극위)로 풍전수(豐前守)에 임명된 기록이 보인다. 또 소야조신황(小野朝臣篁)은『속일본후기』승화(承和) 원년(834) 정월 경오조에 견당부사로 임명된 기록이 보인다. 그의 출생과 이력은『일본문덕천황실록(日本文德天皇實錄)』인수(仁壽) 2년(852) 12월 계미조에 참의(參議) 좌대변(左大弁) 종3위(극위) 소야조신황의 훙전(薨傳)에 자세히 기재되어 있다.

이와 같이 소야신매자가 견수사로 파견된 것을 시작으로 소야씨 일족이 견신라사, 견발해사, 견당사 등 대외교섭의 임무를 담당하였음이 확인된다. 또 소야조신모야가 축자대이직을 역임하였고, 소야조신전수도 2회에 걸쳐 대재소이(大宰少貳)에 임명되었다.『속일본기』보귀 원년(770) 6월 정미조에는 정5위하 소야조신지(小野朝臣小贄)가 대재소이에 임명된 기록이 보이고,『일본기략(日本紀略)』천장(天長) 3년(826) 정월 갑술조에는 종4위상 소야조신금수(小野朝臣岑守)가 대재대이(大宰大貳)로서 활동하였다. 또 『일본기략』 천장 7년(830) 4월 임술조에는 참의 종4위상 소야조신금수의 졸전이 기재되어 있다. 소야조신소지(小野朝臣小贄)도 『속일본기』 보귀 원년(770) 6월 정미조에 대재소이에 임명되었고, 보귀 2년(771) 9월 기해조에는 정5위하(극위)로 섭진대부(攝津大夫)에 보임되었다는 기록이 보인다. 따라서 소야조신 일족 중에는 대재부에서 요직을 점한 인물이 많다는 점이 확인된다. 이것은 대외교섭의 임무를 담당한 소야씨의 특성에 기반을 둔 것이다.

또한 『속일본기』와 『속일본후기』 등에는 소야조신 일족의 서위 기사와 함께 군사(軍事)와 정이(征夷), 특히 육오(陸奧), 출우(出羽) 양국 국사에 임명된 인물이 상당수 확인된다. 예를 들면 다음과 같다. 『속일본기』에는 대보(大寶) 3년(703) 정월 갑자조에는 정7위상 소야조신마양(小野朝臣馬養)이 보이고, 화동 3년(710) 정월 임자삭조에는 종5위하 소야조신마양이 우부장군(右副將軍)이 되어 준인(隼人)과 하이(蝦夷)를 인솔한 기록이 보인다. 또 화동(和銅) 원년(708) 9월 무자조의 종5위하(극위) 소야조신광인(小野朝臣廣人)과 영귀(靈龜) 2년(716) 정월 임오조의 정6위상 소야조신우양(小野朝臣牛養)이 보이고, 신귀 원년(724) 5월 임자삭조에는 소야조신우양이 정5위상으로 진적장군(鎭狄將軍)에 임명되어 출우의 하이를 진정시키는 역할을 담당하였다는 기록이 보인다. 천평(天平) 11년(739) 10월 갑자조에 종4위하(극위) 소야조신우양의 졸전이 기재되어 있다. 천평 6년(734) 정월 기묘조의 정6위상에서 종4위하(극위)로 승진한 소야조신겸마려(小野朝臣鎌麻呂), 천평보자(天平寶字) 원년(757) 5월 정묘조에 종5위상(극위)으로 승진한 소야조신동인(小野朝臣東人) 등이 보인다. 그리고 천평보자 4년(760) 정월 병인조에는 종5위하 소야조신죽량(小野朝臣竹良)이 출우수(出羽守)로 하이를 교도하였다고 적혀 있다. 신호경운(神護景雲) 3년(767) 5월 기해조에는 종4위하 소야조신죽량의 졸전 기사가 보인다. 또 『일본후기』 홍인(弘仁) 6년(815) 정월 임오조에는 종5위상 소야조신금수(小野朝臣岑守)가 육오수(陸奧守)에 임명된 기록이 보인다. 『일본삼대실록』 정관(貞觀) 2년(860) 5월 18일 정묘조에는 종5위상(극위) 소야조신항가(小野朝臣恒柯)의 졸전에 항가의 할아버지가 정이부장군(征夷副將軍) 종5위하 소야조신영견(小野朝臣永見)이고, 아버지가 출우수 정5위하 소야조신롱웅(小野朝臣瀧雄)이라 적혀 있다. 『속일본후기』 승화(承和) 7년(840) 6월 갑인조에 종5위하 소야조신천주(小野朝臣千株)가 출우수에 임명되었다.

2. 대춘일조신동조(大春日朝臣同祖)

『고사기』 효소천황단에는 천압대일자명(天押帶日子命; 아메오시타라시히코노미코토)의 분주에 춘일신(春日臣), 대택신(大宅臣), 속전신(粟田臣), 소야신(小野臣) 등의 조상이라 기재되어 있다. 『신찬성씨록』에는 대춘일조신과 동조관계를 주장하는 후예씨족 43씨가 게재되어 있다.

3. 언로진명(彦姥津命)

『일본서기』 개화천황(開化天皇) 6년 정월 갑인조에는 "화이신(和珥臣; 와니노오미)의 먼 조상 노진명(姥津命; 하하츠노미코토)의 누이 노진원(姥津媛; 하하츠노히메)은 언좌왕(彦坐王; 히코이마스노미코)을 낳았다."라고 적혀 있다. 언로진명(彦姥津命)이라는 이름은 『신찬성씨록』 좌경 황별(하) 「화안부조신(和安部朝臣)」조와 산성국 황별의 「화이부(和爾部)」조, 섭진국 황별 「우속수(羽束首)」조 등에 보인다.

4. 미병도대사주명(米餅搗大使主命)

미병(米餅)을 '다가네'라고 읽는 것은 미정잡성 우경 「중신신(中臣臣)」조에서 미병도대사주명(米餅搗大使主命; 다가네츠키노오미노미코토)을 점착대사주(鎬着大使主; 다카네츠키노오미)라고 쓴 사례가 있다. 『일본서기』 신무천황 즉위전기 무오년 9월 무진조에는 천황이 물 없이 엿을 만들려고 한다는 문장에서 엿을 다가네로 훈독하고 있다. 다카네는 반죽하여 굳힌다는 의미로 그와 같이 해서 만든 떡 또는 엿을 말한다.

「화이계도(和邇系圖)」에는 미병도대신명(米餅搗大臣命)의 아들로 인화신(人華臣)이 나오고, 아들 강상신(岡上臣), 손자 야의신(野依臣)이 게재되어 있다. 야의신의 보문(譜文)에 '소야조신조(小野朝臣祖)'라고 적혀 있는데 이 계보 기사는 여기에만 보인다.

5. 대덕(大德) 소야신매자(小野臣妹子)

『일본서기』 추고천황 15년(607) 7월 경술조에는 "대례(大禮) 소야신매자(小野臣妹子; 오노노오미이모코)를 대당(大唐)에 파견하였다."라고 적혀 있다. 대당은 수나라(581~618)의 오기이다. 소야신매자는 최초의 견수사(遣隋使)로 잘 알려진 인물이다. 대례는 추고천황 11년(603)에 제정된 관위 12계, 즉 대덕(大德), 소덕(小德), 대인(大仁), 소인(小仁), 대례(大禮), 소례(小禮), 대신(大信), 소신(小信), 대의(大義), 소의(小義), 대지(大智), 소지(小

智) 가운데 5위에 해당된다. 본문에서는 소야매자의 관위를 대덕으로 기재하고 있어 관위 12계 중 최고위에 해당되므로 차이를 보인다. 그러나 『속일본기』 화동 7년(714) 4월 신미조의 소야조신모야의 훙전(薨傳)에 "소치전조(小治田朝, 추고조)에 대덕관(大德冠)을 지낸 매자(妹子)의 손자 소금중(小錦中) 모인(毛人)의 아들이다."라고 적혀 있고, 『공경보임』 대보 2년조 소야조신모야의 부기에도 같은 내용이 적혀 있다. 매자가 뒤에 대덕의 관위를 받은 것은 확실한 듯하다.

089 【원문】

和安部朝臣
　　大春日朝臣同祖. 彦姥津命三世孫難波宿禰之後也. 續日本紀合.

【번역】

화안부조신(和安部朝臣; 야마토노아헤노아소미)
　　대춘일조신(大春日朝臣; 오카스가노아소미)과 조상이 같으며, 언로진명(彦姥津命; 히코오케츠노미코토)의 3세손 난파숙네(難波宿禰; 나니와노스쿠네)의 후손이다. 『속일본기』와 합치된다.

【주석】

1. 화안부조신(和安部朝臣)

화안부(和安部; 야마토노아헤)라는 씨명은 율령제 대화국(大和國; 야마토노쿠니) 십시군(十市郡) 안배(安倍; 아헤) 지역으로, 현재 나량현(奈良縣) 앵정시(櫻井市) 아부(阿部) 지역에 해당된다. 『속일본기』 신호경운(神護景雲) 2년(768) 윤6월 정미조에 "좌경인(左京人) 종6위하 화안부신남강(和安部臣男綱) 등 3인에게 화안부조신(和安部朝臣)이라는 성을 주었다."라고 적혀 있다.

화안부조신 일족은 『속일본기』 신호경운 2년 윤6월 정미조의 화안부조신남강 등 3명 이외에는 보이지 않는다.

본거선장(本居宣長)이 『고사기전(古事記傳)』에서 "화안부의 안(安) 자는 화이(和邇)의 이(邇) 자를 잘못 베껴 쓴 것"이라고 설명한 이후 일반적으로 이 견해를 따르고 있다.

2. 대춘일조신(大春日朝臣)

효소천황(孝昭天皇)의 황자 천대언국압인명(天帶彦國押人命)의 후손으로 대화국(大和國) 첨상군(添上郡) 춘일향(春日鄕)을 본거지로 한 씨족이다. 앞의 좌경 황별(상) 「대춘일조신」조(087) 참조

3. 언로진명(彦姥津命)

『일본서기』 개화천황(開化天皇) 6년 정월 갑인조에는 "화이신(和珥臣; 와니노오미)의 먼 조상 노진명(姥津命; 하하츠노미코토)의 누이 노진원(姥津媛; 하하츠노히메)은 언좌왕(彦坐王; 히코이마스노미코)을 낳았다."라고 적혀 있다. 앞의 좌경 황별(상) 「대춘일조신」조(087) 언로진명 참조.

4. 난파숙녜(難波宿禰)

『고사기』 중애천황단(仲哀天皇段)의 환이신(丸邇臣)의 조상 난파근자건진웅명(難波根子建振雄命; 나니하네노코타케후루쿠마노미코토)과 『일본서기』 신공황후(神功皇后) 섭정 원년 3월 경자조에는 화이신(和珥臣)의 조상 무진웅(武振熊; 다케후루쿠마), 인덕천황 65년 조에는 화이신의 조상 난파근자무웅(難波根子武熊; 나니하노네코타케후루쿠마)가 기재되어 있다. 『신찬성씨록』에서는 우경 황별(하)의 「진야신(眞野臣)」조에 천족언국압인명(天足彦國押人命)의 3세손 언국즙명(彦國葺命)의 손자 난파숙녜(難波宿禰)가 보이고, 산성국(山城國) 황별의 「화이부(和邇部)」조에 언로진명(彦姥津命)의 3세손 난파숙녜, 대화국(大和國) 황별 「구미신(久米臣)」조에는 천족언국압인명의 5세손 대난파명(大難波命)이라 기재되어 있다.

5. 속일본기합(續日本紀合)

『속일본기』 신호경운(神護景雲) 2년(768) 윤6월 정미조에 "좌경인(左京人) 종6위하 화안부신남강(和安部臣男綱) 등 3인에게 화안부조신(和安部朝臣)이라는 성을 주었다."라고 적혀 있는 사성 기사와 합치된다는 의미이다.

090 【원문】

和爾部宿禰

和安部朝臣同祖. 彦姥津命四世孫矢田宿禰之後也. 續日本紀合.

【번역】

화이부숙녜(和爾部宿禰; 와니베노스쿠네)

화안부조신(和安部朝臣; 야마토노아헤노아소미)과 조상이 같으며, 언로진명(彦姥津命; 히코오케츠노미코토)의 4세손 시전숙녜(矢田宿禰; 야타노수크네)의 후손이다.『속일본기』와 합치한다.

【주석】

1. 화이부숙녜(和爾部宿禰)

화이부(和爾部; 와니베)라는 씨명은 화이부의 후손이거나 반조씨족이었던 것에서 유래한 것으로 추정된다.『속일본기』천평신호(天平神護) 원년(764) 7월 갑진조에 좌경인(左京人) 환부신종인(丸部臣宗人) 등 2인이 숙녜 성을 받았다고 적혀 있다. 화이(和爾; 와니)는 화이(和邇; 와니), 환(丸; 와니)이라고도 쓴다.

화이부숙녜 일족으로는 숙녜 성을 받은 환부신종인과『일본삼대실록』정관(貞觀) 5년(863) 8월 8일 무진조에 "좌경인(左京人) 외종5위하 행아악소윤(行雅樂少允) 화이부대전마려(和邇部大田麻呂)가 스스로 천대언국압인명(天帶彦國押人命)의 후손이라고 말하였다."라고 적혀 있다. 또『평안유문(平安遺文)』(1-424)「강보 5년(968) 3월 22일자 등원모가지매권(康保五年三月二十二日付 藤原謀家地賣券)」에 기재된 환부숙녜시충(丸部宿禰時忠)이 보인다.

화이부신 일족으로는『일본서기』천무천황 원년(672) 6월 임오조에 화이부신군수(和珥部臣君手)가 보인다. 화이부신군수는 문무천황(文武天皇) 원년(697) 9월에 근대일(勤大壹)로 죽었는데, 임신난의 공으로 직광일(直廣壹)로 추증되었다.『속일본기』대보(大寶) 원년(701) 7월 임진조에는 공봉(功封) 80호를 중공(中功)으로 하여 그 4분의 1을 자식에게 전하도록 하였다. 천평보자(天平寶字) 원년(757) 12월조에는 임신년의 공전 8정을 선조가 정한 바에 따라 중공으로 2세에게 전하도록 하였다고 기재되어 있다.

『속일본기』 영귀(靈龜) 2년(716) 4월 계축조에 정6위상에서 외종5위하(극위) 승진한 환부신대석(丸部臣大石)이 보인다. 또 천평신호 원년(765) 7월 갑진조에는 좌경인 환부신종인(丸部臣宗人) 등 2인이 숙녜 성을 받았다고 적혀 있다. 환부신종인은 「화이부씨계도」에는 군수의 아들, 대석의 아우, 제족(弟足)의 아들이라 적혀 있다. 또 보문(譜文)에는 "천평신호 원년 7월 신성을 고쳐 숙녜 성을 받았고, 종7위상 준하연(駿河掾)이 되었다."고 적혀 있다. 종인의 아우 남인의 보문에 "종7위하 애탕군 소령에게 숙녜 성을 주었다."라고 적혀 있는 것으로 보아, 『속일본기』 천평신호 원년 7월 갑진조에 보이는 '환부신종인 등 2인' 가운데 한 사람은 종인의 아우 남인이었음을 알 수 있다. 화이부신 군수의 아버지는 「화이부씨계도」에 따르면 궁속이라는 사람이다. 그의 보문에는 "천지조 3년 2월 환이부신성을 받았다."라고 기재되어 있지만, 『일본서기』에는 궁속이 화이부신을 사성받은 기록은 보이지 않는다.

2. 화안부조신(和安部朝臣)
화안부조신에 관해서는 좌경 황별 「화안부조신」조(089) 참조

3. 시전숙녜(矢田宿禰)
시전숙녜는 『신찬성씨록』 우경 황별(하) 「진야신(眞野臣)」조(154)의 천족언국압인명의 3세손 언국즙명(彦國葺命)의 후손 계보에서 대시전숙녜(大矢田宿禰)로 나온다. 대시전숙녜는 '대구납명-난파숙녜-대시전숙녜'로 연결되는 계보 기사에 등장하는데, 난파숙녜의 아들로 신공황후가 신라를 칠 때 신라에 머물며 진수장군(鎭守將軍)으로 활동하였다고 적혀 있다. 또 「화이부씨계도」에는 난파근자건진웅명의 아들로 대시전숙녜명이 게재되어 있고, 그 보문에 신공황후가 한(韓)을 정토할 때 그 나라에 머물며 진수장군이 되었다고 적혀 있다.

4. 속일본기합(續日本紀合)
『속일본기』 천평신호 원년(764) 7월 갑진조에 "좌경인(左京人) 갑비원외목(甲斐員外目), 환부신종인(丸部臣宗人) 등 2인이 숙녜라는 성을 받았다."라고 적혀 있는 사성 기사와 내용이 합치된다는 의미이다.

091 【원문】

櫟井臣
　和安部同祖. 彦姥津命五世孫米餠春大使主命之後也.

【번 역】

역정신(櫟井臣; 이치히위노오미)

　화안부(和安部; 야마토노아헤)와 조상이 같으며, 언로진명(彦姥津命; 히코오케츠노미코토)의 5세손 미병용대사주명(米餠春大使主命; 다카네츠키노오미노미코토)의 후손이다.

【주 석】

1. 역정신(櫟井臣)

역정(櫟井; 이치히위)라는 씨명은 『일본서기』 윤공(允恭) 7년 12월 임술삭조에 기재된 왜(倭; 야마토)의 춘일(春日; 가스가) 역정(櫟井; 이치히위)이라는 지명에서 유래한 것으로 추정된다. 이곳은 율령제 대화국(大和國) 첨상군(添上郡) 역정 지역으로, 현재 나량현(奈良縣) 천리시(天理市) 역정본(櫟本町) 부근에 해당된다. 『일본서기』 천무천황 13년(684) 11월 무신삭조에 "역정신 등 모두 52씨에게 조신이라는 성을 주었다."라고 적혀 있다.

역정신 일족으로는 천평승보 2년(750) 8월 「경사상일장(京師上日帳)」(『대일본고문서』 3-432)에 보이는 역정신마양(櫟井臣馬養; 이치히위노우마카이)가 있다. 마양은 경사(京師)로서 『정창원문서』에 여러 차례 보이는데, 그 대부분에 성이 기재되지 않은 채로 역정마양이나 역정마감(櫟井馬甘; 이치히위노우마카이)이라고 적혀 있다. 따라서 천평 18년(746) 5월 「후일체경교장(後一切經校帳)」(『대일본고문서』 24-350)에 보이는 역정군마려(櫟井君麻呂)와 천평보자 6년(761) 12월 「이부반야전용장(二部般若錢用帳)」(『대일본고문서』 5-317)에 보이는 역정남공(櫟井男公) 등 무성으로 나오는 사람도 신성의 역정씨일 가능성이 있다.

역정조신 일족으로는 좌경에 거주한 인물은 보이지 않지만, 산배국 사람은 보인다. 천평 5년(733) 「산배국애탕군계장(山背國愛宕郡計帳)」(『대일본고문서』 1-509)에 역정조신우감(櫟井朝臣牛甘)과 역정조신도자매(櫟井朝臣刀自賣), 역정조신내등매(櫟井朝臣奈等賣)

등이 기재되어 있다.

2. 화안부동조(和安部同祖)

좌백유청(佐伯有淸)은 『신찬성씨록』 완본에서는 '화안부(和安部)' 다음에 '조신(朝臣)'이라는 2글자가 있었을 것이라 추정하였다. 「화이부씨계도」에서는 춘일조신씨의 조상인 인화신의 아들로 모구신(矛久臣)과 강상신(岡上臣)을 들고, 강상신의 아들인 야의신(野依臣)을 소야조신의 조상이라 하고 그 아우 진번신(津幡臣)의 보문에 역정신(櫟井臣)의 조상이라고 적고 있다.

『평안유문(平安遺文)』(1-318)에 수록된 연희(延喜) 11년(792) 4월 11일자 「동대사상좌경찬추상(東大寺上座慶贊愁狀)」에 첨상군(添上郡) 춘일(春日) 지역의 토지 매매 문서에 서판(署判)한 도녜(刀禰) 역정석웅(櫟井石雄)과 화이부복부(和邇部複富), 화이부정심(和邇部貞心)이 보인다. 이는 화이부씨와 함께 역정씨가 첨상군 춘일 지역에서 세력을 보유하였음을 나타낸다.

3. 언로진명(彦姥津命)

『일본서기』 개화천황(開化天皇) 6년 정월 갑인조에는 "화이신(和珥臣; 와니노오미)의 먼 조상 노진명(姥津命; 하하츠노미코토)의 누이 노진원(姥津媛; 하하츠노히메)은 언좌왕(彦坐王; 히코이마스노미코)을 낳았다."라고 적혀 있다. 앞의 좌경 황별(상) 「소야조신」조(088) 언로진명 참조

4. 미병용대사주명(米餠春大使主命)

미병용대사주명에 대해서는 「소야조신」조(088) 미병용대사주명 참조.

---

092 【원문】

和安部臣
　　和安部朝臣同祖. 彦姥津命五世孫米餠春大使主命之後也.

【번 역】

화안부신(和安部臣; 야마토노아헤노오미)

　　화안부조신(和安部朝臣; 야마토노아헤노아소미)과 조상이 같으며, 언로진명(彦姥津命; 히코오케츠노미코토)의 5세손 미병용대사주명(米餠舂大使主命; 다카네츠키노오미노미코토)의 후손이다.

【주 석】

1. 화안부신(和安部臣)
앞의 「화안부조신」조(089) 참조.

2. 화안부조신(和安部朝臣)
앞의 「화안부조신」조(089) 참조.

3. 언로진명(彦姥津命)
앞의 「소야조신」조(088) 언로진명 참조.

4. 미병용대사주명(米餠舂大使主命)
앞의 「소야조신」조(088) 미병용대사주명 참조.

---

093 【원문】

葉栗臣

　和安部朝臣同祖. 彦姥津命三世孫建穴命之後也.

【번 역】

엽률신(葉栗臣; 하쿠리노오미)

　　화안부조신(和安部朝臣; 야마토노아헤노아소미)과 조상이 같다. 언로진명(彦姥津命; 히코오케츠노미코토)의 3세손 건혈명(建穴命; 다케아나노미코토)의 후손이다.

【주 석】

1. 엽률신(葉栗臣)

엽률(葉栗; 하쿠리)이라는 씨명은 율령제 산성국(山城國) 구세군(久世郡) 우률(羽栗; 하쿠리)이라는 지명에서 유래한 것으로 추정된다. 이곳은 현재 경도부(京都府) 구세군(久世郡) 구어산정(久御山町) 좌산(佐山) 부근이다.

엽률신 일족으로 좌경인은 보이지 않는다. 다만『속일본기』보귀(寶龜) 7년(776) 8월 계해조에 "산배국(山背國) 을훈군(乙訓郡) 사람 외종5위하 우률익(羽栗翼)이 신성을 받았다."라고 적혀 있다. 산성국 을훈군에도 우률씨가 분포한 것을 알 수 있다. 좌백유청(佐伯有淸)은 좌경 황별(하)에 기재된 우률신씨의 본계를 제출한 사람에 대해 보귀 7년 8월에 신성을 받은 우률익의 자손이었을 것이라고 보았다.『일본문덕천황실록』제형(齊衡) 원년(854) 정월 계사조에는 엽률신을정(葉栗臣乙貞)이 무위에서 종5위하(극위)로 승진한 기사가 보인다.

2. 화안부조신(和安部朝臣)

앞의 좌경 황별(하)「화안부조신」조 참조.

3. 언로진명(彦姥津命)

『일본서기』개화(開化) 6년 정월 갑인조에는 "화이신(和珥臣; 와니노오미)의 먼 조상 노진명(姥津命; 하하츠노미코토)의 누이 노진원(姥津媛; 하하츠노히메)은 언좌왕(彦坐王; 히코이마스노미코)을 낳았다."라고 적혀 있다. 앞의 좌경 황별(상)「소야조신」조(088) 언로진명 참조.

4. 건혈명(建穴命)

「화이부씨계도(和邇部氏系圖)」에는 난파근자무진웅명(難波根子武振熊命)의 아우로 건혈명(建穴命)이 게재되어 있고, 건혈명의 보문에는 "엽률신과 도수수(度守首)의 조상이다."라고 적혀 있다.

094 【원 문】

吉田連

　　大春日朝臣同祖．觀松彦香殖稻天皇[諡孝昭．]皇子天帶彦國押人命四世孫彦國葺命之後也．昔磯城瑞籬宮御宇御間城入彦天皇御代．任那國奏曰．臣國東北有三己汶地[上己汶．中己汶．下己汶.]地方三百里．土地人民亦富饒．與新羅國相争．彼此不能攝治．兵戈相尋．民不聊生．臣請將軍令治此地．即爲貴國之部也．天皇大悅．勅群卿．令奏應遣之人．卿等奏曰．彦國葺命孫鹽垂津彦命．頭上有贅三岐如松樹[因號松樹君.]其長五尺．力過衆人．性亦勇悍也．天皇令鹽垂津彦命遣．奉勅而鎭守．彼俗稱宰爲吉．故謂其苗裔之姓．爲吉氏．男從五位下知須等．家居奈良京田村里河．仍天璽國押開豐櫻彦天皇[諡聖武.]神龜元年．賜吉田連姓．[吉本姓．田取居地名也.]今上弘仁二年．改賜宿禰姓也．續日本紀合．

【번 역】

길전련(吉田連; 기치타노무라지)

　　대춘일조신(大春日朝臣; 오카스가노아소미)과 조상이 같으며, 관송언향식도천황(觀松彦香殖稻天皇; 미마츠히코카에시네노스메라미코토)[시호는 효소(孝昭; 가우세우)이다.]의 황자 천대언국압인명(天帶彦國押人命; 아메타라시히코쿠니오시히토노미코토)의 4세손 언국즙명(彦國葺命; 히코쿠니노부쿠노미코토)의 후손이다. 일찍이 기성서리궁(磯城瑞籬宮; 시키노미즈카키노미야)의 어간성입언천황(御間城入彦天皇; 미마키이리히토노스메라미코토) 시대에 임나국(任那國; 미마나노쿠니)에서 "신(臣)의 나라 동북에 세 개의 기문(己汶)[상기문(上己汶), 중기문(中己汶), 하기문(下己汶)이다.]이라는 곳이 있습니다. 땅의 넓이가 300리이고 토지와 인민이 풍족합니다. 신라국과 서로 다투어 피차 이곳을 통치하는 것이 불가합니다. 전투가 계속되어 백성이 안심하고 살 수 없습니다. 신은 (천황이) 군사를 파견하여 이 땅을 다스리게 하여 귀국의 부(部)로 삼기를 청하옵니다."라고 아뢰었다. 천황이 크게 기뻐하여 군경에게 명하여 파견할 만한 사람을 아뢰라고 하였다. 경들이 "언국즙명의 손자 염수진언명(鹽垂津彦命; 시호타리츠히코노미코토)는 머리 위에 혹이 있어 세 갈래로 갈라진 소나무와 같으며,[이로 인해 송수군(松樹君)이라고 불렀다.] 그 길이가 5척이다. 힘은 무리 중에 뛰어나며 성격도 용맹하다."라고 아뢰었다. 천황이 염수진언명을 파견하였다. 명을 받들어 진수하였다. 그 당시에 재(宰; 미코토모치)를 길(吉; 기치)이라고 불렀다. 이로 인해 그 후손의 성을 길씨(吉氏; 기치우지)라고 불렀다. 아들 종5위하 지수(知須; 치스) 등은 나량경(奈良京) 전촌리하(田村里河; 다무라노사토노카하)에 거주하였다. 이로 인해 천새국압개풍앵언천황(天璽國押開豐櫻彥天皇; 아메시루시쿠니오시하루키토요사쿠라히코노스메라미코토)[시호는 성무(聖武; 샤우무)이다.] 신귀(神龜) 원년에 길전련(吉田連; 기치타노무라지)이라는 성(姓)[길은 본성, 전은 거주하는 지명에서 취한 것이다.]을 받았다. 금상(今上) 홍인(弘仁) 2년에 고쳐서 숙녜(宿禰)라는 성을 받았다. 『속일본기』와 합치된다.

【주 석】

1. 길전련(吉田連)

완문에서는 길(吉; 기치)이라는 씨명은 효소천황 시대라고 기재되어 있지만, 『일본서기』에 길씨가 처음 보이는 것은 천지천황(天智天皇) 10년(671) 정월 시월조에 기재된, 667년 근강(近江)로 천도한 이후 왜국으로 이주한 백제 지배층을 대상으로 한 서위 기사에 나오는 길대상(吉大尙)이다. 『속일본기』 신귀(神龜) 원년(724) 5월 신미조에는 종5위상 길의(吉宜)와 길지수(吉智首)가 함께 길전련(吉田連; 기치타노무라지)이라는 성을 받았다고 기재되어 있다. 따라서 길전씨는 원래 길씨임을 알 수 있다.

길씨 일족은 『일본서기』 천지천황 10년(671) 정월 시월조에 의약 부분에 재능을 가진 인물로 기재된 길대상과 『속일본기』 양로(養老) 3년(719) 정월 임인조의 길지수, 양로 5년(721) 정월 갑술조의 종5위하 길의 등이 있다. 특히 길의에 관해서는 『속일본기』 문무천황(文武天皇) 4년(700) 8월 을축조에서 혜준(惠俊)이라는 법명을 가진 승려의 기예를 활용하기 위하여 환속을 명하고, 길의라는 씨명을 주었다고 적혀 있다. 길의는 원래 그의 씨명이었을 것이다. 『속일본기』 양로 5년(721) 정월 갑술조에 길의가 의약 부분에서 포상을 받았다고 기재되어 있으므로, 그가 의약 부문에 재능을 가진 인물이었음을 알 수 있다.

길전련씨 일족으로는 신귀 원년에 길전련으로 개성한 길전련의(吉田連宜)와 길전련지수(吉田連智首)가 있다. 『속일본기』 천평 10년(738) 윤7월 계묘조에 종5위하(극위) 길전련의가 전약두(典藥頭)에 보임된 기록이 보인다. 또 『속일본기』 연력 3년(784) 8월 을

축조에는 길전련계원(吉田連季元)이 외종5위하(극위) 이두수(伊豆守)에 임명된 기록이 보인다. 『일본후기(日本後紀)』 홍인(弘仁) 2년(811) 9월 을미조에는 숙녜로 개성된 우경인(右京人) 정6위상 길전련궁마려(吉田連宮麻呂)가 보인다. 이 외에 천평 20년(748) 10월 8일자 「황후궁직첩(皇后宮職牒)」(『대일본고문서』 3-123)에 길전련형인(吉田連兄人) 등이 보인다.

2. 대춘일조신(大春日朝臣)

대춘일조신(大春日朝臣)에 관해서는 위의 「대춘일조신」조(087) 참조.

3. 관송언향식도천황(觀松彥香殖稻天皇)

『일본서기』의 제7대 효소천황(孝昭天皇)을 가리킨다. 제2대 수정천황(綏靖天皇)부터 제9대 개화천황(開化天皇)까지는 소위 결사(缺史) 8대라고 불리는 천황으로, 실재했을 가능성이 거의 없다. 좌경 황별(하) 「대춘일조신」조(087) 효소천황 참조.

4. 천대언국압인명(天帶彥國押人命)

효소천황(孝昭天皇)의 황자이다. 『일본서기』에는 천족언국압인명(天足彥國押人命; 아마타라시히코쿠니오시히토노미코토), 『고사기』에는 천압대일자명(天押大日子命; 아메오시타라시히코노미코토)이라고 적혀 있다. 『일본서기』와 『고사기』 모두 사적(事績)에 관한 기재는 없다. 『일본서기』 효소천황 6년 봄 정월 정해삭 경자조에는 "천족언국압인명은 화이신(和珥臣; 와니노오미) 등의 시조이다."라고 기재되어 있고, 『고사기』 효소천황단에는 춘일신(春日臣), 대택신(大宅臣) 등 15씨의 조상이라고 적혀 있다. 좌경 황별(하) 「대춘일조신」조(087) 천대언국압인명 참조.

5. 언국즙명(彥國葺命)

『일본서기』 숭신(崇神) 10년 9월 임자조와 수인천황(垂仁天皇) 25년 2월 갑자조에는 화이신(和珥臣; 와니노오미)의 조상 언국즙(彥國葺; 히코쿠니후쿠)이라는 인명이 기재되어 있다. 『고사기』 숭신천황단에는 환이신(丸邇臣; 와니노오미)의 조상 일자국부구명(日子國夫玖命; 히코쿠니후쿠노미코토)과 동일인임을 알 수 있다. 『신찬성씨록』에는 우경 황별(하)의 「진야신(眞野臣, 天足彥國押人命의 3세손 彥國葺命의 후손)」조, 「화이부(和邇部,

천족언국압인명의 3세손 언국즙명의 후손)」조, 산성국 황별의 「속전조신(粟田朝臣, 천족언 국압인명의 3세손 언국즙명의 후손)」조, 「엽률(葉栗, 언국즙명의 후손)」조 등에 언국즙명이 보인다.

6. 기성서리궁(磯城瑞籬宮) 어우어간성입언천황(御宇御間城入彦天皇)

숭신천황을 가리킨다. 좌백유청은 『신찬성씨록』 완본에는 '천황(天皇)' 다음에 '시숭신(諡崇神)'이라는 3글자가 있었을 것이라고 추정하였다.

7. 임나국(任那國)

임나는 『삼국사기(三國史記)』에는 가야(加耶), 가야(伽耶), 가라(加羅) 등으로 표기되는 지역이다. 『일본서기』에서는 고구려, 백제, 신라 등과 함께 일본의 번국(蕃國)으로 등장한다. 『일본서기』에 나오는 임나는 특정국을 가리키는 경우도 있지만, 가야 제국을 총칭하기도 한다. 여기에서는 임나의 동북에 기문이 위치하고 그 지역이 신라와 쟁투하는 지역이라고 적혀 있다. 따라서 임나의 위치는 기문보다 훨씬 서남부에 위치한 것이 된다.

8. 기문(己汶)

기문이라는 지명은, 『일본서기』 계체 7년 6월조에 백제의 가야 지역에 대한 진출에 관해 기술한 것으로 이해되는 기문(己汶)과 대사(帶沙) 문제와 함께 논의되고 있다. 기문을 감문(甘文)으로 대사를 다사(多沙)로 비정하는 경우와 기문을 남원(南原)이나 임실(任實), 대사를 하동(河東)으로 비정하는 설이 제시되었다. 근래에는 『양직공도(梁職貢圖)』에 상기문(上己文)이 보이고 『한원(翰苑)』에 인용된 『괄지지(括地志)』에 "기문하(基汶河)가 백제국의 남산(南山)에서 발원한다."라는 기사를 근거로 기문은 낙동강이 아니라 섬진강이라는 주장이 대세를 이루고 있다. 따라서 전라북도 남원, 장수, 임실, 순천, 광양, 여수 등지에 있던 소국(小國)의 이름으로 비정하기도 한다.

9. 귀국(貴國)

길전련조에 기록된 귀국과 신국(臣國)이라는 표현은 『일본서기』의 임나(= 번국)관에 기반을 둔 것이다. 『일본서기』 신공황후(神功皇后) 섭정 51년 3월조에 분주로 인용된 『백제기』와 응신천황 8년조에 인용된 『백제기』에 귀국이 보인다. 귀국을 '상대편의 나라'를 가리키는 용어로 볼 것인지 아니면 '존귀한 나라'를 의미하는 표현으로 볼 것인지에 따라 해석이 크게 두 가지로 나뉜다. 진전좌우길(津田左右吉)은 백제인이 자국의 기록에 왜(倭)를 귀국(貴國)이라고 쓸 리가 없다는 점을 이유로 『백제기(百濟記)』에 『일본서기』 편자의 손이 가해진 것으로 보았다. 그러나 『백제기』의 편자가 왜에 보일 것을 고려하여 처음부터 귀국(貴國)으로 표기하였다는 견해도 있다.

10. 염수진언명(鹽垂津彦命)

『속일본후기(續日本後紀)』 승화(承和) 4년(837) 6월 기미조에는 우경인 종5위상 길전숙녜서주(吉田宿禰書主)와 고세(高世) 등이 흥세조신(興世朝臣)이라는 성을 받았다고 하며, 그 시조인 염승진은 대왜인(大倭人)으로 국명(國命)을 받아 삼기문 땅에 가서 거주하였는데, 염수진의 8세손 달솔(達率; 백제 16관위의 제2위) 길대상과 소상 등이 고향을 그리워하는 마음에 일본에 내조하였다는 내용이 기재되어 있다. 「화이계도(和邇系圖)」에서는 언국즙명(彦國葺命)의 아우 을국즙명(乙國葺命)의 아들로 염승진언명(鹽乘津彦命)을 기재하고 있고, 그 보문(譜文)에서는 "숭신천황 65년 7월에 명을 받고 임나국에 주둔하여 삼기문 지역에서 거주하였다. 길전숙녜, 흥세조신의 조상이다."라고 적고 있다.

11. 종오위하지수(從五位下知須)

지수는 『속일본기』 신귀(神龜) 원년(724) 5월 신미조의 "종5위상 길의(吉宜)와 종5위하 길지수(吉智首)가 함께 길전련이라는 성을 받았다."라고 적혀 있고, 『회풍조(懷風藻)』에는 출운개(出雲介)를 역임한 지수(智首)가 남긴 시 1수가 기재되어 있다.

12. 나량경전촌리하(奈良京田村里河)

『춘일신사문서(春日神社文書)』(2-93)에 수록된 「대안사단미병전수주진장(大安寺段米竝田數注進狀)」에 전촌하(田村河)가 보인다. 전촌리하의 하(河)는 전촌리가 좌보천(佐保川)과 고천(菰川)을 포함한 지역에 존재한 것을 나타낸다.

13. 홍인이년(弘仁二年) 개사숙녜성야(改賜宿禰姓也)

『일본후기』 홍인 2년(811) 9월 을미조에 "우경인 정6위상 길전련궁마려(吉田連宮麻呂)

등이 숙녜라는 성을 받았다."라고 적혀 있으므로 『일본후기』와 합치된다.

14. 속일본기합(續日本紀合)

『속일본기』 신구 원년(724) 5월 신미조에 종5위상 길의(吉宜)와 종5위하 길지수(吉智首)가 함께 길전련이라는 씨성을 받았다고 적혀 있는 사성 기사와 합치된다는 의미이다.

095 【원문】

丸部
　和安部同祖. 彦姥津命男伊富都久命之後也.

【번역】

환부(丸部; 와니베)
　화안부(和安部; 야마토노아헤)와 조상이 같으며 언로진명(彦姥津命; 히코오케츠노미코토)의 아들 이부도구명(伊富都久命; 이호츠쿠노미코토)의 후손이다.

【주석】

1. 환부(丸部)

환부라는 씨명은 화이(和邇; 와니)씨의 부민이었던 것에서 유래한 것이다. 환부는 『일본서기』 등에는 보이지 않는다. 환부의 반조씨족인 화이씨의 근거지는 대화국(大和國) 첨상군(添上郡) 화이(和邇) 지역이다. 이곳은 현재 나량현(奈良縣) 천리시(天理市) 화이(和爾) 지역 주변에 해당된다. 환(丸; 와니)은 화이(和爾; 와니), 화이(和邇; 와니)라고도 쓴다.

환부 일족으로는 『속일본후기(續日本後紀)』 가상(嘉祥) 2년(849) 11월 을해조에는 아악권윤(雅樂權允) 정6위상 화이부도계(和邇部島繼)가 정6위상에서 외종5위하(극위)로 승진한 기록이 보인다. 또 『일본문덕천황실록(日本文德天皇實錄)』 인수(仁壽) 3년(853) 11월 갑인조에는 외종5위하 환부도계(丸部島繼)가 종5위하(극위)로 승진한 기록이 보이므로, 화이부도계가 환부도계로도 쓰였음을 알 수 있다. 또 『일본삼대실록(日本三代實錄)』 정관(貞觀) 3년(861) 정월 21일 병신조에는 정6위상(극위) 화이부대전마려(和邇

部大田麻呂)가 보인다. 정관 5년(863) 8월 8일 무진조와 동 6년(864) 3월 8일 갑오조 등에는 대전마려가 864년 3월에 아악소윤(雅樂少允)에서 아악권대윤(雅樂權大允)직을 맡았고, 정관(貞觀) 7년(865) 10월 26일 갑술조 졸전(卒傳)에서는 화이부대전마(려)가 천장(天長) 초년에 아악백제적사(雅樂百濟笛師)에 임명되고 당적사(唐笛師)를 거쳐 아악소속, 대속을 역임하고 제형 3년(856)에 아악권대윤에 이르렀다고 적고 있다. 역임한 직장으로 보아 화이부도계와 대전마는 근친관계였을 것으로 추정된다.

2. 화안부(和安部)

좌백유청(佐伯有淸)은 『신찬성씨록』 완본에서는 '화안부(和安部)' 다음에 '조신(朝臣)'이라는 2글자가 있었을 것이라고 추정하였다. 좌경 황별(하) 「화안부조신」조(089) 참조.

3. 언로진명(彥姥津命)

『일본서기』 개화(開化) 6년 정월 갑인조에는 "화이신(和珥臣; 와니노오미)의 먼 조상 노진명(姥津命; 하하츠노미코토)의 누이 노진원(姥津媛; 하하츠노히메)은 언좌왕(彥坐王; 히코이마스노미코)을 낳았다."라고 적혀 있다. 앞의 좌경 황별(상) 「대춘일조신」조(087) 언로진명 참조.

4. 이부도구명(伊富都久命)

『고사기』와 『일본서기』에는 보이지 않는다. 「화이계도(和邇系圖)」에는 언국노진명의 아들로 이부도구명이 게재되어 있다.

---

096 【원문】
丈部
天足彥國押人命孫比古意祁豆命之後也.

【번역】

장부(丈部; 하츠세카베)

천족언국압인명(天足彥國押人命; 아메타라시히코쿠니오시히토노미코토)의 손자 비고의 기두명(比古意祁豆命; 히코오케츠노미코토)의 후손이다.

【주 석】

1. 장부(丈部)

장부라는 씨명은, 궁의 경호와 잡일을 담당한 부민으로 간주되는 장부(丈部; 하세츠카베)라는 부명에서 유래한 것으로 추정된다. 장부라는 지명은 『화명유취초(和名類聚抄)』에는 이세국(伊勢國) 조명군(朝明郡) 장부향, 안방국(安房國) 장협군(長狹郡) 장부향, 미농국(美濃國) 불파군(不破郡) 장부향, 하야국(下野國) 하내군(河內郡) 장부향, 하야국 방하군(芳賀郡) 장부향, 월중국(越中國) 신천군(新川郡) 장부향 등이 기재되어 있다. 관련 지명이 동국에 많이 보이는 것은 장부가 이 지방에 주로 설치되었음을 나타내고 있다.

좌경의 장부는 여기에만 보인다. 대춘일조신과 관련된 장부일 것이다.

장부는 우경 황별(상) 장부조(丈部造), 화천국 황별 장부수(丈部首), 산성국 황별의「장부(丈部)」조(508) 등에도 게재되어 있다. 우경 황별(상)의 장부조는 아배씨와 동족이라 적혀 있고, 화천국 황별의 장부수와 산성국 황별의 장부는 기씨와 동족이라고 적혀 있으므로 본문의 장부와는 계통이 다르다.

2. 천족언국압인명(天足彦國押人命)

효소천황(孝昭天皇)의 황자이다. 『일본서기』에는 천족언국압인명(天足彦國押人命; 아마타라시히코쿠니오시히토노미코토), 『고사기』에는 천압대일자명(天押大日子命; 아메오시타라시히코노미코토)이라고 적혀 있다. 『일본서기』와 『고사기』모두 사적(事績)에 관한 기재는 없다. 『일본서기』효소천황 6년 봄 정월 정해삭 경자조에는 "천족언국압인명은 화이신(和珥臣; 와니노오미) 등의 시조이다."라고 기재되어 있고, 『고사기』효소천황단에는 춘일신(春日臣), 대택신(大宅臣) 등 15씨의 조상이라고 적혀 있다. 좌경 황별(하)「대춘일조신」조(087) 천대언국압인명 참조.

3. 비고의기두명(比古意祁豆命)

비고의기두명(比古意祁豆命; 히코오케츠노미코토)은 언로진명(彦姥津命; 히코오케츠노미코토)과 같다. 좌경 황별(하)「소야조신」조(088)의 언로진명 참조.

097 【원 문】

下毛野朝臣
　崇神天皇皇子豊城入彦命之後也. 日本紀合.

【번 역】

하모야조신(下毛野朝臣; 시모츠케노노아소미)

　숭신천황(崇神天皇; 스진텐노)의 황자 풍성입언명(豊城入彦命; 도요키이리히코노미코토)의 후손이다. 『일본기』와 합치된다.

【주 석】

1. 하모야조신(下毛野朝臣)

하모야(下毛野; 시모츠케노)라는 씨명은 율령제 하야국(下野國; 시모츠케국)이라는 국명과 관련된 것으로 추정되며, 이곳은 현재 회목현(栃木縣)이다. 『일본서기』 천무천황(天武天皇) 13년(684) 11월 무신삭조에 하모야군(下毛野君; 시모츠케노노키미)을 비롯한 52씨에게 조신(朝臣)이라는 성을 주었다고 적혀 있으므로, 하모야조신의 옛 성은 군이었음을 알 수 있다.

하모야군이라는 씨명을 가진 사람은 사서에는 보이지 않지만, 『신찬성씨록』 좌경 황별(하)의 대망공(大網公)조에 하모군나량(下毛君奈良)과 하모군진약(下毛君眞若)이 게재되어 있다.

하모야조신 일족으로는 『일본서기』 지통천황 3년(689) 10월 신미조의 직광사(直廣肆) 하모야조신자마려(下毛野朝臣子麻呂; 시모츠케노노아소미코마로)가 있다. 자마려는 고마려(古麻呂; 고마로)라고도 쓴다. 『속일본기』 문무천황 4년(700) 6월 갑오조에 직광삼(直廣參, 정5위하 상당) 하모야조신고마려(下毛野朝臣古麻呂; 시모츠케노노아소미코마로)가 율령 찬정의 공으로 녹을 받았다. 대보율령 찬정 사업의 실무 책임자로 평가되고 있다. 대보 2년(702) 5월에는 조정(朝政)에 참의(參議)하고 뒤에 병부경, 식부경(式部卿)을 거쳐 화동 2년(709) 12월에 죽었다. 이때 식부경 대장군(大將軍) 정4위하(극위)였다. 또 대보 원년(701) 7월 임진조에는 종7위하 하모야조신석대(下毛野朝臣石代), 양로(養老) 4년(720) 9월 무인조에는 좌경량(左京亮) 종5위하(극위) 하모야조신석대가 지절정이부장군

(持節征夷副將軍)직에 임명되었다고 적혀 있다.

하모야조신석대가 지절정이부장군(持節征夷副將軍)직에 임명되었다고 적혀 있다. 다만 하모야조신석대는 『속일본기』 경운(慶雲) 4년(707) 3월 경신조에 하모야천내조신(下毛野川內朝臣)으로 개성해 줄 것을 요청하여 이를 허가받았다고 적혀 있지만, 이후 『속일본기』 영귀(靈龜) 원년(715) 정월 계사조와 양로(養老) 4년(720) 9월 무인조에도 여전히 하모야조신이라고 기재되어 있다.

『속일본기』 양로(養老) 5년(721) 6월 신축조에는 종5위하(극위) 하모야조신충마려(下毛野朝臣虫麻呂)가 원외소보(員外少輔) 임명 기록이 보이고, 천평(天平) 8년(736) 정월 신축조에는 외종5위하 하모야조신대족(下毛野朝臣帶足)이 종5위하로 승진한 기록이 확인된다. 하모야조신도마려(下毛野朝臣稻麻呂)는 보귀(寶龜) 2년(771) 11월에 산위(散位) 종4위로 죽었다고 적혀 있고, 보자 8년(764) 10월 계미조에는 종5위상 하모야조신다구비(下毛野朝臣多具比)가 원강수(遠江守)에 보임된 기록이 보인다. 보귀 8년(777) 정월 무인조에는 하모야조신선족(下毛野朝臣船足)이 종5위하로 고취정(鼓吹正)에 부임했다고 적혀 있고, 대동(大同) 원년(806) 2월 무술조에는 하모야조신년계(下毛野朝臣年繼)가 종5위상으로 관노정(官奴正)에 보임되었다고 기재되어 있다.

또 『속일본기』 연력(延曆) 2년(783) 3월 무술조에는 종5위하 길미후횡도(吉彌侯橫刀), 정8위하 길미후야수마려(吉彌侯夜須麻呂)가 모두 하모야조신 성을 받았고, 외정8위상 길미후간인(吉彌侯間人)과 총마려(總麻呂)는 하모야공(下毛野公)으로 개성되었다고 적혀 있다. 이와 같이 하모야조신 중에는 예전의 성이 길미후씨인 사람도 포함되어 있어 원래 하모야조신씨와 구별하기가 어렵다. 길미후부와 하모야씨의 관계에 관해서는 좌경 황별(하) 「길미후부(吉彌侯部)」조(109) 참조.

2. 숭신천황(崇神天皇)

일본식 시호는 어간성입언오십경식천황(御間城入彦五十瓊殖天皇; 미마키이리히코이니에노스메라미코토)이다. 숭신천황은 8세기 후반에 제정된 중국식 시호이다. 『일본서기』와 『고사기』에 등장하는 제 10대 천황으로 재위 기간은 68년으로 『일본서기』의 기년에 따르면 기원전 97년~기원전 30년이지만 그대로 믿기는 어렵다. 『일본서기』에는 어간성입언오십경식천황(御間城入彦五十瓊殖天皇), 어간성존(御間城尊; 미마키노미코토), 어조국천황(御肇國天皇; 하츠쿠니시라스스메라미코토)이라고 표기되어 있고, 『고사기』에는 어진목입일자인혜명(御真木入日子印恵命; 미마키이리히코이니에노미코토), 소지초국어진목천황(所知初國御眞木天皇; 하츠쿠니시라시시미마키노스메라미코토), 『풍토기』에는 미만귀천황(美萬貴天皇; 미마키노스메라미코토)이라고 적혀 있다. 숭신천황은 10대 천황인데도 '최초로 국을 다스린 천황'이라는 의미를 지닌 어조국천황(御肇國天皇), 소지초국지어진목천황(所知初國之御眞木天皇)이라고 불렸다. 최초의 천황인 신무천황(神武天皇)도 시어천하지천황(始馭天下之天皇; 하츠쿠니시라스스메라미코토)이라고 불리므로 양자의 관계에 주목한 연구가 진행되었다. 여러 가지 학설이 존재하지만, 숭신(崇神)이 실질적인 대화(大和)정권의 시조인데, 천황가(天皇家)의 기원을 더욱 올려 잡기 위해 신무천황(神武天皇)을 만들어냈다는 설이 일반적으로 통용되고 있다. 좌백유청(佐伯有淸)은 완본에서는 '숭신(崇神)' 앞에 '어간성입언오십경식천황시(御間城入彦五十瓊殖天皇諡)'라는 12글자가 있고, '숭신' 다음에 '천황(天皇)'이라는 2글자가 없었을 것이라고 추정하였다.

3. 풍성입언명(豐城入彦命)

『일본서기』에서는 어간성입언오십경식천황(御間城入彦五十瓊殖天皇)으로 적고 있다. 『일본서기』와 『고사기』에는 제10대 천황으로 기록되어 있다. 『고사기』에는 어진목입일자인혜명(御眞木入日子印恵命) 미마기이리비고(美麻紀伊理毗古), 『상륙국풍토기(常陸國風土記)』에는 미만귀천황(美萬貴天皇; 미마키노스메라미코토)이라고 적혀 있다. 『고사기』 숭신천황단과 『일본서기』 숭신천황 48년 4월 무신삭 병인조에 상모야군(上毛野君)과 하모야군(下毛野君)의 시조라고 기술되어 있다.

4. 일본기합(日本紀合)

『일본서기』 천무천황 13년 11월 무신삭조에 하모야군(下毛野君; 시모츠케노노키미)을 비롯한 모두 52씨에게 조신이라는 성을 주었다고 적혀 있는 사성 기사와 합치된다는 의미이다.

098 【원문】

上毛野朝臣

　下毛野朝臣同祖. 豊城入彦命五世孫多奇波世君之後也. 大泊瀬幼武天皇[諡雄略.]御世. 努賀君男百尊. 爲阿女産向聟家犯夜而歸. 於應神天皇御陵邊. 逢騎馬人相共話語. 換馬而別. 明日看所換馬. 是土馬也. 因負姓陵邊君. 百尊男德尊. 孫斯羅. 諡皇極御世. 賜河內山下田. 以解文書. 爲田邊史. 寶字稱德孝謙皇帝天平勝寶二年. 改賜上毛野公. 今上弘仁元年. 改賜朝臣姓. 續日本紀合.

【번 역】

상모야조신(上毛野朝臣; 가미츠케노노아소미)

　하모야조신(下毛野朝臣; 시모츠케노노아소미)과 조상이 같으며, 풍성입언명(豊城入彦命; 도요키이리히코노미코토)의 5세손 다기파세군(多奇波世君; 다카하세노키미)의 후손이다. 대박뢰유무천황(大泊瀬幼武天皇; 오하츠세와카타케노수메라미코토)[시호는 웅략(雄略; 유랴쿠)이다.] 때 노하군(努賀君; 누카노키미)의 아들 백존(百尊; 하쿠손)의 딸이 아이를 낳아 사위 집에 갔다가 밤이 되어 귀가하였다. 응신천황(應神天皇; 오우진텐노)의 능 주변에서 말을 탄 사람을 만나 서로 이야기를 나누었다. 말을 바꾸고 헤어졌다. 다음날 바꾼 말을 보니 흙으로 만든 말이었다. 이로 인하여 성을 능변군(陵邊君; 미사자키베노키미)이라 붙였다. 백존의 아들이 덕존(德尊; 도쿠손), 손자가 사라(斯羅; 시라)이다. 황극천황(皇極天皇; 구와우교쿠텐노) 때 하내(河內) 산하(山下; 야마시모)의 토지를 하사하고, 문서를 잘 해독하므로 전변사(田邊史; 다나베노후히토)라는 성을 주었다. 보자칭덕효겸황제(寶字稱德孝謙皇帝) 천평승보(天平勝寶) 2년에 상모야공(上毛野公; 가미츠케노키미)으로 개성(改姓)하였다. 금상(今上) 홍인(弘仁) 원년에 다시 조신(朝臣; 아소미)으로 개성하였다. 『속일본기』와 일치한다.

【주 석】

1. 상모야조신(上毛野朝臣)

　상모야(上毛野; 가미츠케노)라는 씨명은 율령제 상야국(上野國; 가미츠케노쿠니)의 지명과 관련된 것으로 추정되며, 이곳은 현재 군마현(群馬縣)에 해당된다. 『일본서기』 천무천황 13년(684) 11월 무신삭조에 상모야군(上毛野君)을 비롯한 52씨에게 조신이라는 성을 주었다고 적혀 있다. 좌경 황별(하)의 상모야조신은 위에 기록되어 있듯이, 홍인 원년(810)에 조신 성을 받은 씨족으로 본류 씨족이 아니다. 본류의 상모야조신씨는 우경 황별(상)의 상모야조신이다.

2. 하모야조신(下毛野朝臣)

『일본서기』 숭신천황 48년 4월 병인조에 "풍성명(豐城命, 豐城入彦命)에게 동국(東國)을 다스리도록 하였다. 이는 상모야신(上毛野臣; 가미츠케노노오미), 하모야신(下毛野臣; 시모츠케노노오미)의 조상이다."라고 적혀 있다. 『고사기』에서도 풍목입일자명(豐木入日子命; 도요키이리히코노미코토)이 상모야군, 하모야군 등의 조상이라고 적고 있다.

3. 풍성입언명(豐城入彦命)

『일본서기』에서는 어간성입언오십경식천황(御間城入彦五十瓊殖天皇)으로 적고 있다. 『일본서기』와 『고사기』에는 제10대 천황으로 기록되어 있다. 『고사기』에는 어진목입일자인혜명(御眞木入日子印惠命) 미마기이리비고(美麻紀伊理毗古), 『상륙국풍토기(常陸國風土記)』에는 미만귀천황(美萬貴天皇; 미마키노스메라미코토)이라고 적혀 있다. 『고사기』 숭신천황단과 『일본서기』 숭신천황 48년 4월 무신삭 병인조에서 상모야군(上毛野君)과 하모야군(下毛野君)의 시조라고 기술되어 있다.

4. 다기파세군(多奇波世君)

『일본서기』 인덕천황 53년 5월조에는 상모야군(上毛野君; 가미츠케노노키미)의 조상 죽엽뢰(竹葉瀨; 다카하세)라고 적혀 있다. 『홍인사기(弘仁私記)』의 서문에는 도래계 씨족의 이른바 '출자개변(出自改變)' 사례를 거론할 때 제시되는 대표적인 서적인 『제번잡성기』에 "일본에서 파견된 장군인 상야공죽합(上野公竹合)의 자손에 해당하는 사수미(思須美)와 화덕(和德)이 인덕조(仁德朝)에 백제에서 내조하여 전변사(田邊史), 상모야공(上毛野公), 지원조신(池原朝臣), 주길조신(住吉朝臣) 등의 조상이 되었다."라는 주가 달려 있다. 다기하세(多奇波世; 다카하세)와 죽합(竹合; 다카하세)은 『일본서기』의 상모야군의 조상 죽엽뢰(竹葉瀨; 다카하세)를 가리킨다. 다기파세군은 좌경 황별(하)「주길조신

(住吉朝臣)」조(100)와 「지원조신(池原朝臣)」조(101), 「상원공(桑原公)」조(105), 「천합공(川合公)」조(106), 「상장수(商長首)」조(108)에 보인다.

5. 대박뢰유무천황어세(大泊瀨幼武天皇御世) …… 시토마야(是土馬也)

『일본서기』 웅략천황 9년 7월 임진삭조에 유사한 기록이 보인다. 그 내용은 다음과 같다. "하내국(河內國; 가후치노쿠니)이 '비조호군(飛鳥戶郡; 아스카베노코호리) 사람 전변사백손(田邊史伯孫; 다나베노후비토하쿠손)의 딸은 고시군(古市郡; 후루이치노코호리)의 사람 서수가룡(書首加龍; 후미노오비토카리요우)의 아내가 되었다. 백손(伯孫)의 딸이 아이를 낳았다는 소식을 듣고, 사위 집에 가서 축하하고 달밤에 돌아왔다. 봉류구(蓬藟丘; 이치비코노오카)의 예전릉(譽田陵; 호무타노미사사기) 아래에서[봉류는 이치비코(伊致寐姑)라고 읽는다.] 붉은 준마를 탄 사람을 만났다. 그 말이 때로 용이 날아오르는 것처럼 갑자기 높이 솟아오르고 갑자기 뛰어올라 기러기처럼 놀랐다. 기이한 몸은 산봉우리처럼 생겼고, 특이한 모습이 뛰어났다. 백손이 나아가 살펴보고 마음에 들었다. 이에 타고 있는 푸른빛을 띤 백마를 채찍질해서 머리를 가지런히 하고 고삐를 나란히 하였다. 그러나 곧 붉은 말이 뛰어올라 먼지를 일으키며 쏜살같이 달려가서 사라졌다. 이에 푸른빛을 띤 백마가 뒤쳐졌는데, 말이 늦어서 다시 좇아갈 수 없었다. 그 말을 탄 사람은 백손이 원하는 바를 알고 곧 멈추어 말을 바꾸고 서로 인사하며 헤어졌다. 백손은 준마를 얻어서 매우 기뻐하며 달려가 마구간으로 들어갔다. 안장을 풀고 말에게 먹이를 주고 쉬게 하였다. 그 다음날 아침에 붉은 준마가 변하여 흙으로 빚은 말로 변해 있었다. 백손이 이상하게 여기고 되돌아가 다시 예전릉에 찾아가서 그곳에서 흙으로 만든 말들 사이에 자기 말이 있는 것을 보고 자기 말과 바꾼 흙으로 빚은 말을 그곳에 두었다고 합니다'라고 보고하였다."

*『일본서기』 웅략천황 9년 7월 임진삭조

"河內國言, 飛鳥戶郡人田邊史伯孫女者, 古市郡人書首加龍之妻也. 伯孫聞女産兒, 往賀聟家, 而月夜還. 於蓬藟丘譽田陵下, [蓬藟, 此云伊致寐姑.] 逢騎赤駿者. 其馬時濩略, 而龍翥. 欻聳擢, 而鴻驚. 異體蓬生, 殊相逸發. 伯孫就視, 而心欲之. 乃鞭所乘驄馬, 齊頭並轡. 爾乃, 赤駿超攄絶於埃塵, 驅騖迅於滅沒. 於是, 驄馬後而怠足, 不可復追. 其乘駿者, 知伯孫所欲, 仍停換馬, 相辭取別. 伯孫得駿甚歡, 驟而入廐. 解鞍秣馬眠之. 其明旦, 赤駿變爲土馬. 伯孫心異之, 還覓譽田陵, 乃見驄馬, 在於土馬之間. 取代而置所換土馬也."

6. 노하군(努賀君)

노하군은 여기에만 보이는 인물이다.

7. 백존(百尊)

『일본서기』 웅략 9년 7월 임진삭조에 기록된 전승에는 비조호군(飛鳥戸郡; 아스카베노코호리) 사람 전변사백손(田邊史伯孫; 다나베노후비토하쿠손)이라고 적혀 있어 백존은 백손이라고도 쓴다는 것을 알 수 있다. 비조호군은 현재 대판부(大阪府) 백원시(柏原市) 남부와 우예야시(羽曳野市) 남동부에 해당한다.

8. 아녀(阿女)

좌백유청(佐伯有淸)은 아녀가 백존의 딸이라고 보고 있지만, 고유명사가 아닐 가능성도 있다. 『일본서기』 웅략천황 9년 7월 임진삭조에는 비조호군(飛鳥戸郡) 사람 전변사백손(田邊史伯孫)의 딸이 고시군(古市郡; 후루이치노코호리) 사람 서수가룡(書首加龍; 후미노오비토카리요우)의 아내가 되었다고 적혀 있다. 고시군은 남하내군 지역이다. 이곳은 현재 우예야시(羽曳野市)의 중앙부 석천(石川) 지역이다.

9. 응신천황어세(應神天皇御世)

좌백유청(佐伯有淸)은 『신찬성씨록』 완본에서는 '응신(應神)' 앞에 '예전천황시(譽田天皇諡)'라는 5글자가 있고, '응신' 다음에 '천황(天皇)'이라는 2글자는 없었을 것이라 추정하였다.

10. 토마(土馬)

일본 고대 고분에 말 모양의 토우(土偶)가 부장되는 경우가 있었다. 응신릉(應神陵)의 외제(外堤)에서도 식륜(埴輪)으로 사용된 토마(土馬)가 출토되었으며, 배총(陪塚)인 환산고분(丸山古墳)에서도 금동제 마구가 출토되었다. 응신릉은 현재 대판부(大阪府) 우예야시(羽曳野市) 예전(譽田)의 예전어묘산고분(譽田御廟山古墳)으로 추정되고 있다.

11. 능변군(陵邊君)

능변군은 여기에만 보인다. 『일본서기』에 없는 이야기인데, 상모야공이라는 공성을 가

지기 위해 군성을 받은 이야기를 조작하였을 가능성이 있다.

12. 덕존(德尊)

덕존은 『일본서기』 웅략천황 9년 7월 임진삭조에 기재된 전승에서는 '덕손'으로 나온다. 『일본서기』 안한천황(安閑天皇) 원년 5월조에 백제인 하부(下部) 수덕(脩德) 적덕손(嫡德孫)이 보인다. 하부는 백제 5부 가운데 하나이며, 수덕은 『주서(周書)』에 기록된 백제 16관등에는 보이지 않는다. 시덕(施德)이나 장덕(將德)으로 추정하는 견해도 있지만 확실하지 않다. 적덕손은 적(嫡)이 성이고, 이름이 덕손(德孫)이다. 『일본서기』 현종(顯宗) 3년 시세조의 백제인 적막이해(適莫爾解) 등과 같은 성씨를 가진 인물이라고 추정된다.

13. 사라(斯羅)

사라는 여기에만 보인다. 하내국 황별「지미련」조(297)에 보이는 신라(新羅; 시라)와 동일 인물이라 추정하기도 하지만, 지미련조에는 신라(新羅)가 흠명천황 시대에 도해한 것으로 적혀 있다. 웅략천황 시대의 사람이라고 기재된 백존(백손)의 손자 사라가 황극조에 전변사 성을 받았다고 보기에는 무리가 따른다. 또 전변사와 지미련이 계보상 동족을 칭한다고 해도, 전자는 다기세군(죽엽뢰, 죽합)의 후손이고 후자는 다기파세군의 아우 전도공의 후손이라고 주장하고 있기 때문에 계통이 다른 것으로 이해된다.

14. 황극어세(皇極御世)

좌백유청(佐伯有淸)은 『신찬성씨록』 완본에서는 '시(諡)' 앞에 '천풍재중일족희천황(天豐財重日足姬天皇)'이라는 9글자가 있었을 것이라 추정하였다. 이하의 전승은 『일본서기』에는 보이지 않는다.

15. 이해문서(以解文書) 위전변사(爲田邊史)

문서를 잘 해독하여 전변사가 되었다는 것은 전변사(田邊史; 다나베노후히토)의 씨성 유래에 관한 설명이다. 조정에 소속되어 문필과 기록 임무를 담당한 사부(史部; 후비토, 후미히토)를 가리키는 말이다. 6세기 중반부터 후반기에 도래계의 지식인을 결집해서 편성한, 문필과 기록의 임무에 종사한 집단이다. 거의 한반도 제국으로부터 이주한 사람들로 구성되고, 그 활동 범위는 외교를 비롯한 문서 실무를 필요로 하는 각 행정 부문에 미쳤다. 동문씨(東文氏)의 지족과 서문씨(西文氏)를 반조(伴造)로 하고, 동(東; 야마토)과 서(西; 가와치)의 후미비토로 구분하여 직무를 담당하였다. 후비토에 임명된 씨족은 70씨에 가까운데, 율령제하에서도 지속적으로 학자, 문인, 고승을 배출하고 일본의 식자층을 대표하는 지위를 점하고 있고, 각 관사의 실무 관료로서 율령행정기구의 근간을 지탱하는 역할을 담당하였다

16. 전변사(田邊史)

『홍인사기(弘仁私記)』의 서문에는 당시 조정과 세간에 존재한 씨성 관련 서적과 문건이 기재되어 있다. 그 가운데 사찬서인 『제번잡성기(諸蕃雜姓記)』는 도래계 씨족의 이른바 '출자개변(出自改變)' 사례를 거론할 때 제시되는 대표적인 서적이다. 『제번잡성기』에는 "일본에서 파견된 장군인 상야공죽합(上野公竹合)의 자손에 해당하는 사수미(思須美)와 화덕(和德)이 인덕조(仁德朝)에 백제에서 내조하여 전변사(田邊史), 상모야공(上毛野公), 지원조신(池原朝臣), 주길조신(住吉朝臣) 등의 조상이 되었다."라는 주가 달려 있다. 이 분주에 의거하면 전변사는 원래 황별의 상모야씨와 관계없는 백제계 도래씨족이라고 보아야 할 것이다.

전변사씨의 본거는 전변폐사적(田邊廢寺蹟)이 있는 하내국(河內國) 안숙군(安宿郡) 자모향(資母鄕) 일대로 현재 대판부 백원시(栢原市) 국분정(國分町) 전변(田邊) 부근에 해당된다.

전변사 일족으로는 『일본서기』 백치(白雉) 5년(654) 2월조에 전변사조(田邊史鳥)가 압사(押使) 대금상(大錦上) 고향사현리(高向史玄理), 대사(大使) 소금하(小錦下) 하변신마려(河邊臣麻呂; 가하헤노오미마로) 아래에서 판관으로 도당(渡唐)하였다. 『속일본기』 문무천황(文武天皇) 4년(700) 6월 갑오조의 전변사백지(田邊史百枝)와 전변사수명(田邊史首名)은 율령 찬정의 공으로 녹을 받았다. 또 천평승보(天平勝寶) 2년(750) 3월 무술조에는 중위(中衛) 원외소장(員外少將) 종5위하(극위) 전변사난파(田邊史難波) 등이 상모야군(上毛野君) 성을 받았다고 적혀 있다. 『속일본기』 천평승보(天平勝寶) 원년(749) 8월 계해조에는 종6위상에서 외종5위하로 승서된 전변사광빈(田邊史廣濱) 등이 있다. 이 가운데 전변사조는 백치 5년 2월에 전변사백지 및 전변사수명은 모두 율령 찬정에 참가하여 문무천황 4년 6월 17일에 녹을 받았다. 전변사조의 견당 판관, 백지와 수명의

대보율령 찬정은 문서 해독에 능한 전변사씨의 씨족적 성격과 관련된 것이다.

17. 보자칭덕효겸황제(寶字稱德孝謙皇帝)

『속일본기(續日本紀)』 천평보자(天平寶字) 2년(758) 8월 경자삭조에 '삼가 존호를 올려서 폐하를 보자칭덕효겸황제라고 부르고, 황태후를 천평응진인정황태후(天平應眞仁正皇太后)라고 부르고자 합니다.'라는 표문이 적혀 있다. 이러한 존호 사용은 등원중마려(藤原仲麻呂)의 당풍화 정책 중 하나였다.

18. 천평승보이년(天平勝寶二年)

『속일본기』 천평승보 2년(750) 3월 무술조에 "중위(中衛) 원외소장(員外少將) 종5위하 전변사난파(田邊史難波) 등에게 상모야군(上毛野君)이라는 성을 내렸다."라고 적혀 있다.

19. 상모야공(上毛野公)

상모야군(공)씨로는 『속일본기』 천평보자 8년(764) 9월 경신조에 정6위상에서 외종5위하(극위)로 승진한 상모야공석롱(上毛野公石瀧), 보귀 5년(775) 3월 갑진조에는 외종5위하(극위) 상모야공식마려(上毛野公息麻呂)가 주방수(周防守)에 보임된 기록이 보인다. 『일본기략』 연력 13년 8월 기축조에는 주계두(主計頭) 종5위하(극위) 상모야공대천(上毛野公大川)이 보이고, 연력 5년(786) 10월 갑자조의 위문대위(衛門大尉) 겸 서시정(西市正) 외종5위상(극위) 상모야공아인(上毛野公我人), 『유취국사(類聚國史)』 권99 서위(敍位) 대동(大同) 4년(809) 9월 갑진삭조의 상모야공영인(上毛野公穎人)이 보이고, 『유취국사』 권66 훙졸(薨卒) 홍인 12년(821) 8월 신사조에는 『신찬성씨록』 찬자 가운데 한 사람인 상모야공영인의 졸전이 기재되어 있는데 상모야공대천(上毛野公大川)이 영인의 아버지라고 기재되어 있다.

20. 홍인원년(弘仁元年)

『일본후기』 홍인 원년조에는 상모야공(군)의 조신 사성 기사는 보이지 않는다. 다만 『신찬성씨록』 찬자 가운데 한 사람인 상모야공영인(上毛野公穎人)의 사례를 보면 『유취국사』 권99 서위 대동 4년(809) 9월 갑진삭조까지는 상모야공영인이라 기재되어 있지만,

『일본후기』 홍인 원년(810) 9월 무신조부터는 상모야조신영인(上毛野朝臣潁人)으로 나온다. 따라서 조신 성 사성은 대동(大同) 5년(홍인 원년) 정월에서 8월 사이일 것이므로 상모야공(군)에서 조신으로 개성된 것은 홍인 원년임에 틀림이 없다. 『일본후기』의 홍인 원년조는 탈루(脫漏)된 부분이 존재하므로 이 부분에 조신 성 사성 기사가 기재되어 있었을 가능성이 있다. 또 『일본후기』 홍인 원년 9월 무신조에는 외종5위하 상모야조신영인이 종5위상을 받고 귀순의 공으로 상을 받았다고 적혀 있으므로, 이른바 '약자(藥子)의 변(變)' 때에 평성(平城) 상황 쪽에 귀순한 공에 의거하여 조신 성을 받은 것이라면 위의 조신 성 사성에 관한 내용은 뒤에 기록된 것이 된다.

21. 속일본기합(續日本紀合)

이 부기는 『속일본기』 천평승보 2년(750) 3월 무술조에 "중위(中衛) 원외소장(員外少將) 종5위하 전변사난파 등에게 상모야군이라는 성을 내렸다."라고 적혀 있는 사성 기사를 가리킨다.

099 【원문】

池田朝臣
　　上毛野朝臣同祖. 豐城入彦命十世孫佐太公之後也. 日本紀合.

【번역】

지전조신(池田朝臣; 이케타노아소미)
　상모야조신(上毛野朝臣; 가미츠케노노아소미)과 조상이 같으며, 풍성입언명(豐城入彦命; 도요키이리히코노미코토)의 10세손 좌태공(佐太公; 사타노미키미)의 후손이다. 『일본기』와 일치한다.

【주석】

1. 지전조신(池田朝臣)

지전(池田)이라는 씨명은 율령제 상야국(上野國) 나파군(那波郡) 지전(池田; 이케타)이라는 지명과 관련된 것으로 추정되며, 이곳은 현재 군마현(群馬縣) 이세기시(伊勢崎市) 서남부 지역에 해당된다.『일본서기(日本書紀)』천무천황(天武天皇) 13년(684) 11월 무신삭조에 지전조신 등 모두 52씨에게 조신이라는 성을 주었다"라고 적혀 있다.

지전조신 일족으로는『속일본기(續日本紀)』화동(和銅) 4년(711) 4월 임오조에 정6위하에서 종5위하(극위)로 승진한 지전조신자수(池田朝臣子首), 천평보자(天平寶字) 7년(763) 4월 정해조에 종5위하(극위) 지전조신족계(池田朝臣足繼)가 좌소변(左少弁)에 보임된 기록이 보인다. 또 연력(延曆) 8년(789) 9월 무오조의 진수부장군(鎭守副將軍) 종5위하(극위) 지전조신진매(池田朝臣眞枚)가 보인다.『일본후기(日本後紀)』홍인(弘仁) 원년(810) 9월 임술조에 정6위상에서 종5위하(극위)로 승진한 지전조신번자(池田朝臣幡子),『일본문덕천황실록(日本文德天皇實錄)』천안(天安) 2년(858) 정월 신축조의 종5위하(극위)에 서위된 지전조신택계자(池田朝臣宅繼子) 등이 있다. 고문서에는 천평(天平) 17년(745) 4월 20일자「소부사해(掃部司解)」(『대일본고문서』2-415)의 지전조신하내마려(池田朝臣河內麻呂), 천평 20년(748) 10월 27일자「태정관부안(太政官符案)」(『대일본고문서』24-525)의 지전조신족상(池田朝臣足床), 천평 20년 11월 10일자「소치전등마려해(小治田藤麻呂解)」(『대일본고문서』3-135)의 지전조신택지매(池田朝臣宅持賣) 등이 보인다.

2. 상모야조신동조(上毛野朝臣同祖)

『일본서기』천무천황 13년(684) 11월 무신삭조에 상모야군(上毛野君)을 비롯한 52씨에게 조신이라는 성을 주었다고 적혀 있다. 좌경 황별(하)의 상모야조신은 홍인 원년(810)에 조신 성을 받은 씨족으로 본류 씨족이 아니다.『일본삼대실록(日本三代實錄)』원경(元慶) 원년(877) 12월 25일자 신묘조에서는 "상모야(上毛野), 대야(大野), 지전(池田), 좌미(佐味), 거지조신(車持朝臣) 등이 조상이 같다"라고 적고 있다.

3. 풍성입언명(豐城入彦命)

풍성입언명(豐城入彦命; 도요키이리히토노미코토)은『일본서기』와『고사기』에 전해지는 제10대 숭신천황(崇神天皇)의 황자이다.『일본서기』에는 풍성입언명, 풍성명(豐城命),『고사기』에는 풍목입일자명(豐木入日子命; 도요키이리히코노미코토)이라고 표기되어 있다.『고사기』숭신천황단과『일본서기』숭신천황 48년 4월 무신삭 병인조에서 상모야군(上毛野君)과 하모야군(下毛野君)의 시조라고 기술되어 있다.

4. 좌태공(佐太公)

좌경 황별(하) 「상모야판본조신」조에도 풍성입언명 10세손 좌태공(佐太公)이 보인다.

5. 일본기합(日本紀合)

『일본서기』 천무천황 13년(684) 11월 무신삭조에 "지전조신 등 모두 52씨에게 조신이라는 성을 주었다."라고 적혀 있는 사성 기사를 가리킨다.

---

100 【원문】

住吉朝臣
　　上毛野同祖. 豊城入彦命五世孫多奇波世君之後也. 日本紀賜姓合也. 依續日本紀.

【번 역】

주길조신(住吉朝臣; 스미노에노아소미)

상모야조신(上毛野朝臣; 가미츠케노노아소미)과 조상이 같으며, 풍성입언명(豊城入彦命; 도요키이리히코노미코토)의 5세손 다기파세군(多奇波世君; 다카하세노키미)의 후손이다. 『일본기』의 사성 기사와 일치하며 『속일본기』에 따른다.

【주 석】

1. 주길조신(住吉朝臣)

주길(住吉; 스미노에)이라는 씨명은 『일본서기』 신공황후(神功皇后) 섭정원년 12월 무술삭 신해조에 인응왕이 주길(住吉)에 군사를 주둔시킨 전승이 보인다. 이곳은 현재 대판부(大阪府) 대판시(大阪市) 주길구(住吉區) 일대에 해당된다. 또 주길대신(住吉大神)은 『일본서기』 중애천황(仲哀天皇) 때 웅습(熊襲), 준인(隼人) 등 대화조정(大和朝廷)에 반항한 부족이 봉기하였을 때 신공황후가 반란군의 배후에는 삼한(三韓)이 존재한다. 삼한을 정토하라는 신탁을 얻고도 천황이 신탁에 따르지 않아 다음해에 죽었으며(崩) 신공황후가 신탁을 얻고 스스로 출병을 위해 삼한으로 출항하였다는 전승에서 주길대신이 황후의 신변을 보호하고 선단을 후원하였다는 전승 기사에 등장한다. 섭진국(攝津國)

의 주길신사는 전국에 2,300개 정도 존재하는 주길신사의 총본사이다. 하관(下關)과 박다(博多)의 주길신사와 함께 일본 3대 주길신사의 하나이다. 주제신(主祭神)인 저통남명(底筒男命), 중통남명(中筒男命), 표통남명(表筒男命)은 합하여 주길삼신(住吉三神)이라고 부르는 해신이다.

『속일본기(續日本紀)』 연력(延曆) 10년(791) 4월 을미조에는 근위장감(近衛將監) 외종5위상(극위) 하총국(下總國) 대연(大椽) 지원공강주(池原公綱主) 등이 주길조신(住吉朝臣)이라는 성을 받았다고 적혀 있다.

지원공 일족으로는 지원공강주 외에 『속일본기』 보귀(寶龜) 8년(777) 정월 무인조에 주계두(主計頭) 겸 대외기(大外記) 종5위하(극위) 지원공화수(池原公禾守)가 보인다.

주길조신 일족으로는 주길조신강주(住吉朝臣綱主)와 주길조신풍계(住吉朝臣豊繼)를 들 수 있다. 전자는 『일본후기(日本後紀)』 연력(延曆) 24년(805) 2월 경술조에 졸전(卒傳)이 실려 있다. 주질조신강주는 산위(散位) 종4위하(극위)에 이른 인물로 무예가 뛰어나 근위부(近衛府)의 장조장감(將曹將監)직을 역임했다고 적혀 있다. 후자는 『일본후기』(『類聚國史』 권99 敍位) 일문(逸文) 홍인(弘仁) 5년(814) 2월 계사조에 종5위하로 승진하여 좌병위좌(左兵衛佐)에 임명되었고, 『일본기략(日本紀略)』 홍인 13년(822) 정월 기해조에는 종5위상(극위)으로 승진한 기록이 보인다.

2. 상모야조신동조(上毛野朝臣同祖)

좌백유청(佐伯有淸)은 『신찬성씨록』 완본에서는 '상모야(上毛野)' 다음에 '조신(朝臣)'이라는 2글자가 있었다고 추정하였다.

지원공화수(池原公禾守)는 『정창원문서(正倉院文書)』 천평승보 6년(754) 8월 15일자 「외도원광백론본봉청문(外島院廣百論本奉請文)」(『대일본고문서』 13-101)에 상모야군속수(上毛野君粟守)로 나온다. 또 천평승보(天平勝寶) 7년(755) 2월 9일자 「외도원일체경산장(外島院一切經散帳)」에는 「검수지원속수(撿授池原粟守)」(『대일본고문서』 13-122)가 보이고, 천평승보 7년 3월 23일자 「봉사보적경소첩안(奉寫寶積經所牒案)」(『대일본고문서』 13-133)에는 「원강원외소목(遠江員外小目) 지원군속수(池原君粟守)」라고 되어 있다. 따라서 지원공화수는 천평승보 6년 8월 15일까지 상모야군이라고 칭한 것을 알 수 있다. 지원공화(속)수의 씨성 변화를 보면 주길조신씨는 원래 상모야군의 씨성을 칭하며 상모야와 동조를 칭한 것이 분명히 드러난다.

3. 풍성입언명(豊城入彦命)

풍성입언명은 숭신천황의 아들로, 『고사기』 숭신천황단과 『일본서기』 숭신 48년 4월 무신삭 병인조에서 상모야군(上毛野君)과 하모야군(下毛野君)의 시조라고 기술되어 있다. 풍성입언명에 관해서는 좌경 황별(하)의 「하모야조신」조(097) 풍성입언명 참조.

4. 다기파세군(多奇波世君)

『홍인사기(弘仁私記)』 서(序)에는 전변사(田邊史)와 지원조신(池原朝臣), 주길조신(住吉朝臣) 등의 조상 사수미(思須美)와 화덕(和德)이 인덕조(仁德朝)에 백제국에서 왔다고 적혀 있는 것으로 보아 주길조신씨는 백제계 도래씨족이라 이해된다.

5. 일본기사성합(日本紀賜姓合)

주길조신의 사성은 연력 10년(791) 4월조의 일이므로 『일본서기』에 조신 사성에 관한 기록이 보이지 않는 것은 당연하다. 그럼에도 좌백유청(佐伯有淸)이 『일본서기』와 합치된다고 적고 있는 것은, 주길조신씨가 제출한 본계에 본류인 상모야조신씨의 사성에 관한 기록이 존재했을 것으로 보고 이에 의거하여 추정한 것이다.

6. 의속일본기(依續日本紀)

『속일본기』 연력(延曆) 10년(791) 4월 을미조에 지원공강주(池原公綱主) 등이 주길조신(住吉朝臣)이라는 성을 받았다고 적혀 있는 사성 기사와 관련된 것으로 보인다.

---

101 【원문】

池原朝臣
　住吉同氏. 多奇波世君之後也.

【번역】

지원조신(池原朝臣; 이케하라노아소미)
　주길(住吉; 스미노에)과 씨가 같으며 다기파세군(多奇波世君; 다카하세노키미)의 후손이다.

【주 석】

1. 지원조신(池原朝臣)

지원(池原; 이케하라)이라는 씨명의 유래가 지명이나 직명과 관련성이 있는지 논할 근거를 찾기 어렵다. 지원조신의 조신 사성 기록은 보이지 않는다.

지원공(군) 일족에는 앞의 「주길조신」조에서 제시한 『속일본기』 보귀(寶龜) 8년(777) 정월 무인조에 주계두(主計頭) 겸 대외기(大外記) 종5위하(극위) 지원공화수(池原公禾守)와 연력(延曆) 10년(791) 4월 을미조에는 근위장감(近衛將監) 외종5위상(극위) 하총국(下總國) 대연(大掾) 지원공강주(池原公綱主) 등이 보인다.

고문서에는 「천평보자 원년(757) 10월 정창원조용릉시포묵서(天平寶字元年十月 正倉院調庸綾絁布墨書)」(『영락유문[寧樂遺文] 하[下]』)에 기재된 지원군풍우(池原君豊右)가 보인다.

2. 주길동씨(住吉同氏)

좌백유청(佐伯有淸)은 『신찬성씨록』 완본에서는 동씨는 동조(同祖)라고 되어 있었을 것이라 추정하였다. 그러나 동씨(同氏)는 씨가 같은 것이고 동조는 조상이 같은 것을 나타낸 것이므로 구별해서 이해할 필요가 있다.

---

102 【원 문】

上毛野坂本朝臣
　上毛野同祖. 豐城入彦命十世孫佐太公之後也. 續日本紀合.

【번 역】

상모야판본조신(上毛野坂本朝臣; 가미츠케노사카모토노아소미)

상모야(上毛野; 가미츠케노)와 조상이 같으며, 풍성입언명(豐城入彦命; 도요키이리히코노미코토)의 10세손 좌태공(佐太公; 사타노키미)의 후손이다. 『속일본기』와 합치된다.

【주 석】

1. 상모야판본조신(上毛野坂本朝臣)

상모야판본(上毛野坂本; 가미츠케노사카모토)이라는 씨명은 율령제 상야국(上野國; 가미츠케노쿠니) 대빙군(碓冰郡) 판본(坂本; 사카모토)이라는 지명과 관련된 것으로 추정되며, 이곳은 현재 군마현(群馬縣) 대빙군(碓冰郡) 송전정(松田町) 판본 일대이다.

『속일본기』 천평승보(天平勝寶) 5년(753) 7월 무오조에는 "좌경인(左京人) 정8위상 석상부군남도(石上部君男島) 등 7인이 말하기를 '저희들의 친부 등여(登與)가 대보(大寶) 원년에 상모야판본군(上毛野坂本君)이라는 성을 받았습니다. 그러나 자손들은 호적과 계장에 여전히 석상부군(石上部君)으로 기록되어 있어서 이치에 맞지 않습니다. 청컨대 아버지의 성에 따라 바꾸어 바로 잡기를 원합니다.'라고 하였다. 조하여 허락하였다."라고 적혀 있다. 또 신호경운(神護景雲) 원년(767) 3월 을묘조에는 "좌경인 정6위상 상모야판본공남도(上毛野坂本公男島), 상야국(上野國) 대방군(碓冰郡) 사람 외종8위하 상모야판본공흑익(上毛野坂本公黑益)에게 상모야판본조신(上毛野坂本朝臣)이라는 성을 주었다."라고 적혀 있다. 따라서 상모야판본조신은 석상부군, 상모야판본공(군), 상모야판본조신이라는 개성을 거쳤음을 알 수 있다.

석상부군 일족으로는 위에 기재한 석상부군등여와 석상부군남도가 있다. 이 외에 『속일본기』 천평승보 원년(749) 5월 임인조의 상야국(上野國) 대빙군(碓冰郡) 사람 외종7위상에서 외종5위하로 승진한 석상부군제제(石上部君諸弟)가 있다.

상모야판본군(공) 일족으로는 위에 기술한 등여와 남도 부자 외에 상야국 대빙군 외종8위하(극위) 상모야판본공흑익이 있다.

2. 상모야동조(上毛野同祖)

좌백유청(佐伯有淸)은 『신찬성씨록』 완본에는 '상모야(上毛野)' 다음에 '조신(朝臣)'이라는 2글자가 있었을 것으로 추정하였다. 상모야조신에 대해서는 좌경 황별(상)의 「상모야조신」조(098)와 우경 제번(상)의 「상모야조신」조(136) 참조.

3. 풍성입언명(豐城入彦命)

풍성입언명은 숭신천황의 아들로 『고사기』 숭신천황단과 『일본서기』 숭신천황 48년 4월 무신삭 병인조에서 상모야군(上毛野君)과 하모야군(下毛野君)의 시조라고 기술되어 있다. 풍성입언명에 관해서는 좌경 황별(하)의 「하모야조신」조(136) 풍성입언명 참조.

4. 좌태공(佐太公)
좌경 황별(하)의 「지전조신」조에도 풍성입언명(豐城入彦命) 10세손(世孫) 좌태공(佐太公)의 후손이라고 기재되어 있다.

5. 속일본기합(續日本紀合)
『속일본기』 신호경운(神護景雲) 원년(767) 3월 을묘조에 "좌경인(左京人) 정6위상 상모야판본공남도(上毛野坂本公男島), 상야국(上野國) 대빙군(碓冰郡) 사람 외종8위하 상모야판본공흑익(上毛野坂本公黑益)에게 상모야판본조신(上毛野坂本朝臣)이라는 성을 주었다."라고 적혀 있는 사성 기사와 내용이 합치된다는 의미이다.

103 【원문】
車持公
　　上毛野朝臣同祖. 豐城入彦命八世孫射狹君之後也. 雄略天皇御世. 供進乘輿. 仍賜姓車持公.

【번역】
거지공(車持公; 구루마모치노키미)
　　상모야조신(上毛野朝臣; 가미츠케노노아소미)과 조상이 같으며 풍성입언명(豐城入彦命; 도요키이리히코노미코토)의 8세손 사협군(射狹君; 이사노키미)의 후손이다. 웅략천황(雄略天皇; 유랴쿠텐노) 때에 어가[乘輿; 미쿠루매를 바쳤다. 그래서 거지공(車持公; 구루마모치노키미)이라는 성을 주었다.

【번역】
1. 거지공(車持公)
거지공이라는 씨명은 어가[乘輿; 미쿠루매를 바치는 일과 관련된 일을 담당한 거지부

(車持部)를 관장하였기 때문에 유래한 씨명이라 추정된다. 거지공은 섭진국 황별「거지공」조에도 게재되어 있다.

거지공 일족으로는 『일본서기』 이중천황(履中天皇) 5년 10월 갑자조의 이름을 알 수 없는 거지군(車持君; 구루마모치노키미)가 보인다. 『공경보임(公卿補任)』 대보(大寶) 원년(701) 등원조신불비등(藤原朝臣不比等)조와 『공경보임』에 기재된 불비등(不比等)의 주석(尻付)에 거지군국자(車持君國子; 구루마모치노키미구니코, 등원불비등(藤原不比等; 후지와라노후히토]의 외할아버지) 및 그의 딸 여지고낭(與持古娘; 요시코노이라츠메)이 있다. 『공경보임』에는 불비등에 관해 산과전변사대우등가(山科田邊史大遇等家)에서 양육되어서 사(史)라고 칭해졌다고 적혀 있다. 불비등이 상모야씨와 동족이라 칭하는 전변사대우(田邊史大遇) 등의 집에서 양육되어서 사(史), 즉 불비등(不比等; 후히토)이라고 칭해졌다는 전승에 따르면, 중신겸족(中臣鎌足)과 불비등(不比等)이 상모야씨의 동족이라고 칭하는 씨족과 밀접한 관계였음을 알 수 있다. 따라서 불비등의 어머니인 여지고낭의 아버지 거지국자군도 상모야씨와 동족이라고 칭한 거지공씨 일족일 가능성이 높다.

거지공(군)의 조신 사성에 관해서는 『일본서기』 천무천황 13년(684) 11월 무신삭조에 "거지군을 비롯한 모두 52씨에게 조신이라는 성을 주었다"라고 적혀 있다. 또 『속일본기(續日本紀)』 천평 9년(737) 정월 신유조에는 정8위하 거지군장곡(車持君長谷)에게 조신이라는 성을 주었다고 적혀 있다. 그러나 『신찬성씨록』 섭진국 황별에도 거지공의 본계를 싣고 있지만, 조신 성의 거지씨는 수록되어 있지 않다.

2. 상모야조신동조(上毛野朝臣同祖)

『일본삼대실록(日本三代實錄)』 원경(元慶) 원년(877) 12월 25일 신묘조에는 "좌경인(左京人) 종5위하 행찬기개(行讚岐介) 도숙녜어유(都宿禰御酉) 등이 조신 성을 받았다고 적혀 있고, 조상이 어간성입언오십경식천황(御間城入彦五十瓊殖天皇) 이후에 상모야(上毛野), 대야(大野), 지전(池田), 좌미(佐味), 거지조신(車持朝臣)과 조상이 같다"라고 적혀 있다.

군마군에는 『상야국신명장(上野國神名帳)』 군마군서부지부(群馬郡西部之部)에 의하면 거지명신(車持明神)과 거지약어자명신(車持若御子明神)이 보인다. 전자는 군마현 군마군 진명정(榛名町) 십문학(十文學) 우간장(芋干場), 옛 이름 구류마촌(久留馬村)에 진좌한 거지신사에 해당된다. 예전부터 그 진좌지를 '구류마촌'이라 불렀기 때문에 진명정 주변에 상모야씨와 동족이라 주장하는 거지공씨의 본거지가 있었다고 간주된다.

『화명유취초(和名類聚抄)』에는 상총국(上總國) 장병군(長柄郡)에 거지향(車持鄕)이 있고, 상야국(上野國) 군마군(群馬郡) 군마향(群馬鄕)에 "구류말국(久留末國; 구루마노쿠니)을 나누어 동서 2군으로 삼았다"라는 주가 달려 있다. 군마는 예전부터 '구루마'라고 불린 것이다. 등원궁적 출토 목간에 '상모야국거평(上毛野國車評)'이라 쓰인 것이 출토되었다(『등원궁목간(藤原宮木簡)(1-83)』). 따라서 거지부는 상총, 상야 등의 동국에도 설치되었고 상모야씨 일족이 상모야 지방에 설치된 거지부의 반조였으므로 본조에 보이는 거지공씨가 성립된 것이다.

3. 풍성입언명(豐城入彥命)

풍성입언명은 숭신천황의 아들로, 『고사기』 숭신천황단과 『일본서기』 숭신천황 48년 4월 무신삭 병인조에 상모야군(上毛野君)과 하모야군(下毛野君)의 시조라고 기술되어 있다. 풍성입언명에 관해서는 좌경 황별(하)의 「하모야조신」조(097) 풍성입언명 참조.

4. 사협군(射狹君)

여기에만 보이는 인명이다.

5. 웅략천황어세(雄略天皇御世)

좌백유청(佐伯有淸)은 『신찬성씨록』 완본에는 '대박뢰유무천황시(大泊瀨幼武天皇諡)'라는 8글자가 있었고, '웅략' 다음의 '천황(天皇)'이라는 2글자는 없었다고 설명하였다. 이하 사성 전승은 어가 공진에 관한 내용만을 기록하고 있지만, 『일본서기』 웅략천황 2년 10월 병자조에는 "사냥꾼[行夫]을 쉬게 하고 수레와 말을 정비하였다"라고 적혀 있고, 5년 2월조에는 "천황이 곧 황후와 수레를 타고 돌아왔다"라고 적혀 있다. 본조 거지공의 씨명 유래 전승은 웅략기에 처음으로 수레 관련 기록이 보이는 것과 관련이 있을 것이다.

104 【원문】

大網公
　　上毛野朝臣同祖. 豐城入彦命六世孫下毛君奈良弟眞若君之後也.

【번역】

대망공(大網公; 오요사미노키미)

　　상모야조신(上毛野朝臣; 가미츠케노아소미)과 조상이 같으며, 풍성입언명(豐城入彦命; 도요키이리히코노미코토)의 6세손 하모군나량(下毛君奈良; 시모쓰케노노키미나라)의 아우 진약군(眞若君; 마와카노키미)의 후손이다.

【주석】

1. 대망공(大網公)

　　대망(大網; 오요사미)이라는 씨명은 율령제 섭진국 주길군(住吉郡)의 대라(大羅; 오요사미)라는 지명에서 유래한 것으로 추정된다. 이곳은 현재 대판시(大阪市) 동주길구(東住吉區) 아손자정(我孫子町)·정정정(庭井町), 송원시(松原市) 천선정(天善町) 일대이다.

　　대망[大羅] 일족으로는 보귀(寶龜) 2년(771) 3월 25일 봉사일체경소해(奉寫一切經所解)」(『대일본고문서』 6-131)에 대라도수(大羅島守)라는 인물이 보인다. 대라도수는 신호경운(神護慶雲) 4년(770) 「봉사일체경료정의용장(奉寫一切經料淨衣用帳)」(『대일본고문서』 6-14)에서는 대편도수(大編島守), 보귀 2년(771)「봉사일체경경사질상수실장(奉寫一切經經師帙上手實帳)」(『대일본고문서』 18-524)과 보귀 5년(774) 12월 1일자「대망도수월차전해(大網島守月借錢解)」(『대일본고문서』 23-180)에서는 대망도수(大網島守)라고 기록되어 있다. 따라서 대라(大羅)는 대편(大編), 대망(大網)으로도 표기됨을 알 수 있다. 대망공씨는 주길군 대라를 본거로 한 씨족일 것이다.

　　대망공 일족으로는 『만엽집(萬葉集)』(3-413)의 대망공인주(大網公人主)가 보이고, 『속일본기』에는 대망공광도(大網公廣道)가 보귀(寶龜) 9년(778) 12월 기축조에 기재된 정6위상으로 송고려객사(送高麗客使)를 지내고, 연력(延曆) 8년(789) 3월 무오조에 외종5위하(극위)로 주계조(主計助)를 역임한 기록이 보인다. 또『일본후기』 홍인(弘仁) 6년(815) 정월 경진조에는 무위(無位)에서 외종5위하(극위)로 승진한 대망공도도자(大網公

島刀自)가 있다.

2. 상모야동조(上毛野同祖)

대망공(군)씨가 원래 전변사씨(田邊史氏)였던 상모야조신씨와 조상이 같다고 칭한 것은, 대망군광도가 상모야군씨와 지원군씨 등 상모야조신씨의 동족이라 칭하는 사람들과 함께 경전의 교감을 행한 것으로 보더라도 분명하다(관련 내용은 아래 표 참조). 또한

순서	전거	씨성명
1	『영락유문(寧樂遺文)』(下-624)에 수록 「천평승보 7년 6월 21일감(天平勝寶七歲六月二十一日勘)」『대위덕다라니경(大威德陀羅尼經)』17 발어(跋語)	상모야군립마(上毛野君立麿) 대망군광도(大網君廣道) 전변사인도(田邊史人道)
2	『영락유문』(하-625)에 수록 「천평승보 8년 4월 20일교(天平勝寶八歲四月二十日校)」『승가타경(僧伽咤經)』2 발어(跋語)	대망군광도(大網君廣道) 전변사인도(田邊史人道)
3	『영락유문』(하-625~626)에 수록 「천평승보 8년 4월 20일감(天平勝寶八歲四月二十日勘)」『대위덕다라니경(大威德陀羅尼經)』10 발어(跋語)	상모야군립마려(上毛野君立麻呂) 전변사인도(田邊史人道) 대망군광도(大網君廣道)
4	『영락유문』(하-626)에 수록 「천평승보 9년 6월 3일 봉사(天平勝寶九歲六月三日奉寫)」『대불정수능엄경(大佛頂首楞嚴經)』10 발어(跋語)	지원군화수(池原君禾守) 전변사인도(田邊史人道) 대망군광도(大網君廣道)
5	『영락유문』(하-626)에 수록 「천평보자 원년 윤8월 20일감(天平寶字元年閏八月二十日勘)」『중아함경(中阿含經)』9 발어(跋語)	상모야군립마려(上毛野君立麻呂) 전변사인도(田邊史人道)
6	『영락유문』(하-626)에 수록 「천평보자 원년 윤8월 20일감(天平寶字元年閏八月二十日勘)」『중아함경(中阿含經)』9 발어(跋語)	상모야군대하(上毛野君大河) 대망군광하(大網君廣河) 대망군광도(大網君廣道)
7	『영락유문』(하-627)에 수록 「천평보자 원년 윤8월 25일감(天平寶字元年閏八月二十五日勘)」『중아함경(中阿含經)』11 발어(跋語)	상모야군대하(上毛野君大河) 대망군광도(大網君廣道)

아래 표의 1과 3에 보이는 경전발어에 나오는 상모야군립마(마려)는 좌경 황별(하) 상모야조신조의 전변사에 관한 설명에 기재했듯이 그 옛 성이 전변사이고, 4에 보이는 지원군화수는 좌경 황별(하)의 「주길조신」조(100)의 상모야동조를 설명하면서 그 옛 성이 상모야군임을 살펴보았다. 또 대망군씨도 상모야군, 전변사씨와 깊은 관계가 있음이 확인된다.

3. 풍성입언명(豊城入彦命)

풍성입언명은 숭신천황의 아들로, 『고사기』 숭신천황단과 『일본서기』 숭신천황 48년 4월 무신삭 병인조에 상모야군(上毛野君)과 하모야군(下毛野君)의 시조라고 기술되어 있다. 풍성입언명에 관해서는 좌경 황별(하)의 「하모야조신」조(097) 풍성입언명 참조.

4. 하모군나량(下毛君奈良)

『선대구사본기(先代舊事本紀)』 국조본기(國造本紀) 하모야국조(下毛野國造)조에는 "난파고진조(難波高津朝, 인덕천황) 때 모야국(毛野國)이 상하로 분리되었다. 풍성명 4세손 나량별(奈良別)이 처음으로 국조가 되었다."라고 적혀 있다. 길미후부(吉彌候部)조에서는 "풍성입언명 6세손 나량군 후세(後世)"라고 적고 있다. 본조와 길미후부조는 모두 나량을 풍성입언명의 6세손이라고 기재하고 있지만, 국조본기에서는 4세손이라 전하고 있다. 세대수는 다르게 기록되어 있지만 하모군나량, 나량군과 나량별은 동일인물인 듯하다.

5. 진약군(眞若君)

우경 황별(상) 「수수공(垂水公)」조에는 "풍성입언명(豊城入彦命) 4세손 하표내진치명(賀表乃眞稚命; 가호노마와카노미코토)의 후손"이라고 적혀 있다. 하표내진치명과 진약군(眞若君; 마와카노키미)은 동일 인물로 간주된다.

105 【원문】

桑原公

上毛野同祖. 豐城入彦命五世孫多奇波世君之後也.

【번역】

상원공(桑原公; 구하하라노키미)

상모야(上毛野; 가미츠케노)와 조상이 같으며 풍성입언명(豐城入彦命; 도요키이리히코노미코토)의 5세손 다기파세군(多奇波世君; 다카하세노키미)의 후손이다.

【주석】

1. 상원공(桑原公)

상원(桑原; 구하하라)이라는 씨명은 『일본서기』 신공황후(神功皇后) 섭정 5년 3월조에 갈성습진언(葛城襲津彦)이 신라에서 데려온 포로가 상원(桑原; 구하하라), 좌미(佐糜), 고궁(高宮), 인해(忍海) 등 4읍의 한인들의 시조라는 전승에 보이는 지명에서 유래한 것으로 추정된다. 대화국(大和國) 갈상군(葛上郡) 상원(桑原)에 해당된다. 이곳은 현재 나량현(奈良縣) 어소시(御所市) 액상(掖上) 일대이다. 『일본서기』 주조(朱鳥) 원년(686) 4월 정축조에 "시의(侍醫) 상원촌주가도(桑原村主訶都; 구하하라노스구리카츠)에게 직광사(直廣肆)를 주었다. 성을 내려 연(連)이라 하였다"라고 적혀 있다. 따라서 상원공(桑原公; 구하하라노키미)의 옛 성은 연이다. 또 『속일본기』 천평신호(天平神護) 2년(766) 2월 을묘조에 "좌경인(左京人) 종8위하 상원련진도(桑原連眞島), 우경인(右京人) 외종5위하 상원촌주족상(桑原村主足床), 대화국 사람 소초위상(少初位上) 상원촌주강마려(桑原村主岡麻呂) 등 40인에 상원공(桑原公)이라는 성을 주었다"라고 적혀 있다. 따라서 천평신호 2년 2월에 상원련씨는 옛 성 상태인 상원촌주씨와 함께 상원공이라는 성을 받았다. 그러나 『속일본기』 천평신호 원년(765) 윤10월 계묘조에는 "대초위하(大初位下) 상원공족도(桑原公足島)가 외종5위하로 승서된 기록이 보이므로, 천평신호 원년 윤10월 이전에도 이미 상원공씨가 존재하였던 것이다.

상원공 일족으로는 위의 상원공족도와 상원공진도가 있으며, 『속일본기』에 상원공족상(桑原公足床)이 신호경운(神護景雲) 원년(767) 2월 갑신조에 외종5위하에서 외종5위상으로 승진한 뒤 연력(延曆) 9년(790) 윤3월 정축조에 종5위상(극위)으로 어장사(御葬司) 일을 맡았다고 적혀 있다. 또 보귀(寶龜) 9년(778) 7월 무신조에는 명부(命婦) 종5위하에서 종5위상으로 승진한 상원공도주(桑原公島主)가 보인다. 『일본후기』 연력 18년(799) 정월 갑술조에 외종5위하로 주계조(主計助)에 보임된 상원공추성(桑原公秋成), 『일본후기(日本後紀)』 『유취국사(類聚國史)』 99 敍位 홍인(弘仁) 11년(820) 정월 경진조에 정6위하에서 외종5위하(극위)로 승진한 상원공복적(桑原公腹赤) 등이 있다.

2. 상모야동조(上毛野同祖)

『일본문덕천황실록(日本文德天皇實錄)』 인수(仁壽) 2년(852) 5월 무자조에는 주계두(主計頭) 종5위하 도숙녜정계(都宿禰貞繼)의 졸전에, 정계가 대화국(大和國) 차관 외종5위하 상원공추성(桑原公秋成)의 아들로 홍인 13년(822) 문장박사(文章博士) 복적(腹赤)과 함께 도숙녜(都宿禰)로 개성을 청한 것으로 기록되어 있다. 상원공복적과 정계 등의 도숙녜 사성에 관해서는 『일본후기』의 홍인 13년 부분이 산일되어 확실하지 않지만, 상원공복적은 홍인 14년(823) 4월에 종5위하에서 정5위하로 승진하였다. 이때 도숙녜복적(『유취국사』 99 서위 홍인 14년 4월 신해조)이라고 기재되어 있으므로 홍인 13년에 상원공이 도숙녜로 개성한 것은 틀림이 없다.

도숙녜로 개성한 상원공씨가 상모야씨와 조상이 같다고 칭한 것은 『일본삼대실록(日本三代實錄)』 원경(元慶) 원년(877) 12월 25일자 신묘조에 "좌경인(左京人) 종5위하 행찬기개(行讚岐介) 도숙녜어주(都宿禰御酒), 문장박사(文章博士) 종5위하 겸 행대내기(行大內記) 월전권개(越前權介) 도숙녜량향(都宿禰良香), 산위(散位) 정6위상 도숙녜인웅(都宿禰因雄), 정7위하 도숙녜흥도(都宿禰興道) 4인이 조신이라는 성을 받았다. 어간성입언오십경식천황(御間城入彦五十瓊殖天皇)의 후손이다. 상모야(上毛野), 대야(大野), 지전(池田), 좌미(佐味), 거지조신(車持朝臣)과 조상이 같다."라고 적혀 있는 것으로 보아 분명히 드러난다.

3. 풍성입언명(豐城入彦命)

풍성입언명은 숭신천황의 아들로, 『고사기』 숭신천황단과 『일본서기』 숭신 48년 4월 무신삭 병인조에 상모야군(上毛野君)과 하모야군(下毛野君)의 시조라고 기술되어 있다. 풍성입언명에 관해서는 좌경 황별(하)의 「하모야조신」조 풍성입언명 참조.

4. 다기파세군(多奇波世君)

『일본서기』 인덕 53년 5월조에는 상모야군(上毛野君; 가미츠케노노키미)의 조상 죽엽뢰(竹葉瀨; 다카하세)라고 적혀 있다. 『홍인사기(弘仁私記)』의 서문에는 도래계 씨족의 '출자개변(出自改變)' 사례로 제시된 『제번잡성기』의 분주에는 "일본에서 파견된 장군인 상야공죽합(上野公竹合)의 자손에 해당하는 사수미(思須美)와 화덕(和德)이 인덕조(仁德朝)에 백제에서 내조하여 전변사(田邊史), 상모야공(上毛野公), 지원조신(池原朝臣), 주길조신(住吉朝臣) 등의 조상이 되었다"라고 기재되어 있다. 『신찬성씨록』의 다기하세(多奇波世; 다카하세)와 『제번잡성기』의 죽합(竹合; 다카하세)은 『일본서기』의 상모야군의 조상 죽엽뢰(竹葉瀨; 다카하세)를 가리킨다.

106 【원문】
川合公
上毛野同氏. 多奇波世君之後也.

【번역】

천합공(川合公; 가하이노키미)

상모야(上毛野; 가미츠케노)와 씨가 같으며 다기파세군(多奇波世君; 다카하세노키미)의 후손이다.

【주석】

1. 천합공(川合公)

천합(川合; 가하이)이라는 씨명은 『일본서기』 천무천황(天武天皇) 4년(675) 4월 계미조의 광뢰(廣瀨; 히로세) 하곡(河曲; 가하와)이라는 지명에서 유래한 것으로 추정된다. 대화국(大和國) 광뢰군(廣瀨郡) 천합(川合; 가하이)에 해당된다. 이곳은 현재 나량현(奈良縣) 북갈성군(北葛城郡) 하합정(河合町) 천합(川合) 지역이다.

『속일본기』 양로(養老) 4년(720) 12월 기해조에는 "춘궁방(春宮坊) 소속(少屬) 소초위상(少初位上) 조처금작대세(朝妻金作大歲) 동족(同族) 하마려 두 사람은 아울러 남녀 잡호(雜戶)의 적(籍)을 없애고 대세(大歲)에게 지상군(池上君)이라는 성을, 하마려(河廐呂)에게 하합군(河合君)이라는 성을 내렸다"라고 적혀 있다.

천합공 일족으로는 천평 7년 4월 15일「대반야바라밀다경(大般若波羅蜜多經) 권319 발어(拔語)」(『대일본고문서』 24-46)에 천상군구만려(川相君溝万呂)가 보인다. 천평승보 3년 12월 18일자「노비견래장(奴婢見來帳)」(『대일본고문서』 3-535)에 내장료(內匠寮) 번상공(番上工)인 천륜상족(川輪床足)도 일족일 듯하다.

2. 상모야동씨(上毛野同氏)

『신찬성씨록』 완본에서는 '상모야(上毛野)' 다음에 '조신(朝臣)'이라는 2글자가 있고, '동씨(同氏)'는 '동조(同祖)'라고 적혀 있었을 것이라 추정하였다. 그러나 동씨는 씨가 같은 것이고 동조는 조상이 같은 것을 나타내므로 구별해서 이해할 필요가 있다.

천합공씨가 상모야씨와 조상이 같다고 한 것은 여기에만 보인다.

천합공씨도 상모야씨와 동조라고 칭하고 있지만, 하합군하마려(河合君河廐呂)의 옛 성은 조처금작(朝妻金作; 가나츠쿠리)이다. 조처금작은 『동대사요록(東大寺要錄)』에 도래계 기술공으로 기재되어 있다.

3. 다기파세군(多奇波世君)

『일본서기』 인덕 53년 5월조에는 상모야군(上毛野君; 가미츠케노노키미)의 조상 죽엽뢰(竹葉瀨; 다카하세)라고 적혀 있다. 앞의 좌경 황별(하)「상원공」(105)조 다기파세군 참조.

107 【원문】
垂水史
　　上毛野同氏. 豐城入彦命孫彦狹島命之後也.

【번역】

수수사(垂水史; 다루미노후히토)

상모야(上毛野; 가미츠케노)와 씨가 같으며 풍성입언명(豐城入彦命; 도요키이리히코노미코토)의 손자 언협도명(彦狹島命; 히코사시마노미코토)의 후손이다.

【주 석】

1. 수수사(垂水史)

수수(垂水; 다루미)라는 씨명은 『유취국사(類聚國史)』 권107 재원사(齋院司) 천장(天長) 3년(826) 7월 신묘조에 보이는 섭진국(攝津國) 수수장(垂水莊)과 『연희식(延喜式)』 신명장(神名帳) 섭진국 풍도군(豐島郡)조에 보이는 수수신사(垂水神社)가 진좌한 지역과 관련이 있을 것으로 추정된다. 이곳은 현재 대판부(大阪府) 취전시(吹田市) 일대이다. 수수씨는 좌경 황별(상) 「수수공(垂水公)」조에도 게재되어 있다.

수수사 일족은 여기에만 보인다. 좌경 황별(상) 「수수공(垂水公)」조(139) 참조.

2. 상모야동씨(上毛野同氏)

『신찬성씨록』 완본에서는 '상모야(上毛野)' 다음에 '조신(朝臣)'이라는 2글자가 있고, '동씨(同氏)'라고 적혀 있지만 '동조(同祖)'라고 적혀 있었을 것이라 추정하였다. 그러나 동씨는 씨가 같은 것이고 동조는 조상이 같은 것을 나타내므로 구별해서 이해할 필요가 있다. 또 수수사는 사(史)라는 성을 띠고 있는 것으로 보아 도래계 씨족인 상모야씨와 동족일 것이다.

3. 언협도명(彦狹島命)

『일본서기』 경행천황(景行天皇) 55년 2월 임진조에는 언협도왕(彦狹島王; 히코사시마노미코)이 풍성명(豐城命; 도요키노미코토)의 손자로 동산도(東山道)에 도독으로 파견되었지만, 춘일(春日)의 혈사읍(穴咋邑)에 도착하여 병으로 쓰러져 죽었다고 적혀 있다. 또 『선대구사본기(先代舊事本紀)』 국조본기(國造本紀) 상모야국조(上毛野國造)조에는 풍성입언명의 손자 언협도명(彦狹島命)이 동방 12국을 다스리도록 명받았다고 적혀 있다.

108 【원문】

商長首

上毛野同氏. 多奇波世君之後也. 三世孫久比. 泊瀬部天皇[諡崇峻]御世. 被遣吳國. 雜寶物等獻於天皇. 其中有吳權. 天皇敕此物也. 久比奏日. 吳國以懸定萬物. 令爲交易. 其名云波賀理. 天皇勅之. 勿令他人同. 久比男宗麿. 舒明天皇御代. 負商長姓也. 日本紀漏.

【번 역】

상장수(商長首; 아키오사노오비토)

상모야(上毛野; 가미츠케노)와 씨가 같으며 다기파세군(多奇波世君; 다카하세노키미)의 후손이다. 3세손 구비(久比; 쿠히)가 박뢰부천황(泊瀨部天皇; 하츠세베노스메라미코토)[시호는 숭준(崇峻; 스슌)이다.] 때에 오국(吳國; 구레노쿠니)에 파견되어 여러 가지 보물 등을 천황에게 바쳤다. 그 가운데 오나라 저울[吳權; 구레노하카리]이 있었다. 천황이 이 물건이 무엇이냐고 물었다. 구비가 "오나라는 만물(萬物)을 저울에 달아서 정하여 교역하게 한다. 이것을 파하리(波賀理; 하카리)라고 합니다."라고 하였다. 천황이 다른 사람으로 하여금 같은 일을 하지 못하게 하였다. 구비의 아들 종마(宗麿)가 서명천황(舒明天皇) 때에 상장(商長; 아키오사)이라는 성을 받았다. 『일본기』에는 누락되어 있다.

【주 석】

1. 상장수(商長首)

상장(商長; 아키오사)이라는 씨명에 대해 율전관(栗田寬)은 상장은 아기원좌(阿伎袁佐; 아키오사)라고 훈독하고, 상인(商人)의 우두머리를 의미한다고 설명하였다.

상장수 일족에는 천평 18년(746) 3월 25일자 「상장수지마속전선수수실(商長首智麿粟田船守手實)」(『대일본고문서』 9-162)의 상장수지마(商長首智麿), 천평승보 7년(755) 2월 7일 『만엽집』(20-4344)에 기재된 준하국인(駿河國人) 상장수마려(商長首麻呂)가 있다.

2. 상모야동씨(上毛野同氏)

좌백유청(佐伯有淸)은 『신찬성씨록』 완본에서는 '상모야(上毛野)' 다음에 '조신(朝臣)'이라는 2글자가 있고, '동씨(同氏)'라고 적혀 있지만 '동조(同祖)'라고 적혀 있었을 것이라 추정하였다. 그러나 동씨는 씨가 같은 것이고 동조는 조상이 같은 것을 나타내므로 구별해서 이해할 필요가 있다.

3. 다기파세군(多奇波世君)

『일본서기』 인덕천황 53년 5월조에는 상모야군(上毛野君; 가미츠케노노키미)의 조상 죽엽뢰(竹葉瀨; 다카하세)라고 적혀 있다. 앞의 좌경 황별(하) 「상원공」(105)조 다기파세군 참조.

4. 삼세손구비(三世孫久比)

3세손 구비는 다기파세군의 3세손이라고 해석되지만, 다기파세군을 둘러싼 전승은 『일본서기』 인덕천황 53년 5월조에 기재된 죽엽뢰(竹葉瀨)와 『제번잡성기』에 기재된 죽합(竹合), 『신찬성씨록』 좌경 황별(하) 「상모야조신」(098)조의 다기파세군(多奇波世君) 기사에서 언급하였듯이 인덕조나 그 이전 시대를 대상으로 한 것이다. 따라서 숭준조(崇峻朝, 588~592)에 활동한 인물인 구비가 다기파세군의 3세손이라 보기 어렵다.

5. 박뢰부천황(泊瀨部天皇) 운운(云云)

이하 전승은 『일본서기』에는 보이지 않지만, 숭준천황 원년 시세조에 "백제국이 은솔(恩率) 수신(首信), 덕솔(德率) 개문(蓋文), 나솔(那率) 복부미신(福富味身) 등을 보내어, 조(調)를 바치고 아울러 불사리(佛舍利)와 승려 영조율사(聆照律師) 등과 사공(寺工), 노반박사(鑪盤博士), 와박사(瓦博士), 화공(畫工) 등을 파견한 것으로 적혀 있다. 또한 선신니(善信尼) 등을 백제국의 사신 은솔 수신 등에게 딸려서, 학문을 배우도록 파견하였다고 적혀 있다. 이 전승이 구비를 둘러싼 전승과 관계될지도 모른다.

6. 오국(吳國)

상장수도 다기파세군의 3세손인 구비가 숭준조(崇峻朝)에 오국(吳國)에 파견되고, 오나라 저울[吳權; 구레하카리, 가라하카리] 등을 갖고 돌아와 교역의 직무를 담당하고 구비의 자식인 종마(宗麿)가 서명조(舒明朝)에 상장(商長)이라는 성을 갖게 되었다고 한다. 그러나 이 시기는 중국과 교섭이 없었다. 문자대로 오국을 중국으로 해석하여 숭준조 당시 중국의 수(隋)라고 해석하기는 어렵다. 백제와는 교섭이 있던 시기이므로, 오국은 한반도의 백제를 가리키는 것으로 해석하는 것이 자연스럽다.

7. 종마(宗麿)

여기에만 보인다. 월후(越後) 거다신사(居多神社)의 상사관(上祀官)인 화기가(花崎家)의 계보에 구비(久比)의 아들로 종마가 보인다.

8. 서명천황어대(舒明天皇御代)

좌백유청(佐伯有淸)은, 『신찬성씨록』 완본에는 '서명(舒明)' 앞에 '식장족일광액천황시(息長足日廣額天皇謚)'라는 9글자가 있고 '서명' 다음에 '천황(天皇)'이라는 2글자는 없었다고 추정하였다. 그 다음에 기재된 상장의 성과 관련된 전승은 여기에만 보인다.

9. 일본기루(日本紀漏)

이 부기는 종마에 대하여 상장 성을 내린 기사가 『일본서기』에 보이지 않는다는 것을 의미한다.

109 【원문】

吉彌侯部
　　上毛野朝臣同祖. 豊城入彦命六世孫奈良君之後也.

【번 역】

길미후부(吉彌侯部; 기미코베)

　　상모야조신(上毛野朝臣; 가미츠케노노아소미)과 조상이 같으며, 풍성입언명(豊城入彦命; 도요키이리히코노미코토)의 6세손 나량군(奈良君; 나라노키미)의 후손이다.

【주 석】

1. 길미후부(吉彌侯部)

『속일본기』 천평보자(天平寶字) 원년(757) 3월 을해조에는 "이제부터 등원부(藤原部)라는 성을 고쳐 구수파량부(久須波良部)로 하고, 군자부(君子部)를 길미후부(吉美侯部)로 하라고 하였다."라고 적혀 있다. 이 길미후부(吉美侯部)가 길미후부(吉彌侯部)라고 쓰이게 된 것은 『속일본기』 천평보자 3년(759) 10월 신축조에 천하의 여러 성에 군(君)이라는 글자가 붙은 것은 바꾸어 공(公)이라는 글자로 쓰게 하고, 이미길(伊美吉)은 기촌(忌寸)이라는 성을 쓰게 하라는 명이 내려졌기 때문이다. 이 명령은 중국의 피명(避名) 지식에 기초하여 실시된 것으로 이에 의거하여 혜미압승(惠美押勝)의 미(美) 자를 피하여 길미후부(吉美侯部)가 길미후부(吉彌侯部)라고 쓰이게 된 것이다.

군자부(君子部; 기미코베), 길미후부(吉彌侯部; 기미코베)는 지명이나 직명에서 유래한 것으로 보기 어려우므로 씨명 유래에 관해 다양한 설이 제기되어 있다. 자대부(子代部)의 일종이라고 보는 설, 모야씨(毛野氏)의 부곡(部曲)과 같은 존재로 보는 설, 복수의 황자의 생활비와 경비 마련을 위해 설정된 부로 임생부(壬生部)의 선례가 된 부라는 설, 천황의 경제 기반 마련에 중점을 두고 설정된 부라는 설 등이 제시되어 있다. 길미후부는 군자부의 후손 혹은 그 반조씨족의 후손으로 원강(遠江), 상모(相模), 상륙(常陸), 하야(下野) 등의 제국에 분포되어 있다.

좌경과 관계된 길미후부 일족으로는, 『속일본기』 천평신호(天平神護) 원년(764) 3월 정미조에 외종5위하(극위) 길미후근마려(吉彌候根麻呂) 등 4인이 하모야공(下毛野公)성을 받았다고 적혀 있고, 보귀 5년(774) 4월 임진조에는 외종5위하 하모야조신근마려(下毛野朝臣根麻呂)가 하야개(下野介)에 임명된 기록이 보인다. 또 『속일본기』 연력(延曆) 2년(783) 정월 정유조에는 외종5위하에서 종5위하(극위)로 승진한 길미후횡도(吉彌侯横刀)가 보인다. 또 연력 2년(783) 3월 무술조에는 종5위하 길미후횡도, 정8위하 길미후야수마려(吉彌侯夜須麻呂)와 외정8위상 길미후간인(吉彌候間人), 길미후총마려(吉彌候總麻呂) 등이 하모야공이라는 성을 받았다고 적혀 있다.

2. 상모야조신동조(上毛野朝臣同祖)

『속일본기(續日本紀)』 신호경운(神護景雲) 원년(767) 7월 병인조 및 신호경운 3년(769) 3월 신사조에서 길미후부석마려(吉彌候部石麻呂)와 길미후부문지(吉彌候部文知)가 상모야육오공(上毛野陸奧公)이라는 씨성을 받았고, 『일본후기(日本後紀)』 연력(延曆) 15년(796) 12월 병술조에서 길미후부선마려(吉彌候部善麻呂)가 상모야육오공이라는 씨성을 받았다. 더구나 『속일본기』 신호경운 3년 3월 신사조에서 길미후부로인(吉彌候部老人)과 길미후부대성(吉彌候部大成)은 상모야명취조신(上毛野名取朝臣), 길비후부족산수(吉

彌候部足山守)는 상모야추산공(上毛野鰌山公), 길비후부풍정(吉彌候部豐庭)은 상모야중촌공(上毛野中村公)이라는 씨성을 받았다. 따라서 상모야조신과 조상이 같다고 칭한 길미후부씨가 존재한 것이 확인된다. 길비후부는 나량군의 후손이라 주장함에 따라 하모야조신과 동조관계를 칭하게 된 것으로 이해된다.

3. 풍성입언명(豐城入彦命)

『고사기』와 『일본서기』에 숭신천황(崇神天皇)의 아들이라고 기술되어 있다. 풍성입언명에 관해서는 좌경 황별(하)의 「하모야조신」조(097) 풍성입언명 참조.

4. 나량군(奈良君)

『선대구사본기(先代舊事本紀)』 국조본기(國造本紀) 하모야국조조에 풍성명(豐城命)의 4세손으로 국조가 된 나량별(奈良別)이 보인다. 좌경 황별(하) 「대망공(大網公)」조에는 "상모야조신과 조상이 같으며 풍성입언명의 6세손 하모군나량(下毛君奈良)의 아우 진약군(眞若君)의 후손이다"라고 적혀 있다.

110 【원문】
甲能
　從五位下御方大野之後也. 續日本紀合.

【번역】

갑능(甲能; 가후노)

종5위하 어방대야(御方大野; 미카타노오노)의 후손이다. 『속일본기』와 합치된다.

【주석】

1. 갑능(甲能)

비중국(備中國) 소전군(小田郡) 갑노(甲努), 갑포내(甲布乃)라는 지명은 존재하지만, 이러한 지명과 갑능이라는 씨명의 관계는 알 수 없다. 이 씨명이 어디에서 유래한 것인지 알 수 없다.

갑능은 여기에만 보인다.

2. 어방대야(御方大野)

어방대야 관한 기록은 『육국사』보다 고문서에서 먼저 확인된다. 「천평 10년(738) 월일이 빠진 「관인력명(官人歷名)」(『대일본고문서』24-85)에 기재된 동사생(東史生) 무위(無位) 어방대야, 천평 16년(744) 5월 23일 「필묵진송병충용주문(筆墨進送幷充用注文)」에 기재된 춘궁소속 어방대야, 「년이 빠진 7월 19일 다라니집경제서주문(年闕 七月十九日 陀羅尼集京題書注文)」(『대일본고문서』 22-374)에 기재된 춘궁소속(春宮少属) 어방대야가 보인다. 따라서 천평 10년 이후 천평 16년 5월 사이에 춘궁소속(종8위상 상당)에 보임된 것으로 추정된다. 또 『속일본기』 천평 19년(747) 10월 을사조에 "춘궁소속 종8위상 어방대야(御方大野)에게 원하는 성을 허락해 주고자 했다. 그러나 대야의 아버지가 정어원조정(淨御原朝庭)에서 황자의 반열에 있었는데 사소한 과오로 인해 마침내 폐위당해 물러나게 되었다"라고 적혀 있어, 천평 19년 10월에 어방대야가 사성을 청원했지만 허가받지 못하였음이 확인된다. 천무조에 생존한 황자로는 천지의 황자 2명과 천무의 황자 10명 등인데, 이들 중 황자 자리에서 쫓겨난 인물은 없었다. 다만 영귀(靈龜) 2년 8월 갑인조의 지기친왕(志紀親王) 훙전에 천지의 일곱 번째 황자가 보이므로 계보 등에 나타나지 않은 천지의 황자가 있었음을 추측할 수 있다.

그 뒤 어방대야는 『속일본기』 천평승보 원년(749) 7월 갑오조에 정6위상에서 종5위하로 승서된 기록이 보이고, 천평승보 원년 8월 신미조에 종5위하(극위)로 도서두(圖書頭)에 보임되었다. 또 『속일본기』 천평보자 5년(761) 10월 임술조에는 "내사인(內舍人) 정8위상 어방광명(御方廣名) 등 3인이 어방숙녜(御方宿禰)라는 성을 받았다."라고 적혀 있다. 곧 어방대야의 아들로 추측된다. 본조에서 어방대야의 관위를 적고 있는 것은 '종5위하'까지 오른 후손임을 강조하고 싶었던 것으로 보인다.

어방광명은 『속일본기』 연력 3년(784) 정월 기묘조에 정6위상에서 종5위하로 승진된 기록이 보이고, 동서 연력 3년 경오조에는 축후수(筑後守)에 보임된 기록이 보인다. 이어서 연력 10년(791) 정월 기축조에 우경량(右京亮), 동년 7월에는 상야수(上野守)에 보임된 기록이 보인다.

3. 속일본기합(續日本紀合)

이 부기는 『속일본기』 천평보자 5년(761) 10월 임술조에 "내사인(內舍人) 정8위상 어방광명(御方廣名) 등 3인이 어방숙녜(御方宿禰)라는 성을 받았다."라고 적혀 있는 사성 기사를 가리킨다.

111 【원 문】

葛城朝臣
　葛城襲津彦命之後也. 日本紀, 續日本紀, 官符改姓竝合.

【번 역】

갈성조신(葛城朝臣; 가츠라기노아소미)
　갈성습진언명(葛城襲津彦命; 가츠라키노비코노미코토)의 후손이다. 『일본서기』, 『속일본기』, 관부(官符)의 개성(改姓) 기사와 합치된다.

【주 석】

1. 갈성조신(葛城朝臣)

갈성(葛城; 가츠라키)이라는 씨명은 『일본서기』의 신무(神武) 기미년(己未年) 2월 신해조에 기재된 신무동정(神武東征) 전설에 고미장읍(高尾張邑; 다카오와리노무라)에 관한 분주에 갈성읍(葛城邑; 가츠라기[키]노무라)이 보인다. 갈성이라는 씨명은 율령제 시대 대화국(大和國)의 갈상(葛上; 가츠라기노가미), 갈하(葛下; 가츠라기노시모) 2군의 '가츠라기(키)'라는 지명에서 유래한 것으로 추정된다. 대화국에 있던 대왕(황실)의 직할지인 6현(혹은 6어현[御縣]) 가운데 갈성[목]현(葛城[木]縣) 지역이다. 여기에는 현명을 띤 식내사인 갈목어현신사(葛木御縣神社)가 진좌하였다. 이곳은 현재 나라현(奈良縣) 어소시(御所市), 갈성시(葛城市) 일대에 해당된다.

갈성조신 일족으로는 『평안유문(平安遺文)』(9-338) 「제형 3년(856) 7월 19일자 축자국부(齊衡三年七月十九日付 筑紫國符)」에는 권대목(權大目) 갈성조신(葛城朝臣)이 서명하고 있다. 그런데 죽내리삼(竹內理三)은 『평안유문(平安遺文)』(9)에서 이 문서 자체가 위문서(僞文書)라고 간주하고 있다. 이 사례를 제외하면 갈성조신은 여기에만 보인다.

2. 갈성습진언명(葛城襲津彦命)

갈성습진언(葛城襲津彦)은 『일본서기』와 『고사기』에 모두 등장하는 전승적인 인물이다. 『일본서기』에서는 갈성습진언, 『고사기』에서는 갈성장강증도비고(葛城長江曾都毘古), 갈성지증도비고(葛城之曾都毘古)라고 표기되어 있다. 『기씨가첩(紀氏家牒)』의 일문(逸文)에서는 갈성장병습진언숙녜(葛城長柄襲津彦宿禰)라고 적혀 있다. 『일본서기』에는 한반도에 대한 군사적인 정벌과 한반도인을 데리고 도해하는 등의 한반도 관계 기사(신공기, 응신기, 인덕기)에 등장하거나, 천황가와 혼인관계를 맺는 계보 중심의 기사(효원천황단, 인덕천황단, 이중천황단, 윤공기, 웅략기)에 보인다. 『고사기』 효원천황단(孝元天皇段)에서는 건내숙녜(建內宿禰; 다케우치노스쿠네)의 자식 9명 가운데 여섯 번째 아들인 갈성장강증도비고가 보인다. 그 분주에는 옥수신(玉手臣), 적신(的臣), 생강신(生江臣), 아예나신(阿藝那臣) 등의 조상이라 적혀 있다.

3. 일본기(日本紀), 속일본기(續日本紀), 관부개성병합(官符改姓竝合)

"『일본서기』와 『속일본기』, 「태정관부」의 개성에 관한 기록과 합치한다."라는 부기가 기재되어 있지만 『일본서기』와 『속일본기』에는 갈성조신의 개사성은 물론이고 인해련씨의 사성 기사도 보이지 않는다. 다만 『속일본기』 연력(延曆) 10년(791) 정월 기사조에 전약두(典藥頭) 외종 5위하 인해원련어양(忍海原連魚養) 등이 인해원련(忍海原連)에서 조야숙녜(朝野宿禰)로 개성을 청원한 기사가 실려 있다. 인해원련어양 등이 개성을 청원한 근거로 제시한 고첩(古牒)에 의거하면 갈목습진언(葛木襲津彦, 葛城襲津彦; 가츠라키[기]노소쓰히코)의 여섯 번째 아들 웅도족녜(熊道足禰)가 어양 등의 조상이며, 웅도족녜의 6세손 수마려(首麻呂)가 비조정어원조정(飛鳥淨御原朝庭, 천무조)에서 신사년(辛巳年, 681)에 연성으로 폄하되었다는 것이다. 그런데 『일본서기』 천무천황 10년(임오년, 682) 4월조에는 "인해조경(忍海造鏡; 오시누미노미야츠코카가미) 등 모두 14인에게 연성을 주었다."라고 하고, 천무천황 12년(갑신년, 684) 9월 정미조에는 "인해조(忍海造; 오시누미노미야츠코) 등 모두 38씨에게 연성을 주었다."라고 적혀 있다. 그러므로 『일본서기』에 의하면 인해씨는 천무조에 조성에서 연성으로 성이 올라간 것이므로 천무조 신사년 즉 천무천황 9년(681)에 연성으로 폄하되었다는 인해원련어양 등이 제시한 『가첩』의 내용은

『일본서기』의 사성 기사와 맞지 않다. 따라서『신찬성씨록』의 부기에 기재된『일본(서)기』와『속일본기』와 합치된다는 의미는『일본서기』천무천황 12년의 연성 사성 기사 및 『속일본기』연력 10년 정월 기사조의 조야숙녜 개성 기사를 가리키는 것으로 이해된다. 또 "관부개성과 합치된다."는 부기의 기술에 과 합치되는 사료도 전혀 확인되지 않는다. 이 문제에 대해 좌백유청(佐伯有淸)은 연력 11년 이후『일본후기』기사가 결락된 부분에 조야숙녜가 갈성조신으로 개성한 기사가 있었을 것이라 추정하고,『신찬성씨록』편찬 이전에 조야숙녜가 갈성조신이라고 개성한 때의「태정관부」와 합치된다는 의미라고 간주하였다.

112 【원문】
稻城壬生公
　　出自垂仁天皇皇子鐸石別命也.

【번역】
도성임생공(稻城壬生公; 이나키노미부노키미)
　　수인천황(垂仁天皇; 스이닌텐노)의 황자 탁석별명(鐸石別命; 누테시아케노미코토)에서 나왔다.

【주석】
1. 도성임생공(稻城壬生公)
도성임생공의 도성(稻城; 이나키)이라는 씨명은 율령제 미장국(尾長國) 단우군(丹羽郡) 도목(稻木; 이나키)이라는 지명과 관련된 것으로 추정된다. 이곳은 현재 애지현(愛知縣) 강남시(江南市) 일대에 해당된다. 임생은 임생부(壬生部; 미부베)의 반조였던 것에서 유래한 것으로 추정된다.

　　도성임생공(稻城壬生公) 일족은,『평안유문(平安遺文)』(1-61)에 수록된「승화 8년(841) 10월 9일자 석천종익가지매권(石川宗益家地賣券)」에 좌경(左京) 6조 3방의 호주(戶主) 정6위상 도성임생공경(稻城壬生公鯨), 도성임생공강착(稻城壬生公綱縒), 도성임생공강취(稻城壬生公綱取), 도성임생공진강(稻城壬生公眞綱)이라는 이름이 기재되어 있다.

2. 수인천황(垂仁天皇)

『일본서기』에서 수인천황은 제11대 천황이다.『고사기(古事記)』숭신천황단에는 이구미이입일자이사지명(伊玖米入日子伊沙知命; 이쿠메이리히코이사치노미코토), 수인천황단에서는 이구미이리비고이좌지명(伊玖米伊理毗古伊佐知命; 이쿠메이리비코이사치노미코토)이라고 적혀 있다. 좌백유청(佐伯有淸)은,『신찬성씨록』완본에는 '수인' 앞에 '활목입언오십협모천황시(活目入彦五十狹茅天皇諡)'라는 11글자가 있고 '수인' 아래에 '천황(天皇)'이라는 2글자는 없었을 것이라고 추정하였다.

3. 탁석별명(鐸石別命)

탁석별명(鐸石別命; 누테시와케노미코토)은 수인천황의 아들이다.『일본서기』수인천황 15년 8월 임오삭조에는 "왕비인 정엽전경입원(渟葉田瓊入媛; 누바타니이리비메)은 탁석별명(鐸石別命; 누테시와케노미코토)과 담향족희명(膽香足姬命; 이카타라시히메노미코토)을 낳았다."라는 기록이 보인다.『고사기』수인천황단에는 "빙우주비매명(冰羽州比賣命; 하비스히메노미코토)의 아우 소우전지입비매명(沼羽田之入毘賣命; 누바타노이리비메노미코토)과 혼인하여 소대별명(沼帶別命; 누타라시와케노미코토)을 낳았다"라고 적혀 있어 소대별명이 언급되고 있다.『일본후기』연력 18년 2월 을미조에는 화기청마려(和氣淸麻呂)의 출자를 설명하면서 수인천황의 황자 탁설별명이라는 내용이 적혀 있고,『신찬성씨록』좌경 황별(하)의 「화기조신(和氣朝臣)」조에는 수인천황의 황자 탁석별명의 후손이라고 기재되어 있고, 섭진국 황별의 「산변공」조에도 화기조신과 조상이 같으며 대탁석화거명(大鐸石和居命; 오누데시와케노미코토)의 후손이라고 적혀 있다.

113 【원문】

小槻臣

　　同天皇皇子於知別命之後也.

【번 역】

소규신(小槻臣; 오츠키노오미)

수인천황의 황자 어지별명(於知別命; 오치와케노미코토)의 후손이다.

【주 석】

1. 소규신(小槻臣)

소규라는 씨명은 율령제 근강국(近江國) 율태군(栗太郡)의 소규신사(小槻神社)가 있던 지명과 관련이 있을 것으로 추정된다. 이곳은 현재 자하현(滋賀縣) 초진시(草津市) 청지정(靑地町) 일대에 해당된다. 『육국사』에 소규씨에게 신성이 내려진 기사는 보이지 않는다.

소규신씨 일족은 여기에만 보인다. 소규신씨와 동족이라 여겨지는 씨족으로는 소규산군(小槻山君; 오츠키야마노키미)씨가 있다. 소규씨 가운데 산림의 관리를 담당한 직장(職掌)에 의거하여 소규산군이나 소규산공(小槻山公; 오츠키야마노키미)이라 불리게 된 것으로 추정된다. 소규산군(공)씨로는 「천평 8년(736) 8월 26일 내시사첩(天平八年八月二十六日付 內侍司牒)」(『대일본고문서』 2-8)에 기재된 율태(栗太) 채녀 소규산군광충(小槻山君廣虫)을 들 수 있다. 근강국 율태군의 채녀(采女)로 조정에서 봉사한 것으로 보인다. 『속일본기』 천평 9년(737) 2월 무오조에는 소규산군광충이 정8위하에서 외종5위하로 승진한 기사가 기재되어 있다. 또 『일본삼대실록(日本三代實錄)』 정관(貞觀) 17년(873) 12월 27일 병자조에는 근강국 율태군 사람 정6위상 행좌소사(行左少史) 겸 박사(博士) 소규산공금웅(小槻山公今雄)과 주계사(主計師) 대초위하(大初位下) 소규산공유서(小槻山公有緒) 등이 좌경 4조 3방으로 본거를 옮긴 기록이 보인다.

2. 수인천황(垂仁天皇)

『일본서기』에는 수인천황이 제11대 천황이라고 기재되어 있지만, 실존 여부에 관해서는 부정적이다. 『고사기(古事記)』 숭신천황단에는 이구미입일자이사지명(伊玖米入日子伊沙知命; 이쿠메이리히코이사치노미코토), 수인천황단에서는 이구미이리비고이좌지명(伊玖米伊理毗古伊佐知命; 이쿠메이리비코이사치노미코토)이라고 적혀 있다. 『신찬성씨록』 완본에는 '수인' 앞에 '활목입언오십협모천황시(活目入彦五十狹茅天皇謚)'라는 11글자가 있고 '수인' 다음에 '천황(天皇)'이라는 2글자는 없었을 것이라 추정하였다.

3. 어지별명(於知別命)

어지별명은 『일본서기』 수인천황 34년 3월 병인조에는 조별명(祖別命; 오호치와케노미코토)이라고 적혀 있고, 『고사기』 수인천황단에는 '낙별왕(落別王; 오치와케노오우)'이라 기재되어 있다. 또 낙별왕은 소월지산군(小月之山君; 오즈키노야마노키미)과 삼천지의(三川之衣; 미카하노코로모노키미)의 선조라고 기재되어 있다.

---

114 【원 문】

牟義公
　　景行天皇皇子大碓命之後也.

【번 역】

모의공(牟義公; 무게노키미)
　　경행천황(景行天皇; 게이카우텐노)의 황자 대대명(大碓命; 오우스노미코토)의 후손이다.

【주 석】

1. 모의공(牟義公)

모의공(牟義公; 무게노키미)의 모의라는 씨명은 신모(身毛; 무게), 무의(武義; 무게), 모의도(牟宜都; 무게츠), 모하도(牟下都; 무게츠), 모하진(牟下津; 무게츠) 등으로도 쓰인다. 율령제 미농국(美濃國) 무의군(武義郡; 무게노고오리)이라는 지명과 관련이 있는 것으로 추정된다. 이곳은 현재 기부현(岐阜縣) 무의군(武儀郡) 무의향(武儀鄕) 일대에 해당된다. 『육국사』에 모의공(군)성 사성 기사는 보이지 않는다.

모의공(군)씨 일족으로는 『일본서기』 웅략천황 7년 8월조의 신모진군대부(身毛津君大夫; 무게츠노키미마스라오), 천무천황 원년(672) 6월 임오조 등에 기재된 신모군광(身毛君廣; 무게츠키미히로)이 보이고, 『속일본기』 천응(天應) 원년(781) 3월 경신삭조의 채녀(采女) 종6위상(극위) 모의도공진의(牟義都公眞依) 등이 있다. 또 「대보(大寶) 2년(702) 어야국(御野國) 가모군(加毛郡) 반포리(半布里) 호적(大寶二年御野國加毛郡半布里戶籍)」에는 모의군족테이지매(牟義君族弖爾志賣)(『대일본고문서』 1-65)와 모하진조천도매(牟下

津造川嶋賣)(『대일본고문서』 1-63) 등 족(族)성을 띤 모의군족(牟義君族)씨와 조(造)성을 띤 모하진조(牟下津造)씨가 보이는데 이들은 모의공씨 일족이라 여겨진다.

2. 경행천황(景行天皇)

경행천황은 『일본서기』에 제12대 천황이라고 기재되어 있지만, 실존 여부에 관해서는 부정적이다. 수인(垂仁) 17년에 태어나 경행천황 60년(130)에 사망하였다고 한다. 좌백유청(佐伯有淸)은 『신찬성씨록』 완본에는 '경행' 앞에 '대족언인대별천황시(大足彦忍代別天皇諡)'라는 9글자가 있고, '경행' 다음에 '천황(天皇)'이라는 2글자는 없었을 것이라고 추정하였다.

3. 대대명(大碓命)

『일본서기』와 『고사기』 등에 경행천황(景行天皇)의 아들이라 전해지는 고대 일본의 황족이다. 『일본서기』에는 대대황자(大碓皇子) 또는 대대명(大碓命)으로, 『고사기』에는 대대명(大碓命)이라고 표기되어 있다. 『일본서기』 경행천황 2년 3월 무진조에는 도일대랑희(稻日大郞姫; 이나비노오이라쓰메) 황후가 낳은 두 아들 가운데 첫째가 대대황자(大碓皇子; 오우스노미코)라고 적혀 있다. 또 경행천황 40년 7월 무술조에서는 대대황자가 봉지인 미농국에 가서 신모진군(身毛津君; 무게츠노키미)과 수군(守君; 모리노키미)의 시조가 되었다고 적혀 있다. 그리고 『고사기』 경행천황단(景行天皇段)에는 대대명의 분주에 수군(守君), 대전군(大田君), 도전군(嶋田君)의 선조라고 적혀 있고, 대근왕(大根王)의 딸 형비매(兄比賣)와 제비매(弟比賣)를 처로 맞이하여 형비매가 흑압제형비고왕(押黑之兄比古王; 오시쿠로노에히노미코)을 낳았다. 흑합제형비고왕은 모의도군(牟宜都君; 무게쓰노키미) 등의 조상이라고 기재되어 있다.

115 【원문】

守公

　　牟義公同氏. 大碓命之後也.

【번 역】

수공(守公; 모리노키미)

모의공(牟義公; 무게노키미)과 같은 씨이며 대대명(大碓命; 오우스노미코토)의 후손이다.

【주 석】

1. 수공(守公)

수공이라는 씨명의 유래는 지명이나 직명과 관련된 것을 찾기가 어렵다. 수공은 수군(守君; 모리노키미)과 같다.

수공 일족으로는 『일본서기』에 제명(齊明) 4년(658) 11월 무자조의 수군대석(守君大石), 지통천황(持統天皇) 원년(687) 정월 갑신조의 수군예전(守君苅田)이 보인다. 신귀 3년(726) 「산배국애탕군운하리계장(山背國愛宕郡雲下里計帳)」(『대일본고문서』 1-366) 수군의유매(守君義由賣), 천평승보 2년(750) 8월 28일자 「조동대사사해(造東大寺司解)」(25-133)의 수군사마려(守君簀麻呂) 등도 있다. 수공(수군)씨 외에 무성의 수씨도 존재한다. 천평 16년(744) 7월 13일자 「중궁직이안(中宮職移案)」(8-220)에 수마양(守馬養), 천평보자 6년(762) 「작금당소해(作金堂所解)」(『대일본고문서』 16-309)에 수소사(守小簀)라는 이름이 보이고, 천평신호 2년(766) 10월 11일자 「월전국사해(越前國司解)」(『대일본고문서』 5-593)에 월전국 판정군(坂井郡) 황백향(荒伯鄕)의 호주로 수흑충(守黑虫)이 보인다.

2. 모의공동씨(牟義公同氏)

좌백유청(佐伯有淸)은 『신찬성씨록』 완본에는 '동조(同祖)'라는 2글자가 있었을 것이라 추정하였다. 그러나 동씨(同氏)는 씨가 같은 것이고 동조(同祖)는 조상이 같은 것을 나타내므로 구별해서 이해할 필요가 있다.

『일본서기』 경행천황 40년 7월 무술조에는 대대황자가 봉지인 미농국에 가서 신모진군(身毛津君; 무게츠노키미)과 수군(守君; 모리노키미)의 시조가 되었다고 적혀 있다.

3. 대대명(大碓命)

『일본서기』와 『고사기』 등에 경행천황(景行天皇)의 아들이라 전해지는 고대 일본의 황족이다. 『일본서기』에는 대대황자(大碓皇子) 또는 대대명(大碓命)으로 『고사기』에는 대대명(大碓命)이라고 표기되어 있다. 앞의 「모의공」조(114) 대대명 참조.

116 【원문】

治田連
　開化天皇皇子彦坐命之後也. 四世孫彦命征北夷有功効. 因割近江國淺井郡地賜之. 爲墾田地. 大海. 眞持等. 墾開彼地. 以爲居地. 大海六世孫之後. 熊田. 宮平等. 因行事賜治田連姓也.

【번 역】

치전련(治田連; 하리타노무라지)

　개화천황(開化天皇; 가이쿠와텐노)의 황자 언좌명(彦坐命; 히코이마스노미코토)의 후손이다. 4세손 언명(彦命; 히코노미코토)이 북이(北夷)를 정토한 공이 있었다. 이로 인해 근강국(近江國; 오미노쿠니) 천정군(淺井郡; 아사이노코호리)을 개간하도록 하였다. 대해(大海; 오아마), 진지(眞持; 마모치) 등이 그 땅을 개간하여 살았다. 대해의 6세 후손 웅전(熊田; 구마타), 궁평(宮平; 미야히라) 등이 한 일 때문에 치전련(治田連; 하리타노무라지)이라는 성을 주었다.

【주 석】

1. 치전련(治田連)

치전(治田; 하리타)은 헤이안 시대 이전에는 간전(墾田)이라고도 쓴다. 헤이안시대가 되면 간전은 미개(未開)의 개간예정지를 포함하게 되고, 치전은 개간된 토지만을 의미하게 된다. 치전이라는 씨명은 위에 기재되어 있듯이 토지를 개간하여 밭을 만들었다는 것에서 유래한 것이거나 개간한 토지에 거주한 데서 위와 같은 씨명 유래 전승이 생겼을 가능성도 있다.

치전련 일족으로는 천평 20년(748) 4월 25일자 「사서소해(寫書所解)」(『대일본고문서』 3-79)의 치전련석마려(治田連石麻呂)가 있다. 천평승보 원년(749) 3월 「동대사사일체경소해안(東大寺寫一切經所解案)」(『대일본고문서』 10-592)에는 치전련석마려의 씨명이 개전(開田)이라고도 쓰여 있다.

2. 개화천황(開化天皇)

개개화천황은 8세기 후반에 제정된 중국식 시호이다. 『일본서기』에는 치일본근자언대일일천황(稚日本根子彦大日日天皇; 와카야마토네코히코오히히노스메라미코토), 『고사기』에는 약왜근자일자대비비명(若倭根子日子大毘毘命; 와카야마토네코히코오비비노미코토)이라는 일본식 시호가 기재되어 있다. 개화천황은 『기기』에 계보 관련 기사는 존재하지만 사적에 대한 기술이 없는 이른바 '결사(缺史) 8대 천황' 가운데 하나이다.

3. 언좌명(彦坐命)

언좌명은 『일본서기』와 『고사기』 등에 개화천황(開化天皇)의 셋째 아들이라 전해지는 고대 일본의 황족이다. 『일본서기』에는 언좌왕(彦坐王; 히코이마스노미코), 『고사기』에는 일자좌왕(日子坐王; 히코이마스미코) 등으로도 표기된다. 『일본서기』 개화천황 6년 정월 갑인조에는 '화이신(和珥臣; 와니노오미)의 먼 조상인 노진명(姥津命; 하하츠노미코토)의 누이 노진원(姥津媛; 하하츠노히메)이 언좌왕을 낳았다고 하고, 『고사기』 개화천황단에서는 환이신(丸邇臣; 와니노오미)의 조상 일자국의기도명(日子國意祁都命; 히코쿠니오케쓰노미코토)의 누이인 의기도비매명(意祁都比賣命; 오케쓰히메노미코토)이 일자좌왕을 낳았다고 적혀 있다. 『선대구사본기(先代舊事本紀)』 천황본기(天皇本紀) 개화천황조에는 언좌왕의 분주에 "당마(當麻; 다이마)의 판상군(坂上君; 사카노우에노키미) 등의 조상이다."라고 기재되어 있다.

4. 언명(彦命)

언명(彦命; 히코노미코토)은 '언'과 '명' 사이에 탈락된 글자가 있을 것으로 추정된다. 여기에만 보인다.

5. 근강국(近江國) 천정군(淺井郡)

『일본서기』 천무천황(天武天皇) 원년 8월 갑신조에 우대신 중신련금(中臣連金; 나카토미노무라지카네)을 천정(淺井; 아사이)의 전근(田根; 다네)에서 처형한 기록 가운데 천정이라는 지명이 보인다. 근강국 천정군은 현재 자하현(滋賀縣) 동천정군(東淺井郡)과 이향군(伊香郡) 일부 지역에 해당된다.

6. 간전지(墾田地)

근강국 천정군에는 간전(墾田)이라는 지명이 없지만, 근강국 율태군(栗太郡)에 치전향(治田鄕)이 있다. 현재 자하현 율태시에 해당된다. 『일본서기』 제명(齊明) 7년 11월조에 『일본세기』를 분주로 인용하여 백제 좌평 복신이 바친 당의 포로 106명을 근강국 간전(墾田; 하리타)에 살게 하였다는 기록이 보이므로, 간전은 근강국의 간전 지역인 셈이다. 『화명유취초(和名類聚抄)』에는 근강국 율태군 치전향(治田鄕)이라고 적혀 있다.

7. 대해(大海), 진지(眞持), 웅전(熊田), 관평(宮平)

이 4명에 관한 기록은 여기에만 보인다.

117 【원문】

輕我孫

治田連同氏. 彦坐命之後也. 四世孫白髮王. 初彦坐分來賜阿比古姓. 成務天皇御代. 賜輕地卅千代. 是負輕我孫姓之由也.

【번역】

경아손(輕我孫; 가루노아비코)

치전련(治田連; 하리타노무라지)과 씨가 같으며 언좌명(彦坐命; 히코이마스노미코토)의 후손이다. 4세손은 백발왕(白髮王; 시라가노미코)이다. 처음에 언좌(彦坐)가 갈라져 나와서 아비고(阿比古; 아비코)라는 성을 받았다. 성무천황(成務天皇; 세이무텐노) 때 경(輕; 가루)의 땅 30천대(千代)를 받은 것이 경아손성이라 칭하는 이유이다.

【주석】

1. 경아손(輕我孫)

경아손의 경(輕; 가루)이라는 씨명은 『일본서기』 의덕천황(懿德天皇) 2년 정월 무인조의 천도한 도읍지 경(輕; 가루)이라는 지명에서 유래한 것으로 추정된다. 이곳은 현재 나량현(奈良縣) 강원시(橿原市) 대경정(大輕町) 부근이다. 아손은 아비고(阿比古, 阿毗古, 阿弭古; 아비코)로도 표기된다. 율정관(栗田寬)은 망예(網曳, 網引; 아비키) 즉 그물을 당겨 물고기를 잡아 바치는 어민을 관장하는 일은 담당한 씨에게 붙인 씨(氏; 우지)라고 간주하였다. 직목효차랑(直木孝次郎)은 경아손은 기내의 지명인 '경'을 씨로 삼은 재지 유력자가 대화개신 이전부터 왕실에 봉사하며 아손(아비고)을 성(姓; 가바네)으로 사용하였을 것이라고 추정하였다.

경아손(輕我孫) 일족은 『등원궁목간(藤原宮木簡)』(1-99)에 수록된 「등원궁적출토목간소문(藤原宮蹟出土木簡詔文)」에 경아비고과안(輕阿比古果安)이 보인다. 이 외에도 경아손씨는 근강국(近江國), 아파국(阿波國) 등에도 분포한 사료가 확인되지만, 좌경에 거주한 인물은 확인되지 않는다. 다만 『평안유문(平安遺文)』(『대일본고문서』1-213)에 수록된 「인화 3년 7월 7일자 영원리행가지매권안(仁和三年七月七日付 永原利行家地賣券案)」에 보증인으로 서명한 도녜(刀禰) 가운데 경아춘징(輕我春澄)이 보인다. 그는 평안(平安) 좌경인(左京人)이라 생각되는 영원조신잠윤(永原朝臣岑胤) 등의 보증인으로 나오므로 평안 좌경인일 것이다. 이외에도 경아손씨는 근강국(近江國), 아파국(阿波國) 등에도 분포한 사료가 확인된다.

2. 치전련동씨(治田連同氏)

좌백유청(佐伯有淸)은 『신찬성씨록』 완본에는 '동씨(同氏)'가 '동조(同祖)'라고 되어 있을 것이라 추정하였다. 그러나 동씨는 씨가 같은 것이고 동조는 조상이 같은 것을 나타내므로 구별해서 이해할 필요가 있다. 치전련씨는 위의 「치전련」조 참조.

3. 언좌명(彦坐命)

언좌명은 『일본서기』와 『고사기』 등에 개화천황(開化天皇)의 셋째 아들이라 전해지는 고대 일본의 황족이다. 『일본서기』에는 언좌왕(彦坐王; 히코이마스노미코), 『고사기』에는 일자좌왕(日子坐王; 히코이마스미코) 등으로도 표기된다. 앞의 「치전련」조(116) 언좌명 참조.

4. 백발왕(白髮王)

『연희식(延喜式)』식내사 경수신사(輕樹神社)의 진좌지는 경고(輕古)라고 불린 곳으로 경씨의 거점이었다. 『화주오군신사신명장대략주해(和州五郡神社神名帳大略注解)』권4 보궐(補闕) 경수신사(輕樹神社)조에는 언좌신(彦座神)과 백발왕(白髮王)이 제신으로 기재되어 있다. 경수신사는 경수촌좌신사(輕樹村坐神社; 가루코무라니마스진자)에 비정된다. 『연희식』단계에는 대사(大社)였는데 지금은 흔적도 없다. 18세기에 편찬된 『대화지(大和志)』에는 지금은 폐사가 되었다고 기재되어 있다.

5. 성무천황(成務天皇)

성무천황은 『일본서기』에 제13대 천황이라고 기재되어 있지만, 실존 여부에 대해서는 부정적이다. 좌백유청(佐伯有淸)은, 『신찬성씨록』완본에는 '성무' 앞에 '치족언천황시(稚足彦天皇諡)'라는 6글자가 있고 '성무' 다음에 '천황(天皇)'이라는 2글자는 없었을 것이라 추정하였다.

6. 삽천대(卅千代)

『화주오군신사신명장대략주해(和州五郡神社神名帳大略注解)』권4 보궐(補闕) 경수신사(輕樹神社)조에 인용된 『고전(古傳)』에는 성무천황 때 백발왕에게 경(輕)의 '삼천대(三千代)'를 주었다고 적혀 있다. 삼천대는 넓다는 의미이며 구체적인 면적의 의미는 없다. 또 위에서는 30천대를 주었다고 하므로 완문의 오기이거나 삼(三) 자의 오기일 것이다.

---

118 【원 문】

鴨縣主

治田連同祖. 彦坐命之後也.

【번 역】

압현주(鴨縣主; 가모노아가타누시)

치전련(治田連; 하리타노무라지)과 조상이 같으며 언좌명(彦坐命; 히코이마스노미코토)

의 후손이다.

【주 석】

1. 압현주(鴨縣主)

압현주의 압(鴨; 가모)이라는 씨명은 『연희식(延喜式)』 신명장(神名帳) 대화국(大和國) 고시군(高市郡)조의 고시어현(高市御縣)에 있는 압사대주신사(鴨事代主神社; 가모코토시로누시)의 진좌지 '압(押; 가모)'에 의거한 것이거나, 그 신사의 신관직을 담당한 것에서 연유한 것으로 추정된다. 압(押; 가모)은 압(鴨; 가모)이라고도 쓴다.

좌경에 본관을 둔 압현주는 여기에만 보인다. 압현주는 황별 외에도 무진지신명(武津之身命) 계통과 대기귀명(大己貴命) 계통이 있다. 예컨대 『신찬성씨록』 산성국 신별 천신(天神) 하무현주(賀茂縣主), 압현주(鴨縣主)는 신혼명(神魂命)의 손자인 무진지신명의 후손이라고 칭하고 있으므로 본조의 압현주와는 계통이 다르다.

2. 치전련(治田連)

치전련은 앞의 「치전련」조(116) 참조.

3. 언좌명(彦坐命)

언좌명은 『일본서기』와 『고사기』 등에 개화천황(開化天皇)의 셋째 아들이라 전해지는 고대 일본의 황족이다. 『일본서기』에는 언좌왕(彦坐王; 히코이마스노미코), 『고사기』에는 일자좌왕(日子坐王; 히코이마스미코) 등으로도 표기된다. 앞의 「치전련」조(116) 언좌명 참조.

신찬성씨록
新撰姓氏錄

제1질

제4권

우경右京 황별皇別 상

[起八多朝臣 盡猪使宿禰三十三氏]
팔다조신(八多朝臣; 하타노아소미)에서 저시숙녜(猪使宿禰; 이츠카히노스쿠네)까지 33씨이다.

119 【원 문】
八多朝臣
　　石川朝臣同祖. 武內宿禰命之後也. 日本紀合.

【번 역】
팔다조신(八多朝臣; 하타노아소미)

　석천조신(石川朝臣; 이시카하노아소미)과 조상이 같으며 무내숙녜명(武內宿禰命; 다케시우치노스쿠네노미코토)의 후손이다. 『일본기』와 합치된다.

【주 석】
1. 팔다조신(八多朝臣)

　팔다(八多; 하타)라는 씨명은 『일본서기』 추고천황(推古天皇) 20년(612) 2월 경오조에 우전(羽田; 하타)에 모여 열을 지어 조정에 참배하였다는 기사에 등장하는 '하타'라는 지명에서 유래하였을 것으로 추정된다. 이곳은 율령제 대화국(大和國)의 고시군(高市郡) 파다향(波多鄕)에 해당된다. 현재 나라현(奈良縣) 고시군(高市郡) 고취정(高取町) 지역이다. 『일본서기』 천무천황(天武天皇) 13년(684) 11월 무신삭조에는 파다신(波多臣; 하타노오미) 등 52씨가 조신 성을 받았다고 적혀 있다. 팔다는 파다(波多; 하타), 우전(羽田; 하타)으로도 표기된다.

　파다신(波多臣) 일족으로는 『일본서기』에 추고 31년(623) 시세조의 소덕 파다신광정(波多臣廣庭)과 대화(大化) 2년(646) 3월 신사조의 이름이 빠진 우전신(羽田臣)이 있다.

　파다조신 일족으로는 『일본서기』 지통천황(持統天皇) 3년(689) 6월 계미조의 직광사(直廣肆) 우전조신제(羽田朝臣齊)가 있다. 『속일본기』에는 경운(慶雲) 원년(704) 8월 병진조의 견신라사 종5위상(극위) 파다조신광족(波多朝臣廣足), 경운 2년(705) 12월 계유조의 종6위하(극위) 파다조신광마려(波多朝臣廣麻呂), 천평(天平) 6년(734) 정월 기묘조의 정6위상에서 외종5위하(극위)로 승진한 파다조신안마려(波多朝臣安麻呂), 천평보자(天平寶字) 7년(763) 정월 임자조의 종6위상에서 종5위하(극위)로 승진한 파다조신남족(波多朝臣男足) 등이 있다. 그리고 「천평 5년(733) 우경계장(天平五年 右京計帳)」에는 팔다조신택수(八多朝臣宅守)를 비롯한 20여 명의 팔다조신이 기재되어 있다.

『일본삼대실록(日本三代實錄)』 정관(貞觀) 6년(864) 8월 8일 임술조에는 우경인(右京人) 외종5위하 강옥공조대(岡屋公祖代)가 팔다조신(八多朝臣)이라는 성을 받았다는 기록이 보이고, 동 11년(869) 12월 8일 신묘조에는 우경인 무위(無位) 강옥공정개(岡屋公貞介)와 강옥공정간(岡屋公貞幹)이 팔다조신이라는 성을 받았다고 적혀 있다.

2. 석천조신(石川朝臣)

석천(石川)이라는 씨명은 하내국(河內國) 석천(石川) 일대에 대화천(大和川)과 합류하는 석천이 흐르고 있어 하천명에서 유래된 것으로 추정된다. 이곳은 현재 대판부(大阪府) 우예야시(羽曳野市) 부전림시(富田林市)와 하내장야시(河內長野市) 일대이다.

석천조신 일족으로는 『일본서기』 천무천황(天武天皇) 14년(685) 9월 무오조의 직광사(直廣肆) 석천조신충명(石川朝臣虫名)을 비롯하여 『속일본기』 문무천황(文武天皇) 2년(702) 7월 계미조에 직광사로 미농수(美濃守)에 보임된 직광사의 석천조신소로(石川朝臣小老)가 보인다. 천평(天平) 원년(729) 8월 정묘조에는 좌대변(左大辨) 종3위(극위) 석천조신석족(石川朝臣石足)의 훙전(薨傳)이 실려 있고, 천평보자(天平寶字) 6년(762) 9월 을사조에는 어사대부(御史大夫) 정3위 겸 문부경(文部卿) 신기백(神祇伯) 훈(勳) 12등 석천조신년족(石川朝臣年足)의 훙전이 실려 있다.

석천조신은 원래 소아신(蘇我臣)에서 분화된 씨족이다. 그 뒤 소아신씨의 시조가 소아석하숙녜(蘇我石河宿禰)로 전하며, 그는 무내숙녜(武內宿禰)의 아들로 하내국 석천 별업(別業)에서 태어났으므로 석천이라고 이름을 지었다고 한다. 종아(宗我, 蘇我)의 큰 집을 거처로 주고 종아숙녜(宗我宿禰)라는 씨성을 받아 소아석하숙녜가 되었다(『일본삼대실록(日本三代實錄)』 원경(元慶) 원년(877) 12월 27일 계사조). 『일본서기』 민달(敏達) 13년(584) 시세조(是歲條)에 소아마자숙녜(蘇我馬子宿禰)가 석천의 저택에 불전을 만드니 불법의 단서가 이로부터 만들어졌다고 하며, 소아마자(蘇我馬子)도 석천에 저택을 가지고 있는 등 밀접한 관련을 보인다.

　소아신이 석천조신으로 씨명을 바꾼 것은 임신(壬申)의 난 당시 소아신적형(蘇我臣赤兄)과 소아신과안(蘇我臣果安)이 천지천황(天智天皇)의 아들인 대우황자(大友皇子) 측에 가담한 사실과 천무천황 10년(681) 3월에 제기(帝紀) 및 상고제사(上古諸事)를 기록하도록 한 사실과 관련이 있는 것으로 추정된다. 천무 진영에 맞섰던 조상들의 씨명을 그대로 쓰기 어려웠을 것으로 보인다.

3. 무내숙녜명(武內宿禰命)

『일본서기』에는 무내숙녜(武內宿禰), 『고사기』에는 건내숙녜(建內宿禰)로 기재되어 있다. 경행천황(景行天皇) 대에 출생하여 성무천황(成武天皇) 대에 대신(大臣)의 지위에 올랐으며, 중애천황(仲哀天皇)을 거쳐 신공(神功), 응신(應神), 인덕(仁德) 대까지 긴 기간 동안 활약한 인물로 전하고 있다. 『공경보임(公卿補任)』에 나이 295세, 관직에 있던 기간이 244년이라고 할 정도로 장수한 인물로 나타나 의문스러운 점이 많다. 자세한 내용은 좌경 황별(상)「전중조신(田口朝臣)」조(66) 무내숙녜대신(武內宿禰大臣) 참조.

4. 일본기합(日本紀合)

『일본서기』 천무천황(天武天皇) 13년(684) 11월 무신삭조에는 파다신(波多臣; 하타노오미) 등 52씨가 조신 성을 받았다는 사성 기사와 합치된다는 의미이다.

---

120 【원 문】

巨勢朝臣
　　石川同祖. 巨勢雄柄宿禰之後也. 日本紀合.

【번 역】

거세조신(巨勢朝臣; 고세노아소미)
　석천(石川; 이시카하)과 조상이 같으며 거세웅병숙녜(巨勢雄柄宿禰; 고세노오카라노스쿠네)의 후손이다. 『일본기』와 합치한다.

【주 석】

1. 거세조신(巨勢朝臣)

거세조신의 거세(巨勢; 고세)라는 씨명은 율령제 대화국(大和國) 고시군(高市郡) 거세(巨勢; 고세)라는 지명과 관련된 것으로 추정된다. 이곳은 현재 나량현(奈良縣) 고시군(高市郡) 고취정(高取町)에 해당된다. 『일본서기』 천무천황(天武天皇) 13년(684) 11월 무신삭조에는 거세신(巨勢臣: 고세노오미) 등 52씨가 조신 성을 받았다고 적혀 있다. 거세(巨勢; 고세)는 허세(許勢; 고세)라고도 표기한다.

거세신 일족으로는 『일본서기』 계체(繼體) 원년(507) 정월 갑자조의 허세남인대신(許勢男人大臣; 고세노오히토노오미), 흠명(欽明) 원년(540) 9월 기묘조의 허세신도지(許勢臣稻持; 고세노오미이나모치), 흠명 5년(544) 3월조의 허세나솔기마(許勢奈率奇麻)와 이름이 빠진 허세신(許勢臣), 흠명 31년(570) 7월 시월조(是月條)의 허세신원(許勢臣猿), 숭준(崇峻) 즉위전기(卽位前紀) 거세신비량부(巨勢臣比良夫) 등이 있다. 황극(皇極) 원년(643) 11월 병자삭조의 소덕(小德) 거세덕태신(巨勢德太臣)과 대화 원년(645) 7월조의 거세덕태신(巨勢德太臣), 백치 4년(653) 5월조의 거세신약(巨勢臣藥) 등이 있다.

거세신 일족 중에는 대외관계 직무에 종사하는 인물이 많다. 『일본서기』 흠명천황 31년(570) 7월에는 허세신원(許勢臣猿; 고세노오미사루)이 근강(近江; 오우미)에 도착한 고구려 사신을 맞이한 인물로 나온다. 또 숭준천황 4년(591) 11월 임오조에는 거세원신(巨勢猿臣; 고세노사루노오미)이 기남마려숙녜(紀男麻呂宿禰), 대반설련(大伴囓連) 등과 함께 임나 부흥을 위한 대장군이 되어 축자(筑紫)에 머물렀다고 적혀 있다. 대화 원년(645) 7월에는 거세덕태신(巨勢德太臣, 德太는 德陀·德陀子·德太古·德陀古로도 표기)이 고구려가 파견한 사신에게 조를 전하였다고 하고, 백치 2년(651) 시세조에는 신라가 파견한 사신 지만사찬(知萬沙湌) 등이 축자에 정박했을 때 신라를 쳐야 한다고 주장한 인물로 나온다. 백치 4년 5월 임술조에는 견당학생이 된 중신겸족의 아들 정혜 등 학문승과 함께 당으로 건너간 학생(學生) 거세신약(巨勢臣藥)이 기재되어 있고, 지통천황 3년 5월 무술조에는 효덕천황의 죽음을 알리기 위해 신라에 파견된 거세도지(巨勢稻持)가 나온다. 『속일본기』 경운(慶雲) 4년(707) 3월 경자조에는 견당부사(遣唐副使) 종5위하 거세조신읍치(巨勢朝臣邑治)가 보인다.

거세조신 일족으로는 『일본서기』에는 천무천황 14년(686) 3월 신유조의 경직대부(京職大夫) 직대삼(直大參) 허세조신신단노(許勢朝臣辛檀努), 천무천황 14년(686) 9월 무오조의 직광사 거세조신속지(巨勢朝臣粟持; 고세노아소미아하모치), 천무천황 14년 10월 갑신조의 직광사 거세조신마사(巨勢朝臣馬飼), 지통천황 즉위전기의 거세조신다익수(巨勢朝臣多益須), 지통천황 7년(693) 4월 신사조의 거세조신마려(巨勢朝臣麻呂) 등이 있다. 또 『속일본기』 양로(養老) 원년(717) 정월 기미조에 중납언(中納言) 종3위 거세조신마려(巨勢朝臣麻呂)의 졸전이 적혀 있고, 신귀(神龜) 원년(724) 6월 계사조에 중납언(中納言) 정3위 거세조신읍치(巨勢朝臣邑治)의 졸전이 보이고, 연력(延曆) 6년(787) 윤5월 기묘조에 종4위하 좌중변(左中弁) 겸 하내수(河內守) 거세조신묘마려(巨勢朝臣苗麻呂)의 졸전이 기재되어 있다. 양로 4년(720) 10월 무자조에 종5위하(극위) 거세조신족인(巨勢朝臣足人)이 식부(式部) 원외소보(員外少輔)에 보임되었다고 적혀 있다. 그리고 천평(天平) 원년(729) 3월 갑오조의 정6위상에서 외종5위하로 승진한 거세조신소마려(巨勢朝臣少麻呂), 보귀(寶龜) 5년(774) 정월 정미조의 정5위하에서 정5위상(극위)으로 승진한 거세조신공성(巨勢朝臣公成) 등이 보인다.

* 왜계 백제 관료(倭系百濟官僚)
왜인 계통이면서 백제의 관료가 된 사람(들)을 가리킨다. 『일본서기』 흠명기에 기재된 왜계 백제 관료를 보면, 상부(上部) 덕솔(德率) 과야차주(科野次酒), 기신(紀臣) 나솔(奈率) 미마사(彌麻沙), 허세(許勢) 나솔 가마(哥麻), 물부(物部) 나솔 용가다(用歌多), 물부 나솔 가비(哥非), 상부 나솔 물부오(物部烏), 상부 나솔 과야신라(科野新羅), 물부 시덕(施德) 마기모(麻奇牟), 중부(中部) 나솔 기련(己連), 기주신(旣酒臣, 許勢臣; 고세노오미), 하내직(河內直) 그리고 민달기(敏達紀)의 달솔 일라(日羅) 등이 있다.

 이들의 활동 내용을 보면, 백제 왕권에 봉사하는 백제 관료로서 왜 왕권에 군사력을 요청하기 위해 청병사의 임무를 띠고 파견되거나 신라에 의해 멸망된 금관국 등 임나 제국을 구원하기 위해 안라가야에 파견되었다. 5세기 후반에서 6세기 중엽까지 백제가 북방에서 고구려와 전쟁을 벌이며 남방에서 가야 제국을 둘러싸고 신라와 대립하고 있던 상황에서 대외 활동에 종사한 인물들이다. 특히 이들에게 대왜 외교를 담당하게 한 것은 왜어에 능숙한 외교관적 능력 때문이었고, 가야에 파견한 것도 가야에 와 있던 왜 사신 등과의 언어 소통 등에 유효했기 때문일 것으로 생각된다.

2. 석천동조(石川同祖)

좌백유청(佐伯有淸)은, 『신찬성씨록』 완본에는 '석천' 다음에 '조신(朝臣)'이라는 2글자가 있었을 것이라 추정하였다.

3. 거세웅병숙녜(巨勢雄柄宿禰)

『속일본기』에는 거세남병숙녜(巨勢男柄宿禰)에게 세 명의 아들, 즉 작부조신(雀部朝臣)

등의 조상인 이도숙녜(伊刀宿禰), 경부조신(輕部朝臣) 등의 조상인 성천건일자(星川建日子), 거세조신(巨勢朝臣) 등의 조상인 호리숙녜(乎利宿禰)가 있다고 적혀 있다.『고사기』효원천황단(孝元天皇段)에는 건내숙녜(建內宿禰)의 7남 2녀 중 둘째 아들인 허세소병숙녜(許勢小柄宿禰; 고세노오카라노스쿠네)라고 적혀 있고, 허세소병숙녜(許勢小柄宿禰)의 분주에는 거세신(巨勢臣), 작부신(雀部臣), 경부신(輕部臣)의 조상이라고 적혀 있다.『일본서기』에는 계보에 관해서는 기술되어 있지 않다. 또『일본삼대실록(日本三代實錄)』정관(貞觀) 3년(861) 9월 26일조에는 거세남한숙녜(巨勢男韓宿禰)가 무내숙녜(武內宿禰)의 다섯째 아들이라고 기재되어 있다.

4. 일본기합(日本紀合)

『일본서기』천무천황(天武天皇) 13년(684) 11월 무신삭조의 거세신(巨勢臣; 고세노오미) 등 52씨가 조신 성을 받았다는 사성 기사와 합치된다는 의미이다.

121 【원문】

巨勢槭田朝臣
　　雄柄宿禰四世孫稻茂臣之後也. 男荒人. 天豐財重日足姬天皇[謚皇極.]御世. 遣佃葛城長田. 其地野上. 漑水難至. 荒人能解機術. 始造長槭. 川水灌田. 天皇大悅. 賜槭田臣姓也. 日本紀漏.

【번역】

거세위전조신(巨勢槭田朝臣; 고세노히타노아소미)

웅병숙녜(雄柄宿禰; 오카라노스쿠네) 4세손 도무신(稻茂臣; 이나모치노오미)의 후손이다. 아들 황인(荒人; 아라히토)에게 천풍재중일족희천황(天豐財重日足姬天皇; 아메토요타카라이카시히타라시히메노스메라미코토)[시호는 황극(皇極; 교코쿠)이다.] 때에 갈성(葛城; 가츠라키)에 논을 만들게 하였다. 그 경지가 높아 물을 대기가 어려웠다. 황인이 수리 시설을 만드는 기술이 뛰어나 처음으로 나무로 물길을 만들어 강물을 끌어다 전지에 대었다. 천황이 크게 기뻐하여 위전신(槭田臣; 히타노오미)이라는 성을 주었다.『일본기』에는 누락되었다.

【주 석】

1. 거세축전조신(巨勢槭田朝臣)

거세축전(巨勢槭田; 고세노히타)은 거세와 축전이 합쳐진 씨명이다. 거세는 율령제 대화국(大和國) 고시군(高市郡) 거세(巨勢; 고세)라는 지명과 관련된 것이라 추정된다. 이곳은 현재 나량현(奈良縣) 고시군(高市郡) 일대에 해당된다. 위의 사성 유래를 보면 축전(槭田; 히타)은 현 단계에는 알려져 있지 않지만, 그 당시는 관개수로를 이용하여 관개한 땅이라는 의미가 있었을 것이다. 『속일본기』양로(養老) 3년(719) 5월 계묘조에 종7위상 거세비태신대남(巨勢斐太臣大男) 등 2인이 조신 성을 받았다고 적혀 있다.

거세축전(비태)조신 일족으로는 『속일본기』천평(天平) 18년(746) 9월 기사조에 종5위하(극위) 거세비태조신도촌(巨勢斐太朝臣島村)이 형부소보(刑部少輔)에 보임된 기록이 보인다. 『만엽집(萬葉集)』(16-3845)에는 이름이 빠진 거세비태조신(巨勢斐太朝臣)이 보이는데, 도촌대부(島村大夫)의 아들이라고 기재되어 있으므로 거세비태조신도촌의 아들임을 알 수 있다.

2. 웅병숙녜(雄柄宿禰)

거세웅병숙녜(巨勢雄柄宿禰; 고세노오카라노스쿠네)는 『고사기』에서는 허세소병숙녜(許勢小柄宿禰; 고세노오카라노스쿠네)라고 기재되어 있다. 앞의 「거세조신」조(120) 거세웅병숙녜 참조.

3. 도무신(稻茂臣)

도무신은 『일본서기』흠명(欽明) 원년(540) 9월 기묘조에 허세신도지(許勢臣稻持; 고세노오미이나모치)라고 적혀 있다. 도무신은 『일본서기』에 의하면 흠명조에 활동한 인물로 파악된다.

4. 황인(荒人)

다음 조에 나오는 「거세비태신(巨勢斐太臣)」조에도 거세웅병의 4세손 도무의 아들 황인이 보인다. 도무신이 위에 기재했듯이 흠명천황 원년(540)에 활동한 인물이라면, 아들인

황인은 씨명 유래 전승에서 황극조(642~645)에 활동한 것으로 되어 있으므로 100여 년 차이가 존재한다. 부자관계라는 전승은 의문스럽다.

5. 천풍재중일족희천황(天豐財重日足姬天皇)

황극은 35대 천황으로 『일본서기』 추고(推古) 2년(594)에 태어나 제명(齊明) 7년(661년) 에 세상을 떠났다. 아버지는 모정왕(茅渟王)이고 어머니는 길비희왕(吉備姬王)이다. 서명(舒明)과 결혼하여 천지(天智), 효덕(孝德)의 비인 간인황녀(間人皇女), 천무천황(天武天皇) 등을 낳았다. 재위 기간은 642년부터 645년까지이다. 후일 중조(重祚)하여 제명천황이 되었다.

6. 갈성장전(葛城長田)

갈성(葛城; 가츠라키)은 대화국의 갈성 지역을 가리킨다. 장전(長田; 나가타)은 지명이 아니라 지형을 묘사한 것이다. 『일본서기』 신대기에 벼 종자를 처음으로 천협전(天狹田; 아마노사나다)과 장전(長田; 나가타)에 심었다는 기사가 보인다. 협전은 면적이 좁은 곳이었기 때문에 붙은 명칭이고, 장전은 협전에 비해 좁고 긴 보다 넓은 땅을 의미한다. 따라서 위의 축전신이라는 사성 유래는 천변(川邊)에 작게 만든 경지에 논을 만들기 위해 물을 끌어들인 전승이 반영된 것이다.

7. 장위(長樴)

위(樴) 혹은 통(樋)은 연못이나 하천 등에서 물을 끌어내기 위해 설치한 목제의 통을 가리킨다. 장위(長樴)나 장통(長樋)은 취수와 배수, 주운 등을 위해 설치된 시설로 수문을 달아 개폐하며 수위를 조절하였다.

8. 일본기루(日本紀漏)

『일본서기』에 거세축전조신의 사성 관련 기사가 보이지 않는 것을 가리킨다.

122 【원문】

巨勢斐太臣

巨勢械田同氏. 巨勢雄柄四世孫稻茂男荒人之後也.

【번역】

거세비태신(巨勢斐太臣; 고세노히타노오미)

거세위전(巨勢械田; 고세노히타)과 씨가 같으며 거세웅병(巨勢雄柄; 고세노오카라)의 4세손 도무(稻茂; 이나모치)의 아들 황인(荒人; 아라히토)의 후손이다.

【주석】

1. 거세비태신(巨勢斐太臣)

거세비태라는 씨명은 거세와 위전이 합쳐진 것이다. 거세라는 씨명은 율령제 대화국(大和國) 고시군(高市郡)의 거세(巨勢; 고세)라는 지명과 관련된 것으로 추정된다. 이곳은 현재 나라현(奈良縣) 고시군(高市郡) 일대에 해당된다. 위의 사성 유래를 보면 위전(械田; 히타)은 당시에 관개수로를 이용하여 개간한 땅이라는 의미가 있었을 것이라 추정된다. 『속일본기』 양로(養老) 3년(719) 5월 계묘조에 종7위상 거세비타신대남(巨勢斐太臣大男) 등 2인이 조신성을 받은 기사가 보인다. 거세(巨勢)는 허세(許勢; 고세), 위전(械田; 히타)은 비타(斐太; 히타)라고도 표기한다.

2. 거세위전동씨(巨勢械田同氏)

좌백유청(佐伯有淸)은 『신찬성씨록』 완본에는 「거세위전조신동조(巨勢械田朝臣同祖)」라고 기재되어 있었을 것이라 추정하였다. 그러나 동씨(同氏)는 씨가 같은 것이고 동조(同祖)는 조상이 같은 것을 나타내므로 구별해서 이해할 필요가 있다.

3. 거세웅병숙녜(巨勢雄柄宿禰)

거세웅병(巨勢雄柄; 고세노오카라)은 『고사기』에 허세소병숙녜(許勢小柄宿禰; 고세노오카라노스쿠네)라고 기재되어 있다. 앞의 「거세조신」조(120) 거세웅병숙녜 참조.

4. 도무신(稻茂臣)

도무신은 『일본서기』 흠명천황(欽明天皇) 원년(540) 9월 기묘조에 허세신도지(許勢臣稻持; 고세노오미이나모치)라고 적혀 있다. 앞의 「거세위전조신」조(121) 도무신 참조.

5. 황인(荒人)

앞의 「거세위전조신」조(121) 황인 참조.

---

123 【원 문】

紀朝臣

　　石川朝臣同氏. 屋主忍雄建猪心命之後也. 日本紀合.

【번 역】

기조신(紀朝臣; 기노아소미)

　석천조신(石川朝臣; 이시카하노아소미)과 씨가 같으며, 옥주인웅건저심명(屋主忍雄建猪心命; 야누시오시오타케이노코코로노미코토)의 후손이다. 『일본기』와 합치한다.

【주 석】

1. 기조신(紀朝臣)

기조신의 기(紀; 기)라는 씨명은 율령제 대화국 평군군(平群郡)의 기(紀; 기)라는 지명과 관련된 것으로 추정된다. 이곳은 현재 나량현(奈良縣) 생구군(生駒郡) 평군정(平群町) 부근에 해당된다. 『일본서기』 천무천황(天武天皇) 13년(684) 11월 무신삭조에 기신(紀臣)이 조신(朝臣)이라는 성을 받았다고 적혀 있다. 『일본서기』와 『고사기』에는 효원천황(孝元天皇)의 후손 무내숙녜(武內宿禰)의 아들인 기각숙녜(紀角宿禰)를 시조로 하는 전승이 기재되어 있다. 무내숙녜와 기각숙녜는 모두 모계가 기이국조가(紀伊國造家) 출신인 것으로 간주된다. 이 관계로 인해 기씨는 일찍부터 대화(大和)왕권에 출사한 것으로 이해된다.

　기조신 일족으로는 좌경 황별(상) 「기조신」조(68) 기조신 참조.

2. 석천조신동씨(石川朝臣同氏)

좌백유청(佐伯有淸)은 『신찬성씨록』 완본에는 '석천조신동조(石川朝臣同祖)'라고 기재되어 있었을 것이라 추정하였다. 그러나 동씨(同氏)는 씨가 같은 것이고 동조(同祖)는 조상이 같은 것을 나타내므로 구별해서 이해할 필요가 있다.

3. 옥주인웅건저심명(屋主忍雄建猪心命)

『일본서기』 경행천황(景行天皇) 3년 2월 경인삭조에 "기이국(紀伊國; 기노쿠니)에 행차하여 장차 신기(神祇)에게 제사지내려 하였으나 불길하다 하여 이내 수레를 멈추었다. 옥주인남무웅심명(屋主忍男武雄心命; 야누시오시오타케오고코로노미코토)을 보내 제사지내게 했다"고 기재되어 있고, 옥주인남무웅심명이 그곳에서 살면서 기직(紀直; 기노아타히)의 선조 토도언(菟道彦)의 딸 영원(影媛)에게 장가들어 무내숙녜(武內宿禰; 다케우치노스쿠네)를 낳았다고 적혀 있다. 옥주인남무웅심명은 무저심명(武猪心命), 건저심명(建猪心命), 옥주인웅명(屋主忍雄命), 무남심명(武男心命) 등으로도 표기된다. 그러나 『일본서기』 효원천황 7년 2월조에는 무내숙녜의 할아버지가 언태인신명(彦太忍信命)이라 적혀 있으므로, 이에 따르면 옥주인남무웅심명은 무내숙녜의 아버지가 된다. 한편 『고사기』에서는 무내숙녜의 아버지를 비고포도압지신명(比古布都押之信命, 언태인신명)이라고 적고 있어 차이가 있다. 『기씨가첩(紀氏家牒)』에는 기무내숙녜(紀武內宿禰)가 효원천황의 증손인 옥주인남무웅심명의 적남(嫡男)이라고 적고 있다.

4. 일본기합(日本紀合)

『일본서기』 천무천황(天武天皇) 13년(684)에 기신(紀臣)이 조신(朝臣)이라는 성을 받은 사성 기사와 합치한다는 것으로 이해된다.

---

124 【원문】

平群朝臣

　　石川朝臣同氏. 武內宿禰男平群都久宿禰之後也. 日本紀合.

【번역】

평군조신(平群朝臣; 헤구리노아소미)

석천조신(石川朝臣; 이시카하노아소미)과 씨가 같으며 무내숙녜(武内宿禰)의 아들 평군도구숙녜(平群都久宿禰; 헤구리노츠쿠노스쿠네)의 후손이다. 『일본기』와 합치한다.

【주석】

1. 평군조신(平群朝臣)

평군조신의 평군(平群; 헤구리)이라는 씨명은 율령제 대화국(大和國) 평군군(平群郡) 평군(平群; 헤구리)향이라는 지명과 관련된 것으로 추정된다. 이곳은 현재 나량현(奈良縣) 생구군(生駒郡) 평군정(平群町) 일대에 해당된다. 『일본서기』 천무천황(天武天皇) 13년(684) 11월 무신삭조에 평군신이 조신(朝臣)이라는 성을 받았다고 적혀 있다.

평군신 일족으로는 『일본서기』 웅략(雄略) 즉위전기(即位前紀) 11월 갑자조의 평군신진조(平群臣眞鳥)가 보인다. 그리고 『일본서기』에는 추고조(推古朝) 전후에 평군씨 일족이 소아씨(蘇我氏)와 함께 물부토벌군(物部討伐軍)에 참가하거나 정신라군(征新羅軍)의 장군으로 등장하는 등 소아씨 휘하에서 군사적으로 활약한 기록이 보인다. 숭준(崇峻) 즉위전기(587년)에 물부대련수옥(物部大連守屋)의 모반을 토벌하여 숭준천황의 즉위에 공을 세운 장군으로 등장하는 평군신신수(平群臣神手)는 평군목토숙녜와 유사한 성격을 가진 인물이다. 따라서 평군목토숙녜가 평군신수를 과거에 투영한 가상의 인물일 것으로 추정하기도 한다. 또 추고 31년(623) 시세조의 평군신우지(平群臣宇志), 대화(大化) 2년(646) 3월 신사조의 이름이 빠진 평군신(平群臣), 천무천황 10년(681) 3월 무술조의 평군신자수(平群臣子首) 등을 들 수 있다.

평군조신 일족으로는 『속일본기(續日本紀)』 화동(和銅) 7년(714) 10월 정묘조에 미장수(尾張守)에 보임된 종5위상 평군조신안마려(平群朝臣安麻呂)가 영귀(靈龜) 원년(715) 4월 병자조에는 정5위하(極位)로 승진한 기록이 보인다. 천평(天平) 3년(730) 정월 병자조에 종5위하에서 정5위상(극위)으로 승진한 평군조신풍마려(平群朝臣豐麻呂), 신호경운(神護景雲) 2년(768) 10월 계축조에 종5위하에서 종5위상(극위)으로 승진한 평군조신진계(平群朝臣眞繼), 보귀(寶龜) 5년(774) 2월 병신조에 정7위상에서 종5위하(극위)로 승진한 평군조신야수(平群朝臣野守) 등이 기재되어 있다. 또 평군조신읍도자(平群朝臣邑刀自)는 『속일본기』 보귀 7년(776) 정월 병신조에 무위에서 종5위상으로 승진한 인물로, 『일본후기(日本後紀)』일문(逸文) 연력(延曆) 20년(801) 6월 정사조에는 정4위상(극위)으로 대화국(大和國) 도(稻) 1,000속(束)을 상으로 받았다고 적혀 있다. 상을 내린 이유에 관해서는 기재되어 있지 않다. 『일본후기(日本後紀)』대동(大同) 원년(806) 2월 경술조에는 준인정(隼人正)에 보임된 종5위하(극위) 평군조신가세마려(平群朝臣加世麻呂)가 보이고, 『일본문덕천황실록(日本文德天皇實錄)』천안(天安) 원년(857) 정월 정미조의 정7위상에서 외종5위하(극위)로 승진한 평군조신진종(平群朝臣眞宗) 등이 있다.

2. 석천조신동씨(石川朝臣同氏)

좌백유청(佐伯有淸)은 『신찬성씨록』완본에는 '석천조신동조(石川朝臣同祖)'라고 기재되어 있었을 것이라 추정하였다. 그러나 동씨(同氏)는 씨가 같은 것이고 동조(同祖)는 조상이 같은 것을 나타내므로 구별해서 이해할 필요가 있다.

3. 무내숙녜(武內宿禰)

『일본서기』에는 무내숙녜(武內宿禰), 『고사기』에는 건내숙녜(建內宿禰)로 기재되어 있다. 경행(景行), 성무(成務), 중애(仲哀), 응신(應神), 인덕(仁德)의 5대에 걸쳐 천황에게 봉사한 전설상의 충신이다. 자세한 내용은 좌경 황별(상)「전중조신」조(66) 무내숙녜대신 참조.

4. 평군도구숙녜(平群都久宿禰)

평군도구숙녜는 평군목토숙녜(平群木菟宿禰; 헤구리노츠쿠노스쿠네)와 같은 인물이다. 『고사기』에서는 무내숙녜의 아들인 평군도구숙녜(平群都久宿禰; 헤구리노츠쿠노스쿠네)로 나오며 평군씨의 조상이다. 『고사기』이중천황단(履中天皇段)에 의하면 주길중황자(住吉仲皇子) 모반 사건 때 이중천황을 구출한 인물로 묘사되어 있다. 『일본서기』에서는 평군목토숙녜 이후 5세기 중후반 웅략조(雄略朝)부터 인현조(仁賢朝)에 걸쳐 대신(大臣)을 배출하였다. 그러나 추고조 전후부터는 소아씨 아래에 배치되고 있다. 평군씨의 고분으로 추정되는 평군곡(平群谷)고분군의 축조 연대가 6세기 중엽 이후로 추정된다.

5. 일본기합(日本紀合)

『일본서기』천무천황 13년(684) 11월 무신삭조에 평군신이 조신 성을 받은 사성 기사와 일치한다는 의미이다.

125 【원문】
平群文室朝臣
　　同都久宿禰之後也. 日本紀漏.

【번역】

평군문실조신(平群文室朝臣; 헤구리노후미야노아소미)

(석천조신과 씨가) 같다. 도구숙네(都久宿禰; 츠쿠노스쿠네)의 후손이다. 『일본기』에는 누락되었다.

【주석】

1. **평군문실조신(平群文室朝臣)**

평군문실조신의 씨명인 평군문실(平群文室; 헤구리노후미야)은 평군과 문실이 합해진 것이다. 평군이라는 씨명은 율령제 대화국(大和國) 평군군에 속한 향명 가운데 평군[平群; 헤구리(倍久利)]과 관련된 것으로 추정된다. 평군향은 현재 나량현(奈良縣) 생구군(生駒郡) 평군정(平群町)에 해당된다. 문실은 현재 이러한 지명이 확인되지 않지만, 『속일본기』 천평승보(天平勝寶) 4년(752) 9월 을축조에 종3위 지노왕(智努王)에게 문실진인(文室眞人) 성을 준 기사가 보인다. 지노왕은 천무천황의 손자인 장황자(長皇子)의 왕자이다. 그가 받은 문실진인 성의 문실은 지명일 것이다. 평군문실조신이 조신 성을 받은 기사가 없어 옛 성이 무엇인지 알 수 없다.

평군문실조신 일족은 천평 17년(745) 2월 8일자 「민부성해(民部省解)」(『대일본고문서』 2-397)에 기재된 평군문실조신익인(平群文室朝臣益人)이 보일 뿐이다. 『만엽집(萬葉集)』 권12(3098)에 실린 기황녀(紀皇女)의 노래에 관한 설명에 평군문실조신익인전(平群文室朝臣益人傳)에 기재된 내용이 인용되어 있다.

2. **동(同)**

좌백유청(佐伯有淸)은 『신찬성씨록』 완본에는 '평군조신동조(平群朝臣同祖)'라는 6글자가 기재되어 있었을 것이라 추정하였다. 그러나 평군문실조신은 도구숙녜의 후손이라 적혀 있으므로 앞의 「평군조신」조와 같이 '석천조신동씨(石川朝臣同氏)'라고 적혀 있었을 것이라 추정된다.

3. 일본기루(日本紀漏)

『일본서기』에 평군문실조신에 관한 사성 기사가 보이지 않는 것을 가리키는 것으로 보인다.

126 【원 문】

都保朝臣
　平群朝臣同祖. 都久足尼之後也.

【번 역】

도보조신(都保朝臣; 츠호노아소미)

　석천조신(石川朝臣; 이시카하노아소미)과 조상이 같으며 도구족니(都久足尼; 츠쿠노스쿠네)의 후손이다.

【주 석】

1. 도보조신(都保朝臣)

도보(都保; 츠호)라는 씨명은 직명과 관련된 것으로 보기 어려우므로, 현재 이러한 지명은 보이지 않지만 지명과 연결된 것으로 추정된다. 도보신이 도보조신으로 개성한 것인지의 여부는 알 수가 없다.

　도보신은 사록에는 보이지 않지만 고문서를 통해 대화국(大和國)과 주방국(周防國)에 거주한 것이 확인된다. 예를 들자면 「천평 2년(730) 3월 대반야바라밀다경 권제511 오서(天平二年三月 大般若波羅密多經 卷第五百十一 奧書)」(24-7)의 대화국(大和國) 평군군(平群郡) 평군향(平群鄕) 사람 도보신족도(都保臣足嶋)와 「천평 10년(738) 주방국정세장(天平十年 周防國正稅帳)」(2-134)의 도보신고량비(都保臣古良比) 등을 들 수 있다.

2. 평군조신(平群朝臣)

평군조신은 무내숙녜(武內宿禰)의 후손이라 칭하며 대화국 평군군 평군향을 본거지로 하는 재지 호족이다. 신 성에서 조신 성으로 개성하였다. 위의 「평군조신」조(124) 참조.

3. 도구족니(都久足尼)

도구족니는 『일본서기』에서는 평군목토숙녜(平群木菟宿禰; 헤구리노츠쿠노스쿠네), 『고사기』에는 평군도구숙녜(平群都久宿禰; 헤구리노츠쿠노스쿠네)라고 기술되어 있다. 앞의 「평군조신」조(124) 평군도구숙녜 참조.

127 【원문】

高向朝臣
　石川同氏. 武內宿禰六世孫猪子臣之後也. 日本紀合.

【번역】

고향조신(高向朝臣; 다카무쿠노아소미)
　석천(石川; 이시카하)과 씨가 같다. 무내숙녜(武內宿禰; 다케시우치노스쿠네)의 6세손 저자신(猪子臣; 이코노오미)의 후손이다. 『일본기』와 합치한다.

【주석】

1. 고향조신(高向朝臣)

고향조신의 고향(高向; 다카무쿠)이라는 씨명은 율령제 하내국(河內國) 금부군(錦部郡)의 고향(高向; 다카무쿠)이라는 지명과 관련이 있을 것으로 추정된다. 이곳은 현재 대판부(大阪府) 장야시(長野市) 고향(高向) 일대에 해당된다. 『일본서기』 천무천황(天武天皇) 13년(684) 11월 무신삭조에 고향신(高向臣)이 조신(朝臣)이라는 성을 받았다고 적혀 있다.

고향신 일족으로는 『일본서기』 서명(舒明) 즉위전기에 대부(大夫) 고향신우마(高向臣宇摩)가 보인다. 황극(皇極) 2년(643) 11월 병자삭조에는 고향신국압(高向臣國押)이 소아씨(蘇我氏)를 따르는 한직(漢直) 등을 설득하여 무기를 버리도록 한 인물이라 적혀 있다. 또 7세기 중엽의 학자이며 관인으로 활동한 고향한인현리(高向漢人玄理)가 있다.

고향흑마려(高向黑麻呂), 고현리(高玄理)라고도 쓴다.『일본서기』추고(推古) 16년(608) 9월 수사 배세청(裵世淸)의 송사로 파견된 견수사 소야신매자(小野臣妹子)를 따라 유학을 떠나 서명천황 12년(640) 10월에 귀국하였다. 추고천황 16년에 견수사 파견 때 동행한 유학생(승)에 관해서는『일본서기』에 기재되어 있다. 학생 왜한직복인(倭漢直福因), 나라역어혜명(奈羅譯語惠明), 고향한인현리(高向漢人玄理), 신한인대국(新漢人大國), 학문승으로 신한인일문(新漢人日文), 남연한인청안(南淵漢人請安), 지하한인혜은(志賀漢人惠隱), 신한인광제(新漢人廣齊) 등 8인이다. 이때 파견된 학생과 승려는 모두 도래인으로 구성되었다는 특징이 있다. 고향한인현리는 한인에서 고향사로 개성하였고 고향사씨는 동문씨(東文氏, 東漢氏)의 지족으로 문필과 기록을 담당한 사성 씨족의 일원이다. 사라는 성으로 보아 도래계 씨족이다. 대화개신 때 승려 민(旻)과 함께 국박사에 임명되었다. 대화(大化) 2년(646)에 신라에 파견되었다. 백치 5년(654)에 대금상(大錦上, 664~685년에 사용된 관위 26계 중 7위)으로 견당압사(遣唐押使)가 되어 입당한 뒤 당에서 죽었다.

고향조신 일족으로는『일본서기』천무천황 14년(685) 5월 신미조에 앞서 13년(684) 4월 갑자조에 대사로 신라에 파견되었다가 귀국한 고향조신마려(高向朝臣麻呂)가 보인다.『속일본기』에는 대보(大寶) 3년(703) 정월 갑자조에 북륙도(北陸道)에 파견된 종5위하(極位) 고향조신대족(高向朝臣大足), 화동(和銅) 원년(708) 3월 병오조의 우병위솔(右兵衛率), 화동 2년(709) 11월 갑인조에 산배수(山背守)에 임명된 종5위하(극위) 고향조신색부지(高向朝臣色夫智)가 보인다. 또 고향조신가주(高向朝臣家主)는 천평승보 4년(752) 4월 동대사대불개안회에서 치부소승(治部少丞)으로 당산악두(唐散樂頭), 개안사시사(開眼師施使)를 담당하고, 천평보자(天平寶字) 8년(764) 10월 등원중마려(藤原仲麻呂)의 난 때 공적을 세워 정6위상에서 종5위하(극위)로 승진하였으며, 천평신호(天平神護) 2년(766) 9월에는 남해도사(南海道使)로 파견되었다.『일본삼대실록』정관(貞觀) 원년(859) 3월 26일 임오조에는 정6위상에서 종5위하(극위)로 승진한 고향조신공보(高向朝臣公輔)가 보인다. 원경(元慶) 4년(880) 10월 19일 기해조의 졸전에는 산위(散位) 종4위하 고향조신공보가 우경인(右京人)으로 어려서 출가하여 승려가 되었으며, 연력사(延曆寺)에서 거주하면서 진언교(眞言敎)를 배우고 정진하다가 환속하였고, 극위는 종4위하이며 중궁대진(中宮大進), 식부권소보(式部權少輔) 등을 역임하고 64세로 세상을 떴다고 적혀 있다.

2. 석천동씨(石川同氏)

좌백유청(佐伯有淸)은 『신찬성씨록』 완본에는 '석천조신동조(石川朝臣同祖)'라고 기재되어 있었을 것이라 추정하였다. 그러나 동씨(同氏)는 씨가 같은 것이고 동조(同祖)는 조상이 같은 것을 나타내므로 구별해서 이해할 필요가 있다.

3. 무내숙녜(武內宿禰)

『고사기』 효원천황단(孝元天皇段)에는 건내숙녜(建內宿禰; 다케우치노스쿠네)로 기재되어 있다. 『일본서기』에는 효원의 증손자로 경행(景行) 천황대에 출생하여 성무(成務) 천황대에 대신의 지위에 올랐으며 중애(仲哀)를 거쳐 신공(神功), 응신(應神), 인덕(仁德) 시대까지 활약한 인물로 기재되어 있다. 좌경 황별(상) 「전구조신(田口朝臣)」조(066)의 무내숙녜 참조.

4. 저자신(猪子臣)

저자신은 여기에만 보인다. 계보상으로도 '무내숙녜 ○대손'이라는 표기도 보이지 않아 무내숙녜와 연결되어 있는 것 자체가 의문스럽다. 또 고향씨는 하내국(河內國) 금부군(錦部郡) 일대에 거주한 씨족이다. 근거리의 하내국(河內國) 석천군(石川郡) 일대의 석천씨와 오랫동안 교류하면서 동조관계를 맺게 되었을 가능성은 있다.

5. 일본기합(日本紀合)

『일본서기』 천무천황(天武天皇) 13년(684) 11월 무신삭조에 고향신이 조신(朝臣)이라는 성을 받았다는 사성 기사와 합치한다는 의미이다.

---

128 【원 문】

田中朝臣
　武內宿禰五世孫稻目宿禰之後也. 日本紀合.

【번 역】

전중조신(田中朝臣; 다나카노아소미)

무내숙네(武內宿禰; 다케시우치노스쿠네)의 5세손 도목숙네(稻目宿禰; 이나메노스쿠네)의 후손이다.『일본기』와 합치한다.

【주 석】

1. 전중조신(田中朝臣)

전중조신의 전중(田中; 다나카)이라는 씨명은 율령제 대화국(大和國) 고시군(高市郡)의 전중(田中; 다나카)이라는 지명과 관련이 있을 것으로 추정된다. 이곳은 현재 나량현(奈良縣) 강원시(橿原市) 전중정(田中町) 일대이다.『일본서기』천무천황(天武天皇) 13년(684) 11월 무신삭조에 전중신(田中臣)이 조신(朝臣)이라는 성을 받았다고 적혀 있다.

전중신 일족으로는,『일본서기』에 의하면 추고천황 31년(623) 시세조의 탕목령(湯沐令) 전중신(田中臣), 천무천황 원년(672) 6월 갑신조의 전중신족마려(田中臣足麻呂)와 천무천황 10년(681) 12월 계사조의 소금하(小錦下, 664~685년에 사용된 관위 26계 중 12위) 전중신단사(田中臣鍛師)를 들 수 있다.

전중조신 일족으로는,『속일본기』문무천황 2년(698) 6월 정사조에 직광삼(直廣參, 관위 48계 중 14위) 전중조신족마려(田中朝臣足麻呂)가 임신년의 공으로 직광일(直廣壹)에 추증되었다. 천평 8년(736) 정월 신축조에는 외종5위하(極位)로 비후수(肥後守)를 역임한 전중조신삼상(田中朝臣三上)이 보인다. 보귀(寶龜) 9년(778) 정월 무술조에는 우대변(右大弁) 정4위하로 죽은 전중조신다태마려(田中朝臣多太麻呂), 보귀 11년(780) 3월 임오조에는 종5위하(극위)로 축후수(筑後守) 등에 보임된 전중조신반마려(田中朝臣飯麻呂)가 있다.『일본후기』대동(大同) 원년(806) 4월 을사조에는 종5위하(극위) 전중조신팔월마려(田中朝臣八月麻呂)가 우위사좌(右衛士佐) 겸 월후수(越後守)에 임명된 기사가 보인다.『속일본후기』천장(天長) 10년(833) 5월 갑오조에는 좌위문소위(左衛門少尉) 정6위상 전중조신허려계(田中朝臣許侶繼)가 종5위하로 승진한 기록이 보이고, 승화(承和) 원년(834) 정월 계해조에는 종5위하(극위) 전중조신허려계가 좌위문권좌(左衛門權佐)에 임명된 기록이 보인다.『일본삼대실록(日本三代實錄)』정관(貞觀) 원년(859) 3월 26일 임오조에는 무위(無位)에서 종5위하로 승진한 전중조신보자(田中朝臣保子)가 보이고, 정관 18년(876) 11월 무술 25일조에는 정5위하(극위)로 승진한 것으로 적혀 있다.

2. 무내숙녜(武內宿禰)

『고사기』효원천황단(孝元天皇段)에는 건내숙녜(建內宿禰; 다케우치노스쿠네)로 기재되어 있다. 『일본서기』에는 효원의 증손자로 경행(景行) 대에 출생하여 성무(成務) 대에 대신의 지위에 올랐으며 중애(仲哀)를 거쳐 신공(神功), 응신(應神), 인덕천황(仁德天皇) 대까지 활약한 인물로 기재되어 있다. 좌경 황별(상)「전구조신(田口朝臣)」조(066) 무내숙녜 참조.

3. 도목숙녜(稻目宿禰)

『일본서기』에서 소아마자(蘇我馬子)의 아버지로 나오며 선화(宣化), 흠명조(欽明朝)에 대신(大臣)을 지낸 것으로 기록하고 있다. 도래계이므로 무내숙녜에 계보를 연결하여 의제적 동족관계를 형성한 것이다.

좌경 황별(상)「앵정조신(櫻井朝臣)」조(067) 도목숙녜대신(稻目宿禰大臣) 참조.

4. 일본기합(日本紀合)

『일본서기』 천무천황(天武天皇) 13년(684) 11월 무신삭조에 전중신이 조신(朝臣) 성을 받았다는 사성 기사와 합치된다는 의미로 이해된다.

---

129 【원 문】

小治田朝臣
　　同上. 日本紀合.

【번 역】

소치전조신(小治田朝臣; 오하리타노아소미)
　　위와 같다. 『일본기』와 합치한다.

【주 석】

1. 소치전조신(小治田朝臣)

소치전조신의 소치전(小治田; 오하리타)이라는 씨명은 지명과 관련이 있다. 『고사기』안강천황단(安康天皇段)의 소치전(小治田; 오하리타), 추고천황단(推古天皇段)의 소치전궁(小治田宮; 오하리타노미야), 『일본서기』 안한(安閑) 원년 10월 갑자조의 소간전둔창(小墾田屯倉; 오하리타노미야케), 흠명천황 13년(552) 10월조의 소간전가(小墾田家; 오하리다가) 등의 지명이 보인다. 이곳은 현재 나량현(奈良県) 고시군(高市郡) 명일향촌(明日香村) 일대에 해당된다. 소치전(小治田; 오하리타)은 소간전(小墾田; 오하리타)이라고도 쓴다. 『일본서기』 천무천황(天武天皇) 13년(684) 11월 무신삭조에 소간전신(小墾田臣)이 조신(朝臣)이라는 성을 받았다고 적혀 있다.

소치전(소간전) 일족으로는 『일본서기』 서명(舒明) 즉위전기의 이름이 빠진 소간전신(小墾田臣), 천무천황 10년(681) 7월 신미조의 소간전신마려(小墾田臣麻呂) 등이 있다.

소치전조신 일족으로는 『속일본기』 문무천황(文武天皇) 3년(699) 10월 신축조에 직광사(直廣肆) 소치전조신당마(小治田朝臣當麻)와 소치전조신안마려(小治田朝臣安麻呂)가 보인다. 소치전조신안마려는 영귀(靈龜) 원년(715) 4월 병자조에 정5위하로 승진하였고, 그의 묘지명에는 평성(平城) 우경(右京) 3조 2방에 거주하며 종4위하가 극위(極位)였다고 적혀 있다. 『속일본기』 화동(和銅) 7년(714) 정월 갑자조에는 소치전조신풍족(小治田朝臣豐足)이 정6위상에서 종5위하(극위)로 승진한 기사가 보이고, 천평(天平) 15년(743) 6월 정유조에는 종5위하(극위) 소치전조신광천(小治田朝臣廣千)이 찬기수(讚岐守)를 역임한 기사가 보인다. 그리고 보귀(寶龜) 7년(776) 3월 계사조에는 종5위하(극위) 소치전조신제성(小治田朝臣諸成)이 월중개(越中介)에 임명된 기록이 보인다.

＊〈소치전안만려(小治田安萬侶)의 묘지(墓誌)〉

현재 나라현 나라시(奈良市) 도기갑강정(都祁甲岡町)에서 1912년 묘지(墓誌) 3매가 출토되었고, 1951년에 발굴 조사가 재개되어 화장묘임이 확인되었다. 1969년에 국가 사적으로 지정되었다. 현재 동경국립박물관에서 소장하고 있다. 묘지명은 금동제(金銅製)이며 명문은 아래와 같다.

左琴神龜六年二月九日

右京三條二坊從四位下小治田朝臣安
萬侶大倭國山邊郡都家鄉郡里崗安墓
　　　　神龜六年歲次己巳二月九日

右書神龜六年二月九日

2. 동상(同上)

좌백유청(佐伯有淸)은 『신찬성씨록』 완본에는 앞의 「전중조신」조와 같이 '무내숙녜오세손도목숙녜지후야(武內宿禰五世孫稻目宿禰之後也).'라는 문장이 적혀 있었을 것이라 추정하였다.

3. 일본기합(日本紀合)

『일본서기』 천무천황(天武天皇) 13년(684) 11월 무신삭조에 소간전신(小墾田臣)이 조신(朝臣)이라는 성을 받았다는 사성 기사와 합치된다는 의미로 이해된다.

130 【원문】

川邊朝臣
　　武內宿禰四世孫宗我宿禰之後也. 日本紀合.

【번역】

천변조신(川邊朝臣; 가하노헤노아소미)

　무내숙녜(武內宿禰; 다케시우치노스쿠네)의 4세손 종아숙녜(宗我宿禰; 소가노스쿠네)의 후손이다. 『일본기』와 합치한다.

【주석】

1. 천변조신(川邊朝臣)

천변조신의 천변(川邊; 가하노헤)이라는 씨명은 율령제 하내국(河內國) 석천군(石川郡) 천야변(川野邊; 가하노베)이라는 지명과 관련이 있다고 추정된다. 이곳은 현재 대판부(大阪府) 평야구(平野區) 장길정(長吉町) 일대이다. 『일본서기』 천무천황(天武天皇) 13년(684) 11월 무신삭조에 천변신(川邊臣)이 조신(朝臣)이라는 성을 받았다고 적혀 있다. 천변(川邊; 가하노헤)은 하변(河邊; 가하베)이라고도 쓴다.

　천변신(하변신) 일족으로는 『일본서기』 흠명(欽明) 23년(562) 7월 시월조(是月條)의 부장군(副將軍) 하변신경부(河邊臣瓊缶; 카하베노오미니헤), 추고천황(推古天皇) 26년(618) 시년(是年)조의 이름이 빠진 하변신, 추고천황 31년(623) 시세(是歲)조의 소덕(小德) 하변신녜수(河邊臣禰受), 대화(大化) 2년(646) 3월 신사조의 하변신백의(河邊臣百依)와 하변신기박(河邊臣磯泊), 대화 5년(649) 정월 무신삭 대사(大使) 소금하(小錦下, 664~685년에 사용된 관위 26계 중 12위) 하변신마려(河邊臣麻呂), 천지천황 즉위전기(661)의 소화하(小花下, 649~664년에 사용된 관위 19계 중 10위) 하변백지신(河邊百枝臣), 천무천황 즉위전기(672)의 소금상(小錦上) 하변신백지(河邊臣百枝), 천무천황 10년(681) 12월 갑술조의 소금하 하변신자수(河邊臣子首) 등이 있다.

천변조신 일족으로는 『속일본기(續日本紀)』에 의하면 화동(和銅) 원년(708) 정월 을사조에 정6위하에서 종5위하(極位)로 승진한 천변조신모지(川邊朝臣母知), 양로(養老) 7년(723) 정월 병자조에 정6위상에서 종5위하(극위)로 승진한 하변조신지마려(河邊朝臣智麻呂), 보귀(寶龜) 원년(770) 10월 신해조에 석견수(石見守)가 된 종5위하(극위) 천변조신동인(川邊朝臣東人), 보귀 9년(778) 정월 계해조에 정6위상에서 종5위하(극위)로 승진한 하변조신도수(河邊朝臣島守), 보귀 11년(780) 12월 신해조에 정6위상에서 종5위하로 승진하고(極位) 연력 4년(785) 10월 갑술조에 안예개(安藝介)에 임명된 천변조신정장(川邊朝臣淨長)을 들 수 있다. 『일본후기(日本後紀)』 연력 18년(799) 정월 정사조에는 정6위상에서 종5위하(극위)로 승진한 천변조신택(川邊朝臣宅)이 보인다.

2. 무내숙녜(武內宿禰)

『고사기』 효원천황단(孝元天皇段)에는 건내숙녜(建內宿禰; 다케시우치노스쿠네)로 기재되어 있다. 『일본서기』에는 효원의 증손자로 경행(景行) 대에 출생하여 성무(成務) 대에 대신의 지위에 올랐으며 중애(仲哀)를 거쳐 신공(神功), 응신(應神), 인덕(仁德) 대까지 활약한 인물로 기재되어 있다. 좌경 황별(상) 「전구조신(田口朝臣)」조(066) 무내숙녜 참조.

3. 종아숙녜(宗我宿禰)

좌경 황별(상) 「앵정조신(櫻井朝臣)」조(067)에 "앵정조신은 석천조신(石川朝臣)과 조상이 같다. 소아석천숙녜(蘇我石川宿禰)의 4세손인 도목숙녜대신(稻目宿禰大臣)의 후손이다."라고 하고, 「전구조신(箭口朝臣)」조에도 "전구조신은 종아석천숙녜(宗我石川宿禰)의 4세손인 도목숙녜(稻目宿禰)의 후손이다."라고 적혀 있다. 우경 황별(상) 「안전조신(岸田朝臣)」조에는 "안전조신은 무내숙녜(武內宿禰)의 5세손 도목숙녜의 후손이다."라고 하고, 「구미조신(久米朝臣)」조에서도 "구미조신은 무내숙녜의 5세손 도목숙녜의 후손이다."라고 적혀 있다. 또 『기씨가첩(紀氏家牒)』에서는 "소아도목숙녜(蘇我稻目宿禰)는 소아석하숙녜(蘇我石河宿禰)의 현손(玄孫), 만지숙녜(滿智宿禰)의 증손, 한자숙녜(韓子宿禰)의 손자, 마배숙녜(馬背宿禰)[또는 고려(高麗)라 한다.]의 아들이다."라고 적혀 있으므로, 무내숙녜의 5세손 소아석천숙녜의 4세손에 해당하는 도목숙녜의 아버지 마배숙녜로 비정할 수 있다. 좌백유청(佐伯有淸)은 『신찬성씨록』 완본에서는 '종아숙녜' 다음에 '마배(馬背)'라는 2글자가 있었을 것으로 추정하였다.

4. 일본기합(日本紀合)

『일본서기』 천무천황(天武天皇) 13년(684) 11월 무신삭조에 천변신(川邊臣)이 조신(朝臣)이라는 성을 받았다는 사성 기사와 합치한다는 의미로 이해된다.

131 【원문】

岸田朝臣
　　武內宿禰五世孫稻目宿禰之後也. 男小祚臣孫耳高. 家居岸田村. 因負岸田臣號. 日本紀合.

【번역】

안전조신(岸田朝臣; 기시타노아소미)
　　무내숙녜(武內宿禰; 다케시우치노스쿠네)의 5세손 도목숙녜(稻目宿禰; 이나메노스쿠네)의 후손이다. 아들 소조신(小祚臣; 오소노오미), 손자 이고(耳高; 미미타카)가 안전촌(岸田村; 기시타노무라)에 살았다. 그래서 안전신(岸田臣; 기시타노오미)이라고 하였다. 『일본기』와 합치한다.

【주석】

1. 안전조신(岸田朝臣)

안전조신의 안전(岸田; 기시타)이라는 씨명은 안전촌(岸田村; 기시타노무라)이라는 지명과 관련된 것으로 추정된다. 이곳은 현재 나량현(奈良縣) 천리시(天理市) 조화정(朝和町) 일대이다. 『일본서기』 천무천황(天武天皇) 13년(684) 11월 무신삭조에 안전신(岸田臣)이 조신(朝臣)이라는 성을 받았다고 적혀 있다. 안전(岸田; 기시타)은 애전(涯田; 기시타)이라고도 쓴다.

안전신(애전신) 일족으로는 『일본서기』 대화(大化) 2년(646) 3월 신사조에 이름이 빠진 애전신(涯田臣; 기시타노오미), 천지천황(天智天皇) 즉위전기(661), 제명(齊明) 7년 시세조의 파마국사(播磨國司) 안전신마려(岸田臣麻呂)가 있다.

안전조신 일족으로는 천평 10년(738) 「준하국정세장(駿河國正稅帳)」(『대일본고문서』 2-67)의 안전조신계수(岸田朝臣繼手), 천평 10년 「관인역명(官人歷名)」(『대일본고문서』 24-84)의 안전조신광정(岸田朝臣廣庭) 등이 있다. 『일본문덕천황실록(日本文德天皇實錄)』 천안(天安) 원년(857) 8월 신미조의 산위(散位) 종8위하 안전조신전계(岸田朝臣全繼)는 섭진국(攝津國) 사람이라 기재되어 있다.

2. 무내숙녜(武內宿禰)

『고사기』 효원천황단(孝元天皇段)에는 건내숙녜(建內宿禰; 다케우치노스쿠네)로 기재되어 있다. 『일본서기』에는 효원천황의 증손자로 경행(景行) 대에 출생하여 성무(成務) 대에 대신의 지위에 올랐으며 중애(仲哀)를 거쳐 신공(神功), 응신(應神), 인덕(仁德) 대까지 활약한 인물로 기재되어 있다. 좌경 황별(상) 「전구조신(田口朝臣)」조(128)의 무내숙녜 참조.

3. 도목숙녜(稻目宿禰)

『일본서기』에서는 소아마자(蘇我馬子)의 아버지로 선화(宣化), 흠명조(欽明朝)에 대신(大臣)을 지낸 것으로 기재된 인물이다. 소아씨는 무내숙녜의 아들 석천숙녜(石川宿禰)를 시조로 하며, 대화국(大和國) 고시군(高市郡) 소아(蘇我), 즉 현재 강원시(橿原市) 증아정(曾我町) 일대를 본거지로 하는 대호족이다. 좌경 황별(상) 「앵정조신(櫻井朝臣)」조 (067) 도목숙녜대신(稻目宿禰大臣) 참조.

3. 소조신(小祚臣)

소조신은 여기에만 보인다.

4. 이고(耳高)

이고는 여기에만 보인다.

5. 안전촌(岸田村)

안전촌과 관련된 씨명 유래 전승은 여기에만 보인다. 안전촌은 율령제하에서 대화국 산변군(山邊郡) 안전(岸田) 지역에 해당하는 것으로 추정된다. 현재 이곳은 나량현(奈良縣) 천리시(天理市) 조화정(朝和町) 일대에 해당된다.

6. 일본기합(日本紀合)

『일본서기』 천무천황(天武天皇) 13년(684) 11월 무신삭조에 안전신(岸田臣)이 조신(朝臣)이라는 성을 받았다는 사성 기사와 합치된다는 의미로 이해된다.

---

132 【원문】

久米朝臣
　　武內宿禰五世孫稻目宿禰之後也. 日本紀合.

【번 역】

구미조신(久米朝臣; 구메노아소미)

　　무내숙녜(武內宿禰; 다케시우치노스쿠네)의 5세손 도목숙녜(稻目宿禰; 이나메노스쿠네)의 후손이다. 『일본기』와 합치한다.

【주 석】

1. 구미조신(久米朝臣)

구미조신의 구미(久米; 구메)라는 씨명은 율령제 대화국(大和國) 고시군(高市郡) 구미(久米; 구메)라는 지명과 관련이 있을 것이라 추정된다. 이곳은 현재 나량현(奈良縣) 강원시(橿原市) 무방정(畝傍町) 일대이다. 『일본서기』 천무천황(天武天皇) 13년(684) 11월 무신삭조에 내목신(來目臣; 구메노오미)이 조신(朝臣)이라는 성을 받았다고 적혀 있다. 구미(久米; 구메)는 내목(來目; 구메)이라고도 쓴다.

구미신(내목신) 일족은 『일본서기』 대화(大化) 원년(645) 8월 계묘조의 이름이 빠진 내목신(來目臣), 천무천황 원년 7월 임자조의 하내국사(河內國司) 내목신염롱(來目臣鹽籠)이 있다.

구미조신 일족으로는, 『속일본기』에 의거하면 화동(和銅) 원년(708) 3월 병오조에 종5위상(極位)으로 이예수(伊豫守)에 보임된 구미조신미장마려(久米朝臣尾張麻呂), 화동 6년(713) 정월 정해조에 정7위상에서 종5위하로 승진하고 천평(天平) 4년(732) 10월 정해조에 종5위상(극위)으로 주세두(主稅頭)에 임명된 구미조신마려(久米朝臣麻呂), 양로(養老) 2년(718) 정월 경자조에 정6위상에서 종5위하(극위)로 승진한 구미조신삼아마려(久米朝臣三阿麻呂), 천평 20년(748) 2월 기미조에 정6위상에서 종5위하(극위)로 승진한 구미조신탕수(久米朝臣湯守), 천평승보(天平勝寶) 원년(749) 4월 갑오삭조에 무위(無位)에서 종5위하(극위)로 승진한 구미조신비량녀(久米朝臣比良女), 천평보자(天平寶字) 8년(764) 10월 기축조에 종5위하로 이하수(伊賀守)에 임명된 구미조신자충(久米朝臣子蟲) 등이 보인다.

2. 무내숙녜(武內宿禰)

『고사기』 효원천황단(孝元天皇段)에는 건내숙녜(建內宿禰; 다케우치노스쿠네)로 기재되어 있다. 『일본서기』에는 효원의 증손자로 경행(景行) 대에 출생하여 성무(成務) 대에 대신의 지위에 올랐으며 중애(仲哀)를 거쳐 신공(神功), 응신(應神), 인덕(仁德) 대까지 활약한 인물로 기재되어 있다. 좌경 황별(상) 「전구조신(田口朝臣)」조(066) 무내숙녜 참조.

3. 도목숙녜(稻目宿禰)

『일본서기』에서는 소아마자(蘇我馬子)의 아버지로 선화(宣化), 흠명조(欽明朝)에 대신(大臣)을 지낸 것으로 기재된 인물이다. 소아씨는 무내숙녜의 아들 석천숙녜(石川宿禰)를 시조로 하며, 대화국(大和國) 고시군(高市郡) 소아(蘇我), 즉 현재 강원시(橿原市) 증아정(曾我町) 일대를 본거지로 하는 대호족이다. 좌경 황별(상) 「앵정조신(櫻井朝臣)」조(067) 도목숙녜대신(稻目宿禰大臣) 참조.

4. 일본기합(日本紀合)

『일본서기』 천무천황(天武天皇) 13년(684) 11월 무신삭조에 내목신(來目臣)이 조신(朝

臣)이라는 성을 받았다는 사성 기사와 합치된다는 의미로 이해된다.

133 【원 문】
御炊朝臣
　武內宿禰六世孫宗我馬背宿禰之後也. 日本紀漏.

【번 역】
어취조신(御炊朝臣; 미카시기노아소미)
　무내숙녜(武內宿禰; 다케시우치노스쿠네)의 6세손 종아마배숙녜(宗我馬背宿禰; 소가노우마세노스쿠네)의 후손이다. 『일본기』에는 누락되었다.

【주 석】
1. 어취조신(御炊朝臣)
　어취조신의 어취(御炊; 미카시기)라는 씨명은 조정에서 밥 짓는 일을 담당한 것에서 유래한 씨명으로 추정된다. 조신 성의 사성 기록은 보이지 않는다.
　어취조신 일족은 『속일본기』 양로(養老) 5년(721) 6월 신축조의 종5위하(極位)로 병부소보(兵部少輔)에 보임된 어취조신인마려(御炊朝臣人麻呂)를 들 수 있다.

2. 무내숙녜(武內宿禰)
『고사기』 효원천황단(孝元天皇段)에는 건내숙녜(建內宿禰; 다케우치노스쿠네)로 기재되어 있다. 『일본서기』에는 효원의 증손자로 경행(景行) 대에 출생하여 성무(成務) 대에 대신의 지위에 올랐으며 중애(仲哀)를 거쳐 신공(神功), 응신(應神), 인덕(仁德) 대까지 활약한 인물로 기재되어 있다. 좌경 황별(상) 「전구조신(田口朝臣)」조(066)의 무내숙녜 참조.

3. 종아마배숙녜(宗我馬背宿禰)
『기씨가첩(紀氏家牒)』에 소아도목숙녜(蘇我稻目宿禰)는 소아석하숙녜(蘇我石河宿禰)의 현손(玄孫), 만지숙녜(滿智宿禰)의 증손, 한자숙녜(韓子宿禰)의 손자, 마배숙녜(馬背宿禰)[또는 고려(高麗)라고 한다.]의 아들이라 적혀 있으므로, 무내숙녜의 5세손 소아석천숙녜의 4세손에 해당하는 도목숙녜의 아버지 마배숙녜로 비정할 수 있다. 그런데 본조에는 6세손이라 적혀 있어 차이가 있다. 본조에서 기록한 6세손에 따르면 종아마배숙녜는 도목의 아들 종아마자숙녜(宗我馬子宿禰)를 잘못 쓴 것(잘못 필사한 것)일 가능성도 있다. 우경 황별(상) 「천변조신(川邊朝臣)」조(130) 종아숙녜(宗我宿禰) 참조.

4. 일본기루(日本紀漏)

『일본서기』에 어취조신에 관한 사성 기사가 보이지 않는 것을 가리키는 의미로 이해된다. 『월중석흑계도(越中石黑系圖)』의 소아석천숙녜(蘇我石川宿禰)에 관한 주석[尻付]에는 '어취조신조(御炊朝臣祖)'라고 적혀 있다.

134 【원문】
玉手朝臣
同宿禰男葛木曾頭日古命之後也. 日本紀合.

【번역】
옥수조신(玉手朝臣; 다마테노아소미)
　같은 숙녜(무내숙녜)의 아들 갈목증두일고명(葛木曾頭日古命; 가츠라키노소츠비코노미코토)의 후손이다. 『일본기』와 합치된다.

【주석】
1. 옥수조신(玉手朝臣)
옥수조신의 옥수(玉手; 다마테)라는 씨명은 『일본서기』 효령(孝靈) 즉위전기에 옥수구상릉(玉手丘上陵; 다마테노오카노에노미사자키)이 보이고, 『고사기』 효원천황단에도 옥수강(玉手岡; 다마네노오카)이 보이므로 지명에서 유래한 것으로 추정된다. 이곳은 현재 나량현(奈良縣) 남갈성군(南葛城郡) 어정소(御所町) 일대로 비정된다. 『일본서기』 천무천황

(天武天皇) 13년(684) 11월 무신삭조에 옥수신(玉手臣)이 조신(朝臣) 성을 받았다고 적혀 있다.

옥수조신 일족으로는 정창원 문서 중 천평보자 7년(763) 1월 3일자 「조동대사사해(造東大寺司解)」(『대일본고문서』 4-294) 조향산약사사소(造香山藥師寺所) 항목에 별당(別堂)으로 좌대사인(左大舍人) 정7위하 옥수조신도족(玉手朝臣道足)이 보인다.

2. 동숙녜(同宿禰)

좌백유청(佐伯有清)은 『신찬성씨록』 완본에는 '동(同)'이 '무내(武內)'라는 2글자였을 것으로 추정하였다.

3. 갈목증두일고명(葛木曾頭日古命)

갈목증두일고명은 『일본서기』에는 갈성습진언(葛城襲津彦; 가츠라키노비코노미코토), 『고사기』에는 갈성장강증도비고(葛城長江曾都毘古; 가츠라기노나가에노소츠비코)와 갈성지증도비고(葛城之曾都毘古)라고 표기하고 있다. 『기씨가첩(紀氏家牒)』의 일문(逸文)에는 갈성장병습진언숙녜(葛城長柄襲津彦宿禰)라고 표기되어 있다. 좌경 황별(하) 「갈성조신(葛城朝臣)」조(111)의 갈성습진언 참조.

4. 일본기합(日本紀合)

『일본서기』 천무천황(天武天皇) 13년(684) 11월 무신삭조에 옥수신(玉手臣)이 조신(朝臣) 성을 받았다는 사성 기사와 합치한다는 의미로 이해된다.

135 【원문】

掃守田首
　　武內宿禰男紀都奴宿禰之後也.

【번역】

소수전수(掃守田首; 가니모리타노오비토)

무내숙녜(武內宿禰; 다케시우치노스쿠네)의 아들 기도노숙녜(紀都奴宿禰; 기노츠누노스쿠네)의 후손이다.

【주 석】

1. 소수전수(掃守田首)

소수전수의 소수전(掃守田; 가니모리타)이라는 씨명은 율령제 화천국(和泉國) 화천군(和泉郡) 소수전(掃守田; 가니모리타)이라는 지명과 관련이 있는 것으로 추정된다. 이곳은 현재 대판부(大阪府) 안화전시(岸和田市) 일대로 비정된다. 소수전수씨는 화천국 황별조에도 소수전수가 게재되어 있다.

소수전수 일족은 우경경에는 보이지 않지만, 천평신호 원년(765) 8월 16일 「대화국 십시군 지상향 옥지매매권(天平神護元年八月十六日 大和國十市郡池上鄕屋地賣買券)」(『대일본고문서』 4-522)의 대화국 십시장권(十市莊券)에 서명한 대화국(大和國) 소예(少豫) 정7위상 소수전비등마양(掃守田毗登馬養) 등을 들 수 있다.

2. 무녜숙녜(武內宿禰)

『고사기』 효원천황단(孝元天皇段)에는 건내숙녜(建內宿禰; 다케우치노스쿠네)로 기재되어 있다. 『일본서기』에는 효원의 증손자로 경행(景行) 대에 출생하여 성무(成務) 대에 대신의 지위에 올랐으며 중애(仲哀)를 거쳐 신공(神功), 응신(應神), 인덕천황(仁德天皇) 대까지 활약한 인물로 기재되어 있다. 좌경 황별(상) 「전구조신(田口朝臣)」조(066)의 무내숙녜 참조.

3. 기도노숙녜(紀都奴宿禰)

기도노숙녜는 『일본서기』에 기각숙녜(紀角宿禰; 기노츠노노스쿠네), 『고사기』에 목각숙녜(木角宿禰; 기노츠노노스쿠네)라고 표기되어 있다. 또 『고사기』에 효원천황(孝元天皇)의 자손으로 무내숙녜(武內宿禰)의 아들인 기각숙녜(紀角宿禰; 기노츠노노스쿠네)를 시조로 하는 전승이 기재되어 있다. 『일본서기』 응신천황(應神天皇) 3년 시세조에는 "백제의 진사왕(辰斯王)이 귀국의 천황에게 무례하였으므로 기각숙녜, 우전시대숙녜(羽田矢代宿禰; 하타노야시로노스쿠네), 석천숙녜(石川宿禰; 이시카와노스쿠네), 목토숙녜(木菟宿禰; 츠쿠노스쿠네) 등을 파견하여 그 무례함을 책하였다. 이 때문에 백제국은 진사왕을 죽여 사죄하였다. 기각숙녜 등은 다시 아화(阿花)를 왕으로 세우고 돌아왔다."라고 적혀 있다. 또 인덕천황(仁德天皇) 41년 3월조에는 기각숙녜가 백제에 가서 국군(國郡)의 경계를 정하고 향토 소출을 기록하였다는 기사가 보인다. 좌경 황별「기조신(紀朝臣)」조(068)의 기각숙녜(紀角宿禰) 참조.

136 【원 문】

上毛野朝臣
　　崇神天皇皇子豐城入彦命之後也. 日本紀合.

【번 역】

상모야조신(上毛野朝臣; 가미츠케노아소미)

　　숭신천황(崇神天皇; 스진텐노)의 황자 풍성입언명(豐城入彦命; 도요키이리히코노미코토)의 후손이다. 『일본기』와 합치한다.

【주 석】

1. 상모야조신(上毛野朝臣)

상모야조신의 상모야(上毛野; 가미츠케)라는 씨명은 율령제 상야국(上野國; 가미츠케노쿠니)이라는 국명과 관련된 것으로 추정된다. 이곳은 현재 군마현(群馬縣)에 해당된다. 『일본서기』 천무천황 13년(685) 11월 무신삭조에 상모야군(上毛野君)이 조신성을 받았다. 좌경 황별(하)에도「상모야조신」(098)조가 게재되어 있다.

　　상모야군 일족으로는 『일본서기』에 의거하면 안한천황(安閑天皇) 원년 윤12월 시월(是月)조에 무장국조(武藏國造) 입원직사주(笠原直使主)와 동족 소저(小杵)가 국조직을 두고 싸우다가 결판이 나지 않자 소저가 몰래 상모야군소웅(上毛野君小熊)에게 구원을 청했다는 기사가 보이고, 서명천황(舒明天皇) 9년(637) 시세(是歲)조에는 하이(蝦夷) 토벌의 장군으로 상모야군형명(上毛野君形名)이 보인다. 천지천황(天智天皇) 2년(663) 3월조에 백제의 구원 요청에 따라 파견된 전장군(前將軍) 상모야군치자(上毛野君稚子), 천무천황 10년(681) 3월 병술조의 대금하(大錦下, 664~685년에 사용된 관위 26계 중 9위)

상모야군삼천(上毛野君三千) 등이 있다.

상모야조신 일족으로는 『속일본기』에 의거하면 문무천황(文武天皇) 4년(700) 기미조에 직광삼(直廣參)으로 길비총령(吉備總領)에 보임된 이후 화동(和銅) 원년(708) 3월 병오조에 종4위하(極位)로 육오수(陸奧守)에 임명된 상모야조신소족(上毛野朝臣小足)이 있다. 대보(大寶) 3년(703) 7월 갑오조에 정6위상으로 하총수(下總守)에 보임된 뒤 화동 2년(709) 4월 임인조에 종4위상으로 죽은 상모야조신남족(上毛野朝臣男足), 경운(慶雲) 4년(707) 2월 갑오조에 종6위하에서 종5위하(극위)로 승진한 상모야조신견신(上毛野朝臣堅身), 화동 원년(708) 정월 을사조에 종6위상에서 종5위하로 승진한 이후 양로(養老) 4년(720) 9월 정축조에 하이의 반란으로 살해된 안찰사 정5위하 상모야조신광인(上毛野朝臣廣人), 화동 원년 3월 병오조에 종5위상(극위)으로 상총수에 보임된 상모야조신안마려(上毛野朝臣安麻呂), 화동 원년 3월 병오조에 종4위하(극위)로 육오수에 보임된 상모야조신소족(上毛野朝臣小足), 천평(天平) 14년(742) 정월 계축조에 외종5위하에서 종5위하(극위)로 승진한 상모야조신금구마려(上毛野朝臣今具麻呂)가 있다. 또 천평보자(天平寶字) 8년(764) 정월 기미조에 출운개(出羽介), 천평보자(天平寶字) 8년(764) 10월 계미조에 상야수, 보귀(寶龜) 7년(776) 7월 병오조에 출우수(出羽守)로 보임된 종5위상(극위) 상모야조신마장(上毛野朝臣馬長), 신호경운(神護景雲) 원년(767) 정월 갑오조에 정6위상에서 종5위하로 승진한 뒤 보귀 5년 3월 갑진조에 육오개(陸奧介), 보귀 9년(778) 8월 계사조에 주세두, 연력(延曆) 2년(783) 2월 임신조에 월후수 등에 보임된 정5위하(극위) 상모야조신도인(上毛野朝臣稻人) 등이 있다.

2. 숭신천황(崇神天皇)

숭신천황은 『일본서기』와 『고사기』에 제10대 천황으로 기록되어 있다. 좌백유청(佐伯有淸)은 완본에서는 '숭신(崇神)' 앞에 '어간성입언오십경식천황시(御間城入彦五十瓊殖天皇諡)'라는 12글자가 있고, '숭신' 다음에는 '천황(天皇)'이라는 2글자가 없었을 것이라 추정하였다. 좌경 황별(하) 「하모야조신(下毛野朝臣)」조(097) 숭신천황 참조.

3. 풍성입언명(豐城入彦命)

풍성입언명은 『일본서기』와 『고사기』에 전해지는 제10대 숭신천황(崇神天皇)의 황자이다. 『일본서기』에는 풍성입언명, 풍성명(豐城命), 『고사기』에는 풍목입일자명(豐木入日

子命; 도요키이리히코노미코)이라고 표기되어 있다. 『고사기』숭신천황단과 『일본서기』 숭신 48년 4월 무신삭 병인조에 상모야군(上毛野君)과 하모야군(下毛野君)의 시조라고 기술되어 있다. 좌경 황별(하)「하모야조신(下毛野朝臣)」조(097) 풍성입언명 참조.

4. 일본기합(日本紀合)

『일본서기』천무천황 13년 11월 무신삭조에 상모야군(上毛野君)을 비롯한 모두 52씨에게 조신이라는 성을 주었다고 적혀 있는 사성 기사와 합치된다는 의미로 이해된다.

137 【원문】

佐味朝臣
　上毛野朝臣同祖. 豐城入彦命之後也. 日本紀合.

【번역】

좌미조신(佐味朝臣; 사미노아소미)
　상모야조신(上毛野朝臣; 가미츠케노아소미)과 조상이 같으며 풍성입언명(豐城入彦命; 도요키이리히코노미코토)의 후손이다. 『일본기』와 합치한다.

【주석】

1. 좌미조신(佐味朝臣)

좌미조신의 좌미(佐味; 사미)라는 씨명은 율령제 상야국(上野國) 연야군(緣野郡)의 좌미(佐味; 사미)라는 지명과 관련이 있을 것으로 추정된다. 이곳은 현재 군마현(群馬縣) 등강시(藤岡市) 주변에 해당된다. 『일본서기』천무천황(天武天皇) 13년(684) 11월 무신삭조에는 좌미군(佐味君)이 조신이라는 성을 받았다고 적혀 있다.

좌미군 일족으로는 『일본서기』천무천황 원년(672) 6월 기축조에 대반련안마려(大伴連安麻呂), 판상직로(坂上直老) 등과 함께 대해인 측에서 활동한 좌미군숙나마려(佐味君宿那麻呂)가 보인다.

좌미조신 일족으로는 좌미군숙나마려가 천무천황 14년(685) 9월 무오조 등에 직광사

(直廣肆) 좌미조신소마려(佐味朝臣少麻呂)로, 지통천황(持統天皇) 3년(689) 6월 계미조에 직광사 좌미조신숙나마(佐味朝臣宿那麿)로 나온다.『속일본기』에 보이는 인물로는 문무천황(文武天皇) 4년(700) 5월 신유조에 신라에 파견하는 소사(小使)로 보임된 근대사(勤大肆) 좌미조신하좌마려(佐味朝臣賀佐麻呂), 경운(慶雲) 2년(705) 12월 계유조에 정6위하에서 종5위하(極位)로 승진한 좌미조신립마려(佐味朝臣笠麻呂), 영귀(靈龜) 5년(715) 4월 병자조에 종5위하에서 종5위상으로 승진하고 양로(養老) 4년(720) 정월 갑자조에 종5위상에서 정5위상(극위)으로 승진한 좌미조신가작마려(佐味朝臣加作麻呂), 신귀(神龜) 2년(725) 11월 기축조의 중무소승(中務少丞) 종6위상 좌미조신충마려(佐味朝臣蟲麻呂), 천평(天平) 3년(731) 6월 경인조에 중위소장(中衛少將)에 보임된 외종5위하 좌미조신족인(佐味朝臣足人), 천평승보(天平勝寶) 3년(751) 정월 기유조에 종5위하에서 종5위상(극위)으로 승진한 좌미조신도부(佐味朝臣稻敷)가 있으며, 천평승보(天平勝寶) 8년(756) 5월 병진조에 종5위하(극위) 좌미조신광마려(佐味朝臣廣麻呂)가 양역부사(養役夫司)에 임명되었다. 또 천평보자(天平寶字) 원년(757)에 귤제형(橘諸兄)을 밀고한 공로로 종8위상에서 종5위하(극위)로 승진한 좌미조신궁수(佐味朝臣宮守), 천평보자 5년(761) 정월 무자조에 정6위상에서 종5위하(극위)로 승진한 좌미조신이여마려(佐味朝臣伊與麻呂), 보귀(寶龜) 3년(772) 정월 신묘조의 정6위상에서 외종5위하(극위)로 승서된 좌미조신진궁(佐味朝臣眞宮), 보귀 7년(776) 정월 병신조의 정6위상에서 종5위하(극위)로 승진한 후 동년 3월 계사조에 궁내소보(宮內少輔)로 임명된 좌미조신계인(佐味朝臣繼人), 보귀 9년(778) 7월 정미조에 화천수(和泉守)에 보임된 종5위하(극위) 좌미조신산수(佐味朝臣山守) 등을 들 수 있다.『일본후기(日本後紀)』연력(延曆) 18년(799) 2월 병자조에는 종8위하에서 종5위하(극위)로 승진한 좌미조신매녀(佐味朝臣枚女),『일본삼대실록(日本三代實錄)』정관(貞觀) 6년(864) 정월 갑오 7일에는 산위(散位)에서 종5위하(극위)로 승진한 좌미조신인상(佐味朝臣人上) 등이 있다.

2. 상모야조신동조(上毛野朝臣同祖)

상모야조신은 상야국(上野國)을 본관으로 하는 유력 호족으로 천무 13년(684)에 조신 성을 받았다.『일본삼대실록』원경(元慶) 원년(877) 12월 25일 신묘조에는 상모야(上毛野), 대야(大野), 지전(池田), 좌미(佐味), 거지조신(車持朝臣)이 조상이 같다고 적혀 있다.

3. 풍성입언명(豐城入彥命)

풍성입언명은 『일본서기』와 『고사기』에 전해지는 제10대 숭신천황(崇神天皇)의 황자이다. 『일본서기』에서는 풍성입언명, 풍성명(豐城命), 『고사기』에서는 풍목입일자명(豐木入日子命; 도요키이리히코노미코)이라고 표기되어 있다. 『고사기』 숭신천황단과 『일본서기』 숭신 48년 4월 무신삭 병인조에 상모야군(上毛野君)과 하모야군(下毛野君)의 시조라고 기술되어 있다. 좌경 황별(하) 「하모야조신(下毛野朝臣)」조(097) 풍성입언명 참조.

4. 일본기합(日本紀合)

『일본서기』 천무천황(天武天皇) 13년(684) 11월 무신삭조에 좌미군(佐味君)이 조신이라는 성을 받았다는 사성 기사와 합치한다는 의미로 이해된다.

138 【원문】

大野朝臣
同豐城入彥命四世孫大荒田別命之後也. 日本紀合.

【번역】

대야조신(大野朝臣; 오노노아소미)

　　같은 풍성입언명(豐城入彥命; 도요키이리히코노미코토)의 4세손 대황전별명(大荒田別命; 오아라타와케노미코토)의 후손이다. 『일본기』와 합치한다.

【주석】

1. 대야조신(大野朝臣)

대야조신의 대야(大野; 오노)라는 씨명은 율령제 상야국(上野國) 산전군(山田郡)의 대야(大野; 오노)라는 지명과 관련이 있을 것으로 추정된다. 이곳은 현재 군마현(群馬縣) 미도리시(みどり市) 일대이다. 『일본서기』 천무천황(天武天皇) 13년(684) 11월 무신삭조에는 대야군(大野君)이 조신이라는 성을 받았다고 적혀 있다.

대야군 일족으로는 『일본서기』 천무천황 원년 7월 임진조에 근강 측 장군으로 활동한 대야군과안(大野君果安)이 있다.

대야조신 일족으로는 『속일본기』 화동(和銅) 7년(714) 12월 기묘조에 신라사를 맞이한 정7위상 대야조신동인(大野朝臣東人)을 들 수 있다. 천평 14년(742) 11월 계묘조 대야조신동인의 훙전에 "참의 종3위(極位) 대야조신동인은 비조조정(飛鳥朝廷) 규직대부(糺職大夫; 율령제하 彈正臺의 전신. 대부는 그 장관) 과안(果安)의 아들이다."라고 적혀 있다. 과안은 임신의 난에서 대우황자 측의 장수로 활약한 인물이다. 또 천평승보(天平勝寶) 원년(749) 5월 갑진조의 육오국(陸奧國) 진수판관(鎭守判官) 5위상(극위) 대야조신횡도(大野朝臣橫刀), 천평보자(天平寶字) 2년(758) 8월 경자삭조에 정6위상에서 외종5위하(극위)로 승진한 대야조신광언(大野朝臣廣言), 천평보자 3년(759) 5월 임오조에 화천수(和泉守)에 보임된 종5위하(극위) 대야조신광주(大野朝臣廣主), 보귀(寶龜) 원년(770) 10월 기축삭조에 종5위상(극위)으로 승진한 대야조신진본(大野朝臣眞本), 연력(延曆) 9년(790) 3월 병오조에 종5위하(극위)로 안방수(安房守)가 된 대야조신중남(大野朝臣仲男) 등이 보인다. 『일본후기』 일문(逸文) 홍인(弘仁) 9년(818) 12월 신해조에는 월전권수(越前權守) 종4위상(극위)으로 죽은 대야조신직웅(大野朝臣直雄) 등이 보인다.

2. 풍성입언명(豐城入彦命)

풍성입언명은 『일본서기』와 『고사기』에 전하는 제10대 숭신천황(崇神天皇)의 황자이다. 좌경 황별(하) 「하모야조신(下毛野朝臣)」조(097) 참조.

3. 동풍성입언명(同豐城入彦命)

좌백유청(佐伯有淸)은 『신찬성씨록』 완본에서는 '상모야조신동조(上毛野朝臣同祖). 풍성입언명(豐城入彦命).'이라고 적혀 있었을 것으로 추정하였다.

4. 대황전별명(大荒田別命)

대황전별명은 황전별(荒田別; 아라타와케), 황전별명(荒田別命; 아라타와케노미코토)이라고도 표기된다. 『일본서기』 신공황후(神功皇后) 섭정 49년 3월조에는 황전별과 녹아별(鹿我別; 가가와케)이 신라를 치기 위해 파견된 전승이 기재되어 있고, 응신천황(應神天

皇) 15년 8월 정묘조에는 황전별이 상모야군(上毛野君)의 조상이라고 적혀 있다. 인덕천황 53년 5월조에는 상모야군의 선조 죽엽뢰(竹葉瀨; 다카하세)가 신라에 파견된 전승이 기록되어 있다.『신찬성씨록』 좌경 황별「상모야조신(上毛野朝臣)」조에는 "풍성입언명의 5세손 다기파세군(多奇波世君; 다카하세노키미)의 후손"이라 적혀 있다. 다기파세(多奇波世; 다카하세)는 죽엽뢰(竹葉瀨; 다카하세)를 가리킨다.『신찬성씨록』 하내국(河內國) 신별(神別)「지미련(止美連)」조에도 풍성입언명의 후손 황전별명의 아들 전도공(田道公)이 백제에 파견된 전승이 게재되어 있다.『속일본기』 연력(延曆) 9년(790) 7월 신사조 백제왕인정(百濟王仁貞)의 상표문에는 상모야씨의 원조(遠祖) 황전별이 백제로 파견되어 유식자(有識者)를 구하였다고 적혀 있다.

4. 일본기합(日本紀合)

『일본서기』 천무천황(天武天皇) 13년(684) 11월 무신삭조에 대야군(大野君)이 조신 성을 받았다는 기사와 합치한다는 의미이다.

139 【원문】

垂水公
　豐城入彦命四世孫賀表乃眞稚命之後也. 六世孫阿利眞公. 諡孝德天皇御世. 天下旱魃. 河井涸絕. 于時阿利眞公. 造作高樋. 以垂水岡基之水. 令通宮內. 供奉御膳. 天皇美其功. 使賜垂水公姓. 掌垂水神社也. 日本紀漏.

【번 역】

수수공(垂水公; 다루미노키미)

　풍성입언명(豐城入彦命; 도요키이리히코노미코토)의 4세손 하표내진치명(賀表乃眞稚命; 가호노마와카노미코토)의 후손이다. 6세손 아리진공(阿利眞公; 아리마노키미)이 효덕천황(孝德天皇) 때 천하가 가물어서 강과 우물이 말라 버렸다. 이때 아리진공이 나무로 수로를 만들어 수수강(垂水岡; 다루미노오카)에서 나는 물을 궁 안으로 통하게 하고 천황에게 식사를 바쳤다. 천황이 그 공을 칭찬하여 수수공이라는 성을 주고, 수수신사(垂水

神社; 다무미노카미노야시로)를 관장하게 하였다. 『일본기』에는 누락되었다.

【주 석】

1. 수수공(垂水公)

수수(垂水; 다루미)라는 씨명은 『유취국사(類聚國史)』 권107 제원사(齊院司) 천장(天長) 3년(826) 7월 신묘조의 섭진국(攝津國) 수수장(垂水莊; 다루미쇼) 및 『연희식(延喜式)』 신명장(神名帳) 섭진국 풍도군(豐島郡) 수수신사의 진좌지명과 관련된 것으로 추정된다. 이곳은 현재 대판부(大阪府) 취전시(吹田市) 풍진(豐津) 일대에 해당된다.

　　수수공 일족으로는 『영락유문(寧樂遺文)』(下-635)에 수록된 「천평보자 6년(762) 5월 (天平寶字六年五月) 장아함십보법경(長阿含十報法經) 권하발어(卷下跋語)」에 적힌 수수공흑인(垂水公黑人)」이 있다.

2. 풍성입언명(豐城入彦命)

풍성입언명은 『일본서기』와 『고사기』에 전해지는 제10대 숭신천황(崇神天皇)의 황자이다. 『일본서기』 숭신(崇神) 48년 4월 무신삭 병인조에 상모야군(上毛野君)과 하모야군(下毛野君)의 시조라고 기술되어 있다. 좌경(左京) 황별(하) 「하모야조신(下毛野朝臣)」조(097) 참조.

3. 하표내진치명(賀表乃眞稚命)

하표내진치명은 여기에만 보인다. 다만 풍성입언명의 4세손 하표내진치명과 좌경 황별(하) 「대망공(大網公)」조에 나오는 풍성입언명의 6세손 하모군나량(下毛君奈良)의 아우 진약군(眞若君; 마와카노키미)은 이름이 같다. 그러나 세대수 면에서 차이가 있으므로 다른 사람일 것이다.

4. 아리진공(阿利眞公)

아리진공은 여기에만 보인다.

5. 효덕천황(孝德天皇)

효덕천황(596~654, 재위 645~654)은 일본의 제38대 천황이다. 휘는 경(輕)이다. 황극천황(皇極天皇)과 동복남매로 어릴 때는 경황자(輕皇子)로 불렸다. 황극천황 4년(645) 6월에 양위를 받아 즉위하였으며, 황극의 장자인 중대형황자(中大兄皇子, 뒤에 천지천황)를 황태자로 삼고, 연호를 대화(大化)라고 칭하였다. 간인황녀(間人皇女)를 황후로 삼았다. 백치(白雉) 4년(653)에 이르자 중대형황자는 천황의 뜻에 반대하며, 황극상황(皇極上皇)과 간인황후 이하 공경백관을 이끌고 대화(大和)의 비조(飛鳥)로 거처를 옮겼다. 난파에 남은 천황은 다음 해인 백치 5년(654) 10월 10일에 궁에서 병사하였다.

좌백유청(佐伯有淸)은 완본에서는 '시(諡)' 앞에 '천만풍일천황(天萬豐日天皇)'이라는 6글자가 있고 '효덕' 다음에 '천황(天皇)'이라는 2글자는 없었을 것으로 추정하였다.

6. 고통(高樋)

나무로 수로를 만들어 물을 통하게 만든 것이다. 앞의 「거세위전조신」(121)조 장위(長樋) 참조.

7. 수수신사(垂水神社)

수수신사는 대판부(大阪府) 취전시(吹田市)에 있는 신사이다. 풍도군(豐島郡)의 식내사(式內社)로 신사의 북쪽에 위치한 수수개강(垂水ヶ岡; 다루미노가오카)에서 솟아나는 폭포를 신체(神體)로 삼았다. 수수신사가 사서에 처음으로 등장하는 것은 『속일본후기(續日本後紀)』 승화(承和) 3년(836) 6월 계묘조로, 수수(垂水) 등 신사에 봉폐하고 비를 기원했다고 적혀 있다. 이후에도 수수신사는 기우와 관련된 기록에 여러 차례 등장한다. 수수신이 비를 다스리는 신이었을 수 있다.

8. 일본기루(日本紀漏)

『일본서기』에 아리진공이 수수공성을 받은 것이 보이지 않는 것을 가리킨다.

140 【원 문】

田邊史
　　豐城入彦命四世孫大荒田別命之後也.

【번 역】

전변사(田邊史; 다나베노후히토)

　풍성입언명(豐城入彦命; 도요키이리히코노미코토)의 4세손 대황전별명(大荒田別命; 오아라타와케노미코토)의 후손이다.

【주 석】

1. 전변사(田邊史)

　전변사라는 씨명은 전변폐사적(田邊廢寺蹟)이 있는 율령제 하내국(河內國) 안숙군(安宿郡)의 자모향(資母鄕) 전변이라는 지명과 관련이 있을 것으로 추정된다. 이곳은 현재 대판부(大阪府) 박원시(柏原市) 전변(田邊; 다나베) 일대이다.

　전변사 일족으로는『일본서기(日本書紀)』웅략(雄略) 9년 7월 임진삭조의 전변사백손(田邊史伯孫), 백치(白雉) 5년(654) 2월조의 견당사 일원으로 파견된 전변사조(田邊史鳥)가 보인다.『속일본기(續日本紀)』에는 문무천황(文武天皇) 4년(700) 6월 갑오조에 추대일(追大壹, 685년 제정 48계 관위 중 33위) 전변사백지(田邊史百枝)와 진대이(進大貳, 685년 제정 48계 관위 중 43위) 전변사수명(田邊史首名)이 율령 찬정 공로자로 녹을 받았다고 적혀 있다. 화동(和銅) 3년(710) 정월 갑자조의 정6위상에서 종5위하(극위)로 승진한 전변사비량부(田邊史比良夫), 천평(天平) 3년(730) 12월 을미조의 갑비국수(甲斐國守) 외종5위하(극위) 전변사광족(田邊史廣足)이 보인다. 천평 17년(745) 9월 무술조에 삼하수(參河守)에 임명된 외종5위하 전변사고액(田邊史高額), 천평승보(天平勝寶) 원년(749) 8월 계해조에 정6위상에서 외종5위하(극위)로 승진한 전변사광빈(田邊史廣濱)을 들 수 있다. 천평승보 2년(750) 3월 무술조에는 종5위하(극위) 전변사난파(田邊史難波) 등이 상모야군(上毛野君) 성을 받았다고 적혀 있으며, 연력(延曆) 원년(782) 8월 경신조에는 외종5위하(극위) 전변사정족(田邊史淨足)이 이두수(伊豆守)에 임명된 기록이 보인다.『일본후기(日本後紀)』연력 24년(805) 8월 계묘조의 종8위하에서 외종5위하(극위)로 승진한 전변사동녀(田邊史東女), 『일본삼대실록』정관(貞觀) 원년(859) 12월 27일 무신조의 사생(史生) 종6위상 전변사택주(田邊史宅主) 등이 보인다. 또 고문서에는 천평 5년(733) 「우경계장(天平五年 右京系帳)」(『대일본고문서』 1-484)의 전변사진립(田邊史眞立), 천평 17년 4월 21일자 「조궁성이(造宮省移)」(『대일본고문서』 24-294)의 전변사당성(田邊史當成), 천평 20년 8월 「경사등상일장(經師等上日帳)」(『대일본고문서』 10-368)의 전변사어주(田邊史魚主) 등이 보인다.

2. 풍성입언명(豐城入彦命)

풍성입언명은 숭신천황(崇神天皇)의 황자이다. 『일본서기』에는 풍성입언명, 풍성명(豐城命), 『고사기』에는 풍목입일자명(豐木入日子命; 도요키이리히코노미코)이라 적혀 있다. 『고사기』 숭신천황단과 『일본서기』 숭신천황(崇神天皇) 48년 4월 무신삭 병인조에는 상모야군(上毛野君)과 하모야군(下毛野君)의 시조라고 기술되어 있다.

3. 대황전별명(大荒田別命)

대황전별명은 황전별(荒田別; 아라타와케), 황전별명(荒田別命; 아라타와케노미코토)이라고도 표기된다. 『일본서기』 신공황후(神功皇后) 섭정 49년 3월조에는 황전별과 녹아별(鹿我別; 가가와케)이 신라를 치기 위해 파견된 전승이 기재되어 있고, 응신천황(應神天皇) 15년 8월 정묘조에는 황전별이 상모야군(上毛野君)의 조상이라고 적혀 있다. 우경황별(상) 「대야조신」조(138) 대황전별명(大荒田別命) 참조.

141 【원 문】

佐自努公
　　同上. 日本紀漏.

【번 역】

좌자노공(佐自努公; 사지누노키미)
　　위와 같다. 『일본기』에 누락되었다.

【주 석】

1. 좌자노공(佐自努公)

좌자노(佐自努; 사지누)라는 씨명은 지명이나 직명과 관련짓기 어렵다.

미정잡성 하내국에도 풍성입언명의 후손임을 주장하는 「좌좌노공」(1136)조가 게재되어 있다.

좌자노공 일족으로는 천평보자 5년경 「봉사일체경소상일장(奉寫一切經所上日帳)」(『대일본고문서』 15-133)에 기재된 좌자노공미두태(佐自努公美豆太)가 있다.

2. 동상(同上)

좌백유청(佐伯有淸)은 『신찬성씨록』 완본에는 "풍성입언명의 4세손 대황별명의 후손이다(豐城入彦命四世孫大荒田別命之後也)."라고 적혀 있었을 것으로 추정하였다.

3. 일본기루(日本紀漏)

좌백유청(佐伯有淸)은 『신찬성씨록』 완본에는 대황전별명의 후손인 누군가가 좌자노공이라는 성을 받은 것이 기재되어 있었을 것이지만 사성 기록이 『일본서기』에 보이지 않으므로 『일본서기』에 누락되었다고 적혀 있는 것이라 추정하였다.

142 【원 문】

若櫻部朝臣
　　阿倍朝臣同氏. 大彦命孫伊波我牟都加利命之後也. 日本紀合.

【번 역】

약앵부조신(若櫻部朝臣; 와카사쿠라베노아소미)

아배조신(阿倍朝臣; 아헤노아소미)과 씨가 같으며 대언명(大彦命; 오히코노미코토)의 손자 이파아모도가리명(伊波我牟都加利命; 이하가무츠카리노미코토)의 후손이다. 『일본기』와 합치한다.

【주 석】

1. 약앵부조신(若櫻部朝臣)

약앵부조신의 약앵부(若櫻部; 와카사쿠라)라는 씨명은 약앵부의 반조씨족이었던 데서 유래한 것으로 추정된다.『일본서기』천무천황(天武天皇) 13년(684) 11월 무신삭조에는 약앵부신(若櫻部臣; 와카사쿠라베노오미)이 조신이라는 성을 받았다고 적혀 있다. 약앵부는 치앵부(稚櫻部; 와카사쿠라베)라고도 표기한다.

약앵부신 일족으로는『일본서기』천무천황 원년 6월 갑신조의 치앵부신오백뢰(稚櫻部臣五百瀨)가 있다.

약앵부조신 일족으로는『일본서기』지통천황(持統天皇) 10년(696) 9월 갑인조에 직대일(直大壹)을 추증받은 약앵부조신오백뢰(若櫻部朝臣五百瀨)가 보인다.『속일본기』대보(大寶) 원년(701) 7월 임진조에는 약앵부신오백뢰(若櫻部臣五百瀨)가 공봉(功封) 80호를 중공(中功)으로 받아 그 4분의 1을 자식에게 전하도록 정해졌다고 적혀 있다. 『속일본기』천평보자(天平寶字) 8년(764) 10월 경오조에 정6위상에서 종5위하(極位)로 승진한 약앵부조신상마려(若櫻部朝臣上麻呂), 천평신호(天平神護) 원년(764) 정월 기해조에 종6위하에서 종5위하(극위)로 승진한 약앵부조신이모(若櫻部朝臣伊毛), 보귀(寶龜) 원년(770) 10월 갑인조에 종5위하에서 종5위상(극위)으로 승진한 비후개(肥後介) 약앵부조신을마려(若櫻部朝臣乙麻呂) 등이 있다.

2. 아배조신동씨(阿倍朝臣同氏)

좌백유청(佐伯有淸)은『신찬성씨록』완본에는 '아배조신동조(阿倍朝臣同祖)'라고 적혀 있었을 것이라 추정하였다. 그러나 동씨(同氏)는 씨가 같은 것이고 동조(同祖)는 조상이 같은 것을 나타내므로 구별해서 이해할 필요가 있다.

3. 대언명(大彥命)

효원천황(孝元天皇)의 맏아들이며 개화천황(開化天皇)의 형이다.『고사기』에는 대비고명(大毘古命; 오히코노미코토)으로 표기되어 있다.『일본서기』효원천황 7년 2월 정묘조에는 대언명(大彥命)이 아배신(阿倍臣), 선신(膳臣), 아폐신(阿閉臣), 협협성산군(狹狹城山郡), 축자국조(筑紫國造), 월국조(越國造), 이하신(伊賀臣) 등 7씨족의 시조라고 전한다. 도하산철검명(稻荷山鐵劍銘)의 의부비궤(意富比跪; 오호비코)를 대언명으로 추정하는 견해도 있다. 좌경 황별(상)「아배조신」조의 대언명 참조.

4. 이파아모도가리명(伊波我牟都加利命)

이파아모도가리명은 『일본서기』 경행 53년 10월조에 등장하는 선신(膳臣; 가시하테노오미)의 선조인 반록륙안(磐鹿六鴈; 이하카무츠카리)과 통한다. 『고교씨문(高橋氏文)』에는 반록륙갈명(磐鹿六獦命; 이하카무츠카리노미코토)이라 기재되어 있다. 좌경 황별(상)「선대반부」조(063)의 반록육언명(磐鹿六雁命) 참조.

5. 일본기합(日本紀合)

『일본서기』 천무천황(天武天皇) 13년(684) 11월 무신삭조에 약앵부신(若櫻部臣; 와카사쿠라베노오미)이 조신이라는 성을 받았다는 사성 기사와 합치한다는 의미이다.

143 【원문】

阿閉臣
　　大彦命男彦背立大稻輿命之後也. 日本紀合.

【번역】

아폐신(阿閉臣; 아헤노오미)
　　대언명(大彦命; 오히코노미코토)의 아들 언배립대도여명(彦背立大稻輿命; 히코세타츠오이나코시노미코토)의 후손이다. 『일본기』와 합치한다.

【주석】

1. 아폐신(阿閉臣)

아폐신의 아폐(阿閉; 아헤)라는 씨명은 율령제 이하국(伊賀國)의 아폐(阿閇; 아헤)라는 지명에서 유래한 것으로 추정된다. 이곳은 현재 삼중현(三重縣) 아산군(阿山郡) 및 상야시(上野市) 일대이다.

아폐신 일족은 좌경 황별(상)「아폐신」조(059) 참조.

2. 대언명(大彦命)

효원천황(孝元天皇)의 맏아들이며 개화천황(開化天皇)의 형이다. 『고사기』 효원천황단에는 대비고명(大毘古命; 오히코노미코토)이라고 적혀 있다. 『일본서기』 효원천황 7년 2월 정묘조에는 대언명(大彦命)이 아배신(阿倍臣), 선신(膳臣), 아폐신(阿閇臣), 협협성산군(狹狹城山郡), 축자국조(筑紫國造), 월국조(越國造), 이하신(伊賀臣) 등 7씨족의 시조라고 전한다. 도하산철검명(稻荷山鐵劍銘)의 의부비궤(意富比跪; 오호비코)를 대언명으로 추정하는 견해도 있다. 좌경 황별(상) 「아배조신」조(059) 대언명 참조.

3. 언배립대도여명(彦背立大稻輿命)

언배립대도여명(彦背立大稻輿命)은 『일본서기』에는 보이지 않지만 『고사기』 효령천황단(孝靈天皇段)에는 대언명의 둘째 아들인 비고이나허사별명(比古伊那許士別命; 히코이나코시와케노미코토)으로 나온다. 그는 선신(膳臣)의 시조라고 기재되어 있다. 『신찬성씨록』 좌경 황별(상) 「고교조신(高橋朝臣)」조에는 "아배조신(阿倍朝臣)과 조상이 같으며 대도여명(大稻輿命)의 후손이다."라고 적혀 있다. 좌경 황별(상) 「육인조신(宍人朝臣)」(056)조의 언배립대도요명(彦背立大稻腰命)과 「고교조신」조(057)의 대도여명(大稻輿命) 참조.

4. 일본기합(日本紀合)

『일본서기』 천무천황 13년(684) 11월 무신삭조에 아폐신(阿閇臣) 등에게 조신이라는 성을 내렸다는 사성 기사와 합치된다는 의미로 이해된다.

144 【원 문】

伊賀臣
　大稻輿命男彦屋主田心命之後也. 日本紀合.

【번 역】

이하신(伊賀臣; 이가노오미)

대도여명(大稻輿命; 오이나코시노미코토)의 아들 언옥주전심명(彦屋主田心命; 히코야누시타코코로노미코토)의 후손이다. 『일본기』와 합치한다.

【주 석】

1. 이하신(伊賀臣)

이하(伊賀; 이가)라는 씨명은 율령제 이하국(伊賀國) 이하군(伊賀郡)의 이하라는 지명에서 유래한 것으로 추정된다. 이곳은 현재 삼중현(三重縣) 명하군(名賀郡) 동쪽 일대에 해당된다.

이하신 일족으로는 『속일본후기(續日本後紀)』 승화(承和) 13년(846) 정월 경술조에 정7위상에서 외종5위하(극위)로 승진한 이하신진광(伊賀臣眞廣)이 보이고, 천평보자 4년(760) 6월 29일자 「동사봉사경소해(東寺奉寫經所解)」(『대일본고문서』 14-406)에 기재된 이하신석족(伊賀臣石足) 등이 있다.

2. 대도여명(大稻輿命)

대도여명은 『고사기』 효원천황단(孝元天皇段)에 기재된 선신(膳臣)의 시조 비고이나허사별명(比古伊那許士別命; 히코이나코시와케노미코토)과 동일 인물이다. 『신찬성씨록』 좌경 황별(상) 「완인조신(完人朝臣)」조에는 "아배조신(阿倍朝臣)과 조상이 같고 대언명(大彦命)의 아들 언배립대도요명(彦背立大稻腰命; 히코세오이나코시노미코토)의 아들이다."라고 적혀 있다.

3. 언옥주전심명(彦屋主田心命)

대도여명(大稻輿命)의 아들이다. 『신찬성씨록』 우경 황별(상) 「음태부(音太部)」조(148)에는 "고교조신(高橋朝臣)과 조상이 같고 언옥주전심명(彦屋主田心命)의 후손"이라고 적혀 있다.

4. 일본기합(日本紀合)

『일본서기』 천무천황 13년(684) 11월 무신삭조에 이하신 등에게 조신이라는 성을 내렸다는 사성 기사와 합치된다는 의미로 이해된다.

145 【원문】

阿閉間人臣

　同氏.

【번역】

아폐간인신(阿閉間人臣; 아헤노하시히노오미)

　씨가 같다.

【주석】

1. 아폐간인신(阿閉間人臣)

아폐간인신의 아폐(阿閉; 아헤)라는 씨명은 율령제 이하국(伊賀國)의 아폐(阿閇; 아헤)라는 지명에서 유래한 것으로 추정된다. 이곳은 현재 삼중현(三重縣) 아산군(阿山郡) 및 상야시(上野市) 일대이다. 간인(間人; 하시히토)이라는 씨명은 『일본서기』 백치(白雉) 5년(654) 2월조에 중신간인련로(中臣間人連老; 나카토미노하시히토노무라지오유) 등 복씨의 형태로 이른 시기부터 보인다. 간인(間人)에 관해서는 좌경 황별(상)의 「간인숙녜(間人宿禰)」조(085) 참조.

아폐간인신 일족은 『속일본기』 연력(延曆) 4년(785) 6월 신시조에 대속(大屬) 정6위상에서 외종5위하(극위)로 승진한 아폐간인신인족(阿閇間人臣人足)이 있다.

2. 동씨(同氏)

좌백유청(佐伯有淸)은 『신찬성씨록』 완본에는 '이하신동조(伊賀臣同祖). 대도여명남언옥주전심명지후야(大稻輿命男彦屋主田心命之後也).'라고 적혀 있었을 것이라 추정하였다. 그러나 동씨(同氏)는 씨가 같은 것이고 동조(同祖)는 조상이 같은 것을 나타내므로 구별해서 이해할 필요가 있다.

146 【원문】

他田廣瀬朝臣
　同氏. 續日本紀. 加廣瀬二字不見.

【번역】

타전광뢰조신(他田廣瀬朝臣; 오사타노히로세노아소미)
　씨가 같다. 『속일본기』에 광뢰(廣瀬)라는 2글자를 더한 것은 보이지 않는다.

【주석】

1. 타전광뢰조신(他田廣瀬朝臣)

타전광뢰조신의 타전(他田; 오사타)이라는 씨명은 민달(敏達)이 궁을 지은 역어전(譯語田; 오사타)이라는 지명에서 유래한 것으로 추정된다. 이곳은 현재 앵정시(櫻井市) 타전(太田)과 앵정시(櫻井市) 계중(戒重) 지역이다. 광뢰(廣瀬; 히로세)에 대해서는 『일본서기』황극천황(皇極天皇) 원년 12월 신해조에 "대화(大和; 야마토)의 인해(忍海; 오시미)강의 광뢰(廣瀬; 히로세)를 건너려고"라는 노래가 실려 있다. 광뢰는 지명에서 유래한 것으로 추정된다. 이곳은 대화국(大和國) 산변군(山邊郡)과 이하국(伊賀國) 명장군(名張郡)의 경계 지역에 해당된다.

타전광뢰조신은 여기에만 보인다.

2. 동씨(同氏)

좌백유청(佐伯有清)은 『신찬성씨록』 완본에는 '이하신동조(伊賀臣同祖). 대도여명남언옥주전심명지후야(大稻輿命男彦屋主田心命之後也).'라고 적혀 있었을 것이라 추정하였다. 그러나 동씨(同氏)는 씨가 같은 것이고 동조(同祖)는 조상이 같은 것을 나타내므로 구별해서 이해할 필요가 있다.

3. 속일본기(續日本紀). 가광뢰이자불견(加廣瀬二字不見)

『속일본기』에 타전광뢰조신과 같이 '광뢰'라는 2글자를 더한 것은 보이지 않는다는 의미이다.

147 【원 문】

道公

　同氏. 大彦命孫彦屋主田心命之後也.

【번 역】

도공(道公; 미치노키미)

　씨가 같다. 대언명(大彦命; 오히코노미코토)의 손자 언옥주전심명(彦屋主田心命; 히코야누시타코코로노미코토)의 후손이다.

【주 석】

1. 도공(道公)

도공의 도(道; 미치)라는 씨명은 율령제 가하국(加賀國) 석천군(石川郡) 미지(味知; 미치)라는 지명에서 유래한 것으로 추정된다. 이곳은 현재 석천현(石川縣) 백산시(白山市) 일대에 해당된다. 도공은 도군(道君; 미치노키미)이라고도 표기한다.

　도공(군) 일족으로는 『일본서기』 흠명천황(欽明天皇) 31년(570) 5월조의 이름이 빠진 도군(道君; 미치노키미)이 보인다. 또 『속일본기』 문무천황 4년(700) 6월 갑오조 등에 대보율령의 찬정에 참가한 도군수명(道君首名)이 보인다. 그는 화동(和銅) 5년(712) 9월 을유조에 견신라대사(遣新羅大使)로 나오고, 양로(養老) 2년(718) 4월 을해조에 축후수(筑後守) 정5위하(極位)로 죽었다고 적혀 있다. 『속일본후기』 승화(承和) 2년(835) 정월 계축조에 좌경인(左京人) 견당사생(遣唐史生) 도공광지(道公廣持)가 당도조신(當道朝臣)이라는 성을 받았으며, 도군수명의 손자라고 적혀 있다. 『일본후기』 연력(延暦) 24년(805) 10월 경신조에는 이두국(伊豆國)으로 유배된 좌도국(佐渡國) 사람 도공전성(道公全成) 등이 보인다. 월국(越國), 사도국(佐渡國) 등에도 도공과 관련된 인명이 확인된다.

2. 동씨(同氏)

좌백유청(佐伯有淸)은 완본에는 '동씨'가 아니라 '동조'라고 표기되었을 것이라고 추정하였다. 또 본문에 기재된 언옥주전심명의 후손이라는 부분에 초점을 맞추면 '이하신동조(伊賀臣同祖)'였을 것이고, 대언명의 손자라고 하며 대언명을 제시한 것에 중점을 두면

'아폐신동조(阿閉臣同祖)'로 완본에 기재되었을 것이라 추정하였다. 그러나 동씨(同氏)는 씨가 같은 것이고 동조(同祖)는 조상이 같은 것을 나타내므로 구별해서 이해할 필요가 있다.

3. 대언명(大彦命)

효원천황(孝元天皇)의 맏아들이며 개화천황(開化天皇)의 형이다. 『고사기』에는 대비고명(大毘古命; 오히코노미코토)이라 표기되어 있다. 『일본서기』 효원천황 7년 2월 정묘조에는 대언명(大彦命)이 아배신(阿倍臣), 선신(膳臣), 아폐신(阿閉臣), 협협성산군(狹狹城山郡), 축자국조(筑紫國造), 월국조(越國造), 이하신(伊賀臣) 등 7씨족의 시조라고 전한다. 좌경 황별(상) 「아배조신」조(054)의 대언명 참조.

4. 언옥주전심명(彦屋主田心命)

대도여명(大稻輿命)의 아들이다. 우경 황별(상) 「음태부(音太部)」조(148)에는 "고교조신(高橋朝臣)과 조상이 같고 언옥주전심명(彦屋主田心命)의 후손"이라 적혀 있다.

---

148 【원문】
音太部
　　高橋朝臣同祖. 彦屋主田心命之後也.

【번역】

음태부(音太部; 오토호베)

　고교조신(高橋朝臣; 다카하시노아소미)과 조상이 같으며 언옥주전심명(彦屋主田心命; 히코야누시타코코로노미코토)의 후손이다.

【주석】

1. 음태부(音太部)

음태부라는 씨명은 지명이나 직명과의 연관을 찾기 어렵다.

　음태부 일족으로는 천평승보 2년(750) 8월 28일자 「조동대사사해(造東大寺司解)」(『대

『일본고문서』 25-134)의 음태부동인(音太部東人)이 보인다.

2. 고교조신(高橋朝臣)

선(膳; 가시와데)씨 계통을 이은 고대의 호족이다. 『신찬성씨록』 좌경 황별(상) 「고교조신」조에는 천무천황(天武天皇) 12년(683)에 선신이 고교조신으로 개성했다고 적혀 있다. 좌경 황별(상) 「고교조신」조(57) 참조.

3. 언옥주전심명(彦屋主田心命)

대도여명(大稻輿命)의 아들이다. 『신찬성씨록』 우경 황별(상) 「이가신(伊賀臣)」조(144) 언옥주전심명(彦屋主田心命) 참조.

149 【원문】

會加臣
　孝元天皇皇子大彦命之後也.

【번역】

회가신(會加臣; 에가노오미)
　효원천황(孝元天皇; 가우구엔텐노) 황자 대언명(大彦命; 오히코노미코토)의 후손이다.

【주석】

1. 회가신(會加臣)

회가(會加; 에가)라는 씨명은 하내(河內)를 흐르는 이향천(餌香川, 현재의 石川) 좌안의 이향(餌香; 에카), 회하(會賀; 에카)라는 지명에서 유래한 것으로 추정된다. 율령제 하내국(河內國)의 지기군(志紀郡) 장야향(長野鄕) 일대이다. 이곳은 현재 대판부(大阪部) 등 정사시(藤井寺市)에 해당된다. 『속일본기』 천평신호(天平神護) 2년(766) 2월 계축조에는 우경인(右京人) 종6위하 사진승(私眞繩), 하내국(河內國) 사람 소초위상(少初位上) 사길비인(私吉備人) 등 6인에게 회하신(會賀臣; 에가노오미)이라는 성을 주었다고 적혀 있다. 회가(會加)는 회하(會賀)라고도 표기된다.

사(私) 일족으로는 『속일본기』 대보(大寶) 3년(703) 5월 임진조에 정7위상 사소전(私小田), 종7위상 사비도자(私比都自) 등이 보인다. 이들은 창원련(倉垣連)의 동족이라 칭하고 있으므로 다른 씨족일 가능성도 있다.

회가(회하)신은 여기에만 보인다. 다만 『영락유문(寧樂遺文)』(上-333)에 수록된 「보귀 4년(773) 2월 11일 태정관부(寶龜四年二月十一日 太政官符)」에 하내국 지기군 회하에 본관을 둔 좌대사(左大史) 정6위상 회하신진강(會賀臣眞綱)이 보인다.

2. 효원천황(孝元天皇)

일본의 제8대 천황으로 『일본서기(日本書紀)』와 『고사기(古事記)』에 나온다. 사적(事績)에 관한 기술이 없는, 이른바 결사(缺史) 8대의 하나이다. 좌백유청(佐伯有淸)은 『신찬성씨록』 완본에 '효원(孝元)' 앞에 '대일본근자언국견천황시(大日本根子彥國牽天皇諡)'라는 11글자가 있고, '효원' 다음에 '천황(天皇)'이라는 2글자는 없었다고 추정하였다. 좌경 황별(상) 「아배조신」조(054) 효원천황 참조.

3. 대언명(大彦命)

효원천황(孝元天皇)의 맏아들이며 개화천황(開化天皇)의 형이다. 『고사기』에는 대비고명(大毘古命; 오히코노미코토)이라 표기되어 있다. 『일본서기』 효원천황 7년 2월 정묘조에는 대언명(大彦命)이 아배신(阿倍臣), 선신(膳臣), 아폐신(阿閉臣), 협협성산군(狹狹城山郡), 축자국조(筑紫國造), 월국조(越國造), 이하신(伊賀臣) 등 7씨족의 시조라고 전한다. 좌경 황별(상) 「아배조신」조(054) 대언명 참조.

---

150 【원 문】
杖部造
　　同氏.

【번 역】

장부조(杖部造; 하세츠카베노미야츠코)
　　씨가 같다.

【주 석】

1. 장부조(杖部造)

장부조는 궁의 경호와 잡일을 담당한 부민이라 간주되는 장부(丈部; 하세츠카베)의 반조 씨족이었던 데서 유래한 것으로 추정된다. 장부에 관해서는 좌경 황별(하)「장부(丈部)」 (096)조의 장부 참조.

장부조 일족으로는『속일본기』신호경운(神護景雲) 원년(767) 12월 임인조에 외종7위상에서 외종5위하(極位)로 승진한 장부조광정(丈部造廣庭),『일본삼대실록(日本三代實錄)』원경(元慶) 7년(883) 정월 7일 갑술조에 정6위상에서 외종5위하(극위)로 승진한 좌근위장감(左近衛將監) 장부조씨량(杖部造氏良), 원경 8년(884) 3월 9일자 경오조에 산위(散位) 외종5위하(극위) 원강개(遠江介) 장부조씨길(杖部造氏吉) 등이 있다. 또 천평보자 2년(758) 6월 26일자「조동대사사이안(造東大寺司移案)」(『대일본고문서』13-334)의 장부조자충(杖部造子蟲)이 보인다.

2. 동씨(同氏)

좌백유청(佐伯有淸)은『신찬성씨록』완본에는 '아배조신동조(阿倍朝臣同祖). 대언명지후(大彦命之後).'라고 적혀 있었을 것이라고 추정하였다. 그러나 동씨(同氏)는 씨가 같은 것이고 동조(同祖)는 조상이 같은 것을 나타내므로 구별해서 이해할 필요가 있다.

151 【원문】

猪使宿禰
　安寧天皇皇子志紀都比古命之後也. 日本紀合.

【번 역】

저사숙녜(猪使宿禰; 이츠카이노스쿠네)
　안녕천황(安寧天皇) 황자 지기도비고명(志紀都比古命; 시키츠히코노미코토)의 후손이다.『일본기』와 합치한다.

【주 석】

1. 저사숙녜(猪使宿禰)

저사(猪使; 웨츠카이, 이카이)라는 씨명은 식육용의 짐승 특히 돼지류를 기르던 사람들을 이끈 반조씨족이었던 데서 유래한 것으로 추정된다. 저사(猪使)는 저사(猪飼; 웨카이, 이카이), 저감(猪甘; 웨카이, 이카이)이라고도 쓴다. 『일본서기』 천무천황(天武天皇) 13년(685) 12월 기묘조에 저사련(猪使連)이 숙녜라는 성을 받았다고 적혀 있다.

저사련 일족으로는 『일본서기』 천무천황 13년 12월 계미조에 백강전투 때 당나라 군사에게 붙잡혔다 귀국한 저사련자수(猪使連子首) 등이 보인다.

저사숙녜 일족으로는 천평보자 6년(762) 3월 10일자 「우율신대산등해(羽栗伸大山等解)」(『대일본고문서』 5-140)에 기재된 저사숙녜광성(猪使宿禰廣成) 등이 있다.

2. 안녕천황(安寧天皇)

안녕은 제3대 천황으로 『일본서기』와 『고사기』에 나온다. 사적에 관한 기술이 없는, 이른바 결사(缺史) 8대로 칭해지는 천황 가운데 하나이다. 좌백유청(佐伯有淸)은 『신찬성씨록』 완본에 '안녕(安寧)' 앞에 '기성진언옥수간천황시(磯城津彦玉手看天皇諡)'라는 10글자가 있고, '안녕' 다음에 '천황(天皇)'이라는 2글자는 없었다고 추정하였다. 좌경 황별(상) 「신전부숙녜(新田部宿禰)」조(086) 안녕천황 참조.

3. 지기도비고명(志紀都比古命)

지기도비고명은, 『일본서기』 안녕천황 3년 정월 임오조에는 기성진언명(磯城津彦命; 시키츠히코노미코토)이라 하며 저사련(猪使連)의 시조라고 적혀 있다. 『고사기』 안녕천황단에는 사목진일자명(師木津日子命; 시키츠히코노미코토)이라고 적혀 있다. 좌경 황별(상) 「신전부숙녜」조(086) 기진언명(磯津彦命) 참조.

4. 일본기합(日本紀合)

『일본서기』 천무천황 13년(684) 12월 기묘조에 저사련(猪使連)이 숙녜라는 성을 받았다는 사성 기사와 합치한다는 의미로 이해된다.

신찬성씨록
新撰姓氏錄

제1질

제5권

우경 右京 황별 皇別 하

[起粟田朝臣 盡新良貴三十四氏]

속전조신(粟田朝臣; 아와타노아소미)에서 신량귀(新良貴; 시라키)까지 34씨이다.

152 【원 문】

粟田朝臣

　　大春日朝臣同祖. 天足彦國忍人命之後也. 日本紀合.

【번 역】

　속전조신(粟田朝臣; 아와타노아소미)

　　대춘일조신(大春日朝臣; 오카스가노아소미)과 조상이 같으며 천족언국인인명(天足彦國忍人命; 아메타라시히코쿠니오시히토노미코토)의 후손이다.『일본기』와 합치한다.

【주 석】

1. 속전조신(粟田朝臣)

　속전(粟田; 아와타)이라는 씨명은 율령제 산성국(山城國) 애탕군(愛宕郡)의 속전(粟田)이라는 지명과 관련이 있을 것이라 추정된다. 이곳은 현재 경도시(京都市) 복견구(伏見區) 속전구(粟田口) 일대에 해당된다.『일본서기』 천무천황(天武天皇) 13년(684) 11월에 속전신(粟田臣)이 조신 성을 받았다고 적혀 있다.

　속전신 일족으로는『일본서기』 추고천황(推古天皇) 19년(611) 5월 5일조의 속전세목신(粟田細目臣), 백치(白雉) 원년(650) 2월 갑신조의 원일조하 때 꿩이 들어 있는 가마를 든 속전신반충(粟田臣飯蟲), 백치 4년(653) 5월 임술조의 견당사로 파견된 도관(道觀) 등이 있다. 도관은 백치 4년 5월 임술조 분주에 춘일속전신백제(春日粟田臣百濟)의 아들이라고 적혀 있다. 천무천황 10년(681) 12월 계사조에는 소금하(小錦下, 664~685년에 일본에서 사용된 관위 26계 중 12위)를 받은 속전신진인(粟田臣眞人)이 보인다.

　속전조신 일족으로는『일본서기』 지통천황(持統天皇) 3년(689) 정월 임술조의 준인(隼人) 174인과 아울러 베 50상(常), 소가죽 6매, 사슴가죽 50매를 바친 축자대재(筑紫大

宰) 속전진인조신(粟田眞人朝臣)이 보인다.『속일본기』화동(和銅) 4년(711) 9월 병자조에는 군영을 세우고 병고를 지키는 일과 관련하여 종5위하(極位) 속전조신필등(粟田朝臣必登) 등을 장군으로 삼았다고 적혀 있다. 또『속일본기』천평(天平) 19년(747) 11월 병자조에는 종5위상(극위) 비중수(備中守)에 임명된 속전조신마양(粟田朝臣馬養)이 보인다. 천평승보(天平勝寶) 6년(754) 4월 경오조에는 소납언(少納言)에 보임된 종5위하(극위) 속전조신인성(粟田朝臣人成)이 보이고, 보귀(寶龜) 7년(776) 3월 신해조에는 중무소보(中務少輔)에 임명된 종5위하(극위) 속전조신인성, 천평보자(天平寶字) 2년(758) 8월 경자삭조에 무위에서 외종5위하(극위)로 승진한 속전조신제자(粟田朝臣諸姊), 천평보자 5년(761) 정월 임인조에 재궁장관(齋宮長官)에 임명된 종5위하(극위) 속전조신족인(粟田朝臣足人)이 보인다. 또 속전조신응수(粟田朝臣鷹守)는 천평신호(天平神護) 2년(766) 11월 정사조의 정6위상에서 외종5위하로 승진한 뒤 보귀 3년(773) 4월 경오조에는 정5위하 위문좌(衛門佐) 겸 갑비수(甲斐守)를 역임하였고,『일본후기』대동(大同) 원년(806) 4월 계유조에 산위(散位) 종4위하(극위)로 죽었다[卒]고 적혀 있다. 보귀 3년(771) 11월 정축삭조에 조서대사(造西大寺) 원외차관(員外次官)에 임명된 속전조신공족(粟田朝臣公足)이 보인다.『일본후기』연력(延曆) 18년(799) 6월 기축조에는 종5위하(극위) 치부소보(治部少輔)에 임명된 속전조신입록(粟田朝臣入鹿)이 보이고, 연력 24년(805) 10월 갑인조에는 정6위상으로 승진한 입당 유학생 무위 속전조신포전마려(粟田朝臣飽田麻呂)가 보인다. 그는 홍인(弘仁) 6년(815) 정월 임오조에 종5위하(극위)로 제릉두(諸陵頭) 겸 풍후개(豐後介)에 임명되었다.

천평보자 3년(759) 7월 정유조에 속전신도마려가 조신 성을 받은 기록이 보이고, 천평보자 8년(756) 정월 을사조에는 속전조신도마려로 나온다. 천평신호 원년(765) 3월 계사조에 조신성을 받은 인물로는 속전신을뢰, 속전신진뢰, 속전신비태인, 속전신지수 등 4인이 있다.

속전신(조신) 일족은 학문 분야와 대외관계 직무에서 활약한 인물이 많다. 춘일속전신백제의 아들 도관은 등원겸족(藤原鎌足)의 장자인 정혜(定惠) 등과 함께 입당한 학문승이다.『속일본기』화동 7년(714) 11월 경술조에서 속전조신필등(인)은 영신라사 우부장군에 임명되었고, 천평 2년(725) 3월 신해조의 속전조신마양은 한어(중국어)를 가르쳤다고 적고 있다. 또『속일본기』천평보자 8년(764) 7월 갑인조에는 博多(하타다)에 신라사 김재박(金才伯) 등 91명이 도착하자 내조(來朝) 이유를 묻기 위해 대재부(大宰府, 율령제 축전국[筑前國] 축자군[筑紫郡], 현재 복강현[福岡縣] 대재부시[太宰府市])에 외종5위 하 수도대위(授刀大尉) 속전조신도마려, 우소변(右少弁) 기우양(紀牛養; 기노우시카이) 등을 문신라입조유사(問新羅入朝由使)로 파견하였다고 기재되어 있다.

『일본후기』 연력 24년(805) 10월 갑인조에는 속전조신포전마려가 입당유학생에, 뒤에 『속일본후기』 승화 원년(834) 3월 정묘조에서는 송당인 입경사에 임명되었다. 『입당구법순례기』에 의하면 제17차 견당사 중에 도당록사(渡唐錄事)로서 이름이 빠진 속전씨가 있다. 그는 속전조신대웅이라 추정된다.

2. 대춘일조신동조(大春日朝臣同祖)

대춘일(大春日; 오카스가)이라는 씨명은 대화국(大和國) 첨상군(添上郡) 춘일(春日; 가스가)이라는 지명에서 유래한 것으로 추정된다. 이곳은 현재 나량현(奈良縣) 나량시(奈良市) 백호사정(白毫寺町) 부근이다. 『일본서기』에는 천무천황(天武天皇) 13년(684) 11월에 대삼륜군(大三輪君; 오미와노키미) 이하 총 52씨에게 조신 성을 줄 때 (대)춘일신, 대택신(大宅臣), 속전신(粟田臣), 소야신(小野臣) 등 화이(和珥)계 6씨가 조신 성으로 개성하였다고 적혀 있다.

3. 천족언국인인명(天足彦國忍人命)

효소천황(孝昭天皇)의 황자이다. 『일본서기』에는 천족언국압인명(天足彦國押人命; 아마타라시히코쿠니오시히토노미코토), 『고사기』에는 천압대일자명(天押大日子命; 아메오시타라시히코노미코토)이라고 적혀 있다. 『일본서기』와 『고사기』 모두 사적(事績)에 관한 기재는 없다. 『일본서기』 효소천황 6년 봄 정월 정해삭 경자조에는 "천족언국압인명은 화이신(和珥臣; 와니노오미) 등의 시조이다."라고 기재되어 있고, 『고사기』 효소천황단에는 춘일신(春日臣), 대택신(大宅臣) 등 15씨의 조상이라고 적혀 있다. 좌경 황별(하) 「대춘일조신」조(087) 천대언국압인명 참조.

4. 일본기합(日本紀合)

『일본서기』 천무천황(天武天皇) 13년(684) 11월에 속전신(粟田臣)이 조신 성을 받았다는 사성 기사와 합치한다는 의미이다.

153 【원문】

山上朝臣
　　同氏. 日本紀合.

【번 역】

산상조신(山上朝臣; 야마노헤노아소미)

씨가 같다.『일본기』와 합치한다.

【주 석】

1. 산상조신(山上朝臣)

산상(山上; 야마노헤)이라는 씨명은 율령제 대화국(大和國) 첨상군(添上郡) 산변(山邊; 야마베)이라는 지명에서 유래한 것으로 추정된다. 이곳은 현재 나량시(奈良市) 전원(田原) 일대에 해당된다.『일본서기』에 산상씨의 사성에 관한 기사는 보이지 않는다.『속일본기』신호경운(神護景雲) 2년(768) 6월 임진조에 우경인(右京人) 종5위상 산상신선주(山上臣船主) 등 10인이 조신 성을 받았다고 적혀 있다.

산상신 일족으로는 만엽가인(萬葉歌人)으로 유명한 산어억량(山於億良; 야마노헤노오쿠라)이 있다. 산상신억량(山上臣憶良; 야마노헤노오미노오쿠라)이라고도 표기한다. 그는 『속일본기』대보(大寶) 원년(701) 정월 정유조에 무위(無位)로 견당소록(遣唐少錄)에 보임되었고, 영귀(靈龜) 2년(716) 4월 임신조에는 종5위하(극위)로 백기수(伯耆守)에 임명되었고, 양로(養老) 5년(721) 정월 경오조에는 퇴조 후에 동궁을 섬기라는 명을 받았다. 『일본문덕천황실록(日本文德天皇實錄)』가상(嘉祥) 3년(850) 5월 임오조에는 산어야상(山於野上)이 보귀(寶龜) 8년(777) 도일한 고려국사의 통사사인(通事舍人)을 담당했다고 적혀 있다.

산상조신 일족으로는 신호경운 2년(768) 6월 임진조에 우경인(右京人) 종5위상으로 조신 성을 받은 산상신선주(山上臣船主)가 있다. 신호경운 3년(769) 8월 갑인조에는 음양조(陰陽助)에 임명된 종5위상 산상조신선주(山上朝臣船主)가 있다. 그는 보귀 7년(776) 3월 계사조에는 음양두 겸 천문박사(天文博士)가 되었고, 연력 원년(782) 윤정월 신축조에는 정5위상(극위)으로 은기개(隱伎介)에 임명되었다.『유취국사(類聚國史)』권

147 율령격식 천장(天長) 8년(831) 2월 신미조에는 종6위하(극위)로 주계조(主計助)에 임명된 산상조신국수(山上朝臣國守)가 보인다. 그는 조격식소(造格式所)에서 홍인격식(弘仁格式)의 편찬을 담당하였다. 산상신억량(산어억량) 이후 속전(조신)씨는 학문 분야와 대외관계 직무를 담당한 것으로 이해된다.

2. 동씨(同氏)

좌백유청(佐伯有淸)은 『신찬성씨록』 완본에는 '대춘일조신동조(大春日朝臣同祖)'나 '속전조신동조(粟田朝臣同祖)'라고 적혀 있었을 것이라 추정하였다. 그러나 동씨(同氏)는 씨가 같은 것이고 동조(同祖)는 조상이 같은 것을 나타내므로 구별해서 이해할 필요가 있다.

3. 일본기합(日本紀合)

『일본서기』에는 산상씨 관련 인물의 활동이나 사성에 관한 기사가 보이지 않는다. 산상씨 관련 인물의 활동과 사성에 관한 기사는 『속일본기』 이후의 사록에 등장한다. 따라서 본조에 '일본기합'이 부기된 이유는 알 수가 없다.

154 【원문】
眞野臣
　　天足彦國押人命三世孫彦國葺命之後也. 男大口納命. 男難波宿禰. 男大矢田宿禰. 從氣長足姬皇尊[諡神功]征伐新羅. 凱旋之日. 便留爲鎭守將軍. 于時. 娶彼國王猶榻之女. 生二男. 二男兄佐久命. 次武義命. 佐久命九世孫和珥部臣鳥. 務大肆忍勝等. 居住近江國志賀郡眞野村. 庚寅年負眞野臣姓也.

【번 역】
　　진야신(眞野臣; 마노노오미)
　　천족언국압인명(天足彦國押人命; 아메타라시히코쿠니오시히토노미코토) 3세손 언국즙명(彦國葺命; 히코쿠니노미코토)의 후손이다. 아들 대구납명(大口納命; 오쿠타미노미코토),

아들 난파숙녜(難波宿禰; 나니하노스쿠네), 아들 대시전숙녜(大矢田宿禰; 오야타노스쿠네)가 기장족희황존(氣長足姬皇尊; 오키나가타라시히메노스메라미코토)[시호는 신공(神功; 진구)이다.]이 신라를 정벌하고 개선하는 날 진수장군(鎭守將軍)으로 체류하게 하였다. 이때 그 나라의 국왕 유탑(猶榻; 이우타후)의 딸과 혼인하여 두 명의 아들을 낳았다. 두 아들 중 형은 좌구명(佐久命; 사쿠노미코토)이고 아우는 무의명(武義命; 무게노미코토)이다. 좌구명의 9세손 화이부신조(和珥部臣鳥; 와니베노오미토리)와 무대사(務大肆) 인승(忍勝; 오시카츠) 등이 근강국(近江國; 오미토쿠니) 지가군(志賀郡; 시카노코호리) 진야촌(眞野村; 마노노무라)에 거주하였다. 경인년(庚寅年)에 성을 진야신(眞野臣; 마노노오미)이라고 하였다.

【주 석】

1. 진야신(眞野臣)

진야(眞野; 마노)라는 씨명은 율령제 근강국 자하군(滋賀郡)의 진야(眞野; 마노)라는 지명과 관련이 있는 것으로 추정된다. 이곳은 현재 자하현(滋賀縣) 대진전(大津田) 견전정(堅田町) 진야 일대에 해당된다.

진야신 일족은 『일본삼대실록(日本三代實錄)』 정관(貞觀) 5년(863) 9월 15일 갑진조에 숙녜 성을 받은 우경인(右京人) 주계소윤(主計少允) 정6위상 진야신영덕(眞野臣永德)과 조카 진야신도서(眞野臣道緖)가 보인다. 또 정관 6년(864) 7월 27일 신해조에는 우경인 무위(無位) 민수방영(民首方永)이 진야신이라는 성을 받았으며, 천족언국인인명(天足彦國忍人命)의 후손이라고 적혀 있다. 진야신영덕 등 진야신씨 본종씨족이라 생각되는 인물들은 진야신의 씨성을 받은 민수광문(民首廣門) 등과 동시에 숙녜 성을 받고 있고, 천족언국압인명(天足彦國押人命)을 조상으로 삼고 있다. 그리고 대화국(大和國) 산변군(山邊郡) 사람 상야권소연(上野權少掾) 정6위상 민수광문과 우경인 대재의사(大宰醫師) 정7위상 민수방종(民首方宗), 목공의사(木工醫師) 정6위상 민수광택(民首廣宅) 등이 진야신이라는 성을 받았고 (진야신)영덕과 (민수)광문 등의 선조는 천족언국압인명에서 나왔다고 적혀 있다. 그러므로 진야신씨와 민수씨는 천족언국압인명을 같은 조상으로 한 동조관계임을 알 수 있다. 민수씨는 우경 제번(하) 「민수(民首)」조(885)에 "수해련(水海連)과 조상이 같으며 백제국(百濟國) 사람 노리사주(努利使主)의 후손이다"라고 적혀 있으므로, 백제계 씨족의 후손이다. 그러므로 황별에 게재되어 있는 진야신씨도 황별에 편재되어 있지만, 사실은 도래계 씨족이라 이해된다.

2. 천족언국압인명(天足彦國押人命)

효소천황(孝昭天皇)의 황자이다. 『일본서기』에는 천족언국압인명(天足彦國押人命; 아마타라시히코쿠니오시히토노미코토), 『고사기』에는 천압대일자명(天押大日子命; 아메오시타라시히코노미코토)이라 표기되어 있다. 『일본서기』와 『고사기』 모두 사적(事績)에 관한 기재는 없다. 『일본서기』 효소 6년 봄 정월 정해삭 경자조에는 "천족언국압인명은 화이신(和珥臣; 와니노오미) 등의 시조이다"라고 기재되어 있고, 『고사기』 효소천황단에는 춘일신(春日臣), 대택신(大宅臣) 등 15씨의 조상이라고 적혀 있다. 『일본삼대실록』 정관 5년 9월 15일 갑진조와 정관 6년(864) 7월 27일 신해조에 따르면 천족언국압인명은 진야신과 민수의 조상이다. 좌경 황별(하) 「대춘일조신」조(087) 천대언국압인명 참조.

3. 언국즙명(彦國葺命)

화이신의 조상이다. 『일본서기』 숭신(崇神) 10년 9월 임자조와 수인(垂仁) 25년 2월 갑자조에는 화이신(和珥臣; 와니노오미)의 원조(遠祖) 언국즙(彦國葺; 히코쿠니후쿠)이라고 기재되어 있고, 『고사기』 숭신천황단에는 환이신(丸邇臣; 와니노오미)의 조상 일자국부구명(日子國夫玖命; 히코쿠니후쿠노미코토)이라 표기되어 있다. 『신찬성씨록』에는 본조 외에 좌경 황별(하) 「길전련(吉田連, 천대언국압인명의 4세손 언국즙명)」조, 우경 황별(하) 「화이부(和邇部, 천족언국압인명의 3세손 언국즙명의 후손)」조, 산성국 황별의 「속전조신(粟田朝臣, 천족언국압인명의 3세손 언국즙명의 후손)」조, 「엽률(葉栗, 언국즙명의 후손)」조 등에 언국즙명이 보인다. 언급즙명에 관해서는 좌경 황별(하) 「길전련(吉田連)」조(094) 언국즙명 참조.

4. 대구납명(大口納命)

「화이계도(和邇系圖)」에 언국즙명의 아들로 건야수녜명(建耶須禰命), 대구납명(大口納命)이 기재되어 있다.

5. 난파숙녜(難波宿禰)

『고사기』 중애천황단(仲哀天皇段)에는 환이신(丸邇臣)의 조상 난파근자건진웅명(難波根

子建振雄命; 나니하네노코타케후루쿠마노미코토), 『일본서기』 인덕 65년조에는 화이신의 조상 난파근자무웅(難波根子武熊; 나니하노네코타케후루쿠마)이라 적혀 있다. 『신찬성씨록』에서는 본조 외에 산성국(山城國) 황별 「화이부(和邇部)」조에 언로진명(彦姥津命)의 3세손 난파숙녜, 대화국(大和國) 황별 「구미신(久米臣)」조에 천족언국압인명의 5세손 대난파명(大難波命)이라 기재되어 있다. 좌경 황별(하) 「화안부조신」조(089)의 난파숙녜 참조.

6. 대시전숙녜(大矢田宿禰)

대시전숙녜에 관한 전승은 『일본서기』와 『고사기』에는 보이지 않는다. 「화이계도」에서는 '대구납명-난파숙녜-대시전숙녜(大矢田宿禰)'로 연결되는 계보 기사가 보인다. 대시전숙녜 분주(尻付)에는 "난파숙녜의 아들로 신공황후가 신라를 칠 때 신라에 머물며 진수장군(鎭守將軍)으로 활동하였다."라고 적혀 있다. 좌경 황별(하) 「화안부조신」조(090) 대시전숙녜 참조.

7. 기장족희황존(氣長足姬皇尊)

기장족희황존(氣長足姬皇尊; 오키나가타라시히메노스메라미코토)은 신공황후를 가리킨다. 『일본서기』에는 기장족희존(氣長足姬尊; 오키나가타라시히메노미코토), 『고사기』에는 식장대비매명(息長帶比賣命; 오키나가타라시히메노미토코), 대대비매명(大帶比賣命; 오타라시히메노미코토)이라고 적혀 있다. 『일본서기』에는 신공황후가 신탁(神託)에 따라 신라정토군(新羅征討軍)을 일으켜 만삭의 몸으로 몸소 바다를 건너 신라를 복속시키고 돌아오는 도중에 축자(筑紫)에서 응신천황(應神天皇)을 낳았다고 적혀 있다.

8. 유탑(猶榻)

「화이계도」에서는 좌구명의 분주(尻付)에 신라 국왕 유탑(楢榻)이라고 적고 있다.

9. 좌구명(佐久命)

「화이계도」에서 대시전숙녜의 아들로 좌구명이 보인다. 그 분주에 어머니가 신라 국왕 유탑(楢榻)의 딸이라고 적혀 있고, 아들로 조견명(鳥見命)과 소량신(小椋臣)을 들고 있다.

10. 무의명(武義命)

「화이계도」에 좌구명의 아우로 무의명이 보인다. 그 분주에 아우 팔하족니명(八河足尼命)이 기재되어 있고, 어머니는 '위와 같다(上同)'라고 적혀 있다.

11. 화이부신조(和珥部臣鳥)

여기에만 보인다. 화이부신이라는 씨성으로 보아 진야신씨의 구씨성이 화이부신이었음을 알 수 있다.

12. 무대사(務大肆) 인승(忍勝)

『일본서기』 천무천황 14년(685) 정월 정묘조에 관위 48계가 제정되었다. 48계 중 31위에 해당되는 관위가 무대사이다. 율령제 위계의 종7위하에 상당한다. 인승이라는 이름은 여기에만 보인다.

13. 경인년(庚寅年)

경인년은 지통천황(持統天皇) 4년(690)을 가리킨다. 690년에 전국적 호적인 경인년적(庚寅年籍)이 작성되었다. 『일본서기』 지통천황 3년(689) 윤8월 경인조에 "여러 국사(國司)에게 '이번 겨울에 호적을 만들라. 9월까지 부랑자를 단속하여 붙잡아라.'라고 명하였다."라고 적혀 있다. 경인년적은 현존하지 않지만, 2012년에 대재부(太宰府)에서 696년 호적을 작성하기 위해 경인년적 이후의 변동을 기록한 목간이 출토되었다. 우경 황별(하) 「어립사(御立史)」조(166) 경인년 참조.

---

155 【원문】
和邇部
　　天足彦國押人命三世孫彦國葺命之後也.

【번 역】

화이부(和邇部; 와니베)

천족언국압인명(天足彦國押人命; 아메타라시히토쿠니오시히토노미코토)의 3세손 언국즙명(彦國葺命)의 후손이다.

【주 석】

1. 화이부(和邇部)

화이부라는 씨명은 화이(和邇; 와니)씨의 부민이었던 데서 유래한 것이다. 좌경 황별(하) 「환부(丸部)」조(095), 산성국 「화이부(和邇部)」조(189), 섭진국 「화이부(和邇部)」조(244) 참조.

2. 천족언국압인명(天足彦國押人命)

효소천황(孝昭天皇)의 황자이다. 『일본서기』에는 천족언국압인명(天足彦國押人命; 아마타라시히코쿠니오시히토노미코토), 『고사기』에는 천압대일자명(天押大日子命; 아메오시타라시히코노미코토)이라고 적혀 있다. 『일본서기』와 『고사기』 모두 사적(事績)에 관한 기재는 없다. 『일본서기』 효소천황 6년 봄 정월 정해삭 경자조에 "천족언국압인명은 화이신(和珥臣; 와니노오미) 등의 시조이다."라고 기재되어 있고, 『고사기』 효소천황단에 춘일신(春日臣), 대택신(大宅臣) 등 15씨의 조상이라고 적혀 있다. 좌경 황별(하) 「대춘일조신」조(087) 천대언국압인명 참조.

3. 언국즙명(彦國葺命)

『일본서기』 숭신(崇神) 10년 9월 임자조와 수인(垂仁) 25년 2월 갑자조에는 화이신(和珥臣; 와니노오미)의 조상 언국즙(彦國葺; 히코쿠니후쿠)이 기재되어 있다. 『고사기』 숭신천황단에는 환이신(丸邇臣; 와니노오미)의 조상 일자국부구명(日子國夫玖命; 히코쿠니후쿠노미코토)이라 적혀 있다. 『신찬성씨록』에는 본조 외에 우경 황별(하) 「진야신(眞野臣)」조에 천족언국압인명(天足彦國押人命)의 3세손 언국즙명의 후손, 산성국 황별 「속전조신(粟田朝臣)」조에 천족언국압인명의 3세손 언국즙명의 후손, 「엽률(葉栗)」조에 언국즙명의 후손이라고 나온다. 언급즙명에 관해서는 좌경 황별(하) 「길전련(吉田連)」조(094) 언국즙명 참조.

156 【원문】
安那公
　　同上

【번 역】
안나공(安那公; 아나노키미)
　　위와 같다.

【주 석】

1. 안나공(安那公)

안나(安那; 아나)라는 씨명은 율령제 비후국(備後國) 안나군(安那郡)의 지명과 관련된 것으로 추정된다. 이곳은 현재 광도현(廣島縣) 복산시(福山市) 일대에 해당된다. 안나는 혈(穴; 아나)로도 표기되고, 공(公; 기미)은 군(君; 기미)으로도 표기된다.

안나공(혈군) 일족으로는 『속일본기』 천응(天應) 원년 3월(781) 경신삭조에 정7위상에서 외종5위하(極位)로 승진한 안나공어실(安那公御室)이 보인다. 우경은 아니지만, 비후국에도 혈군이 보인다. 『일본영이기(日本靈異記)』(下-27)에는 혈군제공(穴君弟公; 아나노키미노오토키미), 혈군추환(穴君秋丸; 아나노키미노아키마루)이 보인다. 혈군추환은 비후국(備後國) 위전군(葦田郡) 굴혈국향(窟穴國鄕)에 거주한 사람들이다. 『일본삼대실록』 정관(貞觀) 4년(872) 8월 8일 병오조에도 안나군(安那郡) 사람 안나풍길매(安那豐吉賣)가 보인다.

2. 동상(同上)

좌백유청(佐伯有淸)은 『신찬성씨록』 완본에는 앞의 「화이부」조와 같이 "천족언국압인명(天足彥國押人命)의 3세손 언국즙명(彥國葺命)의 후손이다(天足彥國押人命三世孫彥國葺命之後也).)"라고 적혀 있었을 것이라 추정하였다.

157 【원 문】

野中
　　同彦國葺命之後也.

【번 역】

야중(野中; 노나카)
　　같은 언국즙명의 후손이다.

【주 석】

1. 야중(野中)

야중이라는 씨명은 율령제 하내국(河內國) 단비군(丹比郡) 야중(野中)이라는 지명과 관련이 있을 것으로 추정된다. 이곳은 현재 대판부(大阪府) 등정사시(藤井寺市) 야중 일대에 해당된다.

야중씨 일족으로는 「평성궁목간(平城宮木簡)」 기재된 야중대성(野中大成)(『평성궁발굴조사출토목간개보[平城宮發掘調査出土木簡槪報]』 5-10)을 들 수 있다. 야중씨의 본거지인 하내국 단비군 야중향은 도래계 씨족인 선사(船史)씨의 본관지이기도 하다. 또 『일본후기(日本後紀)』 연력(延曆) 18년(799) 3월 정사조에 관야조신진도(菅野朝臣眞道) 등이 갈정(葛井; 후지이), 선(船; 후네), 진(津; 츠) 3씨의 묘지가 하내국 단비군 야중사(野中寺) 이남에 있다고 기술한 것으로 보아 도래계 씨족의 집주 지대임을 알 수 있다. 야중씨도 원래 선사씨 등과 같이 도래계 씨족일 것이다.

2. 동언국즙명지후야(同彦國葺命之後也)

좌백유청(佐伯有淸)은 『신찬성씨록』 완본에는 '관송언향식도천황(觀松彦香殖稻天皇)[시효소(諡孝昭)이다.] 황자천족언국압인명지후야(皇子天足彦國押人命之後也).'라고 적혀 있었을 것이라 추정하였다.

158 【원문】

和氣朝臣

垂仁天皇皇子鐸石別命之後也. 神功皇后征伐新羅凱歸. 明年車駕還都. 于時忍熊別皇子等. 竊搆逆謀. 於明石濟. 備兵待之. 皇后鑑識. 遣弟彦王於針間吉備堺. 造關防之. 所謂和氣關是也. 太平之後. 錄從駕勳. 酬以封地. 仍被吉備磐梨縣. 始家之焉. 光仁天皇寶龜五年. 改賜和氣朝臣姓也. 續日本紀合.

【번 역】

화기조신(和氣朝臣; 와케노아소미)

수인천황(垂仁天皇; 스이닌텐노)의 황자 탁석별명(鐸石別命; 누데시와케노미코토)의 후손이다. 신공황후(神功皇后)가 신라를 정벌하고 개선하였다. 다음해 황후가 도읍으로 돌아갈 때 인웅별황자(忍熊別皇子; 오시쿠마와케노미코) 등이 몰래 역모를 꾸며 명석(明石; 아카시)의 나루터에 병사를 준비하고 기다렸다. 황후가 이를 알고 제언왕(弟彦王; 오토히코노미코)을 침간길비(針間吉備; 하리마기비)의 경계에 파견하여 관(關)을 지어 방어하게 하였다. 이른바 화기관(和氣關; 와케노세키)이 이것이다. 진압한 뒤에 천황을 따른 공을 기록하고 봉지를 주었다. 이로 인해 길비의 반리현(磐梨縣; 이와나시노아가타)을 받아 비로소 가(家)를 이루고, 광인천황(光仁天皇) 보귀(寶龜) 5년에 다시 화기조신(和氣朝臣)이라는 성을 받았다. 『속일본기』와 합치한다.

【주 석】

1. 화기조신(和氣朝臣)

화기(和氣; 와케)라는 씨명은 율령제 비전국(備前國)의 반리군(磐梨郡) 화기(和氣; 와케)라는 지명과 관련이 있다고 추정된다. 이곳은 현재 강산현(岡山縣) 화기군(和氣郡) 일대에 해당된다.

『속일본기(續日本紀)』 보귀(寶龜) 5년(774) 9월 갑자조에 종5위하 화기숙녜청마려(和氣宿禰清麻呂)와 화기숙녜광충(和氣宿禰廣蟲)에게 조신이라는 성을 내렸다고 적혀 있다. 『속일본기』에 기재된 화기조신청마려(和氣朝臣清麻呂)의 졸전(卒傳)에 의하면 청마려의 본성(本姓) 즉 본래 씨성(氏姓)은 반리별공(磐梨別公; 이와나수와케노키미)이었으나 뒤에 등야화기진인(藤野和氣眞人; 후지노와케노마히토)으로 개성하였다고 한다. 따라서 화기조선청마려의 원래 씨성이 반리별공이었음을 알 수 있다. 반리(磐梨)나 등야(藤野)는 모두 비전국(備前國)의 지명으로 청마려가 비전국 호족 출신임을 말해준다. 이것은 본조에 기재된 수인천황 황자 탁석별명의 후손 제언왕(弟彦王)이 길비의 경계에 관(關)을 세운 것이나 길비의 반리 지역에 가를 이루었다는 전승에도 기술되어 있다.

『속일본기』에 청마려가 처음으로 등장하는 것은 천평신호(天平神護) 원년(765) 정월 기해조이다. 여기에는 종6위상 등야별진인청마려(吉備藤野別眞人清麻呂; 후지노와케노마히토키요마로)로 나온다. 이때 그는 천평보자 8년(764) 9월에 일어난 등원중마려(藤原仲麻呂; 후지와라노나카마로)의 난 때 세운 공으로 누나 종5위하 등야별진인광충(藤野別眞人廣蟲, 혹은 등야별진인광충녀[藤野別眞人廣蟲女]라고도 표기)과 함께 칭덕천황에게 훈6등을 사여 받았다. 등야별진인으로 표기되고 있는 것으로 보아 청마려가 765년 1월 이전의 어느 시기엔가 등야별진인이라는 씨성을 사여 받았음을 알 수 있다. 등야별진인이라는 씨성을 가진 사람으로 사서에 이름이 보이는 사람은 청마려와 그의 누나 광충 뿐이다. 이것은 등야별진인이 이 2사람을 대상으로 한 사성임을 나타낸다. 진인(眞人)이라는 성은 '천무8성' 가운데 가장 높은 성으로, 6세기 제26대 계체(繼體)천황 이후 천황의 근친이나 자손에게 주로 사여되었다. 청마려가 반리별공(磐梨別公)이 계체천황 이후의 천황에게서 갈라져 나왔다는 계보를 가지고 있었기 때문에 칭덕천황(稱德天皇, 재위; 764~770)에게 등야별진인이라는 씨성이 내려졌을 것이다. 이 2인은 반리별공에서 등야별진인으로 개성한 뒤 천평신호(天平神護) 원년(764) 3월 갑진조 이후 길비등야화기진인(吉備藤野和氣眞人; 기비노후지노와케노마히토), 신호경운(神護景雲) 3년(769) 5월 을미조 이후 보치능진인(輔治能眞人; 후지노마히토), 신호경운 3년 9월 기축조 이후 별부(別部; 와케베), 보귀 2년(771) 3월 병술조 이후 화기공(和氣公; 와케노키미), 같은 해 9월 기해조 이후 화기숙녜(和氣宿禰; 와케노스쿠네), 보귀(寶龜) 5년(774) 9월 갑자조 이후 화기조신(和氣朝臣; 와케노아소미) 등으로 기술된 특이한 씨족이다. 이러한 개성과 폄성(貶姓)은 칭덕조에서 환무조에 걸친 청마려와 광충의 관인으로서의 활동과 관련이 있다.

청마려와 광충이 칭덕천황의 신임을 받게 된 것은 『일본후기』 연력(延暦) 18년(799) 정월 을축조의 화기조신광충(和氣朝臣廣蟲)의 졸전에는 "광충은 젊었을 때 출가하여 비구니가 되어 고야천황(高野天皇, 효겸천황[孝謙天皇], 칭덕천황[稱德天皇]으로 중조[重祚])

을 모셨다. 인품이 정순하고 절조가 있었다. 그녀의 사적에 대해서는 청마려의 전기에 실려 있다. 환무천황이 신뢰하여 중용하였고, 순화천황(淳和天皇)은 그녀 생전의 근무와 공적을 생각하여 정3위를 추증하였다. 향년 70세다."라고 적혀 있다. 광충이 칭덕천황에게 특별히 중용된 것은 칭덕천황의 출가와 관련이 있다. 칭덕천황은 성무천황(聖武天皇)의 양위를 받아 749년에 즉위하였는데, 이때의 그녀를 효겸천황이라고 부른다. 효겸천황은 천평보자 2년(758) 8월 모후 광명황태후(光明皇太后)의 병간호를 위해 대취왕(大炊王, 순인천황)에게 양위하고 상황이 되었다. 천평보자 4년(760) 7월에 광명황태후가 죽고, 근강국에 새로 건설 중이던 보량궁(保良宮)에 함께 머물렀다. 이 때 효겸상황과 순인천황이 효겸상황을 간병하였던 승려 도경(道鏡; 도쿄) 문제로 사이가 나빠져 천평보자 6년(762) 5월 23일에 두 사람은 평성경(平城京)으로 돌아갔다. 순인천황은 평성궁의 중궁원(中宮院)으로, 효겸상황은 출가하여 법화사(法華寺)에 들어갔다. 법화사는 광명황후가 자신의 황후궁(皇后宮)을 천평(天平) 10년(745) 5월에 비구니사로 만든 것이다. 따라서 효겸상황이 출가한 천평보자 6년 5월에 광충도 함께 출가한 것이다. 이후 광충은 법균(法均)이라는 법명도 가지게 되었다. 또 764년 9월에 일어난 등원중마려의 난을 효겸상황 측이 진압하고 10월에 효겸상황이 다시 천황(칭덕천황)으로 즉위한 뒤 법균도 비구니로서 칭덕천황의 측근에서 여관으로 근무한 것으로 보인다. 이 때 칭덕천황이 청마려와 그의 누나 법균(광충)에게 등야별진인이라는 씨성을 내린 것이다. 또 『속일본기』 천평신호 원년 3월 갑진조에 칭덕천황이 등원별진인청마려(藤野別眞人淸麻呂)와 광충(법균)에게 길비등야별진인이라는 성을 내렸다고 적혀 있다. 길비를 씨성 앞에 추가할 수 있게 한 것은 길비국의 대표적인 씨족임을 보증한 것이다. 『속일본기』 신호경운 3년(769)년 5월 을미조에는 길비등야별진인청마려 등에게 보치능진인이라는 성을 내렸다고 한다. 보치능(輔治能; 후지노)은 등야(藤野; 후지노)를 다른 한자로 표기한 것이다.

　그런데 『속일본기』 신호경운 3년 9월 기축조에 이러한 관계를 근본적으로 붕괴시킨 사건이 기재되어 있다. 미혼의 여성천황이었던 칭덕천황이 황태자를 책립하지 않은 상태에서, 신호경운 3년(769)에 대재부(大宰府)의 주신(主神) 습의아증마려(習宜阿曾麻呂; 스게노아소마로)가 도경을 천황으로 삼으면 천하가 안정될 것이라는 우좌팔번궁(宇佐八幡宮)의 신탁이 있었다고 보고하였다. 이를 확인하는 절차로 칭덕천황이 신뢰하던 청마려를 파견하였다. 청마려가 대재부에서 돌아와 "신하가 천황이 된 경우는 없으며, 무도한 사람을 물리치라."라는 신탁을 들었다고 보고하였다. 칭덕천황은 청마려의 관위를 박탈하고 별부예마려(別部穢麻呂; 와케베노키타나마로)라고 부르게 하고, 그를 구주(九州)의 대우(大隅)로, 청마려의 누나 법균(광충)도 환속시켜 비후(備後)로 유배 보내었다. 칭덕천황이 그 다음해 8월에 죽고 백벽왕(白壁王, 뒤에 광인천황[光仁天皇])이 황태자가 된 뒤 청마려와 광중(광충)이 유배에서 풀려나 평성경으로 돌아오게 되었다. 또 별부예마려의 씨명 별부(別部; 와케베)를 화기(和氣; 와케)로 고치고 이름도 원래 이름인 청마려로 불리게 되었다. 770년 10월에 백벽왕(白壁王, 광인천황[光仁天皇])이 즉위하였다. 『속일본기』에는 보귀(寶龜) 2년(771) 9월 기해조에 화기숙녜라는 씨성을 내리고 이어서 보귀 5년(774) 9월 갑자조에 화기조신을 사여하였다고 기재되어 있다. 화기조신을 사성 받는 과정에서 청마려는 자신의 조상계보를 새로 만들어 제출하였을 것이다. 이 계보는 청마려의 졸전에 보이는 11대 수인천황의 후손이라는 계보였을 것이다. 이에 따라 청마려와 누나 광충은 조신이라는 성을 받게 되었을 것이다.

화기조신 일족으로는 『속일본기』 보귀 5년(774) 9월 갑자조의 조신 성을 받은 종5위하(極位) 화기숙녜청마려(和氣宿禰淸麻呂)와 광충(廣蟲), 『일본후기』 연력 16년(797) 2월 계해조의 종5위상(극위) 화기조신광자(和氣朝臣廣子)가 있으며, 대동(大同) 원년(806) 5월 갑자삭조에 좌중변(左中辨)에 보임된 정5위하(극위) 화기조신광세(和氣朝臣廣世)는 대학두(大學頭)와 미작수(美作守)도 이전과 같이 겸임하였다. 또 대동(大同) 원년(806) 4월 정미조에 무위에서 종5위하(극위)로 승서된 화기조신사자(和氣朝臣嗣子)가 있다. 화기조신사자는 화기조신광세의 어머니이다.

『속일본후기(續日本後紀)』 승화(承和) 13년(846) 9월 을축조에는 참의(參議) 종4위상(극위) 화기조신진강(和氣朝臣眞綱)의 졸전이 기록되어 있다. 진강은 고(故) 민부경(民部卿) 종3위 화기청마려(和氣淸麻呂)의 다섯째 아들로 태어났다. 연력 22년(803) 내사인(內舍人), 대동 4년(809) 치부중무승(治部中務丞), 홍인(弘仁) 6년(815)에 종5위하로 승진하여 좌우대소변(左右大少弁), 좌우중소장(左右中少將)을 거쳐 종4위에 이르렀고, 64세에 병사한 것으로 되어 있다. 또 『속일본후기』 승화 원년(834) 2월 갑오조의 치부대보(治部大輔) 종4위하 화기조신중세(和氣朝臣仲世) 등이 있다. 『일본문덕천황실록(日本文德天皇實錄)』 인수(仁壽) 2년(852) 2월 병진조에 산위(散位) 종4위상 화기조신중세(和氣朝臣仲世)의 졸전이 기재되어 있다. 중세는 민부경 정3위 청만려(淸萬呂)의 여섯째 아들로 태어났다. 19세에 문장생(文章生)이 되었고, 대동 원년에 대학대윤(大學大允), 홍인 6년에 식부대승(式部大丞), 홍인 10년에 종5위하로 승진하였다. 천장(天長) 원년에는 북륙도순찰사(北陸道巡察使) 천장 4년에는 근강개(近江介), 승화 4년에는 탄정대필(彈正大弼)이 되었다. 승화 7년에는 감해유장관(勘解由長官), 승화 11년에는 파마수(播磨守)로 활동하였다. 69세에 병사하자 국인들이 애통해하였다고 적혀 있다.

2. 수인천황(垂仁天皇)

『일본서기』에 수인이 제11대 천황이라고 기재되어 있지만, 실존 여부에 관해서는 부정적이다. 『고사기(古事記)』 숭신천황단에는 이구미입일자이사지명(伊玖米入日子伊沙知命; 이쿠메이리히코이사치노미코토), 수인천황단에는 이구미이리비고이좌지명(伊玖米伊理毗古伊佐知命; 이쿠메이리비코이사치노미코토)이라고 적혀 있다. 좌백유청(佐伯有淸)은 『신찬성씨록』 완본에는 '수인' 앞에 '활목입언오십협모천황시(活目入彦五十狹茅天皇諡)'라는 11글자가 있고, '수인' 다음에 '천황(天皇)'이라는 2글자는 없었을 것이라 추정하였다.

3. 탁석별명(鐸石別命)

수인천황의 황자이다. 『일본서기』에는 탁석별명(鐸石別命; 누데시와케노미코토), 『고사기』에는 소대별명(沼帶別命; 누타라시와케노미코토)이라고 적혀 있다. 『일본후기』 연력 18년(799) 2월 을미조에는 화기청마려(和氣淸麻呂)의 출자를 설명하면서 수인천황의 황자 탁석별명(鐸石別命)이라고 적고 있다. 『신찬성씨록』 좌경 황별(하) 「도성임생공(稻城壬生公)」조에도 수인천황의 황자 탁석별명(鐸石別命; 누데시와케노미코토)의 후손이라는 계보 기사가 실려 있다. 또 섭진국 황별의 「산변공」조에는 화기조신과 조상이 같으며 대탁석화거명(大鐸石和居命; 오누데시와케노미코토)의 후손이라고 적혀 있다. 좌경 황별(하) 「도성임생공(稻城壬生公)」조(112)의 탁석별명 참조.

4. 신공황후정벌신라(神功皇后征伐新羅)

좌백유청(佐伯有淸)은 『신찬성씨록』 완본에는 '신공' 앞에 기장족희황후시(氣長足姬皇后諡)」라는 글자가 있고, 신공 다음의 '천황(天皇)'이라는 2글자는 없었을 것이라 추정하였다. 『일본후기』 연력(延曆) 18년(799) 2월 을미조에는 "화기조신청마려의 선조는 수인천황의 황자 탁석별명에서 나와 3세손 제언왕(弟彦王)이 신공황후를 따라 신라 정토에 출정하였다. 신라에서 개선한 다음 해에 인웅별황자가 반역하자 황후가 제언왕을 파견하여 파마국(播磨國)과 길비국의 경계에 있는 산에서 주살하였다. 이 군공에 의거해 제언왕에게 등원현(藤原縣)이 내려졌고 길비 지방에서 가(家)를 이루었다."라고 적혀 있다.

5. 인웅별황자(忍熊別皇子)

중애천황의 황자이다. 『일본서기』 중애 2년 정월 갑자조에는 인웅황자(忍熊皇子; 오시쿠마노미코), 신공황후 섭정 원년 2월조에는 인웅왕(忍熊王; 오시쿠마노미코), 『고사기』에는 중애천황단에 인웅왕(忍熊王)으로 나온다. 『일본서기』 신공황후 섭정 원년 3월조에 의하면 신공황후의 명을 받은 무내숙녜(武內宿禰) 등이 이끈 정병에게 패배한 뒤 자살한 것으로 나온다.

6. 제언왕(弟彦王)

수인천황의 황자이다. 『일본후기』 연력(延曆) 18년(799) 2월 을미조에는 수인천황의 황자 탁석별명의 3세손 제언왕(弟彦王)이라고 나온다. 〈화기씨계도(和氣氏系圖)〉(『속군서류종(續群書類從)』 권171)에는 전수별왕(田守別王) 혹은 건진별왕(健眞別王)의 아들로 제언왕의 이름이 기재되어 있다.

7. 반리현(磐梨縣)

반리현은 율령제 비전국(備前國, 현재 강산현[岡山縣]) 등원군(藤原郡; 후지와라군) 일대에 해당된다. 『속일본기』에 의하면 양로(養老) 5년(721) 적판군(赤坂郡; 아카사카군)과 읍구군(邑久郡; 오쿠군)의 일부를 떼어내 등원군을 설치하였고, 신귀(神龜) 3년(726) 11월 을해조에 등원군의 이름을 바꾸어 동야군(東野郡; 도노노군) 혹은 등야군(藤野郡; 후지노군)이라 불렀다. 신호경운(神護景雲) 3년(769) 6월 을축조에 개명하여 화기군(和氣郡; 와케군)이라 칭하였고, 연력 7년(788) 6월 계미조에 길정천(吉井川)의 이서 지역이 반리군(磐梨郡; 이와나시군)으로 이동 지역이 화기군(和気郡; 와케군)으로 분할되었다.

8. 광인천황(光仁天皇)

제49대 천황으로 770~781년까지 재위하였다. 원래 이름은 백벽왕(白壁王; 시라카베노오오키미, 709~782)이다. 천지천황(天智天皇)의 일곱째 아들 시기친왕(施基親王; 시키신노)의 여섯째 아들로 백벽왕이라 불렸다. 좌백유청(佐伯有淸)은 『신찬성씨록』 완본에는 '광인(光仁)'이라는 글자 앞에 '백벽천황시(白壁天皇諡)' 혹은 '천종고소천황시(天宗高紹天皇諡)'가 있었던 것으로 추정하였다.

9. 보귀오년(寶龜五年)

『속일본기』 보귀 5년(774) 9월 갑자조에는 종5위하 화기숙녜청마려(和氣宿禰淸麻呂)와 광충(廣蟲)이 조신 성을 받았다고 적혀 있고, 『일본후기』 연력 18년(799) 2월 을미조에는 "보귀 원년(770)에 성군인 광인천황이 입경을 허가하였다. 화기조신을 사성하였다."라고 적혀 있다. 이것은 청마려가 유배처인 대우국(大隅國)으로부터 입경을 허가받은 것을 말한다. 화기조신 사성은 보귀 5년의 일인데 이에 관한 내용이 생략되어 일괄 기술된 것으로 이해된다.

10. 속일본기합(續日本紀合)

『속일본기』 보귀 5년(774) 9월 갑자조에 기재된 종5위하 화기숙녜청마려(和氣宿禰淸麻呂)와 화기숙녜광충(和氣宿禰廣蟲)이 조신이라는 성을 받았다는 사성 기사와 합치된다는 의미이다.

159 【원 문】
　　山邊公
　　　和氣朝臣同祖.

【번 역】

산변공(山邊公; 야마베노키미)
　화기조신(和氣朝臣; 와케노아소미)과 조상이 같다.

【주 석】

1. 산변공(山邊公)

산변(山邊; 야마베)이라는 씨명은 율령제 대화국(大和國) 산변군(山邊郡)의 산변이라는 지명과 관련이 있을 것으로 추정된다. 이곳은 현재 나량현(奈良縣) 산변군에 해당된다.

산변공 일족으로는 『일본서기』 천무천황(天武天皇) 원년(672) 6월 병술조의 산변군안마려(山邊君安摩呂; 야마노헤노키미야스마로), 신귀(神龜) 5년(728) 9월 7일자 평성궁 출토 목간(『平城宮發掘調査出土木簡槪報』 4, 1967)에 기재된 산변군인웅(山邊君忍熊), 천평(天平) 20년(748) 8월 이후 「경사등상일장(經師等上日帳)」(『대일본고문서』 10-342)의 산변군제공(山邊君諸公), 『유취국사(類聚國史)』 서위(敍位) 천장(天長) 5년(828) 정월 갑자조의 산변공청야(山邊公淸野), 『일본삼대실록』 정관(貞觀) 5년 정월 7일 경오조의 산변공진웅(山邊公眞雄), 원경(元慶) 4년 8월 6일 정해조의 산변공선직(山邊公善直) 등이 있다.

2. 화기조신동조(和氣朝臣同祖)

섭진국(攝津國) 황별 「산변공」조에는 "화기조신과 조상이 같으며 대탁석화거명(大鐸石和居命; 오누데시와케노미코토)의 후손이다."라고 적혀 있다. 좌백유청(佐伯有淸)은 『신찬성씨록』 완본에는 '동조(同祖)' 다음에 '탁석별명지후야(鐸石別命之後也)'가 있었을 것으로 추정하였다.

160 【원문】

阿保朝臣
　　垂仁天皇皇子息速別命之後也. 息速別命幼弱之時. 天皇爲皇子. 築宮室於伊賀國阿保村. 以爲封邑. 子孫因家之焉. 允恭天皇御代. 以居地名. 賜阿保君姓. 廢帝天平寶字八年. 改公賜朝臣姓. 續日本紀合.

【번 역】

아보조신(阿保朝臣; 아호노아소미)

　수인천황(垂仁天皇; 스이닌텐노)의 황자 식속별명(息速別命; 이코하야와케노미코토)의 후손이다. 식속별명이 유약할 때 천황이 황자를 위해 궁을 이하국(伊賀國) 아보촌(阿保村; 아호노무라)에 짓고 봉읍(封邑)으로 주었다. 자손에 의해 가를 이루었다. 윤공천황(允恭天皇) 때에 거주지 명으로 아보군(阿保君; 아호노키미)이라는 성을 주었다. 폐제(廢帝) 천평보자(天平寶字) 8년에 공(公; 기미) 성을 고쳐 조신(朝臣; 아소미)이라는 성을 주었다. 『속일본기』와 합치한다.

【주 석】

1. 아보조신(阿保朝臣)

아보(阿保; 아호)라는 씨명은 율령제 이하국(伊賀國) 이하군(伊賀郡)의 아보향(阿保鄕)이라는 지명에서 유래한 것으로 추정된다.

『속일본기』 연력(延曆) 3년(784) 11월 무오조에는 무장개(武藏介) 종5위상 건부조신인상(建部朝臣人上) 등이 개성을 요청하면서 "신 등의 시조 식속별황자(息速別皇子)가 이하국 아보촌에 거주하였으므로 원명일향조정(遠明日香朝廷, 允恭朝) 때 황자 4세손 수니도두왕(須祢都斗王)에게 아보군(阿保君)이라는 성을 주었고, 후손 의보하사(意保賀斯)는 장곡단창조정(長谷旦倉朝廷, 雄略朝) 때 건부군(健部君)으로 개성하였다. 본래 아보조신의 성으로 돌아가기를 청하여 허락받았다. 그래서 인상 등에게는 아보조신, 건부군흑마려(健部君黑麻呂) 등에게는 아보공(阿保公)이라는 성을 주었다."라고 적혀 있다.

건부군 일족으로는 천평승보(天平勝寶) 8년경「조동대사사해(造東大寺司解)」(『대일본고문서』 25-133)의 건부군문만려(建部君文萬呂), 『속일본기』 천평보자(天平寶字) 8년(764) 10월 경오조의 정6위상(극위) 건부공인상(建部公人上), 연력 3년(784) 11월 무오조의 건부군흑마려(健部君黑麻呂) 등이 있다. 또 『속일본기』 천평보자 8년(764) 10월 신묘조에서 인번연(因幡掾) 외종5위하 건부공인상(健部公人上) 등 15인에게 조신 성을 주었다고 적혀 있다. 이것이 폐제 천평보자 8년에 공 성에서 조신 성으로 개성된 것에 해당된다. 다만 우경 황별(하)「건부공」조가 게재되어 있으므로 건부군풍족 및 만려가 아보조신이 된 건부군씨와 동족이라고 확정짓기는 어렵다.

아보조신 일족으로는 『일본후기』 연력 15년(796) 9월 계사조의 아보조신인상 외에 연력 18년(799) 5월 기사조의 아보조신광성, 『평안유문(平安遺文)』(1-308)에 수록된 대동(大同) 2년(807) 9월 14일 「월중국관창납곡교체장(越中國官倉納穀交替帳)」의 아보조신씨환(阿保朝臣氏丸), 『속일본후기』 승화(承和) 11년(844) 2월 신유조의 외종5위하에서 종5위하(극위)로 승진한 아보조신영선(阿保朝臣永善)이 있으며, 『일본삼대실록』 원경(元慶) 3년(879) 11월 25일 경진조에 감해유차관(勘解由次官) 겸 행산박사(行算博士) 단마개(但馬介) 아보조신금웅(阿保朝臣今雄)이 외종5위하에서 종5위하로 승진한 기록이 보인다.

2. 수인천황(垂仁天皇)

『일본서기』에는 수인천황이 제11대 천황이라고 기재되어 있지만, 실존 여부에 관해서는 부정적이다. 『고사기(古事記)』 숭신천황단에는 이구미입일자이사지명(伊玖米入日子伊沙知命; 이쿠메이리히코이사치노미코토), 수인천황단에는 이구미이리비고이좌지명(伊玖米伊理毗古伊佐知命; 이쿠메이리비코이사치노미코토)이라고 적혀 있다. 좌백유청(佐伯有淸)은 『신찬성씨록』 완본에는 '수인' 앞에 '활목입언오십협모천황시(活目入彦五十狹茅天皇諡)'라는 11글자가 있고, '수인' 다음에 '천황(天皇)'이라는 2글자는 없었을 것이라 추정하였다.

3. 식속별명(息速別命)

수인천황의 황자이다. 식속별명(息速別命; 이코하야와케노미코토)은 『일본서기』에는 지속별명(池速別命; 이케하야와케노미코토), 『고사기』에는 이허파야화기명(伊許婆夜和氣命; 이코바야와케노미코토)이라 적혀 있고, 이허파야화기명의 분주에는 사본(沙本; 사호)의 혈태부지별(穴太部之別; 아나호베노와케)의 조상이라고 적혀 있다.

4. 이하국(伊賀國) 아보촌(阿保村)

『화명유취초(和名類聚抄)』의 이하국(伊賀國) 이하군 아보향이다. 현재 삼중현(三重縣) 이하시(伊賀市) 아보(阿保) 일대에 해당된다. 『속일본기(續日本紀)』 연력(延曆) 3년(784) 11월 무오조에는 건부조신인상(建部朝臣人上) 등이 개성을 요청할 때에 시조 식속별황자(息速別皇子; 이코하야와케노미코)가 이하국 아보촌(阿保村)에 거주했다고 주장하였다. 『평안유문(平安遺文)』(1-359)에 수록된 승평(承平) 4년(934) 11월 19일자 「이하국하견향도녜해안(伊賀國夏見鄕刀禰解案)」에는 이하군 아보촌주(阿保村主)가 보인다.

5. 윤공천황(允恭天皇)

제19대 천황이다. 인덕천황(仁德天皇)의 아들로 어머니는 반지원(磐之媛)이다. 니중(履中), 반정(反正)과 동모제(同母弟)이다. 좌백유청(佐伯有淸)은 『신찬성씨록』 완본에는 '윤공' 앞에 '웅조진간치자숙녜천황시(雄朝津間稚子宿禰天皇諡)' 혹은 '원명일향조정어우천황시(遠明日香朝廷御宇天皇諡)'가 있고, '윤공' 다음에 '천황(天皇)'이라는 2글자는 없었을 것이라 추정하였다.

6. 폐제(廢帝) 천평보자팔년(天平寶字八年)

폐제는 순인천황(淳仁天皇)을 가리킨다. 733년에서 765년까지 재위한 일본 제47대 천황이다. 폐제 휘는 대취왕(大炊王)이다. 명치천황(明治天皇)에 의해 담로폐제(淡路廢帝)라고 추호(追號)되기 전까지 폐제라고 불렸다. 등원중마려(藤原仲麻呂)의 난 이후 효겸상황(孝謙上皇)에게 제위를 빼앗기고 담로국(淡路國)에 유폐되었기 때문에 칭해진 이름이다.

『속일본기』 천평보자(天平寶字) 8년(764) 10월 신묘조에서 인번연(因幡掾) 외종5위하 건부공인상(健部公人上) 등 15인에게 조신(朝臣) 성을 주었다고 적혀 있다. 이것이 폐제 천평보자 8년 공 성에서 조신 성으로 개성된 것에 해당된다.

7. 속일본기합(續日本紀合)

"속일본기와 합치된다."는 것은 첫째, 『속일본기』 천평보자(天平寶字) 8년(764) 10월 신묘조에 인번연(因幡掾) 외종5위하 건부공인상(健部公人上) 등 15인에게 조신이라는 성을 내려주었다는 기사, 둘째, 『속일본기』 연력(延曆) 3년 11월 무오조에 "무장개(武藏介) 종5위상 건부조신인상(建部朝臣人上)이 개성을 청원하면서 '신 등의 시조 식속별황자(息速別皇子)가 이하국 아보촌에 거주하였으므로 원명일향조정(遠明日香朝廷, 윤공조[允恭朝])에 아보군(阿保君)이라는 성을 받았다.'라고 주장하였다. 이 주장이 받아들여져 건부조신인상 등의 씨명이 아보로 복귀되어 아보조신(阿保朝臣)이라는 성을 받았다."라는 기사에 등장하는 2가지 조신 사성 기사와 합치된다는 의미로 이해된다.

---

161 【원문】

羽咋公

同天皇皇子·磐衝別命之後也.

【번역】

우사공(羽咋公; 하쿠노키미)

같은 천황의 황자 반충별명(磐衝別命; 이하츠쿠와케노미코토)의 후손이다.

【주 석】

1. 우사공(羽咋公)

우사(羽咋; 하쿠)라는 씨명은 율령제 능등국(能登國) 우사군(羽咋郡) 우사(羽咋)라는 지명과 관련이 있을 것으로 추정된다. 이곳은 현재 석천현(石川縣) 우사시(羽咋市)에 해당된다.

우사공 일족으로는 『유취국사(類聚國史)』 서위(敍位) 홍인(弘仁) 14년(823) 4월 신미조의 종6위하에서 외종5위하로 승서된 우사공길족(羽咋公吉足), 『전약두보임차제(典藥頭補任次第)』 관평(寬平) 8년조의 우사공상세(羽咋公常世)가 있다. 『유취국사』 유배(流配) 연력(延曆) 21년(802) 9월 병진조의 능등국(能登國) 사람 우사미공(羽咋弥公) 등이 토좌국(土佐國)에 유배된 기사에도 보인다. 우사미공이 우사씨의 본거지인 능등국 사람인 것으로 보아 동족일 것으로 추정된다.

2. 동천황(同天皇)

좌백유청(佐伯有淸)은 『신찬성씨록』 완본에는 '활목입언오십협모천황(活目入彦五十狹茅天皇).[시수인(諡垂仁).]'이라 적혀 있었을 것이라고 추정하였다.

3. 반충별명(磐衝別命)

『일본서기』 수인(垂仁) 34년 3월 병인조에는 반충별명(磐衝別命; 이하츠쿠와케노미코토)이 삼미군(三尾君; 미오노키미)의 시조라고 적혀 있다. 『고사기』 수인천황단에는 석충별왕(石衝別王; 이와츠쿠와케노미코)이라고 하며 우사군(羽咋君), 삼미군(三尾君)의 조상이라 적혀 있다.

---

162 【원 문】

讚岐公
大足彦忍代別天皇皇子五十香彦命[亦名神櫛別命.]之後也. 續日本紀合.

【번 역】

찬기공(讚岐公; 사누키노키미)

대족언인대별천황(大足彦忍代別天皇; 오타라시히코오시로와케노스메라미코토)의 황자 오십향언명(五十香彦命; 이카히코노미코토)[다른 이름은 신즐별명(神櫛別命; 가무쿠시와케노미코노)이다.]의 후손이다. 『속일본기』와 합치한다.

【주 석】

1. 찬기공(讚岐公)

찬기(讚岐; 사누키)라는 씨명은 찬기국(讚岐國)의 국명과 관련이 있다고 추정된다. 이곳은 현재 향천현(香川縣)에 해당된다.

『속일본기』연력(延曆) 10년(791) 9월 병자조에 "찬기국 한천군(寒川郡) 사람 정6위상 범직천계(凡直千繼) 등이 아뢰기를 '천계 등의 선조는 성직(星直)이다. 역어전조정(譯語田朝庭, 민달조[敏達朝]) 때 국조(國造)의 업을 이어서 관할 지역의 경계를 담당하였습니다. 관직에 따라 씨를 명하여 사발대압직(紗抜大押直; 사누키노오시노아타이)이라는 성이 내려졌습니다. 그런데 경오년(庚午年) 호적에 대압(大押; 오시)이라는 글자를 고쳐 범(凡; 오호시)이라고 기록하였습니다. 이로 인해 성직의 후손은 찬기직(讚岐直; 사누키노아타이) 혹은 범직(凡直; 오호시노아타이)이 되었습니다. 바야흐로 성조(聖朝)를 맞이하여… 청하옵건대 선조의 업에 다라 찬기공(讚岐公; 사누키노키미)라는 성을 내려 주십시오.'라고 하였다. 칙하여 천계 등 호(戶) 21연(烟)에게 청하는 바에 따라 이를 내렸다."라고 기재되어 있다. 따라서 연력 10년 9월에 범직천계와 찬기국 한천군의 호 21연이 찬기공성을 받은 것이다. 『속일본기』의 사성(개사성 포함) 기사의 사성 범위는 1인을 대상으로 한 사례부터 「남녀 몇 사람(男女何人)」, 「형제 몇 사람(兄弟何人)」, 「몇 호(何戶)」, 「몇 연(何烟)」 등으로 나타난다. 이 때의 연(烟, 煙)은 연돌(煙突) 즉 굴뚝이라는 의미로 취사를 함께하는 생활 단위로서의 가구를 의미하며 호가 행정적인 편의를 위한 공동체인데 비해 연은 실질적인 가족을 반영한 표현이다.

찬기공 일족으로는 『일본후기』연력 24년(805) 10월 기해조에 비전권개(備前權介)에 보임되고 대동(大同) 3년(808) 11월 갑오조에 종5위하에서 종5위상(극위)으로 승진한 찬기공천계(讚岐公千繼)가 있다. 또 『정사요략(政事要略)』(67-565) 대동(大同) 2년 4월 29일 식부성문(式部省問)의 찬기공광직(讚岐公廣直), 『속일본후기』승화(承和) 원년(834) 정월 무오조에 정6위상에서 외종5위하로 승서된 찬기공영직(讚岐公永直)이 있고, 『속일본후기』승화 3년(836) 3월 무오조의 외종5위하(극위) 대판사(大判事) 명법박사(明

法博士) 찬기공영직(讚岐公永直), 우소사(右少史) 겸 명법박사(明法博士) 찬기공영성(讚岐公永成), 외종7위상(極位) 찬기공전웅(讚岐公全雄) 등이 있다. 찬기공영직 등 3인은 『속일본후기』 승화 3년(836) 3월 무오조에 조신으로 개성하였다.

찬기조신 일족으로는 『일본문덕천황실록』 천안(天安) 2년(858) 2월 무진조에는 형부(刑部) 대판사(大判事)에 보임된 외종5위하(極位) 찬기조신당세(讚岐朝臣當世)가 보인다. 『일본삼대실록』 정관(貞觀) 6년(864) 8월 17일 신미조의 우경인(右京人) 산위(散位) 종5위상(극위) 찬기조신고작(讚岐朝臣高作), 우대사(右大史) 정6위상(극위) 찬기조신시웅(讚岐朝臣時雄), 우위문소지(右衛門少志) 정6위상(극위) 찬기조신시인(讚岐朝臣時人) 등이 있다. 이들 3인은 정관 6년에 화기조신(和氣朝臣)으로 개성하였다.

2. 대족언인대별천황(大足彦忍代別天皇)

경행천황을 가리킨다. 좌백유청(佐伯有淸)은 『신찬성씨록』 완본에는 '천황' 다음에 '시경행(諡景行)' 3글자가 있었을 것이라고 추정하였다. 경행은 수인(垂仁)의 셋째 아들로 제12대 천황으로 알려진 인물이다. 경행천황에 관해서는 좌경 황별(상) 「고교조신」조(057) 경행천황 참조.

3. 오십향언명(五十香彦命)

경행천황의 황자이다. 『일본서기』에는 찬기국조(讚岐國造)의 시조, 『고사기』에는 신즐왕(神櫛王)이라 적혀 있다. 『선대구사본기(先代舊事本紀)』 천황본기 경행천황조에 기재된 오십하언명(五十河彦命)의 분주에 찬기직(讚岐直)은 오십하의 별조(別祖)라고 적혀 있지만, 『일본서기』 경행천황 4년 2월 갑자조에는 신즐황자(神櫛皇子; 가무쿠시노미코)가 찬기국조(讚岐國造; 사누키노구니노미야츠코)의 시조라고 적혀 있다. 신즐별명이라는 이름은 『속일본후기』 승화(承和) 3년(836) 3월 무오조에서 찬기공영직 등이 조신 성을 받을 때의 기사에 "영직 등의 원조 경행천황의 제10황자 신즐명"이라고 적혀 있다.

4. 속일본기합(續日本紀合)

『속일본기』 연력(延曆) 10년(791) 9월 병자조에 찬기국 한천군(寒川郡) 사람 정6위상 범직천계(凡直千繼) 등에게 찬기공(讚岐公)의 성을 내렸으며 호 21연(煙)에게도 청에 따라 찬기공 성을 주었다고 적혀 있는 사성 기사와 합치한다는 의미로 이해된다. 좌백유청

(佐伯有淸)은 『신찬성씨록』 완본에는 범직천계 등이 찬기공의 씨성을 받은 것이 기재되었을 것이라 추정하였다.

163 【원문】

酒部公

　　同皇子三世孫足彥大兄王之後也. 大鷦鷯天皇之御代. 從韓國參來人. 兄曾曾保利. 弟曾曾保利二人. 天皇勅有何才. 皆有造酒之才. 令造御酒. 於是賜麻呂號酒看都子. 賜山鹿比咩號酒看都女. 因以酒看都爲氏.

【번 역】

주부공(酒部公; 사카베노키미)

　　같은 황자 3세손 족언대형왕(足彥大兄王; 다라시히코오에노미코)의 후손이다. 대초료천황(大鷦鷯天皇) 때에 한국(韓國)에서 온 사람이다. 형증증보리(兄曾曾保利; 에소소호리), 제증증보리(弟曾曾保利; 오토소소호리) 두 사람이다. 천황이 무슨 재능이 있느냐고 말하자 모두 술을 빚는 재능이 있다고 하였다. 어주(御酒)를 담그게 하였다. 이로 인하여 마려(麻呂; 마로)에게 주간도자(酒看都子; 사카미즈코)라는 호를 주고, 산록비미(山鹿比咩; 야마카히메)에게는 주간도녀(酒看都女; 사카미즈메)라는 호를 주었다. 이로 인해 주간도(酒看都; 사카미즈)를 씨로 삼았다.

【주 석】

1. 주부공(酒部公)

주부공이라는 씨명은 주부(酒部; 사카베)의 반조씨족인 데서 유래한 것으로 추정된다.

　　주부공 일족으로는 『속일본기』 화동(和銅) 4년(711) 8월 병오조의 주부군대전(酒部君大田), 갱마려(粳麻呂), 석우(石隅)가 있다. 이들 3인은 경인년적(庚寅年籍)에 의거해 압부라는 성을 받았다. 천평신호(天平神護) 원년(764) 10월 경진조의 여유(女孺) 주부공가도자(酒部公家刀自), 『일본문덕천황실록』 천안(天安) 원년(857) 정월 정미조의 정8위상에서 외종5위하(극위)로 승진한 주부공진원(酒部公眞員) 등이 있다.

2. 동황자(同皇子)

좌백유청(佐伯有清)은 『신찬성씨록』 완본에는 오십향언명(五十香彦命) 혹은 신즐별명(神櫛別命), 신즙별명(神櫛別皇子)이라 기재되었을 것이라 추정하였다. 화천국 황별「주부공(酒部公)」조에도 찬기공(讚岐公)과 조상이 같으며 신즐병명(神櫛別命)의 후손이라고 적혀 있다. 『고사기』 경행천황단에는 신즐왕에 대한 분주에 목국(木國)의 주부아비고(酒部阿比古), 우타지부(宇陀酒部)의 조상이라고 적혀 있다. 신즐병명에 관해서는 앞의 「찬기공」조(162) 참조.

3. 족언대형왕(足彦大兄王)

여기에만 보인다.

4. 대초료천황(大鷦鷯天皇)

『고사기』와 『일본서기』에 기재된 제16대 인덕천황(仁德天皇)이다. 이름은 대초료(大鷦鷯)이며 '오사자키'라고 읽는다. 인덕은 난파고진궁(難波高津宮)에 도읍을 정하고 갈성반지원(葛城磐之媛)을 황후로 세워 니중(履中), 반정(反正), 윤공천황(允恭天皇) 등 4명의 아들을 두었다. '기기(記紀)'에 요순(堯舜)과 같은 성스러운 군주로 묘사되어 있다. 『일본서기』에는 절명한 나이를 기록하지 않고 재위 87년에 죽었다고만 되어 있으나, 『고사기』에는 83세였다고 기록되어 있다. 능묘인 백설조이원중릉(百舌鳥耳原中陵)은 대판부(大阪府) 계시(堺市)에 있는 대산고분(大山古墳)으로 비정되고 있다.

좌백유청(佐伯有清)은 『신찬성씨록』 완본에는 '대초료천황' 다음에 '시인덕(諡仁德)'이라는 3글자가 있었다고 추정하였다. 대초료천황은 좌경 황별(상) 「작부조신(雀部朝臣)」 조(073) 참조.

5. 한국(韓國)

여기의 한국은 백제를 가리킨다.

6. 형증증보리(兄曾曾保利), 제증증보리(弟曾曾保利)

『고사기』 응신천황단(應神天皇段)에는 술의 양조를 알고 있는 사람의 도래 기사가 보인다. 그의 이름은 인번(仁番; 니호), 별명은 수수허리(須須許理; 스스코리)라고 하며, 수수허리가 어주(御酒)를 빚어서 바쳤다고 적혀 있다. 좌백유청(佐伯有淸)은 '증증보리, 수수허리' 등은 고유 인명처럼 기재되어 있지만, 술을 빚는 사람을 의미하는 일반 명사라고 추정하였다.

『일본서기』 현종천황(顯宗天皇) 즉위전기에는 맛있는 술을 이향(餌香; 에가)의 저자에서 돈을 주고도 살 수 없다는 기사가 보인다. 또『석일본기(釋日本紀)』 술의(述義)8 지주이향시(旨酒餌香市)조에는 사기(私記)를 인용하며 "고려인이 이향시에 와서 거주하며 맛난 술을 빚었다. 당시 사람들이 다투어 비싼 값으로 사서 마셨다"라고 적혀 있다. 이것은 이향시의 침사(枕詞; 마쿠라고토바)인 '지주(旨酒)'에 관한 설명이다. 술과 에가(혜아, 이향) 지역이 관계 깊다는 것을 알 수 있다. 이곳은 현재 대판부(大阪府) 등원사시(藤原寺市) 일대에 해당된다.

7. 마려(麻呂), 주간도자(酒看都子), 주간도녀(酒看都女)

마려 이하의 문장은 뜻을 이해하기 어렵다. 마려에게 주간도자, 산록비미에게 주간도녀라는 호를 주었다는 것은 술을 빚는 직명을 받은 것으로 이해된다.『연희식(延喜式)』신명장(神名帳)에 나오는 주전신사(酒殿神社; 사카미진자)는 주수(酒水)를 관장하는 조주사좌신(造酒司坐神)을 제사하는 신사로 제신은 주미두남신(酒彌豆男神; 사카미즈오노미코토)과 주미두여신(酒彌豆女神; 사카미즈메노미코토)이다. 또 주간도자(酒看都子; 사카미즈코)의 간도(看都; 미즈), 주미두남신의 미두(彌豆; 미즈)가 모두 수(水; 미즈)를 의미한다. 주간도자는 주조를 담당한 남자를 의미하는 오래된 직명으로 이해된다. 주간도녀(酒看都女; 사카미즈메)는 주미두여신(酒彌豆女神; 사카미즈메노미코토)와 같은 말로 주수(酒水)를 만드는 여성을 나타내는 명칭이라 여겨진다.

8. 산록비미(山鹿比咩)

여기에만 보인다.

9. 주간도(酒看都)

주간도(酒看都; 사카미즈)는 위에서 설명했듯이 주수(酒水)를 의미한다. 주간도는 주부(酒部)를 나타내는 고어로 이해된다. 주부공씨와 같이 신즐별황자의 후손이라 칭하는 주부에 대해서는『고사기』 경행천황단에 기재된 즐왕의 분주에는 목국(木國)의 주부아비고(酒部阿比古), 우타지부(宇陀酒部)의 조상이라고 적혀 있다. 목국, 즉 기이국(紀伊國)의 주부아비고는 기이국 주부의 반조씨족이고 뒤에 주부공을 칭한 듯하다.

164 【원 문】

建部公
　　犬上朝臣同祖. 日本武尊之後也. 續日本紀合.

【번 역】

건부공(建部公; 다케루베노키미)

　　견상조신(犬上朝臣; 이누카미노아소미)과 조상이 같으며 일본무존(日本武尊; 야마토타케루노미코토)의 후손이다. 『속일본기』와 합치한다.

【주 석】

1. 건부공(建部公)

건부공(建部公; 다케루베노키미)씨는 건부(建部)를 관장하는 반조씨족이었던 데서 유래한 것으로 추정된다. 건부는 무부(武部), 건부(健部)라고도 쓴다. 『일본서기』 경행천황(景行天皇) 40년 시세조에는 "일본무존(日本武尊; 야마토타케루노미코토)의 공적을 기록하려고 무부(武部; 다케루베)를 정하였다."라고 적혀 있다. 또 『출운국풍토기(出雲國風土記)』 출운군 건부향(健部鄕)조에는 "짐의 아들 전향회대궁어우천황(纏向檜代宮御宇天皇, 경행천황[景行天皇])이 짐의 아들 왜건명(倭健命; 야마토타케루노미코토)의 이름을 잊지 않기 위해 신문신고녜(神門臣古禰; 간도노오미후루네)를 건부(健部; 다케루베)로 정하였다."라고 기재되어 있다. 건부는 일본무존(왜건명)의 무위를 전하기 위해 설정한 것으로 기술되어 있으므로 어명대(御名代)로 간주되거나, 각국에 설치된 군사적 부민으로 각국의 국조 일족이 반조에 임명된 것으로 보기도 한다.

　　건부공 일족으로는 『속일본기』 천평(天平) 20년(748) 2월 기미조의 정6위상에서 종5위하(극위)로 승진한 건부공풍족(建部公豐足), 천평보자(天平寶字) 8년(764) 10월 경오조의 정6위상에서 외종5위하(極位)로 승진한 건부공인상(建部公人上)이 있다. 『속일본기』 천평신호(天平神護) 2년(766) 7월 기묘조의 근강국(近江國) 지하군(志賀郡)에 설치된 군단의 장관인 대의(大毅)에 보임된 소초위상(少初位上) 건부공이하마려(建部公伊賀麻呂)가 조신 성을 받았다고 적혀 있고, 『일본삼대실록』 인화(仁和) 원년(885) 12월 23일 계유조의 축후종소목(筑後從少目) 종7위하 건부공정도(建部公貞道) 등이 보인다.

2. 견상조신동조(犬上朝臣同祖)

『일본서기』 경행천황(景行天皇) 51년 8월 임자조에는 "일본무존이 양도입희황녀(兩道入姬皇女)에게 장가들어 도의별왕(稻依別王; 이나요리와케노미코)을 낳았다."라고 적혀 있고, 『고사기』 경행천황단(景行天皇段)에는 도의별왕(稻依別王)의 분주에 "견상군(犬上君), 건부군(建部君) 등의 조상이다."라고 적혀 있다. 『선대구사본기(先代舊事本紀)』 천황본기 성무천황(成務天皇) 48년 3월 경진삭조에는 일본무존이 양도입희황녀(兩道入姬皇女)를 비로 삼아 도의별왕을 낳았다고 하고, 도의별왕의 분주에 무부군(武部君) 등의 조상이라고 적고 있다. 견상조신에 관해서는 좌경 황별(상) 「견상조신」조(083) 참조.

3. 일본무존(日本武尊)

일본무존은 『일본서기』와 『고사기』에 경행천황(景行天皇)의 황자로 웅습(熊襲)과 동국(東國) 정토를 행한 인물로 나온다. 『일본서기』와 『선대구사본기』에는 일본무존(日本武尊; 야마토타케루노미코토), 『고사기』에는 왜건명(倭建命; 야마토타케루)이라 적혀 있다. 또 『일본서기』 경행천황(景行天皇) 52년 8월조에 "일본무존은 양도입희황녀(兩道入姬皇女; 후타지이리비메노히메미코)에게 장가들어 도의별왕(稻依別王; 이나요리와케노미코)을 낳았다."라고 하고, "도의별왕은 견상군(犬上君; 이누카미노키미)과 무부군(武部君; 다케루베노키미) 무릇 2씨족의 시조이다."라고 적혀 있다. 『고사기』 경행천황단에는 "왜건명이 근담해(近淡海) 안국조(安國造)의 조상인 의부다모화기(意富多牟和氣)의 딸 포다지비매(布多遲比賣)를 아내로 맞이하여 도의별왕을 낳았다"라고 하고, "도의별왕은 견상군과 건부군(建部君; 다케루베노키미) 등의 조상이다"라고 기재되어 있다. 『기기』에는 무부군(건부군)의 조상이 일본무존(왜건명)의 아들 도의별왕이라고 기술되어 있다. 건부공씨가 건부(무부)의 반조씨족이었던 것에서 본조의 일본무존이 후손이라는 계보나 일본무존의 자손이라고 전하는 도의별왕을 시조라고 하는 계보를 만들었을 것이라 추정된다.

4. 속일본기합(續日本紀合)

『속일본기』 천평신호(天平神護) 2년(766) 7월 기묘조의 근강국(近江國) 지하단(志賀團) 대의(大毅) 소초위상(少初位上) 건부공이하마려(建部公伊賀麻呂)가 조신 성을 받았다고 적혀 있는 사성 기사와 합치된다는 의미로 이해된다.

---

165 【원 문】

別公
　　建部公同祖.

【번 역】

별공(別公; 와케노키미)
　　건부공(建部公; 다케루베노키미)과 조상이 같다.

【주 석】

1. 별공(別公)

『고사기』 경행천황단에 "77주의 왕자(王子; 미코)는 모두 각국의 국조(國造; 구니노미야츠코), 화기(和氣; 와케)와 도치(稻置; 이나키), 현주(縣主; 아가타누시)로 분봉하였다."라고 적혀 있고, 『일본서기』 경행 4년 2월 갑자조에는 "무릇 천황의 아들과 딸은 전후 합쳐 80명이었다. 그리하여 일본무존과 치족언천황과 오백성입언황자를 제외하고 70여 자식을 모두 국군(國郡)에 봉하여 각각 그 국에 보냈다. 그러므로 지금 제국(諸國)의 별(別; 와케)이라는 것은 별이라는 이름을 가진 여러 왕의 후손이다."라고 적고 있다. 따라서 '별'은 국조와 도치, 현주 같은 지방 관직명이라고 해석되었다. 그러나 천황이 되는 왕도, 예컨대 예전별(譽田別, 뒤의 응신천황)과 같이 '별'을 칭하고 있으므로 지방 관직명이라는 설은 성립되기 어렵다. 별의 유래에 관해서는 분명치 않은 점이 많지만, 4, 5세기 대화(大和)왕권의 왕자와 그 왕족 및 지방 호족이 칭한 것이라 간주된다. 5세기 중후반경부터 대화왕권의 왕자가 별이라는 칭호를 버리고 대왕(大王)이라 칭하자, 지방 호족은 별과 함께 공(군) 신, 직 등의 성을 사여받아 별공(군), 별신, 별치 등처럼 오래된 별의 칭호와 함께 가바네를 부가하여 칭하게 되었다.

　별공 일족으로는 화천국 황별 화기공(和氣公; 와케노키미) 외에 산성국 황별 별공(別公)과 같이 언좌명(彦坐命)의 후손이라 전하는 씨족도 존재하므로, 우경 황별의 별공씨 일족과 구별해 제시하기 어렵다.

2. 건부공동조(建部公同祖)

좌백유청(佐伯有淸)은 『신찬성씨록』 완본에는 '건부공동조(建部公同祖). 일본무존지후야(日本武尊之後也).'라고 기재되었을 것이라 추정하였다. 화천국 황별의 「화기공(和氣公)」조에는 견상조신(犬上朝臣)과 조상이 같으며 왜건존(倭建尊)의 후손이라고 적혀 있다. 그리고 『고사기』 경행천황단에 기재된 도의별왕의 분주에는 견상군과 건부군 등의 조상이라 적혀 있고, 『일본서기』 경행천황 51년 8월 임자조에는 도의별왕이 견상군(犬上君; 이누카미노키미)과 무부군(武部君; 다케루베노키미)의 시조라고 적혀 있는 것으로 보아 일본무존의 아들, 도의별왕의 후손이라 칭한 것이다.

166 【원문】
御立史
　御使同氏. 氣入彦命之後也. 持統天皇御代. 依居參河國青海郡御立地. 賜御立史姓. 日本紀漏.

【번역】

어립사(御立史; 미타치노후히토)

　어사(御使; 이츠카히)와 같은 씨이며 기입언명(氣入彦命; 게이리히코노미코토)의 후손이다. 지통천황(持統天皇; 지토텐노) 때 삼하국(參河國; 미카하노쿠니) 청해군(青海郡; 아오미노코호리) 어립(御立; 미타치) 지역에 거주하였다. 이로 인해 어립사(御立史; 미타치노후히토)라는 성을 받았다. 『일본기』에 누락되었다.

【주 석】

1. 어립사(御立史)

어립(御立; 미타치)이라는 씨명은 율령제 삼하국(參河國; 미카하노쿠니) 청해군(靑海郡; 아오미노코호리) 어립(御立; 미타치)이라는 지명과 관련된 것으로 추정된다. 이곳은 현재 애지현(愛知縣) 풍전시(豐田市) 고교(高橋) 일대에 해당된다.

어립사 일족은 『육국사』나 고문서 등에 보이지 않는다. 다만 『속일본기』 신귀(神龜) 원년(724) 5월 신미조에는 종5위하(극위) 오숙호명(吳肅胡明; 고슈쿠고묘)에게 어립련(御立連; 미타치노무라지) 성을 주었다고 적혀 있다. 『속일본기』 양로(養老) 5년(721) 정월 갑술조에 종5위하 오숙호명(吳肅胡明)의 의술 관련 상사(償賜) 기사가 적혀 있다.

2. 어사동씨(御使同氏)

좌백유청(佐伯有淸)은 『신찬성씨록』 완본에는 '어사조신동조(御使朝臣同祖)'라고 기재되었을 것이라 추정하였다. 어사씨에 관해서는 좌경 황별(상)「어사조신(御使朝臣)」조(082) 참조.

3. 기입언명(氣入彦命)

기입언명은 좌경 황별(상)「어사조신(御使朝臣)」조(082) 기입언명 참조.

4. 지통천황(持統天皇)

지통천황(645~703)은 남편인 천무천황(天武天皇)이 죽은 뒤에 즉위하지 않은 채 정무를 수행한 칭제(稱制) 시기를 거쳐 지통천황 11년(697)까지 재위하였다. 아버지는 천지천황(天智天皇)이고 어머니는 소아원지낭(蘇我遠智娘)이며 할아버지는 소아창산전석천마려(蘇我倉山田石川麻呂)이다. 지통천황의 치세에 천무천황의 정책을 계승하여 호적을 작성하였고, 비조정어원령(飛鳥淨御原令)의 제정과 등원경(藤原京)의 조영이라는 2대 사업을 완성하였다. 지통천황 11년에 경황자인 문무천황(文武天皇)에게 양위하였다. 경인년은 지통천황 4년(690)에 해당된다. 경인년적에 관해서는 우경 황별(하)「진야신(眞野臣)」조(154) 참조.

5. 일본기루(日本紀漏)

지통천황 시대에 어립사라는 성을 받았다는 사성 기사가『일본서기』에 보이지 않는 것을 가리키는 것이라 이해된다.

167 【원 문】
高篠連
　　景行天皇皇子五百木入彦命之後也. 續日本紀合.

【번 역】

고조련(高篠連; 다카시노무라지)

　　경행천황(景行天皇; 게이카우텐노)의 황자 오백목입언명(五百木入彦命; 이호키노이리히코노미코토)의 후손이다.『속일본기』와 합치한다.

【주 석】

1. 고조련(高篠連)

고조(高篠; 다카시)라는 씨명은 율령제 찬기국(讚岐國)의 나가군(那珂郡) 고조(高篠)라는 지명과 관련된 것으로 추정된다. 현재 이곳은 향천현(香川縣)의 중다도군(仲多度郡) 만농정(滿濃町) 고조 일대이다.『속일본기』연력(延曆) 3년(784) 8월 무오조에는 좌소사(左少史) 정6위상 의지수광랑(衣枳首廣浪) 등에게 고조련(高篠連)이라는 성을 주었다고 적혀 있다.

고조련 일족으로는 고조련으로 개성한 의지수광랑 이외에『유취부선초(類聚符宣抄)』권6에 수록된 천경(天慶) 6년(734) 8월 10일자「대납언우대장등원경선(大納言右大將藤原卿宣)」에 고조청음(高篠淸陰)이라는 이름이 보인다.『평안유문(平安遺文)』(1-1)에 수록된 연력 2년(902) 6월 17일자「태정관첩(太政官牒)」에는 '정6위상 행좌소사 의지수광랑첩(正六位上行左少史衣枳首廣浪牒)'이라 적혀 있다.

2. 경행천황(景行天皇)

경행천황은 『일본서기』에 제12대 천황이라고 기재되어 있지만, 실존 여부에 관해서는 부정적이다. 수인(垂仁) 17년에 태어나 경행천황 60년(130)에 사망하였다고 한다. 아버지는 수인이고 어머니는 일엽초원명(日葉酢媛命)이며, 황후는 파마도일대랑희(播磨稻日大郞姬)와 팔판입원명(八坂入媛命) 외에 8명의 비(妃)가 더 있었다고 적혀 있다. 좌백유청(佐伯有淸)은 『신찬성씨록』 완본에는 '경행' 앞에 '대족언인대별천황시(大足彦忍代別天皇諡)'라는 9글자가 있고, '경행' 다음에 '천황(天皇)'이라는 2글자는 없었을 것이라 추정하였다. 경행천황에 관해서는 좌경 황별(상) 「고교조신(高橋朝臣)」조(057) 경행천황 참조.

3. 오백목입언명(五百木入彦命)

경행천황의 황자이다. 『일본서기』 경행 4년 2월 갑자조에는 오백성입언황자(五百城入彦皇子; 이호키이리비코노미코), 『고사기』 경행천황단에는 오백목지입일자명(五百木之入日子命; 이오키노이리히코노미코토)이라고 적혀 있다. 또 『고사기』 응신천황단에는 제일매명(弟日賣命; 오토히메노미코토)의 분주에 "품타약왕(品陀若王; 호무다노마와카노미코)은 오백목지입일자명(五百木之入日子命; 이호키노이리비코노미코토)이 미장련(尾張連; 오하리노무라지)의 선조 건이나타숙녜(建伊那陀宿禰; 다케이나다노스쿠네)의 딸 지리도기두매(志理都紀斗賣; 시리츠키토메)를 얻어서 낳은 자식이다."라고 기재되어 있다. 오백목지입일자명의 아들로 품타진약왕이 있었음을 알 수 있다.

4. 속일본기합(續日本紀合)

『속일본기』 연력(延曆) 3년(784) 8월 무오조에 좌소사(左少史) 정6위상 의지수광랑(衣枳首廣浪) 등에게 고조련(高篠連)이라는 성을 주었다는 사성 기사를 가리키는 것으로 이해된다.

168 【원문】

佐伯直

　　景行天皇皇子稲背入彦命之後也. 男御諸別命. 稚足彦天皇.[諡成務.]御代. 中分針間國給之. 仍號針間別. 男阿良都命.[一名伊許自別.]譽田天皇爲定國堺. 車駕巡幸. 到針間國神崎郡瓦村東崗上. 于時靑菜葉自崗邊川流下. 天皇詔應川上有人也. 仍差伊許自別命往問. 卽答曰. 己等是日本武尊平東夷時. 所俘蝦夷之後也. 散遣於針間. 阿藝. 阿波. 讃岐. 伊豫等國. 仍居此氏也.[後改爲佐伯.]伊許自別命以狀復奏. 天皇詔曰. 宜汝爲君治之. 卽賜氏針間別佐伯直.[佐伯者所謂氏姓也. 直者謂君也.]爾後至庚午年. 脫落針間別三字. 偏爲佐伯直.

【번 역】

좌백직(佐伯直; 사헤키노아타헤)

　　경행천황(景行天皇; 게이코우텐노)의 황자인 도배입언명(稻背入彦命; 이나세이리히코노미코토)의 후손이다. 아들은 어제별명(御諸別命; 미모로와케노미코토)이다. 치족언천황(稚足彦天皇; 와카타라시히코노스메라미코토)[시호는 성무(成務; 세이무)이다.] 치세 때 침간국(針間國; 하리마노쿠니)을 하사받았다. 이에 침간별(針間別; 하리마노와케)이라고 한다. 아들인 하량도명(阿良都命; 아라츠노미코토)[이허자별(伊許自別; 이코지와케)이라고도 한다.] 예전천황(譽田天皇; 호무타노스메라미코토)이 국계(國堺)를 정하기 위해서 거가(車駕)로 순행하였을 때, 침간국(針間國; 하리마노쿠니) 신기군(神崎郡; 가무사키노코호리) 와촌(瓦村; 가와라노무라)의 동강(東崗; 히가시노워카) 위에 올랐다. 이때 푸른 채소의 잎 모양과 같은 강변천(崗邊川; 워카노헤노카하)을 따라 내려가다가 천황이 강 위쪽에 사람이 있는 것을 보고 이허자별명에게 조(詔)를 내려 가서 물어보도록 하였다. 바로 "저희는 일본무존(日本武尊; 야마토타케루노미코토)이 동쪽의 오랑캐를 평정할 때 포로가 된 하이(蝦夷; 에미시)의 후손입니다. 침간(針間), 아예(阿藝; 아키), 아파(阿波; 아하), 찬기(讃岐; 사누키), 이예(伊豫; 이요) 등의 국에 분산되어 거주하게 되었습니다. 이에 이곳에 거주하는 씨(氏; 우지)가 되었습니다.[후에 좌백(佐伯; 사에키)으로 개명된다.]"라고 대답하였다. 이허자별명은 그러한 상황을 아뢰었다. 천황이 조를 내려 "마땅히 너는 군(君; 기미)

이 되어 이들을 다스리도록 하라. 이에 침간별좌백직(針間別佐伯直)[좌백직이라는 씨성이다. 직(直; 아타헤)이라는 것은 군(君)이라고 한다.]이라는 씨를 하사한다."라고 하였다. 이후 경오년(庚午年) 때에 침간별 세 자가 탈락되어 간단히 좌백직이 되었다.

【주 석】

1. 좌백직(佐伯直)

경행천황의 황자인 도배입언황자의 후예씨족으로 좌백련(佐伯連) 휘하에서 파마(播磨), 찬기(讚岐), 이예(伊豫), 안예(安藝), 아파(阿波) 등 5개국에 설치된 좌백부(佐伯部)를 통솔한 반조씨족이다. 옛 씨성은 침간별(針間別)이며 천지 9년(670)인 경오년에 좌백직이라는 씨성을 칭하게 되었다. 한편 중앙의 좌백(련)씨는 대반씨(大伴氏)와 조상이 같고, 천무 13년(684)에 숙녜(宿禰)를 사성받았다. 원래 좌백씨는 하이(蝦夷)를 통솔하여 궁정 경비를 담당하는 좌백부를 관리하던 씨족이었다. 『연희식(延喜式)』에 의하면 중앙의 좌백씨는 대반씨와 함께 문부(門部)를 통솔하여 대상제(大嘗祭)나 설날, 천황 즉위식 등의 큰 행사에서 여러 궁문을 지키는 임무를 수행했다고 한다.

좌백직씨 일족으로는 『일본사경종감(日本寫經綜鑒)』 권273의 천평 6년(734) 11월 「대지도론권오십팔오서(大智度論卷五十八奧書)」에 좌백직동인(佐伯直東人), 『영락유문』(하-613)의 천평 6년 11월 23일자 「대지도론권삼십삼오서(大智度論卷三十三奧書)」의 좌백직한고(佐伯直漢古) 등이 보인다. 이들은 파마국 하무군(賀茂郡) 기다사(旣多寺)의 『대지도론(大智度論)』 편찬시에 필사를 담당한 파마국의 유력 씨족이었다. 그리고 『속일본기』 연력 10년(791)조 기록에 의하면 파마국 읍보군(揖保郡) 인물이던 외종5위하 좌백직제성(佐伯直諸成)이 처음으로 숙녜 성을 칭하고 있다. 한편 『속일본후기』 승화 13년(846) 3월조에 파마국 출신 산위 정8위하 좌백직택수(佐伯直宅守)와 대초위하 좌백직중성(佐伯直仲成)이 본거지를 '우경육조이방(右京六條二坊)'으로 이관했다는 기록을 통해서 볼 때 본조의 좌백직은 좌백직택수와 중성 등이 승화 13년(846) 3월 우경 6조 2방으로 이관하기 이전부터 우경에 거주하고 있었음을 알 수 있다.

2. 경행천황(景行天皇)

『고사기』와 『일본서기』의 계보상 제12대 천황이다. 이름은 대목언인대별(大足彦忍代別)이라 하고 아버지는 수인천황(垂仁天皇), 어머니는 일엽초원명(日葉酢媛命)이다. 부인은 황후인 파다도일대랑희(播磨稻日大郎姬)와 팔판입원명(八坂入媛命) 외에 8명의 비가 더 있었다고 한다. 재위 기간은 71~130년까지라고 하지만, 실존 여부에 대해서는 부정적이다.

3. 도배입언명(稻背入彦命)

『일본서기』 경행 4년 춘2월조에는 도배입언황자(稻背入彦皇子)로 나온다. 경행천황의 아들이며 어머니는 오십하원(五十河媛)이다. 파마별(播磨別)의 조상이라고도 한다.

4. 치족언천황(稚足彦天皇)

성무천황이다. 『고사기』와 『일본서기』의 계보상 제13대 천황이다. 아버지는 경행천황이고 어머니는 팔판입원명(八坂入媛命)이라 한다. 황후는 제재랑녀(弟財郎女)와 길비랑희(吉備郎姬)라 하며, 자녀는 제재랑녀가 낳은 화가노기왕(和訶奴氣王)이 있었다고 한다. 재위 기간은 131년부터 190년까지라고 하지만, 경행천황과 마찬가지로 실존 여부에 대해서는 부정적이다.

5. 침간국(針間國), 침간별(針間別)

침간국은 대화(大化) 이전의 파마국(播磨國)을 가리키며 현 병고현(兵庫縣)의 서남부 지역에 있었다. 비조지(飛鳥池)나 등원궁(藤原宮) 유적에서 출토된 목간에는 '침간국(針間國)', '번마국(幡麻國)'으로 표기되었다. 또한 목간 가운데는 침간국의 식마군(飾磨郡)을 '지가마평(志加麻評)', 육속군(宍粟郡)을 '육속평(宍粟評)', 신기군(神埼郡)을 '신전평(神前評)'이라고 기록한 것도 출토되어 군제(郡制) 이전에 평리제(評里制)의 지방 행정 구획이 실시되었음을 알 수 있다. 한편 『화명유취초』에는 국부(國府)가 식마군이라고 전하고 있는데 현 희로시(姬路市)의 본정(本町) 유적으로 추정되고 있다. 한편 침간별은 원래 침간국의 수장이라는 의미였지만, 이후 씨성으로 불리게 되었다. 『일본서기』 경행 4년 2월조에는 도배입언황자가 파마별의 시조라는 기록이 보인다.

6. 아량도명(阿良都命), 이허자별(伊許自別)

경행천황의 증손이자 어제별명(御諸別命)의 아들이다. 『파마국풍토기(播磨國風土記)』에는 침간국조(針間國造)가 되었다는 전승이 기록되어 있다.

7. 예전천황(譽田天皇)

『고사기』와 『일본서기』의 계보상 15대 응신천황이다. 아버지는 중애천황이다. 어머니인 신공황후가 신라 원정 후 돌아오는 길에 축자(筑紫)에서 낳았다. 『송서』 권97 열전 왜국조의 왜왕 찬(讚)으로 비정되기도 한다. 무엇보다 응신 이후 궁(輕島明宮)이나 왕릉(羽曳市의 譽田御廟山로 추정)이 대화(大和)에서 하내(河內)로 옮겨가는 특징이 나타난다. 이에 대화의 삼륜(三輪) 지방에 거점을 두고 있었던 이전 숭신계(崇神系)의 '삼륜왕조(三輪王朝)'와는 다른 '하내왕조(河內王朝)'라는 새로운 왕조를 상정하고 응신이 그 시조가 되었다는 견해가 제기되어 많은 주목을 받고 있다.

8. 신기군(神崎郡) 와촌(瓦村) 동강(東崗)

신기군은 현 병고현(兵庫縣) 중앙에 위치한 시천정(市川町)과 복기정(福崎町), 신하정(神河町)을 포함한 지역이었다. 와촌은 평안기에 보이는 촌명으로 형려촌(香呂村, 현 香寺町 香呂)으로 비정된다. 동강은 현 향사(香寺)중학교의 서쪽에 있는 작은 언덕을 가리킨다.

9. 강변천(崗邊川)

여기에서만 보인다.

10. 일본무존(日本武尊)

『고사기』 경행천황단에서는 왜건명(倭建命)이라 적고 있다. 용감무쌍한 사람이라는 뜻이다. 『일본서기』 경행 27년 12월조에 웅습(熊襲)의 괴수 천상효수(川上梟帥)가 '일본무황자(日本武皇子)'라는 존호를 받들었다고 한다.

11. 하이(蝦夷)

일본 고대 동북지방에서 북해도에 걸친 지역의 주민을 대화조정 측에서 부른 호칭이다. 『송서』 권97 열전 왜국조의 왜왕 무(武)의 상표문에 보이는 모인(毛人)과 같다. 율령국가의 화이사상의 영향 아래 이들이 일반 왜인과 문화적으로 다른 부분이 의도적으로 강조되었다. 또한 이들은 수렵을 생업으로 하며 농경을 하지 않는 야만적인 사람들이기 때문에 정복·동화되어야 한다고 정당화되기도 하였다. 『일본서기』에는 신무 즉위전기

10월에 처음 나오지만, 이는 일반적으로 7세기 후반 동북지방 진출 이후의 사실이 소급되어 기록되었다고 보고 있다. 한편『일본서기』경행 41년 시세조에는 하이가 포로가 되어 이주되는 과정이 자세히 기록되어 있다.

12. 침간(針間), 아예(阿藝), 아파(阿波), 찬기(讚岐), 이예등국(伊豫等國)

『일본서기』경행천황 51년 8월조에는 어제산(御諸山, 三輪山) 옆에 안치한 하이들이 침간(針間), 아예(阿藝), 아파(阿波), 찬기(讚岐), 이예(伊豫) 등 5국에 설치된 좌백부(佐伯部)의 조상이라는 기록이 나온다.

13. 아예(阿藝)

현 광도현(廣島縣)의 서쪽에 위치하였다. 율령제하에서는 산양도(山陽道)에 속한다. 7세기 중반까지 이 지역은 아기국조(阿岐國造)의 세력하에 있었지만, 문무 2년(698)에 안예국(安藝國)으로 새롭게 편성되었다. 국부(國府)는 현 안예군(安藝郡) 부중정(府中町) 또는 국분사(國分寺), 국분니사(國分尼寺)의 유적이 있는 하무군(賀茂郡)의 서쪽 분지로 추정되고 있다.

14. 아파(阿波)

현 덕도현(德島縣) 북쪽 지역에 있었던 국이다. 율령제하에서는 남해도(南海道)에 속하였다. 고분시대 이래 이 지역이 조의 생산지였기 때문에 '속국(粟國; 아와노쿠니)'으로 불리다가, 화동 6년(713) 원명천황의 명에 의해 지명을 2자로 표기하기 위해 '속(粟)'이 '아파(阿波)'로 변경되었다.

15. 찬기(讚岐)

현 향천현(香川縣)에 있었던 국이다. 목간에는 찬기(讚伎) 또는 찬기(贊支)로도 나온다. 율령제하에서는 남해도에 속하였다. 국부는 현 판출시(坂出市) 부중정(府中町)으로 추정된다.

16. 이예(伊豫)

현 애원현(愛媛縣)에 있었던 국이다. 율령제하에서는 남해도에 속하였다. 일찍이 이예

(伊豫), 노마(怒麻), 구미(久味), 소시(小市), 풍속(風速) 5국조가 있었는데 대화개신 이후 이예국(伊予國)이 되었다.

17. 의여위군(宜汝爲君)
"너는 좌백부(佐伯部)의 수장(반조)으로서 그들을 관장해야 한다."라는 의미이다.

18. 침간별(針間別) 좌백직(佐伯直)
『일본서기』인덕천황 40년 2월조에 파마좌백직(播磨佐伯直) 아아능호(阿俄能胡)라는 인물이 보인다.

19. 경오년(庚午年)
이때의 경오년은 천지 9년(670)을 가리킨다.『일본서기』에 의하면 천지 9년 2월에 일본 최초의 전국적인 호적인 경오년적(庚午年籍)이 작성되었다고 한다. 이후의 정어원령(淨御原令), 대보령(大寶令), 양노령(養老令)에서 6년마다 호적을 작성하여 30년 후에 폐기하도록 하였다. 그러나 경오년적은 처음으로 사람들의 이름이 기록된 호적이었으므로, 영구히 보존하도록 대보령에서 규정하였다. 경오년적에 대해서는『신찬성씨록』서문 참조.

---

169 【원문】
笠朝臣
　孝靈天皇皇子稚武彦命之後也. 應神天皇巡幸吉備國. 登加佐米山之時. 飄風吹放御笠. 天皇怪之. 鴨別命言. 神祇欲奉天皇. 故其狀爾. 天皇欲知其眞偽. 令獵其山. 所得甚多. 天皇大悅. 賜名賀佐.

【번 역】
입조신(笠朝臣; 가사노아소미)
　효령천황(孝靈天皇; 고우레이텐노)의 황자인 치무언명(稚武彦命; 와카타케히코노미코토)의 후손이다. 응신천황(應神天皇; 오우진텐노)이 길비국(吉備國; 기비노쿠니)을 순행하였다. 가좌미산(加佐米山; 가사메야마)에 올랐을 때 갑자기 회오리바람이 불어 갓이 바람에 떨어졌다. 천황은 이것을 괴이하게 여겼다. 압별명(鴨別命; 가모와케노미코토)이 "(이 산의) 신기(神祇)가 천황을 받들고자 이렇게 된 것입니다."라고 말하였다. 천황이 그 진위를 알고자 하여 그 산에서 수렵을 명하자 얻는 것이 매우 많았다. 천황은 크게 기뻐하여 하좌(賀佐; 가사)라는 이름을 하사하였다.

【주 석】

1. 입조신(笠朝臣)

입(笠; 가사)이라는 씨명은 입국(笠國)으로부터 유래한다. 입국은 비중국(備中國) 소전군(小田郡) 입강(笠岡) 지역으로 현재 강산현(岡山縣) 입강시(笠岡市) 지역이다. 입조신의 옛 성은 신(臣)이다. 천무 13년(684) 11월에 조신(朝臣)으로 사성되었다. 입조신씨의 일족으로는 『일본서기』 대화 원년(645) 9월조의 길비입신수(吉備笠臣垂), 천지천황 6년(667) 11월조의 입신제석(笠臣諸石)이 있으며, 조신으로 사성된 이후의 대표적인 인물은 『속일본기』 경운 원년(704) 정월조의 입조신마려(笠朝臣麻呂)와 화동 원년(708) 정월조의 입조신길마려(笠朝臣吉麻呂) 등이 있다. 특히 입조신마려는 천지천황의 딸인 원명천황의 병의 쾌유를 위해 출가한 인물(滿誓)로 723년에는 축자관세음사(筑紫觀世音寺) 건설의 최고 책임자로 임명되기도 한다. 이 밖에 『신찬성씨록』 편찬 전후에 활약한 인물로는 『속일본기』 연력 4년(785) 8월조의 종5위하 식부소보(式部小輔)로 임명된 입조신강인(笠朝臣江人), 『일본후기』 연력 23년(804) 정월조의 현번조(玄蕃助) 입조신정마려(笠朝臣庭麻呂), 대동 3년(808) 12월조 황태자의 유모였던 무위 종5위하 입조신도성(笠朝臣道成), 홍인 2년(811) 4월조의 종5위하 풍후개(豐後介)로 임명된 입조신양마려(笠朝臣梁麻呂), 『일본후기』 홍인 10년(819) 7월조의 종5위하 입조신광정(笠朝臣廣庭) 등이 있다.

2. 효령천황(孝靈天皇)

『고사기』·『일본서기』상에서 제17대 천황이다. 좌경 황별(상) 「길비조신」조(079) 참조.

3. 치무언명(稚武彦命)

『고사기』 효령천황단에는 약일자건길비진일자명(若日子建吉備津日子命)으로 나오며,

길비진언명(吉備津彦命)이라고도 한다. 치무언명이라는 이름은 형인 개길비진언명(大吉備津彦命)을 가리키는 경우도 있다. 효령천황의 황자로 어머니는 환모제(絚某弟)이다. 자식은 아들로 길비무언명(吉備武彦命), 딸로는 파마도일대랑희(播磨稻日大郞姬, 경행천황의 황후)와 이나비약랑녀(伊那毘若郞女, 경행천황의 비)가 있다. 『일본서기』 효령 2년 2월조에는 길비신의 조상으로 나오지만, 입신에 대한 기록은 보이지 않는다.

4. 길비국(吉備國)

현 강산현(岡山縣)과 광도현(廣島縣) 동부, 그리고 향천현(香川縣) 도서 일부와 병고현(兵庫縣) 서부 일대를 포함한 지역에 있었다. 길비국이 비전(備前), 비중(備中), 비후국(備後國)의 3개로 나누어진 시기에 대해서는 천무조 초년이라는 설과 천무조 말년 이후 정어원령제(淨御原令制) 시기라는 설이 있다. 『일본서기』에 의하면 5세기 대인 웅략조에 반란 전승이 보이고, 한반도 가야 지역과 밀접한 교류를 가졌던 지역으로 나온다.

5. 가좌미산(加佐米山)

입목산(笠目山)이라고 하며, 현 강산현(岡山縣) 강산시(岡山市)의 목석(牧石) 또는 입강시(笠岡市)의 응신산(應神山)을 가리킨다.

6. 어립(御笠)

유사한 전승이 『일본서기』 신공 섭정전기(중애 9년 3월조)에 보인다. 신공황후가 웅취(熊鷲)를 치려고 송협궁(松峽宮)에 갔을 때 회오리바람이 갑자기 일어나 갓[笠]이 바람에 떨어졌다는 내용과 그 이전에 길비신의 조상인 압별을 보내 웅취국을 공격하도록 하였다는 내용을 통해 볼 때 입조신(笠朝臣)의 씨명 유래담은 『일본서기』의 전승을 참고로 조작되었을 가능성이 크다.

7. 압별명(鴨別命)

『일본서기』 신공 섭정전기 3월조에는 압별(鴨別)로 나온다. 길비무언(吉備武彦)의 셋째 아들이자 『일본서기』 응신 22년 9월조에 나오는 길비어우별(吉備御友別)의 동생이다. 동 기사에는 웅습(熊襲) 정벌의 공훈으로 파구예현(波區藝縣, 현 岡山縣 笠岡市)을 압별에게 주었고, 압별이 입신(笠臣)의 시조라고 기록되어 있다. 이러한 내용은 강산현 길비

중앙정(吉備中央町)에 있는 압신사(鴨神社)의 전승에도 보인다.

170 【원문】

笠臣

　笠朝臣同祖. 稚武彦命孫鴨別命之後也.

【번역】

입신(笠臣; 가사노오미)

　입조신(笠朝臣)과 조상이 같다. 치무언명(稚武彦命)의 자손인 압별명(鴨別命)의 후손이다.

【주석】

1. 입신(笠臣)

입(笠; 가사)이라는 씨명은 입국(笠國)으로부터 유래한다. 입국은 비중국(備中國) 소전군(小田郡) 입강(笠岡; 가사오카)으로 현재 강산현(岡山縣) 입강시(笠岡市) 지역이다. 『속일본기』 천평신호 2년(766) 10월조에 비전국인(備前國人) 외초위하 삼재부비등방마려(三財部毘登方麻呂; 미타카라베노히토카타마로) 등이 입신이라는 씨명을 받았다는 기록이 있다. 여기서 삼재부비등은 재부(財部)의 업무를 관장한 직능명으로 추정되기도 한다. 이 밖에 입신씨 일족으로는 『일본후기』 연력 24년(805) 10월조의 입신전작(立臣田作)과 『평안유문』(1-302)의 연희(延喜) 8년(908) 「주방국구가군구가향호적(周防國玖珂郡玖珂鄕戶籍)」의 입신을매(笠臣乙賣)가 있다.

2. 입조신(笠朝臣)

입조신의 옛 성은 신(臣)이다. 천무 13년(684) 11월에 조신(朝臣)으로 사성되었다. 우경 황별(하) 「입조신」조(169) 참조.

3. 치무언명(稚武彦命)

효령천황의 황자로 『고사기』 효령천황단에 약일자건길비진일자명(若日子建吉備津日子

命)으로 나오며, 길비진언명(吉備津彦命)이라고도 한다. 좌경 황별(상)「길비조신」조(079) 및 우경 황별(하)「입조신」조(169) 참조.

4. 압별명(鴨別命)

『일본서기』 신공 섭정전기에 의하면 길비신의 조상으로 나오며, 어우별(御友別)의 동생이라고 한다. 『일본삼대실록』 원경 3년(879) 10월조에는 길비무언명의 셋째 아들로 나온다. 우경 황별(하)「입조신」조(169) 참조

171 【원 문】

吉備臣

稚武彦命孫御友別命之後也.

【번 역】

길비신(吉備臣; 기비노오미)

치무언명(稚武彦命)의 자손인 어우별명(御友別命)의 후손이다.

【주 석】

1. 길비신(吉備臣)

씨명은 길비(吉備; 기비)라는 지명에서 비롯된다. 『일본서기』 효령 2년 춘2월조에도 나온다. 길비신은 상도(上道), 하도(下道), 입(笠) 등의 여러 씨로 나뉜다. 『고사기』에서는 대길비진일자명(大吉備津日子命)과 약건길비진일자명(若建吉備津日子命)이 함께 길비국을 평정하였는데, 대길비진일자명은 길비상도신, 약건길비일자명은 길비하도신과 입신의 조상이라고 하였다. 『속일본기』 신호경운(神護慶雲) 3년(769) 9월 신사조에 하내국 지기군(志紀郡) 사람 종7위하 강전비등도성(岡田毘等稻城; 워카다노히토이나키) 등이 길비신이라는 씨성을 받았다는 기록이 있다. 여기서 강전비등은 강전사(岡田史)로서 길비신의 옛 씨명이 강전비등이었을 것으로 추정되기도 한다.

2. 어우별명(御友別命)

길비무언명(吉備武彦命)의 자식이다. 압별명(鴨別命)의 형이며, 응신천황의 비인 형원(兄媛)의 아버지이다. 『일본서기』 응신 22년 춘3월조에는 길비신의 조상으로 나온다. 동 겨울9월조에는 응신천황이 길비에 갔을 때 어우별의 형제자손이 선부(膳夫)가 되어 천황의 식사를 준비하였다고 한다. 이에 천황이 길비국을 그 자손들에게 나누어 주었다는 기록이 보인다.

172 【원문】
眞髮部
同命男吉備武彦命之後也.

【번역】

진발부(眞髮部; 마카미베)
  치무언명(稚武彦命)의 아들인 길비무언명(吉備武彦命; 기비타케히코노미코토)의 후손이다.

【주석】

1. 진발부(眞髮部)

이 씨명은 백발부(白髮部)라는 부민명(部民名)에서 유래한다. 『속일본기』 연력 4년(785) 5월조에 의하면 광인천황의 이름인 백벽(白璧)을 피하여 백발부라는 씨명이 진발부로 바뀌었다고 한다. 백발부는 여러 국 각지에 분포하지만(산성국 신별 眞髮部造조와 미정잡성 화천국 진발부조 참조), 본래 진발부씨는 비중국(備中國) 와옥군(窪屋郡) 진벽향(眞壁鄕; 마카베노사토)이 본거지였다. 현재 강산현(岡山縣) 총사시(總社市) 진벽정(眞壁町)이다. 『고사기』 청령천황단과 『일본서기』 청령 2년 2월조에는 천황가(白髮大倭根子命・白髮武廣國押稚日本根子天皇・白髮皇子)의 명대부(名代部)로서 백발부사인(白髮部舍人), 백발부선부(白髮部膳夫), 백발부인부(白髮部靭負) 등이 등장한다. 즉 백발부라는 씨명은 제국(諸國)의 국조 자제를 명대로 상번시키는 비용을 부담한 것을 계기로 성립되었다.

이러한 백발부씨는 천무천황 12년(683) 9월에 연(連) 성을 사성받았는데 원래 성은 조(造)였다. 『일본서기』 백치 원년 시세조에는 백발부련등(白髮部連鐙)이라는 인물이 보이고, 평성궁 출토 목간 가운데 백발부련(白髮部連)이라는 글자가 기록된 목간도 있다. 이 밖의 사료에는 직(直)이나 공(公) 성을 칭한 인물들도 보인다.

2. 길비무언명(吉備武彦命)

『고사기』에는 길비신의 조상인 어서우이건일자(御鉏友耳建日子) 또는 길비신건일자(吉備臣建日子)로 나온다. 좌경 황별(상) 「하도조신(下道朝臣)」조(080) 참조.

173 【원 문】

廬原公
　　笠朝臣同祖. 稚武彦命之後也. 孫吉備武彦命. 景行天皇御世. 被遣東方. 伐毛人及凶鬼神. 到于阿倍廬原國. 復命之日以廬原國給之.

【번 역】

여원공(廬原公; 이호하라노키미)

　입조신(笠朝臣; 가사노아소미)과 조상이 같다. 치무언명(稚武彦命; 와카타케히코노미코토)의 후손이다. 손자인 길비무언명(吉備武彦命; 기비타케히코노미코토)은 경행천황의 치세 때에 동방(東方)으로 파견되어 모인(毛人; 에미시)과 흉폭한 귀신(鬼神)을 토벌하였다. 아배여원국(阿倍廬原國; 아헤노이호하라노쿠니)까지 이르렀다. 복명(復命)하는 날에 여원국(廬原國)을 하사받았다.

【주 석】

1. 여원공(廬原公)

여원(廬原; 이호하라)이라는 씨명은 준하국(駿河國) 여원군(廬原郡)이라는 지명에서 유래한다. 현재 정강현(靜岡縣) 정강시(靜岡市) 암원군(庵原郡) 지역이다. 오백원(五百原)이라고도 하며 원래 성은 공(公)과 군(君)이었다. 승화 2년(835) 10월에 조신(朝臣) 성을 사성받았다(『속일본후기』).『고사기』효령천황단에는 효령의 황자인 일자자견별명(日子刺肩別命)의 자식으로 이파씨(利波氏), 국전씨(國前氏) 등과 동족으로 나온다. 여원공씨의 인물로는『일본서기』천지천황 2년(663) 8월조에 아배비라부(阿倍比羅夫)와 함께 백강전투에 파견된 여원군신(廬原君臣)이 있으며,『속일본기』신귀 2년(725) 윤정월조의 정8위상 오백원군충마려(五百原君虫麻呂),「천평 10년(738) 준하국정세장(駿河國正稅帳)」(2-67) 등의 여원군족의(廬原君足礒)가 보인다.

2. 입조신동조(笠朝臣同祖)

『고사기』효령천황단에는 오백원군의 조상을 일자자견별명(日子刺肩別命), 입신의 조상을 약일자건길비진일자명(若日子建吉備津日子命)으로 다르게 기록하고 있다. 입조신에 대해서는 우경 황별(하)「입조신」조(169) 참조.

3. 치무언명(稚武彦命)

효령천황의 황자로『고사기』효령천황단에 약일자건길비진일자명(若日子建吉備津日子命)으로 나오며, 길비진언명(吉備津彦命)이라고도 한다. 좌경 황별(상)「길비조신」조(079) 및 우경 황별(하)「입조신」조(169) 참조.

4. 길비무언명(吉備武彦命)

『고사기』에 길비신의 조상인 어서우이건일자(御鉏友耳建日子) 또는 길비신건일자(吉備臣建日子)로 나온다. 좌경 황별(상)「하도조신(下道朝臣)」조(080) 참조.

5. 동방(東方)

『고사기』숭신천황단에 '동방이십도(東方十二道)'와『일본서기』경행천황 25년 7월조의 '견무내숙녜(遣武內宿禰). 영찰북륙급동방제국지지형(令察北陸及東方諸國之地形).'이라거나, 대화 2년(646) 3월조의 '동방팔도(東方八道)'라는 용례를 통해서도 알 수 있듯이 여기서 동방은 이후의 동해도(東海道)와 동산도(東山道) 등의 지방을 가리킨다.

6. 모인(毛人)

일반적으로 하이(蝦夷; 에미시)라고 하며 일본 열도의 동북쪽에 거주하던 이민족을 가리킨다. 우경 황별(하)의「좌백직」조(168) 참조.

7. 아배여원공(阿倍廬原公)

이후 준하국(駿河國) 안배군(安倍郡) 지역을 일컫는다. 현 정강현(靜岡縣) 안배군(安倍郡)과 정강시(靜岡市) 암원군(庵原郡) 지역이다.

8. 여원국(廬原國)

중심지는 준하국(駿河國) 여원군(廬原郡) 여원향(廬原鄕)이다. 현 정강시(靜岡市) 암원군(庵原郡) 암원촌(庵原村)이다. 이곳에는 있는 삼지평고분(三池平古墳)은 곡진산고분(谷津山古墳)과 함께 여원공씨가 4세기 후반 이후 정강 및 청수평야(淸水平野)를 개척하여 이 지역의 유력한 씨족으로 성장하였음을 보여 준다. 이 밖에 오왕당산(午王堂山) 3호분, 신명신사고분(神明神社古墳) 등도 여원공씨와 관계된 유적으로 추정되고 있다.

174 【원 문】

宇自可臣
　孝靈天皇皇子彦狹島命之後也.

【번 역】

우자가신(宇自可臣; 우지카노오미)
　효령천황(孝靈天皇)의 황자인 언협도명(彦狹島命; 히코사시마노미코토)의 후손이다.

【주 석】

1. 우자가신(宇自可臣)

우자가(宇自可; 우지카)라는 씨명은 우자하(宇自賀), 우자가(宇自加), 우록(牛鹿)이라고도 하며, 『일본서기』 안한 2년(535) 5월 갑인조에 보이는 파마국(播磨國)의 우록둔창(牛鹿屯倉)이라는 지명에서 유래한다. 현 병고현(兵庫縣) 희로시(姬路市) 시정향(市之鄕)이다. 우자가신씨 일족으로는 『속일본기』 천평보자 3년(759) 정월 무인조에 우자하신산도(宇自賀臣山道)가 화공정(畫工正)으로 나오며, 승화 2년(835) 9월 을사조에 "우경인(右京人) 산위(散位) 우자가신량종(宇自加臣良宗)이 춘정숙녜(春庭宿禰)를 사성받았는데, 언협도명(彦狹島命)의 후예이다."라는 기록이 보인다. 이후 『일본문덕천황실록(日本文德天皇實

錄)』제형 2년(855) 8월 계사조에 의하면 식부경(式部卿) 정7위하의 우자가신무웅(宇自可臣武雄)이 입조신(笠朝臣)으로 개성되었다고 한다. 우자가신씨가 9세기 후반 입조신으로 개성될 수 있었던 것은 입조신씨의 조상인 약일자건길비진일자명(若日子建吉備津日子命)과 우자가신씨의 조상인 언협도명이 형제 사이라는 전승에 기인한다.

2. 효령천황(孝靈天皇)

『고사기』와 『일본서기』에 제7대 천황으로 계보 관련 기사만 있을 뿐이며 치적 등과 관련된 내용이 없다. 이른바 결사(缺史) 8대의 하나이다. 좌경 황별(상)「길비조신(吉備朝臣)」조(79) 참조.

3. 언협도명(彦狹島命)

『고사기』 효령천황단에는 일자오간명(日子寤間命)으로 나오며 침간우록신(針間牛鹿臣)의 조상이라고 한다. 그런데 『일본서기』에는 언협도명이 우자가신의 조상이라는 기록이 보이지 않고, 『선대구사본기(先代舊事本紀)』 천황본기 효령천황조에는 우자가신의 조상이 언협도명의 동생인 치무언명(稚武彦命)이라고 기록되어 있다.

175 【원문】

道守臣
　　道守朝臣同祖. 豐葉頰別命之後也.

【번역】

도수신(道守臣; 치모리노오미)
　　도수조신(道守朝臣; 치모리노아소미)과 조상이 같으며, 풍엽협별명(豐葉頰別命; 도요하츠라와케노미코토)의 후손이다.

【주석】

1. 도수신(道守臣)

도수(道守; 치모리)라는 씨명이 지명과 직명 어느 쪽에서 유래되었는지 확실히 알 수 없다. 산성국 황별과 섭진국 황별의 도수신도 무엽협별명의 후손으로 나온다. 한편 하내국 황별과 화천국 황별의 「도수신」조에는 도수신이 무내숙녜의 자식인 파다팔대숙녜(波多八代宿禰)의 후손을 칭하고 있다. 이렇듯 도수신은 개화천황의 자식인 무엽협별명의 후손과 무내숙녜의 자식인 파다팔대숙녜의 후손이 있었음을 알 수 있다.

2. 도수조신(道守朝臣)

좌경 황별(상) 「도수조신」조(081) 참조.

3. 풍엽협별명(豐葉頰別命)

『고사기』 개화천황단에 건풍파두라화기(建豐波豆羅和氣)로 나오며 개화천황의 아들이다. 도수신과 함께 인해부조(忍海部造)의 조상이라고 기록되어 있다. 좌경 황별(상) 「도수조신」조(081) 참조.

176 【원 문】

島田臣
　多朝臣同祖. 神八井耳命之後也. 五世孫武惠賀前命孫仲臣子上. 稚足彦天皇.[諡成務]御代. 尾張國島田上下二縣有惡神. 遣子上平服之. 復命之日賜號島田臣也.

【번 역】

도전신(島田臣; 시마타노오미)

　다조신(多朝臣; 오호노아소미)과 조상이 같다. 신팔정이명(神八井耳命; 가무야위미미노미코토)의 후손이다. 5대손인 무혜하전명(武惠賀前命; 다케웨가사키노미코토)의 자식인 중신자상(仲臣子上; 나카노오미노코카미)이다. 치족언천황(稚足彦天皇; 와카타라시히코노스메라미코토)[시호는 성무(成務)이다.] 시대에 미장국(尾張國; 워하리노쿠니)의 도전상하(島田上下; 시마타노카미시모) 2현에 악신(惡神)이 있었다. 자상(子上)을 파견하여 평정하였다. 복명하는 날에 도전신이라는 씨성을 하사받았다.

【주 석】

1. 도전신(島田臣)

도전(島田; 시마타)이라는 씨명은 미장국(尾張國)의 도전상하(島田上下) 2현, 즉 율령제 하의 미장국 해부군(海部郡) 도전향(島田鄕)이라는 지명에서 유래한다. 현재 애지현(愛知縣) 해부군(海部郡) 미화정(美和町) 지역이다. 『고사기』 신무천황단에 의부신(意富臣), 즉 다신(多臣)이나 상도(常道, 常陸)의 중국조(仲國造), 장협국조(長狹國造)와 동족으로 나온다. 도전신의 일족으로는 『영집해』 권15 신귀 2년(725) 3월 14일조 「태정관처분」에 도전신광도(島田臣廣道)과 『속일본기』 연력 2년(782) 정월 정유조의 도전신궁성(島田臣宮成)이라는 인물이 보인다. 또한 『일본문덕천황실록』 제형 2년(855) 9월 갑자조의 산위(散位) 종5위상 도전조신청전(島田朝臣淸田)의 졸전에 청전이 홍인 14년(823)에 신(臣) 성에서 조신(朝臣) 성으로 개성되었다고 나온다. 청전 이후 조신 성을 칭하는 인물로는 『속일본후기』 승화 13년(846) 정월 기유조의 도전조신정계(島田朝臣貞繼)와 『일본삼대실록』 정관 원년(859) 3월 13일 기사조의 도전조신충신(島田朝臣忠臣), 원경 2년(878) 2월 25일 신묘조의 도전조신량신(島田朝臣良臣) 등이 있다. 이 가운데 도전조신충신은 발해국 사신과 문장을 주고받았고, 도전조신량신은 『일본서기』 강독에도 참여하는 등 그 일족이 학문에 능했음을 알 수 있다.

2. 다조신(多朝臣)

다(多)는 '태(太)', '대(大)', '의부(意富)'라고도 하며, 신무천황의 자식인 신팔정이명(神八井耳命)의 후손이라고 한다. 좌경 황별(상) 「다조신」조(077) 참조.

3. 신팔정이명(神八井耳命)

『고사기』 신무천황단에 의하면 상도중국조(常道仲國造), 장협국조(長狹國造), 이세선목직(伊勢船木直), 미장단우신(尾張丹羽臣), 도전신(島田臣) 등의 조상이라고 나온다. 이에 대해서는 좌경 황별(상) 「다조신」조(077) 참조.

4. 무혜하전명(武惠賀前命)

『다신궁주진장(多神宮注進狀)』에도 무혜하전명이 신팔정이명의 5대손으로 언혜하별명(彦惠賀別命)의 자식이라고 나온다.

5. 중신자상(仲臣子上)

『아소가략계보(阿蘇家略系譜)』에 나가내자상명(那珂乃子上命)으로 나온다. 다만 여기서는 나가내자상명을 무혜하전명의 증손이라고 기록하고 있다. 중신자상의 중(仲), 즉 나가(那珂)는 『고사기』 신무천황단에 보이는 중국조(仲國造)의 중국이라는 지명과 관련이 있다.

6. 미장국(尾張國) 도전상하(島田上下)

율령제하의 미장국 해부군(海部郡) 도전향(島田鄕)을 가리킨다. 현재 애지현(愛知縣) 해부군(海部郡) 미화정(美和町)이다.

177 【원문】
茨田連
多朝臣同祖. 神八井耳命男彦八井耳命之後也. 日本紀漏.

【번역】

자전련(茨田連; 무라타노무라지)

다조신(多朝臣)과 조상이 같으며, 신팔정이명(神八井耳命)의 아들 언팔정이명(彦八井耳命; 히코야미미토미코토)의 후손이다. 『일본기』에는 누락되었다.

【주석】

1. 자전련(茨田連)

자전(茨田; 무라타)이라는 씨명은 『일본서기』 인덕천황 11년 동 10월에 자전제(茨田堤)를 축조했다는 전승과 함께 자전제가 위치한 하내국 자전군 자전향(茨田鄕)이라는 지명에서 유래한다. 현재 대판부(大阪府) 문진시(門眞市) 문진(門眞) 일대이다. 원래 성은 연(連)이며, 천무천황 13년(684) 12월에 숙녜 성을 사성받았다. 자전련씨의 일족으로는 『속일본기』 양로 5년(721) 정월 갑술조의 자전련도자녀(茨田連刀自女)와 『일본삼대실록』 원경 2년(878) 5월 기해조 등의 자전련정액(茨田連貞額), 평성궁(平城宮) 출토 목간(『평성궁목간(平城宮木簡)』 1, 1966) 가운데 자전련을□(茨田連乙□)이라는 인물이 보인다. 이 밖에 산성국과 하내국에도 자전련씨가 보이는데, 이에 대해서는 산성국 황별「자전련」조와 하내국 황별「자전숙녜」조(286) 참조.

2. 다조신(多朝臣)

다(多)는 '태(太)', '대(大)', '의부(意富)'라고도 하며, 신무천황의 자식인 신팔정이명(神八井耳命)의 후손이라고 한다. 좌경 황별(상)「다조신」조(077) 참조.

3. 신팔정이명(神八井耳命)

『고사기』 신무천황단에 의하면 상도중국조(常道仲國造), 장협국조(長狹國造), 이세선목직(伊勢船木直), 미장단우신(尾張丹羽臣), 도전신(島田臣) 등의 조상이라고 나온다. 좌경 황별(상)「다조신」조(077) 참조.

4. 언팔정이명(彦八井耳命)

『고사기』 신무천황단에는 신무천황의 자식인 일자팔정명(日子八井命)으로 나온다. 언팔정이명은 산성국 황별「자전련」조(207), 섭진국 황별「풍도련」조(252), 하내국 황별「자전숙녜」조(286) 등에도 보인다.

5. 일본기루(日本紀漏)

『신찬성씨록』 완본에는 자전련에 대한 사성 기록이 남아 있었지만 『일본서기』에는 누락되어 있다는 것을 의미한다.

---

178 【원 문】
志紀首
　多朝臣同祖. 神八井耳命之後也.

【번 역】

지기수(志紀首; 시키노오비토)

　다조신(多朝臣)과 조상이 같으며, 신팔정이명(神八井耳命)의 후손이다.

【주 석】

1. 지기수(志紀首)

지기(志紀; 시키)라는 씨명은 율령제하의 하내국 지기군 지기향(志紀鄕)이라는 지명에서 유래한다. 현재 대판부(大阪府) 백원시(栢原市) 부근이다. 지기수 일족에 대해서는 관련 자료가 보이지 않는다. 동족으로는 지기현주(志紀縣主)가 있는데 이에 대해서는 하내국 황별의 「지기현주」조(287), 화천국 황별의 「기지현주」조(312) 참조.

2. 다조신(多朝臣)

신무천황의 자식인 신팔정이명(神八井耳命)의 후손이라고 한다. 좌경 황별(상)「다조신」조(077) 참조.

3. 신팔정이명(神八井耳命)

『고사기』 신무천황단에 의하면 상도중국조(常道仲國造), 장협국조(長狹國造), 이세선목직(伊勢船木直), 미장단우신(尾張丹羽臣), 도전신(島田臣) 등의 조상이라고 나온다. 좌경 황별(상)「다조신」조(077) 참조.

179 【원 문】
薗部
　　同氏.

【번 역】

원부(薗部; 소노베)

다조신(多朝臣)과 조상이 같다.

【주 석】

1. 원부(薗部)

원부는 원부(園部)라고도 하며 반조씨족이다. 그 씨명은 원지를 관장하면서 채소나 과수 등을 관리하는 일을 담당한 품부의 명칭에서 유래한다. 원부씨의 일족으로는 천평

7년(735) 9월 18일자「경사사지병급시포안(經師寫紙幷給絁布案)」(『대일본고문서』7-41)의 원부광족(薗部廣足),「천평 11년(739) 4월 15일자 사경사계(寫經司啓)」(2-165)의 원부광공(薗部廣公),『정창원보물명문집성(正倉院寶物銘文集成)』(208)에 기록된「이묵서명(履墨書銘)」원부근만려(薗部根萬呂),『일본삼대실록』인화 원년(885) 12월 계유조의 원부선사마려(薗部禪師疏呂) 등이 있다.

2. 동씨(同氏)

『신찬성씨록』완본에는 '다조신동조(多朝臣同祖). 신팔정이명지후야(神八井耳命之後也).'라고 기록되어 있었을 것이다.

180 【원문】

火
　同氏.

【번역】

화(火; 히)

　다조신(多朝臣)과 조상이 같다.

【주석】

1. 화(火)

화라는 씨명은 비국(肥國; 히노쿠니)의 비라는 지명에서 유래한다. 비국은 율령제하의 비전(肥前), 비후국(肥後國)을 가리키며, 현재 좌하현(佐賀縣), 장기현(長崎縣), 웅본현(熊本縣)을 포함한다. 일족으로는 천평 19년(747) 12월 7일자「사소소해(寫疏所解)」(『대일본고문서』2-720)에 화도인(火道引)이라는 인물이 보이는데 자세한 것은 알 수 없다. 동족으로는 비직(肥直)씨가 있다. 이에 대해서는 대화국 황별「비직」조(224) 참조.

181 【원문】

高圓朝臣
　出自正六位上高圓朝臣廣世也.[元就母氏. 爲石川朝臣.]續日本紀合.

【번역】

고원조신(高圓朝臣; 다카마도노아소미)

　출자는 정6위상 고원조신광세(高圓朝臣廣世; 다마마도노아소미히로요)이다.[원래는 어머니 씨명을 따라 석천조신(石川朝臣; 이시카하노아소미)이었다.]『속일본기』와 일치한다.

【주석】

1. 고원조신(高圓朝臣)

고원(高圓; 다카마도)이라는 씨명은 대화국 첨상군(添上郡)에 있는 고원산(高圓山; 다카마도야마)이라는 산 이름에서 유래한다. 고원산은 현재 나량시(奈良市) 백호사정(白毫寺町)에 있는 산이다. 고원조신의 원래 씨성은 석천조신(石川朝臣)으로, 『속일본기』천평보자(天平寶字) 4년(760) 2월에 문무천황의 자식인 종5위하 석천조신광성(石川朝臣廣成)이 고원조신을 하사받았다. 석천조신광성은 『만엽집』에 시를 남기고 있으며, 고원조신 성을 사성받은 달에 문부소보(文部小輔)로 임명되었다. 고원조신 일족으로는 석천조신광성을 비롯하여 천평보자 5년 5월 임진조의 고원조신광세(高圓朝臣廣世)가 있다. 광성과 광세는 형제이다.

2. 고원조신광세(高圓朝臣廣世)

문무천황의 자식으로 『속일본기』천평보자 5년(761) 5월 임진조에 '종오위하고원조신광세위섭진량(從五位下高圓朝臣廣世爲攝津亮)'이라는 기록이 보인다. 광세는 같은 해 10월에 미장수(尾張守)로 임명되고, 이듬해인 6년 4월에 산배수(山背守)로 임명되었다. 이후 천평보자 8년 정월에 종5위상으로 승진하였고, 신호경운(神護景雲) 3년(769) 6월에는 이여수(伊與守)로 임명되었다. 평성궁 출토 목간(『평성궁발굴조사출토목간개보(平城宮發掘調査出土木簡概報) 42, 2011』) 가운데 '이여수고원광세(伊與守高圓廣世)'라는 글자가 새겨진 목간이 발견된 바 있다.

3. 원취모씨(元就母氏)

광세의 어머니는 석천조신도자랑(石川朝臣刀自娘)이다. 도자랑은 『속일본기』 문무(文武) 원년(697) 8월 계미조에 '이등원조신궁자랑위부인(以藤原朝臣宮子娘爲夫人). 기조신돌문랑(紀朝臣竈門娘). 석천조신도자랑위비[石川朝臣刀自娘爲妃(嬪)].'라는 기록을 통해서 알 수 있듯이 문무천황의 빈이 되었다. 그런데 화동(和銅) 6년(713) 12월에 기조신조문랑과 함께 빈호를 칭하지 못하게 되었다. 이 시기에 광성과 광세가 모계인 석천조신씨로 입적(入籍)된 것으로 추정된다.

4. 석천조신(石川朝臣)

효원천황의 황자인 언태인신명(彦太忍信命)의 후예라고 한다. 석천조신씨의 옛 성은 신(臣)이며, 천무천황 13년(684) 11월에 조신 성을 하사받았다. 좌경 황별(상)「석천조신」조(065) 참조.

5. 속일본기합(續日本紀合)

『속일본기』 천평보자 4년(760) 2월 임인조의 '종오위하석천조신광성사성고원조신(從五位下石川朝臣廣成賜姓高圓朝臣)'이라는 기록을 가리킨다.

---

182 【원 문】

日置朝臣

應神天皇皇子大山守王之後也. 續日本紀合.

【번 역】

일치조신(日置朝臣; 헤기노아소미)

응신천황의 황자인 대산수왕(大山守王; 오야마모리노미코)의 후손이다. 『속일본기』와 일치한다.

【주 석】

1. 일치조신(日置朝臣)

일치(日置; 헤기)라는 씨명은 부민인 일치부(日置部)에서 유래한다. 그러나 일치조신씨 관련 인물은 사료상 확인할 수 없다. 다만 원래 성은 공(公)이지만,『속일본기』보귀 8년 (777) 4월 갑신조에 '종오위상일치조사마려등팔인사성영정숙녜(從五位上日置造簣㾾呂等 八人賜姓榮井宿禰)'라는 기록을 통해서 보면 영정숙녜를 사성받은 일치씨 가운데 조(造) 성을 칭하는 반조씨족도 있었음을 알 수 있다. 일치조(日置造)씨에 대해서는 좌경 제번 (하), 우경 제번(하), 대화국 제번, 섭진국 제번의 각「일치조(日置造)」조 참조. 이 밖에 수 (首), 신(臣) 등의 성을 가진 일치씨에 대해서는 미정잡성 화천국의「일치부(日置部)」조 (1175) 참조.

2. 대산수왕(大山守王)

『고사기』응신천황단에 응신천황의 아들인 대산수명(大山守命)으로 나오며 그 후손으로 토형군(土形君), 폐기군(幣岐君), 진원군(榛原君)이 있다. 이 가운데 폐기군은 일치씨와 동족이다. 한편『일본서기』응신천황 2년 3월 임자조에는 대산수황자로도 나오며, 그 후손으로 토형군과 진원군 두 씨족만 거론하고 있다.『선대구사본기』신황본기의 응신천황조에도『일본서기』와 같이 토형군과 진원군 두 씨족의 조상으로 기록되어 있다.

3. 속일본기합(續日本紀合)

『속일본기』보귀 8년 4월 갑신조를 비롯한 일치씨 사성 기록에 일치조가 '이리수의미(伊利須意彌)'의 후손, 즉 고구려계 도래인이라는 점이 공통적으로 기록되어 있다. 따라서 『속일본기』의 기록과 본조의 일치조신씨는 계통을 달리한다. 이에 대해서 좌백유청(佐伯有淸)은 영정숙녜의 일족 가운데『신찬성씨록』이 편찬되기 이전에 황별 일치씨를 칭하고 일치조신씨를 하사받은 인물이 있었을 것으로 추정하였지만, 현『속일본기』에는 일치조신에 대한 기록 자체가 보이지 않아 이 또한 의문이다.

183 【원 문】

息長連
　　同天皇皇子稚渟毛二派王之後也.

【번 역】

식장련(息長連; 오키나가노무라지)
　　같은 천황의 황자인 치정모이파왕(稚渟毛二派王; 와카누케후타마타노미코)의 후손이다.

【주 석】

1. 식장련(息長連)

식장(息長; 오키나가)이라는 씨명은 근강국(近江國) 판전군(坂田郡) 식장(息長)이라는 지명에서 유래한다. 현재 자하현(滋賀縣) 판전군(坂田郡) 미원정(米原町) 일대이다. 식장련씨의 일족으로는 『속일본기』 천평신호 원년(765) 7월 무술조의 식장련청계(息長連淸繼)가 있는데 그 해에 진인(眞人) 성을 사성받았다. 식장진인에 대해서는 좌경 황별 「식장인진」조 참조.

2. 동천황(同天皇)

완본에는 '예전천황시응신(譽田天皇諡應神)'이라고 기록되어 있었을 것이다.

3. 치정모이파왕(稚渟毛二派王)

『고사기』 응신천황단에 약야모이오왕(若野毛二俣王)으로 나온다. 좌경 황별 「식장진인」 조(001) 참조.

184 【원 문】

大私部
　　開化天皇皇子彦坐命之後也. 日本紀漏.

【번 역】

대사부(大私部; 오키사키베)

개화천황(開化天皇; 가이쿠와텐노)의 황자인 언좌명(彦坐命; 히코이마스노미코토)의 후손이다. 『일본기』에는 누락되어 있다.

【주 석】

1. 대사부(大私部)

대사부라는 씨명은 부명인 대사부에서 유래하며, 부(部) 자가 생략되어 표기되기도 한다. 대사부는 사부(私部)와 함께 일찍이 형부(刑部), 등원부(藤原部), 일하부(日下部), 춘일부(春日部) 등 주로 궁과 관련된 일을 하던 후비(后妃)의 명대(名代)이다. 대사부와 사부의 구별은 대후(大后)와 후(后)의 구별과 관련되지만 확실한 것은 알 수 없다. 대사부씨는 하총(下總), 미농(美濃), 월전(越前), 단후(丹後), 인번(因幡), 출운(出雲), 은기(隱岐) 등 여러 국에 분포하며, 특히 직(直)이나 조(造) 성을 가진 대사부씨가 많다. 대사부씨 인물로는 『속일본기』 화동(和銅) 2년(709) 정월 병인조에 월전국(越前國)의 종5위하 대사조호(大私造虎), 『일본후기』 연력(延曆) 24년(805) 10월 계묘조의 천엽국조(千葉國造) 대사부직선인(大私部直善人), 평성궁 출토 목간에 보이는 대사명법(大私名法)과 동대사와 관계된 대사부익상(大私部益床) 등이 있다.

2. 개화천황(開化天皇)

『고사기』와 『일본서기』에는 제9대 천황으로 계보 관련 기사만 있을 뿐이며 치적 등과 관련된 내용이 없다. 이른바 결사(缺史) 8대의 하나이다. 좌경 황별(하) 「도수조신」조(081) 참조.

3. 언좌명(彦坐命)

개화천황의 셋째 황자로 경행천황의 증조부이다. 『고사기』 개화천황단에는 일자좌왕(日子坐王), 『일본서기』 개화천황 6년 정월조에는 언좌왕(彦坐王)으로 나온다. 좌경 황별(하) 「치전련(治田連)」조(116) 참조.

4. 일본기루(日本紀漏)

완본에는 대사부를 사성한 유래와 시대가 기록되어 있었을 것이다.

> **185** 【원 문】
> 新良貴
> 　彦波瀲武鸕鷀草葺不合尊男稻飯命之後也. 是出於新良國. 即爲國主. 稻飯命出於新羅國王者祖合. 日本紀不見.

【번 역】

신량귀(新良貴; 시라키)

　언파렴무로자초즙불합존(彦波瀲武鸕鷀草葺不合尊; 히코나기사타케우가야후키아헤즈노미코토)의 아들 도반명(稻飯命; 이나히노미코토)의 후손이다. 신량국(新良國; 시라기노쿠니)에 가서 국주(國主; 고키시)가 되었다. 도반명은 신라국(新羅國)에 가서 그 왕의 조상과 혼인관계를 맺었다.『일본기』에는 보이지 않는다.

【주 석】

1. 신량귀(新良貴)

신량귀라는 씨명은 한반도의 신라 국명에서 유래한다. 신량귀씨 인물로는『속일본기』문무(文武) 3년(699) 정월 임오조의 신라자모구매(新羅子牟久賣)와 천평보자(天平寶字) 5년(761) 3월 경자조의 사알국족(斯䮈國足), 보귀(寶龜) 11년(780) 5월 갑술조의 사알행마려(斯䮈行麻呂) 등이 있다. 한편 천평보자 5년 3월에 청해조(淸海造)를 사성받은 신량목사성현마려(新良木舍姓縣麻呂)와 같은 해 7년 8월에 청해조를 사성받은 신량목사성전마려(新良木舍姓前麻呂)는 모두 신라인으로, 신량귀도 실제로는 신라에서 건너간 씨족일 가능성이 크다.

2. 언파렴무로자초즙불합존(彦波瀲武鸕鷀草葺不合尊)

『고사기』천진일고일자수수수견명(天津日高日子穗穗手見命)단에는 천진일고일자파한건

제즙초즙불합명(天津日高日子波限建鵜葺草葺不合命)으로 나오며, 아버지는 언화화출견존(彦火火出見尊), 어머니는 해신의 딸인 풍옥희(豐玉姬)라고 기록되어 있다.

3. 도반명(稻飯命)

『고사기』에는 도빙명(稻冰命)으로 나오며, 『일본서기』 신대(하) 제11단 본문에도 언파렴무로자초즙불합존의 아들로 기록되어 있다.

4. 신량국(新良國)

신라국을 가리킨다. 도반명이 신라 국왕과 혼인을 맺었다거나 신라국의 국주가 되었다는 직접적인 전승이나 기록은 보이지 않는다. 다만 『고사기』 신무천황단과 『일본서기』 신무천황기에 도반명이 바다를 건너가 그곳의 신이 되었다는 기록이 보이는데, 이것이 『신찬성씨록』 편찬 단계에서 와전된 것이 아닌가 한다.

5. 일본기불견(日本紀不見)

『신찬성씨록』 완본에는 신량귀의 사성 유래가 기록되어 있었으나, 『일본서기』에는 관련 기사가 보이지 않는다는 의미일 것이다.

신찬성씨록
新撰姓氏錄

제1질

제6권

산성국 山城國 황별 皇別

[起小野朝臣 盡息長竹原公二十四氏]
소야조신(小野朝臣; 워노노아소미)에서 식장죽원공(息長竹原公; 오키나가타카하라노키미)까지 24씨이다.

186 【원 문】
小野朝臣
　孝昭天皇皇子天足彦國押人命之後也.

【번 역】
소야조신(小野朝臣; 워노노아소미)

　효소천황(孝昭天皇; 가우세우텐노)의 황자인 천족언국압인명(天足彦國押人命; 아메타라시히코쿠니오시히토노미코토)의 후손이다.

【주 석】
1. 소야조신(小野朝臣)

소야(小野)라는 씨명은 산성국(山城國) 애탕군(愛宕郡) 소야향(小野鄕; 오노노사토) 혹은 우치군(宇治郡) 소야향(小野鄕)에서 유래한다. 애탕군의 소야향은 현재 경도시(京都市) 좌경구(左京區) 수학원정(修學院町) 고야(高野)이며, 우치군의 소야향은 현재 경도시(京都市) 동산구(東山區) 산과소야(山科小野)이다. 한편 근강국(近江國) 자하군(滋賀郡)에도 소야촌(小野村; 오노노무라)이라는 지명이 있는데, 현 자하현(滋賀縣) 자하군(滋賀郡) 화이촌(和邇村)의 소야(小野) 지역이다. 소야조신의 옛 성은 신(臣)이다. 천무천황 13년 (684) 11월에 조신 성을 하사받았다. 소아조신씨 일족에 대해서는 좌경 황별(하)「소야조신」조 참조. 산성국의 소아조신씨 일족은 애탕군 소야향에서 발견된 묘지의 주인공인 소야조신모인(小野朝臣毛人), 『유취국사』 권19 홍인(弘仁) 4년(813) 10월조의 소야조신야주(小野朝臣野主), 『일본삼대실록』 원경(元慶) 2년(878) 12월조의 소야조신당잠 (小野朝臣當岑)이 있다.

2. 천족언국압인명(天足彦國押人命)

『고사기』와 『일본서기』에 의하면 효소천황의 첫째 황자로서 『고사기』 효소천황단에는 천압대일자명(天押帶日子命; 아메오시타라시히코토이코토)으로 나온다. 『고사기』에는 춘일신(春日臣), 소야신(小野臣) 등의 시조로 나오며, 『일본서기』 효소 68년 정월조에 의하면 화이신(和珥臣)의 조상이라고 한다. 〈화이씨계도(和邇氏系圖)〉에는 화이일자압인명(和邇日子押人命, 稚押彦命)이라는 자식이 있었다고 전한다. 천족언국압인명에 대해서는 좌경 황별(하) 「대춘일조신(大春日朝臣)」조(087) 참조.

187 【원문】

粟田朝臣
　天足彦國押人命三世孫彦國葺命之後也.

【번역】

속전조신(粟田朝臣; 아하타노아소미)
　천족언국압인명(天足彦國押人命; 아메타라시히코쿠니오시히토노미코토)의 3세손인 언국즙명(彦國葺命; 히코쿠니후쿠노미코토)의 후손이다.

【주석】

1. 속전조신(粟田朝臣)

속전(粟田; 아하타)이라는 씨명은 산성국(山城國) 애탕군(愛宕郡) 상속전향(上粟田鄕; 가미아와타노사토)·하속전향(下粟田鄕; 시모아와타노사토)에서 유래한다. 현재 경도시(京都市) 복견구(伏見區) 속전구(粟田口; 아와타구치) 지역이다. 속전조신의 옛 성은 신(臣)이다. 천무천황 13년(684) 11월에 조신 성을 하사받았다. 속전조신씨 일족에 대해서는 좌경 황별(하) 「속전조신」조(152) 참조. 산성국 출신의 속전조신씨 일족으로는 천평 5년(733) 정월자 「우바새공진해(優婆塞貢進解)」(『대일본고문서』 8-161)의 속전조신궁장(粟田朝臣弓張)과 속전조신마양(粟田朝臣馬養)이 있다. 모두 산배국(山背國) 애탕군(愛宕郡) 조부향(鳥部鄕) 사람이다. 이 가운데 속전조신마양은 그 호구인 주삼전차(秦三田次)를 조정에 우바새(출가하지 않고 불제자가 된 남자)로 공진한 바 있다.

2. 언국즙명(彦國葺命)

효소천황의 황자인 천족언국압인명(天足彦國押人命)의 4세손이다. 『고사기』 숭신천황 단에는 일자국부구명(日子國夫玖命; 히코쿠니후쿠노미코토), 『일본서기』 숭신 10년 9월조와 수인천황 25년 2월조에는 언국즙으로 나온다. 언국즙명에 대해서는 좌경 황별(하) 「길전련(吉田連)」조(094) 참조.

188 【원 문】

小野臣
　　同命七世孫人花命之後也.

【번 역】

소야신(小野臣; 워노노오미)

천족언국압인명(天足彦國押人命; 아메타라시히코쿠니오시히토노미코토)의 7세손인 인화명(人花命; 히토하나노미코토)의 후손이다.

【주 석】

1. 소야신(小野臣)

소야(小野)라는 씨명은 산성국(山城國) 애탕군(愛宕郡) 소야향(小野鄕; 오노노사토) 혹은 우치군(宇治郡) 소야향(小野鄕)에서 유래한다. 소야신씨 일족으로는 천평 5년의 산배국 애탕군모향계장(山背國愛宕郡某鄕計帳)」(『대일본고문서』 1-525)에 소야신원사비매(小野臣袁射比賣)가 보인다. 한편 『유취국사』 권19 홍인(弘仁) 4년(813) 10월조와 『유취삼대격』 권제1 신궁사신주녜의사(神宮司神主禰宜事)조의 홍인 4년 10월 28일자 「태정관부」에 의하면 소야신씨가 원녀양전(猨女養田)을 받기 위해 그 씨족 여자를 원녀로 공진(貢進)했다고 한다.

* 원녀(獲女·猿女; 사루메)는 고대 일본 조정의 신기관(神祇官)에 소속되어 대상제나 진혼제 때 신락무(神樂舞)를 담당하던 여관(女官)을 말한다. 보통 제사와 관계된 씨족들이 남성들을 공진하는 것과 달리 홍인 연간에는 소야씨·화이씨가 집안의 여자들을 공진하여 조정으로부터 원녀양전을 받았다고 한다.

2. 인화명(人花命)

〈화이씨계도(和邇氏系圖)〉에 인화신(人華臣)으로도 나오며, 중신(仲臣)과 동일 인물이라고 기록되어 있다. 중신에 대해서는 좌경 황별(하)「대춘일조신(大春日朝臣)」조(087) 참조.

3. 동명(同命)

앞의 산성국 황별「속전조신」조(187)에 나오는 천족언국압인명(天足彦國押人命)을 가리킨다.

189 【원 문】

和邇部
　　小野朝臣同祖. 天足彦國押人命六世孫米餅搗大使主命之後. 一本. 彦姥津命三世孫難波宿禰之後也. 日本紀漏.

【번 역】

화이부(和邇部; 와니베)

　소야조신(小野朝臣)과 조상이 같다. 천족언국압인명(天足彦國押人命; 아메타라시히코쿠니오시히토노미코토)의 6세손인 미병도대사주명(米餅搗大使主命; 다가네츠키노오미노미코토)의 후손이다. 어떤 책에는 언모진명(彦姥津命; 히코오케츠노미코토)의 3세손인 난파숙녜(難波宿禰; 나니하노스쿠네)의 후손이라고 한다. 『일본기』에는 누락되었다.

【주 석】

1. 화이부(和邇部)

화이부는 화이부(和爾部), 환부(丸部), 화이부(和珥部) 등으로도 나오며 화이씨(和邇氏)의 부민이다. 즉 화이부신(和邇部臣)씨는 화이부의 반조씨족이다. 본거지는 대화국(大和國) 첨상군(添上郡) 화이(和珥; 와니) 지역이다. 현재 나량현(奈良縣) 천리시(天理市) 화이(和爾; 와니) 지역이다. 화이부씨(和珥部氏)는 기내(畿內)를 비롯하여 미장국(尾張國), 미농국(美濃國) 등 각지에 분포하고 있었지만, 본조의 화이부신씨는 대화 지역의 화이신씨(和邇臣氏), 춘일신씨(春日臣氏)의 일족이다. 『일본서기』 천무천황 원년(672) 6월조에는 임신의 난에서 활약한 화이부신군수(和珥部臣君手)와 관련된 기록이 보인다. 이 기록은 『석일본기』 사기(私記)에 의하면 「화이부신군수기(和邇部臣君手記)」에서 인용되었다. 화이부신군수는 『속일본기』에 의하면 문무천황 원년(700) 9월 근대일(勤大壹)로 죽은 뒤 직광일(直廣壹)로 추증되었다. 대보 원년(701) 7월에는 공봉(功封) 80호 가운데 4분의 1을 자식에게 전하도록 하였다. 영귀(靈龜) 원년(715) 4월에는 그 아들 대석(大石)에게 밭을 내리고, 천평보자(天平寶字) 원년(757) 12월에 임신년의 공전 8정을 선조가 정한 바에 따라 증공(增功)으로 하여 2세에게 전하도록 하고 있다. 한편 산성국 출신의 화이부신씨로는 신귀(神龜) 3년(726)의 「산배국애탕군운하리계장(山背國愛宕郡雲下里計帳)」(『대일본고문서』 1-360)에 환부원미나매(丸部袁美奈賣), 천평 5년(733) 「산배국애탕군모향계장(山背國愛宕郡某鄕計帳)」(『대일본고문서』 1-509)에 환부안태(丸部安太) 등이 보인다. 한편 화이신씨는 『일본서기』에 의하면 효소천황의 장남인 천족언국압인명의 후손으로 5~6세기 웅략·인현·계체천황 등의 황비를 배출하면서 세력을 떨친 대화 지역의 유력 씨족이다. 6세기 즈음에 춘일산(春日山)으로 이주한 뒤 춘일화이신(春日和珥臣)이 되었다.

2. 소야조신(小野朝臣)

소야(小野)라는 씨명은 산성국(山城國) 애탕군(愛宕郡) 소야향(小野鄕) 혹은 우치군(宇治郡) 소야향(小野鄕)에서 유래한다. 소야조신의 옛 성은 신(臣)이다. 천무천황 13년(684) 11월에 조신 성을 하사받았다. 좌경 황별(하) 「대춘일조신」조(088) 및 산성국 황별 「소야조신」조(186) 참조.

3. 천족언국압인명(天足彦國押人命)

『고사기』와 『일본서기』에 의하면 효소천황의 첫째 황자로서, 『고사기』 효소천황단에 천압대일자명(天押帶日子命; 아메오시타라시히코토이코토)으로 나온다. 좌경 황별(하) 「대춘일조신」조(087) 및 산성국 황별 「소야조신」조(186) 참조.

4. 미병도대사주명(米餠搗大使主命)

효소천황의 장남인 천족언국압인명의 6세손으로, 소야신사(小野神社) 전승에 의하면 응신에게 시토기(달걀 모양의 떡)를 바쳤다고 한다. 소야씨(小野氏), 춘일씨(春日氏), 시본씨(柿本氏) 등의 조상이다. 『고사기』와 『일본서기』에는 보이지 않는다. 좌경 황별(하) 「소야조신」조(088) 참조.

5. 언모진명(彦姥津命)

『고사기』 효소천황단에는 일자국의기도명(日子國意祁都命)이라고 한다. 『일본서기』 개화 6년 정월조에는 모진명으로 나오며, 모진명의 동생인 모진원(姥津媛)이 개화천황의 두 번째 비(妃)가 되었다는 기록이 보인다. 좌경 황별(하) 「소야조신」조(088) 참조.

6. 난파숙네(難波宿禰)

『고사기』 중애천황단에 보이는 환이신(丸邇臣)의 조상 난파근자건진웅명(難波根子建振熊命), 『일본서기』 신공 섭정 원년 3월조에서 인웅왕을 격퇴시킨 화이신(和珥臣)의 조상 무진웅(武振熊)과 동일인으로 보기도 한다. 좌경 황별(하) 「화안부조신(和安部朝臣)」조(089) 참조.

7. 일본기루(日本紀漏)

『일본서기』에는 화이부의 선조, 사성 유래와 시기 등에 대한 기록이 빠져 있다.

190 【원문】

大宅

　小野朝臣同祖.

【번역】

　대택(大宅; 오야케)

　　소야조신(小野朝臣; 워노노아소미)과 조상이 같다.

【주 석】

1. 대택(大宅)

대택이라는 씨명은 대화국(大和國) 첨상군(添上郡) 대택향(大宅鄕 오야케노사토)이다. 현재 나량시(奈良市) 고시정(古市町)에서 유래한다. 본조의 대택씨는 무성(無姓) 씨족으로 산성국(山城國) 우치군(宇治郡) 또는 기이군(紀伊郡) 출신으로 여겨진다. 우치군 출신 인물로는 『평안유문』(1-410) 강보(康保) 원년(964) 12월 13일 「제호사첩안(醍醐寺牒案)」에 보이는 대택풍종(大宅豐宗)과 대택광문(大宅廣門)이 있다. 기이군 출신으로는 천평보자(757) 2년 2월 24일자 「화공사이(畫工司移)」(『대일본고문서』 4-259)에 보이는 대택광족(大宅廣足)이 있다.

이러한 대택씨의 본종씨족은 대택조신(大宅朝臣)으로 옛 성은 신(臣)이었다. 천무천황 13년(684) 11월에 조신 성을 하사받았다. 대택신씨 인물로는 『일본서기』 추고 31년(623) 시세조에 이른바 '신라 원정군' 부장 대택신군(大宅臣軍), 천지천황 2년(663) 3월조의 대택신겸병(大宅臣鎌柄)이 있다. 조신 성을 하사받은 후의 인물로는 『일본서기』 지통천황 3년(689) 2월조의 대택조신마려(大宅朝臣麻呂)와 『속일본기』 대보(大寶) 원년(701) 7월 임진조의 대택조신금궁(大宅朝臣金弓), 화동 7년(714) 정월조의 대택조신대국(大宅朝臣大國), 양로(養老) 3년(720) 정월조의 대택조신소국(大宅朝臣小國), 양로 5년 정월조의 대택조신겸마려(大宅朝臣兼麻呂), 보귀 9년(780) 정월조의 대택조신길성(大宅朝臣吉成), 『유취국사』 권9 연력(延曆) 11년(792) 11월조의 대택조신광족(大宅朝臣廣足), 『일본삼대실록』 인화(仁和) 원년(885) 12월 23일조의 대택조신종영(大宅朝臣宗永) 등이 있다.

2. 소야조신동조(小野朝臣同祖)

소야조신씨에 대해서는 좌경 황별(하) 「소야조신」조(088) 및 산성국 황별 「소야조신」조(186) 참조. 한편 완본에는 '동조' 다음에 '천족언국압인명지후야(天足彦國押人命之後也)'라는 글자가 있었을 것이다.

191 【원 문】

葉栗

　　小野同祖. 彦國葺命之後也.

【번 역】

엽률(葉栗; 하쿠리)

　소야(小野; 오노노)와 조상이 같다. 언국즙명(彦國葺命; 히코쿠니후쿠노미코토)의 후손이다.

【주 석】

1. 엽률(葉栗)

엽률이라는 씨명은 우률(羽栗; 하구리)이라고도 하며 산성국 구세군(久世郡) 우률향(羽栗鄕; 하구리노사토)에서 유래한다. 현재 경도부(京都府) 구세군(久世郡) 구어산정(久御山町) 좌산(佐山)이다. 다른 기록에는 우률씨명을 가진 인물들만 보이는데, 대표적인 인물로『속일본기』영귀(靈龜) 2년(716) 견당사 아배중마려(阿倍仲麻呂)의 종자로 입당한 우률길마려(羽栗吉麻呂)가 있다. 우률길마려는 당나라에 머물면서 당나라 여성과 혼인하여 우률익(羽栗翼)과 우률상(羽栗翔)을 낳았다. 천평(天平) 6년(733)에 다치비광성(多治比廣成), 길비진비(吉備眞備), 현방(玄昉)과 함께 자식들을 데리고 귀국하였다. 이후『속일본기』보귀(寶龜) 7년(776) 8월조에 의하면 우률익(羽栗翼)이 신(臣) 성을 사성받고 있다. 좌경 황별(하)「엽률신」조(093) 참조.

2. 소야동조(小野同祖)

좌백유청(佐伯有淸)은『신찬성씨록』완본에는 '소야' 다음에 '조신(朝臣)'이라는 두 글자가 더 있었을 것이라고 추정하였다.『고사기』효소천황단에는 효소천황의 자식인 천압대일자명의 후손으로 춘일신과 소야신, 우률신 등이 함께 나온다.

3. 언국즙명(彦國葺命)

효소천황의 황자인 천족언국압인명(天足彦國押人命)의 4세손이다.『고사기』숭신천황단에는 일자국부구명(日子國夫玖命; 히코쿠니후쿠노미코토), 『일본서기』숭신 10년 9월조와 수인천황 25년 2월조에는 언국즙으로 나온다. 좌경 황별(하)「길전련(吉田連)」조(094) 참조.

192 【원 문】
村公
　　天足彥國押人命之後也.

【번 역】
촌공(村公; 무라노키미)
　　천족언국압인명(天足彥國押人命; 아메타라시히코쿠니오시히토노미코토)의 후손이다.

【주 석】
1. 촌공(村公)

촌(村; 무라)이라는 씨명에 대해서는 현주(縣主; 아가타누시), 촌주(村主; 수구리)와 같은 직명에서 유래했다는 견해가 있다. 촌공씨 인물로는 『속일본기』화동(和銅) 6년(713) 7월조에 대왜국(大倭國) 우태군(宇太郡) 파판향(波坂鄕) 대초위상(大初位上) 촌군동인(村君東人)이 장강야(長岡野)에서 얻은 동탁을 헌납하였다는 기록이 보인다. 대왜국 우태군 파판향은 현재 나량현 우타군(宇陀郡) 진원정(榛原町)의 평정(平井) 지역이다. 단산성국 출신 촌공씨 인물은 기록에 보이지 않는다.

2. 천족언국압인명(天足彥國押人命)

『고사기』와 『일본서기』에 의하면 효소천황의 첫째 황자로서, 『고사기』효소천황단에는 천압대일자명(天押帶日子命; 아메오시타라시히코토이코토)으로 나온다. 좌경 황별(하)「대춘일조신」조(087) 참조.

193 【원 문】

度守首
　　村公同祖.

【번 역】

도수수(度守首; 와타리모리노오비토)
　촌공(村公)과 조상이 같다.

【주 석】

1. 도수수(度守首)

도수(度守; 와타리모리)라는 씨명에 대해서는 배로 강이나 호수 등을 건너는 직능을 가진 집단이라는 의미에서 비롯되었다는 견해가 있다. 『일본서기』 인덕 즉위전기에 토도(菟道; 우지)와 함께 고라제(考羅濟; 가와라노와타리)라는 지명이 나온다. 고라제는 산성국 철희군(綴喜郡) 하원촌(河源村) 지역에 있던 곳으로, 현재 경도부 철희군 전변정(田邊町) 하원(河原) 지역이다. 〈화이씨계도〉에는 대난파숙녜명(大難波宿禰命)의 자식인 건혈명(建穴命)이 엽률신(葉栗臣)과 도수수의 조상이라고 한다. 다만 도수수씨 일족에 관해서는 다른 자료에 보이지 않아 자세히 알 수 없다.

194 【원 문】

阿閇臣
　　阿倍朝臣同祖. 大彦命之後也.

【번 역】

아폐신(阿閇臣; 아헤노오미)
　아배조신(阿倍朝臣; 아헤노아소미)과 조상이 같으며, 대언명(大彦命; 오히코노미코토)의 후손이다.

【주 석】

1. 아폐신(阿閇臣)

아폐(阿閉; 아헤)라고도 하며 아폐라는 씨명은 이하국(伊賀國) 아폐군(阿閇郡)에서 유래한다. 현재 삼중현(三重縣) 아산군(阿山郡)의 서부 일대에 해당한다.『일본서기』웅략 하 4월조에 아폐신국견(阿閉臣國見)이 고반황녀를 무고한 사건과 현종천황 3년 2월조에 아폐신대사(阿閉臣事代)가 임나에 사신으로 간 기록이 있다. 자세한 것은 좌경 황별(상)「아폐신」조(059) 참조.

2. 아배조신(阿倍朝臣)

『일본서기』효원 7년 2월조에 의하면 선신(膳臣), 아폐신, 이하신(伊賀臣) 등 7씨족과 함께 대언명의 후손이라고 한다. 비조(飛鳥) 시대부터 나량(奈良) 시대에 걸쳐 대신급 고관을 배출한 씨족으로, 평안(平安) 시대에는 안배(安倍)라고 하였다. 천무천황 13년(684) 11월에 조신 성을 하사받았다. 자세한 것은 좌경 황별(상)「아배조신」조(054) 참조.

3. 대언명(大彦命)

『고사기』에서는 대비고명(大毘古命)으로도 나오며, 효원의 장남이다. 도하산(稻荷山) 고분 출토 철검에 보이는 의부비궤(意富比垝)로 비정하는 견해도 있다. 자세한 것은 좌경 황별(상)「아배조신」조(054) 참조.

---

195 【원문】

的臣
　　石川朝臣同祖. 彦太忍信命三世孫葛城襲津彦命之後也.

【번 역】

적신(的臣; 이쿠하노오미)

　　석천조신(石川朝臣; 이시카하노아소미)과 조상이 같으며, 언태인신명(彦太忍信命; 히코후토오시노마코토노미코토)의 3세손인 갈성습진언명(葛城襲津彦命; 가츠라키노소츠비코노미코토)의 후손이다.

【주 석】

1. 적신(的臣)

적(的; 야쿠하)이라는 씨명은 『일본서기』 인덕 12년 8월조에 적신의 조상인 순인숙네(盾人宿禰)가 고구려에서 헌상한 철 과녁을 관통시켜서 적호전숙네(的戶田宿禰)라는 이름을 하사받았다는 전승에서 유래한다. 실제 적신은 과녁 제작 등 군사적 직능을 가진 반조씨족이었다. 『고사기』 효원천황단에서는 갈성장강증도비고(葛城長江曾都毘古, 『일본서기』의 葛城襲津彦)의 후손으로 나오며, 동족으로 갈성씨, 평군씨, 소아씨, 허세씨 등이 있다. 『일본서기』에 의하면 적신이 임나일본부와 관련하여 하내직과 함께 가야에서 활동하는 등 왜국과 한반도 제국의 외교 교섭에서도 활약하였다. 적신씨 인물로는 적호전숙네 이외에 『일본서기』 인현 4년 5월조의 적신문도(的臣蚊島), 숭준 즉위전기의 적신진교(的臣眞噛), 등원궁 출토 목간에 보이는 적신광국(的臣廣國) 등이 있다. 산성국의 적신 일족으로는 천평 5년(733) 「산배국애탕군모향계장(山背國愛宕郡某鄉計帳)」(『대일본고문서』 1-513)에 적신족도적매(的臣族稻積賣)라는 인명이 보인다.

2. 석천조신(石川朝臣)

효원천황의 황자인 언태인신명(彦太忍信命)의 후손이라고 한다. 이 석천조신의 옛 성은 신(臣)이며, 천무천황 13년(684) 11월에 조신 성을 하사받았다. 자세한 것은 좌경 황별(상) 「석천조신」조(065) 참조.

3. 언태인신명(彦太忍信命)

『일본서기』 효원 7년 춘2월조에 의하면 효원천황과 첫 번째 비(妃)인 이향색미명(伊香色謎命) 사이에서 태어났다고 한다. 『고사기』 효원단에는 비고포도압지신명(比古布都押之信命)으로 나온다. 무내숙네의 조부이기도 하다. 좌경 황별(상) 「석천조신」조(065) 참조.

4. 갈성습진언명(葛城襲津彦命)

무내숙네(武內宿禰)의 후손으로 갈성씨(葛城氏)의 조상이다. 『고사기』에는 갈성장강증도비고(葛城長江曾都毘古), 갈성지증도비고(葛城之曾都毘古)로 나온다. 『일본서기』에 의하면 신공황후 섭정 5년부터 웅략천황 7년에 이르는 긴 기간 동안 활동한 인물로 나오며 『고사기』에 의하면 그의 계보가 결사(缺史) 8대에 속하는 효원에서 시작된다. 자세한 것은 좌경 황별(하)「갈성조신」조(111) 참조.

196 【원문】
與等連
　　鹽屋連同祖. 彦太忍信命之後也.

【번역】

여등련(與等連; 요도노무라지)
　　염옥련(鹽屋連; 시호야노무라지)과 조상이 같으며, 언태인신명(彦太忍信命; 히코후토오시노마코토노미코토)의 후손이다.

【주석】

1. 여등련(與等連)

여등(與等; 요도)이라는 씨명은 산성국 을훈군(乙訓郡) 여등(與等; 요토)에서 유래한다. 현재 경도부(京都府) 복견구(伏見區) 정정(淀町; 요도마치)이다. 여등은『일본후기』연력 23년(804) 7월조와『속일본후기』승화 9년(842) 7월조,『연희식』권제26 주세(主稅)상에 보이듯이 정치적·군사적·경제적 요충지였다. 여등련씨 일족에 대해서는 더 이상 사료에 보이지 않는다.

2. 염옥련(鹽屋連)

염옥련씨는 무내숙녜의 아들 갈성습진언의 후예로서 도수조신(道守朝臣)과 조상이 같다. 하내국 황별「염옥련」조(286) 참조.

3. 언태인신명(彦太忍信命)

『일본서기』효원천황 7년 춘2월조에 의하면 효원천황과 첫 번째 비(妃)인 이향색미명(伊香色謎命) 사이에서 태어났다고 한다.『고사기』효원단에는 비고포도압지신명(比古布都押之信命)으로 나온다. 무내숙녜의 조부이기도 하다. 좌경 황별(상)「석천조신」조(065) 참조.

197 【원 문】

日佐

　紀朝臣同祖. 武內宿禰之後也. 欽明天皇御世, 率同族四人, 國民卅五人歸化. 天皇矜其遠來, 勅珍勳臣, 爲卅九人之譯. 時人號曰譯氏. 男諸石臣, 次麻奈臣, 是近江國野洲郡日佐, 山代國相樂郡山村日佐, 大和國添上郡日佐等祖也.

【번 역】

왈좌(日佐; 워사)

기조신(紀朝臣; 기노아소미)과 조상이 같다. 무내숙녜(武內宿禰; 다케시우치노스쿠네)의 후손이다. 흠명천황(欽明天皇) 대에 동족(同族) 4인과 국민(國民) 35인을 이끌고 귀화하였다. 천황은 멀리서 온 것을 가상히 여겨 조칙을 내려 진훈신(珍勳臣; 메즈라노오미)이라는 씨성을 하사하고, 39인의 통역으로 삼았다. 당시 사람들이 역씨(譯氏; 오사우지)라고 불렀다. 그 아들은 제석신(諸石臣; 모로시노오미), 마나신(麻奈臣; 마나노오미)이며, 이들은 근강국(近江國; 아후미노쿠니) 야주군(野洲郡; 야스노코호리) 왈좌(日佐), 산대국(山代國; 야마시로노쿠니) 상락군(相樂郡; 사가라키노코호리) 산촌(山村; 야마무라) 왈좌, 대화국(大和國; 야마토노쿠니) 첨상군(添上郡; 소후노카미노코호리) 왈좌 등의 조상이다.

【주 석】

1. 왈좌(日佐)

왈좌라는 씨명은 통역 업무를 맡던 직능에서 유래한다. 왈좌는 대화정권에서 통역을 전문적으로 담당하던 씨족이기 때문에 '역어(譯語)'라고도 한다. 계보상으로는 기신씨와 동족관계로서 무내숙녜의 후예라고 되어 있으나, 왈좌라는 이름이 고대 한반도어에서 유래했다는 점 등에서 실제로는 한반도에서 건너간 이주민 집단일 가능성이 높다. 특히『일본서기』흠명 15년(554) 정월조에서 백제가 전부시덕왈자분옥(前部施德日佐分屋) 등을 축자에 보낸 기사는 왈좌씨가 백제계 이주민 집단이었음을 보여 주는 기록이다.

왈좌씨 일족으로는『속일본기』천평보자(天平寶字) 5년(761) 5월조에 기내(畿內)의 저수지와 제방 시설 등을 시찰한 정6위하 왈좌약마려(曰佐若麻呂), 『일본후기』 연력 24년 (805) 2월에 기야조신(紀野朝臣)을 하사받은 왈좌방마려(曰佐方麻呂)와 왈좌인상(曰佐人上) 등이 보인다. 여기서 기야조신은 기조신을 가리킨다.

2. 기조신(紀朝臣)

대화국(大和國) 평군현(平群縣) 기리(紀里), 현재 나량현(奈良縣) 생구군(生駒郡) 평군정 (平群町) 상장(上莊) 부근이 본거지였다. 옛 성은 신(臣)이며, 천무천황 13년(684) 11월에 조신 성으로 개성되었다. 『고사기』와 『일본서기』에는 효원천황 자손인 무내숙녜의 아들 기각숙녜(紀角宿禰)가 시조라고 한다.

3. 무내숙녜(武內宿禰)

무내숙녜에 대해서는 좌경 황별(상)「전구조신(田口朝臣)」조(066) 참조.

4. 진훈신(珍勳臣)

여기에서만 보인다.

5. 제석신(諸石臣)

여기에서만 보인다.

6. 마나신(麻奈臣)

여기에서만 보인다. 단『일본서기』흠명 6년(545) 동10월조에 백제에서 마나군(麻那君)을 파견한 기록이 있는데 그 후손일 가능성도 배제할 수 없다.

7. 근강국(近江國) 야주군(野洲郡)

현재 자하현(滋賀縣) 야주군(野洲郡)이다.『일본후기』연력(延曆) 24년(805) 2월에 기야조신(紀野朝臣)을 하사받은 왈좌인상(曰佐人上)이 이곳 출신이다.

8. 산대국(山代國) 상락군(相樂郡) 산촌(山村)

『일본서기』흠명 26년(565) 5월조에 고구려인 두무리야폐(頭霧唎耶陛) 등이 귀화했는데, 이들을 산배국(山背國)에 거주시켰다고 한다. 이들이 이후 무원(畝原), 나라(奈羅), 산촌에 거주하는 고구려인들의 선조라고 한다. 현재 경도부(京都府) 상락군(相樂郡)에 있던 마을들이다. 산촌왈좌씨 일족으로는 천평보자 5년(761) 11월 2일자 「산배국우치군시전부조마려가지매권(山背國宇治郡矢田部造麻呂家地賣券)」(『대일본고문서』 15-128)의 산촌왈좌풍국(山村曰佐豐國), 『일본후기』 연력(延曆) 23년(804) 4월조의 산촌왈좌구양(山村曰佐駒養)과 『일본삼대실록』 원경(元慶) 3년(879) 11월조의 산촌왈좌득도(山村曰佐得道) 등이 있다.

9. 대화국(大和國) 첨상군(添上郡)

현재 나량현(奈良縣) 첨상군(添上郡)이다. 이 지역 출신 왈좌씨로는 『일본후기』 연력 24년(805) 2월에 기야조신(紀野朝臣)을 하사받은 왈좌방마려(曰佐方麻呂) 등이 있다.

198 【원 문】

出庭臣
　孝元天皇皇子彦太忍信命之後也.

【번 역】

출정신(出庭臣; 이데하노오미)
　효원천황(孝元天皇)의 황자인 언태인신명(彦太忍信命; 히코후토오시노마코토노미코토)의 후손이다.

【주 석】

1. 출정신(出庭臣)

출정(出庭; 이데하)이라는 씨명은 출우국(出羽國) 전천군(田川郡) 이저파(伊氏波; 이데하) 신사 이름에서 유래한다. 출정신씨 일족으로는 천평 5년(733) 「우경계장(右京計帳)」(『대일본고문서』 1-486)에 우경 삼조(三條) 삼방(三坊)의 호주(戶主)인 출정덕마려(出庭德麻呂)와 계장을 만들어서 제출한 중무성의 사생(史生) 출정신을마려(出庭臣乙麻呂)가 있다. 이때 계장에는 출정덕마려 이외에 출정인마려(出庭人麻呂), 출정가족(出庭家足) 등

무성(無姓)의 출성씨 인명이 함께 기록되어 있다.

2. 언태인신명(彦太忍信命)

『일본서기』 효원 7년 춘2월조에 의하면 효원천황과 첫 번째 비(妃)인 이향색미명(伊香色謎命) 사이에서 태어났다고 한다. 『고사기』 효원천황단에는 비고포도압지신명(比古布都押之信命)으로 나온다. 무내숙녜의 조부이기도 하다. 좌경 황별(상) 「석천조신」조(065) 참조.

199 【원문】

日下部宿禰
　開化天皇皇子彦坐命之後也. 日本紀合.

【번역】

일하부숙녜(日下部宿禰; 구사카베노스쿠네)
　개화천황의 황자인 언좌명(彦坐命; 히코이마스노미코토)의 후손이다. 『일본기(日本紀)』와 일치한다.

【주석】

1. 일하부숙녜(日下部宿禰)

일하부(日下部; 구사카베)라는 씨명은 명대부(名代部)인 일하부에서 유래한다. 일하부는 초벽(草壁), 초향부(草香部)라고도 하며, 일하부숙녜는 일하부의 반조씨족이다. 『일본서기』 천무천황 13년(684) 12월조에 초벽련(草壁連)이 숙녜 성을 사성받은 기사가 보이므로 일하부숙녜의 옛 성은 연(連)임을 알 수 있다. 또한 섭진국 황별에 일하부숙녜가 보이고 있어 섭진국에도 거주하였음을 알 수 있다. 이 밖에 하내국 황별에 일하부련과 일하부, 화천국 황별에 일하부수와 일하부가 있듯이 하내국에도 연(連) 성과 수(首) 성, 그리고 무성(無姓)의 일하부씨가 널리 분포하고 있었다. 일하부련의 일족으로는 『일본서기』 현종 즉위전기의 일하부련사주(日下部連使主)와 일하부련오전언(日下部連吾田彦), 백치(白雉) 원년(650) 2월조에 초벽련추경(草壁連醜經) 등이 있다. 숙녜 성을 가진 일족으로는 『속일본기』 화동(和銅) 원년(708) 정월조에 일하부숙녜로(日下部宿禰老), 천평 9년 (737) 4월조의 일하부숙녜대마려(日下部宿禰大麻呂)가 보인다.

2. 언좌명(彦坐命)

개화의 셋째 황자로 경행의 증조부이다. 『고사기』 개화천황단에는 일자좌왕(日子坐王), 『일본서기』 개화 6년 정월조에는 언좌왕(彦坐王)으로 나온다.

3. 일본기합(日本紀合)

좌백유청(佐伯有淸)은 『일본서기』 천무 13년 12월조에 초벽련이 숙녜 성을 하사받았다는 내용을 가리키는 것으로 추정하였다. 그러나 일하부씨의 사성 유래에 대한 내용은 『일본서기』에 보이지 않는다.

---

200 【원 문】

輕我孫公

治田連同祖. 彦今簀命之後也.

【번 역】

경아손공(輕我孫公; 가루노아비코노키미)

치전련(治田連; 하리타노무라지)과 조상이 같으며, 언금책명(彦今簀命; 히코이마스노미코토)의 후손이다.

【주 석】

1. 경아손공(輕我孫公)

경아손(輕我孫; 가루노아비코)이라는 씨명의 경(輕)은 『일본서기』 의덕(懿德) 2년 정월조에 보이는 경(輕; 가루)이라는 지명 아손은 직장명(職掌名)에서 유래한 것은 추정된다. 경은 현재 나량현(奈良縣) 강원시(橿原市) 대경정(大輕町) 부근이다. 아손은 아비고(阿比古), 아비고(阿毘古), 아이고(阿弭古), 오손(吾孫)이라고도 한다. 원래 조정 내부 일과 관계된 직장명이던 것이 성이 되거나 씨명이 되기도 하였다. 『일본서기』 인덕천황 43년 9월조의 '의망둔창(依網屯倉)의 아미고(阿彌古)'라는 예를 통해서 알 수 있듯이 조정의 둔창을 관리하는 지방관으로 임명되는 경우도 있었다. 경아손공씨 일족은 다른 곳에 보이지 않는다. 좌경 황별(하)「경아손」조(117) 참조.

2. 치전련(治田連)

치전련은 개화천황의 황자인 언좌명(彦坐命)의 후손이라고 한다. 좌경 황별(하)「치전련」조(116) 참조.

3. 언금책명(彦今簀命)

언좌명(彦佐命)을 가리킨다. 개화의 셋째 황자로 경행의 증조부이다.『고사기』개화천황단에는 일자좌왕(日子坐王),『일본서기』천황 6년 정월조에는 언좌왕(彦坐王)으로 나온다. 좌경 황별(하)「치전련」조(116) 참조.

201 【원 문】

堅井公

彦坐命之後也. 日本紀合.

【번 역】

견정공(堅井公; 가타위노키미)

언좌명(彦坐命; 히코이마스노미코토)의 후손이다.『일본기』와 일치한다.

【주 석】

1. 견정공(堅井公)

견정(堅井; 가타이)이라는 씨명은 율령제의 산성국 기이군 견정향(堅井鄕; 가타이노사토)이라는 지명에서 유래한다. 현재 경도시(京都市) 복견구(伏見區) 하조우상삼서정(下鳥羽上三栖町) 일대이다. 견정공씨 일족으로는『속일본기』천평신호(天平神護) 2년(766) 9월조에 의하면 산배국(山背國)의 견정공삼립(堅井公三立)이라는 인물이 제정공(諸井公)을 사성받았다고 나온다. 무성(無姓)의 견정공씨로는 천평 19년(747) 12월 22일자「판전군사해(坂田郡司解)」(『대일본고문서』 9-643)에 근강국 판전군 상단향(上丹鄕)의 호주인 견정국족(堅井國足)이라는 인물이 보인다.

2. 언좌명(彦坐命)
좌경 황별(하)「치전련」조(116) 참조.

3. 일본기합(日本紀合)
여기에는 『일본서기』의 내용과 합치한다고 하였지만, 『일본서기』에는 견정공에 대한 기록이 보이지 않는다.

---

202 【원 문】
別公
　　同上.

【번 역】

별공(別公; 와케노키미)
　　위와 같다.

【주 석】

1. 별공(別公)

별(別; 와케)이라는 씨명은 화기(和氣; 와케)라고도 하며, 4~5세기 왕자, 왕족, 지방 호족의 칭호에서 유래한 것으로 생각된다. 별공을 칭하는 씨족으로는 우경 황별(하) 별공(別公), 화천국 황별 화기공(和氣公)이 있다. 모두 경행의 황자인 일본무존(日本武尊)의 후손이다. 별공에 대한 자세한 것은 우경 황별(하)「별공」조(165) 참조. 한편 별공씨 일족 가운데 산성국 출신인지 정확히 알 수 없지만 『속일본기』 대보(大寶) 3년(703) 4월조의 화기군판본(和氣君坂本)이 있고, 천평 5년(733) 8월 16일자「황후궁직이(皇后宮職移)」(『대일본고문서』 1-478)의 별군갱만려(別君粳萬呂) 등이 보인다.

2. 동상(同上)

『신찬성씨록』 완본에는 '언좌명지후야(彦佐命之後也).'로 기록되어 있었을 것이다. 『고사기』 개화천황단에는 언좌명을 일자좌왕(日子坐王)이라고도 하는데, 일자좌왕의 아들 원야본왕(袁邪本王)에 관해서 '갈야지별(葛野之別). 근담해문야지별조야(近淡海蚊野之別祖也).'라는 기록이 있다. 이 내용을 통해서 보면 별공씨는 갈야지별의 후손으로 그 본거지가 바로 산성국 갈야군임을 알 수 있다.

203 【원문】

道守臣

道守朝臣同祖. 武波都良和氣命之後也.

【번역】

도수신(道守臣; 치모리노오미)

도수조신(道守朝臣)과 조상이 같으며, 무파도량화기명(武波都良和氣命; 다케하츠라와케노미코토)의 후손이다.

【주석】

1. 도수신(道守臣)

도수(道守; 치모리)라는 씨명이 지명과 직명 어느 쪽에서 유래되었는지 확실히 알 수 없다. 섭진국 황별에도 도수신이 무엽협별명의 후손으로 나온다. 한편 하내국 황별과 화천국 황별의「도수신」조에는 도수신이 무내숙녜의 자식인 파다팔대숙녜(波多八代宿禰)의 후손임을 칭하고 있다. 이렇듯 도수신은 개화천황의 자식인 무엽협별명의 후손과 무내숙녜의 자식인 파다팔대숙녜의 후손이었음을 알 수 있다. 좌경 황별(상)「도수조신」조(072) 참조. 산성국 출신 도수신씨 일족에 대해서는 명확히 알 수 없다.

2. 무파도량화기명(武波都良和氣命)

『고사기』 개화천황단에 건풍파두라화기(建豐波豆羅和氣)로 나오며 개화천황의 아들이다. 도수신과 함께 인해부조(忍海部造)의 조상이라고 기록되어 있다. 이에 대해서는 좌경 황별(상) 「도수조신」조(072) 무풍엽열별명(武豐葉列別命) 참조.

204 【원 문】
今木
道守同祖. 建豐羽頰別命之後也.

【번 역】

금목(今木; 이마키)

도수(道守; 치모리)와 조상이 같다. 건풍우협별명(建豐羽頰別命; 다케토요하츠라와케노미코토)의 후손이다.

【주 석】

1. 금목(今木)

금목이라는 씨명은 금래(今來; 이마키)라고도 표기되며, 율령제의 산성국 우치군(宇治郡) 금목(今木; 이마키)이라는 지명에서 유래한다. 현재 경도부(京都府) 우치군(宇治郡) 우치피방정(宇治彼方町)이다. 산성국 출신 금목씨 일족으로는 천평 5년(733) 「산배국애탕군모향계장(山背國愛宕郡某香計帳)」(『대일본고문서』 1-521)에 호주로 나오는 금목도매(今木稻賣)가 있다. 그런데 금목도매와 함께 나오는 인물 가운데에는 금목직갱(今木直粳)을 비롯하여 금목직형마려(今木直兄麻呂), 금목직을마려(今木直乙麻呂) 등 직(直) 성을 가진 인물들도 보인다. 이 밖에 「조동대사사해(造東大寺司解)」(『대일본고문서』 4-294)에서 동대사 건립에 관여한 금래인성(今來人成) 등 무성의 금목씨도 있다. 한편 『일본서기』 웅략기 및 흠명기에는 백제에서 건너간 기술자들이 거주한 지역으로 신한(新漢; 이마키) 등의 지명이 나오지만 이때의 신한은 나라 지역에 있던 곳이다.

2. 도수(道守)

도수씨는 무내숙녜의 자식인 파다시대숙녜(波多矢代宿禰)의 후손이다. 좌경 황별(상) 「도수조신」조(072) 참조.

3. 건풍우협별명(建豐羽頰別命)

무파도량화기명(武波都良和氣命) 혹은 무풍엽열별명(武豐葉列別命)이라고도 한다. 이에 대해서는 좌경 황별(상)「도수조신」조(072) 참조.

---

205 【원 문】
間人造
　　間人宿禰同祖. 譽屋別命之後也.

【번 역】

간인조(間人造; 하시히토노미야츠코)

　간인숙네(間人宿禰)와 조상이 같으며, 예옥별명(譽屋別命; 하무야와케노미코토)의 후손이다.

【주 석】

1. 간인조(間人造)

간인(間人; 하시히토)이라는 씨명은 천황과 신하, 또는 외부인과의 사이에서 말을 전하는 역할을 하던 직능에서 유래한다. 간인조씨는 반조씨족으로서 조(造) 성을 받은 시기는 명확히 알 수 없다. 연(連) 성과 신(臣) 성, 직(直) 성, 무성의 간인씨도 있는데 모두 본종(本宗)은 간인숙네씨이다. 산성국 출신 간인조씨 일족으로는 산배국 을훈군(乙訓郡) 산기리(山埼里)의 호주였던 간인조동인(間人造東人)이 있다. 산기리는 현재 경도부 을훈군 대산기촌(大山埼村)이다. 그리고 간인숙네씨 일족으로는 신귀(神龜) 3년(726) 「산배국애탕군출운향운상리·운하리계장(山背國愛宕郡出雲鄕雲上里·雲下里計帳)」(『대일본고문서』 1-333, 1-353)의 호주로 나오는 간인숙네남군(間人宿禰男君)이 있다. 간인련과 간인신성, 간인직성, 간인숙네씨 일족에 대해서는 좌경 황별(상)「간인숙네」조(085) 참조.

2. 간인숙네(間人宿禰)

옛 성은 연(連)으로 천무천황 13년(684) 12월에 숙네 성을 사성받았다. 좌경 황별(상)

「간인숙녜」조(085) 참조.

3. 예옥별명(譽屋別命)

『고사기』중애천황단에는 언좌명의 아들 품야화기명(品夜和氣命)으로 나온다. 좌경 황별(상)「간인숙녜」조(085) 참조.

206 【원문】

布施公
仲哀天皇皇子忍稚命之後也. 續日本紀不見.

【번역】

포시공(布施公; 후세노키미)

중애천황(仲哀天皇)의 황자인 인치명(忍稚命; 오시와카노미코토)의 후손이다. 『속일본기』에는 보이지 않는다.

【주석】

1. 포시공(布施公)

포시(布施; 후시)는 포세(布勢), 포세(布世)라고도 표기하며, 근강국 이향군(伊香郡) 포세읍(布勢邑; 후세노무라)이라는 지명에서 유래한다. 현재 자하현(滋賀縣) 이향군(伊香郡) 목지본정(木之本町)이다. 그런데 산성국 출신 포시공씨 인물은 보이지 않는다. 다만 포세군(布勢君)씨를 칭하는 인물들이 사료에 등장하는데 포시와 포세, 공과 군(君; 기미)은 음이 통하므로 같은 씨족으로 볼 수 있다.

포세공씨의 일족으로는 천평 20년(748) 4월 25일자「사서소해(寫書所解)」(『대일본고문서』3-79)에 산배국 기이군(紀伊郡) 견정향(堅井鄕) 일대의 호주였던 포세군가만려(布勢君家萬呂) 등이 나온다. 견정향은 현재 경도시(京都市) 복견구(伏見區) 하조우상삼서정(下鳥羽上三栖町) 일대이다. 한편 『속일본기』 천평승보 3년(752) 10월조에는 포세진충(布勢眞蟲)이 군(君) 성을 하사받는 기사가 나오는데, 포세군진충도 포시공과 동족이었을 것이다.

산성국에 분포하고 있던 포시공씨는 천평 5년(733)경 「산배국애탕군모향계장(山背國愛宕郡謀鄕計帳)」(『대일본고문서』 1-535)에 포세군족시마려(布世君族市麻呂)가 나오고, 동 문서(1-536)에는 포세군족정충매(布世君族庭虫賣), 포세군족대도(布世君族大島)가 있다. 또 동 문서(1-137)에는 포세군족족인(布世君族足人), 포세군족장인(布世君族長人), 포세군족광목매(布世君族廣目賣), 포세군족의등매(布世君族意等賣), 포세군족식도백매(布世君族息刀白賣), 포세군족충명매(布世君族虫名賣), 포세군족구미매(布世君族久米賣) 등의 인물이 보인다.

2. 인치명(忍稚命)

이곳에만 보인다. 단 『고사기』 응신천황단에는 중애천황의 황자인 인웅왕의 후손으로 포세군이 나오는데, 이에 의하면 인치명과 인웅왕은 동일인일 가능성이 크다. 인웅왕에 대해서는 좌경 황별(하) 「화기조신(和氣朝臣)」조(158) 참조.

3. 속일본기불견(續日本紀不見)

좌백유청(佐伯有淸)은 공과 군을 일치하는 것으로 보고 의문을 제기하였지만, 『신찬성씨록』 편찬자는 공과 군을 구별하지 않고 기록했을 것이다.

207 【원문】

茨田連

茨田宿禰同祖. 彦八井耳命之後也.

【번역】

자전련(茨田連; 마무타노무라지)

자전숙네(茨田宿禰)와 조상이 같으며, 언팔정이명(彦八井耳命; 히코야위미미노미코토)의 후손이다.

【주 석】

1. 자전련(茨田連)

자전(茨田; 마무타)이라는 씨명은 『일본서기』 인덕 11년 동10월에 자전제(茨田堤)를 축조했다는 전승과 함께 자전제가 위치한 하내국 자전군 자전향(茨田郷)이라는 지명에서 유래한다. 현재 대판부(大阪府) 문진시(門眞市) 문진(門眞) 일대이다. 원래 성은 연(連)이며, 천무천황 13년(684) 12월에 숙녜 성을 사성받았다. 산성국 출신의 자전련씨 일족으로는 천평 18년 3월 24일자 「자전련형마려해(茨田連兄麻呂解)」(『대일본고문서』 9-148)에서 자전련형마려가 보이는데, 그는 천평 20년(748) 4월 25일자 「사서소해(寫書所解)」(『대일본고문서』 3-79)에 나오는 산배국 기이군(紀伊郡) 견정향(堅井郷) 일대의 호주 포세군가만려(布勢君家万呂)의 호구(戶口)였다. 따라서 본조 자전련씨의 본거지는 산성국 기이군이었을 가능성이 크다. 한편 기이군에는 무성의 자전씨도 있었다. 이에 관한 자세한 내용은 우경 황별(하) 「자전련」조(177) 참조.

2. 자전숙녜(茨田宿禰)

원래 성은 연(連)이며 천무 13년 12월에 숙녜 성을 사성받았다. 하내국 황별 「자전숙녜」조(286) 참조.

3. 언팔정이명(彦八井耳命)

『고사기』 신무천황단에는 일자팔정명(日子八井命)으로 나오며 자전련과 함께 수도련(手島連)의 조상이라고 한다. 우경 황별(하) 「자전련」조(177) 참조.

---

208 【원 문】

茨田勝
　景行天皇皇子息長彦人大兄瑞城命之後也.

【번 역】

자전승(茨田勝; 마무타노수구리)
　경행천황(景行天皇)의 황자인 식장언인대형서성명(息長彦人大兄瑞城命; 오키나가히코히토오에노미즈키노미코토)의 후손이다.

【주 석】

1. 자전승(茨田勝)

자전(茨田; 마무타)이라는 씨명에 대해서는 앞의 「자전련」조 참조. 승(勝)은 8색 성에 보이지 않아 본조의 승이 성인지 씨명의 한 부분인지 명확한 것을 알 수 없다. 산성국 출신의 자전승씨 일족은 사료에 보이지 않지만, 승 성을 가진 씨족이 대부분 도래계라는 점이 주목된다. 이와 관련하여 하내국 제번 「자전승」조에는 인덕조에 오국왕(吳國王)의 후손인 의부가모지군(意富加牟枳君)이 건너와 자전읍에 거주하면서 자전승이라는 씨성을 받았다는 기사가 기록되어 있다. 이에 의하면 자전승 동족 가운데 도래계도 포함되어 있었음을 알 수 있고, 원래 산성국의 자전승씨도 도래계 씨족이었을 것으로 추정된다.

2. 식장언인대형서성명(息長彦人大兄瑞城命)

『고사기』 경행천황단에는 경행천황의 둘째 아들인 일자인지대형왕(日子人之大兄王), 『일본서기』 중애 2년 정월조에는 언인대형(彦人大兄)으로 나온다.

---

209 【원 문】

息長竹原公
　應神天皇三世孫阿居乃王之後也.

【번 역】

식장죽원공(息長竹原公; 오키나가타가하라노키미)

응신천황(應神天皇)의 3세손인 아거내왕(阿居乃王; 아케노노미코토)의 후손이다.

【주 석】

1. 식장죽원공(息長竹原公)

식장죽원(息長竹原; 오카나가타가하라)이라는 씨명은 식장과 죽원이라는 지명이 합쳐진 것이다. 식장은 근강국 판전군(坂田郡) 식장(息長)이며, 현재 자하군(滋賀縣) 판전군(坂田郡) 미원정(米原町) 일대이다. 죽원은 산성국 구세군(久世郡) 마창향(麻倉鄕) 죽원리(竹原里)이며, 현재 경도부(京都府) 구세군(久世郡) 구어산정(久御山町) 부근이다. 식장 죽원공씨 일족은 사료에 등장하지 않는다.

2. 아거내왕(阿居乃王)

여기에만 보인다. 다만 『석일본기(釋日本紀)』에 인용된 『상궁기(上宮記)』 일문에는 의부부저왕(意富富杼王)의 자식으로 호비왕(乎非王)이 있는데, 호비왕은 응신천황의 3대손에 해당되기 때문에 아거내왕이 호비왕인지, 그 형제인지는 알 수 없다.

신찬성씨록
新撰姓氏錄

제1질

제7권

대화국大和國 황별皇別

[起星川朝臣 盡川俁公十八氏]

성천조신(星川朝臣; 호소카하노아소미)에서 천오공(川俁公; 가하마타노키미)까지 18씨이다.

210 【원문】
星川朝臣
　　石川朝臣同祖. 武內宿禰之後也. 敏達天皇御世. 依居改賜姓星川臣. 日本紀合.

【번역】

성천조신(星川朝臣; 호소카하노아소미)

　　석천조신(石川朝臣; 이시카하노아소미)과 조상이 같으며, 무내숙녜(武內宿禰; 다케시우치노스쿠네)의 후손이다. 민달천황(敏達天皇; 비다츠텐노) 치세 때 거주지에 의거해서 성천신(星川臣; 호시카하노오미)을 사성받았다. 『일본기』와 일치한다.

【주석】

1. 성천조신(星川朝臣)

성천(星川; 호소카하)의 씨명은 율령제하의 대화국 산변군(山邊國) 성천향(星川鄕)이라는 지명에서 유래한다. 현재 나량현(奈良縣) 산변군 도기촌(都祁村; 츠게무라) 일대이다. 성천조신의 옛 성은 신이며, 천무천황 13년(685) 11월에 조신(朝臣) 성을 하사받았다. 『고사기』 효원단에 의하면 성천신은 건내숙녜(建內宿禰)의 아들 파다팔대숙녜(波多八代宿禰)가 조상이라고 한다.

　　성천조신씨 일족으로는 『일본서기』 천무천황 9년(681) 5월조에 소금중(小錦中) 성천신마려(星川臣麻呂)가 보이는데, 임신(壬申)의 난 때 공을 세워 사망 후 대자위(大紫位)로 추증받았다. 어떤 공을 세웠는지 알 수 없으나, 그 자식인 종칠위상(從七位上) 성천조신흑마려(星川朝臣黑麻呂)도 영귀(靈龜) 2년(716) 4월 8일(『속일본기』)에 공전(功田)을 하사받았다. 성천조신흑마려와 다른 일족에 대해서는 더 이상 기록에 보이지 않는다.

2. 석천조신(石川朝臣)

석천(石川; 이시카하)이라는 씨명은 율령제에서의 하내국(河內國) 석천(石川)이라는 지명에서 유래되었다. 현재의 대판부(大阪府) 우예야시(羽曳野市) 부전림시(富田林市)와 하내장야시(河內長野市) 일대이며, 이 지역에는 대화천(大和川)으로 흘러 들어가는 석천이 흐르고 있다.

석천조신은 원래 소아신(蘇我臣)에서 분화된 씨족이다. 소아신씨의 시조는 소아석하숙네(蘇我石河宿禰)로 전하며, 곧 무내숙네(武內宿禰)의 아들이다. 하내국 석천에서 태어났으므로 석천이라고 이름하였다고 한다. 후에 종아(宗我, 蘇我)의 큰 집을 하사받아서 종아숙네(宗我宿禰)라는 씨성을 하사받았다고 한다(『일본삼대실록』 원경 원년 12월 27일 계사조). 『일본서기』 민달 13년(584) 시세조에 소아마자숙네(蘇我馬子宿禰)가 석천의 저택에 불전을 만드니 불법의 단서가 이로부터 만들어졌다고 하여, 소아마자(蘇我馬子)도 석천 지역과 밀접한 관련을 가지고 있다.

소아신이 석천조신으로 씨명을 바꾼 것은 임신의 난 당시에 소아신적형(蘇我臣赤兄)과 소아신과안(蘇我臣果安)이 천지(天智)의 아들인 대우황자(大友皇子) 측에 가담한 사실과 천무천황 10년(682) 3월에 제기(帝紀) 및 상고제사(上古諸事)을 기정(記定)하도록 한 사실과 관련이 있는 것으로 추정된다. 석천조신씨 일족에 대해서는 좌경 황별(상)「석천조신」조(065) 참조.

3. 무내숙네(武內宿禰)

『고사기』 효원천황단에는 건내숙네(建內宿禰)로 나온다. 결사8대의 천황인 효원(孝元)의 후손으로 나오는 무내숙네는 많은 유력 씨족들의 공동 조상으로 되어 있다. 그의 계보를 잇는 씨족은 49씨로 모든 지역에 걸쳐 분포하며, 조신(朝臣)이 22씨로 고위 신분이 많다. 『일본서기』 전승에 보이는 무내숙네는 경행에서 인덕까지 5대에 걸쳐 천황에 봉사한 전설적인 인물이자 충신이다. 무내숙네를 조상으로 하는 씨족들의 면모를 보면 소아씨(蘇我氏), 거세씨(巨勢氏), 평군씨(平群氏), 갈성씨(葛城氏), 기씨(紀氏) 등 중앙의 유력씨들이고, 소아씨 이하 4씨는 대신을 배출한 명문가이다. 동 전승에 따르면 그는 경행 51년에 동량지신으로 임명되고, 성무 3년에는 대신이 되고, 중애 9년에는 웅습 원정길에 천황이 급사하자 은밀히 사태를 수습한 지고의 충신으로 묘사된다. 또한 신공황후가 신라 원정 시에 신의 계시를 받아 무내숙녜로부터 도움을 받았다는 이른바 삼한 정벌 설화와도 관련되어 있다.

자세한 것은 좌경 황별(상)「전구조신(田口朝臣)」조(066) 참조.

4. 민달천황어세(敏達天皇御世)

좌백유청(佐伯有淸)은 『신찬성씨록』 완본에는 '정중창태주부천황시민달어세(渟中倉太珠敷天皇諡敏達御世)'라고 기록되어 있었을 것으로 보았다. 민달은 『일본서기』의 제30대 천황(재위 572~585)이다. 아버지는 흠명이다.

5. 일본기합(日本紀合)

『일본서기』에는 성천신 및 성천조신의 조상과 씨명 유래에 대한 기록이 보이지 않는다. 『일본서기』 천무천황 13년(685) 11월조에 기록된 성천신의 조신 성 하사 기사를 가리키는 것으로 추정된다.

211 【원 문】

江沼臣

石川同氏. 建內宿禰男若子宿禰之後也. 日本紀漏.

【번 역】

강소신(江沼臣; 에누노오미)

석천(石川; 이시카하)과 같은 씨이다. 건내숙녜(建內宿禰; 다케시우치노스쿠네)의 아들인 약자숙녜(若子宿禰; 와쿠코노스쿠네)의 후손이다. 『일본기』에는 누락되어 있다.

【주 석】

1. 강소신(江沼臣)

강소(江沼; 에누)라는 씨명은 강정(江淳; 에누), 강야(江野; 에노)라고도 한다. 『기씨가첩(紀氏家牒)』에는 강소라는 씨명이 대화국 고시현(高市縣) 강소리(江沼里)라는 지명에서 유래했다고 하는데, 현재의 위치는 정확히 알 수 없다. 한편 율령제하의 월전국(越前國) 강소군(江沼郡) 지명에서 유래한 것으로 보기도 한다. 이곳은 현재 석천현(石川縣) 강소군(江沼郡)과 가하시(加賀市) 대성사(大聖寺) 일대이다.

강소신씨는 『고사기』 효원천황단에 의하면 갈성씨(葛城氏), 평군씨(平群氏), 소아씨(蘇我氏), 거세씨(巨勢氏,) 기씨(紀氏), 파다씨(波多氏) 등과 함께 건내숙녜[武內宿禰]의 후손으로 나오는데, 건내숙녜의 막내아들인 약자숙녜(若子宿禰)가 강야재신(江野財臣; 에노노타가라노오미)의 조상이라고 한다. 강야재신은 강야, 즉 강소 지역의 재신(財臣)으로 강소씨와 동족이다. 모두 강소 지역의 군사(郡司)급 호족이었다. 이와 관련하여 강소 고분군의 주인공들을 강소신 일족으로 추정하기도 한다.

강소신씨의 일족으로는 『일본서기』 흠명 31년(570) 4월조의 강정신군대(江渟臣裙代)가 있다. 강정신군대는, 월국(越國) 해안에 표착한 고구려 사신을 그 지역의 군사(郡司)가 숨겨둔 것을 조정에 보고한 인물로 월전국 강소군의 지방 호족이었다. 또한 천평 3년(731) 2월 26일자 「월전국정세장(越前國正稅帳)」(『대일본고문서』 1-437)의 강소신대해(江沼臣大海)는 강소군의 군사주정(郡司主政)으로 외대초위하(外大初位下)였으며, 강소신입록(江沼臣入鹿) 또한 같은 군의 외소초위상(外少初位上) 군사주장(郡司主帳)이었다. 천평 5년 윤3월 6일자 「월전국군도장(越前國郡稻帳)」(『대일본고문서』 1-472)의 강소신무량사(江沼臣武良士)는 강소군의 대령(大領)으로 정8위하의 위계를 가지고 있었다. 이 밖에 『속일본기』 보귀 9년(778) 12월 정해조에서 여유(女孺) 정8위하 강소신마소비(江沼臣麻蘇比)가 외종5위하를 받았고, 『일본후기』 연력 24년(805) 4월 신축조에서는 산위 종6위상 강소신소병(江沼臣小竝)이 외종5위하를 제수받았다. 이들 대부분은 월전국 강소군을 본관으로 가진 사람들이다. 대화국 출신 강소신씨 일족은 더 이상 보이지 않는다.

한편 무성(無姓)의 강소씨로는 천평승보 3년(751) 6월 8일자 「오원생인약사경봉청문(吳原生人藥師經奉請文)」(12-2)의 강소도족(江沼道足), 천평승보 4년 윤3월 28일자 「조동대사사청경론소주문안(造東大寺司請經論疏注文案)」(『대일본고문서』 12-26)의 강소군족(江沼君足) 등이 있다. 도족과 군족은 모두 자미중대사인(紫微中臺舍人)이었는데, 자미중대는 749년에 설치된 영외관(令外官)으로, 원래는 광명황후의 가정기관(家政機關)이었다. 그러나 실제로는 광명황후의 신임을 얻은 등원중마려의 지휘 아래 있던 정치적·군사적 성격을 가진 기관이었다. 이곳에 강소씨 일족이 사인(舍人)으로 등용되었다는 것은 강소씨와 등원중마려의 관계가 밀접했음을 말해 준다. 무성씨 가운데서 신(臣) 성을 가진 인물이 있을 가능성도 있다.

2. 석천동씨(石川同氏)

좌백유청(佐伯有淸)에 의하면 『신찬성씨록』 완본에는 '석천조신동조(石川朝臣同祖)'라고 기록되어 있었을 것이다. 석천조신은 효원의 황자인 언태인신명(彦太忍信命)의 후손이라고 한다. 석천조신의 옛 성은 신(臣)이며, 천무천황 13년(685) 11월에 조신 성을 하사받았다. 석천조신씨에 대한 것은 좌경 황별(상) 「석천조신」조(065) 참조.

3. 건내숙녜(建內宿禰)

『일본서기』에는 무내숙녜로 나온다. 자세한 것은 좌경 황별(상) 「전구조신(田口朝臣)」조(066), 대화국 황별 「성천조신」조(210) 참조.

4. 약자숙녜(若子宿禰)

『고사기』 효원천황단에는 건내숙녜의 아홉째 자식이며, 강야재신(江野財臣; 에노노타가라노오미)의 조상으로 나온다.

5. 일본기루(日本紀漏).

『일본서기』에는 강소신씨에 대한 사성 관련 기록이나 그 조상에 대한 기록이 보이지 않는다.

212 【원문】
內臣
孝元天皇皇子彦太忍信命之後也.

【번역】
내신(內臣; 우치노오미)

효원천황(孝元天皇; 가우구웬텐노)의 황자인 언태인신명(彦太忍信命; 히코후츠오시노마코토노미코토)의 후손이다.

【주 석】

1. 내신(內臣)

내(內; 우치)라는 씨명은 율령제하의 대화국 우지군(宇智郡) 또는 산성국 철희군(綴喜郡) 유지향(有智鄕; 우치노사토)이라는 지명에서 유래한다. 대화국 우지군은 현재 나량현 오조시(五條市) 부근이며, 산성국 철희군 유지향은 현재 경도부 철희군 팔번정(八幡町) 내리(內里; 우치자토) 지역이다. 특히 대화분지에서 기노가와[紀ノ川] 유역으로 향하는 길목에 있는 우지군에 한반도의 영향을 강하게 남기고 있는 북우지(北宇智)고분군이 있는데, 이곳이 내신과 관련이 깊은 것으로 추측되기도 한다.

내신의 일족으로는 먼저 『일본서기』 흠명 14년(553) 6월조에 백제에 사신으로 파견되었던 내신이 있다. 내신은 동 15년 12월조에는 유지신(有至臣; 우치노오미)으로 나오기도 한다. 그리고 천평승보 5년(753) 6월 15일자 「단근량정문(丹斤量定文)」의 「사정송문(仕丁送文)」(『대일본고문서』 25-167)에 산배국 철희군 내향(內鄕) 출신의 내신동인(內臣東人)과 내신사마려(內臣咋麻呂)가 나오고, 『영락유문』(하-632)의 천평보자 5년(761) 9월 17일자 「대법거다라니경식어(大法炬陀羅尼經識語)」에는 내신아고녀(內臣阿古女)가 보인다. 이 밖에 「산배국준인계장(山背國隼人計帳)」(『대일본고문서』 1-644)에는 내신전차(內臣田次)와 내신석부(內臣石敷)가 보인다. 이렇듯 내신씨 인물들은 대부분이 산성국 출신들이다.

2. 언태인신명(彦太忍信命)

『일본서기』 효원 7년 춘2월조에 의하면 효원천황과 첫번째 비(妃)인 이향색미명(伊香色謎命) 사이에서 태어났다고 한다. 『고사기』 효원천황단에는 비고포도압지신명(比古布都押之信命)으로 나오며, 무내숙녜의 조부이기도 하다. 좌경 황별(상)「석천조신」조(065) 참조.

213 【원문】

山公

　　內臣同祖. 味內宿禰之後也.

【번 역】

산공(山公; 야마노키미)

　내신(內臣)과 조상이 같다. 미내숙녜(味內宿禰; 우마시우치노스쿠네)의 후손이다.

【주 석】

1. 산공(山公)

산군(山君; 야마노키미)이라고도 한다. 산(山; 야마)이라는 씨명은 산수부(山守部)의 반조 씨족이라는 의미에서 유래하거나, 대화국 첨상군(添上郡) 산군향(山君鄕)이라는 지명에서 왔을 가능성이 있다. 산군향은 보귀 4년(773) 4월 7일자 「조사소공문(造寺所公文)」(『대일본고문서』 6-516)에 산공향으로 나오며, 현재 나량시 전원(田原) 부근으로 산군(공)씨의 본거지였다.

　산공씨는 본조의 미내숙녜계 이외에 대언명계, 낙별왕계, 오십일족언별명계로 나누어진다. 미내숙녜계의 산공씨 일족으로는 모년(某年) 「감적역명(勘籍歷名)」(『대일본고문서』 25-93)에 보이는 대화국 첨상군 산군향의 호주 산군기파두(山君岐波豆)와 호구 산군호나미(山君乎奈彌)가 있다. 대언명계로는 『일본서기』 효원 7년 2월조에 협협성산군(狹狹城山君), 동 인덕 40년 시세조에 근강산군치수산(近江山君稚水山), 웅략 즉위전기에 협협산군한대(狹狹山君韓帒), 현종 원년 2월조의 협협성산군조왜대숙녜(狹狹城山君祖倭帒宿禰) 등이 있다. 이들은 근강국 출신이며, 좌경 황별(상) 「좌좌귀산공(佐佐貴山公)」조(062)와 섭진국 황별 「좌좌귀산군」조(231)에 의하면 대언명의 후손으로 아배조신과 조상이 같다. 한편 『고사기』 수인천황단에 나오는 소월지산군(小月之山君)은 수인천황의 황자인 낙별왕(落別王)의 후손이며, 춘일산군(春日山君)은 화천국 황별 「산공」조(335)에 의하면 수인천황의 황자인 오십일족언별명(五十日足彦別命)의 후손이라고 한다.

2. 내신동조(內臣同祖)

『고사기』 효원천황단에 의하면 내신의 조상인 언태인신명(彥太忍信命)이 무내숙녜의 조부이고, 산공의 조상인 미내숙녜는 무내숙녜의 이모제(異母弟)이다. 언태인신명의 후손이어서 동조라고 칭한 것으로 보이지만 실제로는 미내숙녜를 별도의 조상으로 기록하고 있다.

3. 미내숙녜(味內宿禰)

『고사기』 효원천황단에는 미사내숙녜(味師內宿禰)로 나오며, 산대내신(山代內臣)의 조상이라고 한다. 『일본서기』 응신 9년 4월조에는 무내숙녜의 동생인 감미내숙녜(甘美內宿禰)로 나온다.

214 【원 문】

阿祇奈君
　　玉手朝臣同祖. 彦太忍信命孫武內宿禰之後也.

【번 역】

아기내군(阿祇奈君; 아기나노키미)

　　옥수조신(玉手朝臣; 다마테노아소미)과 조상이 같으며, 언태인신명(彥太忍信命; 히코후츠오시노마코토노미코토)의 손자인 무내숙녜(武內宿禰; 다케시우치노스쿠네)의 후손이다.

【주 석】

1. 아기내군(阿祇奈君)

아기내(阿祇奈; 아기나)라는 씨명은 아예나(阿藝那; 아기나) 또는 아기명(阿岐名; 아기나), 아지나(阿支奈; 아기나)라고도 하며, 『만엽집』 권제14에 나오는 안기내산(安伎奈山)과 관계된 지명일 것으로 추측되는데 명확하지 않다.

　　아기내군씨 일족으로는 천평보자 6년(762) 10월 7일자 「미륵보살소문경론발어(彌勒菩薩所問經論跋語)」(『영락유문』 하-636)에 아기명군소만(阿岐名君小萬)이 보인다. 이 밖에 아기내신씨에 대해서는 섭진국 황별 「아기내신」조(239) 참조.

2. 옥수조신(玉手朝臣)

무내숙녜의 자식인 갈성습진언(葛城襲津彦) 후손으로 적신씨, 아기내신씨와 동족이다. 원래 성은 신(臣)이며 천무 13년(685) 11월에 조신 성을 하사받았다. 우경 황별(상) 「옥수조신」조(134) 참조.

3. 언태인신명(彦太忍信命)

『일본서기』 효원 7년 춘2월조에 의하면 효원천황과 첫 번째 비(妃)인 이향색미명(伊香色謎命) 사이에서 태어났다고 한다. 『고사기』 효원천황단에는 비고포도압지신명(比古布都押之信命)으로 나온다. 무내숙녜의 조부이기도 하다. 좌경 황별(상) 「석천조신」조(065) 참조.

215 【원 문】

馬工連
　　平群朝臣同祖. 平群木莵宿禰之後也.

【번 역】

마공련(馬工連; 우마미쿠히노무라지)
　　평군조신(平群朝臣; 헤구리노아소미)과 조상이 같으며, 평군목토숙녜(平群木莵宿禰; 헤구리노츠쿠노스쿠네)의 후손이다.

【주 석】

1. 마공련(馬工連)

마공(馬工; 우마미쿠히)이라는 씨명은 마어직(馬御樴)이라고도 하며, 말의 사육과 관련된 도구를 제작하던 직업에서 유래한다. 말을 매어두는 말뚝[樴]의 제작을 비롯한 말을 사육하는 일을 담당한 품부를 관리하던 반조씨족이다.

『기씨가첩』에 의하면 액전조량숙녜(額田早良宿禰)가 평군현(平群縣)의 말 목장을 경영하면서 좋은 말을 천황에게 헌상한 공으로 그 자식인 액전구숙녜(額田駒宿禰)가 마공련의 성을 하사받았다고 한다. 게다가 마공련의 조상이 평군목토숙녜(平群木菟宿禰)라고 기록하고 있고, 하내국 황별「액전수(額田首)」조에 액전수씨가 조량신(早良臣)과 함께 평군목토숙녜의 후예라고 하고 있기 때문에 액전조량숙녜는 평군목토숙녜의 후손임을 알 수 있다.

마공련씨 일족은 다른 사료에는 보이지 않는다. 다만 무성의 마공씨 일족으로 천경(天慶) 9년(946) 8월 26일자「이하국신호장부해안(伊賀國神戸長部解案)」(『평안유문』 1-371)의 마공무실(馬工茂實)과 마공리실(馬工利實) 등이 보인다.

2. 평군조신동조(平群朝臣同祖)

평군조신의 옛 성은 신(臣)이며, 천무천황 13년(685) 11월에 조신 성을 하사받았다. 평군조신에 대한 자세한 내용은 우경 황별(상)「평군조신」조 참조.『고사기』효원천황단에는 건내숙녜의 자식인 평군도구숙녜(平群都久宿禰)가 마어직련(馬御樴連)의 조상으로 나오기 때문에 마공련과 평군조신의 조상이 같다고 한 것이다.

3. 평군목토숙녜(平群木菟宿禰)

평군도구숙녜(平群都久宿禰)와 같다. 평군목토숙녜에 관해서는 우경 황별(상)「평군조신」조(124) 참조.

216 【원문】
日佐
　　紀朝臣同祖. 武內宿禰之後也.

【번역】

왈좌(日佐; 워사)

　기조신(紀朝臣; 기노아소미)과 조상이 같으며, 무내숙녜(武內宿禰; 다케시우치노스쿠네)의 후손이다.

【주 석】

1. 왈좌(日佐)

왈좌라는 씨명은 통역 업무를 맡던 직능에서 유래한다. 왈좌는 대화정권에서 통역을 전문적으로 담당하던 씨족이기 때문에 '역어(譯語)'라고도 표기한다. 계보상으로는 기신씨와 동족관계로서 무내숙녜의 후예라고 되어 있으나(『소아석천양씨계도(蘇我石川兩氏系圖)』), 왈좌라는 이름이 고대 한반도어에서 유래했다는 점 등에서 실제로는 한반도에서 건너간 이주민 집단일 가능성이 높다. 자세한 것은 산성국 황별 「왈좌」조(197) 참조.

대화국 출신 왈좌씨 일족으로는 『일본후기』 연력 24년(805) 2월 경술조에 정6위상 왈좌방마려(日佐方麻呂)가 나오는데 기야조신씨(紀野朝臣氏)를 하사받았다고 한다.

2. 기조신동조(紀朝臣同祖)

기조신의 옛 성은 신(臣)이며, 천무천황 13년(684) 11월에 조신 성으로 개성되었다. 『고사기』·『일본서기』에는 효원천황의 자손인 무내숙녜의 자식 기각숙녜(紀角宿禰)가 시조라고 한다. 기조신에 대해서는 좌경 황별(상) 「기조신」조(068) 참조.

217

【원 문】

池後臣
　建內宿禰之後也. 日本紀不見.

【번 역】

지후신(池後臣; 이케시리노오미)

　건내숙녜(建內宿禰; 다케시우치노스쿠네)의 후손이다. 『일본기』에는 보이지 않는다.

【주 석】

1. 지후신(池後臣)

지후(池後; 이케시리)라는 씨명은 지명에서 유래한다. 『연희식』 제릉료(諸陵寮)조에 의하면 성무천황의 능인 협성순열지후릉(狹城盾列池後陵)이 대화국 첨하군(添下郡)에 있었다고 한다. 이곳은 현재 나량시 산릉정(山陵町) 자어릉전(字御陵前) 지역이다. 한편 하내국 단비군(丹比郡) 지고(池尻; 이케시리)라는 지명에서 유래한 것으로 추정되기도 하는데, 현재 대판부 남하내군(南河內郡) 협산정(狹山町) 지고(池尻) 지역이다.

지후신(池後臣) 일족은 다른 사료에는 보이지 않는다. 다만 평성궁 출토 목간(奈良國立文化財研究所, 1979, 『平城宮發掘調査出土木簡槪報』9)에는 무성의 지후소동인(池後小東人)이 나오는데 일족일 가능성도 있다. 그러나 미정잡성 하내국 「지후신」조(1140)에 천언마수명(天彦麻須命)의 후손임을 주장하는 지후신씨도 존재하므로 지후소동인을 본 조의 지후신씨 일족이라고 확정하기는 어렵다.

2. 건내숙녜(建內宿禰)

『일본서기』에는 무내숙녜로 나오며, 그 후예씨족으로 갈성씨(葛城氏), 평군씨(平群氏), 거세씨(巨勢氏), 소아씨(蘇我氏) 등이 나온다. 『고사기』에서는 제13대 성무부터 제16대 인덕까지, 『일본서기』에서는 제13대 경행부터 제16대 인덕까지 장기간에 걸쳐 대신(大臣)으로서 천황을 보좌하면서 한반도 제국과 밀접한 관계를 가졌던 인물로 묘사되어 있다. 자세한 것은 좌경 황별(상) 「전구조신(田口朝臣)」조(066) 참조.

3. 일본기불견(日本紀不見)

『일본서기』에서 지후신의 조상 기록이나 사성 기록 등이 전혀 보이지 않는다.

---

218 【원 문】

巨勢檷田臣
　　巨勢檷田朝臣同祖. 武內宿禰命之後也.

【번 역】

거세축전신(巨勢檷田臣; 고세노히타노오미)

거세축전조신(巨勢檷田朝臣; 고세노히타노아소미)과 조상이 같으며, 무내숙녜명(武內宿禰命; 다케시우치노스쿠네노미코토)의 후손이다.

【주 석】

1. 거세축전신(巨勢械田臣)

거세축전(巨勢械田; 고세노히타)이라는 씨명은 거세와 축전이라는 지명이 합쳐진 것이다. 먼저 거세는 대화국 고시군(高市郡) 거세향(巨勢鄕)이라는 지명에서 유래한다. 현재 나량현(奈良縣) 고시군(高市郡) 고취정(高取町) 부근이다. 우경 황별(상)「거세축전조신」조(121)에 의하면, 거세축전조신은 도무신(稻茂臣), 즉 흠명조에 활약한 허세신도지(許勢臣稻持)의 후손으로 황극조에 황인(荒人)이 단풍나무로 긴 수로를 만들어 밭을 개간한 공으로 축전신이라는 씨성을 받았다고 한다. 축전은 비태(斐太; 히다)라고도 하며, 대화국 고시군 비탄(飛驒; 히다) 지역과 관계가 있다. 현재 나량현 강원시(橿原市) 압공(鴨公) 부근이다. 우경 황별(상)「거세축전조신」조(121) 참조.

2. 거세축전조신(巨勢械田朝臣)

옛 성은 신(臣)이며, 양로 3년(719) 5월에 종7위상 거세비태신대남(巨勢斐太臣大男)이 조신 성을 하사받았다. 우경 황별(상)「거세축전조신」조(121) 참조.

---

219 【원 문】

音太部
　高橋朝臣同祖. 大日子命之後也.

【번 역】

음태부(音太部; 오토후토베)

　고교조신(高橋朝臣; 다카하시노아소미)과 조상이 같으며, 대일자명(大日子命; 오히코노미코토)의 후손이다.

【주 석】

1. 음태부(音太部)

음부(音部; 오토베)라고도 한다. 음태부는 음악 관계 반조씨족 또는 그 휘하 부민의 후손이라는 의미로 추정되지만 명확히 알 수 없다. 음태부씨 일족에 대한 자세한 내용은 우경 황별(상) 「음태부」조(148) 참조.

2. 고교조신(高橋朝臣)

좌경 황별(상) 「고교조신」조(057)에 의하면 천무천황 12년(684)에 선신씨(膳臣氏)가 고교조신씨를 하사받았다고 한다.

3. 대일자명(大日子命)

대언명(大彦命)이다. 『고사기』에는 대비고명(大毘古命)으로도 나오며, 효원의 장남이다. 좌경 황별(상) 「아배조신」조(054) 참조. 한편 우경 황별(상) 「음태부」조(148)에서는 대언명의 후손인 언옥주전심명(彦屋主田心命)이 음태부씨의 조상으로 나온다.

---

220 【원 문】

坂合部首

　　阿倍朝臣同祖. 大彦命之後也.

【번 역】

판합부수(坂合部首; 사카히베노오비토)

아배조신(阿倍朝臣; 아헤노아소미)과 조상이 같으며, 대언명(大彦命; 오히코노미코토)의 후손이다.

【주 석】

1. 판합부수(坂合部首)

판합부(坂合部; 사카히베)라는 씨명은 경부(境部; 사카이베), 계부(堺部; 사카이베)라고도 하며, 판합부수씨는 판합부의 반조씨족이다. 본거지는 대화국 우지군(宇智郡) 판합부촌(坂合部村)이며, 이곳은 현재 나량현(奈良縣) 오조시(五條市) 판합부 지역이다. 섭진국 황별 「판합부」조(233)에는 윤공천황 대에 경계를 획정하는 일을 담당하였기 때문에 판합부련(坂合部連)이라는 씨성을 하사받았다고 한다.

판합부수씨 일족에 대해서 다른 사료에는 보이지 않는다.

2. 아배조신(阿倍朝臣)

아배조신의 원래 성은 신(臣)이다. 천무천황 13년(685) 11월에 조신 성으로 개성되었다. 비조(飛鳥) 시대부터 나량(奈良) 시대에 걸쳐 대신급 고관을 배출한 씨족이다. 자세한 것은 좌경 황별(상) 「아배조신」조 참조.

『일본서기』효원 7년 2월조에 의하면 선신(膳臣), 아폐신(阿閇臣), 이하신(伊賀臣) 등 6씨족과 함께 대언명의 후손이라고 한다.

3. 대언명(大彦命)

『고사기』에는 대비고명(大毘古命)으로도 나오며, 효원의 장남이다. 도하산고분(稻荷山古墳) 출토 철검에 보이는 의부비궤(意富比垝)로 비정하는 견해도 있다. 자세한 것은 좌경 황별(상) 「아배조신」조(054) 참조.

221 【원 문】
柿下朝臣
　　大春日朝臣同祖. 天足彦國押人命之後也. 敏達天皇御世. 依家門有柿樹. 爲柿本臣氏.

【번 역】

시하조신(柿下朝臣; 가키노모토노아소미)

　　대춘일조신(大春日朝臣; 오카스가노아소미)과 조상이 같으며, 천족언국압인명(天足彦國押人命; 아메타라시히코쿠니오시히토노미코토)의 후손이다. 민달천황(敏達天皇; 비타츠텐노) 치세 때 집 문에 감나무가 심어져 있어서 시본신(柿本臣; 가키노모토노오미)이라고 하였다.

【주 석】

1. 시하조신(柿下朝臣)

시하(柿下; 가키노모토)라는 씨명은 시본(柿本; 가키노모토)이라고도 한다. 율령제에서의 대화국 첨상군 시본사(柿本寺) 부근이다. 현재 나량현 천리시(天理市) 기본정(機本町) 동쪽 지역에 해당된다. 시하조신의 옛 성은 신(臣)이며, 천무천황 13년(685) 11월에 조신 성으로 개성되었다.

먼저 시하신의 일족으로는 천무천황 10년(682) 12월 29일에 소금위하를 받은 시본신원(柿本臣猨)이 있다. 시본신원은 『속일본기』 화동(和銅) 원년(708) 4월 임오조의 사망 기사에 보이는 종4위하 시본조신좌류(柿本朝臣佐留)와 동일인이다. 이 시본조신좌류의 동생인 시본조신인마려(柿本朝臣人麻呂)는 『만엽집』(1-29)에 그의 노래가 364수나 실려 있다. 이 밖에 『속일본기』에는 시하조신씨 일족으로 신귀(神龜) 4년(727) 정월 경자조의 정6위하 시본조신건석(柿本朝臣建石), 천평(天平) 9년(737) 9월 기해조에 외종5위하로 승진한 시본조신빈명(柿本朝臣濱名), 천평 20년(748) 2월 기미조에 종5위하로 승진한 시본조신시수(柿本朝臣市守)가 나온다. 시본조신시수는 이후 천평승보(天平勝寶) 원년(749) 단후수(丹後守)와 안예수(安藝守)를 거쳐 천평보자(天平寶字) 8년(754) 정월에 종5위상으로 승진한다. 또한 연력(延曆) 6년(787) 6월 26일자 「정창원어물목록(正倉院御物目錄)」(『평안유문』 8-3199)의 시본조신제족(柿本朝臣弟足), 『일본후기』 홍인(弘仁) 2년(811) 2월 을유조에 비전수(肥前守)로 임명된 시본조신제형(柿本朝臣弟兄), 홍인 13년(822) 3월 26일자 「정창원어물출납주문(正倉院御物出納注文)」(『평안유문』 8-3300)의 시본조신안□(柿本朝臣安□), 『일본문덕천황실록』 인수(仁壽) 원년(851) 11월 갑오조의 시본조신지성(柿本朝臣枝成) 등이 있다.

이 밖에 무성의 시본씨 일족도 있다. 『속일본기』 천평승보 원년(749) 12월 정해조에 시본소옥(柿本小玉)이 보이고, 천평승보 2년 8월 28일자 「조동대사사해(造東大寺司解)」(『대일본고문서』 25-132)의 시본선장(柿本船長), 천평보자 6년(762) 윤12월 29일자 「고인공임력명장(顧人功賃歷名帳)」(『대일본고문서』 16-184)의 시본도자녀(柿本刀自女), 보귀(寶龜) 3년(772) 5월 「가경표식(歌經標式)」(『영락유문』하-930)의 시본약자(柿本若子), 『속일본후기』 승화(承和) 9년(842) 12월 무진조의 시본안영(柿本安永) 등이 있다.

2. 대춘일조신(大春日朝臣)

효소천황의 황자인 천족언국압인명의 후손이다. 원래 성은 신(臣)이며 천무 13년(685) 11월에 조신 성으로 개성되었다. 좌경 황별(하) 「대춘일조신」조(087) 참조.

3. 천족언국압인명(天足彦國押人命)

『고사기』와 『일본서기』에 의하면 효소천황의 첫째 황자로서 『고사기』 효소천황단에는 천압대일자명(天押帶日子命; 아메오시타라시히코노미코토)으로 나온다. 좌경 황별(하) 「대춘일조신」조(087) 참조.

4. 민달천황어세(敏達天皇御世)

시하신의 전승에 대한 기록은 여기에만 보인다. 완본에는 '정중창태주부천황시민달어세(渟中倉太珠敷天皇諡敏達御世)'라고 기록되어 있었을 것이다.

222 【원문】

布留宿禰
　柿本朝臣同祖. 天足彦國押人命七世孫米餅搗大使主命之後也. 男木㝹命. 男市川臣. 大鷦鷯天皇御世. 達倭賀布都努斯神社於石上御布瑠村高庭之地. 以市川臣爲神主. 四世孫額田臣. 武藏臣. 齊明天皇御世. 宗我蝦夷大臣. 號武藏臣物部首幷神主首. 因茲失臣姓爲物部首. 男正五位上日向. 天武天皇御世. 依社地名改布瑠宿禰姓. 日向三世孫邑智等也.

【번 역】

포류숙녜(布留宿禰; 후루노스쿠네)

　시본조신(柿本朝臣; 가키노모토노아소미)과 조상이 같으며, 천족언국압인명(天足彦國押人命; 아메타라시히코쿠니오시히토노미코토)의 7세손인 미병도대사주명(米餅搗大使主命; 다가네츠키노오미노미코토)의 후손이다. 목사명(木㝹命; 고고토노미코토)과 시천신(市川臣; 이치카하노오미)이 아들이다. 대초료천황(大鷦鷯天皇; 오사자키노스메라미코토) 치세 때 (천황이) 왜(倭; 야마토)로 행차해서 신사를 석상(石上; 이소노카미)의 어포류촌(御布瑠村; 미후루노무라) 고정(高庭; 타카니하)의 땅에 모시고 시천신을 신주로 삼았다 포도노사신사(布都努斯神社; 후츠누시노카미노야시로)에 제사지내고 신주(神主)가 되었다. 액전신(額田臣; 누카타노오미)과 무장신(武藏臣; 무사시노오미)이 4세손이다. 제명천황(齊明天皇; 사이메이텐노) 치세 때 종아하이대신(宗我蝦夷大臣; 소가노에미시노오미)이 무장신을 물부수(物部首; 모노노베노오비토) 및 신주수(神主首; 가무누시노오비토)라고 이름하였다. 이로 인해 신(臣) 성을 잃고 물부수가 되었다. 아들인 정5위상 일향(日向; 히무카)이 천무천황(天武天皇; 덴무텐노) 치세 때 신사가 있는 곳의 이름을 따라 포류숙녜(布瑠宿禰; 후루노스쿠네)로 개성되었다. 일향의 3세손은 읍지(邑智; 오호치) 등이다.

【주 석】

1. 포류숙녜(布留宿禰)

포류(布留)라는 씨명은 포류(布瑠)라고도 하며, 석상(石上)의 어포류촌(御布留村; 미후루노무라)이라는 지명에서 유래한다. 현재 나량현 천리시(天理市) 포류정(布留町) 지역에 해당한다.

포류숙녜의 옛 씨성은 물부수(物部首)이다. 물부수는 석상신궁에 봉사한 씨족으로 고분 시대 이래 대련(大連)을 배출한 물부련(物部連)과는 별개의 씨족이다. 그런데 『일본서기』 천무 12년(684) 9월 정미조에 의하면 물부수가 연(連) 성을 사성받는 기록이 보인다. 이후 천무천황 13년 12월 기묘조에는 포류련이 숙녜(宿禰)로 개성되고 있다. 즉 '물부수-물부련-포류련-포류숙녜'로 변천 과정이 있었음을 알 수 있는데, 물부에서 포류로 씨명이 바뀐 시기가 명확하지 않다. 아마도 천무천황 12년 9월에 연을 사성받을 때 씨명도 함께 바뀐 것이 아닌가 추측된다.

포류숙녜씨의 일족으로는 먼저 물부수씨 시대의 물부수일향(物部首日向)이 있다. 물부수일향은 임신의 난(672년) 때 대우황자 측의 병사를 모으기 위해서 왜경(倭京)에 파견되었지만 이후 대해인황자[天武] 측의 포로가 된 인물이다. 본조에서는 일향의 위계를 정5위상이라고 하였지만, 정5위상은 대보 원년(701) 이후의 위계이다. 따라서 일향이 대보 원년 이후까지 살았고, 『신찬성씨록』 편찬 때 일향이 받은 위계를 그대로 적은 것일 가능성이 크다.

포류숙녜로 개성된 이후의 일족으로는 『일본후기』 연력(延曆) 24년(805) 2월 경술조에 문장생(文章生)이었던 종8위상 포류숙녜고정(布留宿禰高庭)이 있다. 그는 『유취국사』 권194 천장(天長) 2년(825) 12월 을사조에 의하면 대내기(大內記)로서 정6위상으로 승진하여 발해 사신을 영접하는 영객사에 임명되었다. 이후 천장 3년 정월에는 종5위하로 또 승진하였고, 종5위하 행대내기(行大內記) 산전숙녜고사(山田宿禰古嗣)와 함께

『일본후기』 편찬에도 참여하였다. 이 밖에 『속일본후기』 승화(承和) 10년(843) 정월 신축조에서 이하수(伊賀守)로 임명된 종5위하 포류숙녜고정(布留宿禰高貞), 『일본삼대실록』 천안(天安) 2년(858) 11월 7일 갑자조에 직강(直講) 종5위하로 승진된 포류숙녜정야(布留宿禰淨野), 『일본삼대실록』 정관(貞觀) 원년(859) 12월 27일 무신조의 대록(大錄) 종7위상 포류숙녜도영(布留宿禰道永), 정관 3년 3월 14일 무자조에 동대사 법회를 관리·감독한 산위(散位) 외종5위하 포류숙녜청정(布留宿禰淸貞), 원경(元慶) 6년(882) 정월 7일 경술조의 포류숙녜금도(布留宿禰今道) 등이 있다.

2. 시본조신동조(柿本朝臣同祖)

대화국 황별 「시하조신」조에는 시본조신이 천족언국압인명의 후손이라고 적고 있다.

3. 천족언국압인명(天足彦國押人命)

『고사기』와 『일본서기』에 의하면, 효소천황의 첫째 황자로서 『고사기』 효소천황단에는 천압대일자명(天押帶日子命)으로 나온다. 좌경 황별(하) 「대춘일조신」조(087) 참조.

4. 미병도대사주명(米餠搗大使主命)

효소천황의 장남인 천족언국압인명의 6세손으로 소야신사(小野神社) 전승에 의하면 응신천황에게 시토기(달걀 모양의 떡)를 바쳤다고 한다. 소야씨(小野氏), 춘일씨(春日氏), 시본씨(柿本氏) 등의 조상이다. 『고사기』와 『일본서기』에는 보이지 않는다. 좌경 황별(하) 「소야조신」조(088) 참조.

5. 목사명(木荳命)

『고사기』 반정천황단에는 환이지허기등신(丸邇之許碁登臣)으로 나오며, 『일본서기』 반정천황 원년 8월조에는 대택신(大宅臣)의 선조인 목사(木事)로 나온다. 대택신은 『고사기』 효소천황단에 의하면 천압대일자명(天押帶日子命), 즉 천족언국압인명의 후손으로 춘일신(春日臣)과도 동족이라고 한다. 『석상진신궁략초(石上振神宮略抄)』에 인용된 『신주포류숙녜계보(神主布留宿禰系譜)』에는 미병도대사주명의 자식인 목사명(木事命)이 대택신, 시본신의 조상이라고 나온다. 또한 『속일본후기』 천장 10년(833) 2월 정해조에는 대택수취신계주(大宅水取臣繼主)가 신팔복목사명(臣八腹木事命), 즉 목사의 후손이라고 기록되어 있다. 이와 같이 포류숙녜씨, 시본숙녜씨, 대택신씨, 춘일신씨는 효소천황의 계통이다.

6. 시천신(市川臣)

『일본서기』 수인 39년 10월조에 인용된 '일운(一云)'에는 시하(市河; 이치카하)라고 나온다. 여기에서 시하는 석상신궁을 관리하는 인물로 등장하는데 춘일신과 동족이며 물부수의 조상이라고 한다. 「화이계도」에도 시하신으로 나오며 미병도대사주명의 아들이자 팔복목사신(八腹木事臣)의 동생이라고 한다. 또한 시하신의 자식들로 즐사신(櫛事臣)이 있으며 물부수와 포류숙녜의 조상이라고 한다.

7. 대초료천황어세(大鷦鷯天皇御世)

완본에는 '대초료천황' 다음에 '시인덕(諡仁德)'이라는 글자가 있었을 것이다. 대초료천황은 『고사기』와 『일본서기』의 제16대 천황인 인덕천황을 가리킨다. 응신천황의 자식이자 이중, 반정, 윤공천황이 아버지이다. 인덕천황은 『고사기』와 『일본서기』에 요순(堯舜)과 같은 성스러운 군주로 묘사되어 있다. 『일본서기』에는 사망한 나이를 기록하지 않고 재위 87년에 죽었다고만 하였는데, 『고사기』에는 83세였다고 기록되어 있다. 능묘인 백설조이원중릉(百舌鳥耳原中陵)은 현재 대판부(大阪府) 계시(堺市) 대선정(大仙町)의 대산고분(大仙古墳)으로 비정되고 있다.

한편 『일본서기』 인덕기에는 시천 또는 시하신과 관련된 기록이 보이지 않는다. 다만 수인 39년 동10월조에 후대의 일을 소급해서 분주로 인용한 '일운(一云)'에 의하면 석상신궁의 신이 춘일신과 동족인 시하(市河)에게 1천 자루의 큰 칼을 관리하도록 했다는 기록이 보인다. 대초료천왕어세 이하의 내용은 이와 관련된 내용일 것으로 추정된다.

8. 왜(倭)

야마토, 즉 대화(大和) 지역을 일컫는다.

9. 포도노사신사(布都努斯神社)

『연희식』 신명장(神名帳)의 비전국(備前國) 적판군(赤坂郡)조에 보이는 석상포도지혼신사(石上布都之魂神社)를 가리킨다. 현재의 강산현(岡山縣) 적반시(赤盤市)에 있다. 이곳의 주제신(主祭神)인 포도어혼신(布都御魂神)은 신대에 무옹뢰신(武甕雷神)이 차고 있던 영검(靈劍)으로 신무천황 동정 때 악신을 물리치고 나라를 평정하였다고 전한다. 물부씨의 조상인 우마지마치명(宇摩志麻治命)이 궁중에서 제사를 지내다가 숭신천황 대에 이르러 또한 물부씨의 이색향웅명(伊香色雄命)이 지금의 석상신궁으로 옮겨 제사를 지냈다고 한다.

10. 석상어포류촌고정(石上御布瑠村高庭)

석상의 어포류촌은 율령제에서의 대화국 산변군(山邊郡) 석상향(石上鄕) 지역이다. 현재 나량현 천리시(天理市) 포류정(布留町) 지역에 해당한다. 고정(高庭)은 포도대신(布都大神)이나 포류어혼신(布留御魂神) 등의 제신들을 제사지낼 수 있는 신성한 곳을 가리킨다.

11. 액전신(額田臣)

『석상진신궁략초(石上振神宮略抄)』에 인용된 『신주포류숙녜계보(神主布留宿禰系譜)』에도 "시천신(市川臣)의 4세손 신주(神主) 물부수액전신(物部首額田臣)"으로 기록되어 있다. 산성국 신별 액전신조에 의하면 이향아색웅명(伊香我色雄命)의 후손인 액전신씨도 있다. 이향아색웅명은 물부씨의 조상으로 포도어혼신을 지금의 석상신궁으로 옮겼다는 전승을 가지고 있는데, 이를 통해서 액전신씨가 물부씨, 수적신(穗積臣)씨와 동족임을 알 수 있다. 액전신의 일족에 대해서 다른 사료에는 보이지 않는다.

12. 무장신(武藏臣)

『석상진신궁략초』에 인용된 『축부화기촌략계보(祝部火忌寸略系譜)』에도 무장신이 시천신의 4세손으로 기록되어 있다. 무장신은 여기에만 보인다.

13. 제명천황어세(齊明天皇御世)

『신찬성씨록』 완본에는 '천풍재중일족희천황시황극어세(天豐財重日足姬天皇諡皇極御世)'라고 기록되어 있었을 것이다. 본조에 등장하는 종아하이대신(宗我蝦夷大臣)이 추고조와 황극조에 대신이던 소아하이(蘇我蝦夷)를 가리키기 때문에 제명이 아닌 황극으로 보아야 한다. 황극은 『일본서기』의 제35대 천황으로 추고 2년(594)에 태어나 661년에 사망하였다. 아버지는 모정왕(茅渟王)이고 어머니는 길비희왕(吉備姬王)이다. 서명과 결혼하여 천지와 천무 등을 낳았다. 재위 기간은 642년부터 645년까지이다. 후일에 중조(重祚)하여 제명천황이 되었다.

14. 종아하이대신(宗我蝦夷大臣)

소아마자(蘇我馬子)의 자식이자 입록(入鹿)의 아버지인 소아하이(蘇我蝦夷)이다. 그는 추고에서 황극조에 걸쳐 대신으로서 권세를 누렸다. 황극 4년(645) 6월에 을사의 변이라고 불리는 정변에서 죽음을 당하였다.

『일본서기』 황극 2년 10월 임자조에 의하면 소아대신하이(蘇我大臣蝦夷)가 병에 들어 마음대로 자관(紫冠)을 아들 입록에게 주어 대신의 자리에 준하게 하고, 또 입록의 동생을 물부대신이라고 불렀다고 한다. 또한 『기씨가첩』에는 소아하이가 물부수옥대련가의 멸망 후 물부씨 일족과 신주가(神主家) 등을 종으로 삼고 물부수 또는 신주수라고 하였다는 기록이 있다. 『석상진신궁략초(石上振神宮略抄)』에 인용된 『신주포류숙녜계보(神主布留宿禰系譜)』에도 이와 비슷한 내용이 기록되어 있다. 본조에서 하이대신이 무장신과 물부수를 신주수로 불렀다는 것은 이와 관련된 것으로 여겨진다.

15. 물부수(物部首)

물부수에 대해서는 앞의 포류숙네 항목 참조. 물부수가 원래의 신(臣) 성을 잃고 물부수가 되었다는 내용은 『석상진신궁략초』에 인용된 『신주포류숙녜계보』에도 보인다.

16. 신주수(神主首)

여기에만 보인다.

17. 일향(日向)

『일본서기』 천무천황 원년(673) 6월 신유삭조에 보이는 물부수일향(物部首日向)을 가리킨다. 일향에 대해서는 앞의 포류숙네 항목 참조. 다만 『석상신궁구기(石上神宮舊記)』와 『석상진신궁략초(石上振神宮略抄)』에 인용된 『신주포류숙녜계보(神主布留宿禰系譜)』에서도 일향이 천무천황 대에 신사가 있는 지역명에 의거하여 포류련을 하사받았다고 하였지만, 일향의 아버지에 대해서는 전자는 무장신으로 후자는 액전신으로 기록하고 있다.

18. 천무천황어세(天武天皇御世)

『신찬성씨록』 완본에는 '천정중원영진인천황시천무어세(天渟中原瀛眞人天皇諡天武御世)'로 기록되어 있었을 것이다.

19. 읍지(邑智)

여기에만 보인다.

223 【원문】

久米臣

柿本同祖. 天足彦國押人命五世孫大難波命之後也.

【번역】

구미신(久米臣; 구메노오미)

시본(柿本; 가키노모토)과 조상이 같으며, 천족언국압인명(天足彦國押人命; 아메타라시히코쿠니오시히토노미코토)의 5세손 대난파명(大難波命; 오나니하노미코토)의 후손이다.

【주석】

1. 구미신(久米臣)

구미(久米; 구메)라는 씨명은 율령제하의 대화국 고시군(高市郡) 구미향(久米鄕; 구메노사토)이라는 지명에서 유래한다. 현재 나량현 강원시(橿原市) 무방정(畝傍町) 구미(久米; 구메) 지역에 해당한다. 구미신씨 일족에 대해서 다른 사료에는 보이지 않는다.

2. 시본동조(柿本同祖)

완본에는 '시본조신동조(柿本朝臣同祖)'라고 기록되어 있었을 것이다. 시본조신의 옛 성은 신(臣)이며, 천무천황 13년(685) 11월에 조신 성으로 개성되었다. 대화국 황별「시하조신」조(221) 참조.

3. 천족언국압인명(天足彦國押人命)

『고사기』와 『일본서기』에 의하면 효소천황의 첫째 황자로서 『고사기』 효소천황단에는 천압대일자명(天押帶日子命)으로 나온다. 좌경 황별(하) 「대춘일조신」조(087) 및 대화국 황별 「시하조신」조(221) 참조.

4. 대난파명(大難波命)

「화이계도」에는 대난파숙네명(大難波宿禰命)으로 나온다. 좌경 황별(하) 「화안부조신」조(089) 참조.

224 【원문】

肥直

多朝臣同祖. 神八井耳命之後也.

【번역】

비직(肥直; 히노아타헤)

다조신(多朝臣; 오호노아소미)과 조상이 같으며, 신팔정이명(神八井耳命; 가무야위미미노미코토)의 후손이다.

【주석】

1. 비직(肥直)

비(肥; 히)라는 씨명은 율령제하의 비전국(肥前國), 비후국(肥後國)의 비라는 지명에서 유래한다. 비직의 대화국 본거지 및 그 일족에 대해서는 자세히 알 수 없다. 다만 「다신궁주진장(多神宮注進狀)」의 자부신사(子部神社)조에는 의부향(意富鄕)에 있는 자부신사에 다조신을 예의(禰宜)로 삼고, 비직을 축부(祝部)로 삼았다는 기록이 보인다. 그리고 목원신사(目原神社)조에는 천변향(川邊鄕)에 있는 일원신사에 비직을 예의로 삼았다는 기록이 있다. 자부신사는 현재 나량현 강원시(橿原市) 반고정(飯高町)에 있으며, 목원신사는 강원시 태전시정(太田市町)에 있다.

2. 다조신동조(多朝臣同祖)

다(多)는 '태(太)', '대(大)', '의부(意富)'라고도 하며, 다조신은 신무천황의 자식인 신팔정이명(神八井耳命)의 후손이라고 한다. 좌경 황별(상) 「다조신」조(077) 참조.

3. 신팔정이명(神八井耳命)

『고사기』 신무천황단에 의하면 신무의 아들로 상도중국조(常道仲國造), 장협국조(長狹國造), 이세선목직(伊勢船木直), 미장단우신(尾張丹羽臣), 도전신(島田臣) 등의 조상이라고 나온다. 이에 대해서는 좌경 황별(상) 「다조신」조(077) 참조.

225 【원 문】

下養公
　　上毛野朝臣同祖. 豐城入彥命之後也.

【번 역】

하양공(下養公; 시모카히노키미)
　　상모야조신(上毛野朝臣; 가미츠케노노아소미)과 조상이 같으며, 풍성입언명(豐城入彥命; 도요키이리히코노미코토)의 후손이다.

【주 석】

1. 하양공(下養公)

여기에만 보인다.

2. 상모야조신(上毛野朝臣)

『일본서기』 숭신 48년조 4월조에 숭신천황의 황자인 풍성입언명의 후손이라고 전한다. 옛 성은 군(君)이며, 천무 13년 11월에 조신 성으로 개성되었다. 하모야군(下毛野君)과 함께 관동지방을 대표하는 씨족이었다. 자세한 것은 좌경 황별(하) 「상모야조신」조(098)와 우경 황별(상) 「상모야조신」조(136) 참조.

3. 풍성입언명(豊城入彦命)

『고사기』와 『일본서기』의 제10대 숭신천황의 황자이다. 『고사기』에는 풍목입일자명(豊木入日子命), 『일본서기』에는 풍성입언명(豊城入彦命)으로 나온다. 자세한 것은 좌경 황별(하) 「하모야조신」조(097) 참조.

226 【원 문】

廣來津公
　　下養公同祖. 豊城入彦命四世孫大荒田別命之後也.

【번 역】

광래진공(廣來津公; 히로키츠노키미)

하양공(下養公; 시모카히노키미)과 조상이 같으며, 풍성입언명(豊城入彦命; 도요키이리히코노미코토)의 4세손인 대황전별명(大荒田別命; 오아라타와케노미코토)의 후손이다.

【주 석】

1. 광래진공(廣來津公)

광래진(光來津; 히로키츠)이라는 씨명은 심래진(尋來津; 히로키츠)이라고도 한다. 율령제에서의 하내국 삽천군(澁川郡) 적부향(跡部鄕)에 있던 난파진 남부의 옛 지명이 광진(廣津; 히로츠)이었다. 현재 대판부 팔미시(八尾市) 식송정(植松町) 부근이다. 하내국 황별에도 「광래진공」조가 보인다.

광래진공씨 일족으로는 『속일본기』 천평보자 7년(763) 9월 경신조의 하내국 출신 심래진공관마려(尋來津公關麻呂)가 있다. 대화국 출신 광래진공씨 일족에 대해서는 자세히 알 수 없다. 한편 무성 일족으로는 천평 10년(738) 2월 8일자 「경사등행사수실(經師等行事手實)」(『대일본고문서』-128)의 심래진광빈(尋來津廣濱), 천평승보 7년(755) 9월

28일자 「반전사력명(班田司歷名)」(『대일본고문서』 4-81)의 심래진식인(尋來津息人) 등이 보인다.

2. 풍성입언명(豐城入彦命)

『고사기』와 『일본서기』의 제10대 숭신의 황자이다. 『고사기』에는 풍목입일자명(豐木入日子命), 『일본서기』에는 풍성입언명(豐城入彦命)으로 나온다. 자세한 것은 좌경 황별(하) 「하모야조신」조(097) 참조.

3. 대황전별명(大荒田別命)

황전별이라고도 하며 상모야군의 조상이다. 『일본서기』 신공황후 섭정 49년 3월조에 녹아별(鹿我別)과 함께 신라 정토에 참가하였다고 한다. 우경 황별(상) 「대야조신(大野朝臣)」조(138) 참조.

227 【원문】

川俣公
　　日下部宿禰同祖. 彦坐命之後也.

【번역】

천오공(川俣公; 가하마타노키미)
　　일하부숙녜(日下部宿禰; 구사카베노스쿠네)와 조상이 같으며, 언좌명(彦坐命; 히코이마스노미코토)의 후손이다.

【주석】

1. 천오공(川俣公)

천오(川俣; 가하마타)라는 씨명은 하오(河俣; 가하마타)라고도 하며 율령제하의 하내국 약강군(若江郡) 천오향(川俣鄉) 지명에서 유래한다. 현재 대판부 동대판시 남근(楠根) 지역에 해당한다. 『연희식』 신명장(神名帳)의 하내국 약강군조에 천오신사가 보인다.

천오공씨 일족으로는 『일본삼대실록』 정관(貞觀) 3년(861) 9월 24일 을미조에 하오공어영(河俁公御影)이 보인다. 하오공어영은 본래 하내국 대현군(大縣郡) 사람으로 후에 좌경으로 이주하였으며, 연력(延曆) 19년(800)에 풍계공(豐階公)으로 개성되었다고 한다. 대화국 출신 천오공씨 일족에 대해서는 알 수 없다.

2. 일하부숙녜(日下部宿禰)

일하부는 초벽(草壁)·초향부(草香部)라고도 하며, 일하부숙녜는 일하부의 반조씨족이다. 『일본서기』 천무천황 13년(684) 12월조에 초벽련(草壁連)이 숙녜 성을 사성받은 기사가 보이므로 일하부숙녜의 옛 성이 연(連)임을 알 수 있다. 자세한 것은 산성국 황별 「일하부숙녜」조(199) 참조. 이 밖에 일하부씨는 섭진국 황별 「일하부숙녜」조(247)와 화천국 황별 「일하부수(日下部首)」조(321)에도 보인다.

3. 언좌명(彦坐命)

개화천황의 셋째 황자이자 경행천황의 증조부이다. 『고사기』 개화천황단에는 일자좌왕(日子坐王), 『일본서기』 개화 6년 정월조에는 언좌왕(彦坐王)으로 나온다. 좌경 황별(하) 「치전련(治田連)」조(116) 참조.

신찬성씨록
新撰姓氏錄

제1질

제8권

섭진국 攝津國 황별 皇別

> **[起川原公 盡車持公二十九氏]**
> 천원공(川原公; 가하라노키미)에서 차지공(車持公; 구루마모치노키미)까지 29씨이다.

228 【원문】
川原公
　爲奈眞人同祖. 火焰親王之後也. 天智天皇御世. 依居賜川原公姓. 日本紀漏.

【번역】
천원공(川原公; 가하라노키미)

위나진인(爲奈眞人; 위나노마히토)과 조상이 같다. 화염친왕(火焰親王; 호노호노미코)의 후손이다. 천지천황(天智天皇; 덴지텐노) 치세 때 거주하고 있는 곳에 의거하여 천원공이라는 성을 받았다. 『일본기』에는 누락되어 있다.

【주석】
1. 천원공(川原公)

천원(川原; 가하라)이라는 씨명은 율령제하 섭진국 하변군(河邊郡) 하원촌(河原村) 지명에서 유래한다. 현재 병고현(兵庫縣) 니기시(尼崎市) 원전정(園田町) 와궁(瓦宮)에 해당한다. 『일본삼대실록』정관(貞觀) 5년(863) 10월 27일조에 하변군의 9세손 산위(散位) 정6위상 천원공청영(川原公淸永)과 11세손 대선(大膳) 대진(大進) 정6위상 위나진인관웅(爲奈眞人管雄) 등이 선화천황의 황자인 화염왕(火焰王)의 후손이라는 점이 인정되어 과역을 면제받았다는 기록이 보인다. 동 원경 4년(880) 10월 27일조에도 하변군의 9세손 종7위하 천원공복정(川原公福貞)과 유마군(有馬郡)의 무위 천원공우피(川原公于被) 등이 선화천황의 둘째 황자인 화염친왕의 후손임을 주장하며 과역 면제를 요청하는 기록이 있다. 이 밖에 『평성궁발굴조사출토목간개보(平城宮發掘調査出土木簡概報)』(4-16, 1967)에는 천원공만려(川原公萬呂)라는 인물이 보인다.

2. 위나진인(爲奈眞人)

위나라는 씨명은 위명(爲名; 위나) 또는 저명(猪名; 위나)으로도 표기하며, 율령제하 섭진국(攝津國) 하변군(河邊郡) 위나향(爲奈鄕)이라는 지명에서 유래한다. 현재 병고현 니기시(尼崎市) 저명천(猪名川) 상류 지역에 해당한다. 화염왕(火焰王)의 유모가 해당 지역에 설치된 저명부(猪名部)를 통솔하는 위명부수씨(爲名部首氏) 출신이었기 때문에 씨명(氏名)으로 사용되었을 가능성이 있다. 위나진인 일족으로는 『일본삼대실록』 정관(貞觀) 5년(863) 10월 27일조에 선화천황(宣化天皇)의 둘째 황자 화염왕의 11세 후손으로 대선(大膳) 대진(大進) 정6위상 위나진인관웅(爲奈眞人菅雄)이 보인다. 동 원경(元慶) 4년(880) 10월 27일조에는 천원공과 위나진인의 조상이 화염친왕이라고 기록하고 있다. 자세한 것은 우경 황별「위명진인(爲名眞人)」조(036) 참조.

3. 화염친왕(火焰親王)

『고사기』 선화천황단에는 화수왕(火穗王)으로 나온다. 『일본서기』 선화 원년 3월 기유조에 의하면 화염왕의 어머니는 선화가 즉위하기 전에 혼인한 대하내치자원(大河內稚子媛)이라고 한다. 우경 황별「위명진인(爲名眞人)」조(036) 참조.

4. 천지천황어세(天智天皇御世)

『신찬성씨록』 완본에는 '천명개별천황시천지어세(天命開別天皇謚天智御世)'라고 기록되어 있었을 것이다.

5. 일본기루(日本紀漏)

『일본서기』 천지기에는 천원공의 사성 기사가 보이지 않는다. 다만 동 천무기 13년(684) 10월 기묘조에는 천원공과 동조인 저명공(猪名公) 등에게 진인(眞人)이라는 성을 내렸다는 내용이 보인다.

229 【원 문】

榛原公
　息長眞人同祖. 大山守命之後也.

【번 역】

진원공(榛原公; 하리하라노키미)

식장진인(息長眞人; 오키나가노마히토)과 조상이 같으며, 대산수명(大山守命; 오야마모리노미코토)의 후손이다.

【주 석】

1. 진원공(榛原公)

진원(榛原; 하리하라)이라는 씨명은 율령제 시대의 원강국(遠江國) 진원군(榛原郡) 진원향 지명에서 유래한다. 현재 정강현(靜岡縣) 진원군(榛原郡) 진원정 일대이다. 진원공씨 일족으로는 『정창원성어장고경목록(正倉院聖語藏古經目錄)』의 진원공리인(榛原公里人)과 『유취국사』 권99의 서위(敍位) 천장 9년(832) 7월 무오조에 진원공고안(榛原公高按)이라는 인물이 보인다.

2. 식장진인(息長眞人)

식장(息長)이라는 씨명은 율령제 시대의 근강국(近江國) 판전군(坂田郡) 식장이라는 지명에서 유래한다. 지금의 자하현(滋賀縣) 판전군(坂田郡) 식장촌(息長村)이다. 『일본서기』 천무천황 13년(684) 10월 기묘삭조에 식장공(息長公) 등 13씨가 진인을 사성받았다고 적고 있듯이 식장진인의 옛 성(姓)은 공(公)이었다. 『일본서기』 지통천황 6년(692) 11월 무술조와 7년 3월 을사조에는 직광사(直廣肆) 식장진인로(息長眞人老)가 신라에 파견되는 사신으로서 물품을 사여받고 있다. 식장진인로는 지통조(持統朝)부터 원명조(元明朝)에 걸쳐 우대변(右大辯), 병부경(兵部卿), 우경대부(右京大夫)를 역임하였다. 이후 식장진인씨 일족의 활약상은 거의 보이지 않는다. 다만 고문서에 그 이름이 보이는데 이들은 주로 하위 관료였다. 자세한 것은 좌경 황별 「식장진인」조(001) 참조.

3. 대산수명(大山守命)

『고사기』 응신천황단에는 응신의 아들로 나오며 그 후손으로 토형군(土形君), 폐기군(幣岐君), 진원군(榛原君)이 있다. 한편『일본서기』 응신 2년 3월 임자조에는 대산수황자로 나오며, 그 후손으로 토형군과 진원군 두 씨족만 거론하고 있다.『선대구사본기』 신황본기의 응신천황조에도『일본서기』와 같이 토형군과 진원군 두 씨족의 조상으로 기록되어 있다. 자세한 것은 좌경 황별(하)「일치조신」조(182) 참조.

230 【원 문】

高橋朝臣
　阿倍朝臣同祖. 大彦命之後也. 日本紀不見.

【번 역】

고교조신(高橋朝臣; 다카하시노아소미)
　아배조신(阿倍朝臣; 아세노아소미)과 조상이 같으며, 대언명(大彦命; 오히코노미코토)의 후손이다.『일본기』에는 보이지 않는다.

【주 석】

1. 고교조신(高橋朝臣)

고교라는 씨명은『일본서기』 숭신 8년 4월 을묘조에 보이는 고교읍(高橋邑), 무열 즉위 전기에 보이는 타개파지(柁箇播志; 다카하시)나『만엽집』의 석상(石上) 포류(布流)의 고교(高橋) 등의 지명에서 유래한다. 이곳은 현재 나량현(奈良縣) 천리시(天理市) 역본정(櫟本町) 일대이다. 고교조신의 옛 씨성은 선신(膳臣)이다. 이에 대한 자세한 것은 좌경 황별(상)「고교조신」조(057) 참조.

2. 아배조신(阿倍朝臣)

아배조신의 원래 성은 신(臣)이다. 천무 13년(684) 11월에 조신 성으로 개성되었다. 비조(飛鳥) 시대부터 나량(奈良) 시대에 걸쳐 대신급 고관을 배출한 씨족이다.『일본서기』

효원 7년 2월조에 의하면 선신(膳臣), 아폐신(阿閉臣), 이하신(伊賀臣) 등 6씨족과 함께 대언명의 후손이라고 한다. 자세한 것은 좌경 황별(상)「아배조신」조(054) 참조.

3. 대언명(大彦命)

『고사기』에는 대비고명(大毘古命)으로도 나오며, 효원의 장남이자 개화의 형으로 전한다. 『일본서기』에서는 아배신(阿倍臣), 선신(膳臣), 아폐신(阿閉臣), 사사성산군(沙沙城山郡), 축자국조(筑紫國造), 월국조(越國造), 이하신(伊賀臣) 7씨족의 시조로 전한다. 도하산철검명(稻荷山鐵劍銘)의 의부비궤(意富比跪; 오호비코)를 대언명으로 추정하는 견해도 있다. 자세한 것은 좌경 황별(상)「아배조신」조(054) 참조.

4. 일본기불견(日本紀不見)

고교조신의 옛 씨성인 선신씨의 사성 유래 등에 대한 기록이『일본서기』에 보이지 않는다는 의미로 여겨진다.

231 【원문】

佐佐貴山君
同上.

【번역】

좌좌귀산군(佐佐貴山君; 사사키야마노키미)
　위와 같다.

【주석】

1. 좌좌귀산군(佐佐貴山君)

좌좌기(佐佐貴; 사사키)라는 씨명은 율령제하의 근강국(近江國) 포생군(蒲生郡) 소사향(篠笥鄕)에서 유래한 것으로 협협성(狹狹城; 사사키)이라고도 표기한다. 산군(山君)은 원래 이 씨족이 산부(山部) 혹은 산수부(山守部)를 이끄는 반조씨족이었음을 의미한다. 이와 관련하여『일본서기』현종 원년 5월에 한대숙녜(韓袋宿禰)가 압반황자(押磐皇子)의 살해에 연좌되므로 왕릉을 지키는 능호(陵戶)로 삼고 아울러 산을 지키게 하였다는 내용이 보인다. 이때 왜대숙녜(倭袋宿禰)는 누이인 치목(置目)이 압반황자의 유골을 찾는 데 공을 세웠으므로 본성(本姓)인 협협성산군씨(狹狹城山君氏)를 받았다고 하였다.

그러나 『고사기』 안강천황단(安康天皇段)에서는 한대(韓袋)가 좌좌기산군(佐佐紀山君)의 조상이라고 하고 왜대(倭袋)는 등장하지 않는다. 따라서 왜대가 시변왕(市邊王, 押磐皇子)을 죽였다는 내용도 보이지 않는다. 그렇다면 『일본서기』의 왜대숙녜는 한대숙녜의 이름에 들어 있는 한(韓), 즉 한반도를 의식하여 조작된 가공 인물로 볼 수 있다. 또한 『고사기』에서는 천한 노파가 시변왕의 유골을 찾는 데 도움을 주었고 유골을 찾아서 능을 만들고 한대의 자식들에게 능을 지키도록 하였다는 내용이 보이므로, 시변왕의 유골 발견과 능의 조영을 계기로 이에 도움을 준 한대 일족이 왕릉(사자키, 사사기)이라는 뜻을 가진 씨명을 갖게 된 것으로 볼 수 있다.

일족으로는 『속일본기』에 좌좌귀산군친인(佐佐貴山君親人), 좌좌귀산군족인(佐佐貴山君足人), 좌좌귀산공인족(佐佐貴山公人足), 좌좌귀산공유기비(佐佐貴山公由氣比), 좌좌귀산공유하비(佐佐貴山公由賀比)가 보인다. 자세한 것은 좌경 황별(상)「좌좌귀산공」조(062) 참조.

2. 동상(同上)

『신찬성씨록』 완본에는 '아배조신동조(阿倍朝臣同祖). 대언명지후야(大彦命之後也).'라고 기록되어 있었을 것이다.

232 【원문】
久久智
同上.

【번역】

구구지(久久智; 구쿠치)
　위와 같다.

【주 석】

1. 구구지(久久智)

구구지라는 씨명은 국지(鞠智; 기쿠치)라고도 하며, 율령제하의 섭진국 하변군 구구지(久久知; 구쿠치)라는 지명에서 유래한다. 현재 병고현 니기시 소전(小田) 지역이다. 구구지씨 일족으로는 천평승보 원년(749) 11월 3일자 「대택조신가시마려해(大宅朝臣可是麻呂解)」(『대일본고문서』 3-327)에 국지족인(鞠智足人)이라는 인물이 보인다. 국지족인은 평성(平城) 우경(右京) 4조 4방의 호주였다.

2. 동상(同上)

『신찬성씨록』 완본에는 '아배조신동조(阿倍朝臣同祖) 대언명지후야(大彦命之後也).'라고 기록되어 있었을 것이다.

---

233 【원 문】

坂合部
　　同大彦命之後也. 允恭天皇御世. 造立國境之標. 因賜姓坂合部連.

【번 역】

판합부(坂合部; 사카히베)

　　같은 대언명(大彦命; 오히코노미코토)의 후손이다. 윤공천황(允恭天皇; 인교텐노) 치세 때 국경의 표(標)를 세워서 판합부련(坂合部連; 사카히베노무라지)을 사성받았다.

【주 석】

1. 판합부(坂合部)

판합부라는 씨명은 경부(境部; 사카이베), 계부(堺部; 사카이베)라고도 한다. 판합부의 씨명 유래에 대해서는 본조에만 보인다. 본거지는 섭진국 천변국(川邊郡) 일대이며, 현재 병고현(兵庫縣) 니기시(尼崎市) 한판부(下坂部) 지역이다. 한편 대화국 우지군에도 판합부촌(坂合部村)이라는 지명이 있는데, 현재 나랑현 오조시(五條市) 판합부 지역이다.

판합부씨 일족으로는 천평 10년(738) 2월 8일자 「경사등행사수실(經師等行事手實)」(『대일본고문서』 7-128)의 판합부문만려(坂合部文萬呂), 천평 16년(744) 8월 6일자 「필묵진송병충용주문(筆墨進送幷充用注文)」(『대일본고문서』 24-265)의 판합부곤만려(坂合部䰍萬呂) 등이 있다. 한편 『신찬성씨록』에는 판합부라는 씨명을 가진 씨족으로 좌경 신별의 판합부숙녜와 화천국 신별의 판합부가 있다. 판합부숙녜는 화명명(火明命)의 8세손 이배족니(邇倍足尼)의 후손으로 나오며, 화천국 신별의 판합부는 화란강명(火闌降命)의 7세손인 야마등고명(夜麻等古命)의 후손이라고 한다. 이에 대해서는 각각 좌경 신별(하) 「판합부숙녜」조(411)와 화천국 신별 「판합부」조(738) 참조.

2. 동대언명지후야(同大彦命之後也)

『신찬성씨록』 완본에는 '아배조신동조(阿倍朝臣同祖). 대언명지후야(大彦命之後也).'라고 기록되어 있었을 것이다.

대언명은 『고사기』에 대비고명(大毘古命)으로도 나오며, 효원의 장남이자 개화의 형으로 전한다. 『일본서기』에서는 아배신(阿倍臣), 선신(膳臣), 아폐신(阿閉臣), 사사성산군(沙沙城山郡), 축자국조(筑紫國造), 월국조(越國造), 이하신(伊賀臣) 7씨족의 시조로 전한다. 도하산철검명(稻荷山鐵劍銘)의 의부비궤(意富比跪; 오호비코)를 대언명으로 추정하는 견해도 있다. 자세한 것은 좌경 황별(상) 「아배조신」조(054) 참조.

3. 윤공천황어세(允恭天皇御世)

『신찬성씨록』 완본에는 '웅조진간치자숙녜천황시윤공어세(雄朝津間稚子宿禰天皇諡允恭御世).'라고 기록되어 있었을 것이다.

4. 판합부련(坂合部連)

『고사기』 신무천황단에는 신팔정이명(神八井耳命)의 후손으로 나온다. 『선대구사본기(先代舊事本紀)』 천손본기(天孫本紀)에는 화명명(火明命)의 16세손으로 윤공의 총신이라고 기록되어 있다.

『연희식(延喜式)』 신명장(神名帳)에는 섭진국 천변군(현재 병고현 니기시 하판부)에 판합부씨의 신사인 이거태신사(伊居太神社; 이코다진자)가 나온다. 현재 신사의 동쪽에는 5세기경에 축조된 것으로 추정되는 이거태고분(伊居太古墳)이 있다. 이 고분은 니기시

일대에서 가장 큰 전체 길이 92미터의 전방후원분으로 판합부씨 일족의 무덤으로 추정되고 있다.

234 【원문】
伊我水取
　　阿倍朝臣同祖. 大彦命之後也.

【번역】

이아수취(伊我水取; 이가노모히토리)

아배조신(阿倍朝臣; 아헤노아소미)과 조상이 같으며, 대언명(大彦命; 오히코노미코토)의 후손이다.

【주석】

1. 이아수취(伊我水取)

이아수취라는 씨명은 이하국(伊賀國)에 설치된 수취부(水取部)에서 유래한다. 수취부란 율령제하의 수부(水部)를 가리키며, 직원령 주수사조(主水司條)에 의하면 수부의 정원은 40명이었다. 홍인 7년(816) 9월 23일자 「태정관부」의 '응증가수부십삼인사(應增加水部十三人事). 병명부잡색인(並名負雜色人).'이라는 기록을 통해서 알 수 있듯이 수부는 부명씨(負名氏; 나오이노우지)에 의해 구성되었다. 본조의 이아수취씨는 수부의 부명씨 일원이었다.

이아수취씨 일족은 대부분의 문서에서 수취씨로 나온다. 『평안유문(平安遺文)』(1-11)의 「다도신궁사가람연기자재장(多度神宮寺伽藍緣起資財帳)」의 수취월족(水取月足), 보귀 3년(772) 3월자 「봉사일체경소진급장(奉寫一切經所賑給帳)」(『평안유문』 6-279)의 수취가만려(水取家萬呂), 연력 2년(783) 「이세국계회장(伊勢國計會帳)」(『평안유문』 24-548)의 수취소도(水取少島), 평성궁 출토 목간(『평성궁발굴조사출토목간개보(平城宮發掘調査出土木簡概報)』 39, 2009)의 수취계성(水取繼成), 『일본삼대실록』 정관(貞觀) 16년(874) 10월 19일 갑술조의 수취정강(水取貞江) 등이 보인다. 그런데 천평보자 7년(763) 10월 이세국 상명군(桑名郡) 주장(主帳)인 종7위하 수취월족과 「이세국계회장」에 보이는 수취소도는 이세국 출신의 인물들이다. 모두 아배조신씨와 조상이 같은 이아수취씨와 동족일 가능성이 높다.

한편 수취라는 씨명을 가진 씨족으로는 좌경 신별(상)의 수취련(水取連)과 우경 신별(상)의 수취련(水取連)이 있다. 이들은 모두 신요속일명(神饒速日命)의 6세손인 이향아색웅명(伊香我色雄命)의 후손이라고 나온다.

* **부명씨(負名氏)**
고대 일본 씨성제도의 근간이 되는 직능 집단이다. 대왕(大王), 천황 아래서 대화조정을 구성하고 직무를 분담하여 그것을 세습하던 씨족을 가리킨다.

2. **아배조신(阿倍朝臣)**
아배조신의 원래 성은 신(臣)이다. 천무천황 13년(684) 11월에 조신 성으로 개성되었다. 비조(飛鳥) 시대부터 나량(奈良) 시대에 걸쳐 대신급 고관을 배출한 씨족이다. 『일본서기』 효원천황 7년 2월조에 의하면 선신(膳臣), 아폐신(阿閇臣), 이하신(伊賀臣) 등 6씨족과 함께 대언명의 후손이라고 한다. 자세한 것은 좌경 황별(상) 「아배조신」조(054) 참조.

3. **대언명(大彦命)**
대언명에 대해서는 위의 「판합부」조(233) 참조.

235 【원 문】
吉志
　　難波忌寸同祖. 大彦命之後也.

【번 역】

길지(吉志; 기시)

난파기촌(難波忌寸; 나니하노이미키)과 조상이 같으며, 대언명(大彦命; 오시코노미코토)의 후손이다.

【주 석】

1. 길지(吉志)

길지라는 씨명은 길사(吉士; 기시) 또는 길사(吉師; 기시)라고도 하며, 고대 한반도의 수장을 가리키는 말에서 유래한다. 이들의 출처에 대해서는 신라 관위 17관등 가운데 제14위 길사(吉士)라는 관위에 주목하여 신라계로 보거나, 길사 집단이 주로 가야 무제와 관련하여 한반도로 파견되고 있기 때문에 가야계로 보기도 한다. 한편『고사기』응신천황단에는 아직기와 왕인을 아지길사(阿知吉師)와 화이길사(和邇吉師)로 표현하였고, 『신찬성씨록』섭진국(攝津國) 제번조에서는 한사길지(汗沔吉志)가 백제계라고 기록하고 있다. 그리고 조길사(調吉士)도 백제국 노리사주(努理使主)의 후예로 나온다. 고고학적으로도 부여에서 '나이파련공(那尒波連公)'이라는 글자가 남아 있는 목간이 발견되거나 오사카의 사천왕사가 난파길사(難波吉士)의 씨사라는 견해도 있듯이 길사 집단 가운데는 백제와 관계가 깊은 씨족도 있음을 알 수 있다. 이처럼 길사는 한반도에서 수장을 의미하는 칭호로 사용되다가, 왜국 내 도왜씨족의 중소 수장층을 나타내는 칭호인 씨(氏; 우지) 또는 성(姓; 가바네)으로 변화한 것으로 여겨진다.

길사는 사료상 본조의 길지를 비롯하여 난파길사(難波吉士), 초향부(草香部) 또는 초벽(草璧)·일하부길사(日下部吉士), 삼택길사(三宅吉士), 일응길사(日鷹吉士)·난파일응길사, 판본길사(坂本吉士), 조길사(調吉士), 택소길지(宅蘇吉志), 다호길사(多胡吉士)·오길사(吳吉士), 비조부길사(飛鳥部吉士), 임생길사(壬生吉士), 대국길사(大國吉士), 국승길사(國勝吉士), 소흑길사(小黑吉士), 사길사(社吉士), 흑산기사(黑山企師), 수랑길지(穗浪吉志), 삼택인(三宅人), 난파(難波) 18개 씨족이 보인다. 이들은 같은 씨족이면서 다르게 표기되는 경우가 많고, 여기서 길사란 주로 성(姓)의 의미로 사용되고 있다. 길사가 명확히 씨명으로 사용되는 경우는 본조의 길지밖에 보이지 않는다. 이와 관련하여『신찬성씨록』에는 섭진국 황별의 길지와 삼택인, 하내국 황별의 일하련, 난파기촌, 난파 5개 씨족에 대해서만 기록하고 있는데, 모두 아배씨(阿倍氏)와 동족임을 주장하면서 황별 씨족에 포함되어 있다.

길지씨의 본거지는 섭진국 도하군(島下郡) 길지부촌(吉志部村), 현재의 대판부 흡전시(吹田市) 안부정(岸部町)이다. 흡전시에는 길지부신사(吉志部神社)가 있으며, 경내에서 가마터가 조사된 바 있다. 여기서 제작된 도기나 기와를 수로를 이용해서 평성경 등으로 운반하였을 것으로 추정한다.

길지씨 일족으로는 천평보자 4년(760) 11월 18일자 「동대사삼강첩(東大寺三綱牒)」(『대일본고문서』 3-17)의 길지선인(吉志船人), 평성궁 출토 목간(『평성궁발굴조사출토목간개보』 4-4, 1967)에 길지(吉志)가 보인다. 여기서 길지선인은 섭진국 서생군(西生郡)의 종8위상 의대령(擬大領)이었다. 이후 『일본후기』 홍인(弘仁) 4년(813) 2월 을미조에 의하면 선인은 정6위상으로서 난파기촌(難波忌寸)이라는 씨성을 칭하면서 하내국 출신 종8위상 난파기촌씨주(難波忌寸氏主)와 함께 숙녜 성을 사성받았다. 이렇게 보면 『신찬성씨록』 편찬 단계에서 길지씨에 대한 자료를 제출한 인물이 바로 난파기촌선인이었을 가능성이 크다.

한편 길지씨는 섭진국뿐만 아니라 무장국(武藏國)에도 거주하였다. 『일본영이기(日本靈異記)』(中-3)의 무장국 다마군(多麻郡) 압리(鴨里) 사람인 길지대마려(吉志大麻呂)와 『속일본기』 신호경운(神護慶雲) 2년(768) 6월 계사조에 천황에게 백치(白雉)를 바친 비조부길지오백국(飛鳥部吉志五百國)이 보인다. 비조부는 『신찬성씨록』 좌경 제번에 의하면 백제인인 국본목길지(國本木吉志)의 후예라고 하므로 비조부길지씨는 비조부씨와 동족일 가능성이 크다. 이렇게 보면 길지대마려도 백제계 비조부길지씨와 동족일 가능성이 있지만 정확한 것은 알 수 없다.

이 밖에 길사씨 관련 인물로는 『일본서기』 계체 23년(529) 3월(是月)조의 길사로(吉士老), 흠명 31년(570) 4월(是月)조의 길사적구(吉士赤鳩), 민달 4년(575) 4월 경인조의 길사목련자(吉士木蓮子)와 길사역어언(吉士譯語彦), 추고 5년(597) 11월 경오조의 길사반금(吉士磐金), 동 16년(608) 9월 신사조의 길사웅성(吉士雄成), 동 31년(623) 시세조의 길사창하(吉士倉下), 서명천황 5년(633) 정월 갑진조의 길사웅마려(吉士雄摩呂)와 길사흑마려(吉士黑摩呂), 백치 4년(653) 5월 임술조의 길사장단(吉士長丹)과 길사구(吉士駒), 천지 4년(665) 시세조의 길사기미(吉士岐彌)와 길사침간(吉士針間), 동 7년(668) 11월 을유조의 길사소유(吉士小鮪)가 보인다. 이 밖의 문서로는 천평보자 4년(760) 정월 11일자 「사십오부법화경충본장(四十五部法華經充本帳)」(14-290)에 길사광인(吉師廣人)이라는 인물이 있다. 길사씨 인물들은 대부분 한반도 여러 나라와의 외교관계에서 활약하고 있다.

이들 가운데는 길사목련자와 길사반금, 길사웅성처럼 난파길사씨로도 나오듯이(『일본서기』 민달 13년 2월 경자조, 추고 6년 4월조, 추고 16년 4월조) 난파길사씨가 길사로 표기되기도 한다. 난파길사씨 일족으로는 『일본서기』 안강 원년 2월 무진삭조의 난파길사일향문(難波吉師日香蚊), 웅략 8년 2월조의 난파길사적목자(難波吉士赤目子), 추고 8년(600) 시세조의 난파길사신(難波吉師神), 추고 17년(609) 4월 경자조의 난파길사덕마려(難波吉士德摩呂), 서명 즉위전기(629)의 난파길사신자(難波吉士身刺), 동 4년 10월 갑인조의 난파길사소규(難波吉士小槻), 황극 원년(642) 2월 무신조의 난파길사국승(難波吉士國勝)과 난파길사수계(難波吉士水鷄), 제명 5년(659) 7월 무인조의 난파길사남인(難波吉士男人), 천무 원년(672) 6월 병술조의 난파길사삼강(難波吉士三綱) 등이 보인다.

2. 난파기촌(難波忌寸)

난파라는 씨명은 율령제하 난파국에서 유래한다. 난파기촌의 옛 씨성은 난파길사이고, 『일본서기』에 의하면 웅략 14년 4월에 난파길사일향향자(難波吉士日香香子)의 자손이 대초향부길사(大草香部吉士)를 사성받았다. 그 후 천무 10년(681) 정월 정축조에는 초향부길사대형(草香部吉士大形)이 난파련을 사성받았다고 한다. 게다가 천무 14년 6월에는 난파련이 기촌성을 사성받았다. 난파기촌씨의 본거지는 섭진국 동생군(東生郡, 東成郡; 히가시나리군)으로 현재 오사카만 중앙에 남북으로 돌출된 상정(上町) 지역의 동부(서부는 서생군)를 가리킨다. 이곳은 '난파대군(難波大郡)'으로 불리기도 하였으며, 일찍이 해외 문물이 들어오던 대외 창구이자 한반도계 도왜인들이 다수 거주하던 곳이다. 한편 동생군의 생(生)이 '나리'라고 불리게 된 이유를 백제어에서 그 유래를 찾기도 한다. 즉 웅진(熊津)의 백제 때 이름이 구마나리(久麻那利)이며, 나루를 뜻하는 나리를 모방하여 상정 지역을 동측의 나루라는 의미로 이름 붙였다는 것이다.

난파기촌씨 일족으로는 먼저 기촌성을 사성받기 전의 경우는 앞의 기지(吉志) 항목 참조. 기촌 성을 사성받은 이후의 일족으로는 『속일본기』 경운 3년(706) 10월 임오조에 의하면 섭진국 출신의 난파기촌빈족(難波忌寸濱足)이 종8위상에서 1계를 승진하고 있다. 또한 천평보자 4년(760) 11월 18일자 「동대사삼강첩(東大寺三綱牒)」(『대일본고문서』 4-452)의 난파기촌빈승(難波忌寸濱勝)은 동생군의 의대령(擬大領)으로 정8위상이었다. 특히 『일본후기』 홍인 4년(813) 2월 을미조의 하내국 출신 종8위상 난파기촌씨주(難波忌寸氏主)와 섭진국 출신 정6위상 난파기촌선인(難波忌寸船人)이 각각 숙녜 성을 사성받고 있는데, 이들이 『신찬성씨록』 편찬 단계에서 난파기촌에 대한 계보를 제출하였을 가능성이 크다. 이렇게 보면 본조에 난파숙녜가 아닌 난파기촌으로 나오게 된 것은 난파기촌에 대한 자료가 이미 홍인 4년 2월 이전에 제출되었음을 시사한다. 난파기촌선인은 천평보자 4년(760) 11월 18일자「동대사삼강첩(東大寺三綱牒)」(『대일본고문서』 3-17)에는 길지선인(吉志船人)으로 나오며, 난파기촌씨주에 대해서는 하내국 황별「난파기촌」조(261) 참조.

3. 대언명(大彦命)

대언명에 대해서는 좌경 황별(상)「아배조신」조(054) 참조.

236 【원문】
三宅人
　　大彦命男波多武日子命之後也.

【번역】

삼택인(三宅人; 미야케히토)

　　대언명(大彦命; 오히코노미코토)의 아들 파다무일자명(波多武日子命; 하타타케히코노미코토)의 후손이다.

【주석】

1. 삼택인(三宅人)

삼택인이라는 씨명은 삼가인(三家人; 미야케히토)이라고도 하며, 대화 이전의 둔창(屯倉; 미야케)을 관리하던 직명에서 유래한다. 섭진국 출신 삼택인씨 일족은 사료상 보이지 않아 성은 명확히 알 수 없다.

한편 약협국(若狹國) 출신의 삼택인씨는 문서나 목간에 종종 보인다. 등원궁 출토 목간(『飛鳥藤原宮發掘調査出土木簡槪報』 2, 1975)의 삼가인삼성(三家人三成), 평성궁 출토 목간(『平城宮木簡』 1-131, 1966)의 삼가인흑만려(三家人黑万呂) 등 다수의 사례가 확인된다. 약협국의 삼가인씨들은 특히 원부군(遠敷郡)에 다수 거주하고 있었다. 이는 원부군 삼가리(三家里)에 둔창이 설치되었고 삼가인을 통솔하던 삼가수(三家首)가 있었기 때문이다.『일본후기』홍인 6년(815) 정월 정축조에는 미장국(尾張國) 산전군(山田郡) 출신으로 자기(瓷器)를 생산하던 삼가인부(三家人部)가 보인다.『정창원문서』천평보자 2년(758) 12월 22일자「삼가련풍계해(三家連豐繼解)」(『대일본고문서』13-271)의 축전국(筑前國) 조양군(早良郡) 액전향(額田鄕) 출신 삼가인대족(三家人大足)과 천평보자 6년 3월 13일자「조석산원소해(造石山院所解)」(『대일본고문서』15-163)의 월후국(越後國) 출신 삼가인령(三家人領) 등이 기록되어 있다.

2. 대언명(大彦命)

대언명에 대해서는 좌경 황별(상)「아배조신」조(054) 참조.

3. 파다무일자명(波多武日子命)

하내국 난파조에는 파다무언명(波多武彦命)으로 나오는데 자세히 알 수 없다.

237 【원문】

雀部朝臣
　　巨勢朝臣同祖. 建內宿禰命之後也.

【번 역】

작부조신(雀部朝臣; 사사키베노아소미)
　거세조신(巨勢朝臣; 고세노아소미)과 조상이 같으며, 건내숙녜명(建內宿禰命; 다케시우치노우스쿠네)의 후손이다.

【주 석】

1. 작부조신(雀部朝臣)

작부라는 씨명은 대초료존(大鷦鷯尊, 인덕천황)의 명대부(名代部)인 작부의 반조씨족(伴造氏族)이었던 데서 유래한다. 옛 성은 신(臣)이며, 천무 13년(684) 11월에 조신 성을 하사받았다. 섭진국 출신 작부신씨 또는 작부조신씨 일족에 대해서는 명확히 알 수 없다.

2. 거세조신동조(巨勢朝臣同祖)

거세는 허세(許勢; 고세)라고도 하며, 옛 성은 신이다.『고사기』효원천황단에 의하면 건내숙녜의 아들인 허세소병숙녜(許勢小柄宿禰)가 허세신, 작부신 등의 조상이라고 한다. 거세조신에 대해서는 좌경 황별(상)「거세조신」조(120) 참조.

3. 건내숙녜명(建內宿禰命)

『고사기』효원천황단에는 건내숙녜(建內宿禰)라고 하며, 그 후예씨족으로 갈성(葛城), 평군(平群), 거세(巨勢), 소아(蘇我) 제씨가 나온다.『고사기』에서는 제13대 성무부터 제16대 인덕까지,『일본서기』에서는 제13대 경행부터 제16대 인덕까지 오랜 세월에 걸쳐 대신(大臣)으로서 천황을 보좌한 전설적인 충신으로 전해지고 있다. 이에 대해서는 좌경 황별(상)「전구조신」조(066) 참조.

238 【원문】

坂本臣
　　紀朝臣同祖. 彦太忍信命孫武內宿禰命之後也.

【번 역】

판본신(坂本臣; 사카모토노오미)

　기조신(紀朝臣; 기노아소미)과 조상이 같으며, 언태인신명(彦太忍信命; 히코후츠오시노마코토노미코토)의 손자인 무내숙녜명(武內宿禰; 다케시우치노스쿠네노미코토)의 후손이다.

【주 석】

1. 판본신(坂本臣)

판본(坂本; 사카모토)이라는 씨명은 율령제하의 화천국(和泉國) 화천군 판본향(坂本鄕)이라는 지명에서 유래한다. 현재 대판부(大阪府) 화천시(和泉市) 판본정(阪本町)이다. 판본신의 본종은 판본조신이다. 좌경 황별(상)「판본조신」조(070) 참조.

판본신씨의 일족에 대해서는 『속일본기』와 『일본후기』 등에 보이지만 대부분 화천국 출신 판본신씨 인물들이다. 『속일본기』 천응(天應) 원년(781) 6월 무자삭조에 의하면 화천국 출신 판본신사마려(坂本臣糸麻呂) 등 64명이 조신 성을 사성받았다고 한다. 섭진국 출신 판본신씨 인물로는 『일본삼대실록』 원경(元慶) 5년(881) 4월 을사조의 하총국(下總國) 사생(史生) 종8위하 판본신승수(坂本臣勝守)가 있다.

2. 기조신동조(紀朝臣同祖)

기조신씨는 옛 성이 신(臣)이며, 천무천황 13년(684) 11월에 조신으로 개성되었다. 『고사기』 효원천황단에 의하면 무내숙녜의 자식인 기각숙녜(紀角宿禰)가 시조라고 한다. 『기씨가첩』에는 각신(角臣)과 함께 판본신씨가 기각숙녜의 후손으로 기록되어 있다. 이에 대해서는 좌경 황별(상) 「기조신」조(068) 참조.

3. 언태인신명(彦太忍信命)

『일본서기』 효원 7년 춘2월조에 의하면 효원천황과 첫 번째 비(妃)인 이향색미명(伊香色謎命) 사이에서 태어났다고 한다. 『고사기』 효원단에는 비고포도압지신명(比古布都押之信命; 히코후츠오시노마코토노미코토)으로 나오며, 무내숙녜의 조부이기도 하다. 좌경 황별(상) 「석천조신」조(065) 참조.

4. 무내숙녜명(武內宿禰命)

『고사기』 효원천황단에는 건내숙녜(建內宿禰)로 나온다. 결사 8대의 천황인 효원(孝元)의 후손으로 나오는 무내숙녜는 많은 유력 씨족들의 공동 조상으로 되어 있다. 그의 계보를 잇는 씨족은 49씨로 모든 지역에 걸쳐 분포하고, 조신(朝臣)이 22씨로 고위 신분이 많다. 『일본서기』 전승에 보이는 무내숙녜는 경행에서 인덕까지 5대에 걸쳐 천황에 봉사한 전설적인 인물이자 충신으로 되어 있다. 무내숙녜를 조상으로 하는 씨족들의 면모를 보면 소아씨(蘇我氏), 거세씨(巨勢氏), 평군씨(平群氏), 갈성씨(葛城氏), 기씨(紀氏) 등 중앙의 유력씨들이고, 소아씨 이하 4씨는 대신을 배출한 명문가이다. 동 전승에 따르면 무내숙녜는 경행 51년에 동량지신으로 임명되고, 성무 3년에는 대신이 되었고, 중애 9년에는 웅습 원정길에 천황이 급사하자 은밀히 사태를 수습한 것으로 묘사되어 있다. 또한 신공황후의 신라 원정시에 신의 계시를 받아 무내숙녜의 도움을 받았다는 이른바 삼한 정벌 설화와도 관련되어 있다.

구체적인 것은 좌경 황별(상) 「전구조신」조(066) 참조.

239 【원 문】

阿支奈臣

玉手朝臣同祖. 武內宿禰男葛城曾豆比古命之後也.

【번 역】

아지나신(阿支奈臣; 아기나노오미)

옥수조신(玉手朝臣; 다마테노아소미)과 조상이 같으며, 무내숙녜(武內宿禰; 다케시오치노스쿠네) 아들 갈성증두비고명(葛城曾豆比古命; 가츠라키노소츠비코노미코토)의 후손이다.

【주 석】

1. 아지나신(阿支奈臣)

아지나(阿支奈; 아기나)라는 씨명은 아기내(阿祇奈; 아기나), 아예나(阿藝那; 아기나), 아기명(阿岐名; 아기나), 아기내(阿岐奈; 아기나)라고도 하며, 『만엽집』 권제14(3431)에 나오는 안기내산(安伎奈山)과 관계된 지명일 것으로 추측되는데 명확하지 않다. 안기내산에 대해서도 현재 어느 지역을 가리키는지 알 수 없다.

아지나신씨 일족으로는 『일본삼대실록』 정관(貞觀) 8년(866) 10월 병신조에 나오는 아기내신안계(阿岐奈臣安繼)가 있다. 아기내신안계는 정관 9년 2월 16일자 「찬기국사해(讚岐國司解)」(『平安遺文』) 1-128)의 정6위하 행소목(行少目) 아기내신(阿岐奈臣)과 동일인이다.

한편 아기내씨는 군(君) 성을 가진 씨족도 있다. 이 일족에 대해서는 대화국 황별 「아기내군」(214)조 참조.

2. 옥수조신(玉手朝臣)

무내숙녜의 아들인 갈성습진언(葛城襲津彦) 후손으로『고사기』효원천황단에 의하면 적신씨, 아지나신씨와 동족이다. 원래 성은 신(臣)이며 천무 13년(684) 11월에 조신(朝臣) 성을 하사받았다. 우경 황별(상)「옥수조신」조(134) 참조.

3. 무내숙녜(武內宿禰)

무내숙녜에 대해서는 좌경 황별(상)「전구조신(田口朝臣)」조(066) 참조.

4. 갈성증두비고명(葛城曾豆比古命)

무내숙녜(武內宿禰)의 아들로 갈성씨(葛城氏)의 조상이다.『고사기』효원천황단에는 갈성장강증도비고(葛城長江曾都毘古)로 나오며, 옥수신(玉手臣), 아예나신(阿藝那臣) 등의 조상이라고 한다.『일본서기』에는 갈성습진언(葛城襲津彦)으로 나오는데, 신공황후 섭정 5년부터 웅략 7년에 이르는 오랜 기간 동안 활동한 인물로 묘사되어 있다. 갈성증두비고명에 대해서는 좌경 황별(하)「갈성조신」조(111) 참조.

240 【원문】

布敷首
    玉手朝臣同祖. 葛木襲津彦命之後也.

【번역】

포부수(布敷首; 누노시노오비토)
  옥수조신(玉手朝臣; 다카테노아소미)과 조상이 같으며, 갈목습진언명(葛木襲津彦命; 가츠라키노소츠비코노미코토)의 후손이다.

【주석】

1. 포부수(布敷首)

포부(布敷; 누노시)라는 씨명은 포사(布師; 누노시), 포인(布忍; 누노니)이라고도 한다. 율령제하의 섭진국 토원군(兔原郡) 포부향(布敷鄉)이라는 지명에서 유래한다. 이곳은 현재 병고현(兵庫縣) 신호시(神戶市) 즙합구(葺合區) 포인정(布引町) 일대이다. 성은 수(首)이다.

포부수씨에 대해서는은 좌경 황별(상)「포사수(布師首)」조(075)와 하내국 황별「포인수(布忍首)」조(271) 참조.

2. 옥수조신(玉手朝臣)

우경 황별(상)「옥수조신」조(134) 참조.

3. 갈목습진언명(葛木襲津彦命)

좌경 황별(하)「갈성조신」조(111) 참조.

241 【원문】
井代臣
　　大春日朝臣同祖. 米餠搗大使主命之後也. 居大和國添上郡井手村. 因負姓井出臣.

【번 역】

정대신(井代臣; 위테노오미)

대춘일조신(大春日朝臣; 오카스가노아소미)과 조상이 같으며, 미병도대사주명(米餠搗大使主命; 다가네츠키노오미노미코토)의 후손이다. 대화국(大和國; 야마토노쿠니) 첨상군(添上郡; 소후노카미노코호리) 정수촌(井手村; 위테노무라)에 거주하였기 때문에 정출신(井出臣; 위테노오미)이라는 성을 받았다.

【주 석】

1. 정대신(井代臣)

정대(井代; 위테)라는 씨명은 정수(井手; 위테), 정출(井出; 위테)이라고도 하며, 대화국 첨상군 정수촌(井手村)의 지명에서 유래한다. 현재 대화국 첨상군은 나량시(奈良市)와 천리시(天理市) 일대이지만, 정수촌에 대한 정확한 위치는 알 수 없다. 한편 섭진국 풍도군(豐島郡)에도 정수읍(井手邑)이라는 지명이 있었는데, 이는 정대신씨가 거주한 이후에 생긴 지명으로 추정되고 있다. 이곳은 현재 대판부 지전시(池田市) 북풍도(北豐島) 지역에 해당된다.

정대신씨 일족으로는 『대동유취방(大同類聚方)』 제74권에 첨상군 출신 정출신광봉(井出臣廣峯)이라는 인물이 보이는데 자세한 것은 알 수 없다.

2. 대춘일조신(大春日朝臣)

효소천황의 황자인 천족언국압인명의 후손이다. 원래 성은 신(臣)이며 천무 13년(684) 11월에 조신으로 개성되었다. 좌경 황별(하) 「대춘일조신」조(087) 참조.

3. 미병도대사주명(米餠搗大使主命)

효소천황의 장남인 천족언국압인명의 6세손으로 소야씨(小野氏), 춘일씨(春日氏), 시본씨(柿本氏) 등의 조상이다. 좌경 황별(하) 「소야조신」조(088) 참조.

4. 대화국(大和國) 첨상군(添上郡)

현재 나량시(奈良市)와 천리시(天理市)를 중심으로 대화군산시(大和郡山市)와 산변군(山邊郡) 일부를 포함한 지역이다.

5. 정수촌(井手村)

「화이계도(和邇系圖)」에는 미병도대사주명의 자식인 시하신(市河臣)의 후손으로 궁수신(宮手臣)을 언급하고 있는데, 그 말미에 '대화첨현정대읍주(大和添縣井代邑住). 정대신조(井代臣祖).'라고 기록하고 있다. 여기에 보이는 정대읍, 즉 정대촌 또는 정수촌의 현재 위치는 정확히 알 수 없다.

242 【원문】

津門首
    櫟井臣同祖. 米餠搗大使主命之後也.

【번역】

진문수(津門首; 츠토노오비토)

역정신(櫟井臣; 이치히위노오미)과 조상이 같으며, 미병도대사주명(米餠搗大使主命; 다가네츠키노오미노미코토)의 후손이다.

【주석】

1. 진문수(津門首)

진문(津門; 츠토)이라는 씨명은 율령제에서의 섭진국 무고군(武庫郡) 진문향(津門鄕) 지명에서 유래한다. 현재 병고현 서궁시(西宮市) 진문 일대이다. 진문수씨 일족은 사료에 보이지 않는다.

2. 역정신(櫟井臣)

역정이라는 씨명은 『고사기』 응신천황단의 가요에 보이는 '이지비위(伊知比韋; 이치히위)'와 『일본서기』 윤공 7년 12월 임술삭조의 역정이라는 지명에서 유래한다. 효소천황의 자식인 천압대일자명(天押帶日子命)의 후손으로 천무천황 13년(684) 11월에 조신을 사성받았다. 자세한 것은 좌경 황별(하) 「역정신」조(091) 참조.

3. 미병도대사주명(米餠搗大使主命)

좌경 황별(하) 「소야조신」조(088) 참조.

---

243 【원문】

物部首

　　大春日朝臣同祖.

【번역】

물부수(物部首; 모노노베노오비토)

대춘일조신(大春日朝臣; 오카스가노아소미)과 조상이 같다.

【주 석】

1. 물부수(物部首)

물부(物部; 모노노베)라는 씨명은 반조씨족인 물부에서 유래하였다. 『신찬성씨록』 대화국 황별「포류숙녜」조(222)에 의하면 물부수는 원래 신(臣) 성이었다. 물부수는 석상신궁에 봉사한 씨족으로 고분 시대 이래 대련(大連)을 배출한 물부련(物部連)과는 별개의 씨족이다. 그런데 『일본서기』 천무천황 12년(683) 9월 정미조에 의하면 물부수가 연(連) 성을 사성받는 기록이 보인다. 이후 천무천황 13년 12월 기묘조에는 포류련이 숙녜(宿禰)로 개성되고 있다. 즉 '물부수-물부련-포류련-포류숙녜'로 변천 과정이 있었고, 물부에서 포류로 씨명이 바뀐 시기는 명확하지 않다. 아마도 천무천황 12년 9월에 연을 사성받을 때 씨명도 함께 바뀐 것이 아닌가 추측된다. 자세한 것은 대화국 황별「포류숙녜」조(222) 참조.

섭진국 출신 물부수씨 일족으로는 천평승보 8년(756) 12월 16일자「섭진국도상군수무뢰회도오서(攝津國島上郡水無瀨繪圖奧書)」(『대일본고문서』 4-208)에 보이는 도상군의 주장(主帳) 물부수자로(物部首子老)가 있으며, 『영락유문(寧樂遺文)』(하-631)에 인용된 천평보자 5년(761) 정월 16일자「성유식론권십발어(成唯識論卷十跋語)」에 물부수염랑(物部首鹽浪)이라는 인물이 보인다. 한편 하내국 신별에도 물부수씨가 있는데 이에 대해서는 하내국 신별「물부수」조(655) 참조.

2. 대춘일조신(大春日朝臣)

효소천황의 황자인 천족언국압인명의 후손이다. 원래 성은 신(臣)이며 천무 13년(684) 11월에 조신 성으로 개성되었다. 좌경 황별(하)「대춘일조신」조(087) 참조.

---

244 【원 문】

和邇部

大春日朝臣同祖. 天足彦國忍人命之後也.

【번 역】

화이부(和邇部; 와니베)

대춘일조신(大春日朝臣; 오카스가노아소미)과 조상이 같으며, 천족언국인인명(天足彦國忍人命; 아메타라시히코쿠니오시히토노이코토)의 후손이다.

【주 석】

1. 화이부(和邇部)

화이부는 화이부(和爾部)·환부(丸部)·화이부(和珥部) 등으로도 나오며 화이씨(和邇氏)의 부민이다. 즉 화이부신(和邇部臣)씨는 화이부의 반조씨족이다. 본거지는 대화국 첨상군(添上郡) 화이(和珥; 와니) 지역이다. 현재 나량현(奈良縣) 천리시(天理市) 화이(和爾; 와니) 지역이다. 화이부씨는 기내(畿內)를 비롯하여 미장국(尾張國), 미농국(美濃國), 산성국(山城國) 등 각지에 분포하고 있었다. 그러나 섭진국 출신 화이부씨는 다른 사료에는 보이지 않는다.

화이부씨에 대해서는 좌경 황별(하) 「환부」조(095)와 산성국 황별 「화이부」조(189) 참조.

2. 대춘일조신(大春日朝臣)

효소천황의 황자 천족언국압인명의 후손이다. 원래 성은 신(臣)이며 천무 13년(684) 11월에 조신 성으로 개성되었다. 좌경 황별(하) 「대춘일조신」조(087) 참조.

3. 천족언국인인명(天足彦國忍人命)

『고사기』와 『일본서기』에 의하면 효소천황의 첫째 황자로서 『고사기』 효소천황단에는 천압대일자명(天押帶日子命; 아메오시타라시히코토이코토)으로 나온다. 좌경 황별(하) 「대춘일조신」조(087) 참조.

245 【원 문】

物部

物部首同祖. 米餠搗大使主命之後也.

【번 역】

물부(物部; 모노노베)

물부수(物部首; 모노노베노오비토)와 조상이 같으며, 미병도대사주명(米餠搗大使主命; 다가네츠키노오미노미코토)의 후손이다.

【주 석】

1. 물부(物部)

물부라는 씨명은 반조씨족인 물부에서 유래하였다. 본 섭진국의 물부씨와 동족은 하내국 황별과 화천국 황별에도 있고, 좌경 신별(상)에는 「물부」조의 석상씨(石上氏)계 물부씨도 있다. 사료에 보이는 대부분의 물부씨는 석상계에 해당한다.

황별계 물부씨로는 섭진국 이외에 하내국과 화천국에도 존재하였다(하내국 황별「물부」조, 화천국 황별「물부」조 참조). 섭진국 출신 물부씨로는 보귀(寶龜) 4년(773) 2월 16일자「태정관부」(『대일본고문서』 21-276)의 물부화마려(物部和麻呂)와 물부반상(物部飯床)이 있고, 『일본기략』 연력(延曆) 22년(803) 4월 무신조의 물부건마(物部建麿)가 있다. 이들은 모두 견당사의 선박 제조와 관련된 책임자들로서 본거지가 난파진(難波津) 부근이었음을 추정할 수 있다.

2. 물부수(物部首)

섭진국 황별「물부수」조(243) 참조.

3. 미병도대사주명(米餠搗大使主命)

좌경 황별(하)「소야조신(小野朝臣)」조(088) 참조.

246 【원 문】

羽束首

　　天足彦國押人命男彦姥津命之後也.

【번 역】

우속수(羽束首; 하츠카시노오비토)

천족언국압인명(天足彦國押人命; 아메타라시히코쿠니오시히토노미코토)의 아들 언모진명(彦姥津命; 히코오케츠노미코토)의 후손이다.

【주 석】

1. 우속수(羽束首)

우속이라는 씨명은 박강부(泊橿部; 하츠카시베)의 반조씨족이었던 데서 유래한다. 본거지는 섭진국 유마군(有馬郡) 우속향으로 현재 병고현(兵庫縣) 삼전시(三田市) 고평정(高平町) 우두천(羽豆川; 하즈노가와)과 보총시(寶塚市) 서곡정(西谷町) 우두(羽豆) 일대이다. 그러나 우속수 일족에 대한 기록은 보이지 않는다.

박강부에 대해서는 『일본서기』 수인 39년 10월조에 보인다. 수인이 오십경부황자(五十瓊敷皇子)에게 석상신궁의 신보를 주관하게 하여 오십경부황자가 대장장이에게 1천 자루의 칼을 만들도록 하였다. 이때 수인은 박강부를 순부(楯部) 등과 함께 오십경부황자에게 하사하였다고 한다. 『영집해』 직원령 토공사(土工司)조에서 니부(泥部; 도로베)를 옛 말로 파도가차내우조(波都加此乃友造; 하츠카시노토모노미야츠코)라고 한 기록을 참조하면, 박강부는 니부와 같은 품부(品部)로서 기와나 석회를 만드는 일에 종사하였음을 알 수 있다.

2. 천족언국압인명(天足彦國押人命)

『고사기』와 『일본서기』에 의하면 효소의 첫째 황자로서 『고사기』 효소천황단에 천압대일자명(天押帶日子命; 아메오시타라시히코토이코토)으로 나온다. 좌경 황별(하) 「대춘일조신」조(087) 참조.

3. 언모진명(彦姥津命)

『고사기』 효소천황단에는 일자국의기도명(日子國意祁都命)이라고 한다. 『일본서기』 개화 6년 정월조에는 모진명으로 나오며, 모진명의 동생인 모진원(姥津媛)이 개화의 두 번째 비(妃)가 되었다는 기록이 보인다. 좌경 황별(하) 「소야조신」조(088) 참조.

247 【원 문】

日下部宿禰
　　出自開化天皇皇子彦坐命也. 日本紀合.

【번 역】

일하부숙네(日下部宿禰; 구사카베노스쿠네)

　개화천황(開化天皇; 가이쿠와텐노)의 황자인 언좌명(彦坐命; 히코이마스노미코토)의 후손이다.『일본기』와 일치한다.

【주 석】

1. 일하부숙네(日下部宿禰)

일하부(日下部; 구사카베)라는 씨명은 명대부(名代部)인 일하부에서 유래한다. 일부하는 초벽(草壁)·초향부(草香部)라고도 하며, 일하부숙네는 일하부의 반조씨족이다.『일본서기』천무천황 13년(684) 12월조에 초벽련(草壁連)이 숙네를 사성받은 기사가 보이므로 일하부숙네의 옛 성은 연(連)임을 알 수 있다.

섭진국의 일하부숙네씨 이외에 산성국에도 일하부숙네씨가 보이며, 이 밖에 하내국 황별의 일하부련과 일하부, 화천국 황별의 일하부수와 일하부가 있듯이 하내국과 화천국에 연(連) 성과 수(首) 성, 그리고 무성(無姓)의 일하부씨가 널리 분포하고 있었음을 알 수 있다.

섭진국 출신 일하부숙네씨 일족으로는『속일본기』천평신호(天平神護) 2년(766) 9월 임신조의 무고군(武庫郡) 대령인 종6위상 일하부숙네정방(日下部宿禰淨方)이 있다. 한편 무고군에는 일하부숙네씨 이외에 일하부련씨(日下部連氏)와 일하부기촌씨(日下部忌寸氏), 그리고 무성의 일하부씨 일족도 분포하고 있었다.『일본후기』홍인 5년(814) 8월 갑자조의 일하부토방(日下部土方)과『일본삼대실록』정관 6년(864) 2월 5일 임술조의 일하부련성매(日下部連成賣)가 있다.

2. 개화천황(開化天皇)

『신찬성씨록』완본에는 '치일본근자대일일천황시개화(稚日本根子大日日天皇諡開化)'라고 기록되어 있었을 것이다. 개화천황은 『고사기』와 『일본서기』에 의하면 제9대 천황이다. 개화천황에 대해서는 좌경 황별(상) 「도수조신」조(081) 참조.

3. 언좌명(彦坐命)

개화천황의 셋째 황자로, 경행천황의 증조부이다. 『고사기』 개화천황단에는 일자좌왕(日子坐王), 『일본서기』 개화 6년 정월조에는 언좌왕(彦坐王)으로 나온다. 자세한 것은 좌경 황별(하) 「치전련」조(116) 및 산성국 황별 「일하부숙녜」조(199) 참조.

4. 일본기합(日本紀合)

『일본서기』 천무천황 13년(684) 12월 기묘조에 초벽련(草壁連)에게 숙녜를 사성한 기록을 가리키는 것으로 추정된다.

248 【원문】

依羅宿禰
　　日下部宿禰同祖. 彦坐命之後也. 續日本紀合.

【번역】

의라숙녜(依羅宿禰; 요사미노스쿠네)
　　일하부숙녜(日下部宿禰; 구사카베노스쿠네)와 조상이 같으며, 언좌명(彦坐命; 히코이마스노미코토)의 후손이다. 『속일본기』와 일치한다.

【주석】

1. 의라숙녜(依羅宿禰)

의라(依羅; 요사미)라는 씨명은 율령제하 섭진국 주길군(住吉郡) 대라향(大羅鄕)이라는 지명에서 유래한다. 이곳은 현재 대판시(大阪市) 동주길구(東住吉區) 아손자정(我孫子町) 일대에 해당된다. 한편 하내국 단비군(丹比郡)에도 의라향(依羅鄕)이라는 지명이 있는데, 이곳은 현재 대판부 송원시(松原市) 천선정(天善町) 일대이다.

의라숙녜의 옛 씨명은 의라아손(依羅我孫)으로, 『속일본기』 천평승보 2년(750) 8월 신미조에 의하면 섭진국 주길군 사람인 외종5위하 의라아손인마려(依羅我孫忍麻呂) 등 5명이 의라숙녜를 사성받았다고 한다. 이 외에 의라숙녜씨 일족에 대한 기록은 보이지 않는다.

『일본서기』 신공황후 섭정전기와 동 중애 9년 9월 기묘조에는 의라숙녜씨의 전설상 조상인 의망오언남수견(依網吾彦男垂見; 요사미노아비코오타루미)이 보인다. 한편 동 인덕 43년 9월 경자삭조에 보이는 의망둔창아미고(依網屯倉阿弭古; 요사미노미야케노아비코)는 이름이 아니라 의망둔창의 아미고라는 의미이다. 의망(依網; 요사미)은 의라와 음이 같고, 아미고(阿弭古)는 아비고(阿比古)·아비고(阿毗古) 또는 아손이라고도 한다. 즉 아손이라는 성은 의망둔창을 관리하던 직장명에서 유래함을 알 수 있다. 아손에 대해서는 좌경 황별(하) 「경아손(輕我孫)」조(117) 참조.

2. 일하부숙녜(日下部宿禰)
산성국 황별 「일하부숙녜」조(199) 참조.

3. 언좌명(彥坐命)
좌경 황별(하) 「치전련(治田連)」조(116) 참조.

4. 속일본기합(續日本紀合)
『속일본기』 천평승보 2년(750) 8월 신미조의 섭진국 주길군(住吉郡) 사람 외종5위하 의라아손인마려(依羅我孫忍麻呂) 등에게 의라숙녜의 성을 하사한 기사를 가리킨다.

249 【원 문】
鴨君
　　前氏同.

【번 역】

압군(鴨君; 가모노키미)

앞의 씨와 같다

【주 석】

1. 압군(鴨君)

압(鴨; 가모)이란 씨명은 하무(賀茂; 가모)라고도 하며, 『연희식』 신명장(神名帳)에 기록된 섭진국 도하군(島下郡)조의 삼도압신사(三島鴨神社) 또는 하변군(河邊郡)조의 압부신사(鴨部神社)와 관계가 있을 것으로 추측되는데 자세한 것은 알 수 없다.

섭진국 출신 압군씨 일족에 대해서는 더 이상 보이지 않는다. 다만 『일본서기』 천무천황 원년(672) 6월 기축조에 압군하이(鴨君蝦夷)라는 인물이 보이는데, 압군하이는 지통천황 9년(695) 4월 갑오조에 하무조신하이(賀茂朝臣蝦夷)와 같은 인물로 대화국 출신이다. 대화국 출신 압군씨는 천무천황 13년(684) 11월에 조신 성을 하사받았다.

한편 『속일본기』 문무천황 4년(700) 11월 임인조의 압군갱매(鴨君粳賣)와 천평보자(天平寶字) 원년(757) 8월 갑오조의 하무군계수(賀茂君繼手)가 보이는데, 이들은 대화국 출신 하무조신씨의 방계 씨족으로 여겨진다. 하무조신씨에 대해서는 대화국 신별「하무조신(賀茂朝臣)」조(567) 참조.

2. 전씨동(前氏同)

『신찬성씨록』 완본에는 '일하부숙녜동조(日下部宿禰同祖). 언좌명지후야(彦坐命之後也).'라고 기록되어 있었을 것이다.

250 【원 문】

山邊公
　和氣朝臣同祖. 大鐸石和居命之後也.

【번 역】

산변공(山邊公; 야마베노키미)

화기조신(和氣朝臣; 와케노아소미)과 조상이 같으며, 대탁석화거명(大鐸石和居命; 오누데니와케노미코토)의 후손이다.

【주 석】

1. 산변공(山邊公)

산변(山邊; 야마베)이라는 씨명은 율령제하의 대화국 산변군(山邊郡)이라는 지명에서 유래한다. 현재 나량현(奈良縣) 산변군이다. 산변공의 옛 씨성은 산변지별(山邊之別; 야마베노와케)이다. 공(公) 성을 칭하게 된 것은 5세기에서 6세기 대일 것으로 추정되고 있다. 산변공씨(山邊公氏)에 대해서는 우경 황별(하)「산변공」조(159) 참조. 그러나 섭진국 출신 산변공씨 일족에 대해서는 구체적인 것을 알 수 없다.

2. 화기조신(和氣朝臣)

화기조신씨는 비전국 화기군(和氣郡)이 본거지로서 수인천황의 황자인 택석별명(鐸石別命; 누데시와케노미코토)이 조상이라고 한다. 옛 성은 공(公)으로 진인(眞人)과 숙녜(宿禰) 성을 거쳐 보귀 5년(774)에 조신 성을 하사받았다. 자세한 것은 우경 황별(하)「화기조신」조(158) 참조.

3. 대탁석화거명(大鐸石和居命)

『고사기』와『일본서기』에 수인천황의 황자로 나온다. 어머니는 정엽전경입원(淳葉田瓊入媛)이며 화기씨(和氣氏)와 산변씨(山邊氏), 도성임생씨(稻城壬生氏)의 조상이라고 한다. 자세한 것은 좌경 황별(하)「도성임생공(稻城壬生公)」조(112) 참조.

---

251 【원 문】

山守

垂仁天皇皇子五十日足彦命之後也.

【번 역】

산수(山守; 야마모리)

수인천황(垂仁天皇; 수이닌텐노)의 황자인 오십일족언명(五十日足彦命; 이카타라시히코노미코토)의 후손이다.

【주 석】

1. 산수(山守)

산수라는 씨명은 산림을 지키는 산수부(山守部)의 반조씨족 혹은 산수부의 후예라는 데에서 유래한다. 본거지는 율령제하의 대화국 광뢰군(廣瀨郡) 산수향(山守鄕)이다. 현재 나량현(奈良縣) 북갈성군(北葛城郡) 광릉정(廣陵町) 저미(箸尾) 부근이다.

산수씨의 일족으로는 『정창원문서』 천평승보 원년(749) 윤5월 11일자 「천부법화경충본장(千部法華經充本帳)」(『대일본고문서』 3-226)의 산수마인(山守馬人), 천평승보 2년(750) 4월 29일자 「사서소해(寫書所解)」(『대일본고문서』 10-45)의 산수을만려(山守乙萬呂), 천평보자 6년(762) 8월 8일자 「조석산사소식물용장(造石山寺所食物用帳)」(『대일본고문서』 5-27)의 산수처(山守妻) 등이 있다.

2. 수인천황(垂仁天皇)

『신찬성씨록』 완본에는 '치일본근자대일일천황시개화(稚日本根子大日日天皇諡開化)'라고 기록되어 있었을 것이다. 수인천황은 『고사기』와 『일본서기』에 의하면 제11대 천황이다. 수인천황에 대해서는 좌경 황별(하) 「도성임생공(稻城壬生公)」조(112) 참조.

3. 오십일족언명(五十日足彦命)

『고사기』 수인천황단에는 수인천황의 황자로 오십일대일자왕(五十日帶日子王)으로 나오고, 춘일산군씨(春日山君氏)와 고지지군씨(高志池君氏)의 조상이라고 한다. 이 가운데 춘일산군(春日山君)은 화천국 황별 「산공(山公)」조(335)에서도 오십일족언별명의 후손이라고 한다.

252 【원 문】

豐島連

多朝臣同祖. 彦八井耳命之後也. 日本紀漏.

【번 역】

풍도련(豐島連; 데시마노무라지)

다조신(多朝臣; 오호노아소미)과 조상이 같으며, 언팔정이명(彦八井耳命; 히코야위미미노미코토)의 후손이다.『일본기』에는 누락되어 있다.

【주 석】

1. 풍도련(豐島連)

풍도(豐島; 데시마)라는 씨명은 수도(手島; 데지마)라고도 하며, 율령제하의 섭진국 풍도군 풍도향이라는 지명에서 유래한다. 이곳은 현재 대판부 풍중시(豐中市) 풍남정(豐南町)과 지전시(池田市) 북풍도(北豐島) 일대이다.

풍도련씨 일족으로는 천평보자 4년(760) 10월 19일자「동대사사경포시봉청장(東大寺寫經布施奉請狀)」(『대일본고문서』 4-442)의 풍도련광성(豐島連廣成) 등이 있다.

2. 다조신(多朝臣)

다(多)는 '태(太)', '대(大)', '의부(意富)'라고도 하며, 신무의 아들인 신팔정이명(神八井耳命)의 후손이라고 한다. 좌경 황별(상)「다조신」조(077) 참조.

3. 언팔정이명(彦八井耳命)

『고사기』 신무천황단에는 신무의 아들인 일자팔정명(日子八井命)으로 나온다. 우경 황별(하)「자전련」조(177) 참조.

4. 일본기루(日本紀漏)

『신찬성씨록』 완본에는 풍도련에 대한 사성 기록이 있었을 것이다. 그 사성 기록이『일본서기』에는 누락되어 있다는 의미로 이해된다.

253 【원 문】
松津首
　　豐島連同祖.

【번 역】
　송진수(松津首 ; 마츠츠노오비토)
　　풍도련(豐島連; 데시마노무라지)과 조상이 같다.

【주 석】
1. 송진수(松津首)
　송진(松津; 마츠츠)이라는 씨명은 비전국(備前國)에 있었던 송진이라는 지명에서 유래한 것으로 추정된다. 송진수씨 일족에 대해서는 사료에 보이지 않아 자세한 것은 알 수 없다.

2. 풍도련(豐島連)
　섭진국 황별「풍도련」조(252) 참조.

254 【원 문】
道守臣
　　道守朝臣同祖. 武葉頰別命之後也.

【번 역】
　도수신(道守臣; 미치모리노오미)
　　도수조신(道守朝臣; 미치모리노아소미)과 조상이 같다. 무엽협별명(武葉頰別命; 다케하츠라와케노미코토)의 후손이다.

【주 석】
1. 도수신(道守臣)
　도수(道守; 미치모리)라는 씨명이 지명과 직명 어느 쪽에서 유래되었는지 확실히 알 수 없다. 산성국 황별에도 도수신이 무엽협별명의 후손으로 나온다. 한편 하내국 황별과 화천국 황별의 「도수신」조에는 도수신이 무내숙녜의 아들인 파다팔대숙녜(波多八代宿禰)의 후손이라고 칭하고 있다. 이렇듯 도수신에 대해서는 개화천황의 아들 무엽협별명의 후손 또는 무내숙녜의 아들 파다팔대숙녜의 후손이라는 계보가 있었을 것으로 추정된다.

2. 도수조신(道守朝臣)
좌경 황별(상)「도수조신」조(081) 참조.

3. 무엽협별명(武葉頬別命)
『고사기』개화천황단에는 건풍파두라화기(建豊波豆羅和氣)로 나오며 개화천황의 아들이다. 도수신과 인해부조(忍海部造)의 조상이라고 기록되어 있다. 좌경 황별(상)「도수조신」조(081) 참조.

255 【원문】
韓矢田部造
　　上毛野朝臣同祖. 豐城入彦命之後也. 三世孫彌母里別命孫現古君. 氣長足比賣.[諡神功]筑紫橿冰宮御宇之時. 海中有物. 差現古君遣見. 復奏之日. 率韓蘇使主等參來. 因茲賜韓矢田部造姓. 日本紀漏.

【번 역】
한시전부조(韓矢田部造; 가라야타베노미야츠코)

　　상모야조신(上毛野朝臣; 가미츠케노노아소미)과 조상이 같다. 풍성입언명(豊城入彦命; 도요키이리히코노미코토)의 후손이다. 3세손인 미모리별명(彌母里別命; 미모리와케노미코토)의 후손이 현고군(現古君; 우츠시코노키미)과 기장족비매(氣長足比賣; 오키나가타라시히메)[시호는 신공(神功; 진구)이다.]이다. 축자(筑紫; 츠쿠시)의 강빙궁(橿冰宮; 가시히노미야)에 계실 때 바다 속에 물건이 있어 현고군(現古君; 우츠코노키미)을 보내 살펴보도록 하였다. 돌아와 아뢰는 날에 한소사주(韓蘇使主; 가라노오미) 등을 데리고 오니 한시전부조(韓矢田部造; 가라야타베노미야츠코)라는 성을 하사하였다. 『일본기』에는 누락되어 있다.

【주 석】

1. 한시전부조(韓矢田部造)

한시전부(韓矢田部; 가리야타베)라는 씨명은 한인(韓人)으로 편성된 시전부의 반조씨족에서 유래한다. 본거지는 섭진국 팔부군(八部郡) 팔부향(八部鄕)이었다. 현재 병고현(兵庫縣) 신호시(神戶市) 병고구(兵庫區) 시부정(矢部町) 일대이다. 한시전부조씨 일족으로는 『군서류종(群書類從)』(15-470)에 실려 있는 관평 8년(896) 2월 10일자 「장곡사연기문(長谷寺緣起文)」에 나오는 신시전부조미마려(辛矢田部造米麻呂)가 있다. 「장곡사연기문」에는 덕도(德道)라는 승려의 속세 이름이 신시전부조미마려라고 기록하고 있다.

한편 섭진국에는 군(君) 성을 가진 한시전부군씨도 있었는데 신시전부군(辛矢田部君)이라고도 한다. 천평 15년(743) 9월 1일자 「섭진직이(攝津職移)」(『대일본고문서』 2-338)에는 신시전부군법마려(辛矢田部君法麻呂)와 신시전부군대국(辛矢田部君大國) 등 다수의 동족 인명이 보인다. 이들은 한시전부조와 동족으로 상모야조신과 같은 조상을 칭하고 있었을 것이다.

2. 상모야조신(上毛野朝臣)

『일본서기』 숭신 48년 4월조에 숭신의 황자인 풍성입언명의 후손이라고 전한다. 옛 성은 군(君)이며, 천무 13년(684) 11월에 조신 성으로 개성되었다. 하모야군(下毛野君)과 함께 관동지방을 대표하는 씨족이었다. 자세한 것은 좌경 황별(하) 「상모야조신」조(098)와 우경 황별(상) 「상모야조신」조(136) 참조.

3. 풍성입언명(豊城入彦命)

풍성입언명은 제10대 숭신의 아들로, 『고사기』에는 풍목입일자명(豐木入日子命), 『일본서기』에는 풍성입언명(豐城入彦命)으로 나온다. 『고사기』 숭신천황단과 『일본서기』 숭신 48년 4월 무신삭 병인조에 의하면 상모야군(上毛野君)과 하모야군(下毛野君)의 시조로 기술되어 있다. 자세한 것은 좌경 황별(하) 「하모야조신(下毛野朝臣)」조(097)의 풍성입언명(豊城入彦命) 참조.

4. 미모리별명(彌母里別命)

『일본서기』 경행 56년 8월조에는 동국(東國) 지방의 하이를 정벌하여 다스린 인물인 어제별왕(御諸別王; 미모로와케노미코)으로 나온다. 언협도왕(彦狹島王)이 아버지이다. 언협도왕에 대해서는 좌경 황별(하) 「수수사(垂水史)」조(107) 참조. 화천국 황별 「진현주(眞縣主)」조(324)에는 '풍성입언명삼세손어제별명(豊城入彦命三世孫御諸別命)'으로 나온다.

5. 현고군(現古君)

『일본서기』 응신천황 15년 8월 정묘조에 보이는 상모야군(上毛野君)의 조상인 무별(巫別)로 추정하기도 하지만, 자세한 것은 알 수 없다.

6. 기장족비매(氣長足比賣)

『고사기』에는 식장대일매명(息長帶日賣命), 『일본서기』에서는 기장족희존(氣長足姬尊)으로 나온다. 중애의 황후가 되어 응신천황을 낳았다. 기장(氣長; 오키나가)은 식장(息長; 오키나가)이라고도 한다. 기장족비매의 아버지는 개화천황의 증손 기장숙녜왕(氣長宿禰王)이며 어머니는 갈성고상희(葛城高顙姬)라고 전한다.

7. 강빙궁(橿冰宮)

『고사기』 중애천황단에는 가지비궁(訶志比宮; 가시히노미야), 『일본서기』 중애 8년 정월조에는 강일궁(橿日宮; 가시히노미야)으로 나온다. 현재 복강시(福岡市) 동구(東區)에 있는 신사인 향추궁(香椎宮; 가시이구)이다. 중애가 급사하자 신공황후가 이곳에 신사를 세워 중애의 넋을 위로했다고 전해진다.

8. 한소사주(韓蘇使主)

여기에만 보여 자세히 알 수 없다.

9. 일본기루(日本紀漏)

신공황후 때 현고군이 한시전부조(韓矢田部造)를 사성받았다는 기록이 『일본서기』에는 빠져 있다는 것을 의미한다.

256 【원문】
車持公
　　同豐城入彦命之後也.

【번역】

차지공(車持公; 구루마모치노키미)

(상모야조신과) 같은 풍성입언명(豐城入彦命; 도요키이리히코노미코토)의 후손이다.

【주석】

1. 차지공(車持公)

차지의 씨명은 차지부의 반조씨족에서 유래한다. 섭진국 출신의 차지공에 대해서는 자세한 것을 알 수 없다. 한편 다른 지역 출신 차지공에 대해서는 좌경 황별(하) 「차지공」조(103) 참조.

2. 동풍성입언명지후야(同豐城入彦命之後也)

『신찬성씨록』 완본에는 '상모야조신동조(上毛野朝臣同祖). 풍성입언명지후야(豐城入彦命之後也).'라고 기록되어 있었을 것이다. 풍성입언명에 대해서는 좌경 황별(하) 「하모야조신」조(097) 참조.

신찬성씨록
新撰姓氏錄

제 1 질

제 9 권

하내국 河內國 황별 皇別

[起阿閇朝臣 盡蓁原四十六氏]
아폐조신(阿閇朝臣; 아헤노아소미)에서 진원(蓁原; 하리하라)까지 46씨이다.

257 【원 문】
阿閇朝臣
　　阿閇朝臣同祖. 孝元天皇皇子大彦命之後也.

【번 역】

아폐조신(阿閇朝臣; 아헤노아소미)
　아폐조신(阿閇朝臣; 아베노아소미)과 조상이 같으며, 효원천황(孝元天皇; 가우구웬텐노)의 황자인 대언명(大彦命; 오히코노미코토)의 후손이다.

【주 석】

1. 아폐조신(阿閇朝臣)

아폐(阿閉)라는 씨명은 이하국(伊賀國) 아폐군(阿閇郡)이라는 지명에서 비롯된 것이다. 아폐군은 현재의 삼중현(三重縣) 아산군(阿山郡) 및 상야시(上野市) 일대이다. 아폐라는 지명은 임신의 난 과정에서 대해인황자(大海人皇子, 天武)가 길야(吉野)에서 동쪽으로 탈출하면서 아폐에 머물렀다고 할 때 처음 보인다(『일본서기』 천무 원년). 아폐는 아폐(阿閉), 감(敢; 아헤)이라고도 표기하며, 아폐조신의 옛 성은 신(臣)이다. 천무 13년(684) 11월에 조신을 사성받았다.

　아폐조신의 일족으로는 먼저 신(臣) 성을 가진 인물로 『일본서기』 웅략 3년 4월조의 아폐신국견(阿閉臣國見), 현종 3년 2월 정사삭조의 아폐신사대(阿閉臣事代), 추고 18년(610) 10월조의 아폐신대롱(阿閉臣大籠) 등이 있다. 조신(朝臣) 성을 하사받은 이후의 인물로는 『속일본기』 화동(和銅) 원년(708) 정월 을사조의 아폐조신대신(阿閉朝臣大神), 천평감보(天平感寶) 원년(749) 6월 24일자 「동대사이하국옥롱산권(東大寺伊賀國玉瀧杣券)」(『대일본고문서』 3-135)의 감조신안만려(敢朝臣安万呂), 천평승보 2년(750) 3월 23일자「감적(勘籍)」(『대일본고문서』 25-107)의 아폐조신다심(阿閇朝臣多心), 천평보자 2년 (758) 9월 5일자「동사사경소해(東寺寫經所解)」(『대일본고문서』 4-305)의 아폐조신풍정 (阿閇朝臣豐庭),『일본삼대실록』 정관(貞觀) 8년(866) 5월 8일 을유조의 아폐조신이자 (阿閇朝臣以子) 등이 있다.

2. 아폐조신(阿閇朝臣)

아배조신(阿倍朝臣)의 오기이다. 아배조신의 원래 성은 신(臣)이다. 천무 13년(684) 11월에 조신으로 개성되었다. 비조(飛鳥) 시대부터 나량(奈良) 시대에 걸쳐 대신급 고관을 배출한 씨족이다.『일본서기』 효원 7년 2월조에 의하면 선신(膳臣), 아폐신(阿閇臣), 이하신(伊賀臣) 등 6씨족과 함께 대언명의 후손이라고 한다. 자세한 것은 좌경 황별(상) 「아배조신」조(054) 참조.

3. 효원천황(孝元天皇)

완본에는 '대일본근자언국견천황시효원(大日本根子彥國牽天皇諡孝元)'이라고 기록되어 있었을 것이다. 효원천황은 결사(缺史) 8대 천황으로 일본식 시호는 대일본근자언국견 존(大日本根子彥國牽尊), 대왜근자일자국구류명(大倭根子日子國玖琉命)이다. 시호에 포함된 왜근자(倭根子; 야마토네코)라는 용어는 결사8대인 7대 효령(孝靈), 8대 효원(孝元), 9대 개화(開化), 그리고 22대 청녕(淸寧)에게서 보이고, 7세기 말에서 8세기 초의 지통(持統), 문무(文武), 원명(元明), 원정(元正)에게서 보인다. 효령 등의 천황은 별다른 사적이 없고 실재하지 않은 인물이며 시호도『일본서기』 편찬의 최종 단계에 후대 천황의 시호를 바탕으로 조작되었다. 이에 대해서는 좌경 황별(상)「아배조신」조(054) 참조.

4. 대언명(大彥命)

『고사기』에는 대비고명(大毘古命)으로도 나오며, 효원의 장남이자 개화의 형으로 전한다.『일본서기』에서는 아배신(阿倍臣), 선신(膳臣), 아폐신(阿閇臣), 사사성산군(沙沙城山郡), 축자국조(筑紫國造), 월국조(越國造), 이하신(伊賀臣) 7씨족의 시조로 전한다. 도하산철검명(稻荷山鐵劍銘)의 의부비궤(意富比跪; 오호비코)를 대언명으로 추정하는 견해도 있다. 좌경 황별(상)「아배조신」조(054) 참조.

258 【원 문】

阿閇臣

阿閇朝臣同祖. 大彦命男彦瀬立大稲越命之後也.

【번 역】

아폐신(阿閇臣; 아헤노오미)

아폐조신(阿閇朝臣; 아헤노아소미)과 조상이 같으며, 대언명(大彦命; 오히코노미코토)의 아들 언뢰립대도월명(彦瀬立大稲越命; 히코세타츠오이나코시노미코토)의 후손이다.

【주 석】

1. 아폐신(阿閇臣)

아폐신은 『일본서기』 효원기(孝元紀)에 대언명(大彦命)이 아폐신 등 7씨족의 시조라고 하였으므로, 아배신(阿倍臣) 선신(膳臣) 등과 같은 동족이다. 자세한 것은 위의 좌경 황별(상) 「아폐신」조(059), 우경 황별(상) 「아폐신」조(143), 산성국 황별 「아폐신」조(194) 참조.

2. 아폐조신(阿閇朝臣)

좌경 황별(상) 「아배조신」조(054) 참조.

3. 대언명(大彦命)

좌경 황별(상) 「아배조신」조(054) 참조.

4. 언뢰립대도월명(彦瀬立大稲越命)

『고사기』 효원천황단에서 대언명의 둘째 아들인 비고이나허사별명(比古伊那許士別命; 히코이나코시와케노미코토)이 선신(膳臣)의 시조라고 하였으므로 동일 인물로 생각되지만, 『일본서기』에는 보이지 않는다. 그러나 『신찬성씨록』에서는 「아폐신(阿閇臣)」조, 「고교조신(高橋朝臣)」조, 「이하신(伊賀臣)」조에 각각 언배립대도여명(彦背立大稲興命), 언뢰립대도기명(彦瀬立大稲起命), 대도여명(大稲興命) 등으로 보인다. 좌경 황별(상) 「완인조신(完人朝臣)」조(056) 참조.

259 【원문】

日下連

阿閇朝臣同祖. 大彦命男紐結命之後也. 日本紀漏.

【번역】

일하련(日下連; 구사카노무라지)

아폐조신(阿閇朝臣; 아헤노아소미)과 조상이 같으며, 대언명(大彦命; 오히코노미코토)의 아들 유결명(紐結命; 히모유히노미코토)의 후손이다. 『일본기』에는 누락되어 있다.

【주석】

1. 일하련(日下連)

일하(日下; 구사카)의 씨명은 초벽(草壁; 구사카베)이라고도 하며, 『고사기』 신무천황단에 보이는 일하(日下)와 『일본서기』 신무천황 즉위전기에 보이는 하내국(河內國) 초향읍(草香邑)의 초향(草香; 구사카)이라는 지명에서 유래한다. 하내국 초향읍은 현재 대판부 동대판시 일하정(日下町) 일대이다.

일하련의 옛 씨성은 난파길사(難波吉士)로서 이후 대초향(大草香)·초벽길사(草壁吉士)로 나오기도 한다. 이와 관련하여 『일본서기』 추고 6년(598) 4월조에 보이는 난파길사반금(難波吉士磐金)이 황극 원년(642) 2월조에는 초벽길사반금으로 나온다. 초벽길사는 천무 12년(683) 10월에 연(連)을 사성받았다.

일하련씨 일족으로는, 초벽·초향부길사를 칭할 때의 인물로 『일본서기』 청녕 즉위전기의 초향부길사한언(草香部吉士漢彦), 황극 원년 2월조의 초벽길사진적(草壁吉士眞跡), 천무 10년(681) 정월조의 초향부길사대형(草香部吉士大形) 등이 있다. 한편 초벽길사가 초벽련을 사성받은 이후에도 하내국에 일하부길사씨(日下部吉士氏)가 존재하였는데 천평 9년(737)「하내국대세부사망인장(河內國大稅負死亡人帳)」(『대일본고문서』 24-6)에 일하부길사수마려(日下部吉士首麻呂)라는 인물이 보인다.

일하련을 사성받은 이후 인물로는 천평 17년(745) 4월 17일자「내선사해(內膳司解)」(『대일본고문서』 2-406)의 일하부련노인(日下部連老人), 『속일본기』 신호경운 원년(767) 8월 계사조의 일하부련충마려(日下部連虫麻呂) 등이 보이는데, 이들은 하내국 출신의 일하부련씨(日下部連氏) 일족이다. 일하부련씨에 대해서는 하내국 황별「일하부련」조(280) 참조.

2. 아폐조신(阿閇朝臣)

좌경 황별(상)「아배조신」조(054) 참조.

3. 대언명(大彦命)

좌경 황별(상)「아배조신」조(054) 참조.

4. 유결명(紐結命)

다음의「대호수(大戶首)」조(260)에는 비모유비명(比毛由比命; 히모유히코노미코토)으로 나온다. 한편『안등계보(安藤系譜)』에는 유결명과 비모유비명을 별도의 인물로 기록하고 있는데, 대언명의 손자가 유결명이고 증손자가 비모유비명이라고 한다. 그리고 말미의 부기에는 비모유비명에 대해서 '하내국일하촌거(河內國日下村居). 사대호성(賜大戶姓).'이라고 적고 있다.

260 【원문】

大戶首

阿閇朝臣同祖. 大彦命男比毛由比命之後也. 諡安閑御世. 河內國日下大戶村造立御宅. 爲首仕奉行. 仍賜大戶首姓. 日本紀漏.

【번 역】

대호수(大戶首; 오헤노오비토)

아폐조신(阿閇朝臣; 아헤노아소미)과 조상이 같다. 대언명(大彦命; 오히코노미코토)의 자식인 비모유비명(比毛由比命; 히모유히노미코토)의 후손이다. 안한(安閑; 안칸) 때에 하내국(河內國; 가후치노쿠니)의 일하대호촌(日下大戶村; 구사카노오헤노무라)에 집을 짓고 수(首; 오비토)로서 봉사하였다. 이에 대호수(大戶首; 오헤노오비토) 성을 사성받았다.『일본기』에는 누락되어 있다.

【주 석】

1. 대호수(大戶首)

대호(大戶; 오헤)라는 씨명은 위의 해석을 통해서 알 수 있듯이 하내국 일하대호촌, 율령제하에서는 하내국 하내군 대호향(大戶鄕)이라는 지명에서 유래한다. 현재 대판부 동대판시 일하정(日下町) 부근이다.

대호수씨 일족으로는 「등원궁적출토목간(藤原宮跡出土木簡)」(『목간연구(木簡硏究)』 3-18)에 일하리(日下里) 사람인 대호수말려(大戶首末呂)가 보인다. 또한 『속일본후기』 승화(承和) 원년(834) 정월 신미조에 횡적(橫笛)을 잘 부는 외정6위상에서 외종5위하로 승진한 대호수청상(大戶首靑上)이라는 인물이 있다. 청상에 대해서 동년 12월 을미조에는 아악생사(雅樂笙師) 정6위상 대호수조생(大戶首朝生) 등 30명과 함께 양지숙녜(良枝宿禰)를 사성받고 안배씨(安倍氏)에서 갈라져 나온 씨족[枝別]이라고 기록되어 있다. 『속일본후기』 승화 3년 윤5월 병자조에는 하내국인(河內國人) 견당음성장(遣唐音聲長) 외종5위하 양기숙녜청상(良枝宿禰靑上) 등의 본관을 우경(右京) 7조 2방으로 편입하였다고 한다.

2. 비모유비명(比毛由比命)

앞의 「일하련」조(259) 유결명 참조.

3. 시안한어세(諡安閑御世)

완본에는 '광국압무금일천황시안한(廣國押武金日天皇諡安閑)'이라고 기록되어 있었을 것이다. 안한천황은 『일본서기』 계보상 제27대 천황(446~536, 재위 531~535)이다. 아버지는 계체(繼體)이고, 어머니는 미장련초향(尾張連草香)의 딸 목자원(目子媛)이다. 구대형(勾兄)이라고도 하며 제28대 천황인 선화천황(宣化天皇)의 형이다. 계체천황이 사망하고 난 뒤 2년간 공위(空位)였다가 3년 후에 즉위하였다. 이와 관련하여 안한·선화 두 천황과 배다른 동생인 흠명(欽明) 사이에 황위 계승을 둘러싸고 양조가 대립하였다는 견해가 있다. 이른바 신해(辛亥)의 변이다. 안한 대에는 일본열도 도처에 둔창을 설치하였는데 하내국 일하대호촌에 둔창을 설치하였다는 기록은 보이지 않는다.

4. 일하대호촌(日下大戸村)

일하대호촌은 율령제하에서 하내국 하내군 대호향(大戸鄕)에 해당된다. 현재 대판부 동대판시 일하정(日下町) 부근이다. 『대동유취방(大同類聚方)』 등에는 일하대호라는 지명이나 씨명이 종종 등장한다.

5. 수(首)

수는 『일본서기』 청녕기 2년 11월조와 현종 즉위전기 등을 통해서 알 수 있듯이 둔창의 책임 관리자를 의미하는 칭호로도 쓰이다가 후에 성(姓)이 되었다. 한편 기옥현(埼玉縣) 행전시(行田市) 도하산고분(稻荷山古墳)에서 출토된 철검명에 '장도인수(杖刀人首)'라는 신분이 보이듯이 수(首)는 늦어도 5세기 후반대까지 각종 직장자(職掌者)의 장(長)을 뜻하는 칭호로 사용되었음을 알 수 있다.

6. 일본기루(日本紀漏)

『일본서기』 안한기에는 대호수라는 씨성의 유래에 대해 기록이 보이지 않는다는 의미이다.

261 【원 문】

難波忌寸

　　大彦命之後也. 阿倍氏遠祖大彦命. 磯城瑞籬宮御宇天皇御世. 遣治蝦夷之時. 至於兔田墨坂. 忽聞嬰兒啼泣. 即認覓獲棄嬰兒. 大彦命見而大歡. 即訪求乳母. 得兔田弟原媛. 便付嬰兒曰. 能養長安酹功. 於是成人奉送之. 大彦命爲子愛育. 號曰得彦宿禰者. 異說並存.

【번 역】

난파기촌(難波忌寸; 나니하노이미키)

　　대언명(大彦命; 오히코노미코토)의 후손이다. 아배씨(阿倍氏; 아헤노우지)의 먼 조상인 대언명은 기성서리궁어우천황(磯城瑞籬宮御宇天皇; 시키노미즈가키노미야니아메노시타시로시메시시스메라미코토) 대에 하이(蝦夷; 에미시)를 다스리도록 파견되었을 때 토전(兔

田; 우다)의 묵판(墨坂; 스미사카)에 이르러 홀연 젖먹이[嬰兒; 와쿠고가 우는 소리를 들었다. 즉시 버려진 젖먹이를 찾아낸 대언명이 크게 기뻐하며 유모를 수소문하다가 토전제원원(兔田弟原媛; 우다노오토하라히메)이라는 사람을 발견하였다. 그가 젖먹이를 옆에 끼고 "잘 키워 장성하면 공을 세워 보답할 것이다"라고 말하였다. 이에 성인이 되어 찾아오자 대언명이 자식으로 삼고 사랑스럽게 보살폈다. 이 사람을 득언숙녜(得彦宿禰; 이히코노스쿠녜)라고 부른다. 이설도 있다.

【주 석】

1. 난파기촌(難波忌寸)

난파(難波; 나니하)라는 씨명은 율령제하 난파국에서 유래한다. 난파기촌의 옛 씨성은 난파길사이고, 『일본서기』에 의하면 웅략 14년 4월에 난파길사일향향자(難波吉士日香香子)의 자손이 대초향부길사(大草香部吉士)를 사성받았다. 그 후 천무 10년(681) 정월 정축조에는 초향부길사대형(草香部吉士大形)이 난파련을 사성받았다고 한다. 게다가 천무 14년 6월에는 난파련이 기촌 성을 사성받았다. 난파기촌씨의 본거지는 섭진국 동생군(東生郡, 東成郡; 히가시나리군)으로 현재 오사카만 중앙에 남북으로 돌출된 상정(上町) 지역의 동부(서부는 서생군)를 가리킨다. 이곳은 '난파대군(難波大郡)'으로 불리기도 하였으며, 일찍이 해외 문물이 들어오던 대외 창구이자 한반도계 이주민들이 다수 거주하던 곳이다. 한편 동생군의 생(生)이 '나리'라고 불리게 된 이유를 백제어에서 그 유래를 찾기도 한다. 즉 웅진(熊津)의 백제 때 이름이 구마나리(久麻那利)이며, 나루를 뜻하는 나리를 모방하여 상정 지역을 동측의 나루라는 의미에서 이름 붙였다는 것이다.

난파기촌씨 일족으로는, 기촌을 사성받은 이후의 일족으로 『속일본기』 경운(慶雲) 3년(706) 10월 임오조에 섭진국 출신의 난파기촌빈족(難波忌寸濱足)이 종8위상에서 1계를 승진하고 있다. 또한 천평보자 4년(760) 11월 18일자 「동대사삼강첩(東大寺三綱牒)」(『대일본고문서』 4-452)의 난파기촌빈승(難波忌寸濱勝)은 동생군의 의대령(擬大領)으로 정8위상이었다. 특히 『일본후기』 홍인(弘仁) 4년(813) 2월 을미조의 하내국 출신 종8위상 난파기촌씨주(難波忌寸氏主)와 섭진국 출신 정6위상 난파기촌선인(難波忌寸船人)이 각각 숙녜를 사성받고 있는데, 이들이 『신찬성씨록』 편찬 단계에서 난파기촌에 대한 계보를 제출했을 가능성이 크다. 이렇게 보면 본조에 난파숙녜가 아닌 난파기촌으로 제시한 것은 난파기촌에 대한 자료가 이미 홍인 4년 2월 이전에 제출되었음을 시사한다. 난파기촌선인은 천평보자 4년(760) 11월 18일자 「동대사삼강첩(東大寺三綱牒)」(『대일본고문서』 3-17)에는 길지선인(吉志船人)으로 나온다.

2. 아배씨원조대언명(阿倍氏遠祖大彦命)

대언명(大彦命)은 『고사기』에 대비고명(大毘古命)으로도 나온다. 효원천황의 맏아들이며 개화천황(開化天皇)의 형으로 전한다. 어머니는 울색미명(鬱色謎命)이며, 숭신천황(崇神天皇) 때 북륙도(北陸道)를 평정하였다고 한다. 『일본서기』 효원기 7년 2월조에는 아배신(阿倍臣), 선신(膳臣), 아폐신(阿閉臣), 사사성산군(沙沙城山郡), 축자국조(筑紫國造), 월국조(越國造), 이하신(伊賀臣) 7씨족의 시조로 전한다.

3. 기성서리궁어우천황어세(磯城瑞離宮御宇天皇御世)

『신찬성씨록』 완본에는 '천황' 다음에 '시숭신(諡崇神)'이 기록되어 있었을 것이다. 숭신은 『고사기』와 『일본서기』의 제10대 천황이다. 기마민족 정복왕조설의 주인공으로 미마키이리히코(御間城入彦)는 임나(任那, 彌摩那)에서 대화로 들어온 왕이라고 한다. 이후 일본 학계에서는 숭신을 실재한 최초의 왕으로 보는 견해가 우세하다. 삼륜산(三輪山) 기슭에 자리잡은 숭신에서 새로운 왕조가 개시되었다고 보고 이를 '이리왕조', '삼륜왕조'라고 이름 붙이기도 한다.

기성서리궁에 대해서는 『일본서기』 숭신 3년 9월조에 보이고, 『대화지(大和誌)』에는 삼륜촌(三輪村) 동남쪽, 지기어현신사(志紀御縣神社) 서쪽에 있다고 기록하고 있다. 이곳은 현재 나량현 앵정시 금옥(金屋) 부근이다.

4. 하이(蝦夷)

'에미시' 혹은 '에비스'라 칭한다. 고대 일본열도 동북부 지역에 거주하며 통일국가의 지배에 저항하면서 그 지배권 밖에 존재한 사람들을 가리킨다.

한편 대언명이 동국(東國) 지방에 파견되었다는 전승은 『고사기』 숭신천황단과 『일본서기』 숭신 10년 9월조에도 보이지만, 모두 하이와 관련된 내용은 전하고 있지 않다.

5. 토전묵판(菟田墨坂)

토전의 묵판은 나량현(奈良縣) 우타군(宇陀郡) 진원정(榛原町) 추원(萩原)의 서쪽에 있는 언덕으로, 대화 지역 중앙부와 이세 지역을 연결하는 요충지상에 있다. 『일본서기』

신무 즉위전기, 숭신 9년 3월조, 웅략 7년 7월조에 관련 기사가 보인다.

6. 토전제원원(菟田弟原媛)

여기에만 보여 자세히 알 수 없지만, 토전 지방 호족의 딸로 여겨진다. 토전이라는 씨명을 가진 호족은 『일본서기』 황극 2년(643) 11월조의 토전제석(菟田諸石), 『일본서기』 대화(大化) 원년(645) 9월조의 토전박실고(菟田朴室古) 등이 보인다.

7. 득언숙녜(得彦宿禰)

여기에만 보여 자세히 알 수 없다.

8. 이설병존(異說竝存)

여기서 이설이란 『고사기』 중애천황단에 보이는 난파길사(難波吉師)의 선조인 이좌비(伊佐比) 전승, 『일본서기』 신공황후 섭정 원년 2월의 오십협모(五十狹茅) 전승을 말한다.

262 【원문】

難波
　　難波忌寸同祖. 大彦命孫波多武彦命之後也.

【번역】

난파(難波; 나니하)

　난파기촌(難波忌寸; 나니하노이미키)과 조상이 같으며, 대언명(大彦命; 오히코노미코토)의 후손인 파다무언명(孫波多武彦命; 하타노타케히코노미코토)의 후손이다.

【주석】

1. 난파(難波)

난파라는 씨명은 율령제하의 난파국에서 유래한다.

2. 난파기촌(難波忌寸)

앞의「난파기촌」조(261) 참조.

3. 파다무언명(波多武彦命)

섭진국 황별「삼택인(三宅人)」조(236)에는 파다무일자명(波多武日子命)로 되어 있고, 대언명(大彦命)의 아들로 나온다.

---

263 【원 문】

道守朝臣
　　波多朝臣同祖. 武內宿禰男八多八代宿禰之後也. 日本紀合.

【번 역】

도수조신(道守朝臣; 치모리노아소미)
　　파다조신(波多朝臣; 하타노아소미)과 조상이 같으며, 무내숙녜(武內宿禰; 다케시우치노스쿠네)의 자식인 팔다팔대숙녜(八多八代宿禰; 하타야시로노스쿠네)의 후손이다.『일본기』와 일치한다.

【주 석】

1. 도수조신(道守朝臣)

도수(道守; 치모리)라는 씨명이 지명과 직명 어느 쪽에서 유래되었는지 확실히 알 수 없다. 화천국 황별「도수신」조에도 무내숙녜의 아들 파다팔대숙녜(波多八代宿禰)의 후손을 칭하고 있다. 한편 산성국 황별과 섭진국 황별「도수신」조에 무엽협별명의 후손으로 기록되어 있듯이, 도수신은 개화천황의 아들 무엽협별명 계통과 무내숙녜의 아들 파다팔대숙녜의 계통이 있었음을 알 수 있다. 도수조신씨 일족에 대해서는 좌경 황별(상)「도수조신」조(072) 참조.

2. 파다조신(波多朝臣)

파다(波多; 하타)는 팔다(八多; 하타)로도 표기한다. 자세한 것은 우경 황별(상)「팔다조신」조(119) 참조.

3. 무내숙녜(武內宿禰)

『고사기』 효원천황단에는 건내숙녜(建內宿禰)로 나온다. 결사8대의 천황인 효원(孝元)의 후손으로 나오는 무내숙녜는 많은 유력 씨족들의 공동 조상으로 되어 있다. 그 계보를 잇는 씨족은 49씨로 모든 지역에 걸쳐 분포하며, 조신(朝臣)이 22씨로 고위 신분이 많다. 『일본서기』 전승에 보이는 무내숙녜는 경행에서 인덕까지 5대에 걸쳐 천황에 봉사한 전설적인 인물이자 충신으로 되어 있다. 무내숙녜를 조상으로 하는 씨족들의 면모를 보면 소아씨(蘇我氏), 거세씨(巨勢氏), 평군씨(平群氏), 갈성씨(葛城氏), 기씨(紀氏) 등 중앙의 유력씨들이고, 소아씨 이하 4씨는 대신을 배출한 명문가이다. 동 전승에 따르면 무내숙녜는 경행 51년에 동량지신으로 임명되고, 성무 3년에는 대신이 되었고, 중애 9년에는 웅습 원정길에 천황이 급사하자 은밀히 사태를 수습한 것으로 묘사되어 있다. 또한 신공황후의 신라 원정 시에 신의 계시를 받아 무내숙녜의 도움을 받았다는 이른바 삼한 정벌 설화와도 관련되어 있다.

4. 팔다팔대숙녜(八多八代宿禰)

좌경 황별(상) 「전구조신(田口朝臣)」조(066) 참조.

5. 일본기합(日本紀合)

『일본서기』 천무 13년(684) 11월조에서 도수신이 조신을 받은 사성 기사를 가리킨다.

264 【원 문】
山口朝臣
　道守朝臣同祖. 武內宿禰之後也. 續日本紀合.

【번 역】

산구조신(山口朝臣; 야마구치노아소미)

　도수조신(道守朝臣; 치모리노아소미)과 조상이 같으며, 무내숙녜(武內宿禰; 다케시우치노스쿠네)의 후손이다. 『속일본기』와 일치한다.

【주 석】

1. 산구조신(山口朝臣)

산구(山口; 야마구치)라는 씨명은 『고사기』 웅략천황단에 보이는 장곡산구(長谷山口)와 천평 2년(730) 12월 20일자 「대화국정세장(大和國正稅帳)」에 기록된 장곡산구신(長谷山口神)의 산구라는 지명에서 유래한다. 이곳은 율령제하에서는 대화국 성상군(城上郡) 장곡향(長谷鄕)으로 현재 나량현 앵정시 초뢰(初瀨) 지역 부근이다.

산구조신의 옛 성은 신(臣)이다. 『속일본기』 신호경운(神護慶雲) 원년(767) 9월 기사조에 하내국 지기군(志紀郡) 사람인 정6위상 산구신견양(山口臣犬養) 등 30인에게 산구조신을 하사하였다는 기록이 보인다. 산구조신씨의 본거지가 하내국 지기군이었음을 알 수 있다.

산구조신씨 일족으로는 산구조신견양 이외에 『대동유취방(大同類聚方)』(46)의 산구조신동웅(山口朝臣東雄), 『속일본후기』 가상(嘉祥) 3년(850) 정월 병술조의 산구조신춘방(山口朝臣春方), 『일본삼대실록』 원경(元慶) 7년(883) 정월 7일조의 산구조신잠세(山口朝臣岑世) 등이 있다.

2. 도수조신(道守朝臣)

좌경 황별(상) 「도수조신」조(072) 참조.

3. 무내숙녜지후(武內宿禰之後)

『월중석흑계보(越中石黑系譜)』에는 무내숙녜의 아들로 되어 있고, 우전시대숙녜(羽田矢代宿禰)의 말미 부기에 산구조신의 조상으로 나온다. 무네숙녜에 대해서는 좌경 황별(상) 「전구조신」조(066) 참조.

4. 속일본기합(續日本紀合)

『속일본기』 신호경운 원년(767) 9월 기사조에 하내국 지기군(志紀郡) 사람인 정6위상 산구신견양(山口臣犬養) 등 30인에게 산구조신을 하사하였다는 기록을 가리킨다.

265 【원문】
林朝臣
　　上同.

【번역】

　임조신(林朝臣; 하야시노아소미)
　　위와 같다.

【주석】

1. 임조신(林朝臣)

　임(林; 하야시)이라는 씨명은 율령제하 하내국 지기군(志紀郡) 배지향(拜志鄕)이라는 지명에서 유래한다. 현재 대판부 팔미시(八尾市) 지기정(志紀町)이다.

　임조신의 옛 성은 신(臣)이다. 『속일본기』 연력 6년(787) 6월 임인조에 하내국 지기군 사람 임신해주야수(林臣海主野守) 등이 조신 성을 받았다는 기록이 보인다.

　임조신씨에 대해서는 좌경 황별(상) 「임조신」조(071) 참조.

2. 상동(上同)

　『신찬성씨록』 완본에는 '도수조신동조무내숙녜지후야(道守朝臣同祖武內宿禰之後也)'라고 기록되어 있었을 것이다.

266 【원문】
道守臣
　　道守朝臣同祖. 武內宿禰男波多八代宿禰之後也.

【번역】

　도수신(道守臣; 치모리노오미)
　　도수조신(道守朝臣; 치모리노아소미)과 조상이 같으며, 무내숙녜(武內宿禰; 다케시우치노스쿠네) 자식인 파다팔대숙녜(波多八代宿禰; 하타노야시로노스쿠네)의 후손이다.

【주 석】

1. 도수신(道守臣)

도수(道守; 치모리)라는 씨명이 지명과 직명 어느 쪽에서 유래되었는지 확실히 알 수 없다. 화천국 황별「도수신」조(175)에도 도수신이 무내숙녜의 아들 파다팔대숙녜(波多八代宿禰)의 후손이라고 칭하고 있다. 한편 산성국 황별과 섭진국 황별의 도수신은 무엽협별명의 후손으로 나온다. 이렇듯 도수신은 개화천황의 아들 무엽협별명의 계통과 무내숙녜의 아들 파다팔대숙녜의 계통이 있었음을 알 수 있다.

2. 도수조신(道守朝臣)

좌경 황별(상)「도수조신」조(072) 참조.

3. 파다팔대숙녜(波多八代宿禰)

좌경 황별(상)「도수조신」조(072) 참조.

267

【원 문】

的臣
　道守朝臣同祖. 武內宿禰男葛木曾都比古命之後也.

【번 역】

적신(的臣; 이쿠하노오미)

　도수조신(道守朝臣; 치모리노스쿠네)과 조상이 같으며, 무내숙녜(武內宿禰; 다케시우치노스쿠네)의 자식인 갈목증도비고명(葛木曾都比古命; 가츠라키노소츠비코노미코토)의 후손이다.

【주 석】

1. 적신(的臣)

적(的; 이쿠하)이라는 씨명은 『일본서기』 인덕천황 12년 8월조에 적신의 조상인 순인숙녜(盾人宿禰)가 고구려에서 헌상한 철 과녁을 관통시켜서 적호전숙녜(的戸田宿禰)라는 이름을 하사받았다는 전승에서 유래한다. 실제 적신은 과녁의 제작 등 군사적 직능을 가진 반조씨족이었다. 『고사기』 효원천황단에는 갈성장강증도비고(葛城長江曾都毗古, 『일본서기』의 葛城襲津彦)의 후손으로 나오며, 동족으로 갈성씨, 평군씨, 소아씨, 허세씨 등이 있다. 『일본서기』에 의하면 적신이 임나일본부와 관련하여 하내직과 함께 가야에서 활동하는 등 왜국과 한반도 제국의 외교 교섭에서도 활약하였다. 적신씨 인물로는 적호전숙녜 이외에 『일본서기』 인현 4년 5월조의 적신문도(的臣蚊島), 숭준 즉위전기의 적신진교(的臣眞嚙)가 있고, 등원궁(藤原宮) 출토 목간에도 적신광국(的臣廣國) 등의 인명이 있다. 적신씨 일족에 대해서는 산성국 황별 「적신」조(195) 참조.

2. 도수조신(道守朝臣)

좌경 황별(상) 「도수조신」조(072) 참조.

3. 갈목증도비고명(葛木曾都比古命)

무내숙녜(武內宿禰)의 후손으로 갈성씨(葛城氏)의 조상이다. 『고사기』에는 갈성장강증도비고(葛城長江曾都毗古), 갈성지증도비고(葛城之曾都毗古)로 나온다. 『일본서기』에는 갈성습진언(葛城襲津彦)으로 나오는데 신공황후 섭정 5년부터 웅략천황 7년에 이르는 오랜 기간에 걸쳐 활동한 인물로 나온다. 자세한 것은 좌경 황별(하) 「갈성조신(葛城朝臣)」조(111) 참조.

268 【원 문】

鹽屋連
　　同上. 日本紀漏.

【번 역】

염옥련(鹽屋連; 시호야노무라지)

위와 같다. 『일본기』에는 누락되어 있다.

【주 석】

1. 염옥련(鹽屋連)

염옥(鹽屋; 시호야)이라는 씨명은 율령제하의 이세국 엄예군(奄藝郡) 염옥향(鹽屋鄕)이라는 지명에서 유래한다. 현재 삼중현(三重縣) 영록시(鈴鹿市) 백자정(白子町) 일대이다. 산성국 황별「여등련(與等連)」조(196)에 의하면 여등련씨와 함께 무내숙녜의 조부 언태인신명(彦太忍信命)의 후손이라고 한다.

염옥련씨 일족으로는 『일본서기』 제명 4년(658) 11월조의 염옥련소과(鹽屋連小戈), 『속일본기』 양로(養老) 5년(721) 정월 경오조 등의 염옥련길마려(鹽屋連吉麻呂), 천평보자 2년(758) 8월 28일자「조동대사사해(造東大寺司解)」(『대일본고문서』 4-294)의 염옥련남광(鹽屋連男光) 등이 있다.

2. 동상(同上)

완본에는 '도수조신동조(道守朝臣同祖). 무내숙녜남갈목증도비고명지후야(武內宿禰男葛木曾都比古命之後也).'라고 기록되어 있었을 것이다.

3. 일본기루(日本紀漏)

『신찬성씨록』 완본에는 염옥련의 사성에 대한 기록이 있었고, 이와 관련된 『일본서기』 기록이 보이지 않는다는 의미일 것으로 추정된다.

---

269 【원 문】

小家連
　　鹽屋連同祖. 武內宿禰男葛木襲津彥命之後也.

【번 역】

소가련(小家連; 워야케노무라지)

염옥련(鹽屋連; 시호야노무라지)과 조상이 같으며, 무내숙녜(武內宿禰; 다케시우치노스쿠네)의 자식인 갈목습진언명(葛木襲津彦命; 가츠라키노소츠비코노미코토)의 후손이다.

【주 석】

1. 소가련(小家連)

소가(小家; 워야케)의 씨명은 율령제하 섭진국 하변군(河邊郡) 웅가향(雄家鄕)이라는 지명에서 유래한다. 현재 병고현 천서시(川西市) 소호(小戶) 일대이다. 소가련씨 일족에 대해서는 사료에 보이지 않아 자세한 것은 알 수 없다.

2. 염옥련(鹽屋連)

앞의 「염옥련」조(268) 참조.

3. 갈목습진언명(葛木襲津彦命)

앞의 「적신」조(267) 참조.

---

270 【원 문】

原井連
　　同上. 續日本紀漏.

【번 역】

원정련(原井連; 하라위노무라지)

위와 같다. 『속일본기』에는 누락되어 있다.

【주 석】

1. 원정련(原井連)

원정(原井; 하라위)이라는 씨명은 하내국에 있었던 지명에서 유래한 것으로 추측되지만 더 이상 알 수 없다. 원정련씨 일족에 대해서도 사료에 보이지 않아 자세히 알 수 없다.

2. 동상(上同)

『신찬성씨록』 완본에는 '염옥련동조(鹽屋連同祖). 무내숙녜남갈목습진언명지후야(武內宿禰男葛木襲津彦命之後也).'라고 기록되어 있었을 것이다.

3. 속일본기루(續日本紀漏)

『신찬성씨록』 완본에는 사성에 대한 기록이 있었지만, 『속일본기』에는 이와 관련된 내용이 보이지 않는다는 의미일 것이다.

271 【원문】

早良臣

平群朝臣同朝. 武內宿禰男平群都久宿禰之後也.

【번역】

조량신(早良臣; 사와라노오미)

평군조신(平群朝臣; 헤구리노아소미)과 조상이 같으며, 무내숙녜(武內宿禰; 다케시우치노스쿠네)의 자식인 평군도구숙녜(平群都久宿禰; 헤구리노츠쿠노스쿠네)의 후손이다.

【주석】

1. 조량신(早良臣)

조량(早良; 사와라)이라는 씨명은 좌화량(佐和良), 초량(草良)이라고 하며, 율령제하 축전국(筑前國) 조량군(早良郡) 조량향(早良鄉)이라는 지명에서 유래한다. 이곳은 현재 복강현(福岡縣) 복강시 중앙구 조사(鳥飼) 부근이다. 조량향과 접한 지역으로 평군향(平群鄉)이 있어 조량신씨의 본거지가 이곳이었음을 말해 준다.

조량신씨 일족으로는 『속일본기』 천응(天應) 원년(781) 11월 계유조의 좌화량신정녀(佐和良臣靜女)와 『이장유적출토문자집성(伊場遺跡出土文字集成)』(15)의 조량신(早良臣)

이 보인다. 이 밖에 주방국(周防國) 구가군(玖珂郡)에는 부성(部姓) 및 무성의 초량씨가 분포하고 있다. 특히 『평안유문』(1-289~305)에는 조량부진례매(早良部眞禮賣) 등 조량부씨(早良部氏) 인명이 다수 산견되고 있다.

2. 평군조신(平群朝臣)

평군(平群; 헤구리)이라는 씨명은 대화국(大和國) 평군군(平群郡) 평군향(平群鄕)이라는 지명과 관련된 것으로 추정된다. 이곳은 현재 나량현(奈良縣) 생구군(生駒郡) 평군정(平群町) 일대에 해당된다. 조신은 『일본서기』 천무천황(天武天皇) 13년(684) 11월 무신삭조에 평군신이 조신(朝臣)이라는 성을 받았다고 적혀 있다. 평군조신은 무내숙녜의 후손이라 칭하는 대화국 평군군 평군향을 본거지로 한 고대 재지 호족이다. 평군조신씨 일족에 대해서는 우경 황별(상) 「평군조신」조(124) 참조.

3. 평군도구숙녜(平群都久宿禰)

『일본서기』에는 평군목토숙녜(平群木菟宿禰; 헤구리노츠쿠노스쿠네)로 나오며 평군씨의 조상이다. 평군목토숙녜는 『일본서기』 응신(應神) 3년 시세조 목토숙녜(木菟宿禰)의 백제 진사왕 관계 기사와 동 16년 8월조의 평군목토숙녜(平群木菟宿禰)의 가라 파견 기사가 보인다.

『고사기』 효원천황단에 의하면 평군도구숙녜가 평군신과 좌화량신, 마어직련(馬御樴連) 등의 조상이라고 한다. 좌경 황별(상) 「평군조신」조(124) 참조.

272 【원 문】

布忍首
　的臣同祖. 武內宿禰之後也. 日本紀漏.

【번 역】

포인수(布忍首; 누노시노오비토)

　적신(的臣; 이쿠하노오미)과 조상이 같으며, 무내숙녜(武內宿禰; 다케시우치노스쿠네)의 후손이다. 『일본서기』에는 누락되어 있다.

【주 석】

1. 포인수(布忍首)

포인(布忍; 누노시)이라는 씨명은 포사(布師; 누노시), 포부(布敷; 누노니)라고도 한다. 율령제에서의 섭진국 토원군(兎原郡) 포부향(布敷郷)이라는 지명에서 유래한다. 이곳은 현재 병고현(兵庫縣) 신호시(神戸市) 즙합구(葺合區) 포인정(布引町) 일대이다. 성은 수(首)이다.

포인수씨에 대해서는 좌경 황별(상)「포사수」조(075)와 섭진국 황별「포부수」조(240) 참조.

2. 적신(的臣)

적(的; 이쿠하)이라는 씨명은 『일본서기』 인덕 12년 8월조에 적신의 조상인 순인숙녜(盾人宿禰)가 고구려에서 헌상한 철 과녁을 관통시켜서 적호전숙녜(的戸田宿禰)라는 이름을 하사받았다는 전승에서 유래한다. 실제 적신은 과녁의 제작 등 군사적 직능을 가진 반조씨족이었다. 『고사기』 효원천황단에는 갈성장강증도비고(葛城長江曾都毘古)의 후손으로 나오며, 동족으로 갈성씨, 평군씨, 소아씨, 허세씨 등이 있다. 산성국 황별「적신」조(195) 참조.

3. 일본기루(日本紀漏)

『신찬성씨록』 완본에는 포인수씨 사성에 대한 기록이 있었는데, 이와 관련된 기사가 『일본서기』에는 보이지 않는다는 의미일 것이다.

273 【원문】

額田首

早良臣同祖. 平群木兎宿禰之後也. 不尋父氏. 負母氏額田首.

【번 역】

액전수(額田首; 누카타노오비토)

조량신(早良臣; 사와라노오미)과 조상이 같으며, 평군목토숙녜(平群木兔宿禰; 헤구리노 츠쿠스쿠네)의 후손이다. 아버지의 씨명을 따르지 않고 어머니의 씨명인 액전수(額田首; 누카타노오미)를 따른다.

【주 석】

1. 액전수(額田首)

액전(額田; 누카타)이라는 씨명은 율령제하 대화국 평군군(平群郡) 액전향(額田鄕)이라는 지명에서 유래한다. 이곳은 현재 나량현 대화군 산시본다(山市本多) 일대이다. 한편 하내국 하내군 액전향이라는 지명은 액전수씨의 본거지라는 의미에서 붙은 이름이다. 이곳은 현재 대판부 동대판시 목강정(牧岡町) 액전(額田) 지역이다.

액전수씨 일족으로는 『속일본기』 화동(和銅) 5년(712) 정월 무자조 등의 액전수인족(額田首人足)과 양로(養老) 5년(721) 정월 갑술조의 액전수천족(額田首千足), 『속일본후기』 승화(承和) 13년(846) 9월 신해조의 식부위자(式部位子) 종6위하 액전수계인(額田首苫人) 등이 보인다.

2. 조량신(早良臣)

하내국 황별 「조량신」조(271) 참조.

3. 평군목토숙녜(平群木兔宿禰)

하내국 황별 「조량신」조(271) 참조.

4. 부심부씨부모씨(不尋父氏負母氏)

『기씨가첩』에도 '평군진조대신제액전조량숙녜가평군현액전리(平群眞鳥大臣弟額田早良宿禰家平群縣額田里). 부심부씨부성액전수(不尋父氏負姓額田首)'라고 기록되어 있다.

274 【원문】

紀祝

建內宿禰男紀角宿禰之後也.

【번 역】

기축(紀祝; 기노하후리)

건내숙녜(建內宿禰; 다케시우치노스쿠네) 아들 기각숙녜(紀角宿禰; 치노츠노스쿠네)의 후손이다.

【주 석】

1. 기축(紀祝)

기축이라는 씨명은 기씨의 씨신(氏神)을 섬긴다는 의미에서 유래한다. 기씨의 씨신에 대해서는 『연희식』 신명장(神名帳) 대화국 평군군(平群郡)조에 평군좌기씨신사(平群坐紀氏神社)가 보인다. 기축씨 일족에 대해서는 사료에 보이지 않아 자세히 알 수 없다.

2. 건내숙녜(建內宿禰)

무내숙녜라고 하며, 그 후예씨족으로 갈성(葛城), 평군(平群), 거세(巨勢), 소아(蘇我) 등 제씨가 나온다. 『고사기』에는 제13대 성무에서 제16대 인덕까지, 『일본서기』에는 제13대 경행에서 제16대 인덕까지 대신(大臣)으로 천황을 보좌한 전설적인 인물로 나온다. 특히 신공황후의 신라 정벌 설화에도 등장하는 한반도와 관련된 인물로 묘사되어 있다. 좌경 황별(상) 「전구조신(田口朝臣)」조(066) 참조.

3. 기각숙녜(紀角宿禰)

『일본서기』에서는 기각숙녜(紀角宿禰; 기노츠노노스쿠네), 『고사기』에서는 목각숙녜(木角宿禰; 기노츠노노스쿠네)라고 표기되어 있다. 『고사기』에 효원천황(孝元天皇)의 자손으로 무내숙녜(武內宿禰)의 아들인 기각숙녜(紀角宿禰; 기노츠노노스쿠네)를 시조로 하는 전승이 기재되어 있다. 좌경 황별 「기조신(紀朝臣)」조(068)의 기각숙녜(紀角宿禰) 참조.

275 【원문】
紀部
　　建內宿禰男都野宿禰之後也.

【번역】
　기부(紀部; 기베)
　　건내숙녜(建內宿禰; 다케시우치노스쿠네)의 아들 도야숙녜(都野宿禰; 츠노노스쿠네노미코토)의 후손이다.

【주석】
1. 기부(紀部)
기부라는 씨명은 기씨의 부민이었던 데서 유래한다.
　기부씨 일족에 대해서는 천평 5년(733) 「산배국애탕군계장(山背國愛宕郡計帳)」(『대일본고문서』 1-540)의 기부추정매(紀部秋庭賣), 천평 9년(737) 9월 23일자 「사경교지장(寫經校紙帳)」(『대일본고문서』 7-117)의 기부고좌미(紀部古佐美), 보귀 6년(775) 정월 「봉사일절경소식구안장(奉寫一切經所食口案帳)」(『대일본고문서』 23-293)의 기부탑만려(紀部塔萬呂) 등이 보인다.

2. 도야숙녜(都野宿禰)
기각숙녜(紀角宿禰)를 가리킨다. 좌경 황별(상) 「기조신(紀朝臣)」조(068)의 기각숙녜 참조.

276 【원문】
蘇何
　　彥太忍信命之後也.

【번역】

소하(蘇何; 소가)

언태인신명(彦太忍信命; 히코후츠오시노마코토노미코토)의 후손이다.

【주석】

1. 소하(蘇何)

소하의 씨명은 소아(蘇我), 종아(宗我)라고도 하며 율령제하 대화국 고시군 소아(蘇我)라는 지명에서 유래한다. 이곳은 현재 나량현(奈良縣) 강원시(橿原市) 소아정(蘇我町) 일대이다.

소하씨 일족에 대해서는 천평승보 2년(750) 8월 28일자 「조동대사사해(造東大寺司解)」(『대일본고문서』 25-133)의 소아동인(蘇我東人) 등이 있다. 소아씨(蘇我氏)와 동족관계에 있는 종아부씨(宗我部氏)로는 평성궁 출토 목간(『平城宮發掘調査出土木簡槪報』 6, 1969)에 종아부반마려(宗我部飯麻呂)가 있다. 종아부는 소아부(蘇我部), 소의부(蘇宜部), 종하부(宗何部), 종의부(宗宜部), 소가부(蘇可部) 등으로도 나온다. 이들은 모두 소아신(蘇我臣)의 부민이었던 자의 후예라고 생각된다.

2. 언태인신명(彦太忍信命)

『일본서기』 효원 7년 춘2월조에 의하면 효원천황과 첫 번째 비(妃)인 이향색미명(伊香色謎命) 사이에서 태어났다고 한다. 『고사기』 효원천황단에는 비고포도압지신명(比古布都押之信命)으로 나오며, 무내숙녜의 조부이기도 하다. 좌경 황별(상)「석천조신」조(065) 참조.

277 【원문】

大宅臣

大春日同祖. 天足彦國押人命之後也.

【번역】

대택신(大宅臣; 오야야케노오미)

대춘일(大春日; 오카스가)과 조상이 같으며, 천족언국압인명(天足彦國押人命; 아메타라시히코쿠니오시히토노미코토)의 후손이다.

【주 석】

1. 대택신(大宅臣)

대택(大宅; 오야야케)이라는 씨명은 대화국(大和國) 첨상군(添上郡) 대택향(大宅鄕)이다. 현재 나량시(奈良市) 고시정(古市町)이다. 본조의 대택씨는 무성(無姓) 씨족으로 산성국(山城國) 우치군(宇治郡) 또는 기이군(紀伊郡) 출신으로 생각된다. 우치군 출신 인물로는 『평안유문』(1-410)의 강보 원년(964) 12월 13일 「제호사첩안(醍醐寺牒案)」에 보이는 대택풍종(大宅豐宗)과 대택광문(大宅廣門)이 있다. 기이군 출신으로는 천평보자 2년(757) 2월 24일자 「화공사이(畫工司移)」(『대일본고문서』 4-259)에 보이는 대택광족(大宅廣足)이 있다.

대택씨의 본종씨족은 대택조신(大宅朝臣)으로 옛 성은 신(臣)이었다. 천무천황 13년(684) 11월에 조신을 사성받았다. 대택신씨 인물로는 『일본서기』 추고 31년(623) 시세조에 이른바 '신라 원정군' 부장이었던 대택신군(大宅臣軍), 천지 2년(663) 3월조의 대택신겸병(大宅臣鎌柄)이 있다. 조신 성을 하사받은 후의 인물로는 『일본서기』 지통 3년(689) 2월조의 대택조신마려(大宅朝臣麻呂)와 『속일본기』 대보(大寶) 원년(701) 7월 임진조의 대택조신금궁(大宅朝臣金弓), 화동(和銅) 7년(714) 정월조의 대택조신대국(大宅朝臣大國), 양로(養老) 3년(720) 정월조의 대택조신소국(大宅朝臣小國), 양로 5년 정월조의 대택조신겸마려(大宅朝臣兼麻呂), 보귀(寶龜) 9년(780) 정월조의 대택조신길성(大宅朝臣吉成), 『유취국사』 권9 연력(延曆) 11년(792) 11월조의 대택조신광족(大宅朝臣廣足), 『일본삼대실록』 인화(仁和) 원년(885) 12월 23일조의 대택조신종영(大宅朝臣宗永) 등이 있다.

2. 대춘일(大春日)

『신찬성씨록』 완본에는 '대춘일조신(大春日朝臣)'이라고 기록되어 있었을 것이다. 대춘일(大春日; 오카스가)이라는 씨명은 율령제에서의 대화국(大和國) 첨상군(添上郡) 춘일(春日; 가스가)이라는 지명에서 유래한 것으로 추정된다. 이곳은 현재 나량현(奈良縣) 나량시(奈良市) 백호사정(白毫寺町) 부근이다. 『일본서기』에는 천무 13년(684) 11월에 대삼륜군(大三輪君; 오미와노키미) 이하 총 52씨에게 조신 성을 줄 때 (대)춘일신, 대택신(大宅臣), 속전신(粟田臣), 소야신(小野臣) 등 화이(和珥)계 6씨도 조신을 받았다. 좌경황별(하) 「대춘일조신」조(087) 참조.

3. 천족언국압인명(天足彦國押人命)

『고사기』, 『일본서기』에 의하면 효소의 첫째 황자이다. 『고사기』 효소천황단에는 천압대일자명(天押帶日子命; 아메오시타라시히코토이코토)으로 나온다. 『고사기』에는 춘일신(春日臣), 소야신(小野臣) 등의 시조로 나오며, 『일본서기』 효소 68년 정월조에는 화이신(和珥臣)의 조상이라고 한다. 〈화이씨계도(和邇氏系圖)〉에는 화이일자압인명(和邇日子押人命, 稚押彦命)이라는 아들이 있었다고 전한다. 천족언국압인명에 대해서는 좌경황별(하) 「대춘일조신」조(087) 참조.

278 【원문】
壬生臣
　　大宅同祖.

【번역】

임생신(壬生臣; 미부노오미)
　　대택(大宅; 오야케)과 조상이 같다.

【주석】

1. 임생신(壬生臣)

임생(壬生; 미부)이라는 씨명은 임생부(壬生部; 미부노베)의 반족씨족에서 유래한다.

임생신씨 일족으로는 천평 6년(734) 8월 20일자 「출운국계회장(出雲國計會帳)」(『대일본고문서』 1-596)에 임생사주우태마려(壬生使主宇太麻呂) 등이 보인다.

기타 무성의 임생씨 및 임생부씨에 대해서는 미정잡성 하내국 「임생부공」조(1138) 참조.

2. 대택신(大宅臣)

앞의 「대택신」조 참조. 완본에는 '대택신동조(大宅臣同祖). 천족언국압인명지후야.(天足彦國押人命之後也)'라고 기록되어 있었을 것이다.

279 【원 문】

物部
　　天足彦國押人命七世孫米餅搗大使主命之後也.

【번 역】

물부(物部; 모노노베)
　　천족언국압인명(天足彦國押人命; 아메타라시히코쿠니오시히토노미코토)의 7세손 미병도대사주명(米餅搗大使主命; 다가네츠키노오미토미코토)의 후손이다.

【주 석】

1. 물부(物部)

물부라는 씨명은 물부씨에 의해 통솔되던 부민에서 유래한다.

본조와 동족인 물부씨에 대해서는 섭진국 황별 「물부」조(145), 화천국 황별 「물부」조(317) 참조. 다만 좌경 신별(상) 「물부」조(370)의 '석상동조(石上同祖)'라는 기록을 통해서 알 수 있듯이 석상씨도 물부씨가 있었다.

2. 천족언국압인명(天足彦國押人命)

『고사기』와 『일본서기』에 의하면 효소의 첫째 황자로서, 『고사기』 효소천황단에는 천압대일자명(天押帶日子命; 아메오시타라시히코토이코토)으로 나온다. 『고사기』에는 춘일신(春日臣), 소야신(小野臣) 등의 시조로 되어 있고, 『일본서기』 효소 68년 정월조에 화이신(和珥臣)의 조상으로 나온다. 〈화이씨계도(和邇氏系圖)〉에는 화이일자압인명(和邇日子押人命, 稚押彦命)이라는 아들이 있었다고 전한다. 천족언국압인명에 대해서는 좌경 황별(하) 「대춘일조신(大春日朝臣)」조(087) 참조.

3. 미병도대사주명(米餠搗大使主命)

효소천황의 장남 천족언국압인명의 6세손으로 소야신사(小野神社) 전승에 의하면 응신천황에게 시토기(달걀 모양의 떡)를 바쳤다고 한다. 소야씨(小野氏), 춘일씨(春日氏), 시본씨(柿本氏) 등의 조상이다. 『고사기』와 『일본서기』에는 보이지 않는다. 좌경 황별(하) 「소야조신」조(088) 참조.

280 【원 문】
日下部連
　彦坐命子狹穗彦命之後也.

【번 역】

일하부련(日下部連; 구사카베노무라지)

언좌명(彦坐命; 히코이마스노미코토)의 아들 협수언명(狹穗彦命; 사호히코노미코토)의 후손이다.

【주 석】

1. 일하부련(日下部連)

일하부(日下部; 구사카베)라는 씨명은 일하부라고 하는 명대부(名代部)의 반조씨족에서 유래한다. 일부하는 초벽(草壁), 초향부(草香部)라고도 한다. 본조의 일하부련씨는 섭진국에 본관을 둔 일하부숙녜씨에서 분지된 씨족 또는 일하부라는 명대부의 후예씨족일 것으로 추정된다.

일하부련씨의 옛 성은 무성의 일하부이다. 『속일본기』 신호경운(神護慶雲) 2년(768) 2월 경진조에 하내국인 일하부의비마려(日下部意卑麻呂)에게 일하부련을 사성했다는 기록이 보이듯이, 하내국의 일하부련은 768년에 연(連)을 사성받았다. 일하부련의비마려는 이듬해 숙녜를 사성받았기 때문에 본조의 일하부련씨 본종의 인물일 것으로 여겨진다.

2. 언좌명(彦坐命)

개화천황의 셋째 황자로 경행천황의 증조부이다.『고사기』개화천황단에는 일자좌왕(日子坐王),『일본서기』개화 6년 정월조에는 언좌왕(彦坐王)으로 나온다. 좌경 황별(하)「치전련」조(116) 참조.

3. 협수언명(狹穗彦命)

『고사기』개화천황단에는 사본비고명(沙本毘古命)으로 나오며 '일하부련(日下部連)·갑배국조지조(甲斐國造之祖).'라고 기록되어 있다. 한편『일본서기』수인 4년 9월 무신조에는 협수언왕(狹穗彦王)으로 나오며 반역 전승이 자세히 기록되어 있다.

281 【원 문】

川俣公
　日下部連同祖. 彦坐命之後也.

【번 역】

천오공(川俣公; 가하마타노키미)

　일하부련(日下部連; 구사카베노무라지)과 조상이 같으며, 언좌명(彦坐命; 히코이마스노미코토)의 후손이다.

【주 석】

1. 천오공(川俣公)

천오(川俣; 가하마타)라는 씨명은 하오(河俣; 가하마타)라고도 하며 율령제하 하내국 약강군(若江郡) 천오향(川俣郷) 지명에서 유래한다. 현재 대판부 동대판시 남근(楠根) 지역에 해당한다.『연희식』신명장(神名帳)의 하내국 약강군조에 천오공씨의 씨신을 모신 천오신사가 보인다.

천오공씨 일족으로는『일본삼대실록』정관(貞觀) 3년(861) 9월 24일 을미조에 하오공어영(河俣公御影)이 보인다. 하오공어영은 본래 하내국 대현군(大縣郡) 사람으로 후에 좌경인이 되었으며, 연력(延曆) 19년(800)에 풍계공(豊階公)으로 개성되었다고 한다.

『속일본기』 천평(天平) 19년(747) 9월 을해조에는 하내국인 대초위하 하오련인마려(河俣連人麻呂)가 전(錢) 1천 관을 노사나불에 보시하여 외종5위하를 받았다고 한다. 하내국 하오련씨(河俣連氏)에 대해서는 하내국 신별「천과련(川跨連)」조(623) 참조.

2. 일하부련(日下部連)

앞의「일하부련(日下部連)」조(280) 참조.

3. 언좌명(彦坐命)

앞의「일하부련(日下部連)」조(280) 참조.

282 【원문】

豐階公

河俣公同祖. 彦坐命男澤道彦命之後也.

【번 역】

풍계공(豐階公; 도요시나노키미)

하오공(河俣公; 가하마타노키미)과 조상이 같으며, 언좌명(彦坐命; 히코이마스노미코토)의 자식인 택도언명(澤道彦命; 사하지히코노미코토)의 후손이다.

【주 석】

1. 풍계공(豐階公)

풍계(豐階; 도요시나)라는 씨명은 지명에 의한 것인지 미칭인지 명확히 알 수 없다. 풍계공의 옛 씨성은 하오공(河俣公)이다.『일본삼대실록』정관(貞觀) 3년(861) 9월 24일 을미조에 "연력(延曆) 19년에 하오공어영(河俣公御影)에게 풍계공(豐階公)의 성을 주었다."라는 기록을 통해서 알 수 있듯이 연력 19년(800)에 풍계공이라는 성을 받았다.

풍계공씨 일족으로는『속일본후기』승화(承和) 9년 3월 신축조에 풍계공안인(豐階公安人)이 보인다. 안인은 원래 하내국 대현군(大縣郡) 사람으로『일본문덕천황실록』에 의하면 인수(仁壽) 2년(852)에 진인(眞人)을 사성받았다.

2. 하오공(河俣公)

대화국 황별 「하오공」조(227), 하내국 황별 「하오공」조(281) 참조.

3. 택도언명(澤道彦命)

본비고왕(本毘古王, 협수언명)을 가리킨다. 본비고왕에 대해서는 하내국 황별 「일하부련」조(280) 참조.

283 【원 문】
酒人造
　日下部同祖. 日本紀不見.

【번 역】

　주인조(酒人造; 사카히토노미야츠코)

　　일하부(日下部; 구사카베)와 조상이 같으며, 『일본기』에는 보이지 않는다.

【주 석】

1. 주인조(酒人造)

주인(酒人; 사카히토)이라는 씨명은 『일본서기』 숭신 8년 4월 을묘조에 '장주(掌酒). 차운좌개미태(此云佐介弭太).'라는 기록을 통해서 알 수 있듯이 조정에서 술 제조를 담당하던 주인의 반조에서 유래한다.

　신귀(神龜) 3년(726) 「산배국애탕군운하리계장(山背國愛宕郡雲下里計帳)」(『대일본고문서』 1-356)에 나오는 일하부주인련소족매(日下部酒人連小足賣), 천평 17년(745) 4월 17일자 「조주사해(造酒司解)」(『대일본고문서』 2-407)의 일하부주인련모인(日下部酒人連毛人) 등은 주인조씨와 동족일 가능성이 크다. 이 중에 일하부주인련모인이 조주사의 원외령사(員外令史)였다는 점에 주목하면 주인조씨는 조주사의 반조인 주부(酒部)의 부명씨(負名氏)였을 것으로 생각된다.

2. 일하부(日下部)

『신찬성씨록』 완본에는 '일하부련(日下部連)'으로 기록되어 있었을 것이다. 일하부련씨에 대해서는 하내국 황별「일하부련」조(280) 참조.

3. 일본기불견(日本紀不見)

『신찬성씨록』 완본에는 주인조의 사성 기사기 있었는데, 이와 관련된 기록이 『일본서기』에는 보이지 않는다는 의미일 것이다.

284 【원 문】
日下部
　日下部連同祖.

【번 역】

일하부(日下部; 구사카베)
　일하부련(日下部連; 구사카베노무라지)과 조상이 같다.

【주 석】

1. 일하부(日下部)

하내국 황별「일하부련」조(280) 참조.

2. 일하부련(日下部連)

하내국 황별「일하부련」조(280) 참조.

285 【원문】

忍海部
　開化天皇皇子比古由牟須美命之後也.

【번 역】

인해부(忍海部; 오시노미베)
　개화천황(開化天皇; 가이쿠와텐노)의 황자인 비고유모수미명(比古由牟須美命; 히코유무스미노미코토)의 후손이다.

【주 석】

1. 인해부(忍海部)

인해부의 씨명은 반풍청황녀(飯豊靑皇女)의 명대부(名代部)인 인해부의 반조씨족이었던 데서 유래한다.

　인해부씨 일족에 대해서는 사료에 보이지 않지만, 인해부는 이른 시기부터 각국에 설치되어 있었기 때문에 본조의 인해부씨와 별계의 인해부씨 일족이 여러 사료에 등장한다.

2. 개화천황(開化天皇)

『신찬성씨록』 완본에는 '치일본근자언대일일천황시개화(稚日本根子彦大日日天皇諡開化)'라고 기록되어 있었을 것이다. 개화천황은 『고사기』에 약왜근자일자대비비명(若倭根子日子大毘毘命; 와카야마토네히코오비비노미코토)으로 나온다. '기기'에는 계보 기사가 존재하지만 역사성을 인정할 수 없는 결사(缺史) 8대의 천황이다. 이에 대해서는 좌경 황별(상) 「도수조신(道守朝臣)」조(081) 참조.

3. 비고유모수미명(比古由牟須美命)

『고사기』 개화천황단에는 개화천황이 단파대현주(丹波大縣主) 유기리(由碁理)의 딸을 맞아 낳은 자식으로 나온다. 『일본서기』에는 언탕산우명(彦湯産隅命; 히코유무스미노미코토)으로 나온다.

286 【원문】

茨田宿禰
　　多朝臣同祖. 彦八井耳命之後也. 男野現宿禰. 仁德天皇御代. 造茨田堤. 日本紀合.

【번역】

자전숙녜(茨田宿禰; 마무타노스쿠네)

　　다조신(多朝臣; 오호노아소미)과 조상이 같다. 언팔정이명(彦八井耳命; 히코야위미미노미코토)의 후손이다. 자식은 야현숙녜(野現宿禰; 노미노스쿠네)이다. 인덕천황(仁德天皇; 닌토쿠텐노) 대에 자전제(茨田堤; 마무타노츠츠미)를 축조하였다.『일본기』와 일치한다.

【주석】

1. 자전숙녜(茨田宿禰)

자전(茨田; 마무타)이라는 씨명은『일본서기』인덕 11년 동10월에 자전제(茨田堤)를 축조했다는 전승과 함께 자전제가 위치한 하내국 자전군 자전향(茨田鄕)이라는 지명에서 유래한다. 현재 대판부(大阪府) 문진시(門眞市) 문진(門眞) 일대이다. 원래 성은 연(連)이며, 천무천황 13년(684) 12월에 숙녜 성을 사성받았다.

자전숙녜씨의 일족으로는, 먼저 숙녜 성을 사성받기 이전의 인물로『일본서기』인덕 11년 10월조의 자전련삼자(茨田連衫子), 계체 원년(507) 2월조의 자전련소망(茨田連小望)이 있다.

숙녜를 사성받은 후의 인물로는 천평 16년(744) 4월 19일자「사소료지등납충주문(寫疏料紙等納充注文)」(『대일본고문서』8-460)의 자전숙녜매마려(茨田宿禰枚麻呂), 천평승보 원년(749) 9월 29일자「대재부첩안(大宰府牒案)」(『대일본고문서』24-604)의 자전숙녜오백촌(茨田宿禰五百村) 등이 있다.

2. 다조신(多朝臣)

다(多)는 '태(太)', '대(大)', '의부(意富)'라고도 하며, 신무천황의 아들 신팔정이명(神八井

耳命)의 후손이라고 한다. 좌경 황별(상)「다조신」조(077) 참조.

3. 언팔정이명(彦八井耳命)

『고사기』신무천황단에는 신무천황의 아들 일자팔정명(日子八井命)으로 나온다. 언팔정이명은 좌경 황별(하)「자전련」조(177) 참조.

4. 야현숙녜(野現宿禰)

여기에만 보여 자세히 알 수 없다.

5. 인덕천황(仁德天皇)

『신찬성씨록』 완본에는 '대초료천황시인덕(大鷦鷯天皇諡仁德)'이라고 기록되어 있었을 것이다. 인덕은 응신과 중희(仲姬) 사이에서 태어났다. 인덕은 난파고진궁(難波高津宮)에 도읍을 정하고 갈성반지원(葛城磐之媛)을 황후로 세워 이중(履中), 반정(反正), 윤공(允恭) 등 4명의 아들을 두었다. '기기(記紀)'에 요순(堯舜)과 같은 성스러운 군주로 묘사되어 있다. 『일본서기』에는 재위 87년에 죽었다고 되어 있지만, 『고사기』에는 83세에 죽었다고 기록되어 있다. 인덕천황릉으로 전하는 백설조이원중릉(百舌鳥耳原中陵)은 대판부(大阪府) 계시(堺市)에 있는 전방후원분인 대산고분(大山古墳)으로 비정되고 있다.

6. 자전제(茨田堤)

『일본서기』 인덕 11년 10월조에 자전제 축조 기사가 보이고, 『고서기』 인덕천황단에 진인(秦人)으로 하여금 자전제 및 자전삼택(茨田三宅)을 만들게 했다는 기록이 있다. 『하내지(河內志)』에 매방시(枚方市) 이가하(伊加賀) 부근에서 도도구(都道區) 동야전정(東野田町) 부근에 이르는 제방이라 보는 설이 있다. 『속일본기』 천평승보(天平勝寶) 2년(750) 5월 신해조에 자전제가 자주 무너졌다는 기사가 있고, 보귀(寶龜) 원년(770) 7월 임오조에는 자전제 공사에 3만여 명을 동원한 기록도 보인다.

7. 일본기합(日本紀合)

『일본서기』 천무천황 13년(684) 12월 기묘조에 자전련에게 숙녜 성을 사성한 기록을 가리킨다.

287 【원문】

志紀縣主

多同祖. 神八井耳命之後也.

【번역】

지기현주(志紀縣主; 시키노아가타누시)

다(多; 오호)와 조상이 같으며, 신팔정이명(神八井耳命; 가무야위미미노미코토)의 후손이다.

【주석】

1. 지기현주(志紀縣主)

지기(志紀; 시키)라는 씨명은 율령제하의 하내국 지기군 지기향(志紀鄕)이라는 지명에서 유래한다. 현재 대판부(大阪府) 백원시(栢原市) 부근이다. 현주는 지기현의 장이라는 직장명에서 붙은 성(姓)이다.

지기현주의 일족으로는 천평승보 2년(750) 8월자 「경사상일장(經師上日帳)」(『대일본고문서』 3-431)의 지기현주작마려(志紀縣主作麻呂), 보귀 2년(771) 3월 17일자 「범해련풍성경사공진문(凡海連豐成經師貢進文)」(『대일본고문서』 6-129)의 지기현주인승(志紀縣主忍勝), 『일본삼대실록』 정관 2년(880) 11월 16일 임진조의 지기현주정성(志紀縣主貞成), 동 정관 4년(882) 2월 23일 임술조의 지기현주복주(志紀縣主福主) 등이 있다. 이 가운데 기기현주인승은 하내국 지기군 대로향(大路鄕) 사람이다. 그리고 지기현주정성과 지기현주복주는 정관 4년에 숙녜를 사성받았다.

2. 다동조(多同祖)

『신찬성씨록』 완본에는 '다조신동조(多朝臣同祖)'라고 기록되어 있었을 것이다. 다조신의 다(多)는 '태(太)', '대(大)', '의부(意富)'라고도 하며, 신무천황의 아들 신팔정이명(神八井耳命)의 후손이라고 한다. 좌경 황별(상) 「다조신」조(077) 참조.

3. 신팔정이명(神八井耳命)

『고사기』 신무천황단에 신무천황의 아들 상도중국조(常道仲國造), 장협국조(長狹國造),

이세선목직(伊勢船木直), 미장단우신(尾張丹羽臣), 도전신(島田臣) 등의 조상이라고 나온다. 이에 대해서는 좌경 황별(상) 「다조신」조(077) 참조.

288 【원 문】

紺口縣主
　　志紀縣主同祖. 神八井耳命之後也.

【번 역】

감구현주(紺口縣主; 고무쿠노아가타누시)

　　지기현주(志紀縣主; 시키노아가타누시)와 조상이 같으며, 신팔정이명(神八井耳命; 가무야위미미노미코토)의 후손이다.

【주 석】

1. 감구현주(紺口縣主)

감구(紺口; 고무쿠)라는 씨명은 율령제하의 하내국 석천군 감구향(紺口鄕)이라는 지명에서 유래한다. 현재 대판부 남하내군 하남정(河南町)이다. 현주는 감구현의 장인 직장명이 성으로 된 것이다. 감구라는 지명에 대해서는 『일본서기』 인덕천황 14년 시세조에 그 유래가 보인다. 감구현주씨 일족은 다른 사료에 보이지 않는다.

2. 지기현주(志紀縣主)

앞의 하내국 황별 「지기현주」조(287) 참조.

3. 신팔정이명(神八井耳命)

『고사기』 신무천황단에 의하면 신무천황의 아들로 상도중국조(常道仲國造), 장협국조(長狹國造), 이세선목직(伊勢船木直), 미장단우신(尾張丹羽臣), 도전신(島田臣) 등의 조상이라고 나온다. 이에 대해서는 좌경 황별(상) 「다조신」조(077) 참조.

289 【원문】
志紀首
　　志紀縣主同祖. 神八井耳命之後也.

【번 역】

　지기수(志紀首; 시키노오비토)

　　지기현주(志紀縣主; 시키노아가타누시)와 조상이 같으며, 신팔정이명(神八井耳命; 가무야위미미노미코토)의 후손이다.

【주 석】

1. 지기수(志紀首)

　지기(志紀; 시키)라는 씨명은 율령제하의 하내국 지기군 지기향(志紀鄕)이라는 지명에서 유래한다. 현재 대판부(大阪府) 백원시(栢原市) 부근이다. 지기수 일족에 대해서는 관련 자료가 보이지 않는다. 동족으로는 지기현주(志紀縣主)가 있다. 지기현주에 대해서는 우경 황별(하)「지기수」조(178) 참조.

2. 지기현주(志紀縣主)

　하내국 황별「지기현주」조(287) 참조.

290 【원문】
下家連
　　彦八井耳命之後也.

【번 역】

　하가련(下家連; 시모야케노무라지)

　　언팔정이명(彦八井耳命; 히코야위미미노미코토)의 후손이다.

【주 석】

1. 하가련(下家連)

하가(下家; 시모야케)라는 씨명은 율령제하 비후국 옥명군(玉名郡) 하택향(下宅郷; 시모야케)이라는 지명에서 유래한다. 하가련씨 일족에 대해서는 다른 자료에 보이지 않는다.

2. 언팔정이명(彦八井耳命)

『고사기』 신무천황단에는 신무천황의 아들 일자팔정명(日子八井命)으로 나온다. 언팔정이명은 우경 황별(하)「자전련」조(177) 언팔정이명 참조.

291 【원 문】

江首
　　江人. 彦八井耳命七世孫來目津彦命之後也.

【번 역】

강수(江首; 에노오비토)
　　강인(江人; 에히토)은 언팔정이명(彦八井耳命; 히코야위미미노미코토)의 7세손 내목진언명(來目津彦命; 구메츠히코노미코토)의 후손이다.

【주 석】

1. 강수(江首)

강수라는 씨명은 강에서 어획에 종사하거나 조정에 어류를 올리는 부민인 강인(江人; 에노히토)의 반조씨족이었던 데서 유래한다. 강수씨의 일족에 대해서는 다른 자료에 보이지 않는다.

2. 강인(江人)

율령제하에서 강인은 대선직(大膳職)에 속한 잡공호(雜供戶)로서, 『영의해(令義解)』「대선직」조와 『영집해(令集解)』「대선직」조에도 보인다. 『영집해』에 의하면 강인은 87호로 구성되었으며 이들을 통솔하는 강장(江長)이 있었음을 알 수 있다. 강수씨가 바로 강장의 역할을 했던 씨족으로 추정된다.

3. 내목진언명(來目津彦命)
내목진언명은 여기에만 보인다.

---

292 【원문】
大田宿禰
　　大碓命之後也.

【번 역】
대전숙녜(大田宿禰; 오타노스쿠네)
　대대명(大碓命; 오우스노미코토)의 후손이다.

【주 석】
1. 대전숙녜(大田宿禰)
대전(大田; 오타)이라는 씨명은 미농국(美濃國)의 안팔군(安八郡) 대전향(大田鄕) 혹은 대야군(大野郡) 대전향의 지명에서 유래한다. 대전숙녜의 옛 성은 군(君)이고 숙녜 성을 하사받은 시기는 명확하지 않다. 대전숙녜씨 일족에 대해서는 다른 자료에 보이지 않는다.

2. 대대명(大碓命)
대대명은 경행천황(景行天皇)의 아들이다.『일본서기』경행 2년 3월 무진조에는 도일대랑희(稻日大郞姬; 이나비노오이라츠메) 황후의 첫째 아들이 대대황자(大碓皇子)이다.『고사기』경행천황단에는 대대명(大碓命)의 분주에 수군(守君), 태전군(太田君), 도전군(島田君)의 선조라고 하고 있다.

293 【원문】
尾張部
　彦八井耳命之後也.

【번역】
　미장부(尾張部; 워하리베)
　　언팔정이명(彦八井耳命; 히코야위미미노미코토)의 후손이다.

【주석】
1. 미장부(尾張部)

미장(尾張; 워하리)이라는 씨명은 하내국에 분포하고 있던 미장련(尾張連)의 부민명에서 유래한다. 미장부씨의 근거지는 하내국 안숙군(安宿郡) 미장향(尾張鄕)으로 현재 대판부 백원시(柏原市) 국분(國分) 지역에 해당한다. 미장부씨 일족에 대해서는 다른 자료에 보이지 않는다.

2. 언팔정이명(彦八井耳命)

『고사기』 신무천황단에는 신무천황의 자식인 일자팔정명(日子八井命)으로 나온다. 우경 황별(하) 「자전련(茨田連)」조(177) 참조.

294 【원문】
守公
　牟義公同祖. 大碓命之後也. 日本紀漏.

【번역】
　수공(守公; 모리노키미)
　　모의공(牟義公; 무게노키미)과 조상이 같으며, 대대명(大碓命; 오우스노미코토)의 후손이다. 『일본기』에는 누락되어 있다.

【주 석】

1. 수공(守公)

수공이라는 씨명의 유래는 지명이나 직명과 관련된 것을 찾기가 어렵다. 수공은 수군(守君; 모리노키미)과 같다.

수공 일족으로는 『일본서기』에 제명(齊明) 4년(658) 11월 무자조의 수군대석(守君大石), 지통(持統) 원년(687) 정월 갑신조의 수군예전(守君苅田)이 보인다. 자세한 것은 좌경 황별(하) 「수공(守公)」조(115) 참조.

2. 모의공(牟義公)

모의(牟義; 무게)라는 씨명은 신모(身毛), 모의(牟宜), 무의(武義) 등으로도 나온다. 율령제하에서 미농국(美濃國) 무의군(武義郡; 무게노고오리)이라는 지명과 관련이 있는 것으로 추정된다. 이곳은 현재 기부현(岐阜縣) 무의군(武儀郡) 무의향(武儀鄕) 일대에 해당된다. 좌경 황별(하) 「모의공(牟義公)」조(114) 참조.

3. 대대명(大碓命)

『일본서기』 경행 40년 7월 무술조에 대대황자(大碓皇子)가 봉지인 미농국에 가서 신모진군(身毛津君; 무게츠노키미)과 수군(守君; 모리노키미)의 시조가 되었다고 기록되어 있다. 대대명에 대해서는 좌경 황별(하) 「모의공(牟義公)」조(114) 참조.

4. 일본기루(日本紀漏)

『신찬성씨록』 완본에는 수공의 사성과 관련된 기록이 있었는데, 이와 달리 『일본서기』에는 보이지 않는다는 의미일 것이다.

---

295 【원 문】

阿禮首

　　守公同祖. 大碓命之後也.

【번 역】

아례수(阿禮首; 아레노오비토)

　수공(守公; 모리노키미)과 조상이 같으며, 대대명(大碓命; 오우스노미코토)의 후손이다.

【주 석】

1. 아례수(阿禮首)

아례(阿禮; 아레)라는 씨명의 유래는 지명이나 직명과 관련된 것을 찾기가 어렵다.

2. 수공(守公)

좌경 황별(하) 「수공(守公)」조(115) 참조.

296 【원 문】

廣來津公
　　上毛野朝臣同祖. 豊城入彦命之後也. 三世孫赤麻里. 依家地名負尋來津君者.

【번 역】

광래진공(廣來津公; 히로키츠노키미)

　상모야조신(上毛野朝臣; 가미츠케노노아소미)과 조상이 같으며, 풍성입언명(豊城入彦命; 도요키이리히코노미코토)의 후손이다. 3세손 적마리(赤麻里; 아카마로)의 가지(家地) 명에 의거해 수래진군(壽來津君; 히로키츠노키미)이라고 하였다.

【주 석】

1. 광래진공(廣來津公)

광래진(光來津; 히로키츠)이라는 씨명은 심래진(尋來津; 히로키츠)이라고도 한다. 율령제하 하내국 삽천군(澁川郡) 적부향(跡部鄕)에 있던 난파진의 남부의 옛 지명이 광진(廣津;

히로츠)이었다. 현재 대판부 팔미시(八尾市) 식송정(植松町) 부근이다. 광래진공씨 일족으로는 『속일본기』 천평보자 7년(763) 9월 경신조의 하내국 출신 심래진공관마려(尋來津公關麻呂)가 있다. 자세한 것은 대화국 황별 「광래진」조(226) 참조.

2. 상모야조신(上毛野朝臣)

상모야라는 씨명은 율령제 상야국(上野國; 가미츠케노쿠니)의 지명과 관련된 것으로 추정되며, 이곳은 현재 군마현(群馬縣)에 해당된다. 『일본서기』 천무 13년(684) 11월 무신 삭조에 상모야군(上毛野君)을 비롯한 52씨에게 조신이라는 성을 주었다고 기록되어 있다. 자세한 것은 좌경 황별(하) 「상모야조신」조(098), 우경 황별(상) 「상모야조신」조(136) 참조.

3. 풍성입언명(豊城入彦命)

『고사기』, 『일본서기』에 나오는 제10대 숭신천황의 황자이다. 『고사기』에는 풍목입일자명(豊木入日子命), 『일본서기』에는 풍성입언명(豊城入彦命)으로 나온다.

4. 삼세손(三世孫) 적마리(赤麻里)

적마리에 대해서는 여기에만 보인다. 다만 대화국 황별 「광래진」조(227)에는 풍성입언명의 4세손으로 대황전별명(大荒田別命)이 나오는데, 적마리가 대황전별명의 조상에 해당하는지는 명확하지 않다.

5. 가지명(家地名)

가지의 이름은 광래진이다. 『일본서기』 웅략 7년 시세조에는 백제로부터 도래한 수말재기(手末才伎)를 안치한 곳으로 나온다. 이와 함께 『유취국사(類聚國史)』(권77) 「쟁(箏)」 연력 15년 6월 병인조에 심래진공관마려(尋來津公關麻呂)가 거문고를 잘 다루고 물건을 잘 만들었다는 기록이 나오듯이 기능을 가진 인물이라는 점 등에서 광래진공씨를 도래계 씨족일 가능성으로 보는 견해도 있다.

6. 수래진군(尋來津君)

수래진(壽來津; 히로키츠)이라는 씨명은 광래진(光來津; 히로키츠)이라고도 한다.

297 【원문】

止美連

　　尋來津公同祖. 豊城入彦命之後也. 四世孫荒田別命男田道公被遣百濟國. 娶止美邑吳女. 生男持君. 三世孫熊. 次新羅等. 欽明天皇御世. 參來. 新羅男吉雄. 依居賜姓止美連也. 日本紀漏.

【번 역】

지미련(止美連; 도미노무라지)

　　심래진공(尋來津公; 히로키츠노키미)과 조상이 같다. 풍성입언명(豊城入彦命; 도요키이리히코노미코토)의 후손이다. 4세손 황전별명(荒田別命; 아라타와케노미코토)의 아들인 전도공(田道公; 다지노키미)이 백제국에 파견되었다. 지미읍(止美邑; 도미노무라)의 오녀(吳女)를 취해 낳은 아들이 지군(持君; 모치노키미)이다. 3세손인 웅(熊; 구마), 다음 신라(新羅; 시라키) 등이 흠명천황 때 왔다. 신라의 아들 길웅(吉雄; 요시오)이 거주한 곳에 따라 성을 내려 지미련이라고 하였다. 『일본기』에는 누락되어 있다.

【주 석】

1. 지미련(止美連)

지미(止美; 도미)라는 씨명은 위의 내용대로 백제의 지미읍이라는 지명에서 유래한다. 지미는, 『일본서기』 신공황후(神功皇后) 섭정 49년 3월조와 응신 8년 3월조에 인용된 『백제기』에 보이는 침미다례(忱彌多禮)를 가리킨다. 이 침미다례에 대해서는 제주도 또는 전남 강진설이 있다.

　　지미련씨 일족에 대해서는 다른 자료에 보이지 않아 명확히 알 수 없다. 다만 『일본후기』 연력 18년(799) 12월 갑술조에는 백제로부터 도래했다는 무성(無姓)의 지미(止彌; 도미)씨가 있다. 이 지미와 지미련의 지미(止美; 도미)는 음이 통하기 때문에 양자가 동족일 가능성이 크다.

2. 황전별명(荒田別命)

대황전별명(大荒田別命; 오아라타와케노미코토), 황전별(荒田別; 아라타와케)이라고도 표기된다.『일본서기』신공황후 섭정 49년 3월조에는 황전별과 녹아별(鹿我別)이 신라를 치기 위해 파견된 전승이 있고, 응신 15년 8월 정묘조에는 황전별이 상모야군(上毛野君)의 조상이라고 적혀 있다. 자세한 것은 우경 황별(상)「대야조신(大野朝臣)」조(138) 참조.

3. 전도공(田道公)

『일본서기』인덕 53년 5월조와 동 55년조에 신라가 한동안 조공하지 않아 이를 책문하기 위해 전도(田道)가 신라에 파견되었다는 전승이 나온다. 후예씨족들이 조상의 무공을 강조하기 위해 시조 전승을 윤색한 것이다. 이런 종류의 기록은 유독 신라와 관련된 전승이 많고 후대의 신라적시관과 번국관에 기인한다.

4. 오녀(吳女)

오녀는 한녀(韓女)를 가리킨다.『일본서기』계체 24년(508) 9월조에는 번녀(蕃女), 흠명 2년(540) 7월조에는 한부(韓婦)라는 표현이 나오는데 의미는 모두 같다.

5. 지군(持君)

이곳에만 보인다.

6. 웅(熊)

이곳에만 보인다.

7. 신라(新羅)

여기서는 인명으로 되어 있으나 아들이 길웅이라는 점으로 보아 신라가 성으로 쓰였을 가능성도 있다.

8. 흠명천황어세(欽明天皇御世)

좌백유청(佐伯有淸)은『신찬성씨록』완본에는 '흠명' 앞에 '천국배개광정천황시(天國排開廣庭天皇諡)'라는 문장이 있었으며, '천황'이라는 글자는 없었을 것으로 추정하였다. 흠명 대에 웅(熊)과 신라가 참래했다는 기록은 다른 곳에서 확인되지 않는다. 아마『일본서기』흠명기에 백제와 신라, 임나 사람이 도래했다는 여러 기록을 참조하여 만들어진 전승으로 생각된다.

9. 길웅(吉雄)

이곳에만 보인다.

10. 일본기루(日本紀漏)

신라의 아들인 길웅(吉雄)이 지미련이라는 씨성을 받았다는 내용이 『일본서기』에 기록되어 있지 않다는 것을 의미한다.

298 【원 문】
村擧首
　　豐城入彦命之後也.

【번 역】

촌거수(村擧首; 무라게노오비토)
　　풍성입언명(豐城入彦命; 도요키이리히코노미코토)의 후손이다.

【주 석】

1. 촌거수(村擧首)

촌거(村擧; 무라게)라는 씨명의 유래는 알 수 없다. 촌거수 일족에 대해서 기타의 사료에는 보이지 않는다. 한편 무성의 촌거씨로는 천평 5년(733) 정월 27일자 「사경소계(寫經所啓)」(『대일본고문서』 7-34)의 촌거인족(村擧人足)과 보귀 2년(771) 3월의 「봉사일체경료전용장(奉寫一切經料錢用帳)」(『대일본고문서』 17-282)의 촌거조계(村擧祖繼)라는 인물이 있다.

2. 풍성입언명(豐城入彦命)

『고사기』, 『일본서기』에 나오는 제10대 숭신천황의 황자이다. 좌경 황별(하) 「하모야조신」조(087)와 앞의 「광래진공」조(296) 참조.

299 【원 문】

佐伯直
　　大足彦忍代別天皇皇子稻背入彦命之後也. 日本紀不見.

【번 역】

좌백직(佐伯直; 사헤키노아타히)

　　대족언인대별천황(大足彦忍代別天皇; 오타라시히코오시로와케노스메라미코토)의 황자인 도배입언명(稻背入彦命; 이나세이리히코노미코토)의 후손이다.『일본기』에는 보이지 않는다.

【주 석】

1. 좌백직(佐伯直)

좌백(佐伯; 사헤키)이라는 씨명은 파마국(播磨國)에 설치된 좌백부의 반조씨족이었다는 데서 유래한다. 좌백직의 옛 씨성은 침간별(針間別; 하리마노와케)이며, 천지 9년(670) 경오년에 좌백직이라는 씨성을 칭하게 되었다. 좌백직 일족에 대해서는 우경 황별(하)「좌백직」조(168) 참조.

2. 대족언인대별천황(大足彦忍代別天皇)

경행천황을 가리킨다. 좌백유청(佐伯有淸)은『신찬성씨록』완본에는 '천황' 다음에 '시경행(諡景行)' 3글자가 있었을 것이라 추정하였다. 경행은 수인(垂仁)의 셋째 아들로 제12대 천황으로 알려져 있다. 경행천황에 관해서는 좌경 황별(상)「고교조신」조(057) 경행천황 참조.

3. 도배입언명(稻背入彦命)

『일본서기』경행 4년 춘2월조에는 도배입언황자(稻背入彦皇子)로 나온다. 경행천황의 아들이며 어머니는 오십하원(五十河媛)이다. 파마별(播磨別)의 조상이라고도 한다.

4. 일본기불견(日本紀不見)

좌백직의 사성 기사가『일본서기』효덕기에는 보이지 않는다는 의미이다.

300 【원문】

蘇宜部首
　仲哀天皇皇子譽屋別命之後也. 日本紀漏.

【번역】

소의부수(蘇宜部首; 소가베노이비토)
　중애천황(仲哀天皇; 치우아이텐노)의 황자인 예옥별명(譽屋別命; 호무야와케노미코토)의 후손이다.『일본기』에는 누락되어 있다.

【주석】

1. 소의부수(蘇宜部首)

소의부(蘇宜部; 소가베)라는 씨명은 소아부(蘇我部; 소가베)·종아부(宗我部; 소가베) 등으로도 표기하며, 소의부의 반조씨족이었다는 데서 유래한다. 소아부수씨 일족에 대해서는 이곳에만 보인다.

2. 중애천황(仲哀天皇)

좌백유청(佐伯有淸)은,『신찬성씨록』완본에는 '흠명' 앞에 '족중언천황시(足仲彦天皇諡)'라는 6글자가 있었으며, '천황'이라는 글자는 없었을 것으로 추정하였다. 중애천황에 대해서는 좌경 황별(상)「간인숙네(間人宿禰)」조(085) 참조.

3. 예옥별명(譽屋別命)

좌경 황별(상)「간인숙네(間人宿禰)」조(085) 참조.

4. 일본기루(日本紀漏)

『신찬성씨록』완본에는 소의부수씨 사성에 대한 기록이 있는데『일본서기』에는 보이지 않는다는 의미이다.

301 【원문】
磯部臣
　同上.

【번역】

기부신(磯部臣; 이소베노오미)
　위와 같다.

【주석】

1. **기부신(磯部臣)**

기부(磯部; 이소베)라는 씨명은 의부(礒部; 이소베) 또는 석부(石部; 이시베)라고도 표기하며, 기부의 반조씨족이라는 것에서 유래한다. 『고사기』 응신단에 '차지어세(此之御世). 정사해부(定賜海部). 산부(山部). 산수부(山守部). 이세부(伊勢部).'라는 기록을 통해 알 수 있듯이 이세부(伊勢部; 이세베)와 같은 씨족일 가능성이 크다. 기부신씨가 응신의 형인 예옥별명을 조상으로 삼은 것은 응신조에 이세부를 설치한 것과 관계가 깊다. 기부신씨 일족으로는 『유취부선초(類聚符宣抄)』 관화(寬和) 2년(986) 9월 20일조의 기부신 안무(磯部臣安茂)가 있다.

2. **동상(同上)**

『신찬성씨록』 완본에는 '중애천황황자예옥별명지후야(仲哀天皇皇子譽屋別命之後也)'라고 기록되어 있었을 것이다.

302 【원문】
蓁原
　譽田天皇皇子大山守命之後也.

【번역】

진원(蓁原; 하리하라)

예전천황(譽田天皇; 오무타노스메라미코토)의 황자인 대산수명(大山守命; 오야마모리노미코토)의 후손이다.

【주 석】

1. 진원(榛原)

이 씨명은 진원(榛原; 하이바라)이라고도 쓰며 율령제에서의 원강국(遠江國) 진원군(榛原郡) 진원향(榛原鄕)이라는 지명에서 유래한다. 현재 정강현(靜岡縣) 진원군(榛原郡) 진원정(榛原町) 일대이다.

진원씨 일족으로는 천평승보 7년(755) 9월 28일 「반전사역명(班田司歷名)」(『대일본고문서』 4-82)의 진원등성(榛原藤成)이 있는데 그는 하내국 반전사인 사생(史生)이었다. 동족으로 진원공씨(榛原公氏)가 있으며, 이에 대해서는 섭진국 황별 「진원공」조(229) 참조.

2. 예전천황(譽田天皇)

응신천황을 가리킨다. 『신찬성씨록』 완본에는 천황 다음에 '시응신(諡應神)'이라는 3글자가 있었을 것이다. 응신천황에 대해서는 좌경 황별 「식장진인(息長眞人)」조(001) 참조.

3. 대산수명(大山守命)

『고사기』 응신천황단에 응신의 아들로 나오며, 후손으로 토형군(土形君), 폐기군(幣岐君), 진원군(榛原君)이 있다. 한편 『일본서기』 응신 2년 3월 임자조에는 대산수황자(大山守皇子)로도 나오며, 그 후손으로 토형군과 진원군 두 씨족만 거론하고 있다. 『선대구사본기』 신황본기의 응신천황조에도 『일본서기』와 같이 토형군과 진원군 두 씨족의 조상으로 기록되어 있다. 자세한 것은 우경 황별(하) 「일치조신(日置朝臣)」조(229) 참조.

신찬성씨록
新撰姓氏錄

제1질

제10권

화천국 和泉國 황별 皇別

[起道守朝臣 盡山公三十三氏]
도수조신(道守朝臣; 치모리노아소미)에서 산공(山公; 야마노키미)까지 33씨이다.

303 【원 문】
道守朝臣
　　波多朝臣同祖. 八多八代宿禰之後也. 日本紀合.

【번 역】
도수조신(道守朝臣; 치모리노아소미)
　파다조신(波多朝臣; 하타노아소미)과 조상이 같으며, 팔다팔대숙녜(八多八代宿禰; 하타노야시로노스쿠네)의 후손이다. 『일본기』와 일치한다.

【주 석】
1. 도수조신(道守朝臣)
도수(道守; 치모리)라는 씨명이 지명과 직명 어느 쪽에서 유래되었는지 명확하지 않다. 다만 본조 도수조신의 본거지는 화천국 대도군(大島郡) 염혈향(鹽穴鄕) 유수(乳守)라고 생각된다. 도수와 유수는 '치모리'로 동음이다. 현재의 대반부(大阪府) 계시(堺市) 축송(舳松) 지역이다. 본조 도수조신의 일족에 대해서는 기타의 사료에는 보이지 않는다. 다른 지역의 도수조신씨에 대해서는 좌경 황별(상)「도수조신」조(072) 참조.

2. 파다조신(波多朝臣)
파다(波多; 하타)는 팔다(八多; 하타)로도 표기한다. 우경 황별(상)「팔다조신」조(119) 참조.

3. 팔다팔대숙녜(八多八代宿禰)
『일본서기』에는 우전시대숙녜(羽田矢代宿禰), 『고사기』에는 파다팔대숙녜(波多八代宿禰)

로 나온다. 한편 기타 문헌에서는 파다시대(波多矢代), 팔태옥대(八太屋代)로 표기되기도 한다. 무내숙녜의 아들 파다씨(波多氏)를 비롯한 그 일족의 조상이라고 전한다. 좌경황별(상)「도수조신」조(072) 참조.

4. 일본기합(日本紀合)

『일본서기』 천무천황 13년(684) 11월조에서 도수신이 조신(朝臣)을 사성받은 기사를 가리킨다.

---

304 【원문】
坂本朝臣
　紀朝臣同祖. 建內宿禰男紀角宿禰之後也. 男白城宿禰三世孫建日臣. 因居賜姓坂本臣. 日本紀合.

【번역】

판본조신(坂本朝臣; 사카모토노아소미)
　기조신(紀朝臣; 기노아소미)과 조상이 같다. 건내숙녜(建內宿禰; 다케시우치노스쿠네)의 자식인 기각숙녜(紀角宿禰; 기노츠노노스쿠네)의 후손이다. 아들은 백성숙녜(白城宿禰; 시라기노스쿠네)의 3세손 건일신(建日臣; 다케히노오미)이다. 이에 따라 판본신(坂本臣; 사카모토노오미)을 사성받았다. 『일본기』와 일치한다.

【주석】

1. 판본조신(坂本朝臣)

판본(坂本; 사카모토)이라는 씨명은 화천국 화천군(和泉群) 판본향(坂本鄕)에서 유래한다. 현재 대판부 화천시(和泉市) 판본정(坂本町) 일대이다. 옛 성은 신(臣)이다. 『속일본기』 천응(天應) 원년(781) 6월 무자조에 화천군 사람 판본신계마려(坂本臣系麻呂) 등 64명에게 조신(朝臣) 성을 하사하였다는 기록이 보인다.

판본조신씨 일족으로는 신(臣) 성의 인물로 판본신사마려 이외에 계시(堺市) 토탑정

(土塔町) 대야사지(大野寺趾) 출토 기와에 판본신도량녀(坂本臣刀良女)라는 인명이 보인다. 조신 성의 인물로는 『일본후기』 연력(延曆) 23년(804) 10월 병오조에 천황이 화천국에 사냥을 갔을 때 비단 1백 근을 바쳤다는 산위 종5위하 판본조신좌태기마려(坂本朝臣佐太氣麻呂)라는 인물이 보인다. 판본조신씨에 대해서는 좌경 황별(상) 「판본조신」조 (070) 참조.

2. 기조신(紀朝臣)

기조신씨의 옛 성이 신(臣)이며, 천무천황 13년(684) 11월에 조신으로 개성되었다. 『고사기』 효원천황단에 의하면 무내숙녜의 아들 기각숙녜(紀角宿禰)가 시조라고 한다. 『기씨가첩(紀氏家牒)』에는 각신(角臣)과 함께 판본신씨가 기각숙녜의 후손이라고 기록되어 있다. 자세한 것은 좌경 황별(상) 「기조신」조(068) 참조.

3. 기각숙녜(紀角宿禰)

『일본서기』에는 기각숙녜(紀角宿禰), 『고사기』에는 목각숙녜(木角宿禰; 기노츠노노스쿠녜)라고 표기되어 있다. 『고사기』에 효원(孝元)의 자손으로 무내숙녜(武內宿禰)의 아들인 기각숙녜를 시조로 하는 전승이 기재되어 있다. 좌경 황별(상) 「기조신」조(068)의 기각숙녜 참조.

4. 백성숙녜(白城宿禰)

『기씨가첩』에도 기각숙녜의 아들 백성숙녜로 나온다. 백성숙녜에 대해서는 좌경 황별(상) 「기조신」조(068)의 백성숙녜 참조.

5. 건일신(建日臣)

『기씨가첩』에는 건일숙녜(建日宿禰)로 나오며, 기신미숙녜(紀辛梶宿禰)의 동생이라고 한다. 건일숙녜의 형인 기신미숙녜가 『기씨가첩』에 기대반숙녜(紀大磐宿禰)의 아들로 나오기 때문에 건일신이 기대반숙녜의 아들임을 알 수 있다.

6. 인거사성판본신(因居賜姓坂本臣)

『기씨가첩』에 '건일숙녜숙하내국화천현판본리(建日宿禰宿河內國和泉縣坂本里), 청녕천황개씨사판본신(淸寧天皇改氏賜坂本臣).'이라는 기록을 통해서 건일신이 판본신을 사성받은 것은 청녕천황 시대임을 알 수 있다.

7. 일본기합(日本紀合)

완본에는 본종인 판본신씨가 조신 성을 하사받은 것이 기록되어 있고, 그 기록은 『일본서기』 천무 13년 11월조에 판본신이 조신을 사성받은 기록과 합치하는 것으로 생각된다.

305 【원 문】

的臣
坂本朝臣同祖. 建內宿禰男葛城襲津彥命之後也.

【번 역】

적신(的臣; 이쿠하노오미)

판본조신(坂本朝臣; 사카모토노아소미)과 조상이 같으며, 건내숙녜(建內宿禰; 다케시우치노스쿠네)의 자식인 갈성습진언명(葛城襲津彥命; 가츠라키노소츠비코노미코토)의 후손이다.

【주 석】

1. 적신(的臣)

적(的; 이쿠하)이라는 씨명은 『일본서기』 인덕 12년 8월조에 적신의 조상인 순인숙녜(盾人宿禰)가 고구려에서 헌상한 철 과녁을 관통시켜서 적호전숙녜(的戶田宿禰)라는 이름을 하사받았다는 전승에서 유래한다. 실제 적신은 과녁 제작 등 군사적 직능을 가진 반조씨족이었다. 『고사기』 효원천황단에 갈성장강증도비고(葛城長江曾都毘古, 『일본서기』의 葛城襲津彥)의 후손으로 나오며, 동족으로 갈성씨, 평군씨, 소아씨, 허세씨 등이 있다. 『일본서기』에는 적신이 임나일본부와 관련하여 하내직과 함께 가야에서 활동하는 등 왜국과 한반도 제국의 외교 교섭에서 활약한 인물로 나온다. 적신씨 인물로는 적호전숙네 이외에 『일본서기』 인현 4년 5월조의 적신문도(的臣蚊島), 숭준 즉위전기 적신 진교(的臣眞噛), 등원궁 출토 목간에 보이는 적신광국(的臣廣國) 등이 있다. 화천국의 적신 일족에 대해서는 사료에 보이지 않는다.

2. 판본조신(坂本朝臣)

좌경 황별(상) 「판본조신(田口朝臣)」조(070), 화천국 황별 「판본조신」조(304) 참조.

3. 건내숙네(建內宿禰)

결사8대인 효원(孝元)의 후손으로 나오는 건내숙네(建內宿禰, 武內宿禰)는 많은 유력 씨족들의 공동 조상으로 되어 있다. 무내숙네의 계보를 잇는 씨족은 49씨로 모든 지역에 걸쳐 분포하며, 조신(朝臣)이 22씨로 고위 신분이 많다. 『일본서기』 전승에 보이는 무내숙네는 경행에서 인덕까지 5대에 걸쳐 천황에 봉사한 전설적인 인물이자 충신이다. 무내숙네를 조상으로 하는 씨족들의 면모를 보면 소아씨(蘇我氏), 거세씨(巨勢氏), 평군씨(平群氏), 갈성씨(葛城氏), 기씨(紀氏) 등 중앙의 유력씨들이고, 소아씨 이하 4씨는 대신을 배출한 명문가이다. 동 전승에 따르면 건내숙네는 경행 51년에 동량지신으로 임명되고, 성무 3년에는 대신이 되었고, 중애 9년에는 웅습 원정길에 천황이 급사하자 은밀히 사태를 수습한 것으로 묘사되어 있다. 또한 신공황후의 신라 원정 시에 신의 계시를 받아 무내숙네의 도움을 받았다는 이른바 삼한 정벌 설화와도 관련되어 있다.

4. 갈성습진언명(葛城襲津彦命)

무내숙네(武內宿禰)의 후손으로 갈성씨(葛城氏)의 조상이다. 『고사기』에는 갈성장강증도비고(葛城長江曾都毘古), 갈성지증도비고(葛城之曾都毘古)로 나온다. 『일본서기』에는 갈성습진언(葛城襲津彦)으로 나오는데 신공황후 섭정 5년부터 웅략 7년에 이르는 장기간 동안 활동한 인물이다. 자세한 것은 좌경 황별(하) 「갈성조신」조(111) 참조.

306 【원 문】

布師臣
　　同上.

【번 역】

포사신(布師臣; 누노시노오미)
　위와 같다.

【주 석】

1. 포사신(布師臣)

포사(布師; 누노시)라는 씨명은 포부(布敷; 누노시), 포인(布忍; 누노니)이라고도 한다. 율령제하의 섭진국 토원군(兎原郡) 포부향(布敷鄕)이라는 지명에서 유래한다. 이곳은 현재 병고현(兵庫縣) 신호시(神戸市) 즙합구(葺合區) 포인정(布引町) 일대이다.

화천국 출신의 포사신 일족은 다른 사료에는 보이지 않는다.

2. 동상(同上)

『신찬성씨록』 완본에는 '판본조신동조(坂本朝臣同祖). 건내숙녜남갈성습진언명지후야(建內宿禰男葛城襲津彦命之後也).'라고 기록되어 있었을 것이다.

307 【원 문】

紀辛梶臣
　　建內宿禰男紀角宿禰之後也.

【번 역】

기신미신(紀辛梶臣; 기노카라카지노오미)
　건내숙녜(建內宿禰; 다케시우치노스쿠네)의 아들 기각숙녜(紀角宿禰; 기노츠노노스쿠네)의 후손이다.

【주 석】

1. 기신미신(紀辛梶臣)

기신미(紀辛梶; 기노카라카지)라는 씨명은 기한단야(紀韓鍛冶)의 뜻이며, 기신씨의 일족으로 한단야부(韓鍛冶部)를 통솔하던 반조씨족이라는 데서 유래한다. 기신미신씨 일족에 대해서는 다른 사료에는 보이지 않는다. 다만 『속일본기』 신호경운 2년(768) 2월 계묘조에 찬기국(讚岐國) 한천군인(寒川郡人) 외정8위하 한철사비등모인(韓鐵師毗登毛人), 한철사부우양(韓鐵師部牛養) 등 127인이 판본신을 사성받았다는 기록이 보인다. 여기서 한철사비등과 한철사부 등은 기신미신씨와 일족일 것으로 여겨진다.

2. 기각숙녜(紀角宿禰)

『일본서기』에는 기각숙녜(紀角宿禰), 『고사기』에는 목각숙녜(木角宿禰; 기노츠노노스쿠네)라고 표기되어 있다. 『고사기』에는 효원(孝元)의 아들인 무내숙녜(武內宿禰)의 아들로 나온다. 좌경 황별(상) 「기조신(紀朝臣)」조(068)의 기각숙녜 참조.

308 【원 문】

大家臣
建內宿禰男紀角宿禰之後也. 謚天智庚午年. 依居大家. 負大宅臣姓.

【번 역】

대가신(大家臣; 오야케노오미)

건내숙녜(建內宿禰; 다케시우치노스쿠네)의 아들 기각숙녜(紀角宿禰; 기노츠노노스쿠네)의 후손이다. 천지(天智; 덴지) 경오년(庚午年)에 대가(大家; 오야케)에 거주한 까닭에 대택신(大宅臣; 오야케노오미)을 사성받았다.

【주 석】

1. 대가신(大家臣)

대가(大家; 오야케)라는 씨명은 하내국 하내군(河內郡) 대택향(大宅鄕)이라는 지명에서 유래한다. 현재의 대판부 동대판시(東大阪市) 일근시(日根市) 주변이다. 화천국 출신 대가신씨 일족에 대해서는 다른 사료에 보이지 않는다. 다만 대가신은 대택신(大宅臣)으로도 쓰기 때문에 하내국 황별 대택신씨와 이름이 비슷하지만, 하내국 대택신씨의 조상은 천족언국압인명(天足彦國押人命)이므로 본조의 대가신씨와는 별개의 계통이다.

2. 시천지(諡天智)

『신찬성씨록』 완본에는 '시(諡)' 앞에 '천명개별천황(天命開別天皇)'이라는 글자가 기록되어 있었을 것이다.

3. 경오년(庚午年)

천지 9년(670)인 경오년을 가리킨다. 이해에 경오년적이 작성되었다. 경오년적에 대해서는 『신찬성씨록』 서(序)의 내용 참조.

4. 대택신(大宅臣)

대택신씨의 본거지는 대화국(大和國) 첨상군(添上郡) 대택향(大宅鄕; 오야케노사토)이다. 현재 나량시(奈良市) 고시정(古市町)이다. 본조의 대택씨는 무성(無姓) 씨족으로 산성국(山城國) 우치군(宇治郡) 또는 기이군(紀伊郡) 출신으로 생각된다. 우치군 출신 인물로는 『평안유문』(1-410) 강보(康保) 원년(964) 12월 13일 「제호사첩안(醍醐寺牒案)」에 보이는 대택풍종(大宅豐宗)과 대택광문(大宅廣門)이 있다. 기이군 출신으로는 「천평보자(757) 2년 2월 24일자 화공사이(畫工司移)」(『대일본고문서』 4-259)에 보이는 대택광족(大宅廣足)이 있다.

이러한 대택씨의 본종씨족은 대택조신(大宅朝臣)으로 옛 성은 신(臣)이었다. 천무 13년(684) 11월에 조신 성을 하사받았다. 대택신씨 인물로는 『일본서기』 추고 31년(623) 시세조에 이른바 '신라 원정군' 부장 대택신군(大宅臣軍), 천지 2년(663) 3월조의 대택신겸병(大宅臣鎌柄)이 있다. 조신 성을 하사받은 후의 인물로는 『일본서기』 지통천황 3년(689) 2월조의 대택조신마려(大宅朝臣麻呂)와 『속일본기』 대보(大寶) 원년(701) 7월 임진조의 대택조신금궁(大宅朝臣金弓), 화동(和銅) 7년(714) 정월조의 대택조신대국(大宅朝臣大國), 양로(養老) 3년(720) 정월조의 대택조신소국(大宅朝臣小國), 양로 5년 정월조의 대택조신겸마려(大宅朝臣兼麻呂), 보귀(寶龜) 9년(780) 정월조의 대택조신길성(大宅

朝臣吉成), 『유취국사』(권9) 연력(延曆) 11년(792) 11월조의 대택조신광족(大宅朝臣廣足), 『일본삼대실록』 인화(仁和) 원년(885) 12월 23일조의 대택조신종영(大宅朝臣宗永) 등이 있다.

309 【원문】
掃守田首
武內宿禰男紀角宿禰之後也.

【번역】

소수전수(掃守田首; 가니모리타노오비토)

무내숙녜(武內宿禰; 다케시우치노스쿠네)의 자식인 기각숙녜(紀角宿禰; 기노츠노노스쿠네)의 후손이다.

【주석】

1. 소수전수(掃守田首)

소수전(掃守田; 가니모리타)이라는 씨명은 『화천신명장(和泉神名帳)』 화천군조에 보이는 소수전사(掃守田社)의 진좌지인 현재 대판부 안화전시(岸和田市) 소수(掃守)라는 지명에서 유래한다.

화천국 출신 소수전수씨 일족은 다른 사료에는 보이지 않는다. 이 밖에 소수전수씨 일족에 대해서는 우경 황별(상) 「소수전수」조(135) 참조.

2. 무내숙녜(武內宿禰)

『고사기』에는 건내숙녜(建內宿禰)로 나온다. 무내숙녜의 계보를 잇는 씨족은 49씨로 모든 지역에 걸쳐 분포하며, 조신(朝臣)이 22씨로 고위 신분이 많다. 『일본서기』 전승에 보이는 무내숙녜는 경행에서 인덕까지 5대에 걸쳐 천황에 봉사한 전설적인 인물이자 충신이다. 무내숙녜를 조상으로 하는 씨족들의 면모를 보면 소아씨(蘇我氏), 거세씨(巨勢氏), 평군씨(平群氏), 갈성씨(葛城氏), 기씨(紀氏) 등 중앙의 유력씨들이고, 소아씨 이하 4씨는 대신을 배출한 명문가이다. 동 전승에 따르면 무내숙녜는 경행 51년에 동량지신으로 임명되고, 성무 3년에는 대신이 되었고, 중애 9년에는 웅습 원정길에 천황이 급사하자 은밀히 사태를 수습한 것으로 묘사되어 있다. 또한 신공황후의 신라 원정 시에 신의 계시를 받아 무내숙녜의 도움을 받았다는 이른바 삼한 정벌 설화와도 관련되어 있다. 좌경 황별(상) 「전구조신(田口朝臣)」조(066) 참조.

3. 기각숙녜지후(紀角宿禰之後)

『월중석흑계도(越中石黑系圖)』 기각숙녜에 부기된 기록에는 자전수(茨田首)의 조상이라고 한다. 여기서 자전수는 소수전수를 가리킨다. 자전수씨에 대해서는 우경 황별(상) 「소수전수」조(135) 참조.

310 【원 문】
丈部首

　　同上.

【번 역】

장부수(丈部首; 하세츠카베노오비토)

　위와 같다.

【주 석】

1. 장부수(丈部首)

장부(丈部; 하세츠카베)라는 씨명은 장부라는 부민의 반조씨족이라는 데서 유래한다. 화천국 출신 장부수씨 일족에 대해서는 다른 사료에 보이지 않는다. 다만 계시(堺市) 대야사지(大野寺趾) 토탑에서 이름을 명확히 알 수 없으나 '장부(丈部)'라고 새겨진 기와가 출토된 바 있다.

장부수씨와 마찬가지로 무내숙녜의 아들 기각숙녜의 후예를 칭하는 장부씨(丈部氏)는 기이국에 많이 분포한다. 장부씨에 대해서는 좌경 황별(하) 「장부」조(096) 참조.

2. 동상(同上)

『신찬성씨록』 완본에는 '무내숙녜남기각숙녜지후야(武內宿禰男紀角宿禰之後也)'라고 기록되어 있었을 것이다.

311 【원 문】
雀部臣
　　多朝臣同祖. 神八井耳命之後也.

【번 역】

작부신(雀部臣; 사사키베노오미)
　　다조신(多朝臣; 오호노아소미)과 조상이 같으며, 신팔정이명(神八井耳命; 가무야위미미노미코토)의 후손이다.

【주 석】

1. 작부신(雀部臣)

작부(雀部; 사사키베)라는 씨명은 대초료존(大鷦鷯尊, 仁德)의 명대부(名代部)인 작부의 반조씨족이었던 데서 유래한다. 옛 성은 신(臣)이며, 천무천황 13년(684) 11월에 조신성을 하사받았다. 작부신씨의 일족에 대해서는 기타의 사료에는 보이지 않는다.

2. 다조신(多朝臣)

다(多)는 '태(太)', '대(大)', '의부(意富)'라고도 하며, 신무천황의 아들 신팔정이명(神八井耳命)의 후손이라고 한다. 좌경 황별(상)「다조신」조(077) 참조.

3. 신팔정이명(神八井耳命)

『고사기』 신무천황단에 의하면 신무의 아들로 상도중국조(常道仲國造), 장협국조(長狹國造), 이세선목직(伊勢船木直), 미장단우신(尾張丹羽臣), 도전신(島田臣) 등의 조상이라고 나온다. 이에 대해서는 좌경 황별(상)「다조신」조(077) 참조.

312 【원문】

小子部連

　　同神八井耳命之後也.

【번 역】

소자부련(小子部連; 치히사코베노무라지)

　　같은 신팔정이명(神八井耳命; 가무야위미미노미코토)의 후손이다.

【주 석】

1. 소자부련(小子部連)

소자부(小子部: 치히사코베)의 씨명은 소자부라는 부민의 반조씨족이었던 데서 유래한다. 화천국 출신 소자부련씨 일족으로는 천평 5년(733) 「우경계장(右京計帳)」(『대일본고문서』 1-497)의 소자부련아미매(小子部連阿彌賣), 「평성궁발굴조사출토목간개보(平城宮發掘照査出土木簡槪報)」(5-5)에 나오는 소자부련지득(小子部連知得) 등이 있다.

소자부련씨 본종씨족은 『일본서기』 천무 13년(684) 12월 기묘조에 사성을 받은 소자부숙녜씨(小子部宿禰氏)이다. 소자부숙녜씨에 대해서는 좌경 황별(상) 「소자부숙녜」조(078) 참조.

2. 동(同)

『신찬성씨록』 완본에는 '다조신동조(多朝臣同祖)'라고 기록되어 있었을 것이다.

3. 신팔정이명(神八井耳命)

『고사기』 신무천황단에 의하면 신무천황의 아들로 상도중국조(常道仲國造), 장협국조(長狹國造), 이세선목직(伊勢船木直), 미장단우신(尾張丹羽臣), 도전신(島田臣) 등의 조상이라고 나온다. 이에 대해서는 좌경 황별(상) 「다조신」조(077) 참조.

313 【원 문】
志紀縣主
　　雀部臣同祖.

【번 역】
　지기현주(志紀縣主; 시키노아가타누)
　　작부신(雀部臣; 사사키베노오미)과 조상이 같다.

【주 석】
1. 지기현주(志紀縣主)

　지기(志紀; 시키)라는 씨명은 율령제하의 하내국 지기군 지기향(志紀鄕)이라는 지명에서 유래한다. 현재 대판부(大阪府) 백원시(栢原市) 부근이다. 현주는 지기현의 장이라는 직장명에서 붙은 성(姓)이다.

　지기현주의 일족으로는 천평승보 2년(750) 8월자「경사상일장(經師上日帳)」(『대일본고문서』 3-431)의 지기현주작마려(志紀縣主作麻呂), 보귀 2년(771) 3월 17일자「범해련풍성경사공진문(凡海連豐成經師貢進文)」(『대일본고문서』 6-129)의 지기현주인승(志紀縣主忍勝), 『일본삼대실록』정관 2년(880) 11월 16일 임진조의 지기현주정성(志紀縣主貞成), 동 정관 4년(882) 2월 23일 임술조의 지기현주복주(志紀縣主福主) 등이 있다. 이 가운데 지기현주인승은 하내국 지기군 대로향(大路鄕)의 사람이다. 그리고 지기현주정성과 지기현주복주는 정관 4년에 숙녜를 사성받았다.

2. 작부신(雀部臣)

　작부신에 대해서는 화천국 황별「작부조신」조(311) 참조.

314 【원 문】

膳臣. 宇太臣. 松原臣.
　阿倍朝臣同祖. 大鳥膳臣等. 付大彦命之後.

【번 역】

선신(膳臣; 가시하테노오미). 우태신(宇太臣; 우다노오미). 송원신(松原臣; 마츠바라노오미) 아배조신(阿倍朝臣; 아헤노아소미)과 조상이 같다. 대조선신(大鳥膳臣; 오토리노카시하테노오미) 등과 함께 대언명(大彦命; 오히코노미코토)의 후손이다.

【주 석】

1. 선신(膳臣)

선신이라는 씨명은 선부(膳部)의 반조씨족이라는 데서 유래한다.

선신의 일족으로는『일본서기』이중기(履中紀)의 선신여기(膳臣余磯), 웅략기(雄略紀)의 선신장야(膳臣長野) 및 선신반구(膳臣斑鳩), 안한기(安閑紀)의 선신대마려(膳臣大麻呂), 흠명기(欽明紀)의 선신파제편(膳臣巴提便) 및 선신경자(膳臣傾子), 추고기(推古紀)의 선신대반(膳臣大伴), 제명기(齊明紀)의 선신엽적(膳臣葉積), 천무기(天武紀)의 선신마루(膳臣摩漏) 등이 보인다. 선신반구는 가야 지역에 장군으로 파견된 바 있으며, 선신파제편은 백제에 사신으로 파견되었고, 선신경자는 고구려 사신을 접대하는 역할을 맡았고, 선신대반은 가야의 사신을 맞이하는 직책에 임명되었고, 선신엽적은 고구려에 사신으로 파견되는 등 선신씨 일족은 대외관계 및 의전 업무에서 빈번하게 활동하였다. 선신씨가 고교씨가 된 이후에도 고교조신립간(高橋朝臣笠間)은 견당대사(遣唐大使), 고교조신로마려(高橋朝臣老麻呂)는 견발해부사(遣渤海副使)에 임명되었고, 고교대구(高橋大丘)는 753년에 당에 들어갔다.

2. 우태신(宇太臣), 송원신(松原臣)

이하의 내용은 초록할 때 조작된 것으로 추정되지만 확실하지 않다. 우태신과 송원신은 선신씨의 본계에 기록되어 있던 씨명으로 여겨진다. 송원신에 대한 것은 더 이상 언급된 사료가 보이지 않아 명확히 알 수 없다. 다만 우태신과 관련해서는 아배씨나 선씨와 관계가 깊은 『일본서기』 황극 2년(643) 11월조의 토전제석(菟田諸石)이라는 인물이 보인다.

한편 화천국 일근군(日根郡)의 토전촌(兔田村)과 화천군(和泉郡)의 우다장(宇多莊)이라는 지명이 우태신씨와 관계가 있는 것으로 추정된다.

3. 아배조신(阿倍朝臣)

아배조신의 원래 성은 신(臣)이다. 천무 13년(684) 11월에 조신으로 개성되었다. 비조(飛鳥) 시대부터 나량(奈良) 시대에 걸쳐 대신급 고관을 배출한 씨족이다. 『일본서기』 효원 7년 2월조에 의하면 선신(膳臣), 아폐신(阿閇臣), 이하신(伊賀臣) 등 6씨족과 함께 대언명의 후손이라고 한다. 자세한 것은 좌경 황별(상)「아배조신」조(054) 참조.

4. 대조선신(大鳥膳臣)

대조(大鳥; 오토리)는 화천국 대조군(大鳥郡) 대조향(大鳥鄕)이라는 지명에서 유래하는 것으로 추정된다. 현재의 대판부 계시(堺市) 봉정(鳳町) 일대이다.

대조씨 관련 일족으로는 천평 5년(733) 정월 27일자「사경소계(寫經所啓)」(『대일본고문서』 7-34)의 대조도족(大鳥道足), 천평 7년(735) 9월 18일자「경사사지병급시포안(經師寫紙竝給絁布案)」(『대일본고문서』 7-41)의 대조국익(大鳥國益), 천평 11년 2월 28일자의「사경사해(寫經司解)」(『대일본고문서』 7-225)의 대조풍도(大鳥豐島) 등 『정창원문서』에 다수 보인다.

5. 대언명지후(大彦命之後)

『고사기』에는 대비고명(大毘古命)으로도 나오며, 효원천황의 장남이자 개화천황의 형으로 전한다. 『일본서기』에는 아배신(阿倍臣), 선신(膳臣), 아폐신(阿閇臣), 사사성산군(沙沙城山郡), 축자국조(筑紫國造), 월국조(越國造), 이하신(伊賀臣) 7씨족의 시조로 전한다. 좌경 황별(상)「아배조신」조(054) 참조.

315 【원문】
他田
　膳臣同祖.

【번 역】
타전(他田; 워사타)
　선신(膳臣; 가시하테노오미)과 조상이 같다.

【주 석】
1. 타전(他田)

타전이라는 씨명은 민달천황의 명대부(名代部)인 타전부(他田部)의 반조씨족이라는 의미에서 유래하였다. 한편『고사기』민달천황단에 보이는 타전궁(他田宮) 혹은『일본서기』민달 4년(575) 시세조에 보이는 역어전(譯語田)이라는 지명에서 유래한 것으로 추정된다.

타전씨 일족에 대해서는 천평 5년(733)「우경계장(右京計帳)」(『대일본고문서』1-487)의 타전동인(他田東人), 천평 9년(737) 2월 25일자「사경교지병필묵직전주문(寫經校紙幷筆墨直錢注文)」(『대일본고문서』7-101)의 타전모인(他田毛人), 평성궁 출토 목간(奈良國立文化財硏究所, 1994,『平城宮發掘調査出土木簡槪報』29)에 타전인만려(他田人萬呂) 등이 있다. 한편 타전씨는 미농국(美濃國)에도 분포하였는데「어야국산방군삼정전리호적(御野國山方郡三井田里戶籍)」(『대일본고문서』1-51)의 타전적인(他田赤人), 천평 18년(746) 11월 26일자「사경료필묵지충장(寫經料筆墨紙充帳)」(『대일본고문서』8-51)의 타전수주(他田水主) 등이 있다.

타전씨의 본종은 타전신씨로 추정되는데, 타전신씨에 대해서는 좌경 황별(상)「타전광뢰조신(他田廣瀨朝臣)」조(147) 참조.

2. 선신(膳臣)

선신이라는 씨명은 선부(膳部)의 반조씨족이라는 데서 유래한다. 화천국 황별「선신」조(314) 참조.

316 【원문】

葦占臣
大春日同祖. 天足彦國押人命之後也.

【번역】

위점신(葦占臣; 아시우라노오미)

대춘일(大春日; 오카스가)과 조상이 같으며, 천족언국압인명(天足彦國押人命; 아메타라시히코쿠니오시히토노미코토)의 후손이다.

【주석】

1. 위점신(葦占臣)

위점(葦占; 아시우라)의 씨명은 위포(葦布)로도 쓴다. 비후국(備後國) 위전군(葦田郡) 위포향(葦浦鄉)의 지명에서 유래한 것으로 추정되기도 한다. 위점신씨의 일족으로는 천평(天平) 17년 9월 「우파새공진문(優婆塞貢進文)」(『대일본고문서』 25-73)의 위점신인(葦占臣人), 보귀(寶龜) 5년 8월 15일자 「위포계수불참계(葦浦繼手不參啓)」(『대일본고문서』 22-589)의 위포을계(葦浦乙繼)가 있다.

2. 대춘일(大春日)

『신찬성씨록』 완본에는 '대춘일' 다음에 '조신(朝臣)' 2글자가 있었을 것이다. 대춘일조신에 대해서는 좌경 황별(하) 「대춘일조신」조(087) 참조.

3. 천족언국압인명(天足彦國押人命)

『고사기』, 『일본서기』에 의하면 효소천황의 첫째 황자로 나온다.

317 【원문】

物部
　布留宿禰同祖. 天足彦國押人命之後也.

【번 역】

물부(物部; 모노노베)

　포류숙녜(布留宿禰; 후루노스쿠네)와 조상이 같으며, 천족언국압인명(天足彦國押人命; 아메타라시히코쿠니오시히토노미코토)의 후손이다.

【주 석】

1. 물부(物部)

물부라는 씨명은 물부의 반조씨족이었던 데서 유래한다. 물부씨 일족에 대해서는 천평승보 6년(754) 9월 29일자 「대반야경권제사백이십구오서」(大般若經卷第四百二十九奧書)」(『대일본고문서』 25-174)에 화천국 대조군(大鳥郡) 가원리(家原里) 사람인 물부망마려(物部望麻呂)라는 인물이 보인다.

2. 포류숙녜(布留宿禰)

포류(布留)라는 씨명은 포류(布瑠)라고도 하며, 석상(石上)의 어포류촌(御布留村; 미후루노무라)이라는 지명에서 유래한다. 현재 나량현(奈良縣) 천리시(天理市) 포류정(布留町) 지역에 해당한다.

　포류숙녜의 옛 씨성은 물부수(物部首)이다. 물부수는 석상신궁에 봉사한 씨족으로 고분시대 이래 대련(大連)을 배출한 물부련(物部連)과는 별개의 씨족이다. 그런데『일본서기』천무천황 12년(683) 9월 정미조에 물부수가 연(連) 성을 사성받는 기록이 보인다. 이후 천무천황 13년 12월 기묘조에는 포류련이 숙녜(宿禰)로 개성되고 있다.

3. 천족언국압인명(天足彦國押人命)

『고사기』,『일본서기』에 의하면 효소천황의 첫째 황자로서,『고사기』효소천황단에는 천압대일자명(天押帶日子命; 아메오시타라시히코노미코토)으로 나온다. 좌경 황별(하)「대춘일조신」조(087) 참조.

318 【원문】
網部物部
　　同上. 日本紀漏.

【번 역】

　망부물부(網部物部; 요사미베노모노노베)
　　위와 같다. 『일본기』에는 누락되어 있다.

【주 석】

1. 망부물부(網部物部)

　망부물부라는 씨명은 망부(網部)를 담당한 물부씨 또는 화천국 의망(依網)이라는 지명에서 유래한 것으로 추정된다. 망부물부씨 일족에 대해서는 다른 사료에 보이지 않는다.

2. 동상(同上)

　『신찬성씨록』 완본에는 '포류숙녜동조(布留宿禰同祖). 천족언국압인명지후야(天足彦國押人命之後也).'라고 기록되어 있었을 것이다. 「화이계도(和邇系圖)」의 즐사신(櫛事臣) 말미에 '물부수(物部首). 포류숙녜조(布瑠宿禰祖).'라는 기록이 보인다.

3. 일본기루(日本紀漏)

　『신찬성씨록』 완본에는 망부물부의 사성 기록이 있는데, 이와 관련된 기사가 『일본서기』에는 보이지 않는다는 의미일 것이다.

319 【원문】
根連
　　同上.

【번 역】

　근련(根連; 네노무라지)

위와 같다.

【주 석】

1. 근련(根連)

근(根; 네)이라는 씨명은 화천군 일근군(日根郡) 일근리(日根里)라는 지명에서 유래한다. 현재 대판부 천좌야시(泉佐野市) 일근정(日根町) 일대이다.

근련씨 일족에 대해서는 『일본서기』 천무 원년(672) 6월 병술조의 근련금신(根連金身), 등원궁 출토 목간『등원궁목간석문(藤原宮木簡釋文)』10)의 근련석말려(根連石末呂)가 있다. 무성인 근씨는 보귀 5년(774) 11월 6일자 「봉사일절경소해(奉寫一切經所解)」(『대일본고문서』23-171)의 근석족(根石足)이 있다.

2. 동상(同上)

『신찬성씨록』 완본에는 '포류숙녜동조(布留宿禰同祖). 천족언국압인명지후야(天足彦國押人命之後也).'라고 기록되어 있었을 것이다.

320 【원문】
櫛代造
同上.

【번 역】

즐대조(櫛代造; 구시로노미야츠코)
　위와 같다.

【주 석】

1. 즐대조(櫛代造)

즐대(櫛代; 구시로)라는 씨명은 『화천지(和泉志)』에 보이는 일근군(日根郡) 즐대사(櫛代祠)의 진좌지 지명에서 유래한다. 현재 대판부 패총시(貝塚市) 택(澤) 일대이다. 즐대조씨 일족에 대해서는 천평 연간 「우파새공진해(優婆塞貢進解)」(『대일본고문서』25-89)의 즐대조지수(櫛代造池守)가 있다.

2. 동상(同上)

『신찬성씨록』 완본에는 '포류숙녜동조(布留宿禰同祖). 천족언국압인명지후야(天足彦國押人命之後也)'라고 기록되어 있었을 것이다.

321 【원 문】
日下部首
　　日下部宿禰同祖. 彦坐命之後也.

【번 역】

일하부수(日下部首; 구사카베노오비토)

일하부숙녜(日下部宿禰; 구사카베노스쿠네)와 조상이 같으며, 언좌명(彦坐命; 히코이마스노미코토)의 후손이다.

【주 석】

1. 일하부수(日下部首)

일하부(日下部; 구사카베)라는 씨명은 초벽(草壁), 초향부(草香部)라고도 쓰며, 일하부라는 명대부의 반조씨족이라는 데서 유래한다. 일하부수씨의 본거지는 화천국 대조군(大鳥郡) 일하부향(日下部鄕)이다. 현재의 대판부 계시(堺市) 복천정(福泉町) 일대이다.

일하부수씨 일족으로는 『영락유문(寧樂遺文)』(하-612)의 천평 2년(730) 9월자 「유가사지론권이십육발어(瑜伽師地論卷二十六跋語)」에 일하부수마려(日下部首麻呂)가 보인다. 일하부수마려는 화천국 대도군(大島郡)의 대령(大領)으로 관위는 종7위하였다.

2. 일하부숙녜동조(日下部宿禰同祖)

일하부라는 씨명은 명대부인 일하부에서 유래한다. 일하부는 초벽(草壁), 초향부(草香部)라고도 하며, 일하부숙녜는 일하부의 반조씨족이다. 『일본서기』 천무천황 13년(684) 12월조에 초벽련(草壁連)이 숙녜 성을 사성받은 기사가 보이므로 일하부숙녜의 옛 성은 연(連)임을 알 수 있다.

3. 언좌명(彦坐命)

개화천황의 셋째 황자로 경행천황의 증조부이다. 『고사기』 개화천황단에는 일자좌왕(日子坐王), 『일본서기』 개화 6년 정월조에는 언좌왕(彦坐王)으로 나온다. 자세한 것은 좌경 황별(하) 「치전련」조(116) 참조.

---

322 【원 문】
日下部
　日下部首同祖.

【번 역】

일하부(日下部; 구사카베)
　일하부수(日下部首; 구사카베노오비토)와 조상이 같다.

【주 석】

1. 일하부(日下部)

일하부라는 씨명은 일하부라는 명대부(名代部)의 반조씨족에서 유래한다. 다만 본조의 일하부씨는 일하부수씨 조상의 관장하에 있던 일하부의 후예로 추정된다.

2. 일하부수동조(日下部首同祖)

일하부는 웅략천황(雄略天皇)의 황후인 초향번사희황녀(草香幡梭姬皇女; 구사카노하타비히메노히메미코)의 생활비로 충당하던 용지 관리를 담당한 부민이다.
　일하부수에 대해서는 앞의 「일하부수」(321) 참조.

323 【원문】

佐代公
　　上毛野朝臣同祖. 豊城入彦命之後也. 敏達天皇行幸吉野川瀬之時. 依有勇夌. 負賜佐代公.

【번역】

좌대공(佐代公; 사테노키미)

상모야조신(上毛野朝臣; 가미츠케노노아소미)과 조상이 같다. 풍성입언명(豊城入彦命; 도요키이리히코노미코토)의 후손이다. 민달천황(敏達天皇; 비다츠텐노)이 길야천뢰(吉野川瀬; 요시노노카하노세)로 행차할 때 용기 있는 행동을 하여 좌대공(佐代公; 사테노키미)을 사성받았다.

【주석】

1. 좌대공(佐代公)

좌대(佐代; 사테)라는 씨명은 좌태(佐太)라고도 하며 하내국 자전군(茨田郡) 좌태향(佐太郷)의 지명에서 유래한다. 현재 대판부 매방시(枚方市) 차타(蹉跎) 일대이다. 좌대공의 씨명은 그의 용기 있는 행동 때문이 아니라 지명에서 왔을 것으로 보인다. 다만 용감한 일을 행한 인물이나 내용에 대해서 모두 누락되어 있기 때문에 좌대공의 씨성명의 유래는 명확하지 않다.

좌경 황별(하) 「지전조신(池田朝臣)」조(099) 및 「상모야판본조신」조(102)에 보이는 풍성입언명(豊城入彦命) 10세손 좌태공(佐太公)과 관련이 있는 것으로 추정된다.

한편 좌대를 '사타'라고 읽는다면 천평 5년(733) 「산배국애탕군계장(山背國愛宕郡計帳)」(『대일본고문서』 1-511)에 보이는 협전군도자매(狹田郡刀自賣), 협전군이비매(狹田郡爾比賣) 등의 협전군씨는 좌대공씨와 동족일 것이다.

2. 상모야조신(上毛野朝臣)

『일본서기』 숭신 48년조 4월조에 숭신의 황자인 풍성입언명의 후손이라고 전한다. 옛 성은 군(君)이며, 천무 13년(684) 11월에 조신으로 개성되었다. 하모야군(下毛野君)과 함께 관동지방을 대표하는 씨족이었다. 자세한 것은 좌경 황별(하)「상모야조신」조(098), 우경 황별(상)「상모야조신」조(136) 참조.

3. 풍성입언명(豐城入彦命)

『고사기』,『일본서기』에 나오는 제10대 숭신천황의 황자이다.『고사기』에는 풍목입일자명(豐木入日子命),『일본서기』에는 풍성입언명(豐城入彦命)으로 나온다. 좌경 황별(하)「하모야조신」조(097) 참조.

4. 민달천황(敏達天皇)

좌백유청(佐伯有淸)은『신찬성씨록』완본에는 '정중창태주부천황시민달어세(渟中倉太珠敷天皇諡敏達御世)'라고 기록되어 있었을 것으로 본다. 민달천황은『일본서기』의 제30대 천황(재위 572~585)이다.

5. 길야천뢰(吉野川瀨)

대화국 신별「길야련(吉野連)」조(565)에 보이는 신무천황이 길야(吉野)로 순행하여 도착했다는 신뢰(神瀨)와 같은 장소일지도 모른다.『일본서기』에는 민달천황이 길야에 순행한 기록은 보이지 않는다.

324 【원 문】

珍縣主
佐代公同祖. 豐城入彦命三世孫御諸別命之後也. 日本紀漏.

【번 역】

진현주(珍縣主; 치누노아가타타누시)

좌대공(佐代公; 사테노키미)과 조상이 같으며, 풍성입언명(豐城入彦命; 도요키이리히코노미코토)의 3세손인 어제별명(御諸別命; 미모로와케노미코토)의 후손이다.『일본기』에는 누락되어 있다.

【주 석】

1. 진현주(珍縣主)

진(珍; 치누)이라는 씨명은 진노(珍努), 혈소(血沼)라고도 쓰며, 『일본서기』 숭신 7년 8월 기유조와 숭준 즉위전기에 보이는 모정현(茅渟縣)의 지명에서 유래한 것으로 추정된다. 현주는 현주(縣主)라는 직장명이 성으로 된 것이다.

진현주씨의 일족으로는 천평 10년 4월 5일자 「화천감정세장(和泉監正稅帳)」(『대일본고문서』 218)의 진현주왜마려(珍縣主倭麻呂), 진현주심마려(珍縣主深麻呂)가 있고, 천평승보(天平勝宝) 2년 8월 28일자 「조동대사사해(造東大寺司解)」(『대일본고문서』 25-133)의 진현주제인만려(珍縣主弟人萬呂)가 나온다. 『속일본기』 천응(天應) 원년 3월 무진조에 진노현주제상(珍努縣主諸上), 『일본삼대실록』 원경(元慶) 5년 4월 28일 을사조에 진현주삼진웅(珍縣主三津雄)이 있다.

2. 좌대공(佐代公)

좌대라는 씨명은 좌태(佐太)라고도 하며 하내국 자전군(茨田郡) 좌태향(佐太鄕)이라는 지명에서 유래한다. 현재 대판부 매방시(枚方市) 차타(蹉跎) 일대이다. 좌경 황별(하)「지전조신」조 및「상모야판본조신」조에 보이는 좌태공(佐太公)과 관련이 있는 것으로 추정된다.

한편 좌대를 '사타'라고 읽는다면 천평 5년(733) 「산배국애탕군계장(山背國愛宕郡計帳)」(『대일본고문서』 1-511)에 보이는 협전군도자매(狹田郡刀自賣), 협전군이비매(狹田郡爾比賣) 등의 협전군씨는 좌대공씨와 동족일 것이다.

3. 풍성입언명(豐城入彦命)

풍성입언명에 대해서는 하천국 황별「좌대공(佐代公)」조(323)

4. 어제별명(御諸別命)

『일본서기』 경행 56년 8월조에는 동국(東國) 지방의 하이를 정벌하여 다스린 어제별왕(御諸別王; 미모로와케노미코)으로 나온다. 본조에는 '풍성입언명삼세손어제별명(豐城入彦命三世孫御諸別命)'이라고 나온다.

5. 일본기루(日本紀漏)

『신찬성씨록』완본에는 진현주의 사성과 관련된 기록이 있었을 것인데『일본서기』에는 보이지 않는다는 의미이다.

325 【원 문】
登美首
佐代公同祖. 豐城入彦命男倭日向建日向八綱田命之後也. 日本紀漏.

【번 역】

등미수(登美首; 도미노오비토)

좌대공(佐代公; 사테노키미)과 조상이 같으며, 풍성입언명의 자식인 왜일향건일향팔강전명(倭日向建日向八綱田命; 야마토히무카타케히무카야츠나다노미코토)의 후손이다. 『일본기』에는 누락되어 있다.

【주 석】

1. 등미수(登美首)

등미(登美; 도미)라는 씨명은 지미(止美) 또는 적견(迹見)이라고도 쓴다. 지미라는 씨명은 하내국 황별「지미련(止微連)」조(297)에 보이는 백제의 지미읍(止美邑)이라는 지명에서 유래한다. 지미라는 곳은 『일본서기』 신공황후 섭정 49년 3월조 및 응신 8년 3월조에 인용된 『백제기』에 보이는 '침미다례(忱彌多禮)'로 추정된다. 『일본서기』 계체 2년(508) 12월조에 보이는 남해의 '탐라(耽羅)'와 '침미다례'가 음이 비슷하며 '남해'라는 방위도 백제에서 침미다례를 '남만(南蠻)'이라고 표현하는 것과 유사하다는 점을 근거로 침미다례를 제주도로 비정한다. 한편 침미다례를 고해진(古奚津)의 요충지인 강진으로 보거나, 『삼국지』 위서 동이전 마한조의 신미국(新彌國)으로 보고 영산강 유역으로 보는 견해도 있다.

지미련씨 일족에 대해서는 다른 사료에 보이지 않아 자세히 알 수 없다. 다만 하내국 황별의 등미수(登美首)가 지미련씨와 동족일 것으로 추정하기도 한다.

2. 왜일향건일향팔강전명(倭日向建日向八綱田命)

『일본서기』 수인천황 5년 10월 기묘삭조에 상모야군의 조상 팔망전(八網田)이 보인다. 이에 대해서는 화천국 황별 「경부」조(329) 및 미정잡성 화천국 「아손공」조(1167) 참조.

3. 일본기루(日本紀漏)

『신찬성씨록』 완본에는 등미수의 사성 관련 기록이 있었을 것으로 여겨지는데, 『일본서기』에는 이에 대한 기록이 누락되어 있는 것을 의미한다.

326 【원 문】

葛原部
　　佐代公同祖. 豊城入彦命三世孫大御諸別命之後也. 日本紀漏.

【번 역】

갈원부(葛原部; 구즈하라베)
　　좌대공(佐代公; 사테노키미)과 조상이 같으며, 풍성입언명(豊城入彦命; 도요키이리히코노미코토)의 3세손 대어제별명(大御諸別命)의 후손이다. 『일본기』에는 누락되어 있다.

【주 석】

1. 갈원부(葛原部)

갈원부라는 씨명은 구수파량부(久須波良部)라고도 하며 의통랑희(衣通郎姫)의 명대부인 등원부(藤原部)의 반조씨족 혹은 그 부민에서 유래한다. 갈원부의 옛 씨명이 등원부이다. 『속일본기』 천평보자(天平寶字) 원년(757) 3월 을해조에는 등원부가 구수파량부로 개칭하고 있다. 등원부가 구수파량부로 개칭된 것은 등원겸족(藤原鎌足) 및 등원불비등(藤原不比等)의 씨명을 칭하는 것을 금지한 등원중마려(藤原仲麻呂)의 시책과 관련이 깊다.

갈원부씨 일족으로는 천평 11년 4월 10일자 「경사수실장(經師手實帳)」(『대일본고문서』 7-249)의 등원부내족(藤原部內足)이 있다. 등원부내족은 갈원부내족(葛原部內足)으로도 쓴다(천평 11년 4월 15일자 「사경사계(寫經司啓)」, 『대일본고문서』 2-163). 다만 갈원부씨에는 여러 계통이 있으므로 갈원부내족을 본조 갈원부씨의 일족으로 단정하기는 어렵다.

등원부에 대해서는 『일본서기』 윤공 11년 3월 병오조에 설치 기사가 있고, 동 천무 12년 9월 정미조에 등원부조에 연(連)을 사성했다는 기록이 나온다.

2. 좌대공(佐代公)

좌대공에 대해서는 화천국 황별 「좌대공」조(323) 참조.

3. 풍성입언명(豐城入彦命)

『고사기』와 『일본서기』에 나오는 제10대 숭신천황의 황자이다. 『고사기』에는 풍목입일자명(豐木入日子命), 『일본서기』에는 풍성입언명(豐城入彦命)으로 나온다.

4. 대어제별명(大御諸別命)

『일본서기』 경행 56년 8월조에는 동국(東國) 지방의 하이를 정벌하여 다스린 어제별왕(御諸別王)으로 나온다. 화천국 황별의 「진현주(珍縣主)」조(324)에는 '풍성입언명삼세손어제별명(豐城入彦命三世孫御諸別命)'이라고 나온다. 대어제별명에 대해서는 섭진국 황별 「한시전부(韓矢田部)」조(255) 참조.

5. 일본기루(日本紀漏)

『신찬성씨록』 완본에는 갈원부(葛原部)의 사성 관련 기록이 있는데 『일본서기』에는 보이지 않는다는 의미일 것이다.

327 【원문】

茨木造
　豐城入彦命之後也.

【번 역】

자목조(茨木造; 우마라키노미야츠코)

풍성입언명(豐城入彦命; 도요키이리히코노미코토)의 후손이다.

【주 석】

1. 자목조(茨木造)

자목(茨木; 이바라키)이라는 씨명은 자성(茨城; 이바라키)이라고도 쓴다. 이바라키라는 지명은 현재 자성현(茨城縣) 동자성군(東茨城郡)·서자성군(西茨城郡) 일대와 대판부(大阪府) 북섭진(北攝津) 지역에도 위치한다. 자목(茨木)의 씨명은 자성(茨城; 이바라키)이라는 지명에서 유래한 것으로 추정된다.

자목씨(茨木氏, 茨城氏)로는 천평 5년(733) 정월 27일자「사경소계(寫經所啓)」(『대일본고문서』 7-34)에 자목각만려(茨木角萬呂)가 보인다. 천평감보 원년(749) 윤5월 10일시(始)「천부법화경충본장(千部法華經充本帳)」(『대일본고문서』 3-231)에는 자성각만려(茨城角萬呂)가 보인다. 자목각만려는 자성각만려로도 표기되고 있음을 알 수 있다.

2. 풍성입언명(豐城入彦命)

『고사기』와 『일본서기』에 나오는 제10대 숭신천황의 황자이다. 『고사기』에는 풍목입일자명(豐木入日子命), 『일본서기』에는 풍성입언명(豐城入彦命)으로 나온다. 좌경 황별(하) 「하모야조신(下毛野朝臣)」조(097) 참조.

---

328 【원 문】

丹比部
　　同上. 日本紀漏.

【번 역】

단비부(丹比部; 다지히베)

위와 같다. 『일본기』에는 누락되어 있다.

【주 석】

1. 단비부(丹比部)

단비(丹比; 다지히)라는 씨명은 다지비서치별천황(多遲比瑞齒別天皇, 反正天皇)의 명대부(名代部)인 단비부(丹比部)의 반조씨족이었던 데서 유래한다. 또는 그 부민의 후예라는 의미로도 이해할 수 있다. 단비부씨의 본거지가 화천국 대조군(大鳥郡)인지는 확실하지 않지만 『연희식(延喜式)』 신명장(神名帳)에 화천국 대도군(大島郡)조에 다치속비매명신사(多治速比賣命神社)가 보인다.

화천국 출신 단비부씨 일족에 대해서는 다른 사료에 보이지 않는다. 제국(諸國)의 단비부씨에 대해서는 우경 신별(하) 「단비숙녜」조(460) 참조.

2. 동상(同上)

『신찬성씨록』 완본에는 '풍성입언명지후야(豐城入彥命之後也)'라고 기록되어 있었을 것이다.

3. 일본기루(日本紀漏)

『신찬성씨록』 완본에는 단비부의 사성 기록이 있었는데 『일본서기』에는 보이지 않는다는 의미일 것이다.

---

329 【원 문】

輕部
　　倭日向建日向八綱田命之後也. 雄略天皇御世. 獻加里乃郷. 仍賜姓輕部君.

【번 역】

경부(輕部; 가루베)

왜일향건일향팔강전명(倭日向建日向八綱田命; 야마토히무카타케히무카야츠나타노미코토)의 후손이다. 웅략천황(雄略天皇; 유랴쿠텐노) 치세 때 가리내향(加里乃郷; 가루노사토)을 바쳤다. 이에 경부군(輕部君; 가루베노키미)을 사성받았다.

【주 석】

1. 경부(輕部)

경부라는 씨명은 목리지경태자(木梨之輕太子)의 명대부(名代部)인 경부(輕部)의 반조씨족이었던 데서 유래한다. 대화전대(大和前代)의 경부에 대해서는 『고사기』 윤공천황단에 "목리지경태자(木梨之輕太子)를 어명대(御名代)로 삼아 경부(輕部)를 정하였다."라는 기록이 참조된다.

2. 왜일향건일향팔강전명(倭日向建日向八綱田命)

『일본서기』 수인 5년 10월 기묘삭조에 상모야군의 조상 팔망전(八網田)이 보인다. 이에 대해서는 화천국 황별 「경부」조(325) 참조.

3. 웅략천황어세(雄略天皇御世)

『신찬성씨록』 완본에는 '웅략' 앞에 '대박뢰유무천황시(大泊瀬幼武天皇諡)'라는 8글자가 있었을 것이고, '웅략' 다음에 '천황' 2글자는 없었을 것이다. 박뢰는 현재 나량현(奈良縣) 앵정시(櫻井市) 초뢰정(初瀬町)과 흑기정(黒崎町)의 주변이다. 박뢰의 조창(朝倉)에 궁이 있었기 때문에 이름에 박뢰를 붙인 것이다. 『일본서기』 안강 즉위전기 12월조의 대박뢰황자(大泊瀬皇子), 『고사기』 윤공천황단의 대장곡명(大長谷命), 동 웅략천황단의 대장곡약건명(大長谷若建命)이 있으며, 『파마국풍토기(播磨國風土記)』에 대장곡천황(大長谷天皇) 4년 2월조에는 "짐은 유무왕(幼武王)이다."라고 하였다. 『송서』에 5세기 후반 남조(南朝)에 사신을 보낸 왜왕 무(武)와 같은 사람으로 추정되고 있다. 또한 기옥현(埼玉縣) 도하산고분(稲荷山古墳)에서 출토된 철검의 명문에 보이는 획가다지로대왕(獲加多支鹵大王) 및 웅본현(熊本縣) 강전선산(江田船山) 고분에서 출토된 대도명의 와카타케루대왕(獲□□□鹵大王)을 왜왕 무(武, 다케루), 즉 웅략으로 추정하고 있다.

4. 가리내향(加里乃鄉)

화천국 화천군 경부향(輕部鄉)을 가리키다. 현재 대판부(大阪部) 천북군(泉北郡) 충강정(忠岡町) 일대이다. 천평 19년 2월 11일 「법륭사가람연기병유기자재장(法隆寺伽藍緣起

幷流記資財帳)」(『寧樂遺文』상-363)에 "하내국(河內國) 화천군(和泉郡) 경향(輕鄕) 육당(六墻)"이라고 하여 경향(輕鄕)의 지명이 보인다.

5. 경부군(輕部君)

경부군씨 일족에 대해서는 다른 사료에 보이지 않는다.

330 【원 문】

和氣公
　犬上朝臣同祖. 倭建尊之後也.

【번 역】

화기공(和氣公; 와케노키미)
　견상조신(犬上朝臣; 이누카미노아소미)과 조상이 같으며, 왜건존(倭建尊; 야마토타케루노미코토)의 후손이다.

【주 석】

1. 화기공(和氣公)

화기(和氣; 와케)라는 씨명은 별(別; 와케)이라고도 하며, 4~5세기에 왕자, 왕족, 지방 호족의 칭호에서 유래한 것으로 생각된다. 본조 화기공씨의 본거지는 화천군(和泉郡) 화기촌(和氣村)의 지역이다. 현재의 대판부 화천시(和泉市) 국부정(國府町) 부근이다.

별공씨 일족으로는, 화천국 출신인지 정확히 알 수 없지만『속일본기』대보(大寶) 3년(703) 4월조에 화기군판본(和氣君坂本)이 있고, 천평 5년(733) 8월 16일자「황후궁직이(皇后宮職移)」(『대일본고문서』1-478)에 별군갱만려(別君粳萬呂) 등이 보인다.

2. 견상조신(犬上朝臣)

견상(犬上; 이누카미)이라는 씨명은 율령제에서의 근강국(近江國) 견상(犬上; 이누카미)이라는 지명에서 유래한 것으로 추정된다. 이곳은 현재 자하현(滋賀縣) 견상군(犬上郡) 지역이다. 견상조신에 대해서는 좌경 황별(상) 「견상조신」조(083) 참조.

3. 왜건존(倭建尊)

『고사기』 경행천황단에는 왜건명(倭建命)으로 나온다. 용감무쌍한 사람이라는 뜻이다. 『일본서기』 경행 27년 12월조에 웅습(熊襲)의 괴수 천상효수(川上梟帥)가 '일본무황자(日本武皇子)'라는 존호를 받들었다고 한다.

331 【원문】

縣主
和氣公同祖. 日本武尊之後也.

【번역】

현주(和氣縣主; 아가타누시)
　화기공(和氣公; 와케노키미)과 조상이 같으며, 일본무존(日本武尊; 야마토타케루노미코토)의 후손이다.

【주석】

1. 현주(縣主)

현주의 씨명은 견상현(犬上県)의 현주였던 예전의 직명에서 유래한다. 견상현은 모정현(茅渟縣)으로 후에 화천국을 가리킨다.
　화천국 출신 현주씨 일족으로는 『속일본후기』 승화 3년(836) 2월 무인조에 현주익웅(縣主益雄)과 현주문정(縣主文貞) 등이 있다. 이 기록에 의하면 현주씨는 승화 3년에 화기숙녜로 개성되었음을 알 수 있다.

2. 화기공(和氣公)

화기공에 대해서는 앞의 「화기공」조(330) 참조.

3. 일본무존(日本武尊)

『고사기』 경행천황단에서는 왜건명(倭建命)이라 적고 있다. 용감무쌍한 사람이라는 뜻이다. 『일본서기』 경행 27년 12월조에 웅습(熊襲)의 괴수 천상효수(川上梟帥)가 '일본무황자(日本武皇子)'라는 존호를 받들었다고 한다. 일본무존에 대해서는 좌경 황별(상)「견상조신」조(083) 참조.

332 【원 문】
酒部公
　　讚岐公同祖. 神櫛別命之後也.

【번 역】

　주공부(酒部公; 사카베노키미)

　　찬기공(讚岐公; 사누키노키미)과 조상이 같으며, 신즐별명(神櫛別命; 가무쿠시와케노미코토)의 후손이다.

【주 석】

1. 주부공(酒部公)

주부(酒部; 사카베)라는 씨명은 주부의 반조씨족이라는 데에서 유래한다. 『유취국사(類聚國史)』(권107) 조주사(造酒司) 천장(天長) 8년 2월 신해조에 타씨 20인을 취하여 조주사의 명부(名負)인 주부(酒部)에 보충하였다라는 기록이 나온다. 주부공씨 일족에 대해서는 우경 황별(하)「주부공(酒部公)」조(163) 참조.

2. 찬기공(讚岐公)

찬기공에 대해서는 우경 황별(하)「찬기공」조(162) 참조.

3. 신즐별명(神櫛別命)

신즐별명에 대해서는 우경 황별(하)「찬기공」조(162) 참조.

333 【원문】

池田首
　　景行天皇皇子大碓命之後也. 日本紀漏.

【번역】

지전수(池田首; 이케다노오비토)

　경행천황(景行天皇; 게이코우텐노)의 황자 대대명(大碓命; 오우스노미코토)의 후손이다. 『일본기』에 누락되어 있다.

【주석】

1. 지전수(池田首)

지전(池田; 이케다)이라는 씨명은 화천국 화천군 지전향(池田鄉)이라는 지명에서 유래한 것으로 추정된다. 지전향은 현재 대판부 화천시(和泉市) 북지전(北池田) 일대이다. 지전수씨 일족에 대해서는 다른 사료에 보이지 않는다.

2. 경행천황(景行天皇)

『신찬성씨록』 완본에는 '경행'의 앞에 '대족언인대별천황시(大足彦忍代別天皇謚)'라는 글자가 있었을 것이고, '경행' 다음에 '천황' 2글자는 없었을 것이다.

3. 대대명(大碓命)

『고사기』 경행천황단에 의하면 대전군(大田君)의 조상으로 기록되어 있다. 대대명에 대하여 『일본서기』 경행 2년 3월 무진조에는 도일대랑희황후(稻日大郎姬皇后)가 낳은 대대황자(大碓皇子)라고 하고, 동 40년 7월 무술조에는 대대황자가 봉지인 미농국에 가서 신모진군(身毛津君)과 수군(守君)의 시조가 되었다고 한다. 또 『고사기』 경행천황단에는 대대명(大碓命)의 분주에 수군(守君), 태전군(太田君), 도전군(島田君)의 선조라는 내용과 삼야국조(三野國造)의 선조 대근왕(大根王)의 딸 사이에 태어난 흑압지형비고왕(黑押之兄比古王)을 모의도군(牟宜都君) 등의 조상이라는 내용이 기록되어 있다. 좌경 황별(하) 「모의공」조(114) 참조.

4. 일본기루(日本紀漏)

『신찬성씨록』 완본에는 지전수씨 사성 기록이 있었지만, 『일본서기』에는 이와 관련된 기록이 누락되어 있다는 의미이다.

334 【원문】
聟本
　　倭建尊三世孫大荒田命之後也.

【번역】

서본(聟本; 무코모토)

　왜건존(倭建尊; 야마토타케루노미코토)의 3세손 대황전명(大荒田命; 오아라타노미코토)의 후손이다.

【주석】

1. 서본(聟本)

서본이라는 씨명은 화천국에 있었던 고지명에서 유래한 것으로 추정되지만 명확한 것은 알 수 없다. 서본은 서목(聟木)이라고도 쓰며 관련 일족에 관한 사료가 더 이상 보이지 않는다.

2. 왜건명(倭建尊)

『고사기』 경행천황단에는 왜건명(倭建命)이라 기록되어 있다. 용감무쌍한 사람이라는 뜻이다. 『일본서기』 경행 27년 12월조에 웅습(熊襲)의 괴수 천상효수(川上梟帥)가 '일본무황자(日本武皇子)'라는 존호를 받들었다고 한다. 왜건명에 대해서는 좌경 황별(상) 「태상조신(犬上朝臣)」조(083) 참조.

3. 대황전명(大荒田命)

기타의 사료에는 보이지 않는다.

335 【원 문】
山公
　垂仁天皇皇子五十日足彦別命之後也.

【번 역】
산공(山公; 야마노키미)
　수인천황(垂仁天皇; 수닌텐노)의 황자 오십일족언별명(五十日足彦別命; 이카타라시히코와케노미코토)의 후손이다.

【주 석】
1. 산공(山公)
산군(山君; 야마노키미)이라고도 한다. 산(山; 야마)이라는 씨명은 산수부(山守部)의 반조 씨족이었던 데서 유래하거나, 대화국 첨상군(添上郡) 산군향(山君鄕)이라는 지명에서 온 것으로 생각된다. 산공씨 일족에 대해서는 대화국 황별「산공」조(213) 참조.

2. 수인천황(垂仁天皇)
『신찬성씨록』 완본에는 '치일본근자대일일천황시개화(稚日本根子大日日天皇諡開化)'라고 기록되었을 것이고, '수인' 다음의 '천황' 2글자는 없었다고 생각된다. 수인천황에 대해서는 좌경 황별(상)「도성임생공(稻城壬生公)」조(112) 참조.

3. 오십일족언별명(五十日足彦別命)
『고사기』 수인천황단에 수인천황의 황자 오십일대일자왕(五十日帶日子王)으로 나오고 춘일산군씨(春日山君氏)와 고지지군씨(高志池君氏)의 조상이라고 한다. 이 가운데 춘일산군(春日山君)은 화천국 황별「산공」조에서도 오십일족언별명의 후손이라고 한다. 춘일산군은 산공씨와 같은 씨로 보인다.

신찬성씨록
新撰姓氏錄

제2질
(제11~20권)

신찬성씨록
新撰姓氏錄

제 2 질

제11권

좌경左京 신별神別 상

[起藤原朝臣 盡猪名部造三十八氏]

등원조신(藤原朝臣; 후지와라노아손)에서 저명부조(猪名部造; 이나베노미야츠코)까지 38씨이다.

336 【원문】

藤原朝臣
　　出自津速魂命三世孫天兒屋命也. 廿三世孫內大臣大織冠中臣連鎌子, [古記云鎌足.] 天命開別天皇[謚天智.] 八年, 賜藤原氏. 男正一位贈太政大臣不比等, [謚天武.] 十三年, 賜朝臣姓.

【번역】

등원조신(藤原朝臣; 후지와라노아손)

　　진속혼명(津速魂命; 츠하야무수비노미코토)의 3세손 천아옥명(天兒屋命; 아메노코야네노미코토)에서 나왔다. (천아옥명의) 23세손 내대신(內大臣) 대직관(大織冠) 중신련겸자(中臣連鎌子; 나카토미노무라지카마코)[고기(古記)에서는 겸족(鎌足; 가마타리)이라고 한다.]는 천명개별천황(天命開別天皇; 아메미코토히라카수와케노수메라노미코토)[시호는 천지(天智; 덴치)이다.] 8년에 등원씨(藤原氏; 후지와라노우지)를 사여받았다. 아들 정1위 증태정대신(贈太政大臣) 불비등(不比等; 후히토)이 천정중원영진인천황(天淳中原瀛眞人天皇; 아메노누나하라오키노마히토노수메라노미코토)[시호는 천무(天武; 덴무)이다.] 13년에 조신(朝臣; 아소미) 성을 사여받았다.

【주 석】

1. 등원조신(藤原朝臣)

　　등원(藤原; 후지하라)이라는 씨명은 지명과 관련이 있다. 등원이라는 지명은 『일본서기』 윤공(允恭) 7년 12월 임술삭조에 처음 보인다. 여기에서 윤공천황이 "전옥(殿屋)을 등원(藤原)에 짓고 살았다"라고 적고 있다.

그 후 등원이라는 지명이 다시 보이는 것은 『일본서기』 지통기이다. 지통천황 4년(690) 10월에 천무천황의 맏아들 고시황자(高市皇子; 다케치노미코)가 등원(藤原)의 궁지(宮地)를 시찰할 때 공경백료가 함께 따라갔다고 적고, 그해 12월에는 지통천황이 등원의 궁지를 시찰할 때도 공경백료가 함께 따라갔다고 적고 있다. 그 후 지통 8년(694) 12월에 비조정어원궁(飛鳥淨御原宮; 아스카키요미하라노미야)에서 등원궁(藤原宮; 후지하라노미야)으로 옮겼다. 등원궁이 있었던 도성을 『일본서기』에서는 신익경(新益京; 아라마시노미야)이라고 불렀다. 그러나 에도(江戶) 시대에 등원궁이 있었던 도읍을 등원경(藤原京; 후지하라노쿄)이라고 부르게 되었다.

발굴 조사에 의해 현재 나량현(奈良縣) 강원시(橿原市) 고전정(高殿町)에서 등원궁 대극전(大極殿)의 토단이 확인되어, 이 지역에 등원궁이 있었음을 알 수 있다.

등원(藤原)이라는 씨명이 처음 등장하는 것은 『일본서기』 천지 8년(669) 동10월 경신조이다. 천지천황이 병중의 중신련겸족(中臣連鎌足; 나카토미노무라지카마타리, 614~669)에게 등원(藤原)이라는 씨를 사여하였다고 적고 있다. 중신련겸족이 죽음을 앞두고 천지천황에게 등원이라는 씨명을 사여받아 중신에서 등원으로 씨명을 바꾸게 되었음을 알 수 있다. 천지천황이 겸족에게 등원이라는 씨명을 준 것은 겸족이 태어난 곳이 대화국(大和國) 고시군(高市郡) 등원(藤原) 지역이기 때문이었다. 669년 겸족이 죽은 후 『일본서기』에는 등원련씨에 대한 기록이 보이지 않는다. 등원련을 사성받은 것은 겸족과 그의 직계 가족뿐이었다.

중신련씨가 담당하고 있던 신관(神官)으로서의 일은 중신련강수자(中臣連糠手子; 나카토미노무라지누데코)의 아들로 겸족의 사촌이었던 중신김(中臣金; 나카토미노카네)이 담당하였다. 그는 천지 9년(670)에 산어정(山御井; 야마미이) 인근에서 신을 제사지냈을 때 축사(祝詞)를 읽어 신관(神官)으로서의 역할을 수행하였다. 천지 10년(671) 1월에는 우대신으로 임명되어, 좌대신 소아신적형(蘇我臣赤兄; 소가노오미아카에)과 함께 천지천황의 후계자였던 태정대신 대우황자(大友皇子; 오토모노미코)의 후원 세력으로 중요한 역할을 하였다.

671년 10월에 천지천황이 중병에 걸리자 목숨의 위협을 느낀 대해인황자(大海人皇子, 천무천황)가 출가하여 길야(吉野; 요시노)로 떠난 후, 11월에 중신련김은 좌대신, 어사대부, 대우황자와 함께 근강대진궁(近江大津宮) 내리(內裏)의 서전(西殿)에 가서 직물불(織物佛) 앞에서 대우황자로 황위를 이으라는 천지천황의 조(詔)를 받들기로 굳게 맹세하였다. 671년 12월에 천지천황이 죽자 672년 6월에 대해인황자가 군대를 일으켜 임신의 난이 일어났다. 7월 22일에 뇌전(瀬田; 세타)에서 최후의 결전이 벌어졌을 때 중신련김은 대우황자와 함께 출진하였으나 패배하였다. 그는 붙잡혀 8월 25일에 참살당하고 그의 자손은 유배당하였다.

중신련김이 죽은 후 중신련씨를 대표한 사람은 중신련대도(中臣連大島; 나카토미노무라지오시마)였다. 그는 중신련강수자의 아들 중신련허미(中臣連許米; 나카토미노무라지코메)의 아들로, 중신련김의 조카였으며, 겸족의 당질이었다.

중신련대도는 『일본서기』 천무 10년(681) 3월 병술조에 처음 보인다. 여기에서는 천무천황이 비조정어원궁(飛鳥淨御原宮; 아스카키요미하라노미야)의 대극전(大極殿)에서 천도황자(川島皇子; 가와시마노미코)를 비롯한 황족 6명과 상모야군삼천(上毛野君三千; 가미츠케누노키미치치)을 비롯한 6명의 관리에게 제기(帝紀)와 상고제사(上古諸事)를 기록하도록 하였는데, 그중에 대산상(大山上, 율령제의 정6위) 중신련대도의 이름도 보이고 있다. 제기와 상고제사를 기록하는 작업은 『고사기』와 『일본서기』 편찬으로 이어지는 작업이었다.

그 후 중신련대도는 천무 10년(681) 12월 계사조에 소금하(小錦下, 율령제의 종5위)로 승서되었으며, 『일본서기』 천무천황 12년(683) 12월조에는 이세왕(伊勢王)과 함께 제국(諸國)을 돌아다니며 국의 경계를 정하였다.

그 후 『일본서기』 천무 13년(684) 11월 무신삭조에는 천무천황이 조신(朝臣)을 사성(賜姓)한 52씨가 보이는데, 여기에 중신련씨가 보인다. 이때 중신련대도는 조신(朝臣)을 사성받아 중신조신씨가 되었을 것이다.

그런데 그는 『일본서기』 천무천황 14년(685) 9월 신유조에서 등원조신대도(藤原朝臣大島; 후지하라노아소미오시마)라는 이름으로 등장한다. 그는 대안전(大安殿)에서 천무천황에게 옷을 하사받은 10명 중의 한 명이었다. 『일본서기』에는 그의 등원조신 사성에 관한 기사가 보이지 않지만 685년 9월 이전에 등원조신을 사성받았다고 추정된다. 이때 겸족의 아들 등원련불비등(藤原連不比等; 후지하라노무라지후히토)도 등원조신을 사성받았을 것이다.

이후 『일본서기』 주조(朱鳥) 원년(686) 춘정월조에는 신라에서 파견된 사신 김지상(金智祥)을 접대하기 위해 축자(筑紫)에 파견된 사람 중에 직대사(直大肆) 등원조신대도가 보인다. 그리고 그해 9월 천무천황이 죽은 후에 빈궁(殯宮)에서 병정관(兵政官)의 일을 보고하고 있다.『일본서기』 지통천황 원년(687) 8월 을미조에서는 지통천황이 직대사 등원조신대도 등을 시켜 고승 삼백 명을 비조사(飛鳥寺; 아스카노테라)에 불러모아 천무천황의 옷으로 만든 가사를 한 벌씩 주었다고 적고 있다.『일본서기』 지통천황 2년 3월 기미삭 을묘조에서는 등원조신대도가 천무천황의 빈궁에서 조사(弔辭)를 읽었다. 등원조신대도는 지통천황 7년(693) 3월에 죽는데, 그 후 그의 아들 마양(馬養; 우마카이)은 사서에 보이지 않는다.

그 후 제사를 담당하는 신관의 일을 계승한 사람은 중신조신신마려(中臣朝臣臣麻呂; 나카토미노아소미오미마로)였을 것으로 추정된다. 중신련국자(中臣連國子; 나카토미노무라지쿠니코)의 아들 국족(國足; 구니타리)의 아들로, 대도의 6촌 동생이었다. 그는 686년 9월에 천무천황이 죽고 지통천황이 칭제(稱制)한 직후에 일어난 대진황자(大津皇子; 오츠노미코)의 모반 사건에 대사인(大舍人)으로서 연좌되었으나 방면되었다. 그리고 686년에 지통천황이 정식으로 즉위한 후 688년 2월에는 판사(判事)로 임명되었다.『일본서기』 지통 3년(689) 2월 기유조에 의하면 지통천황이 율령을 편찬하고 시행하기 위해 이를 이끌어 갈 사람들을 판사로 임명한 것인데, 이때 임명된 9명의 판사 중의 한 명이었다.

이때 중신조신신마려 이외에 겸족의 아들 등원조신사(藤原朝臣史; 후지와라노후히토, 659~720)도 있었다. 사(史; 후히토)는 불비등(不比等; 후히토)으로도 표기되는데, 판사로 임명되었다는 기사가 그가『일본서기』에 등장하는 최초의 기사다. 669년 등원겸족이 죽었을 때 11세에 불과하던 등원불비등이 30세에 판사로 임명되면서『일본서기』에 등장한 것이다.

불비등은 697년 8월에 지통천황의 양위로 즉위한 문무천황에게 딸 궁자(宮子)를 부인(夫人)으로 입실한 후 문무조정에서 중요한 인물이 되었다. 그런데『속일본기』 문무(文武) 2년(698) 8월 병오조에서는 "등원조신(藤原朝臣)에게 사여한 성은 그의 아들 불비등(不比等)이 계승한다. 의미마려(意美麻呂) 등은 신사(神事)를 받들고 있으므로 옛 성(姓)으로 복구하도록 하라."라고 적고 있다. 이러한 조치를 내린 것은 지통태상천황이다. 그녀는 문무천황의 장인 불비등과 그의 직계에게만 등원조신을 내리고 나머지 일족에게는 이전의 중신조신(中臣朝臣)을 칭하도록 하였다. 당시 생존하던 겸족의 유일한 아들인 불비등의 자손에게만 등원조신 성을 사용하게 하여 특권을 부여한 것이다.

이후 사서에 등장하는 등원조신씨는 모두 불비등의 후손이다.

중신씨의 씨상(氏上)의 지위에 있었던 사람은 중신조신의미마려(中臣朝臣意美麻呂, ?~711)였다. 의미마려(意美麻呂)는 신마려(臣麻呂; 오미마로)로도 표기된다.

『군서류종(郡書類從)』 권5 계보부(系譜部)에 수록된 「중신씨계도(中臣氏系圖)」에 의하면 중신씨는 '가다능고(可多能占)-국자(國子)-국족(國足)-의미마(意美麿)-청만려(淸萬呂)'로 이어지고 있다. 의미마려는 국족의 아들로 겸족과는 6촌이었다. 의미마려의 이름이 사서에 처음 보이는 것은 『일본서기』 지통천황 즉위전기이다. 의미마려는 등원겸족의 딸 두매낭(斗賣娘)과 결혼하여 등원씨가 되었고, 겸족의 아들 불비등이 성인이 될 때까지 등원씨의 씨상의 지위에 있었을 것으로 추측된다.

2. 진속혼명(津速魂命)

『존비분맥(尊卑分脈)』에 실린 「등원씨계도(藤原氏系圖)」에는 '천어중주존(天御中主尊)-천팔하존(天八下尊)-천삼하존(天三下尊)-천합존(天合尊)-천팔백일존(天八百日尊)-천팔백만혼존(天八百萬魂尊)-진속혼존(津速魂尊)'으로 이어지는 계보가 보인다. 『구사본기(舊事本紀)』 신대본기(神代系紀)에서는 진속혼존(津速魂尊)이라고 적고 있다.

3. 천아옥명(天兒屋命)

『존비분맥』에 실린 「등원씨계도」에는 천어중주존(天御中主尊)으로 시작하여 '진속혼명(津速魂命)-시천혼명(市千魂命)-거거등혼명(居居登魂命)'까지 적고 나서, 다시 천아옥근존(天兒屋根尊)으로 시작하는 계도를 적고 있다.

4. 이십삼세손(二十三世孫) 내대신(內大臣) 대직관(大織冠) 중신련겸자(中臣連鎌子)

중신련겸자(中臣連鎌子, 614~669)는 고대 일본에서 기부씨(忌部氏)와 함께 제사를 담당한 중앙 호족으로 중신씨 출신이다. 중신씨는 6세기에 불교를 수용하려는 소아씨(蘇我氏)와 대립한 물부씨(物部氏)와 협력하였다.

『일본서기』 황극 3년(644) 정월 을해삭조에서 "중신겸자련을 신기백(神祇伯)으로 임명하였으나 세 번 고사하고 취임하지 않고 병을 칭하고 삼도(三島)로 퇴거하였다."라고 적고 있다. 겸자(鎌子)는 가업(家業)인 신기백(神祇伯)이 되고 싶지 않았던 것이다. 그 후 중신겸자련은 645년 6월 12일 을사의 정변 때에 중대형황자(中大兄皇子)와 함께 소아입록(蘇我入鹿)을 암살하여, 소아씨 정권을 무너뜨리는 데 중요한 역할을 하였다. 『일본서기』효덕 즉위전기에서는 황극 4년(645) 6월 14일에 "대금관(大錦冠)을 중신겸자련(中臣鎌子連)에게 수여하고 내신(內臣)으로 삼고 봉호(封戶) 약간을 증액하였다."라고 적고 있다. 대금관은 647년에 제정되어 685년까지 시행된 관위제에서 제7위의 관위이므로 645년에 대금관을 사여하였을 리는 없다. 그러므로 이 기사는 647년 이후에 있었던 일을 소급하여 기록한 것이다.

내신(內臣)은 대왕의 고문 역할을 하는 직책이다. 한반도의 경우에는 고구려에서 연개소문이 쿠데타로 영류왕을 죽이고 보장왕을 즉위시킨 후에 보장왕의 내신이 되었다. 백제에는 내신좌평이 있었으며, 신라에서도 왕자를 일본에 보내면서 보좌역으로 내신을 파견한 적이 있었다.

왜국에서는 645년에 효덕천황이 대왕으로 즉위한 후 중신겸자를 최초로 내신으로 임명하였다. 제도적으로는 왜왕 밑에 좌대신과 우대신이 있어 전통적으로 유력한 씨족의 사람들이 임명되었으므로, 32세에 불과한 중심겸자에게는 새로 내신이라는 직책을 만들어 대왕을 보좌하게 한 것이었다. 겸자는 이후 제명, 천지 대까지 계속 내신이라는 직책을 가졌다.

『일본서기』백치 4년(653) 5월 임술조에 정혜(定惠)에 관한 기사에 "정혜는 내대신 겸족의 장자이다(定惠內大臣鎌足之長子也)."라고 주를 달고 있으며, 백치 5년(654) 춘정월 임자조에서 "자관(紫冠)을 중신겸족련에게 수여하고 봉호를 1천 호 증액하였다."라고 적고 있다. 이를 통해 겸자가 이름을 겸족으로 바꾼 것임을 알 수 있다.

『일본서기』천지 8년(669) 10월 경신조에서는 천지천황이 병든 중신련겸족에게 동생 대해인황자(大海人皇子)를 파견하여 병문안하고서 대직관(大織冠)을 사여하고 내대신(內大臣)으로 임명하고 등원(藤原)이라는 성(姓)을 하사하였다고 한다. 겸족은 등원 성을 사성받은 다음날 죽었다. 대직관은 13계 관위 중에서 최상위로 이를 수여받은 사람은 중신겸족뿐이었다.

* 『존비분맥(尊卑分脈)』

원씨(源氏), 평씨(平氏), 등씨(藤氏, 등원씨), 귤씨(橘氏), 관원씨(菅原氏) 등의 계도(系圖)를 집대성한 제가대계도(諸家大系圖)이다.

권대납언(權大納言)이던 동원공정(洞院公定)이 영화(永和) 3년(1377)부터 응영(應永) 2년(1395)에 걸쳐 편찬하였다. 그 후 그의 아들 만계(滿季)와 손자 실희(實熙) 등 동원가(洞院家)의 사람들이 정정하고 추가하여 편찬하였다. 동원가는 등원북가(藤原北家)의 지류(支流)인 서원사가(西園寺家)의 좌대신,

종1위 서원사실웅(西園寺實雄)을 개조로 하는 집안이다.

동원공정이 처음 편찬하였을 때는 황실계도, 신기도계도, 숙요도계도도 포함되었으나 그 후 없어졌고, 현존하는 부분은 오랫동안 궁정사회의 중추에 있었던 등원씨와 원씨의 계도가 가장 자세하다. 직선으로 부계(父系)를 연결하고 여성은 후비(后妃) 등 극히 소수의 사람만 이름을 적고 나머지는 '여자(女子)'라고만 썼다. 계도에 이름이 보이는 남성 관인에게는 실명과 함께 생모, 관력, 몰년월일과 향년을 주기한 간략한 전기(傳記)가 붙어 있어 소중한 사료다.

특히 평안(平安) 시대와 겸창(鎌倉) 시대에 관한 기록은 일급 사료로 평가되고 있다. 그러나 당시의 기록이나 공경(公卿)의 일기(日記)에 보이는 인물의 이름이 보이지 않는다든가, 실재가 의심스러운 인물이 기재되어 있는가 하면, 연대가 이상한 부분도 있다. 따라서 동원공정이 죽은 후에 가필된 부분에 관해서는 다른 사료와 함께 비교하면서 검토할 필요가 있다.

337 【원문】

大中臣朝臣
　　藤原朝臣同祖.

【번역】

대중신조신(大中臣朝臣; 오나카토미노아손)
　　등원조신(藤原朝臣; 후지하라노아손)과 같은 조상이다.

【주석】

1. 대중신조신(大中臣朝臣)

대중신조신씨의 옛 씨성은 중신조신(中臣朝臣)이다. 『속일본기』 신호경운(神護景雲) 3년(769) 6월 을묘조에 "신어(神語)에 대중신(大中臣)이라는 말이 있다. 중신조신청마려(中臣朝臣淸麻呂, 702~788)는 두 번 신기관(神祇官)에 임명되어 그 직무를 받들어 실수가 없었다. 그래서 (청마려에게) 씨성 대중신조신을 사여하기로 하겠다."라고 적고 있어, 중신조신청마려가 769년에 칭덕천황으로부터 대중신조신을 사성받았음을 알 수 있다. 『가전(家傳)』 상(上)에서는 대대로 천지를 제사지내는 일을 관장하면서 사람과 신 사이를 서로 화목하게 하였으므로 그 씨를 대중신이라 부르도록 하였다고 적고 있다.

중신조신청마려는 중신조신의미마려(中臣朝臣意美麻呂, ?~711)와 다치비아기랑(多治

比阿岐良)의 아들이다. 의미마려는 등원겸족의 6촌으로 겸족의 양자가 되었고, 겸족의 딸 두매낭(斗賣娘)과 결혼하였다. 669년 겸족이 죽었을 때 겸족의 유일한 아들 불비등은 열한 살이었다. 의미마려는 650년대 전반에 태어났을 것으로 추측되어 불비등보다 나이가 많았다. 그래서 불비등이 성년이 될 때까지 등원씨의 씨상(氏上)의 지위에 있었을 것이다.

등원불비등은 천무천황 대인 685년에 등원조신이라는 씨성을 사여받았고, 지통천황 대인 688년에 판사로 임명되었다. 698년에 불비등과 그 자손을 제외한 등원조신씨는 다시 중신조신씨를 칭하라는 명을 받아 중신조신씨를 칭하게 되었다. 그 후 의미마려는 699년에 주전사(鑄錢司)의 장관으로 임명되고, 702년에 정5위상으로 승진하였다. 705년에는 좌대변(左大辨)으로 임명되고, 원명천황(元明天皇) 대인 708년에는 신기백(神祇伯)과 중납언(中納言)으로 임명되었다. 711년에 정4위상으로 승진한 후 그해 윤6월에 죽었다.

청마려(淸麻呂)는 의미마려의 일곱째 아들로, 성무천황(聖武天皇) 대부터 환무천황(桓武天皇) 대까지 6대에 걸쳐 관인으로 활약하면서 정2위, 우대신까지 승진하여 중신씨 중에서 가장 고위 관인이 되었고, 769년에 대중신조신이라는 씨성을 받아 대중신조신씨의 조상이 되었다. 생모 미상의 그의 둘째 아들 대중신조신자로(大中臣朝臣子老, ?~789)는 칭덕천황(稱德天皇)과 광인천황(光仁天皇), 환무천황 대에 관인으로 활약하여 정4위하 참의(參議), 궁내경(宮內卿), 신기백까지 역임하고 죽었다.

청마려의 정실은 다치비고나녜(多治比古奈禰, 多治比子姉)로, 칭덕천황 대와 광인천황, 환무천황 대에 여관(女官)으로 내리(內裏)에서 근무하면서 환무천황 대에 상시(尙侍), 종2위까지 승진하였다. 그녀가 낳은 대중신제어(大中臣諸魚, 743~797)는 청마려의 넷째 아들로 광인천황과 환무천황 대에 관인으로서 활약하였다. 789년에 의붓형 자로가 죽은 후 참의와 신기백이 되었고, 근위대장, 병부경과 좌대변을 겸직하고 정4위상까지 승진하였다.

대중신제어의 처 대화희자(大和姬子)도 시어머니 다치비고나녜와 마찬가지로 환무천황의 여관으로 내리에서 근무하였다. 최종 관직은 전시(典侍)였다. 대중신제어가 또 다른 처 대화소상자(大和小常子)와의 사이에서 낳은 딸 대중신조신백자(大中臣朝臣百子)는 평성천황(平城天皇)의 어식소(御息所; 미야스토코로)가 되었다.

청마려는 본인뿐만 아니라 내리에서 천황 측근에서 근무한 처와 며느리의 활약으로 다른 중신조신씨와 차별화하는 대중신이라는 씨명을 사여받았던 것이다.

2. 등원조신(藤原朝臣)

좌경 신별(상) 「등원조신」조(336) 참조.

338 【원문】
中臣酒人宿禰
　　大中臣朝臣同祖. 天兒屋根命十世孫臣狹山命之後也.

【번 역】

중신주인숙녜(中臣酒人宿禰; 나카토미노사카히토노스쿠네)

　대중신조신(大中臣朝臣; 오나카토미노아손)과 같은 조상이다. 천아옥근명(天兒屋根命; 아메노코야네노미코토)의 10세손 신협산명(臣狹山命; 오미사야마노미코토)의 후손이다.

【주 석】

1. 중신주인숙녜(中臣酒人宿禰)

중신주인(中臣酒人; 나카토미노사카히토)은 중신씨(中臣氏)의 지족(枝族)이다. 주인(酒人)이라는 씨명은 술을 제조하는 일을 담당한 것과 관련이 있을 것으로 추측되고 있다. 중신주인숙녜의 옛 씨성은 중신주인련(中臣酒人連)이다. 『일본서기』 천무 13년(684) 12월 기묘조에서는 중신주인련에게 숙녜(宿禰)를 사성(賜姓)하였다고 적고 있다.

　중신주인숙녜씨의 일족으로 사서에 처음 보이는 사람은 『속일본기』 천평승보(天平勝寶) 6년(754) 춘정월 임자조에 보이는 중신주인숙녜충마려(中臣酒人宿禰虫麻呂)이다. 그는 종6위상에서 외종5위하를 사여받았다. 『속일본기』 천평보자(天平寶字) 6년 (762) 하4월 경술삭조에서는 외종5위하로서 풍전국(豐前國)의 원외개(員外介)로 임명받았다. 천평(天平) 2년(730) 12월 「대왜국정세장(大倭國正稅帳)」(『대일본고문서』 1-396에) 중신주인숙녜고마려(中臣酒人宿禰古麻呂), 천평 7년 윤11월 5일자 「안배상마려해(安排常麻呂解)」(『대일본고문서』 1-634)에 중신주인구치량(中臣酒人久治良)이 보인다.

2. 대중신조신(大中臣朝臣)

좌경 신별(상) 「등원조신」조(336) 참조.

3. 천아옥근명(天兒屋根命)

천아옥명(天兒屋命)과 같다. 좌경 신별(상) 「등원조신」조(336) 참조.

4. 신협산명(臣狹山命)

신협산명은 『속일본기』천응(天應) 원년(781) 7월 계유조에서 율원승자공(栗原勝子公)이 "중신씨의 먼 조상 천어중주명(天御中主命)의 20세손이 의미좌야마(意美佐夜麻)이다."라고 말하고 있듯이 의미좌야마로도 표기되었다.

『존비분맥』에 실린 「등원씨계도(藤原氏系圖)」에는 '천아옥근존(天兒屋根尊)-천압운명(天押雲命)-천다녜지명(天多禰伎命)-우좌진신명(宇佐津臣命)-어식진신명(御食津臣命)-이하진신명(伊賀津臣命)-이적신명(梨迹臣命)-신문승명(神聞勝命)-구지우하주명(久志宇賀主命)-국마대록도명(國摩大鹿島命)-신협산명(臣狹山命)'으로 이어지는 계보가 보여, 천아옥근존의 10세손이 신협산명임을 알 수 있다.

---

339 【원문】
伊香連
　大中臣同祖. 天兒屋命七世孫臣知人命之後也.

【번역】

이향련(伊香連; 이카고노무라지)
　대중신(大中臣; 오나카토미)과 조상이 같다. 천아옥명(天兒屋命; 아메노코야네노미코토)의 7세손 신지인명(臣知人命; 오미시루히토노미코토)의 후손이다.

【주석】

1. 이향련(伊香連)

이향(伊香; 이카고)이라는 씨명은 율령제의 근강국(近江國) 이향군(伊香郡) 이향향(伊香

鄕)이라는 지명과 관련이 있다. 이곳은 현재 자하현(滋賀縣) 이향군(伊香郡) 여오정(餘吾町) 일대이다.

사서에는 이향련씨가 보이지 않는다. 천평보자 5년(761)경의 「봉사일체경소상일장(奉寫一切經所上日帳)」(『대일본고문서』 15-134)에 이향련전차마려(伊香連田次麻呂)가 보인다.

고문서에는 성(姓)을 표기하지 않고 씨명만을 표기하는 경우가 있다. 이향마양(伊香馬養), 이향가성(伊香家成), 이향다치비(伊香多治比) 등이 보이는데 이들 중에서 연(連)성을 가진 사람들도 있었을 것이다.

2. 대중신(大中臣)

대중신조신(大中臣朝臣)의 '조신'이 생략되었다.

3. 천아옥명(天兒屋命)

좌경 신별(상) 「등원조신」조(336) 천아옥명 참조.

4. 신지인명(臣知人命)

신지인명은 『제왕편년기(帝王編年記)』의 양로(養老) 7년(723) 계해조의 「고로전(古老傳)」에 인용된 이향도미(伊香刀美)의 아들 의미지유(意美志留)와 동일인이라고 생각된다.

340 【원문】

中臣宮處連
　大中臣同祖.

【번역】

　중신궁처련(中臣宮處連; 나카토미노미야토코로노무라지)

　　대중신(大中臣; 오나카토미)과 같은 조상이다.

【주 석】

1. 중신궁처련(中臣宮處連)

중신궁지련(中臣宮地連; 나카토미노미야토코로노무라지)이라고도 표기한다. 중신궁처련은 중신씨(中臣氏)의 지족(枝族)으로서 율령제의 찬기국(讚岐國) 산전군(山田郡) 궁소향(宮所鄕)을 근거지로 하였을 것으로 추정된다. 이곳은 현재 향천현(香川縣) 고송시(高松市) 전전(前田) 부근이다.

중신궁처련씨 중에서 문헌에 가장 처음 보이는 사람은 『일본서기』 추고 6년(608) 6월 병진조의 중신궁지련오마려(中臣宮地連烏㾨呂; 나카토미노미야토코로노무라지오마로)이다. 중신궁지련오마려는 견수사(遣隋使) 소야신매자(小野臣妹子; 오노노오미이모코)가 수에서 돌아올 때 수에서 파견한 배세청(裵世淸)을 접대하는 장객(掌客)으로 활약하였다. 『속일본기』 천평 원년(729) 2월 신미조에 중신궁처련동인(中臣宮處連東人; 나카토미노미야토코로노무라지아즈마히토)이 보인다. 중신궁처련씨 중에서 궁처조신(宮處朝臣; 미야토코노노아손)이라는 씨성을 사여받은 사람이 있어 화천국(和泉國) 신별(神別)에 궁처조신씨가 보인다.

2. 대중신동조(大中臣同祖)

『신찬성씨록』 완본에는 '대중신' 다음에 '조신(朝臣)'이, '동조'의 다음에 '천아옥명지후야(天兒屋命之後也)'가 있었을 것이다.

---

341 【원문】
中臣方岳連
　大中臣同祖.

【번 역】

중신방악련(中臣方岳連; 나카토미노카타오카노무라지)
　대중신(大中臣; 오나카토미)과 같은 조상이다.

【주 석】

1. 중신방악련(中臣方岳連)

중신편강련(中臣片岡連; 나카토미노카타오카노무라지)으로도 표기한다. 중신씨의 지족(枝族)이다. 율령제의 근강국(近江國) 이향군(伊香郡) 편강향(片岡鄕)을 근거지로 하였을 것으로 추정되고 있다. 일족으로는 『속일본기』 천평보자 8년(764) 10월 일족으로는 『속일본기』 천평보자 8년(764) 10월 경오조에 중신편강련오백천마려(中臣片岡連五百千麻呂)가 보이며, 평성궁(平城宮)의 목간에 중신편강련(中臣片岡連)이라는 씨명이 보인다.(『평성궁발굴조사출토목간개보(平城宮發掘調查出土木簡槪報)』 6-7)

2. 대중신동조(大中臣同祖)

『신찬성씨록』 완본에는 '대중신' 다음에 '조신(朝臣)'이, '동조'의 다음에 '천아옥명지후야(天兒屋命之後也)'가 있었을 것이다.

---

342 【원 문】

中臣志斐連
　　天兒屋命十一世孫雷大臣命男弟子之後也. 六世孫意富乃古連, 雄略御世, 東夷有不臣之民. 每人强力, 押防朝軍. 於是意富乃古連, 甲冑五重, 跨進敵庭, 無勞官軍, 一朝夷滅. 天皇悅其功績, 更加名字號暴代連.

【번 역】

중신지비련(中臣志斐連; 나카코마노시히노무라지)

　　천아옥명(天兒屋命; 아메노코야네노미코토)의 11세손 뇌대신명(雷大臣命; 이카츠오미노미코토)의 아들 제자(弟子)의 후손이다. 6세손 의부내고련(意富乃古連; 오호노코노무라지)은 웅략천황(雄略天皇) 대 사람이다. 동이(東夷) 중에 항복하지 않은 사람들이 있었는데 모두 강력하여 조정의 군대를 막아내었다. 그래서 의부내고련이 갑주를 다섯 겹으로 입고 적진으로 달려가 관군을 수고롭지 않게 하고 하루아침에 오랑캐를 멸하였다. 천황이 그 공적을 기뻐하여 폭대련(暴代連; 아라테노무라지)라는 이름으로 고치도록 하였다.

【주 석】

1. 중신지비련(中臣志斐連)

중신지비련은 중신씨의 지족(枝族)이다. 지비(志斐; 시히)는 지명과 관련이 있을 것으로 추측되지만 어느 곳인지 알 수 없다.

중신지비련씨는『속일본기』화동 2년(709) 6월 을사조에 처음 보인다. 축전국(筑前國) 도군(島郡)의 소령(少領) 종7위상 중신부가비(中臣部加比)에게 중신지비련(中臣志斐連)을 사성하였다고 적고 있다. 축전국 도군을 근거지로 하는 중신지비련씨의 옛 씨성이 중신부였음을 알 수 있다.

그런데『속일본기』신귀(神龜) 2년(725) 춘정월 경오조에서는 대초위하(大初位下) 한인법마려(漢人法麻呂; 아야히토노노리마로)에게 중신지비련(中臣志斐連)을 사성하였다고 적고 있다. 도래계인 한인(漢人) 중에도 중신지비련을 사성받은 사람이 있음을 알 수 있다.

중신지비련은 중신을 생략하고 지비련으로 표기되기도 하였다.『속일본기』양로(養老) 5년(721) 춘정월 갑술조에서는 정8위상 실비련삼전차(悉斐連三田次; 시히노무라지미타수키)가 산술(筭術)에 뛰어나 사범이 되는 사람으로서 시(絁) 10필(疋), 사(糸) 10구(絇), 포(布) 20단(端), 초(鍬) 20구(口)를 원정천황(元正天皇)에게 사여받았다.『가전(家傳)』하(下)에서도 지비련삼전차가 신귀(神龜) 연간(724~729)에 역산(曆算)에 뛰어난 사람으로 이름을 남기고 있다. 제자들에게『속일본기』천평(天平) 2년(730) 3월 신해조에는, 박사들이 나이가 많아 가르칠 수 없게 되면 그들의 학업을 이을 수 없게 되므로 제자를 기르도록 하였는데, 지비련삼전차가 지비련저양(志斐連猪養; 시히노무라지)을 비롯한 제자들에게 칠요반력(七曜頒曆)을 가르쳤다는 내용이 보인다. 지비련저양은 중신지비저감(中臣志斐猪甘)으로도 표기되는데 천평보자(天平寶字) 5년(761)경에 음양윤(陰陽允)의 직책을 가지고 있었다.『본조서적목록(本朝書籍目錄)』에서는 '추기경(樞機經)'이 음양료(陰陽寮) 종8위하 지비련저양(志斐連猪養)이 편찬한 역(曆)이라고 적고 있다. 좌백유청은 지비련저양과 지비련삼전차의 자손이었을 것으로 추측하고 있다.

그 밖에 중신지비련국수(中臣志斐連國守)가『유취국사(類聚國史)』권10 잡제(雜祭) 연력(延曆) 16년(797) 7월 병술조에 정6위상 음양박사로 활약하고 있다.『일본삼대실록(日本三代實錄)』에서는 정관(貞觀) 7년(865)에 중신지비련춘계(中臣志斐連春繼; 나카토미노시히노무라지하루츠구), 원경(元慶) 5년(881)에 중신지비련안선(中臣志斐連安善; 나카토미노시히노무라지야스요시), 인화(仁和) 2년(886)에 중신지비련광수(中臣志斐連廣守; 나카토미노시히노무라지히로모리) 등이 천문박사로 등장하고 있다.

2. 천아옥명(天兒屋命)

좌경 신별(상)「등원조신」조(336) 천아옥명 참조.

343 【원 문】
殖栗連
　　大中臣同祖.

【번 역】

식률련(殖栗連; 에구리노무라지)

　대중신(大中臣; 오나카토미)과 같은 조상이다.

【주 석】

1. 식률련(殖栗連)

식률(殖栗; 에구리)이라는 씨명은 율령제의 산성국(山城國) 구세군(久世郡) 식률향(殖栗鄕)이라는 지명과 관련이 있다. 이곳은 지금 경도부(京都府) 우치시(宇治市) 백천(白川) 부근이다. 『고사기』와 『일본서기』에 따르면 용명의 아들로 식률황자(殖栗皇子)가 보인다. 『고사기』 용명천황단에서는 용명이 배다른 여동생 간인혈태부왕(間人穴太部王)과 결혼하여 상궁지구호풍총이명(上宮之廐戶豐聰耳命)과 구미왕(久米王), 식률왕(殖栗王)을 낳았다고 적고 있다.

『일본서기』 용명 원년 정월 임자삭조에서는, 혈수부간인황녀(穴穗部間人皇女)를 황후로 세웠는데 그녀가 낳은 4남 1녀 중에서 첫째가 구호황자(廐戶皇子), 둘째가 내목황자(來目皇子), 셋째가 식률황자(殖栗皇子)라고 적고 있다.

식률련씨(殖栗連氏)는 여러 계통이 있다. 즉 『속일본기』 화동 2년(709) 6월 계축조에서 종7위하 식률물부명대(殖栗物部名代)에게 식률련(殖栗連)을 사성하였다고 적고 있다. 식률물부명대는 신성국 구세군의 식률 지역에 살던 물부씨(物部氏) 계통의 사람이었다.

그런데 식률련씨 중에는 점부씨(占部氏) 계통이 있다.『속일본기』천평보자 8년(764) 7월 정미조에서는 태학대윤(大學大允) 종6위상 식률점련색마려(殖栗占連咋麻呂)가 씨명에서 '점(占)' 자를 삭제하기를 조정에 청하여 허가받고 있다. 점부씨 계통의 식률련씨는 대중신조신과 동족으로 추측된다. 그 밖에『속일본기』신호경운(神護慶雲) 원년(767) 3월 계해조에서는 노(奴) 식마려(息麻呂)를 방면하고 식률련(殖栗連)을 사성하였다고 적고 있다. 식마려가 왜 식률련을 사성받았는지 확실하지 않다.

대중신조신씨 계통의 식률련씨는 '중신'을 씨명에 추가하여 중신식률련(中臣殖栗連)으로 칭하는 사람들도 있었다.『속일본기』천평 11년(739) 춘정월 병오조에 보이는 중신식률련풍일(中臣殖栗連豐日)과『영락유문(寧樂遺文)』하(下)에 수록된 천평승보(天平勝寶) 8년(756) 10월「조포묵서명(調布墨書銘)」에 보이는 중신식률련즙취(中臣殖栗連楫取) 등이다.

『신찬성씨록』에서 대중신조신씨와 동족을 칭한 식률련씨는 식률점련색마려(殖栗占連咋麻呂)의 후손으로 추측된다. 이들의 일족으로는『일본후기(日本後紀)』연력(延曆) 23년(804) 2월 경오조에 식률련종계(殖栗連宗繼),『유취국사』권99 서위(敍位) 홍인(弘仁) 13년(822) 춘정월 기해조에 식률련정성(殖栗連淨成) 등이 보인다.

2. 대중신동조(大中臣同祖)

『신찬성씨록』완본에는 '대중신' 다음에 '조신(朝臣)'이, '동조'의 다음에 '천아옥명지후야(天兒屋命之後也)'가 있었을 것이다. 대중신조신씨에 대해서는 좌경 신별(상)「대중신조신」조(337) 참조.

344 【원문】
中臣大家連
　大中臣同氏.

【번 역】

중신대가련(中臣大家連; 나카토미노오야케노무라지)

　　대중신(大中臣; 오나카토미)과 같은 씨이다.

【주 석】

1. 중신대가련(中臣大家連)

　　중신씨(中臣氏)의 지족(枝族)이다. 대가(大家; 오야케)는 율령제의 대화국(大和國) 첨상군(添上郡)의 향(鄕)인 대택(大宅; 오야케)이라는 지명과 관련이 있다. 이곳은 현재 나량시(奈良市) 백호사정(白毫寺町) 부근이다.

　　중신씨의 지족 중에서 이 지역에 거주한 사람들이 중신대가련이라는 씨성을 가지게 되었을 것으로 추측된다. 그러나 다른 사료에는 중신대가련씨가 보이지 않는다.

2. 대중신동씨(大中臣同氏)

　　『신찬성씨록』 완본에는 '대중신' 다음에 '조신(朝臣)'이 적혀 있었을 것이며, 또한 '동씨(同氏)'가 '동조(同祖)'였을 가능성도 있다.

---

345 【원 문】

中村連

　　己己都生須比命子天乃古矢根命之後也.

【번 역】

중촌련(中村連; 나카무라노무라지)

　　기기도생수비명(己己都生須比命; 고코토무스비노미코토)의 아들 천내고시근명(天乃古矢根命; 아메노코야네노미코토)의 후손이다.

【주 석】

1. 중촌련(中村連)

　　중촌(中村; 나카무라)이라는 씨명은 율령제의 대화국(大和國) 인해군(忍海郡) 중촌향(中

村鄕)과 관련이 있을 것이다. 그러나 다른 사료에는 중촌련씨가 보이지 않아 자세한 것은 알 수 없다.

2. 기기도생수비명(己己都生須比命)

기기도생수비명(己己都生須比命; 고코토무스비노미코토)은 『일본서기』에 흥대산령(興臺產靈; 고고토무수비)으로 표기되었다. 즉 『일본서기』 신대(神代) 상(上) 제7단(一書 第三)에 중신련(中臣連)의 먼 조상 흥대산령(興臺產靈; 고고토무수비)의 자식 천아옥명(天兒屋命)이라고 적고 있다. 천아옥명은 중신씨의 조상이므로 천아옥명의 아버지인 흥대산령도 중신씨의 조상이다.

『본비분맥(尊卑分脈)』에 수록된 〈등원씨계도(藤原氏系圖)〉에서는 거거등혼명(居居登魂命)으로 표기하였다. 〈중신씨계도(中臣氏系圖)〉에 인용된 「연희본계해장(延喜本系解狀)」에서는 "거거등혼명(居居登魂命) 이후 본기(本記)가 존재하지만 소략하여 자세하지 않다."라고 적고 있다. 거거등혼명(居居登魂命)이 중신씨와 등원씨에게 조상으로 여겨졌음을 알 수 있다.

3. 천내고시근명(天乃古矢根命)

『일본서기』에서는 천아옥명(天兒屋命)으로 표기되었다. 천아옥명에 대해서는 좌경 신별 (상) 「등원조신」조(336) 참조.

346 【원 문】

石上朝臣
　神饒速日命之後也.

【번 역】

석상조신(石上朝臣; 이소카미노아소미)
　신요속일명(神饒速日命; 가무니기하야히노미코토)의 후손이다.

【주 석】

1. 석상조신(石上朝臣)

석상(石上; 이소카미)이라는 씨명은 율령제의 대화국(大和國) 산변군(山邊郡) 석상향(石上鄕)과 관련이 있다. 이곳은 현재 나량현(奈良縣) 천리시(天理市) 포류정(布留町) 일대이다.

석상조신의 옛 씨성은 물부조신(物部朝臣)이다.『일본서기』천무 13년(684) 11월 갑술조에 의하면 물부련씨(物部連氏)는 다른 씨족들과 함께 새로 조신(朝臣)이라는 성을 사여받았다.『선대구사본기(先代舊事本紀)』천손본기(天孫本紀)에 의하면 물부련씨는 물부조신을 사성받은 후 다시 천무천황에게 석상조신(石上朝臣)이라는 씨성을 사여받았다고 한다.

천무천황에게 새로 물부조신과 석상조신을 사성받은 물부련씨는 물부련마려(物部連麻呂)였다. 그는『일본서기』주조(朱鳥) 원년(686) 9월 을축조에서 천무천황이 죽은 후 빈궁(殯宮) 의식을 거행할 때 그는 직광삼(直廣參, 율령제의 5위하) 석상조신마려(石上朝臣麻呂)라는 이름으로 법관(法官, 율령제의 式部省)을 대표하여 조사를 읽었다. 그러나 지통천황 4년(690) 춘정월 무인삭조의 지통천황 즉위식에서는 물부마려조신(物部麻呂朝臣)이라는 이름으로 방패를 들었다. 이는 과거 즉위식 등의 전통적인 의식에서 물부씨가 봉사해 온 전통을 중시하여 앞서 석상조신으로 씨명이 바뀌었지만 물부라는 씨명을 사용한 것으로 추측된다.

그 후 그는『속일본기』양로 원년(717) 3월 계묘조에 실린 석상조신마려의 훙전(薨傳)에서는 그에 대해 "박뢰조창조정(泊瀨朝倉朝庭, 웅략천황)의 대련(大連)이었던 물부목(物部目; 모노노배노메)의 후손"이라고 적고 있다.

석상조신씨 일족으로는『속일본기』에 석상조신풍정(石上朝臣豐庭), 석상조신견남(石上朝臣堅男, 石上朝臣勝男), 석상조신을마려(石上朝臣乙麻呂), 석상조신제남(石上朝臣諸男), 석상조신국수(石上朝臣國守), 석상조신택사(石上朝臣宅嗣), 석상조신오계(石上朝臣奧繼), 석상조신사수(石上朝臣糸守), 석상조신동인(石上朝臣東人), 석상조신가성(石上朝臣家成), 석상조신지비호(石上朝臣志斐呂), 석상조신진족(石上朝臣眞足), 석상조신등능고(石上朝臣等能古), 석상조신계족(石上朝臣繼足), 석상조신을명(石上朝臣乙名), 석상조신진가(石上朝臣眞家) 등이 보인다.『일본후기』에 석상조신택자(石上朝臣宅子), 석상조신미나마려(石上朝臣美奈麻呂)가 보이며,『유취국사』에 석상조신수(石上朝臣雖),『일본삼대실록』에 석상조신병송(石上朝臣並松)이 보인다.

그런데 석상조신씨가 물부조신이라는 씨성에 미련을 가지고 있었음은 석상조신택사의 예를 통해 확인할 수 있다. 석상조신택사는 좌대신 석상조신마려의 손자이며, 중납언 석상을마려의 아들이었다. 771년에 광인천황 조정에서 중납언이 되었는데, 『속일본기』 보귀(寶龜) 6년(775) 12월 갑신조에서 광인천황이 중납언이며 종3위였던 석상조신택사의 청원을 받아들여 물부조신으로 씨성을 바꾸도록 허락하였다고 한다. 그러나 보귀 10년(779)에 광인천황은 중납언이며 종3위인 물부조신택사에게 석상대조신(石上大朝臣)을 사성하였다.

2. 신요속일명(神饒速日命)

『일본서기』에서는 요속일(饒速日; 니기하야히), 요속일명(饒速日命; 니기하야히노미코토), 즐옥요속일명(櫛玉饒速日命; 구시타마니기하야히노미코토), 『고사기』에서는 이예속일명(邇藝速日命; 니기하야히노미코토), 『선대구사본기(先代舊事本紀)』에서는 요속일존(饒速日尊; 니기하야히노미코토), 『고어습유(古語拾遺)』에서는 요속일명(饒速日命; 니기하야히노미코토)으로 표기되고 있다.

『고사기』에서는 천손이 하늘에서 내려온 것을 이예속일명이 알고 뒤쫓아 내려왔다고 적고 있다. 그러나 『일본서기』 신무천황 무오년 12월 계사삭 병신조에 의하면 물부씨의 시조 요속일명이 신무천황보다 먼저 대화(大和) 지방에 들어갔다고 적고 있는데, 이러한 전승이 물부씨가 대화정권에서 세력이 강했던 흠명천황 대에 만들어졌기 때문일 것으로 추측되고 있다.

『일본서기』 신무천황 무오년 12월 계사삭 병신조에 의하면, 요속일명은 대화 지방에서 토착 수장 장수언(長髓彦; 나가스네비코)의 여동생을 아내로 맞아 세력을 길렀는데 신무천황이 구주를 출발하여 대판(大阪; 오사카)을 거쳐 대화 지방으로 들어오려 하자 장수언이 이를 막기 위해 싸웠다. 그러나 요속일명은 신무천황이 천신의 자손이며 장수언의 성품이 비뚤어져서 가르쳐도 알아듣지 못하리라는 것을 깨닫고서, 장수언을 죽인 뒤 무리를 이끌고 신무천황에게 귀순하였다. 신무천황도 요속일명이 하늘에서 내려온 것을 알고 총애하였다고 한다.

이러한 『일본서기』 신무천황기의 물부씨 조상 요속일명에 관한 내용과 유사한 서술이 『선대구사본기』 천손본기와 『고어습유(古語拾遺)』 신무천황조에도 적혀 있다.

347 【원 문】

穗積朝臣

　石上同祖. 神饒速日命五世孫伊香色雄命之後也.

【번 역】

수적조신(穗積朝臣; 호츠미노아소미)

석상(石上; 이소노카미)과 같은 조상이다. 신요속일명(神饒速日命; 가무니기하야히노미코토)의 5세손 이향색웅명(伊香色雄命; 이카가시코오노미코토)의 후손이다.

【주 석】

1. 수적조신(穗積朝臣)

수적(穗積; 호츠미)이라는 씨명은 율령제의 대화국(大和國) 산변군(山邊郡) 수적향(穗積鄕)과 관련이 있다. 이곳은 현재 나량현(奈良縣) 천리시(天理市) 전재(前栽) 부근이다.

수적조신의 옛 씨성은 수적신(穗積臣)이었다. 『일본서기』 천무 13년(684) 11월 무신 삭조에 의하면 수적신이 조신(朝臣)을 사성받았다고 한다.

『일본서기』에는 수적신의 조상에 관해 개화 즉위전기에 보인다. 여기에서는 개화의 어머니 울색미명(鬱色謎命; 우츠시코메노미코토)이 수적신의 먼 조상 울색웅명(鬱色雄命; 우츠시코오노미코토)의 여동생이라고 적고 있다. 이어서 숭신 7년 추8월 계묘삭 기유조에서는 수적신의 먼 조상 대수구숙녜(大水口宿禰; 오미쿠치노스쿠네)가 보인다. 숭신 대에 역병이 들자 숭신천황이 꿈의 계시대로 왜국(倭國; 야마토노쿠니)의 대물주신(大物主神; 오모노누시노카미)의 아들 대전전근자(大田田根子)를 찾아 대물주신을 제사지내려 하였다. 이때 대수구숙녜 등 세 명이 같은 꿈을 꾸고 천황에게 "대전전근자에게 대물주신을 제사지내도록 하고 시기장미시(市磯長尾市; 이치시노나가오치)에게 왜대국혼신을 제사지내게 하면 천하가 태평하게 될 것이다"라고 말하였다고 한다. 이에 숭신이 이들의 말에 따르자 역병이 멈추게 되었다고 한다. 수적신의 먼 조상이라고 하는 울색웅명이나 대수구숙녜는 더 이상 보이지 않는다. 이후 수적신이 다시 보이는 것은 계체 대이므로 울색웅명이나 대수구숙녜 이야기는 수적신이 자신들의 씨족의 역사가 오래되었다고 주장하기 위해 만들어 넣은 이야기일 가능성이 크다.

수적신을 씨성으로 가진 사람이 처음 보이는 것은 계체 6년 4월조이다. 여기에서는 계체천황이 수적신압산(穗積臣押山; 호츠미노오미오시야마)을 백제에 사신으로 파견하면서 말을 40필 주었다고 적고 있다. 수적신압산은 같은 해 12월조에 다리국수(哆唎國守)로 등장하고 있다. 그는 임나국의 상다리(上哆唎), 하다리(下哆唎), 사타(娑陀), 모루(牟婁) 4현이 백제에 가깝고 일본과 떨어져 있으니 백제의 요청대로 백제에게 주라고 상주하였다. 계체 7년 6월조에서는 백제가 저미문귀(姐彌文貴) 장군을 파견하여 오경박사 단양이(段楊爾)를 흠명천황에게 보낼 때 수적신압산도 함께 갔다. 이때 흠명이 기문(己汶) 땅을 달라는 백제의 요구를 받아들였다고 한다. 그후 계체 23년 춘3월조에서는 백제 왕이 하다리국수 수적신압산에게 가라(加羅)의 다사진(多沙津)을 백제의 조공진로(朝貢津路)로 해 달라고 요구하자, 그가 이를 흠명천황에게 상주하여 흠명천황이 물부이세련부근(物部伊勢連父根), 길사노(吉士老) 등을 파견하여 백제 측에 다사진을 주었다고 한다. 수적신압산은『일본서기』계체 7년 6월조에 인용된「백제본기(百濟本記)」에서는 '위의사이마기미(委意斯移麻岐彌; 야마토노오시야마키미)'로 표기되고 있다. 이는 왜국의 오시야마키미[押山君]를 이두식으로 표기한 것이라고 할 수 있다. 수적신압산은 수적신씨의 실제 조상일 것으로 여겨지는데,『일본서기』에서는 매우 친백제적인 인물로 등장하고 있다.

『일본서기』에서 수적신압산(穗積臣押山) 다음으로 등장하는 인물이 수적신반궁(穗積臣磐弓; 호즈미노오미이와유미)이다. 흠명 16년 7월 임오조에서는 흠명천황이 소아대신도목숙녜(蘇我大臣稻目宿禰; 소가노오미이나메수쿠네)와 수적반궁신(穗積磐弓臣; 호츠미노이와유미오미)을 파견하여 길비(吉備)의 다섯 군(郡)에 백저둔창(白猪屯倉)을 두었다고 적고 있다. 당시 대신인 소아도목의 측근이었음을 짐작할 수 있다.

이후 효덕 대에 수적신색(穗積臣咋; 호츠미노오미쿠이)이 보인다.『일본서기』에 따르면 그는 대화 원년(645) 8월에 동국국사(東國國司)로 임명되었다. 대화 2년 3월에 동국에 파견된 조집사(朝集使)가, 동국국사 수적신색이 백성들의 물건을 빼앗지 말고 민폐를 끼치지 말라는 효덕천황의 명령을 어기고 호별로 백성들에게 강제 징수하였다고 보고하였다. 수적신색은 자신의 과오를 인정하여 백성들에게 징수한 것 중에 일부를 돌려주었다고 한다. 이후 대화(大化) 5년(646) 3월 무진조에 소아창산전대신(蘇我倉山田大臣; 소가노쿠라야마다오미)이 황태자 중대형황자를 죽이려 계획하였다고 소아일향(蘇我日向; 소가노히무카)이 모함하자, 소아창산전대신을 심문하기 위해 효덕천황이 파견한 사람 중에 수적색신(穗積咋臣; 호츠미노쿠이오미)의 이름이 보인다.

『일본서기』천무천황 원년(672) 6월 2일조에서는 수적신백족(穗積臣百足; 호츠미노오미모모타리)과 그의 동생 수적신오백지(穗積臣五百枝; 호츠미노오미이호에)가 보인다. 이들은 임신의 난이 일어났을 때 대우황자(大友皇子; 오토모노미코)를 위해 왜경(倭京)에서 싸우다가 백족은 대해인황자(大海人皇子; 천무천황) 측에 붙잡혀 죽고 오백지는 용서받아 대해인황자 측에 합류하여 싸웠다. 『영락유문(寧樂遺文)』에는 제명천황 대에 아배창귤만려(阿倍倉橘萬呂)와 함께 조백제대사사(造百濟大寺司)로 임명되었음을 말해 주는 문서가 실려 있다.

천무천황 13년(684)에 조신(朝臣) 성을 사성받은 후, 수적조신씨 중에서 최초로 사서에 이름이 보이는 사람은 수적조신충마려(穗積朝臣蟲麻呂; 호츠미노아손무시마로)이다. 그는 『일본서기』주조(朱鳥) 원년(686) 춘정월 시월조(是月條)에서 직광사(直廣肆, 율령제의 종5위하)로 신라에서 파견된 사신 김지상(金智祥)을 접대하기 위해 축자(筑紫)로 파견되었다. 그 밖에 『일본서기』지통천황 3년(689) 2월 기유조에 무대사(務大肆, 율령제의 종7위하) 수적조신산수(穗積朝臣山守; 호츠미노아손야마모리)가 판사(判事)로 임명되었다.

『속일본기』에서는 수적조신로(穗積朝臣老; 호츠미노아손오유), 수적조신로인(穗積朝臣老人; 호즈미노아손오유토), 수적조신다리(穗積朝臣多理; 호츠미노아손타리), 수적조신소동인(穗積朝臣小東人; 호츠미노아손아즈마히토), 수적조신하호(穗積朝臣賀祜; 호츠미노아손카코) 등이 관인으로 활약하고 있지만 최고 관위는 종5위상에 그치고 있다.

수적조신하호는 사서에 보이는 수적조신씨의 마지막 인물이다. 그는 환무천황 대에 종5위하, 783년에 주세두(主稅頭), 784년에 산위두(散位頭)로 임명되었으나, 더 이상 사서에 그의 이름은 보이지 않는다. 『신찬성씨록』편찬국에 수적조신씨의 유래를 제출한 사람은 수적조신하호 또는 그의 자식이었을 가능성이 크다.

2. 석상동조(石上同祖)

『신찬성씨록』완본에는 '석상' 다음에 '조신(朝臣)'이 적혀 있었을 것이다.

3. 신요속일명(神饒速日命)

신요속일명은 물부씨의 조상이다. 앞의 「석상조신」조(346) 신요속일명 참조.

4. 이향색웅명(伊香色雄命)

『일본서기』에서는 이향색웅(伊香色雄; 이카가시코오), 『고사기』에서는 이가하색허남명(伊迦賀色許男命; 이카가시코오노미코토)으로 표기하였다.

『고사기』 신무천황단에서 "이예속일명(邇藝速日命; 니기하야히노미코토)이 등미비고(登美毘古; 도미히코)의 여동생 등미야비매(登美夜毘賣; 도미야비매)와 결혼하여 낳은 아들이 우마지마지명(宇摩志麻遲命; 우미시마지노미코토)"이라고 적고 할주(割註)로 수적신(穗積臣) 등의 조상이라고 적고 있다. 이예속일명은 물부씨(석상조신씨)의 조상이다. 즉 『고사기』에서는 이예속일명의 아들이 수적신의 조상이라고 적고 있는 것이다.

한편 『일본서기』 숭신 7년 추8월 계묘삭 기유조에서는 숭신이 물부련의 조상 이향색웅(伊香色雄)을 신에게 바치는 물건을 준비하는 사람으로 삼아 점을 쳤으며, 숭신천황 7년 11월 정묘삭 기묘조에 의하면 숭신천황이 이향색웅에게 명하여 물부씨의 그릇으로 신에게 제사지내도록 하였다. 즉 『일본서기』에서는 이향색웅이 물부씨의 조상이라고 적고 있는 것이다.

『선대구사본기(先代舊事本紀)』 천손본기(天孫本紀)에서는 이향색웅을 물부씨의 조상 요속일존(饒速日尊)의 5세손 대종저명(大綜杵命)의 아들이며 숭신천황의 어머니 이향색미명(伊香色謎命; 이카가시메노미코토)의 남동생이라고 적고 있다. 『선대구사본기』에 따른다면 이향색웅은 물부씨의 조상 요속일존의 6세손이 된다.

348 【원 문】
阿刀宿禰
　　石上同祖.

【번 역】

아도숙녜(阿刀宿禰; 아토노스쿠네)
　석상(石上; 이소노카미)과 같은 조상이다.

【주 석】

1. 아도숙녜(阿刀宿禰)

아도숙녜의 옛 씨성은 아도련(阿刀連; 아토노무라지)이다. 천무천황 13년(684)에 아도련씨의 종가는 숙녜(宿禰) 성을 사성받아 이후 아도숙녜로 불리게 된다.

아도(阿刀; 아토)는 아도(阿都; 아토), 안두(安斗; 아토), 아두(阿斗; 아토), 안도(安刀; 아토), 안도(安都; 아토), 적(迹; 아토)으로도 표기된다. 아도라는 씨명은 지명과 관련이 있다.『일본서기』용명천황 2년 4월 병오조에 따르면 아도(阿都)는 물부수옥대련(物部守屋大連; 모노노베노모리야오무라지)의 별업(別業)이 소재한 곳의 지명으로, 물부씨의 세력권이었다. 이곳은 율령제 시대에는 하내국(河內國) 섭천군(涉川郡) 적부향(跡部鄕)이라는 행정구역명이 되었으며, 현재 대판부(大阪府) 팔미시(八尾市) 식송정(植松町) 일대이다.

아도련씨가 사서에 보이는 것은 천무천황 대 이후이다.『일본서기』에 의하면 안두련지덕(安斗連智德; 아토노무라지치토코)과 안두련아가포(安斗連阿加布; 아토노무라지아카후)가 672년 임신의 난 때 대해인황자(뒤의 천무천황)의 측근으로 활약하였음을 알 수 있다. 673년 2월에 천무천황이 즉위식을 거행한 후에 아도 지역의 유력자임을 말해 주는 아도련이라는 씨성을 지덕과 아가포에게 사여하였을 가능성이 크다.

『일본서기』천무 13년(684) 12월 기묘조에 의하면 아도련은 다른 씨족들과 함께 새로 숙녜(宿禰)라는 성을 사여받았는데, 이때 사성받은 사람은 안두력지덕과 안두련아가포, 그리고 이들의 자식들일 것이다. 이후『속일본기』화동 원년(708) 정월 을사조에 지덕이 정6위상에서 종5위하로 승진하였다.

한편 숙녜 성을 사성받지 못한 아도련씨 중에 아두련약(阿斗連藥; 아토노무라지쿠수리)이 보인다. 천무천황 대 말기인 주조 원년(686) 1월에 난파궁(難波宮)이 화재로 소실되었는데, 일설에 의하면 아두련약의 집에서 화재가 발생한 것이 궁으로 옮겨 붙었다고 한다.

8세기에 아도련씨나 아도조씨에게 숙녜 성을 사성하는 일이 이어졌다.『속일본기』양로(養老) 3년(719) 5월 계묘조에서는 정8위하 아도련인족(阿刀連人足; 아토노무라지히토타리) 등 3인에게 아도숙녜라는 씨성을 사여하였다고 한다. 그리고『속일본기』신호경운(神護慶雲) 3년(769) 7월 임오조에서는 769년에 좌경인 아도조자로(阿刀造子老) 등 5인에게 아도숙녜(阿刀宿禰)라는 씨성을 사여하였다고 하므로 아도조씨(阿刀造氏) 중에서도 아도숙녜가 된 사람이 있음을 알 수 있다.

아도숙녜씨는 8, 9세기에 관인으로 활약하였다. 『속일본기』에 보이는 아도숙녜씨는 외종5위하까지 승진하였다. 『속일본기』 신호경운 2년(768) 7월 신축조에 정6위하에서 외종5위하로 승진한 여관(女官) 안도숙녜풍도(安都宿禰豊島; 아토노수쿠네토요시마), 보귀 2년(771) 11월 정미조에 정6위상에서 외종5위하로 승진한 아도숙녜진족(阿刀宿禰眞足; 아토노스쿠네마타리), 연력 10년(791) 춘정월 무진조에서 정6위상에서 외종5위하로 승진한 안도숙녜장인(安都宿禰長人; 아토노스쿠네나가히토)이 모두 외종5위하에 그치고 있다. 그러나 진족은 대학조(大學助), 안예개(安藝介), 주계두(主計頭) 등을 역임하였으며, 장인은 주세조(主稅助)를 역임하는 등 실무 관료로 활약하였다.

『일본후기』에서는 모두 안도숙녜(安都宿禰)로 표기하고 있는데, 안도숙녜입주(安都宿禰笠主; 아토노스쿠네가사누시), 안도숙녜풍영(安都宿禰豊永; 아토노스쿠네토요나가), 안도숙녜길자(安都宿禰吉子; 아토노스쿠네요시코)의 관위 수여 기사가 보인다. 안도숙녜입주는 연력(延曆) 16년(797) 2월 계유조에서 태정관의 사생(史生) 종7위하로 등장하는데, 찬일본기소(撰日本紀所)에서 공봉(供奉)한 노고를 치하하여 관위를 두 단계 승진시켰다고 한다. 대동(大同) 원년(806) 2월 기유조에서 정6위상 안도숙녜풍영이 외종5위하로 승진하고 있으며, 홍인(弘仁) 3년(812) 5월 경신조에서는 여관 안도숙녜길자가 종6위상에서 종5위하로 승진하고 있다.

이후 아도숙녜씨는 『속일본후기』 승화 2년 3월 25일조에 종5위하 아도숙녜대족(阿刀宿禰大足; 아토노수쿠네오타리)이 보인다. 여기에서는 기이국(紀伊國) 고야산(高野山) 금강봉사(金剛峯寺)에서 입적한 공해법사(空海法師; 구카이)의 장례를 위해 순화천황이 부물과 함께 조서(弔書)를 보냈는데, 조서에서 공해가 15세 때 숙부인 종5위하 아도숙녜대족에게 글을 읽는 것을 배웠다고 적고 있다. 공해의 세속 씨성은 좌백직(佐伯直; 사헤키노아타이)이므로, 아도숙녜대족은 공해의 외삼촌이었을 것이다.

2. 석상동조(石上同祖)

『선대구사본기(先代舊事本紀)』 천손본기(天孫本紀)에서는 물부씨의 조상 요속일존(饒速日尊)의 손자 미요전명(味饒田命; 우마시니기타노미코토)이 아도련(阿刀連) 등의 조상이라고 적고 있다.

349 【원 문】

若湯坐宿禰
　　石上同祖.

【번 역】

약탕좌숙녜(若湯坐宿禰; 왕카유에노스쿠네)
　석상(石上; 이소노카미)과 같은 조상이다.

【주 석】

1. 약탕좌숙녜(若湯坐宿禰)

약탕좌(若湯坐)는 약탕인(若湯人)으로도 표기한다.『일본서기』천무천황 13년(684) 12월 기묘조에 의하면 약탕인련(若湯人連)이 숙녜 성을 사성받았다고 하므로, 약탕좌숙녜의 옛 씨성은 약탕좌련(若湯坐連)이었음을 알 수 있다.

약탕좌라는 씨명은『고사기』수인천황단에 처음 보인다. 수인이 아들 본모지화기어자(本牟智和氣御子)를 어떻게 양육할지 대후에게 묻자 대후는 "유모를 두고 대탕좌(大湯坐)와 약탕좌(若湯坐)를 두어 양육하면 된다."라고 대답하였고, 수인은 아들을 위해 조취부(鳥取部), 조감부(鳥甘部), 품지부(品遲部), 대탕좌(大湯坐), 약탕좌(若湯坐)를 두었다고 한다. 탕좌(湯坐)는 뜨거운 물을 준비하여 갓난아이를 목욕시키는 사람을 가리키며, 대탕좌는 나이 많은 탕좌, 약탕좌는 나이 적은 탕좌를 가리킨다. 약탕자련(若湯坐連)은 약탕좌를 지휘하는 반조씨족이었을 것이다.

약탕좌련이라는 씨성을 가진 인물은『고사기』나『일본서기』에 보이지 않고, 천무천황 13년에 약탕좌숙녜라는 씨성을 사여받은 사람이 누구인지 알 수 없다. 사서에 보이는 최초의 인물은『속일본기』양로 3년(719) 5월 계묘조의 약탕좌숙녜가주(若湯坐宿禰家主)로, 대초위하(大初位下) 약탕좌련가주(若湯坐連家主)에게 숙녜(宿禰)라는 성(姓)을 사여하였다고 한다.『속일본기』에는 이외에도 약탕좌숙녜씨 일족이 보인다.

728년에 정6위상에서 외종5위하로 승진한 약탕좌숙녜소월(若湯坐宿禰小月), 745년에 정6위상에서 외종5위하로 승진한 여관(女官) 약탕좌숙녜계녀(若湯坐宿禰繼女), 765년에 정6위상 외종5위하로 승진한 약탕좌숙녜자인(若湯坐宿禰子人), 772년에 정6위상에서 외종5위하로 승진한 여관 약탕좌숙녜자충(若湯坐宿禰子虫)이 있다.

2. 석상동조(石上同祖)

『신찬성씨록』 완본에는 '석상(石上)' 다음에 '조신(朝臣)'이라는 글자가 있었을 것으로 추측된다. 『선대구사본기(先代舊事本紀)』 천손본기(天孫本紀)에서는 물부씨의 조상 요속일존(饒速日尊)의 7세손 건담심대녜명(建胆心大禰命; 다케이코코로오네노미코토)의 동생 대미포명(大咩布命; 오메후노미코토)이 약탕인련(若湯人連)의 조상이라고 적고 있다.

350 【원 문】
春米宿禰
　石上同祖.

【번 역】

용미숙녜(春米宿禰; 츠키시네노스쿠네)
　석상(石上; 이소노카미)과 같은 조상이다.

【주 석】

1. 용미숙녜(春米宿禰)

용미(春米; 츠키시네)는 도미(搗米; 츠키시네)라고도 표기한다. 『일본서기』 천무천황 13년(684년) 12월 기묘조에 용미련(春米連; 츠키시네노스쿠네노무라지) 등 여러 씨족에게 숙녜(宿禰)를 사성하였다고 적고 있으므로, 용미숙녜의 옛 씨성이 용미련이었음을 알 수 있다.

『일본서기』 인덕 13년 9월조에서는 "처음으로 자전둔창(茨田屯倉)을 세우고 용미부(春米部; 츠키시네노베)를 두었다."라고 적고 있다. 용미련은 용미부를 관리하는 반조(伴造) 씨족이었을 것으로 추측된다. 그러나 『고사기』나 『일본서기』에 용미련씨 일족의 이름은 보이지 않는다. 다만 경도(京都) 묘심사(妙心寺)의 「묘심사종명(妙心寺鐘銘)」에 용미련광국(春米連廣國)이 보인다. 이 종명은 '무술년 4월 13일 임인조옥평조용미련광국주종(戊戌年四月十三日 壬寅糟屋評造春米連廣國鑄鐘)'이라고 적고 있다. 이는 무술년

(698) 4월 13일 임인에 축전국(筑前國) 조옥평(糟屋評)의 평조(評造)인 용미련광국(春米連廣國; 츠키시네노무라지히로쿠니)이 종을 주조하였다는 것으로 해석된다.

용미숙녜 일족의 이름도 사서에 보이지 않는다. 다만 고문서「천평 17년 10월 21일자 대장성이(大藏省移)」(『대일본고문서』 2-477)에 용미숙녜인족(春米宿禰人足)이 보일 뿐이다.

그러나 좌백유청(佐伯有淸)은 고문서에 보이는 무성(無姓)의 용미씨(春米氏) 중에 용미숙녜씨(春米宿禰氏)가 있었을 것으로 보았다. 예를 들어 천평보자 6년(762) 정월 14일의「조석산사소식물용장(造石山寺所食物用帳)」(『대일본고문서』 5-10)에 보이는 용미수취(春米水取),「정창원남창어물포유수묵서명(正倉院南倉御物袍有袖墨書銘)」(『正倉院寶物銘文集成』 266)에 보이는 용미가인(春米家人), 보귀(寶龜) 4년(773) 7월 17일 유수(類收)「용미마장론령청반상(春米馬長論令請返狀)」(『대일본고문서』 22-57)에 보이는 용미마장(春米馬長),『평성궁발굴조사출토목간개보(平城宮發掘調査出土木簡槪報)』(1-95)에 보이는 용미(春米, 이름은 빠졌음)가 용미숙녜씨였을 것이라고 보았다.

2. 석상동조(石上同祖)

『신찬성씨록』 완본에는 '석상(石上)' 다음에 '조신(朝臣)'이라는 글자가 있었을 것으로 추측된다. 용미련씨(春米連氏)나 용미숙녜씨(春米宿禰氏)가 물부씨나 석상조신씨와 같은 조상이라는 것은 다른 자료에서는 보이지 않는다.

351 【원 문】
小治田宿禰
　　石上同祖. 欽明天皇御代, 依墾開小治田鮎田, 賜小治田大連.

【번 역】

소치전숙녜(小治田宿禰; 오하리타노스쿠네)

　석상(石上; 이소노카미)과 같은 조상이다. 흠명천황(欽明天皇) 대에 소치전(小治田; 오하리타)의 점전(鮎田; 아유타)을 개간하였으므로 소치전대련(小治田大連; 오하리타노오무라지)를 사여하였다.

【주 석】

1. 소치전숙녜(小治田宿禰)

소치전(小治田; 오하리타)은 소간전(小墾田; 오하리타)으로도 표기된다. 소치전이라는 씨명은 지명과 관련이 있다. 이곳은 대화국(大和國) 고시군(高市郡)으로 현재 나량현(奈良縣) 고시군(高市郡) 명일향촌(明日香村) 일대이다. 소치전이라는 지명은 『고사기』 안강천황단(安康天皇段)에 처음 보인다. 안강의 동생 대장곡황자(大長谷皇子; 오하츠세노미코, 雄略天皇)가 형 백일자왕(白日子王)을 소치전에서 죽였다. 『일본서기』에서는 윤공천황 5년 7월 기축조에 소간전채녀(小墾田采女; 오하리다노우네메)가 보이는데, 이는 소간전 지역에서 바친 채녀라는 뜻이다. 『일본서기』 안한(安閑) 원년 10월 갑자조에 소간전둔창(小墾田屯倉), 흠명(欽明) 13년 10월조에 소간전가(小墾田家)가 보인다.

이후 『일본서기』에 의하면 603년에 추고천황이 소간전궁(小墾田宮; 오하리타노이먀)을 조영하여 옮겼다고 적고 있다. 제명 원년(655) 10월 기유조에서도 소간전(小墾田)에 궁궐을 지었다고 적고 있다. 천무 원년(672) 6월 기축조에서는 소간전병고(小墾田兵庫)라고 하여 소간전에 무기고가 있었음을 알 수 있다. 지통 칭제전기 주조 원년(686) 12월 을유조에서는 천무의 명복을 빌기 위한 무차대회(無遮大會)를 열도록 한 곳 중에 소간전풍포(小墾田豐浦; 오하리다노토요하라)가 보인다. 이는 소간전에 있었던 풍포사(豐浦寺; 도유라데라)를 가리킨다.

소치전숙녜의 옛 씨성은 소치전련(小治田連; 오하리다노무라지)이다. 『일본서기』 천무천황 13년(684) 12월 기묘조에 의하면 소치전련 등 여러 씨족이 숙녜 성을 사성받았다고 한다.

소치전숙녜 일족은 사서에서 『일본삼대실록(日本三代實錄)』 원경(元慶) 5년(881) 10월 10일 을유조에 처음 이름이 보인다. 좌근위부(左近衛府)의 무위(無位) 소치전숙녜춘웅(小治田宿禰春雄; 오하리다노스쿠네하루오) 등 4명을 육오국(陸奧國; 무츠노쿠니)에 파견하였다고 적고 있다. 그 밖에 천평 10년 「관인역명(官人歷名)」(『대일본고문서』 1-84)의 소치전숙녜여마려(小治田宿禰與呂麻呂), 천평 20년(748) 8월 이래 「경사등상일장(經師等上日帳)」(『대일본고문서』 10-355)의 소치전숙녜인군(小治田宿禰人君), 천평보자 4년(760) 7월 30일자 「조동대사사해안(造東大寺司解案)」(『대일본고문서』 25-270)의 소치전숙녜년족(小治田宿禰年足; 오하리다노스쿠네토시타리)이 고문서에 보인다.

2. 석상동조(石上同祖)

『신찬성씨록』 완본에는 '석상(石上)' 다음에 '조신(朝臣)'이라는 글자가 있었을 것으로 추측된다. 『선대구사본기(先代舊事本紀)』 천손본기(天孫本紀)에서는 물부씨의 조상 요속일존(饒速日尊)의 4세손 대목식명(大木食命; 오키쿠이노미코토)의 동생 육견숙네명(六見宿禰命; 무츠미노스쿠네노미코토)이 소치전련(小治田連)의 조상이라고 적고 있다.

3. 흠명천황(欽明天皇)

『신찬성씨록』 완본에는 '흠명'의 앞에 '천국배개광정천황시(天國排開廣庭天皇諡)'라는 아홉 글자가 있었고, '흠명' 다음의 '천황'이라는 글자는 없었을 것이다.

4. 소치전점전(小治田鮎田)

소치전(小治田; 오하리다)의 점전(鮎田; 아유타)은 소치전의 한 지역을 가리킨다. 『만엽집』에 실린 시 속에 '소치전지, 연어도지수호, 간무증, 인자파운운(小治田之, 年魚道之水乎, 間無曾, 人者把云云)'이라고 하여 소치전의 연어도(年魚道; 아유치)라는 말이 보인다. 점(鮎; 아유)은 『만엽집』에서는 연어(年魚; 아유)로 표기되었다. 연어도는 대화(大和; 야마토)의 소치전에 있었던 길로 점곡(鮎谷; 아유타니)과 아산곡(阿山谷; 아야마타니)으로 가는 길이었다(高木市之助 외, 『校注萬葉集』 3, 일본고전문학대계 6, 암파서점, p. 355).

소치전 지역의 개간 전승은 『화주오군신사신명장대략주해(和州五郡神社神名帳大略注解)』(1446)의 「치전신사(治田神社)」조에도 보인다.

---

352 【원문】
弓削宿禰
　石上同祖.

【번역】

궁삭숙네(弓削宿禰; 유게노스쿠네)
　석상(石上; 이소노카미)과 같은 조상이다.

【주 석】

1. 궁삭숙녜(弓削宿禰)

궁삭(弓削; 유게)이라는 씨명은 율령제 시대의 하내국(河內國) 약강군(若江郡) 궁삭향(弓削鄕)이라는 지명과 관련이 있다. 이곳은 현재 대판부(大阪府) 팔미시(八尾市) 궁삭(弓削)이다.

『일본서기』 천무 13년(684) 12월 기묘조에 의하면 궁삭련(弓削連; 유게노무라지) 등 여러 씨족이 숙녜 성을 사성받았다고 하므로 궁삭숙녜의 옛 씨성은 궁삭련임을 알 수 있다.

궁삭련씨 일족은 『일본서기』 웅략(雄略) 9년(465) 2월 갑자삭조에 궁삭련풍수(弓削連豐穗; 유게노무라지토요호)가 보인다. 웅략천황이 범하내직향사(凡河內直香賜)와 채녀(采女)를 파견하여 흉방신(胸方神)을 제사지내도록 하였는데, 향사가 채녀를 겁탈하여 웅략천황이 궁삭련풍수를 파견하여 향사를 베었다고 적고 있다.

『속일본기』에서는 천평보자(天平寶字) 8년(764) 7월 신축조에서 수도소지(授刀少志) 종8위상 궁삭련정인(弓削連淨人; 유게노무라지키요히토)에게 궁삭숙녜(弓削宿禰)를 사성하였으며, 9월 을사조에서 궁삭숙녜정인에게 궁삭어정조신(弓削御淨朝臣; 유게노미키요아손)을 사성하였다고 한다. 그런데 보귀(寶龜) 6년(775) 2월 신미조에서는 궁삭숙녜에게 어청조신(御淸朝臣; 미키요아손)을 사성하였던 것을 원래대로 되돌려 본래의 성(姓)인 연(連)으로 되돌리도록 하고 있다. 정인(淨人)은 칭덕천황(稱德天皇; 쇼토크텐노)대의 권력자 도경(道鏡; 도쿄)의 동생이다. 도경의 세력이 강화되면서 '궁삭련-궁삭숙녜-궁삭어정조신'으로 점점 더 높은 성을 받았으나, 도경이 몰락하면서 본래의 궁삭련으로 돌아가게 된 것이다. 따라서 『신찬성씨록』에 보이는 궁삭숙녜는 궁삭련정인(弓削連淨人)과는 관련이 없는 사람들이다.

『속일본기』 보귀 8년(777) 9월 병인조에는 우대사인(右大舍人) 궁삭숙녜남광(弓削宿禰男廣; 유게노스쿠네오히로)이 보이는데 그가 바로 위의 궁삭숙녜의 일족이다.

『신찬성씨록』에서는 석상씨와 같은 조상을 가진 궁삭숙녜씨와 조상이 다른 궁삭숙녜씨가 보인다. 즉 좌경 신별(하)와 하내국 신별에 고혼명(高魂命)의 후손인 천일취상시명(天日鷲翔矢命; 아메노히와시카케루야노미코토)을 조상으로 하는 궁삭숙녜씨와 좌경 신별(하)에 지기(地祇) 이기도마(爾伎都麻; 니키츠마)의 후예라고 하는 궁삭숙녜씨가 있다. 천일취상시명이나 이기도마는 다른 곳에서는 보이지 않는 신명(神名)이다.

2. 석상동조(石上同祖)

『신찬성씨록』완본에는 '석상(石上)' 다음에 '조신(朝臣)'이라는 글자가 있었을 것으로 추측된다. 『선대구사본기(先代舊事本紀)』 천손본기(天孫本紀)에서는 물부씨의 조상 요속일존(饒速日尊)의 13세손 물부미여련공(物部尾輿連公; 모노노베노오코시노무라지노키미)이 궁삭련(弓削連; 유게노무라지)의 조상이라고 적고 있다.

353 【원문】
冰宿禰
　　石上同祖.

【번역】

빙숙녜(冰宿禰; 히노수쿠네)

　석상(石上; 이소노카미)과 같은 조상이다.

【주석】

1. 빙숙녜(冰宿禰)

빙(冰; 히)이라는 씨명은 빙실을 관리하고 왜왕(천황)에게 바치는 직책과 관련이 있다. 『일본서기』 천무천황 13년(684) 12월 기묘조에 의하면 빙련(冰連) 등 여러 씨족이 숙녜성을 사성받았다고 하므로 빙숙녜의 옛 씨성은 빙련임을 알 수 있다. 빙련 씨 일족으로는 『일본서기』에 빙련노인(冰連老人; 히노무라지오키나), 빙련진옥(冰連眞玉; 히노무라지마타마), 빙련노(冰連老; 히노무라지오유)가 보인다. 백치 4년(653) 5월 신해삭 임술조에 대사(大使) 길사장단(吉士長丹)과 함께 당에 파견된 121명의 사신단 중에 학생 빙련진옥의 아들 빙련노인이 등장하며, 백치 5년(654) 2월조에서는 빙련노인이 을축년(천지 3년, 664) 이후에 귀국하였다고 적고 있다. 지통 4년(690) 10월 을축조에서는 제명 7년(661)에 백제구원군에 참가하였던 빙련노가 당군에 포로가 되었다가 천지 3년(664)에 귀국하였다고 적고 있다.

　빙숙녜씨 일족으로 사서에 보이는 사람은 빙숙녜계마려(冰宿禰繼麻呂; 히노스쿠네츠구마로)이다.『속일본후기』승화(承和) 12년(845) 춘정월 갑인조에 빙숙녜계마려가 정6위하에서 외종5위하로 승서되고, 이후 승화 15년 춘정월 갑술조에 준하개(駿河介)로 임명되었다.『일본문덕천황실록』제형(齊衡) 3년 4월 무술조에서는 산위(散位) 외종5위하로 향년 76세였던 그의 훙전을 싣고 있다. 이를 통해 그가 좌경인(左京人)으로 준하개(駿河介) 이외에 산박사(筭博士), 주계조(主計助)를 역임하였을 알 수 있다. 고문서에서는 천평 5년「우경계장(右京計帳)」(『대일본고문서』1-502)의 빙숙녜도미녀(冰宿禰刀彌女), 천평 17년 12월 21일부「사경소청기서지해(寫經所請綺緒紙解)」(『대일본고문서』8-590)의 빙숙녜금궁(冰宿禰金弓)과 빙숙녜광만려(冰宿禰廣萬呂), 승력(承曆) 2년 12월 30일부「주세료출운국정세반각장(主稅寮出雲國正稅返却帳)」의 빙숙녜방성(冰宿禰方盛) 등이 보인다. 그 밖에 평성궁 목간(『平城宮發掘調査出土木簡槪報』4-7)에 빙숙녜궁계(冰宿禰宮繼)가 보인다.

2. 석상동조(石上同祖)

『신찬성씨록』완본에는 '석상(石上)' 다음에 '조신(朝臣)'이라는 글자가 있었을 것으로 추측된다. 석상조신에 대해서는 좌경 신별(상)「석상조신」조 참조.『선대구사본기(先代舊事本紀)』천손본기(天孫本紀)에서는 물부씨의 조상 요속일존(饒速日尊)의 11세손 물부포도구류련공(物部布都久留連公; 모노노베노후츠쿠루노무라지노키미)의 손자 물부대전숙녜련공(物部大前宿禰連公; 모노노베노오마에노스쿠네노무라지노키미)이 빙숙녜의 조상이라고 적고 있다.

---

354 【원문】
穗積臣
　伊香賀色雄男大水口宿禰之後也.

【번역】

수적신(穗積臣; 호츠미노오미)
　이향하색웅(伊香賀色雄)의 아들 대수구숙녜(大水口宿禰)의 후손이다.

【주 석】

1. 수적신(穗積臣)

수적이라는 씨명은 율령제의 대화국(大和國) 산변군(山邊郡) 수적향(穗積鄕)이라는 지명과 관련이 있다. 이곳은 현재 나량현(奈良縣) 천리시(天理市) 전재(前栽)이다.『일본서기』에는 수적신이 보이지만, 천무천황 13년(684) 11월 무신삭조에 의하면 수적신(穗積臣)이 조신(朝臣)을 사성받았다고 하므로『일본서기』에 보이는 수적신은 수적조신의 조상으로 보아야 한다.

2. 이향하색웅(伊香賀色雄)

이향하색웅은『선대구사본기(先代舊事本紀)』에는 이향색웅명(伊香賀色雄; 이카시코오미코토)라고도 하며 신요석일명은 신요속일명(神饒速日命; 가무니기하야히노미코토)의 6세손이다. 이향색웅명에 대해서는 앞의 좌경 신별(상)「수적조신」조(347) 참조.

355 【원 문】

矢田部連
　　伊香我色乎命之後也.

【번 역】

시전부련(矢田部連; 야타베노무라지)
　이향아색호명(伊香我色乎命; 이카가시코오노미코토)의 후손이다.

【주 석】

1. 시전부련(矢田部連)

시전부(矢田部; 야타베)라는 씨명은 시전부라는 팔전약랑녀(八田若郎女; 야타)의 명대(名代)였던 시전부에서 유래한다.

시전부련의 옛 씨성은 시전부조(矢田部造; 야타베노이먀츠코)였다.『일본서기』천무천황 12년(683) 9월 정미조에서 시전부조 등 연(連) 성을 주었다고 적고 있다.

시전부조씨 일족에 대해서는『일본서기』추고기에 보인다. 추고 22년 6월에 시전부조씨가 당에 사신으로 파견되었다가 다음해 9월에 돌아왔다고 적고 있으나, 왠일인지 이름은 빠졌다. 그런데 『선대구사본기』 제황본기 추고천황 22년 6월 을묘조에서 대인(大仁) 시전부어유련공(矢田部御嬬連公)의 성을 조(造)로 고치게 하였다고 한다. 이어서 추고 23년 9월조에서는 시전부조어유(矢田部御嬬) 등이 당에서 돌아왔다고 적고 있다. 이 외에 시전부조씨는 더 이상 보이지 않는다.

시전부련씨 일족에 대해서 사서에서는 이름이 보이지 않지만 고문서에 이름이 보인다. 천평보자(天平寶字) 6년(762) 10월 7일 「미륵보살소문경론제발(彌勒菩薩所問經論題跋)」(『영락유문(寧樂遺文)』 하)에 시전부련조호(矢田部連竈戶)가 보인다.

2. 이향아색호명(伊香我色乎命)

이향아색호명(伊香我色乎命; 이카가시코오노미코토)은 물부씨의 조상 요속일존의 6세손이다. 이향색웅명에 대해서는 앞의 좌경 신별(상)의 「수적조신」조(347) 참조.

『선대구사본기(先代舊事本紀)』 천손본기(天孫本紀)에서는 물부씨의 조상 요속일존(饒速日尊)의 8세손 물부포도구류련공(物部布都久留連公; 모노노베노후츠쿠루노무라지노키미)이 시전부조(矢田部造)의 조상이라고 적고 있다.

---

356 【원 문】
矢集連
　同上.

【번 역】

시집련(矢集連; 야츠메노무라지)
　위와 같다.

【주 석】

1. 시집련(矢集連)

시집(矢集; 야츠메)은 전집(箭集; 야츠에)로도 표기된다. 시집(矢集)이라는 씨명은 시부

(矢部; 야츠베)의 반조씨족이었던 것과 관련이 있다는 설과 율령제의 미농국(美濃國) 가아군(可兒郡) 시집향(矢集鄕)이라는 지명과 관련이 있다는 설이 있다.

시집련씨(矢集連氏) 일족에 대해서는 다른 사료에 보이지 않는다.

2. 동상(同上)

『신찬성씨록』 완본에서는 '이향아색호명지후야(伊香我色乎命之後也)'라고 적혀 있었을 것이다. 이향아색호명(伊香我色乎命; 이카가시코오노미코토)은 물부씨의 조상 요속일존의 6세손이다. 이향색웅명에 대해서는 앞의 좌경 신별(상)의 「수적조신」조 참조.

그런데 『선대구사본기』 천손본기 물부씨 계보에서는 물부씨의 조상 요속일존의 8세손 물부무제우련공(物部武諸隅連公; 모노모베노타케모로즈미노무라지키미)의 동생 물부대모우련공(物部大母隅連公; 모노베노오모로즈미노무라지키미)이 시전련(矢田連)의 조상이라고 적고 있다.

357 【원 문】
物部肩野連
　　同上.

【번 역】

물부견야련(物部肩野連; 모노노베노카타노노무라지)
　　위와 같다.

【주 석】

1. 물부견야련(物部肩野連)

물부견야(物部肩野; 모노노베노카타노)라는 씨명은 견야(肩野)라는 곳에 살던 물부씨라는 뜻에서 붙인 이름일 것이다. 견야(肩野; 가타노)라는 지명은 율령제의 하내국(河內國) 교야군(交野郡; 가타노군)일 것이다.

물부견야련씨 일족의 이름은 다른 사료에 보이지 않는다. 『신찬성씨록』 우경 신별(상) 견야련씨(肩野連氏)는 물부견야련씨의 일족일 것이다.

2. 동상(同上)

『신찬성씨록』 완본에서는 '이향아색호명지후야(伊香我色乎命之後也)'라고 적혀 있었을 것이다. 이향아색호명(伊香我色乎命; 이카가시코오노미코토)은 물부씨의 조상 요속일존의 6세손이다. 이향색웅명에 대해서는 앞의 좌경 신별(상)의 「수적조신」조(347) 참조.

그런데 『선대구사본기』 천손본기 물부씨 계보에서는 물부씨의 조상 요속일존의 6세손 이향색웅명(伊香色雄命; 이카가시코오노미코토)의 아들 다변숙녜명(多辯宿禰命; 다베노스쿠네노미코토)이 교야련(交野連; 다카노노무라지)의 조상이라고 적고 있다.

358 【원문】
柏原連
同上.

【번역】

백원련(柏原連; 가시하하라노무라지)
위와 같다.

【주석】

1. 백원련(柏原連)

백원(柏原)라는 씨명은 하내국(河內國) 교야군(交野郡) 백원(柏原)이라는 지명과 관련이 있을 것이다. 『속일본기』 연력(延曆) 4년(785) 11월 임인조에 따르면 환무천황이 교야(交野)의 백원(柏原)에서 천신(天神)에게 제사를 지내고 기도를 올렸다고 한다. 여기에 보이는 백원이 하내국 교야군의 백원이었다.

백원련씨 일족에 대해서는 『영집해(令集解)』 선서령(選敍令) 고만응서조(考滿應敍條)의 일운(一云)에만 보이며, 백원련(柏原連)에게 5위를 수여하였다고만 적고 있어 이름도 누락되었다.

이 밖에 『일본서기』 지통 3년 7월 신미조에서는 위병위 하내국 섭천군인 백원광산(柏原廣山)을 토좌국에 유배하였다고 한다. 여기에 보이는 백원광산도 백원련씨 일족일 가능성이 있다.

2. 동상(同上)

완본에서는 '이향아색호명지후야(伊香我色乎命之後也)'라고 적혀 있었을 것이다. 이향아색호명(伊香我色乎命; 이카가시코노미코토)은 물부씨의 조상 요속일존의 6세손이다. 이향색웅명에 대해서는 앞의 좌경 신별(상)의 「수적조신」조 참조.

그런데 『선대구사본기』 천손본기 물부씨 계보에서는 백원련이 보이지 않는다.

359 【원 문】
依羅連
　　饒速日命十二世孫懷大連之後也.

【번 역】

의라련(依羅連; 요사미노무라지)

　요속일명(饒速日命; 니기하야히노미코토)의 12세손 회대련(懷大連; 후츠쿠루노오무라지)의 후손이다.

【주 석】

1. 의라련(依羅連)

의라(依羅; 요사미)는 의망(依網; 요사미)으로도 표기된다. 의라는 하내국(河內國) 단비군(丹比郡) 의라군(依羅郡)이라는 지명과 관련이 있다. 이곳은 현재 대판부(大阪府) 송원시(松原市) 천선정(天善町) 일대이다.

　의라련씨 일족으로는 『일본서기』 제명 3년(657) 시세조의 의라련치자(依網連稚子; 요사미노무라지와쿠고)가 보인다. 제명조정이 사문 지달(智達), 의라련치자 등을 신라 사신과 함께 당에 보내 달라고 요청하였으나, 신라가 이를 거절하였다고 한다. 의라련치자에 대해서는 더 이상 보이지 않지만, 사문 지달에 대해서는 『일본서기』 제명 4년(658) 7월 시월(是月)조에서 사문 지통(智通)과 함께 신라 배를 타고 당에 가서 현장법사에게 법상종을 배웠다고 한다.

　그 밖에 천평 6년(734) 8월 20일 「출운국계회장(出雲國計會帳)」(『대일본고문서』 1-588)의 의라련의미마려(依羅連意美麻呂; 요사미노무라지오미마로), 천평보자 8년 10월 3일 「조동대사사이문안(造東大寺司移文案)」(『대일본고문서』 5-495)의 의라련국방(依羅連國方; 요사미노무라지쿠니카타)이 있다.

2. 요속일명(饒速日命)

요속일명은 물부씨의 조상이다. 요속일명에 대해서는 『신찬성씨록』 좌경 신별(상) 「석상조신」조(346) 신요속일명(神饒速日命) 참조.

3. 회대련(懷大連)

『선대구사본기』 천손본기 물부씨 계보에서는 물부씨의 조상 요속일존의 11세손 물부진량련공(物部眞椋連公; 모노노베노마쿠라노무라지키미)의 동생 물부포도구류련공(物部布都久留連公; 모노노베노후츠쿠루노무라지키미)과 동일인이다. 이 책에서는 물부포도구류련공의 아들로 요속일존의 12세손인 물부목련자공(物部木蓮子公; 모노노베노이타비노무라지키미)의 동생 물부다파련공(物部多波連公; 모노노베노타하노무라지키미)이 의망련(依網連; 요사미노무라지) 등의 조상이라고 적고 있다.

　또 이 책에서는 요속일존의 13세손 물부마좌량련공(物部麻佐良連公; 모노노베노마사라노무라지키미)의 동생 물부오족니련공(物部吳足尼連公; 모노노베노쿠레노스쿠네노무라지키미)이 의라련(依羅連; 요사미노무라지)의 조상이라고 적고 있다.

---

360 【원 문】
柴垣連
　同上.

【번 역】

시원련(柴垣連; 시바카키노무라지)
　위와 같다.

【주 석】

1. 시원련(柴垣連)

시원(柴垣; 시바카키)이라는 씨명은 지명과 관련이 있다. 『고사기』 반정천황단에서 반정천황이 '다치비(多治比; 다지히)의 시원궁(柴原宮; 시바카키노미야)에서 통치하였다고 적고 있다. 『일본서기』 반정 원년 동10월조에서는 하내(河內) 단비(丹比)에 도읍을 두었는데, 이것을 시리궁(柴籬宮; 시바카키노미야)이라고 불렀다고 적고 있다. 이곳은 율령제의 하내국 단비군 시원(柴原)으로, 현재의 대판부 송원시(松原市) 상전정(上田町) 부근이다.

시원련씨 일족은 이 외에 보이지 않는다.

2. 동상(同上)

『신찬성씨록』 완본에서는 "요속일명의 12세손 회대련(懷大連; 후츠쿠루노오무라지)의 후손"이라고 적었을 것이다. 회대련에 대해서는 『신찬성씨록』 좌경 신별(상) 「의라련」조 (359) 참조.

『선대구사본기』 천손본기 물부씨 계보에서는 물부씨의 조상 요속일존의 12세손 물부목련자공(物部木蓮子公; 모노노베노이타비노무라지키미)의 동생 물부소사련공(物部小事連公; 모노노베노오고토노무라지키미)이 시원련(柴垣連; 시바카키노무라지) 등의 조상이라고 적고 있다.

361 【원 문】

佐爲連
速日命六世孫伊香我色乎命之後也.

【번 역】

좌위련(佐爲連; 사위노무라지)

속일명(速日命; 하야히노미코토)의 6세손 이향아색호명(伊香我色乎命; 이카가시코오노미코토)의 후손이다.

【주 석】

1. 좌위련(佐爲連)

좌위(佐爲; 사위)는 협정(狹井; 사위), 좌위(佐韋; 사위)로도 표기된다. 『고사기』 신무천황단에서 신무천황의 황후 이수기여리비매(伊須氣余理比賣; 이스케요리히메)의 집이 협정하(狹井河; 사위카와) 위에 있었다고 적고 있다. 『연희식(延喜式)』 신명장(神名帳) 대화국(大和國) 성상군(城上郡)조에 기재된 협정좌대신황혼신사(狹井坐大神荒魂神社)의 진좌지(鎭坐地)로 협정(狹井; 사위)이 보인다. 이곳은 현재 나량현(奈良縣) 앵정시(櫻井市) 삼륜정(三輪町)이다.

좌위련씨 일족으로는 『일본서기』 천지기에 보이는 협정련빈랑(狹井連檳榔; 사위노무라지아지마사)이 있다. 제명 7년(661) 9월에 협정련빈랑은 대산하(大山下, 율령제의 종6위)로서 군대 5천 명을 거느리고 백제 왕자 풍장(豐璋)을 호위하여 백제로 갔다. 『파마국풍토기(播磨國風土記)』 찬용군(讚容郡) 미가도기원(彌加都岐原)조에 보이는 난파고진궁천황(難波高津宮天皇), 즉 인덕천황(仁德天皇) 대의 협정련좌야(狹井連佐夜)가 있다.

좌위련씨는 천무 13년(684) 12월에 숙녜(宿禰) 성을 받았다. 좌위숙녜에 관해서는 좌경 신별(하) 「좌위숙녜」조(487) 참조.

2. 속일명(速日命)

속일명은 요속일명(神饒速日命; 니기하야히노미코토)과 같다. 속일명에 관해서는 좌경 신별(상) 「석상조신」조(346) 신요속일명 참조.

3. 이향아색호명(伊香我色乎命)

이향아색호명에 대해서는 좌경 신별(상) 「수적조신」조의 이향색웅명 참조. 『선대구사본기』 천손본기 물부씨 계보에서는 물부씨의 조상 요속일존의 11세손 물부대전숙녜련공(物部大前宿禰連公; 모노노베노오마에스쿠네노무라지키미)의 동생 물부어사련공(物部御辭連公; 모노노베노미코토노무라지키미)이 좌위련(佐爲連; 사위노무라지)의 조상이라고 적고 있다.

362 【원문】

葛野連
　　同上.

【번역】

갈야련(葛野連; 가즈누모무라지)
　　위와 같다.

【주석】

1. 갈야련(葛野連)

갈야(葛野; 가즈누)라는 씨명은 율령제의 산성국(山城國) 갈야군(葛野郡) 갈야향(葛野鄕)이라는 지명과 관련이 있다. 이곳은 현재 경도시(京都市) 우경구(右京區) 서경극(西京極) 갈야정(葛野町) 일대다.

　　갈야정씨 일족은 사서에는 보이지 않고 고문서에만 보인다. 천평 5년(743)경의 「산배국애탕군계장(山背國愛宕郡計帳)」(『대일본고문서』 1-531)에 갈야련고마려(葛野連古麻呂), 갈야련을마려(葛野連乙麻呂), 갈야련고매(葛野連古賣), 갈야련고도자매(葛野連古刀自賣), 갈야련이량매(葛野連伊良賣), 갈야련고량매(葛野連古良賣) 등이 보이므로 산배국(山背國)에 갈야련씨 일족이 살고 있었음을 알 수 있다. 그런데 이들은 동 고문서에 보이는 종8위하 갈야대련장마려(葛野大連瓱麻呂)의 방호(房戶)였다. 갈야대련씨는 갈야련씨의 본종씨(本宗氏)였을 것이다.

2. 동상(同上)

『신찬성씨록』 완본에는 "속일명(速日命; 하야히노미코토)의 6세손 이향아색호명(伊香我色乎命; 이카가시코오노미코토)의 후손이다."라고 적혀 있었을 것이다. 『선대구사본기』 천손본기 물부씨 계보에서는 물부씨의 조상 요속일존의 15세손 물부나서련공(物部奈西連公; 모노노베노나세노무라지키미)이 갈야련(葛野連)의 조상이라고 적고 있다.

363 【원문】

登美連
　　同上.

【번역】

등미련(登美連; 도미노무라지)
　　위와 같다.

【주석】

1. 등미련(登美連)

등미(登美; 도미)라는 씨명은 『속일본기』 화동 7년 11월 무오조에 보이는 등미향(登美鄕)이라는 지명과 관련이 있을 것이다. 이곳은 현재 나량현(奈良縣) 생구군(生駒郡) 생구정(生駒町) 북부, 나량시(奈良市) 부웅원정(富雄元町) 일대이다.

등미련씨 일족에 대해서는 다른 사료에 보이지 않는다.

2. 동상(同上)

『신찬성씨록』 완본에는 "속일명(速日命; 하야히노미코토)의 6세손 이향아색호명(伊香我色乎命; 이카가시코오노미코토)의 후손이다."라고 적혀 있었을 것이다. 그런데 『선대구사본기』 천손본기 물부씨 계보에서는 등미련(登美連)이 보이지 않는다.

364 【원문】

水取連
　　同上.

【번역】

수취련(水取連; 모히토리노무라지)
　　위와 같다.

【주 석】

1. 수취련(水取連)

수취(水取; 모히토리)라는 씨명은 수취(水取; 모히토리), 즉 수부(水部; 모히토리)의 반조씨족이었던 것과 관련이 있다.

수취련의 옛 씨성은 수취조(水取造; 모히토리노미야츠코)였다.『일본서기』천무 12년(683) 9월 정미조에서 수취조가 연(連) 성을 받았음을 알 수 있다. 수취련씨 일족으로는『일본문덕천황실록』제형(齊衡) 원년(854) 춘정월 임진조 등의 수취련계웅(水取連繼雄), 천안(天安) 원년(857) 춘정월 병오조의 수취련병인(水取連柄仁),『일본삼대실록』정관(貞觀) 2년(860) 2월 11일 임진조의 수취련하자(水取連夏子)와 수취련계주(水取連繼主)가 있다.

정관 6년(864) 8월 8일 임술조에서는 좌경인(左京人) 산사(散事) 종5위하 수취련하자(水取連夏子), 고(故) 외종5위하 수취련병인(水取連柄仁)과 수취련계남(水取連繼男) 등이 조신(朝臣) 성을 사성받았다. 또 정관(貞觀) 6년(864) 8월 25일 기묘조에서는 좌경인 주수령사(主水令史) 정7위하 수취련계인(水取連繼人)과 산위(散位) 정8위하 수취련계주(水取連繼主)가 숙녜 성을 사성받았다.

2. 동상(同上)

『신찬성씨록』완본에는 "속일명(速日命; 하야히노미코토)의 6세손 이향아색호명(伊香我色乎命; 이카가시코오노미코토)의 후손"이라고 적혀 있었을 것이다. 속일명은 신요속일명(神饒速日命; 니기하야히노미코토)과 같다. 속일명에 관해서는 좌경 신별(상)「석상조신」조(346)의 신요속일명 참조.

365 【원문】

大貞連

速日命十五世孫彌加利大連之後也. 上宮太子攝政之年, 任大椋官. 于時家邊有大俣楊樹, 太子巡行卷向宮之時, 親指樹問之. 即詔阿比太連, 賜大俣連. 四世孫正六位上千繼等, 天平神護元年, 改字賜大貞連.

【번 역】

대정련(大貞連; 오사다노무라지)

속일명(速日命; 하야히노미코토)의 15세손 미가리대련(彌加利大連; 미카리노오무라지)의 후손이다. 상궁태자(上宮太子; 가미츠미야노히츠기노미코)가 섭정(攝政)하던 때에 대량관(大椋官; 오쿠라노츠카사)으로 임명되었다. 그때에 집 주변에 굵은 버드나무가 있었는데, 태자가 권향궁(卷向宮; 마카무쿠노미야)을 순행할 때 나무를 보고 아비태련(阿比太連; 아히타노무라지)에게 대오련(大俣連; 오마타노무라지)을 사여하였다. 4세손 정6위상 천계(千繼; 치츠기) 등에게 천평신호(天平神護) 원년(765)에 글자를 고쳐서 대정련(大貞連; 오사다노무라지)를 사여하였다.

【주 석】

1. 대정련(大貞連)

대정(大貞)이라는 씨명은 대오(大俣)의 오(俣) 자를 좋은 글자로 고친 것이다. 대오라는 씨명은 아비태련의 집 주변에 심어져 있던 굵은 버드나무를 보고 성덕태자가 사여한 것이라고 적고 있다.

대오련씨 일족으로는 『일본후기(日本後紀)』 연력 23년(804) 11월 갑신조에서 좌경인(左京人) 종7위하 대오련삼전차(大俣連三田次)가 대정련 성을 사성받고 있다. 『일본후기』 홍인 2년(811) 윤12월 무신조에서는 대화국인(大和國人) 종8위하 대오련복귀마려(大俣連福貴麻呂)가 대정련 성을 사성받았다. 『속일본후기』 승화(承和) 4년(837) 4월 정유조에서는 대화국인(大和國人) 내장사생(內藏史生) 대오련복산(大俣連福山)이 대정련을 사성받았다고 적고 있다.

2. 속일명(速日命)

속일명은 요속일명(饒速日命; 니기하야히노미코토)과 같다. 물부씨의 조상이다. 속일명에 관해서는 좌경 신별(상) 「석상조신」조(346) 신요속일명 참조.

3. 미가리대련(彌加利大連)

미가리대련(彌加利大連; 미카리노오무라지)은 『선대구사본기』 천손본기 물부씨 계보에서는 물부대시어수련공(物部大市御狩連公; 모노노베노오이치노미카리노무라지키미), 어수대련(御狩大連; 미카리오무라지)으로 표기된다. 물부씨의 조상 요속일존의 14세손 물부대시어수련공(物部大市御狩連公)은 미여대련(尾輿大連; 미코시노오무라지)의 아들이다.

『선대구사본기』 천손본기 물부씨 계보에서는 요속일존의 14세손이며 어수대련의 아들인 물부대인련공(物部大人連公; 모노노베노우시노무라지키미)의 동생 물부목련공(物部目連公; 모노노베노메노무라지키미)이 대진련(大眞連; 오마노무라지)의 조상이라고 적고 있다.

4. 상궁태자(上宮太子)

상궁태자는 성덕태자(574~621)를 가리킨다. 용명천황(518~587, 재위 585~587)의 제2황자다. 어머니는 흠명천황의 딸 혈수부간인황녀(穴穗部間人皇女)이다. 『일본서기』에서는 용명천황이 총애하여 태자를 왕궁 남쪽의 상전(上殿; 가미츠미야)에 살게 하였기 때문에 상궁구호풍총태자(上宮廐戶豐聰太子)로 불렀다고 한다. 『상궁성덕법왕제설(上宮聖德法王帝說)』에서는 용명천황이 그를 매우 총애하여 궁 남쪽의 상대전(上大殿)에 살게 하였기 때문에 상궁왕(上宮王)이라고 불렀다고 적고 있으며, 『일본영이기(日本靈異記)』에서는 천황 궁의 위쪽에 살게 하였으므로 상궁황(上宮皇)이라고 부르게 되었다고 적고 있다.

『일본서기』 추고 21년(613) 12월 경진삭조에는 상궁태자가 편강(片岡; 가타오카)을 유행(遊行)하였다는 이야기가 있다. 편강은 현재 나량현(奈良縣) 북갈성군(北葛城郡) 향지정(香芝町) 금천(今泉)이다.

『신찬성씨록』 좌경 신별(하) 「가실련(榎室連)」조(407)에서는 산성국(山城國) 구세군(久世郡) 수주촌(水主村) 고마려(古麻呂)의 집 문에 큰 오동나무[大榎]가 있었기 때문에 성덕태자가 가실련이라는 이름을 내려 주었다고 적고 있다.

5. 대량관(大椋官)

대장관(大藏官)을 가리킨다.

6. 권향궁(卷向宮)

권향궁은 전향궁(纏向宮; 마키무쿠노미에)을 가리킨다. 『일본서기』 수인 99년 7월 무오조에서 수인천황이 전향궁에서 죽었다고 적고 있다. 『일본서기』 경행천황 54년 9월 기유조에서는 경행이 이세(伊勢; 이세)에서 왜(倭; 야마토)로 돌아와 전향궁에 거주하였다고 적고 있다. 수인과 경행 대에 천황이 거주하던 궁임을 알 수 있다. 성덕태자가 전향궁에서 거주하였다는 이야기는 본조 외에는 보이지 않는다.

7. 아비태련(阿比太連)

아비태련이라는 이름은 더 이상 보이지 않는다. 『선대구사본기』 천손본기 물부씨 계보에 보이는 물부목련공(物部目連公; 모노노베노메노무라지키미)의 아들일 것이다.

8. 천계(千繼)

천계는 더 이상 보이지 않는다. 또한 천계 등에게 천평신호(天平神護) 원년(765)에 대정련이라는 씨성을 사여하였다는 내용은 『속일본기』에 실려 있지 않다.

---

366 【원문】
曾禰連
　　石上同祖.

【번역】

증녜련(曾禰連; 소네노무라지)
　석상(石上; 이소노카미)과 같은 조상이다.

【주석】

1. 증녜련(曾禰連)

증녜(曾禰; 소네)는 증근(曾根; 소네)으로도 표기된다. 증녜라는 씨명은 증녜(曾禰)라는 지명과 관련이 있을 것으로 추정된다. 『연희식(延喜式)』 신명장(神名帳)에 화천국(和泉國) 화천군(和泉郡) 증녜신사(曾禰神社)가 보인다. 이곳은 현재 대판부(大阪府) 대진시(大津市) 북증근(北曾根; 기타소네)이다.

증녜련씨 일족으로는 『일본서기』 천무천황 4년(675) 4월 계미조에 대산중(大山中, 율령제의 정6위하) 증녜련한견(曾禰連韓犬; 소네노무라지카라이누)이 보인다. 그는 천무천황의 명에 따라 광뢰(廣瀬; 히로세)에서 대기신(大忌神; 오이미노카미)을 제사지냈으며, 천무 10년(681) 12월 계사조에서는 소금하(小錦下, 율령제의 종5위하)의 관위를 수여받았다.『속일본기』경운 원년(704) 춘정월 계사조에서 증녜련족인(曾祢連足人; 소네노무라지타루히토)이 종6위하에서 종5위하로 승서되었으며, 화동 4년(711) 하4월 임오조에서 정5위하로 승진하고, 영귀(靈龜) 원년(715) 춘정월 계사조에서는 정5위상으로 승진하고 있다.

『파마국풍토기(播磨國風土記)』찬용군(讚容郡) 중천리(中川里)조에서는 증녜련마(曾祢連麿; 소네노무라지마로)가 보인다.

『속일본기』천평 9년(737) 2월 무오조에서 여관(女官) 증근련오십일충(曾根連五十日虫; 소네노무라지이카무시)가 종5위하에서 종5위상으로 승서되었으며, 천평보자 5년(761) 9월 을유조에서는 명부(命婦) 종3위 증녜련이하모지(曾祢連伊賀牟志; 소네노무라지이카무시)의 사망 기사를 싣고 있다. 증근련씨 중에서 여관으로 출세하여 종3위까지 승진한 사람이 있었음을 알 수 있다.

『유취국사(類聚國史)』권54 다산(多産), 천장(天長) 6년(829) 6월 기사조에서는 인번국(因幡國; 인바노쿠니) 고초군(高草郡; 다카쿠사군)에 사는 증녜련광도자녀(曾祢連廣刀自女; 소네노무라지히로토지메)가 보인다.『속일본후기』승화(承和) 8년(841) 윤9월 갑자조에서는 백기국(伯耆國; 호우기노쿠니) 팔교군(八橋郡; 야하시군)에 사는 증녜련가주녀(曾祢連家主女; 소네노무라지야누시메)가 보인다.

『일본삼대실록』원경(元慶) 5년(881) 하4월 4일 신사조에서는 아파국(阿波國; 아와노쿠니) 나하군(那賀郡; 나카군) 사람 종7위상 양부하영(椋部夏影), 종8위상 양부길마(椋部吉麿), 종8위하 양부안성(椋部安成)과 백정(白丁) 19인에게 본성인 증녜련(曾祢連)을 사성하였다고 한다.

그 밖에 고문서에는 천평 14년 12월 12일「우파새공진해(優婆塞貢進解)」(『대일본고문서』2-321)에 증녜련이감지(曾祢連伊甘之), 증녜련제마려(曾祢連弟麻呂)가 보이고, 모년(某年)「진소공불참해(秦小公不參解)」(『대일본고문서』22-589)에는 증녜련시가만려(曾祢連矢加萬呂)가 보인다.「출운국대세장진급역명장(出雲國大稅帳賑給歷名帳)」(『대일본고문서』2-231)에는 출운국(出雲國) 신문군(神門郡) 고지향(古志鄕) 산전리(山田里) 사람 증녜련마가태리매(曾祢連麻加太利賣)가 보인다.

증녜련씨가 화천국, 파마국, 인번국, 백기국, 아파국, 출운국 등에 분포되어 있었음을 알 수 있다.

2. 석상동조(石上同祖)

『신찬성씨록』 완본에는 '석상(石上)' 다음에 '조신(朝臣)'이라는 글자가 있었을 것으로 추측된다. 석상조신씨에 대해서는 좌경 신별(상) 「석상조신」조(346) 참조.

『선대구사본기』 천손본기의 물부씨 계보에서는 증녜련(曾禰連; 소네노무라지)씨에 대한 언급이 없다. 『신주증녜련병통구씨약계보(神主曾禰連幷樋口氏略系譜)』에서는 증근련(曾根連; 소네노무라지)이 물부련과 같이 즐옥요속일존(櫛玉饒速日尊)의 차남 우마지마치명(宇麻志麻治命)에게서 나왔다고 적고, 우마지마치명의 5세손 십시근련공(十市根連公)은 물부련이라는 씨성을 사여받고, 십시근련공의 7세손 건남(建男)은 증근련이라는 씨성을 가지게 되었다고 적고 있다.

367 【원 문】
越智直
　　石上同祖.

【번 역】

월지직(越智直; 오치노아타히)

　석상(石上; 이소노카미)과 같은 조상이다.

【주 석】

1. 월지직(越智直)

월지(越智; 오치)라는 씨명은 소시국(小市國; 오치노쿠니)의 국조(國造)였던 것과 관련이 있다. 이곳은 율령제의 이예국(伊豫國) 월지군(越智郡)이며, 현재 애원현(愛媛縣) 월지군(越智郡)의 일부이다.

월지직씨 일족으로는 『속일본기』 양로(養老) 5년(721) 춘정월 경오조에서 정6위상 월지직광강(越智直廣江; 오치노아타히히로에)은 퇴조(退朝) 후에 황태자(뒤의 성무천황)를 모시라는 명을 받았으며, 이어서 명경(明經) 제1박사로서 시(絁), 사(絲), 포(布), 초(鍬)

를 하사받았고, 양로 7년 춘정월 병자조에서는 종5위하로 승서되었다. 이후 『속일본기』에서는 8세기 후반에 월지직씨 이름이 다시 보인다. 칭덕천황 대인 신호경운(神護慶雲) 원년(767)에 이예국(伊豫國) 월지군(越智郡)의 대령(大領)으로 외정7위하였던 월지직비조마(越智直飛鳥麿; 오치노아타히아스카마로)가 시(絁) 230필(疋)과 전(錢) 1200관(貫)을 헌상하여 외종5위하로 승서되었다. 월지직비조마 이후 칭덕천황 대에 물건을 조정에 헌납하고 관위를 받은 월지직씨가 이어졌다. 신호경운 원년(767) 6월에 이예국(伊豫國)의 백정(白丁) 월지직국익(越智直國益)이 물건을 조정에 헌납하고 일약 외종5위하를 받았고, 신호경운 2년(768) 3월에는 월지직권연(越智直蜷淵; 오치노아타히니나후치)이 물건을 헌납하고 외종5위하를 사여받았다.

광인천황 즉위초인 보귀(寶龜) 원년(770) 10월에 외종5위하 월지직비조마와 월지직남연마려(越智直南淵麻呂; 오치노아타히미나미후지마로)는 외종5위상으로 승서되었다. 보귀 6년(775) 정월에는 월지직입립(越智直入立; 오치노아타히이리타지)이 정6위상에서 외종5위하로 승서되었다. 보귀 11년(780) 7월에 이예국(伊豫國) 월지군(越智郡) 사람 월지직정양녀(越智直靜養女; 오치노아타히시즈카히메)는 자신의 재물로 궁핍한 백성 158인을 도운 일로 천평보자 8년(764) 3월 22일의 칙서에 근거하여 작(爵) 2급을 받았다고 한다. 이예국 월지군의 월지직씨가 상당한 부를 가지고 있었음을 알 수 있다.

그런데 월지직씨 중에는 월지직씨 여자와 결혼한 후 월지직이라는 씨명을 가지게 된 사람들도 있었던 듯하다. 환무천황 대인 연력(延曆) 10년(791) 12월에 본성을 되찾고 싶다는 청원에 있었다. 즉 이예국 월지군 사람 정6위상 월지직광천(越智直廣川; 오치노아타히히로카하) 등 5인이 자신들의 7세 조상 기박세(紀博世; 기노히로요)가 소치전조정(小治田朝庭; 오하리다노미카도, 추고천황) 대에 이예국에 파견되어, 박세의 손자 인인(忍人; 오시히토)이 월지직의 딸과 결혼하여 재수(在手; 오리테)를 낳았다. 그런데 670년 경오년적(庚午年籍)을 작성할 때, 재수가 근원을 확인하지 않고 어머니 성을 잘못 따른 후 지금까지 이어지고 있으니, 본성을 따라 기신(紀臣; 기노오미)을 사용하게 해 달라고 요청하여 허가받았다.

『일본후기』 연력 18년(799) 8월 계사조에서는 이예국 사람 종7위하 월지직조계(越智直祖繼; 오치노아타히오야츠구)가 좌경(左京)에 거주하게 되었다고 적고 있다. 월지직조계가 바로 『신찬성씨록』 편찬국에 월지직의 「본계장」을 제출한 사람일 것이다.

이후 월지직씨 중에서 새로 사성받는 사람이 나타났다. 『속일본후기』 승화 2년(835)

11월 갑인조에서는 좌경인 정6위상 월지직년족(越智直年足; 오치노아타히토시타리)과 이예국 월지군 사람 정6위상 월지직광성(越智直廣成; 오치노아타히히로나리) 등 7인에게 숙녜를 사성하였다고 한다. 또한『일본삼대실록』정관(貞觀) 15년(873) 12월 2일 계사조에서는 좌경인 외종5위하 행조교(行助敎) 월지직광봉(越智直廣峯; 오치노아타히히로미네)에게 선연조신(善淵朝臣; 요시부치노아손)을 사성하였는데, 그의 조상을 신요속일명(神饒速日命)이라고 적고 있다. 선연조신광봉은 9세기 후반의 명경가(明經家)로 활약한 사람인데, 조신을 사성받게 된 것이다.

2. 석상동조(石上同祖)

『신찬성씨록』완본에는 '석상(石上)' 다음에 '조신(朝臣)'이라는 글자가 있었을 것으로 추측된다. 석상조신씨에 대해서는 좌경 신별(상)「석상조신」조(346) 참조.

『선대구사본기』천손본기 물부씨 계보에서는 요속일존의 8세손 물부무제우련공(物部武諸隅連公; 모노노베노타케모로즈미노무라지키미)의 동생 물부대소시련공(物部大小市連公; 모노노베노오치노무라지키미)이 소시직(小市直; 오치노아타히) 등의 조상이라고 적고 있다.

368 【원 문】
衣縫造
　　石上同祖.

【번 역】

의봉조(衣縫造; 기누누히노미야츠코)
　석상(石上; 이소노카미)과 같은 조상이다.

【주 석】

1. 의봉조(衣縫造)
의봉(衣縫)이라는 씨명은 궁중의 의복을 만드는 의봉(衣縫)을 담당한 반조씨족이었던 것과 관련이 있다.

의봉조씨(衣縫造氏)에 대해서는 『일본서기』 숭준 원년 시세조에 비조의봉조(飛鳥衣縫造)의 조상 수엽(樹葉; 고노하)의 집을 헐고 처음으로 법흥사(法興寺)를 지었다고 한다.

이후 『속일본기』 대보(大寶) 3년(703) 2월 병신조에서 종7위하 의봉조공자(衣縫造孔子; 기누누히노미야츠코쿠시)에게 연(連)을 사성하였다고 적고 있다. 8세기 초에 하급 관인으로 근무하던 사람이 문무천황 대에 더 높은 성을 받았음을 알 수 있다. 그런데 의봉련은 『신찬성씨록』에는 실리지 않았다. 이것은 의봉련공자의 후손이 단절되었을 가능성을 말해 준다.

의봉조공자 이외에 의봉조씨는 사서에 보이지 않는다. 다만 사경문서 천평 6년(734) 11월자 「대지도론육십구발어(大智度論六十九跋語)」(田中塊堂, 『日本寫經綜鑒』, 三明社, 1953, p. 274)에 의봉조남국(衣縫造南國)이 보인다.

2. 석상동조(石上同祖)

『신찬성씨록』 완본에는 '석상(石上)' 다음에 '조신(朝臣)'이라는 글자가 있었을 것으로 추측된다. 석상조신씨에 대해서는 좌경 신별(상) 「석상조신」조(346) 참조. 그런데 『선대구사본기』 천손본기 물부씨 계보에서는 의봉조에 관한 언급이 없다.

---

369 【원 문】
輕部造
　　石上同祖.

【번 역】

경부조(輕部造)

석상(石上; 이소노카미)과 같은 조상이다.

【주 석】

1. 경부조(輕部造)

경부(輕部)라는 씨명에 대해 좌백유청(佐伯有淸)은 경부의 반조씨족이었던 것과 관련이 있다고 보았다. 경부에 대해 『고사기』 윤공천황단에서 윤공천황이 목리지경태자(木梨之

輕太子; 기나시노카로노미코)를 위한 명대(名代; 나시로)로 경부(輕部)를 두었다고 적고 있다. 목리지경태자는 윤공천황의 제1황자로 저군(儲君)의 지위에 있었으나, 그 후 친여동생 경대낭황녀(輕大娘皇女; 가루노오이라츠메)와 간음한 것이 발각되어 실각하였다. 『고사기』에서는 윤공천황이 죽은 후 간음 사실이 발각되어 목리지경태자가 이예국(伊豫國)으로 유배되었다고 적고 있으나, 『일본서기』에서는 윤공천황 24년에 사실이 발각되어 경대낭황녀만 이예국으로 유배되었다고 적고 있다.

명대(名代; 나시로)는 『관직요해(官職要解)』에서는 왕족의 공업(功業)을 후세에 전하기 위해 설치한 부민(部民; 베민)이라고 적고 있다. 윤공천황이 태자 목리지경태자의 세력 강화를 위해 사유민으로 경부를 두었고, 경부를 지휘하는 경부조를 두었을 가능성도 얼마든지 있다. 그러나 목리지경태자가 추문으로 실각하므로 그에게 소속된 경부나 경부조는 없어졌을 것이기 때문에 경부조를 목리지경태자의 명대였던 경부와 연관시키는 것은 온당하지 않다.

경부는 율령제 시대에 화천국(和泉國) 화천군(和泉郡) 경부향(輕部鄕)이라는 지명과 관련이 있다고 보아야 할 것이다. 이곳은 현재 대판부(大阪府) 천북군(泉北郡) 충강정(忠岡町)이다. 경부라는 씨명을 가진 씨족은 경부조 이외에 경부신(輕部臣; 가루베노오미)이 있다. 경부신의 경부라는 씨명도 앞의 지명과 관련이 있을 것이다. 경부신은 『고사기』 효원천황단(孝元天皇段)에서 효원의 손자 무내숙녜(武內宿禰; 다케시우치노스쿠네)의 아들 허세소병숙녜(許勢小柄宿禰; 고세노코가라노스쿠네)의 후손으로 등장하고 있다. 『일본서기』 천무 13년(654) 11월조에서 조신을 사성받는 52씨족 중의 하나로 등장하여, 이후 경부조신이 된다. 그러나 이후 경부조신씨는 사서에 보이지 않고 『신찬성씨록』에도 씨명이 보이지 않아, 7세기 말 이후 쇠퇴하였음을 알 수 있다.

경부조씨 일족은 고문서에 보인다. 천평 15년 9월 1일 「섭진국이(攝津國移)」(『대일본고문서』 2-338)에 경부조궁장(輕部造弓張)과 경부조고마려(輕部造古麻呂), 경부조광녀(輕部造廣女)와 천평승보 3년 3월 10일 「자전구비마려해(茨田久比麻呂解)」(『대일본고문서』 3-491)에 보이는 경부조이여지(輕部造伊與志)와 경부조진옥족매(輕部造眞屋足賣) 등이 있다.

2. 석상동조(同祖)

『신찬성씨록』 완본에는 '석상' 다음에 '조신'이라는 글자가 있었을 것이다. 석상조신에 관해서는 앞의 좌경 신별(상) 「석상조신」조(346) 참조.

경부조가 석상조신과 같은 조상이라는 것은 『선대구사본기』 천손본기에 실린 물부씨(物部氏)의 계보에서 요속일존의 9세손 옥승산대근고명(玉勝山代根古命; 다마츠야마시로네코노미코토)이 산대수주작부련(山代水主雀部連; 야마시로노미나세노사키베노무라지), 경부조(輕部造; 가루베노미야츠코), 소의부수(蘇宜部首; 소키베노오비토) 등의 조상이라고 적고 있다. 즉 경부조의 조상 옥승산대근고명은 물부씨의 조상인 요속일존의 9세손이므로 경부조는 석상조신과 같은 조상을 가진 셈이 된다.

370 【원 문】
物部
　　石上同祖.

【번 역】

물부(物部; 모노노베)
　석상(石上; 이소노카미)과 같은 조상이다.

【주 석】

1. 물부(物部)

물부라는 씨명은 물부씨의 부민(部民)이었던 것과 관련이 있을 것이다. 물부씨가 사서에 처음 보이는 것은 『일본서기』 용명천황 2년 하4월 병오조이다. 당시 대련(大連; 오무라지)이었던 물부련수옥(物部連守屋; 모노노베노무라지모리야)의 부하로 물부팔판(物部八坂; 모노노베노야사카)이 보인다. 이후 『속일본기』 화동(和銅) 6년(713) 5월 갑술조의 물부난(物部亂; 모노노베노오사무)이 보인다. 찬기국(讚岐國; 사누기노쿠니)의 국수(國守) 정5위하 대반숙녜도족(大伴宿禰道足; 오토모노스쿠네미치타리) 등이 다음과 같이 보고하였다. 자신의 부하 한천군(寒川郡; 사무카하군) 사람 물부난(物部亂) 등 26인은 경오년(670) 이후 양인(良人) 호적에 들어 있었다. 그런데 경인년(690) 호적을 만들 때에 잘못하여 사정(飼丁; 우마카히노요보로)으로 분류되었다. 자신이 조사하여 그들의 주장이 맞다고 판단하였음에도, 아직 이들이 양인 호적에 오르지 못하였으니 양인 호적에 넣어 달라고

조정에 요청하여 허가받았다.

『속일본기』 화동 7년(714) 5월 계축조에서는 토좌국(土佐國; 도사노쿠니) 사람 물부모충미(物部毛虫咩; 모노노베노케무시메)가 한번에 세쌍둥이를 낳자 조정에서 곡식 40곡(斛)과 유모를 보내 주었다고 한다.

『속일본기』 양로(養老) 7년(723) 3월 무자조에서는 상륙국(常陸國; 히타치노쿠니) 신태군(信太郡; 시다군) 사람 물부국의(物部國依; 모노노베노쿠니요리)에게 신태련(信太連; 시다노무라지)이라는 씨성을 내렸다고 한다.

『속일본기』 천평승보 6년(754) 춘정월 임자조에서는 물부산배(物部山背; 모노노베노야마시로)가 정6위상에서 외종5위하로 승서되고 있다. 천평보자 8년(764) 9월 임자조에서는 등원중마려(藤原仲麻呂; 후지하라노나카마로)의 난이 일어났을 때 효겸상황 측에서 활약한 무장국(武藏國; 무사시노쿠니) 입간군(入間郡; 이리마군) 출신의 수도(授刀) 물부광성(物部廣成; 모노노베노히로나리)이 보인다. 또한 신호경운 원년(767) 7월 정사조에서는 근위(近衛) 종8위하 물부기랑(物部磯浪; 모노노베노이소나미)이 일약 외종5위하로 승서되었다. 764년 9월에 등원중마려의 난이 일어났을 때 효겸상황(칭덕천황) 측에 재빨리 알린 공로로 이날 외종5위하로 승서된 것이다. 신호경운 2년(768) 윤6월 경술조에서는 외정8위하 물부손족(物部孫足; 모노노베노히코타리)이 조정에 공헌하여 외종5위하로 승서되었다. 신호경운 3년(769) 6월 임술조에서는 비전국(備前國; 기비노미치노쿠니)의 어야군(御野郡; 미노군) 사람 물부마(物部麿; 모노노베노마로) 등 64인이 석생별공(石生別公; 이케나스노와케키미)을 사성받았다. 보귀 8년 11월 병진조에서는 미농국(美濃國; 미노노쿠니) 사람 물부판마려(物部坂麻呂; 모노노베노사카마로) 등 9인에게 물부다예련(物部多藝連; 모노노베노타기무라지)을 사성하였다. 보귀 9년(788) 춘정월 임신조에서는 여유(女孺) 무위(無位) 물부득마려(物部得麻呂; 모노노베노토쿠마로)가 외종5위하를 사여받았다. 이 밖에도 『일본기략』 연력 22년(803) 4월 무신조의 물부건마(物部建麿)와 『일본후기』 홍인 2년(811) 윤12월 을묘조의 물부전계(物部田繼) 등이 있다.

목간이나 고문서에는 각 지역의 물부씨 일족이 수십 명이 등장하고 있는데, 이를 통해 물부씨가 전국적으로 분포되었음을 알 수 있다.

2. 석상동조(石上同祖)

『신찬성씨록』 완본에는 '석상' 다음에 '조신'이라는 글자가 있었을 것이다. 석상조신에 관해서는 좌경 신별(상) 「석상조신」조(346) 참조.

371 【원문】

眞神田曾禰連
神饒速日命六世孫伊香我色乎命男氣津別命之後也.

【번역】

진신전증녜련(眞神田曾禰連; 마카미타노소네토미코토)
　신요속일명(神饒速日命; 가무니기하야히노미코토)의 6세손 이향아색호명(伊香我色乎命; 이카가시코오노미코토)의 아들 기진별명(氣津別命; 게츠와케노미코토)의 후손이다.

【주석】

1. 진신전증녜련(眞神田曾禰連)

진신전증녜(眞神田曾禰)라는 씨명은 지명과 관련이 있다. 즉 진신전(眞神田; 마카미타)과 증녜(曾禰)는 모두 지명일 것으로 추정된다. 그러나 그 지역이 어느 곳일지에 대해서는 이설이 존재한다. 율전관(栗田寬)은 진신전을 『일본서기』에 보이는 비조(飛鳥; 아스카)의 진신원(眞神原; 마카미하라)이라는 지명과 관련이 있을 것으로 추정하였다. 이곳은 현재 나량현(奈良縣) 고시군(高市郡) 명일향촌(明日香村) 비조(飛鳥)이다.

『일본서기』 숭준기 원년 시세조에는 비조의봉조(飛鳥衣縫造)의 조상인 수엽(樹葉)의 집을 허물고 법흥사(法興寺)를 지었는데, 이곳의 지명을 진신원(眞神原)이라고 기록하고 있다. 의봉조씨는 좌경 신별(상)의 「의봉조」조에서 석상(石上)과 같은 조상이라고 적고 있다. 그런데 본조의 진신전증녜련도 석상씨의 조상인 이향아색호명(伊香我色乎命)의 후손이라고 하므로, 진신전증녜씨의 씨명이 진신원과 관련이 있을 가능성은 얼마든지 있다.

그런데 진신전증녜씨의 씨명인 증녜(曾禰)는 『일본서기』에는 보이지 않지만, 『화명유취초』에는 대화국(大和國) 우타군(宇陀郡) 증녜촌(曾禰村)이 보인다. 이곳은 현재 나량현(奈良縣) 우타군(宇陀郡) 증녜촌(曾禰村)이다. 그런데 『평안유문(平安遺文)』에 실린 고문서에서 우타군에 「진신전송림(眞神田松林)」, 「진신전소송(眞神田小松)」이 보이므로 진신전이라는 지명도 있었음을 확인할 수 있다. 우타군의 진신전은 현재 나량현 우타군 대우타정(大宇陀町)이다. 따라서 좌백유청의 주장대로 진신전증녜는 나량현 우타군에 있었던 증녜와 진신전이라는 지명과 관련이 있다고 할 수 있다.

진신전증녜련씨 일족은 다른 사료에서는 보이지 않는다. 다만 증녜련씨는 앞의 좌경 신별(상)에 보인다.

2. 신요속일명(神饒速日命)

신요속일명은 요속일명으로도 표기된다. 물부씨의 조상이다. 신요속일명에 대해서는 좌경 신별(상) 「석상조신」조(346) 신요속일명 참조.

3. 이향아색웅명(伊香我色雄命)

『일본서기』에서 이향색웅(伊香色雄), 『고사기』에서 이가하색허남명(伊迦賀色許男命; 이카가시코오노미코토)으로 표기하였다. 앞의 「수적조신」조에서는 이향색웅명(伊香色雄命)으로 표기하였다. 『선대구사본기』에 따른다면 이향색웅명은 물부씨의 조상 요속일존의 6세손이 된다. 이향색웅명에 대해서는 앞의 「수적조신」조(347) 참조.

4. 기진별명(氣津別命)

기진별명(氣津別命; 기츠와케노미코토)이라는 이름은 더 이상 보이지 않는다. 다만 『연희식』 신명장(神名帳)에 대화국(大和國) 고시군(高市郡)에 기도화기(氣都和旣; 기츠와케)신사가 보인다. 율전관(栗田寬)은 이 신사와 관련이 있지 않을까 추정하였으나, 좌백유청(佐伯有淸)은 『대화지료(大和志料)』의 고시군(高市郡) 기도화기신사조에서 "기진별명(氣津別命) 등이 이 신사와 관계없지만 이름이 닮아서 부기하였다"라고 적고 있는 것을 소개하였다. 『대회지료』는 1914년에 일본 나량현교육회에서 출판한 책으로, 이 책의 편찬자는 기도화기신사와 기진별명의 관련성을 인정하지 않고 있음을 알 수 있다.

372 【원문】

大宅首
　　大閇蘇杵命孫建新川命之後也.

【번 역】

대택수(大宅首; 오야케노오비토)

　　대폐소저명(大閇蘇杵命; 오헤소키노미코토)의 손자 건신천명(建新川命; 다케니히카화노미코토)의 후손이다.

【주 석】

1. 대택수(大宅首)

대택수라는 씨명은 율령제의 대화국(大和國) 첨상군(添上郡) 대택향(大宅鄕)이라는 지명과 관련이 있다. 이곳은 현재 나량시(奈良市) 백호사정(白毫寺町) 일대다.

　　대택수씨에 대해서는 『일본삼대실록』 정관 8년(866) 8월 3일자에 나오는 대택수응취(大宅首鷹取)가 유일하다. 그는 좌경인이며 비중권사생(備中權史生, 備中國의 정원외 사생)으로 대초위하(大初位下)였는데, 평안궁의 응천문(應天門) 방화범을 고발하고 있다. 고문서에 보이는 대택수씨는 보귀(寶龜) 5년(774) 2월 10일 「대택수동자월차전해(大宅首童子月借錢解)」(『대일본고문서』 6-567)에 보이는 대택수동자(大宅首童子)와 대택수소만려(大宅首小萬呂)가 있고, 「파마국정세장(播磨國正稅帳)」(『대일본고문서』 2-150)에 보이는 대택수좌파(大宅首佐波)가 있다.

2. 대폐소저명(大閇蘇杵命)

대폐소저명은 『고사기』나 『일본서기』에는 보이지 않고, 『신찬성씨록』의 이 조문에서 처음 보인다. 『선대구사본기』 천손본기에서는 대종저명(大綜杵命)으로 표기되어 있다. 『선대구사본기』 천손본기 물부씨 계보에서는 물부씨의 조상 요속일존의 5세손 울색웅명의 동생으로 대종저명이 보인다.

3. 건신천명(建新川命)

건신천명은 『고사기』나 『일본서기』에는 보이지 않고, 『신찬성씨록』의 이 조문에서 처음 보인다. 이후 『선대구사본기』 천손본기 물부씨 계보에서는 물부씨의 조상 요속일존의 7세손 건단심대녜명(建胆心大禰命)의 동생으로 건신천명(建新川命)을 적고 왜지기현주(倭志紀縣主) 등의 조상이라고 적고 있다.

373 【원 문】

猪名部造
　伊香我色男命之後也.

【번 역】

저명부조(猪名部造; 위나베노미야츠코)

이향아색남명(伊香我色男命; 아카가시코오노미코토)의 후손이다.

【주 석】

1. 저명부조(猪名部造)

저명부조(猪名部造; 위나베노미야츠코)라는 씨명은 저명부(猪名部; 위나베)를 관장하던 반조씨족이었던 것과 관련이 있다. 저명부가 사서에 보이는 것은 『일본서기』 응신천황 31년 8월조이다. 여기에서는 무고(武庫)에 머물던 신라 사신의 실수로 불이 나서 그곳에 정박한 왜국의 배들이 불타자, 신라 왕이 왜국에 목공 기술자를 파견하였는데, 그가 곧 저명부 등의 조상이라고 적고 있다. 응신천황 대에 신라 왕이 파견한 목공 기술자의 후손이 저명부가 된 것은, 이들이 저명 지역을 근거지로 하였기 때문일 것이다. 『일본서기』 인덕천황 38년 7월조에는 저명현(猪名縣)이 보이는데, 이곳은 뒤에 율령제 시대 때 섭진국(攝津國) 하변군(河邊郡) 위나(爲奈; 위나)향이 설치된다. 이곳은 현재 병고현(兵庫縣) 니기시(尼崎市) 동북부다. 저명 지역에 살던 신라 목공의 후손 저명부에 대해서는 『일본서기』 웅략천황 12년 동10월 임오조에 유일하게 보인다. 여기에서는 본문에서 천황이 목공 투계어전(鬪鷄御田)에게 명하여 누각을 만들게 하였다고 적고, 분주에서 "'한 책[一本]'에서는 저명부어전(猪名部御田)이라고 적고 있지만 이는 틀렸다"라고 적고 있다. 즉 『일본서기』 웅략기의 이 기사를 집필한 사람은 웅략천황 대의 목공 투계어전이 저명부어전이라고 주장한 책에 대해 그렇지 않다고 적고 있는 것이다.

저명부조씨가 사서에서 보이는 것은, 『일본삼대실록』 정관(貞觀) 12년(870) 2월 19일 신축조의 저명부조 출신 저명부조재마(猪名部造財麿), 저명부조풍웅(猪名部造豐雄), 저명부조선승(猪名部造善繩)이 있다. 여기에서는 참의 종3위 춘징조신선승(春澄朝臣善繩)의 훙전을 싣고 있는데, 선승의 본성(本姓)은 저명부조(猪名部造)이고 조부는 재마(財麿), 아버지는 풍웅(豐雄)이라고 언급하였다. 천장(天長) 5년(828)에 선승이 형제자매 5명과 함께 춘징숙녜를 사성받았으며, 뒤에 다시 조신을 사성받았다고 적고 있다. 그가 조신을 사성받은 것은 『일본문덕천황실록』 인수(仁壽) 3년(853) 10월 무진조에 보인다.

위의 『일본삼대실록』에 의하면 선승의 조부 저명부조재마(猪名部造財麿)는 이세국(伊勢國) 원변군(員弁郡)의 소령(少領)이고 아버지 저명부조풍웅(猪名部造豐雄)은 주방국(周防國)의 대목(大目)이었다. 이 두 사람은 『신찬성씨록』을 편찬하던 당시에 저명부조씨 중에서 관인으로 활약한 사람이었다.

2. 이향아색웅명(伊香我色雄命)

『일본서기』에는 이향색웅(伊香色雄), 『고사기』에는 이가하색허남명(伊迦賀色許男命; 이카가시코오노미코토)으로 표기하였다. 앞의 「수적조신」조에서는 이향색웅명(伊香色雄命)으로 표기하였다. 『선대구사본기』에 따른다면 이향색웅명은 물부씨의 조상 요속일존의 6세손이 된다. 이향색웅명에 대해서는 좌경 신별(상) 「수적조신」조(347) 참조.

신찬성씨록
新撰姓氏録

제 2 질

제 12 권

좌경左京 신별神別 중

[起大伴宿禰 盡佐伯連二十三氏]
대반숙녜(大伴宿禰; 오토모노스쿠네)에서 좌백련(佐伯連; 사헤키노무라지)까지 23씨이다.

천신(天神)

374 【원문】

大伴宿禰

　高皇産靈尊五世孫天押日命之後也. 初天孫彦火瓊瓊杵尊神駕之降也, 天押日命, 大來目部立於御前, 降乎日向高千穗峯. 然後以大來目部, 爲天靫部, 靫負之號起於此也. 雄略天皇御世, 以入部靫負賜大連公, 奏曰: 衛門開闔之務, 於職已重. 若有一身難堪, 望與愚兒語, 相伴奉衛左右. 勅: 依奏. 是大伴, 佐伯二氏, 掌左右開闔之緣也.

【번역】

대반숙녜(大伴宿禰; 오토모노스쿠네)

　고황산령존(高皇産靈尊; 다카미무스비노미코토)의 5세손 천압일명(天押日命; 아마노오시히노미코토)의 후손이다. 처음에 천손(天孫) 언화경경저존(彦火瓊瓊杵尊; 히코호노니니기노미코토)이 땅에 내려오실 때 천압일명(天押日命; 아마노오시히노미코토)과 대래목부(大來目部; 오쿠메라)가 먼저 출발하여 일향(日向)의 고천수봉(高千穗峯)으로 내려갔다. 그 후 대래목부가 천차부(天靫部)가 되었다. 차부(靫負)라는 칭호가 이로부터 말미암았다. 웅략천황(雄略天皇) 대에 입부차부(入部靫負)를 대련공(大連公)에게 사여하자, 대련공은 "위문(衛門)을 열고 닫는 임무는 중요한 직책입니다. 한 몸으로는 감당하기 힘듭니다. 저의 아들 어(語; 가타리)가 함께 좌우에서 지킬 수 있기를 바라옵니다."라고 상주하였다. 천황이 "상주한 대로 하라."라고 명하였다. 이것이 대반씨(大伴氏)와 좌백씨(佐伯氏)가 좌우에서 문을 개폐하는 일을 담당하게 된 연유이다.

【주 석】

1. 대반숙녜(大伴宿禰)

대반(大伴; 오토모)이라는 씨명은 대반부(大伴部; 오토모노베)를 관장한 반조씨족이었던 것과 관련이 있다.

『일본서기』 천무천황 13년(684) 12월 기묘조에 따르면 새로운 사성 정책에 따라 50씨에 달하는 제씨에게 숙녜의 성을 주었는데, 그중에 대반련도 포함되어 있다. 대반숙녜의 옛 씨성이 대반련(大伴連; 오토모노무라지)이었음을 알 수 있다.

『일본서기』에는 모두 23명의 대반련씨가 보인다. 최초는 『일본서기』 수인기 25년 2월 갑자조에 보이는 무일(武日)이다. 수인천황이 5명의 대부를 불러 신기(神祇)를 잘 제사지내도록 명하였는데, 그중에 대반련의 원조(遠祖) 무일이 등장한다. 무일은 경행천황 대에는 일본무존을 도와 동국의 하이를 치고 있다. 이후 중애 9년 2월조에 4명의 대부 중에 대반련무이(大伴連武以)가 보인다. 이후 대반련씨가 다시 보이는 것은 윤공 대의 대반련실옥(大伴連室屋)이다. 실옥은 웅략 대에 대련(大連)이 된 후, 청녕, 현종, 무열 대에 대련을 역임하였다.

대반련실옥의 아들 대반련담(大伴連談)은 웅략천황의 명으로 그의 종인(從人) 대반련진마려(大伴連津麻呂)와 함께 신라를 치러 갔다가 전사하였다. 대반련실옥의 손자 금촌(金村)은 인현천황이 죽은 후 태자[무열천황]의 명으로 대신 평군진조((平群眞鳥) 부자를 치고, 그 공으로 무열 대에 대련이 되었다. 무열의 사후에 계체을 영입하고, 대련이 되었다. 이후 안한, 선화, 흠명 대에도 대련이었으나, 흠명 초에 백제에서 뇌물을 받았다는 비난을 받고 실각하였다.

선화 대에는 금촌대련(金村大連)의 아들 반(磐)이 축자에서 삼한을 대비하였고, 다른 아들 협수언(狹手彦)이 신라에 침공당한 임나를 도우러 파견되어, 임나 지역을 진압하고 백제를 구원하였다. 선화 대에는 금촌대련이 화(火) 지역의 위북국조(葦北國造)의 아들 일라(日羅)를 백제 조정에 파견하였다. 일라는 백제에서 달솔까지 올라갔다. 협수언은 흠명 대인 562년에는 대장군으로서 수만 명을 거느리고 가서 백제의 계략으로 고구려를 쳐서 이겼다고 한다. 민달천황 대에는 백제에서 벼슬하던 일라를 귀국시켰는데, 이때 대반련강수(大伴連糠手)가 그를 접대하고 국정에 대해 물었다. 강수의 딸 소수자(小手子)는 숭준이 즉위한 후 비(妃)가 되었다.

용명 대에는 소아마자대신의 측근으로 대반련비라부(大伴連比羅夫)가 보이며, 숭준

대인 590년에는 협수언의 딸 선덕(善德)이 대반련박(大伴連狛)의 부인 등과 함께 출가하였다고 한다.

숭준 즉위전기에서는 대반련교(大伴連噛)가 대신 소아신마자(蘇我臣馬子) 측에서 활약하여 숭준천황 즉위에 공을 세우고, 숭준 4년에 임나를 세우기 위해 축자에 군대를 보낼 때 4명의 대장군 중 한 명으로 등장하고 있다. 대반련교는 추고 9년 3월 갑신삭 무자조에서는 임나를 세우기 위해 고구려에 파견되었다가, 다음해 6월에 백제에서 돌아왔다. 추고 16년 8월에는 수의 사신 배세청의 국서를 추고천황에게 전달하는 일을 하였다. 추고 18년 10월에는 신라와 임나의 사신을 접대하는 의식에 참가하였다.

그 후 대반련마사(大伴連馬飼)가 서명, 황극, 효덕 대에 활약하였다. 서명 4년 10월에 당의 사신 고표인을 접대하였다. 황극 원년 12월에는 서명천황의 장례에서 소덕(小德)으로 조사를 읽었다. 황극천황 3년 6월에는 백합을 현상하였다. 그는 을사의 정변으로 즉위한 효덕의 즉위식에서 효덕천황이 단에 올랐을 때 호위하였다. 이때부터는 마사 대신에 장덕(長德)이라는 이름을 사용하였는데, 대화 5년 4월에 대자(大紫) 좌대신이 되어, 신하로서 가장 높은 자리에 올랐다.

그런데 이후 제명천황 대와 천지천황 대에는 대반련씨가 보이지 않는다. 대반련씨가 다시 보이는 것은 천무천황 대이다. 672년 6월 22일 대해인황자[천무천황]가 임신의 난을 일으킨 후 사인(舍人) 대반련우국(大伴連友國)과 대반련마래전(大伴連馬來田)이 함께 하였고, 엽사(獵師)의 수령인 대반박본련대국(大伴朴本連大國)이 합류하였다. 또한 대반련취부(大伴連吹負)는 대해인황자 측의 장군이 되었고, 대반련안마려(大伴連安麻呂) 등도 대해인황자 측에서 활약하였다. 671년 7월 말 임신의 난에서 대해인황자가 승리하여 다음해 2월에 정식으로 즉위하였다. 천무천황 대인 683년 6월과 8월에 마래전과 취부는 죽는데, 임신년의 공적으로 각각 대자(大紫), 대금중(大錦中)을 추증받았다.

천무 대에는 675년 3월에 소금상(小錦上) 대반련어행(大伴連御行)이 병정차관(兵政次官)으로 임명되었다. 679년 6월에는 대금상(大錦上) 대반련두옥(大伴連杜屋)이 죽었다. 천무천황 13년(684) 2월에는 소금중 대반련안마려가 도읍 예정지를 살피고 있다.

천무천황 13년 2월에 대반련은 숙녜를 사성받아 대반숙녜가 된다. 천무천황에게 대반숙녜를 사성받은 사람은 안마려와 어행(御行)이었다. 어행은 천무천황 14년 9월에 천무천황에게 옷을 하사받았다. 686년 9월 천무 사후에 지통천황이 칭제하였는데 이때 차려진 천무천황의 빈궁(殯宮)에서 안마려는 직광삼으로서 대장(大藏)과 관련된 조사

(弔辭)를 읽었다. 지통천황 2년(690) 8월과 11월에도 안마려는 천무천황의 빈궁에서 조사를 읽었다. 어행은 691년 정월에 직대이(율령제의 종4위상)로서 봉호 80호를 받아 전의 봉호와 합쳐 300호를 받게 되었다. 어행은 694년 정월에는 정광사(율령제의 종3위)로 승서되었다. 696년 10월에는 대납언으로 자인(資人) 80인을 사여받았다. 689년 6월에 무대삼 대반숙녜수박(大伴宿禰手拍)이 찬선언사(撰善言司)로 임명되었고, 692년 4월에 대반숙녜우국(大伴宿禰友國)은 직대이를 추증받았다. 693년 3월에는 무대이(務大貳) 대반숙녜자군(大伴宿禰子君)이 신라에 파견되는 사신으로서 비단, 비단솜, 포를 사여받았다. 그해 4월에는 내장료윤(內藏寮尹) 대반숙녜남인(大伴宿禰男人)이 장물죄로 처벌받았다.

『속일본기』에는 모두 60명의 대반숙녜씨가 보이며, 『일본후기』에는 26명의 대반숙녜씨가 보인다. 『일본후기』 홍인 14년(823) 하4월 임자조에 의하면 대반숙녜는 반숙녜(伴宿禰)로 씨명을 고쳤다. 823년 4월에 즉위한 대반친왕(大伴親王, 淳和天皇)의 이름과 같아서 기휘(忌諱)한 것이었다. 그 후 『속일본후기』와 『일본문덕천황실록』에는 모두 35명의 반숙녜씨가 보이고, 『일본삼대실록』에는 24명의 반숙녜씨가 보인다. 마지막으로 보이는 인물은 인화(仁和) 2년(886) 2월에 산위 종5위하로서 승진하여 형부소보(刑部少輔)에 보임된 반숙녜충행(伴宿禰忠行)이다.

『공경보임』에 의하면 대반숙녜씨는 8세기 전반에 어행(御行)과 안마려(安麻呂), 여인(旅人)이 대납언, 도족(道足), 우양(牛養)이 중남언, 형마(兄麿)가 참의로 임명되어 의정관으로 활약하였으나, 순인천황 대 후기 등원중마려정권 시대와 칭덕천황 대에는 의정관으로 임명된 대반숙녜씨가 보이지 않는다. 대반숙녜씨가 다시 의정관으로 임명된 것은 광인천황 대 후기다. 준하마(駿河麿), 백마(伯麿)가 참의로 임명되었고, 환무천황 대에는 가지(家持), 결족(潔足)이 참의가 되었다. 이후 평성천황과 차아천황 대에는 의정관으로 임명된 사람이 없었으나, 순화천황 대에 국도(國道)가 참의로 임명되었다. 천장 5년에 국도가 죽은 후 다시 참의로 임명된 것은 인명천황 대인 승화 15년(849)으로 국도의 아들 반숙녜선남(伴宿禰善男)이 참의로 임명되었다. 선남은 청화천황 대인 864년에 대납언까지 승진하였다. 그러나 866년에 응천문의 변이 일어나자 주모자로 붙잡혀 유배되었다. 이후 반숙녜씨가 의정관으로 임명되는 것은 천경 2년(939)이다. 『공경보임』에 의하면 주작천황 천경(天慶) 2년(939)에 반보평(伴保平, 73세)이 참의로 임명되었고, 천경 5년(942) 7월 임인에 참의 반숙녜보평(伴宿禰保平)이 숙녜를 조신으로 고쳤다고 하므로 반숙녜씨가 반조신씨(伴朝臣氏)가 되었음을 알 수 있다.

2. 고황산령존(高皇産靈尊)

고황산령존(高皇産靈尊; 다카미무스비노미코토)은 『고사기(古事記)』에서는 고어산소일신(高御産巢日神; 다카미무스비노미코토), 고목신(高木神; 다카기노카미)으로 표기되었다. 『고사기』에서는 천지가 처음 출현하였을 때 천지어중주신(天之御中主神) 다음에 신산소일신(神産巢日神; 가무무수히노카미)과 함께 고어산소일신이 생겼다고 적고 있다. 그러나 『일본서기』에서는 천지개벽 관련 기사의 본문에는 보이지 않고 「일서(一書)」에만 등장하고 있다. 『고사기』와 『일본서기』 「일서」의 천손강림신화에서 천손을 지상에 내려가도록 명하는 사령신(司令神)으로서 중요한 역할을 하고 있다.

3. 천압일명(天押日命)

천압일명(天押日命; 아마노오시히노미코토)은 『고사기』와 『일본서기』에서는 천인일명(天忍日命; 아마노오시히노미코토)으로 표기되었다. 이들 사서에서 천인일명은 천손 경경저존(瓊瓊杵尊)이 강림할 때 함께 내려왔다고 적고 있다. 『고사기』 신대 천손강림단에서는 천인일명이 대반련 등의 조상이라고 적고 있으며, 『일본서기』 신대 천손강림조에서는 분주로 인용된 「일서」에서 천인일명이 대반련의 먼 조상이라고 적고 있다. 『고사기』와 『일본서기』에서는 모두 천인일명을 대반련의 조상으로 적고 있지만, 천인일명이 누구의 후손인지는 밝히고 있지 않다.

천인일명을 고황산령신의 후손으로 제시한 계보는 『신찬성씨록』의 이 조문 이외에 『고어습유(古語拾遺)』에 보인다. 다만 『고어습유』에서는 천인일명이 고황산령신의 아들이라고 적고 있어, 고황산령신의 5세손이라고 하는 본조의 주장과는 다르다. 『고어습유』는 일본 조정의 제사를 담당한 재부(齋部)씨 출신의 재부광성(齋部廣成)이 807년경에 저술한 책이다. 『신찬성씨록』이 편찬된 것이 815년이므로, 거의 같은 시기에 대반씨의 조상 천압일명의 계보에 대해 두 가지의 계보가 존재하고 있었음을 알 수 있다.

4. 천손(天孫) 언화경경저존(彦火瓊瓊杵尊)

천손은 천조대신(天照大神; 아마테라스오미카미)의 손자라는 뜻이다. 천조대신은 『고사기』에서는 천조대어신(天照大御神; 아마테라스오미카미), 『일본서기』에서는 천조대신, 대일운귀신(大日雲貴神; 오히루메노무치노카미) 등으로 표기하였다.

『고사기』와 『일본서기』에서 천지가 생겨난 최초의 천상계인 고천원(高天原; 다카마가하라)에 천지어중주신(天之御中主神; 아메노미나카누시노카미), 고어산소일신(高御産巢日神; 다카미무수히노카미), 신산소일신(神産巢日神; 가무무수히노카미)이 생겨났고, 이어서 우마지아사가비비고지신(宇摩志阿斯訶備比古遲神; 우마시아시카히히코지노카미)과 천지상립신(天之常立神; 아메노토코타치노카미)이 생겼고, 이어서 국지상립신(國之常立神)과 풍운야신(豐雲野神; 도요쿠모노노카미)이 생겼다. 그리고 이어서 우비지지신(宇比地遲神; 우히지히노카미)과 수비지지신(須比智遲神; 수히지노카미)을 비롯한 다섯 쌍의 남녀신이 생겨났다. 다섯 쌍의 남녀신 중에 아사나기신(伊邪那岐神; 아자나기노카미)과 이사나미신(伊邪那美神; 이자나미노카미)이 있다.

『고사기』와 『일본서기』의 「일서(一書)」에서는 이사나미가 죽어서 지중계(地中界)인 근국(根國; 네노쿠니)으로 간 뒤에 이사나기가 이사나미를 만나러 근국에 갔다가 돌아와서 물로 몸을 닦고 나서 그의 왼쪽 눈에서 천조대어신(대일운귀신), 오른쪽 눈에서 월독명(月讀命; 츠쿠요미노미코토), 코에서 건속수좌지남명(建速須佐之男命; 다케하야수사노오노미코토)이 태어났다고 적고 있으나, 『일본서기』의 본문에서는 이사나기와 이사나미가 자연신을 낳은 후에 대일운귀신을 낳았다고 적고 있다.

『고사기』에서는 이사나기가 천조대어신에게 고천원(高天原), 월독명에게 밤의 식국(食國), 건속수좌지남명에게 해원(海原)을 다스리라고 명하였다고 한다. 해원을 다스리라는 명을 받은 수좌지남명이 어머니 이사나미가 있는 근국에 가고 싶다고 계속 울었으므로, 이사나기가 그를 추방하였다. 수좌지남명은 근국에 가기 전에 누나 천조대어신을 만나려고 고천원으로 갔으나, 천조대신은 수좌지남명이 고천원을 빼앗으러 온 줄 알고 무장하였다. 수좌지남명은 자신의 결백을 증명하기 위해 천조대신과 서약하였다. 이때 천조대신의 다섯 남신과 수좌지세 여신이 태어났다. 그러나 그 후 수좌지남명이 고천원에서 다시 난폭한 행위를 하였기 때문에 천조대신이 천암호에 숨어 버려, 세상이 컴컴해졌다. 그러자 고황산령신의 아들 사겸신(思兼神; 오모이카네노카미)과 천아옥명신이 『고사기』에서는 천조대어신과 고목신(高木神; 다카기노카미)이 천조대어신의 아들 정승오승승속일천인수이명(正勝吾勝勝速日天忍穗耳命) 아들에게 "위원중국(葦原中國)을 평정하였으니 이전에 위임한 대로 지상으로 내려가 위원중국을 다스려라"라고 명하였다. 그러자 천인수이명은 "지상으로 내려가려고 준비하던 중에 아들 일자번능이이예명(日子

番能邇邇藝命)이 태어났으므로, 이 아이를 내려 보내야 할 것입니다"라고 답하였다.

이이예명은 3종의 신기를 가지고 천아옥명 등의 신들과 함께 고천원에서 지상으로 내려갔다. 그 도중에 원전비고신이 안내 역을 맡았고 마침내 이이예명은 축자(筑紫)의 고천수(高千穗; 다카치호)에 내려갔다고 한다.

5. 대래목부(大來目部)

대래목부는 대래목(大來目; 오쿠메), 구미부(久米部; 구메라), 구미명(久米命; 구메노미코토) 등으로 표기한다. 구미직(久米直; 구메노아타히), 내목부(來目部; 구메베) 등의 조상이다. 『고사기』에서는 신대 천손강림단에서 천손 강림 때에 대반련 등의 조상 천인일명(天忍日命)과 구미직(久米直; 구메노아타히) 등의 조상 천진구미명(天津久米命; 아마츠쿠메노미코토)이 활과 칼을 들고 먼저 축자 일향(日向) 고천수(高千穗; 다카치호)의 구사포류다기에 내려갔다고 적고 있다.

『신찬성씨록』의 이 조문과 같은 내용이다. 그러나 대반련 등의 조상 천인일명과 대등하게 천손강림 때에 활약한 천진구미명(天津久米命; 아마츠쿠메노미코토)을 조상으로 가진 구미직씨 출신으로 활약하는 사람은 『고사기』나 『일본서기』에 보이지 않는다.

한편 『일본서기』에서는 대반련씨의 먼 조상이 내목부씨의 먼 조상을 인솔하였다고 적고 있다. 즉 신대(神代) 하(下) 제9단 천손강림(天孫降臨)의 「일서(一書)」에서 고황산령신(高皇産靈神)이 천손 경경저존(瓊瓊杵尊)에게 이불[眞床覆衾]을 덮어 하늘의 돌문[天岩戶]을 열고 겹겹의 구름을 헤치고 내려가게 하였다. 그때 대반련의 먼 조상 천인일명이 내목부의 먼 조상 천환진대래목(天槵津大來目; 아메쿠시노오오쿠메)을 인솔하여 활과 칼로 무장하고 고천수(高千穗)의 이상봉(二上峯; 후타가미노타케)에 도착하였다고 적고 있다. 그 후 신무천황 즉위전기 무오년 10월 계사삭조에서는 즉위 이전의 신무천황이 도신명에게 대래목부(大來目部; 오쿠메라)를 인솔하여 인판읍(忍坂邑)에 큰 집을 짓고서 연회로 오랑캐를 유인하여 잡으라고 명하였다고 한다. 또한 신무천황 원년 정월 경신삭조에서도 대반씨의 원조 도신명이 대래목부를 이끌고 신무천황의 밀책을 받들어 풍자하는 노래를 불러 요기를 소탕하였다고 적고 있다.

『일본서기』에서는 이후에도 내목부씨가 대반련씨의 지휘를 받았음을 말해 주는 기사가 보인다. 즉 웅략천황 2년 추7월조에서는 백제의 지진원(池津媛)이 웅략천황의 뜻을 거부하고 석천순(石川楯)과 결혼하자 웅략천황이 대반실옥대련(大伴室屋大連)에게 명하여 이 부부의 화형을 내목부가 집행하도록 하였다고 적고 있다.

내목부씨 중에서 사서에 활약상이 보이는 사람은 『일본서기』의 청녕천황 대와 현종천황 대에 활약하는 내목부소순(來目部小楯, 또는 磐楯)이 유일하다. 그는 이예국(伊豫國) 출신으로 청녕천황 2년 11월에 파마국(播磨國)에 파견되었다가 거기에서 이중천황의 두 손자를 발견하여 모시고 돌아왔다. 후사가 없던 청녕천황이 죽자 그중의 한 명이 천황이 되었는데, 그가 바로 현종천황이다. 현종이 즉위하자 소순에게 산부련(山部連)을 사성하여 내목부소순은 산부련의 조상이 되었다.

6. 천차부(天靫部)

천차부는 이곳 이외에는 보이지 않는다. 차부에 수식어로 천(天)을 붙여 천차부로 표기하였을 것이다. 차는 화살을 넣어 등에 지고 다니도록 만든 화살통을 가리킨다. 따라서 차부(靫部)는 궁수 부대라고 할 수 있다.

『일본서기』 경행 40년 시세조에서 차부(靫部)를 대반련의 먼 조상 무일(武日)에게 사여하였다고 적고 있는 것이 차부에 관한 최초의 기사다. 그 후 청녕 2년 2월조에서 대반실옥대련을 제국에 파견하여 백발부사인(白髮部舍人), 백발부선부(白髮部膳夫), 백발부차부(白髮部靫負)를 설치하였다고 적고 있다. 백발은 청녕천황의 이름이다. 대반실옥대련이 청녕천황을 위해 사인, 선부, 부차를 전국에서 선발하였다고 볼 수 있다. 그 후 계체천황 원년 2월 경자조에서는 대반금촌대련이 이에 대해 언급하고 있다. 즉 그는 백발천황이 후사가 없었으므로, 자신의 조부 대반대련실옥이 주(州)마다 3종의 백발부를 설치하였다고 말하였다. 이 기사의 분주에서는 3종이 백발부사인(白髮部舍人), 백발부공선(白髮部供膳), 백발부차부(白髮部靫負)라고 적고 있다.

그 후 안한 2년 4월 정축삭조에서는 구사인부(勾舍人部)와 구차부(勾靫部)를 설치하였다고 적고 있다. 구천황(勾天皇, 안한천황)을 위해 사인부(舍人部)와 차부(靫部)를 설치하였음을 알 수 있다.

7. 입부차부(入部靫負)

입부라는 말은 『일본서기』 대화(大化) 2년(646) 3월 임오조에서 보인다. 이에 따르면 효덕천황은 옛 천황 대에 설치한 자대입부(子代入部), 황자 등이 사유한 어명입부(御名入部), 황조대형(언인대형황자, 황극천황·효덕천황·천지천황의 조부)의 어명입부와 둔창을 그대로 둘 것인지 여부를 중대형황자에게 상의하였는데, 중대형황자는 이에 대해 입부와 봉민 중에서 사정(仕丁)을 뽑도록 하고 사사롭게 부려먹지 않았으면 좋겠다고 건의하면서 입부 524구와 둔창 181개소를 헌납하였다. 이 기사에 따르면 입부는 자대입부와 어명입부가 존재하였음을 알 수 있다. 즉 천황에 소속된 자대입부와 황자 등에 소속된 어명입부가 있었음을 알 수 있다. 차부는 위에서 언급하였듯이 궁수 부대이다. 따라서 입부차부는 천황이나 황자에게 소속된 궁수 부대를 가리킨다.

대반씨와 입부차부의 관계에 대해서는 『영집해(令集解)』 직원령(職員令) 좌위사부(左衛士府)조에 인용된 홍인(弘仁) 2년(811) 11월 28일자 태정관부에 보인다. 여기에서는 산위 종5위하 대반숙녜목마려(大伴宿禰木麻呂)와 우병위고두(右兵衛庫頭) 종5위하 좌백숙녜금산(佐伯宿禰金山) 등이 해(解)를 올려 "우리들의 조상 실옥대련공(室屋大連公)이 차부(靫負) 3천 명을 이끌고 좌우에서 지켰으므로 위문(衛門)을 열고 닫는 일을 대대로 이어왔다"라고 주장하였다고 한다.

8. 대련공(大連公)

여기에서 대련공은 웅략천황 대에 대련이었던 대반실옥대련을 가리킨다.

9. 어(語)

『일본서기』에서는 담(談; 가타리)라고 적고 있다. 웅략천황 9년(465) 3월조에 신라를 치기 위해 파견되어 전사한 대반담련(大伴談連)이 보인다. 대반씨 계보인 『반계도』에서는 실옥(室屋)의 아들로 담(談)과 어물(御物)을 배치하고, 담(談)의 아들로 금촌(金村)을 배치하였다. 한편 또 다른 대반씨 계보인 『고옥가가보(古屋家家譜)』에서는 건지련공(建持連公)의 아들로 실옥대련공(室屋大連公), 담련공(談連公), 장목련공(長目連公)을 배치하고, 실옥대련공의 아들로 금촌대련공을 배치하였다. 『반계도』와 『고옥가가보』에서는 모두 웅략천황이 신라를 쳤을 때 담련공이 전사하였다고 적고 있으며, 『고옥가가보』에서는 담련공이 일봉련(日奉連)의 조상이라고 적고 있다.

10. 대반씨(大伴氏) 좌백이씨(佐伯二氏) 장좌우개합지연야(掌左右開闔之緣也)

『신찬성씨록』의 이 조문에서는 웅략천황이 입부차부를 대반실옥(大伴室屋)에게 사여하자 그가 위문을 열고 닫는 임무는 혼자 감당하기 어렵다면서 아들 어(語)와 함께 이를 담당하게 해 달라고 웅략천황에게 요구하여 허가받았다고 적고 있다. 그리고 이것이 대반씨와 좌백씨가 좌우에서 문을 개폐하는 일을 담당하게 된 연유라고 적고 있다. 대반실옥이 궁문 개폐를 담당한 후 대반씨와 좌백씨가 이 일을 계속 이어간 것은 앞에서 언급한 홍인 2년의 태정관부에서도 언급하고 있다. 『속일본기』 보귀(寶龜) 2년(771) 11월 계묘조에서 광인천황 즉위 후 거행된 대상(大嘗) 때에 대화수(大和守) 종4위상 대반숙녜고자비(大伴宿禰古慈斐)와 좌대변 겸 파마수(播磨守) 종4위상 좌백숙녜금모인(佐伯宿禰今毛人)이 문을 열었다고 적고 있다.

『연희식(延喜式)』(927) 좌위문부(左衛門府) 대의(大儀)조에 반씨(伴氏) 5위 1명과 좌백씨 1명이 문부(門部) 3명씩 인솔하여 궁문으로 들어가 회창문 안의 왼쪽 행랑에 가서 때가 되면 문을 열도록 명한다고 적고 있다. 그리고 같은 책의 천조대상제(踐祚大嘗祭) 반폐(班幣)조에서는 반(伴)과 좌백(佐伯) 각각 두 명이 남문 좌우의 행랑으로 가서 때가 되면 문을 연다고 적고 있다. 또한 같은 책 유(油) 이하 조에서는 반씨와 좌백씨 각 두 명이 대상궁(大嘗宮)의 남문을 연다고 적고 있다. 같은 책 진일(辰日)조에서는 제사가 끝나고 백관이 물러가면 반씨와 좌백씨가 문을 닫는다고 적고 있다.

375 【원 문】

佐伯宿禰
　　大伴宿禰同祖. 道臣命七世孫室屋大連公之後也.

【번 역】

좌백숙녜(佐伯宿禰; 사헤키노스쿠네)

　　대반숙녜(大伴宿禰)와 같은 조상이다. 도신명(道臣命)의 7세손 실옥대련공(室屋大連公)의 후손이다.

【주 석】

1. 좌백숙녜(佐伯宿禰)

좌백숙녜는 천무 13년(684) 12월에 좌백련이 숙녜를 사성받아 좌백숙녜가 되므로, 685년 이후의 씨족명칭이다.

『일본서기』에 좌백련씨가 처음 보이는 곳은 흠명 15년 춘정월 병신조로, 백제가 사신을 축자에 파견하여 내신과 좌백련 등에게 왜국이 언제 군대를 파견할지 묻고 있다. 흠명천황 17년 정월조에서도 그 전해 정월에 백제에서 파견된 왕자 혜가 귀국할 때에 아배신, 좌백련, 파마직을 보내 축자국의 수군을 거느리고 호송하였다고 적고 있다. 여기에서는 좌백련이라고만 적고 구체적인 이름은 보이지 않는다. 아마도 백제계 사료에서 개인 이름 없이 좌백련으로만 기록되어 있었을 가능성이 있다. 이후『일본서기』에는 좌백련씨 출신의 사람이 모두 7명이 보인다. 최초는 숭준 즉위전 정미년 6월 갑진삭 경술조에 보이는 단경수(丹經手)로, 취옥희존(炊屋姬尊, 추고천황)을 옹립한 대신 소아마자숙녜의 명으로 혈수부황자(穴穗部皇子)와 택부황자(宅部皇子)를 주살하였다. 이후 서명 즉위전기에는 추고 사후에 군신들이 후계자를 옹립하는 과정에서 좌백련동인(佐伯連東人)이 산배대형왕을 천황으로 추천하였다. 그 후 황극천황 3년 춘정월 을해삭조에서는 중신련겸자가 황극천황의 아들 중대형황자(中大兄皇子)에게 좌백련자마려를 추천하였다. 좌백련자마려는 이후 중대형황자의 경호를 담당하였던 듯하다. 그는 황극 4년 6월 무신조에서는 중대형황자와 함께 대신 소아신입록을 죽였다. 천지천황 5년 3월조에서는 그가 병이 들자 칭제(稱制) 중이던 중대형황자가 그의 집에 가서 위문하였다고 적고 있다.

좌백련씨 중에는 백제에 사신으로 파견되었던 사람도 있었다. 즉 제명 2년(656) 시세조에는 서해사 좌백련고승(佐伯連栲繩)이 백제에서 돌아왔다고 적고 있다.

672년 6월에 대해인황자가 거병하여 일어난 임신의 난 때에 좌백련은 대해인황자 측과 대우황자 측으로 갈라져 싸웠다. 이때에 좌백련대목(佐伯連大目)이 대해인황자의 사인으로 함께 하였다. 그러나 좌백련남(佐伯連男)은 대우황자의 명으로 축자에 가서 율외왕(栗隈王)의 군대를 데리고 오라는 명을 받았으나, 뜻을 이루지 못하였다. 임신의 난 후 즉위한 천무천황은 소금하 좌백련광족(佐伯連廣足)에게 명하여 675년에 용전(龍田)에서 풍신(風神)을 제사지내게 하였다.

684년에 좌백련씨가 숙녜를 사성받은 후 광족은 685년 9월 15일에 직광사(直廣肆, 율령제의 종5위하)로서 축자사자(筑紫使者)로 임명되었다. 그 후 지통천황 대에는 좌백숙녜대목이 직대이(直大貳, 율령제의 정2위)를 추증받았다.『속일본기』에는 모두 52명의 좌백숙녜씨가 관인으로 등장하고 있으나, 가장 고위로 승진한 사람은 이다지(伊多智)로

768년에 우위사독으로 종4위상이었다.『일본후기』,『속일본후기』,『일본문덕천황실록』에는 모두 18명의 좌백숙녜씨 출신 관인이 등장하고 있다.

좌백이라는 씨명은 좌백부의 반조씨족이었던 것과 관련이 있다. 좌백부에 대해서는 『일본서기』 경행 51년 8월조에 보인다. 즉 경행천황의 아들 일본무존이 동쪽을 원정하여 포로로 잡은 하이(蝦夷)를 파마국(播磨國), 찬기국(讚岐國), 이예국(伊豫國), 안예국(安藝國), 아파국(阿波國)에 배치하였는데 이들이 좌백부의 조상이 되었다고 적고 있다. 경행은 제12대 천황으로『일본서기』에 의하면 기원전 13년에서 130년까지 생존한 사람이며, 71년부터 130년까지 재위하였다고 한다. 일본무존은 경행의 아들로, 서쪽의 웅습(熊襲), 동쪽의 하이(蝦夷)를 평정한 전설의 인물이다. 이 좌백부 배치 기사는 왜국 정권이 동쪽으로 영역을 확대해 나가는 과정에서 정복당한 사람들을 왜국의 지배 영역으로 옮겨 배치하였음을 말해 주는 전설적인 기사임을 알 수 있다.

그 후 좌백부에 관한 기사가 웅략천황 즉위전기에 보인다. 형 안강천황(20대)이 사촌인 시변압반황자를 후사로 정하고 죽자, 웅략천황이 사냥으로 유인하여 시변압반황자와 그의 장내(帳內) 좌백부매륜(佐伯部賣輪, 仲手子라고도 표기함)을 죽였다고 한다. 이 사건에 대해서는 현종천황 즉위전기에도 안강천황 3년 10월에 현종천황의 아버지 시변압반황자가 사인(舍人) 좌백부중자(佐伯部仲子)와 함께 웅략천황에게 살해당하였다는 내용으로 보인다. 현종 원년 2월조에서는 현종천황이 아버지 시변압반황자의 유골을 수색하여 황자와 사인 좌백부중자의 유골이 섞여 있는 것을 발굴하였다고 적고 있다. 인현 5년 춘2월 정해삭 신묘조에서 널리 국군에 흩어져 있던 좌백부 중에서 좌백부중자의 후손을 찾아 좌백조(佐伯造)로 삼았다고 적고 있다. 5세기에 좌백부씨 중에서 왜왕왕자의 사인으로 활약한 사람이 있었으며, 5세기 말에는 좌백부씨 중에서 좌백조를 임명하였음을 알 수 있다.

그 후 좌백조에 대해서는『일본서기』민달 14년 3월 병술조에 보인다. 물부궁삭수옥대련(物部弓削守屋大連)이 소아마자대신 집에 마련한 불전과 불상을 불태우고 좌백조어실(佐伯造御室, 於閭礙)에게 명하여 선신(善信) 등의 비구니를 잡아오도록 하였다. 좌백조씨 중에서 유력자인 물부대련의 측근으로 활약한 사람이 있었음을 알 수 있다.

좌백부를 직접 관할한 것이 좌백조이며, 좌백조를 관할한 것이 좌백련이었을 것이다. 좌백부 중에서는 중앙에서 궁문을 경비하고 호위하는 병사가 된 사람들이 있었고, 이들을 거느린 사람이 좌백련이었다.

2. 대반숙녜동조(大伴宿禰同祖)

대반숙녜에 대해서는 앞의 「대반숙녜」조 참조. 대반숙녜씨와 좌백숙녜씨의 조상이 같다는 것은 『만엽집』에서는 대반숙녜가지(大伴宿禰家持)가 노래(4094번가)에서 대반씨는 먼 조상 대구미주(大久米主; 오쿠메누시)가 대군의 곁을 목숨 걸고 지키겠다고 맹세하여 깨끗한 이름을 전해 온 집안의 자손이며, 대반씨와 좌백씨는 이 선조의 이름이 끊이지 않도록 대군의 조정을 지키고 궁문을 경호하는 역할을 해온 집안이라고 말하고 있다. 대반숙녜씨와 좌백숙녜씨가 대구미주의 후손으로서 함께 조정에서 군사적 업무를 담당해 온 것을 말하고 있는 것이다. 이후 공해(空海)의 『편조발휘성성령집(遍照發揮性性靈集)』 권3 「증반안찰평장사부륙부시병서(贈伴按察平章事赴陸府詩幷序)」에서 '반좌곤계(伴佐昆季)'라고 썼다. 이는 대반씨와 좌백씨는 같은 선조를 가진 동붕(同朋)이라는 뜻이다.

3. 도신명(道臣命)

도신명에 대해서는 『고사기』 신무천황단에서 대반련 등의 조상 도신명이라고 적고 있다. 한편 『일본서기』 신무 즉위전기 무오년 6월 정사조에서는 대반련의 원조(遠祖) 일신명(日臣命)이라고 적고, 일신명이 충성되고 용맹하여 길을 잘 인도하였으므로 신무천황이 도신(道臣)으로 이름을 고치게 하였다고 적고 있다. 도신명의 원래 이름이 일신명이었으나, 신무천황에게 도신명이라는 이름을 사여받았음을 말하고 있다. 위 기사에 이어서 같은 해 9월 무진조에서는 신무천황이 고황산령존을 제사지내면서 도신명을 재주(齋主)로 삼았다고 적고 있다. 그리고 같은 해 10월 계사삭조에서는 신무천황의 명으로 도신명이 팔십효수(八十梟帥)의 잔당을 섬멸하였다고 적고 있다. 『일본서기』 신무 원년 춘정월 경신삭조에서는 대반씨의 원조 도신명이 대래목부를 이끌고 밀책을 받들어 풍자하는 노래로 요기를 소탕하였다고 적고, 신무천황 2년 2월 을사조에서는 천황이 논공행상을 해서 도신명에게 택지를 사여하여 축판읍(築坂邑)에 거주하게 하고 특별히 총애하였다고 적고 있다.

신무천황을 도운 도신명의 활약에 대해서는 『일본서기』 계체기에서도 언급하고 있다. 즉 계체 21년(527) 추8월 신묘삭조에서는 "옛날에 도신(道臣)부터 실옥(室屋)에 이르기까지 임금[帝]을 도와 토벌하였다"라고 적고 있으며, 동 24년 2월 정미삭조에서는 신무천황과 숭신천황 때부터 박식한 신하들이 명철하게 보좌한 덕을 보았으며, 도신명

(道臣命)이 의견을 말하여 신무천황이 융성하게 되었다고 계체천황이 말하였다고 적고 있다.

『고어습유』에서는 신무천황이 동정(東征)하던 해에 대반씨의 원조 일신명이 원융(元戎)을 이끌고 흉거(兇渠)를 제거하여 천황을 도운 공적은 비견할 데가 없다고 적고 있다. 일신명이 내목부를 인솔하여 궁문을 지키며 문의 개폐를 관할하였다고 적고 있다.

이상『고사기』,『일본서기』,『고어습유』에서는 도신명 또는 일신명이 대반련씨의 조상 또는 원조라고 적고 있다. 도신명이 좌백련씨의 조상이라고 적고 있는 것은『신찬성씨록』의 이 조문이 유일하다.

4. 실옥대련공(室屋大連公)

실옥대련공을 도신명의 7대손이라고 하는 주장은 이 조문에만 보인다. 대반씨 계보인 『고옥가가보(古屋家家譜)』와『반계도(伴系圖)』에서는 실옥대련공이 도신명의 8대손으로 나온다.

실옥대련공은 대반련실옥을 가리킨다. 대반련실옥은『일본서기』윤공 11년 3월 병오조에 처음 보인다. 여기에서 그는 윤공천황의 명으로 윤공천황의 비 의통랑희(衣通郎姬)를 위해 등원부(藤原部)를 설치하였다.『일본서기』에 따르면 대반련실옥은 그 후 웅략천황 대에 대련(大連)이 된 후, 청녕, 현종, 무열 대에 대련을 역임하였다.

대반련실옥을 좌백련씨의 조상이라고 주장하는 것은『신찬성씨록』의 이 조문이 처음이다. 그 후『일본삼대실록』에서는 대반련실옥의 아들 어물숙녜를 좌백련씨의 조상으로 주장하고 있다. 즉 정관(貞觀) 3년(861) 11월 11일 신사조에서는 서박사(書博士) 정6위상 좌백직풍웅(佐伯直豐雄) 등 11명이 좌백숙녜를 사성받았는데, 그와 관련한 내용을 서술하고 있다. 즉 좌백련풍웅이 정6위하였던 시기에 자신의 선조가 실옥대련공의 맏아들 어물숙녜(御物宿禰)의 후손이며 윤공천황 대에 찬기국조(讚岐國造)였던 왜호련공(倭胡連公)이라고 말한 것을 정3위 행 중납언 겸 민부경 황태후궁대부 반숙녜선남이 청화천황에게 상주한 결과 좌백숙녜를 사성받게 된 것이었다.

어물숙녜를 좌백련씨의 조상으로 놓은 계보는 대반씨의 계보인『고옥가가보』에도 보인다. 여기에서는 실옥대련공의 아들도 금촌대련공, 어물숙녜련공, 약고련공을 적고, 어물숙녜련공에 대해 '부좌백련성(負佐伯連姓)'이라고 하여 좌백련 성을 가지게 되었다고 적고 있다. 어물숙녜련이 좌백련씨의 조상임을 말하고 있는 것이다.

376 【원 문】

大伴連

道臣命十世孫佐弖彦之後也.

【번 역】

대반련(大伴連; 오토모노무라지)

도신명(道臣命)의 10세손 좌저언(佐弖彦; 사테히코)의 후손이다.

【주 석】

1. 대반련(大伴連)

대반련(大伴連)은 대반부의 반조씨족이었던 것과 관련이 있다. 대반련은 천무 13년(684)에 숙녜를 사성받아 대반숙녜가 되었다. 따라서 『신찬성씨록』의 이 조문에 보이는 대반련은 숙녜를 사성받지 못한 대반련씨다. 『속일본기』 이후의 육국사에는 대반련씨로서 활약하는 사람이 보이지 않는다. 823년에 대반친왕(大伴親王, 淳和天皇)이 즉위한 후 대반(大伴)을 씨명으로 하는 씨들에게 기휘(忌諱)하여 모두 반(伴)으로 씨명을 고치도록 한 후에는 『일본삼대실록』에 모두 3명의 반련씨(伴連氏)가 보인다. 반련정종(伴連貞宗)과 그의 아버지 반련익계(伴連益繼), 그리고 절부(節婦) 반련택자(伴連宅子)가 보인다. 청화천황 대인 정관 3년(861) 10월 28일 무진조에 반련정종은 종7위상이며 감해유사(勘解由使)의 주전(主典)으로서 살인 사건을 처리하기 위해 정6위상 치부성 소승(少丞) 안배조신흥씨(安倍朝臣興氏)와 함께 상야국(上野國)에 파견되었다. 그 후 정관 14년(872) 8월 13일 신해조에서는 청화천황이 기이국 나하군 출신의 정6위상 좌소사(左少史) 반련정종과 그의 아버지 정6위상 반련익계 등의 본거지를 우경으로 옮기도록 명하였다. 이후 반련정종은 양성천황(陽成天皇)과 광효천황(光孝天皇) 대에 걸쳐 담로국수(淡路國守), 우경량(右京亮), 백기수(伯耆守) 등을 역임하고 종5위하까지 승진한 모습을 보여주고 있다. 반련택자는 기이국(紀伊國) 명초군(名草郡) 사람이었는데, 정관 6년(864) 8월에 그녀를 절부로 인정하여 관위를 두 단계 승서하고 그 집의 전조(田租)를 면제하고 그 집의 문에 절부의 집이라는 표시를 하도록 하였다. 이상 사서에 보이는 반련씨는 모두 기이국의 사람이었다.

한편 목간에서도 대반련이 보이는데, 『등원궁목간(藤原宮木簡)』(2-73)에 대반련(大伴連)이 보이고, 『평성궁발굴조사출토목간개보』(4-16, 1967)에 대반련숙(大伴連宿)이 보인다.

고문서에서는 천평 20년(740) 4월 25일자「사서소해(寫書所解)」(『대일본고문서』 3-78)에 기이국(紀伊國) 나하군(那賀郡) 나하향(那賀鄕)의 대반련사만려(大伴連簑万呂)와 대반련백만려(大伴連伯万呂)가 보인다. 정력(正曆) 2년(991) 11월 28일자「태정관부안(太政官符案)」(『平安遺文』 2-493)에서 영연(永延) 2년(988) 10월 20일자「분하사해(粉河寺解)」를 소개하면서 여기에서「구기(舊記)」를 인용하여 대반련공공자고(大伴連公孔子古)가 공가(公家)를 받들기 위해 보귀 연간에 분하사(粉河寺)를 지었음을 밝히고 있다고 적고 있다. 분하사는 기이국 나하국의 불교 사원으로, 여기에 살던 대반련공공자고가 광인천황 대에 분하사를 조영하였음을 알 수 있다. 공자고의 후손에 관해서도 고문서에 보인다. 즉 만수 3년 12월 23일자「기이국분하사수조해(紀伊國粉河寺壽肇解)」(『平安遺文』 2-687)에서는 당시 분하사의 별당 수조(壽肇)가 조상 대반공자고(大伴孔子古)로부터 선주(船主), 대하(大河) 등 대대로 분하사의 별당 직책을 이어 왔음을 주장하고 있다. 고문서에 보이는 대반련씨는 모두 기이국 나하군의 사람이다. 앞의 『일본삼대실록』에 보이는 대반련씨인 반련정종과 그의 아버지 익계도 기이국 나하군의 사람이었다. 따라서 상기 고문서에 보이는 대반련씨 인물들은 『일본삼대실록』에 보이는 반련익계, 반련정종과 동족이었다고 볼 수 있다.

2. 도신명(道臣命)

앞의 좌경 신별「좌백숙녜」조(375) 도신명 참조.

3. 좌테언(佐크彦)

『일본서기』에서는 협수언(狹手彦; 사테히코)으로 표기하고 있다. 선화천황 2년(537) 10월 임진삭조에서 신라가 임나를 침략하자 선화천황이 대반금촌대련에게 명하여 그의 아들 반과 협수언을 파견하여 임나를 돕도록 하였는데, 반은 축자에 남아 국정을 담당하여 삼한에 대비하였고, 협수언은 임나에 가서 백제를 구하였다고 한다. 그 후 흠명천황 23년(562) 8월조에서 흠명천황이 대장군 대반련협수언을 파견하여 병사 수만을 거느리고 고구려를 치도록 하였는데, 협수언이 백제의 계책으로 고구려를 타파하였다고 적고 있다.

협수언에 대해서는 『비전국풍토기(肥前國風土記)』 송포군(松浦郡) 경도(鏡渡)조에서 선화천황 대에 대반협수언련이 임나를 진압하고 백제를 도우라는 명을 받들어 이 마을에 왔다가 소원촌(篠原村)의 제일희자(弟日姬子)와 결혼하였다는 전설을 전하고 있다. 같은 책 송포군 습진(褶振)조에서는 협수언이 배를 타고 임나로 간 후 제일희자에 관한 후일담을 전하고 있다. 『만엽집』에 수록된 산상억량(山上憶良)의 노래(『만엽집』 권5 871~875번가)의 단서(端書)에서는 대반좌제비고랑자(大伴佐提比古郎子; 오토모노사데히코노이라츠코)라고 표기하였다. 여기에서는 그가 번국(藩國)에 사신으로 갈 때에 송포(松浦; 마츠라)의 좌용비매(佐用比賣; 사요히메)가 높은 산에 올라 떠나가는 배를 향해 영건(領巾)을 흔들었다는 영건휘령(領巾麾嶺) 전설을 적고 있다.

『일본삼대실록』 정관 3년(861) 8월 19일 경신조에서는 좌경인 산위 외종5위하 반대전숙녜상웅(伴大田宿禰常雄)에게 반숙녜를 사성하였다고 적고, 이와 관련하여 상웅이 제출한 관(款)에서 반대전숙녜는 금촌대련공의 제3남 협수언의 후손이라고 주장하였음을 밝히고 있다. 대반씨의 계보인 『고옥가가보』에서는 금촌대련공의 아들로 반련공(磐連公), 협수언련공(狹手彦連公), 강수고련공(糠手古連公), 아피포자련공(阿被布子連公), 우지고련공(宇遲古連公)을 적고 협수언련공에 대해서 대반련(大伴連), 대전부련(大田部連), 하본련(榎本連) 등의 조상이라고 적고 있다.

377 【원문】
榎本連
　　同上.

【번 역】
가본련(榎本連; 에노모토노무라지)
　　위와 같다.

【주 석】
1. 가본련(榎本連)
가본(榎本; 에노모토)은 박본(朴本; 에노모토)으로도 표기한다. 이 씨명은 지명과 관련이 있다. 『화명유취초』에는 산성국(山城國) 을훈군(乙訓郡) 가본향(榎本鄕)이 있다. 율전관(栗田寬)은 가본련이 이곳과 관련이 있을 것으로 보았다. 그러나 좌백유청(佐伯有淸)은 『일본서기』에 보이는 대반박본련(大伴朴本連; 오토모노에노모토)씨에 주목하였다. 즉 『일본서기』 천무천황 원년 6월 갑신조에서는 대반박본련대국(大伴朴本連大國; 오모노에노모토노오쿠니)이 감라촌(甘羅村; 가무라노무라)의 엽사 20여 인의 우두머리였다고 적고 있는데, 따라서 박본은 감라촌 부근을 본거지로 하던 사람으로 추측하였다. 감라촌은 현재 나량현 우타군(宇陀郡) 대우타정(大宇陀町) 신락강(神樂岡) 부근으로 추측되고 있다(『일본서기』 하, 암파서점, p. 388). 좌백유청은 가본씨의 가본은 대화국(大和國)에 있었을 것으로 추정하여 뒤에 대화국 갈상군(葛上郡) 가본장(榎本莊)이라는 지명이 존재하는 곳을 가본씨의 본거지로 추정하였다. 이곳은 현재 나량현(奈良縣) 어소시(御所市) 백원(柏原) 소자(小字) 가본(榎ノ本)이다.

가본련씨로서 최초로 육국사에 이름이 보이는 사람이 앞에서 언급한 대반박본련대국이다. 대국은 임신의 난 때에 엽사들을 거느리고 대해인황자(천무천황) 측에서 활약하였다. 이후 가본련씨 일족으로는 『속일본기』 천평신호(天平神護) 원년(765) 동10월 계묘조에 보이는 명초군(名草郡)의 의소령(擬少領) 가본련천도(榎本連千島)가 나오는데, 그는 기이국 명초군의 호족 세력으로 추정된다. 『일본문덕천황실록』 가상 3년(850) 9월 임오조에도 그 후 『일본문덕천황실록』 가상 3년(850) 9월 임오조에 섭진국에 가서 팔십도(八十島)를 제사지낸 사람 중에 궁중 무녀(御巫)로 무위였던 가본련정자(榎本連淨子)가 보인다.

그 후 『일본삼대실록』 정관(貞觀) 14년(872) 12월 26일 임술조에 절부(節婦) 안예국(安藝國) 좌백군(佐伯郡)의 하본련복좌매(榎本連福佐賣)에게 관위 두 단계를 올려 주고 집안의 조를 면제하고 문려에 표시하였다고 적고 있다. 정관 18년(876) 11월 25일 무술조에서는 가본련직자(榎本連直子)가 외종5위로 상병(尙兵)으로 임명되었다고 적고 있다. 상병은 천황이 거주하는 내리(內裏)에서 근무하는 여관 중에서 호위 등을 담당하는 직책이었다.

2. 동상(同上)

『신찬성씨록』 완본에서는 '도신명십세손좌저언지후야(道臣命十世孫佐呂彦之後也)'라고 적었을 것이다. 대반씨 계보인 『고옥가가보』에서는 금촌대련공의 아들로 반련공(磐連公),

협수언련공(狹手彦連公), 강수고련공(糠手古連公), 아피포자련공(阿被布子連公), 우지고련공(宇遲古連公)을 적고 협수언련공에 대해서 대반련(大伴連), 대전부련(大田部連), 가본련(榎本連) 등의 조상이라고 적고 있다.

378 【원문】

神松造
　　道臣八世孫金村大連公之後也.

【번역】

신송조(神松造; 가미마츠노미야츠코)
　도신(道臣; 미치노오미)의 8세손 금촌대련공(金村大連公)의 후손이다.

【주석】

1. 신송조(神松造)

신송조는 이 밖에는 보이지 않는다. 『습개초(拾芥抄)』에 신사조(神私造)가 보인다. 대반씨 계보인 『고옥가가보』에는 금촌대련공의 아들 우지고련공(宇遲古連公)의 후손으로 우치대반련(宇治大伴連), 신사련(神私連), 대반력진련(大伴櫟津連)이 보인다. 좌백유청(佐伯有清)은 신송조(神松造)가 신사련(神私連)을 오사(誤寫)한 것으로 보고, 신사(神私; 가미노키사이치)씨는 신(神; 가미)씨 중에서 사부(私部)의 반조가 된 씨일 것으로 추측하였다. 그러나 신사련씨는 앞의 『고옥가가보』 이외에 보이지 않는다.

다만 『고옥가가보』에서 우지고련공(宇遲古連公)의 후손 씨족인 우치대반련씨(宇治大伴連氏)와 대반력진련씨(大伴櫟津連氏)의 본거지를 확인할 수 있으므로 신사련씨(神私連氏)의 본거지도 추정 가능하다. 대반력진련씨는 『속일본기』 신귀(神龜) 원년(724) 10월 임인조에 명초군(名草郡)의 소령(少領) 정8위하 대반력진련자인(大伴櫟津連子人)이 보여 기이국 명초군의 유력 호족이었음을 알 수 있다. 또한 우치대반련(宇治大伴連)씨는 기이국 명초군 우치(宇治)를 본거로 하던 씨족이었다. 따라서 이들 씨족과 함께 우지고련공(宇遲古連公)의 후손으로 등장하는 신사련씨도 기이국 명초군에 근거지를 가지고 있던 씨족이었을 것이다.

2. 도신(道臣)

『신찬성씨록』 완본에는 도신명(道臣命)으로 기재되었을 것이다.

3. 금촌대련공(金村大連公)

『일본서기』에서는 금촌대련공(金村大連公), 대반금촌련(大伴金村連)이라고 표기하였다. 무열천황 즉위전기에서 인현천황이 죽은 후 태자(무열천황)의 명으로 대신(大臣) 평군진조(平群眞鳥)와 유(鮪) 부자를 치고 무열천황을 즉위시켰다 그 공으로 자신은 대련이 되었다. 그 후 무열이 후사 없이 죽자 월전국에 있던 응신천황의 현손 언주인왕의 아들 계체천황을 영입하여 즉위시켰다.

이후 안한, 선화, 흠명 대에도 대련이었으나, 흠명 초에 백제에서 뇌물을 받았다는 비난을 받고 실각하였다.

*『습개초(拾芥抄; 슈가이쇼)』

원래 서명은 '습개약요초(拾芥略要抄)'로 백과사전이다. 겸창(鎌倉; 가마쿠라) 시대에 원형이 성립한 후 남북조시대에 등원공현(洞院公賢)이 이를 증보하였다. 세시(歲時), 문학(文學), 관위(官位), 국군(國郡), 명소(名所) 등 99개 부문으로 나누어 저술한 백과편람이다. 『연희식』 이후 공가(公家)의 제도와 신앙, 습속 등을 이해하는 데 필요한 기본 사료이다.

379 【원문】

日奉連
　高魂命之後也.

【번 역】

일봉련(日奉連; 히마츠리노무라지)
　고혼명(高魂命; 다카미무스비노미코토)의 후손이다.

【주 석】

1. 일봉련(日奉連)

일봉(日奉)은 일사(日祀)로도 표기된다. 일봉이라는 씨명은 왜 조정에서 거행된 농경 의례에서 태양신을 제사하는 일을 담당한 일봉부(日奉部)의 반조씨족이었던 것과 관련이 있을 것이다. 그러나 일봉련에 대해서는 육국사에서 언급이 없다. 고문서에서 일봉련금도자(日奉連金刀自), 일봉련화도자(日奉連火稻子), 일봉련도자자(日奉連刀自子), 일봉련대득(日奉連大得)이 보일 뿐이다.

일봉련이 관할하였을 것으로 여겨지는 일봉부에 대해서는 『일본서기』 민달 6년(577) 2월 갑진삭조에서 일사부(日祀部)와 사부(私部)를 설치하도록 하였다고 적고 있다.

2. 고혼명(高魂命)

고황산령존(高皇産靈尊)을 가리킨다. 대반씨 계보인 『고옥가가보』에서는 고황산령존의 18세손인 담련공(談連公)이 일봉련(日奉連)의 조상이라고 적고 있다.

---

380 【원 문】

縣犬養宿禰
神魂命八世孫阿居太都命之後也.

【번 역】

현견양숙녜(縣犬養宿禰; 아가타노이누카히노스쿠네)

신혼명(神魂命; 가미무스비노미코토)의 8세손 아거태도명(阿居太都命; 아케타츠노미코토)의 후손이다.

【주 석】

1. 현견양숙녜(縣犬養宿禰)

현견양숙녜의 옛 씨성은 현견양련(縣犬養連)으로 『일본서기』에 의하면 천무천황 13년 (684) 12월에 숙녜를 사성받았다. 현견양련이라는 씨명은 견양부를 인솔하여 현(縣)을 지키는 반조씨족이었던 것에 유래하였다. 견양부(犬養部)는 모두 네 종류의 견양부가 있었는데, 왜국 조정의 직할지인 현(縣)에 배치된 견양부를 지휘한 것이 현견양씨였을 것으로 추측된다.

현견양련씨에 대해서는 『일본서기』 안한 2년 9월 갑진삭 병오조에 처음 보인다. 여기에서는 안한천황이 앵정전부련, 현견양련, 난파길사 등에게 명하여 둔창(屯倉)의 세를 관장하도록 하였다고 한다. 현견양련씨로 활약담이 보이는 사람은 『일본서기』 천무천황기에 비로소 등장한다. 즉 672년 임신의 난이 일어났을 때 대해인황자에게 안장을 얹은 말을 제공한 현견양련대반(縣犬養連大伴)은 그 후 684년 12월에 숙녜를 사성받아 현견양숙녜씨가 되었고, 685년 9월에 현견양련대려(縣犬養連大侶)라는 이름으로 천무천황에게 옷과 바지를 하사받았다. 그는 686년 9월에는 직대삼(直大參, 율령제의 정5위 상)으로서 천무천황의 빈궁(殯宮) 의식에서 궁내의 일에 대해 조사하였다. 임신의 난 때 공신으로서 지통천황 때에 식봉으로 봉호 100호를 사여받았다. 문무천황 대인 701년 1월에 관위 직광일(直廣壹)로 죽자 문무천황은 그에게 정광삼(正廣參, 율령제의 정3위)를 추증하였다. 그해 7월 대보령의 공봉조에 따라 임신의 난의 공신 15명에 대해 식봉으로 받은 봉호의 4분의 1을 아들에게 상속하도록 하였는데 그중에 대려의 이름이 보인다. 한편 『일본서기』 천무기에서는 현견양련수강(縣犬養連手繦)이 684년 10월에 탐라에 대사로 파견되었다고 적고 있다. 수강은 대려의 동족이었을 것이다. 이후 육국사에서 활약하는 현견양숙녜씨를 살펴보면 『속일본기』에는 모두 28명의 현견양숙녜씨 출신의 관인이 보인다. 『일본후기』에는 2명, 『속일본후기』에는 3명, 『일본삼대실록』에 1명이 보인다.

현견양숙녜 출신의 관인 중에서 가장 고위에 오른 사람은 현견양숙녜삼천대(縣犬養宿禰三千代)로, 정2위 우대신(贈 정1위 태정대신) 등원조신불비등(藤原朝臣不比等)의 후처이며 성무천황의 황후 광명자의 친모이다. 원명천황의 측근 여관으로 활약하여 708년에 귤숙녜(橘宿禰)를 사성받아, 귤숙녜씨의 시조가 되었다. 그녀는 720년 불비등이 죽고 원명천황이 위독해지자 출가하였다. 생전에 정3위까지 승진하였으나, 사후에 정1위 대부인의 칭호를 추증받았다. 현견양숙녜씨 중에서 현견양대숙녜(縣犬養大宿禰)를 사성받은 사람도 있다. 천평보자 8년(764) 9월 정사조에 의하면 효겸상황의 내사인(內舍人)으로 정7위하였던 현견양숙녜내마려(縣犬養宿禰內麻呂) 등 15명에게 현견양대숙녜라는 씨성을 사여하였다고 한다. 이때 사성받은 사람 중에 현견양숙녜자녀(縣犬養宿禰姉女)

도 있었다. 그런데 내마려와 자녀는 칭덕천황 대인 769년 무고(巫蠱) 사건에 연좌되어 씨성을 견부(犬部; 이누베)로 고치고 유배 가게 되었다가 광인천황 대인 771년에 현견양숙녜라는 씨성을 다시 가지게 되었다. 현견양대숙녜씨 출신으로는 『속일본후기』와 『일본문덕천황실록』, 『일본삼대실록』에 보이며 정관 5년(863) 2월 10일에 종5위하로 준하수였던 현견양대숙녜정수(縣犬養大宿禰貞守)가 보인다.

현견양숙녜씨는 고문서에도 보인다. 천평 10년(738) 「단마국정세장(但馬國正稅帳)」(『대일본고문서』 2-61)에 현견양숙녜흑마려(縣犬養宿禰黑麻呂), 천평 14년(742) 11월 15일자 「우파새공진해(優婆塞貢進解)」(『대일본고문서』 8-138)에 현견양숙녜대강(縣犬養宿禰大岡)과 현견양숙녜인인(縣犬養宿禰忍人), 천평 17년(745) 4월 21일자 「우마료이(牛馬寮移)」(『대일본고문서』 2-424)에 현견양숙녜시족(縣犬養宿禰時足)이 보인다.

2. 신혼명(神魂命)

『고사기』에서는 신산소일신(神産巢日神), 신산소일지명(神産巢日之命), 신산소일어조명(神産巢日御祖命)이라고 적고 있으며, 『일본서기』의 「일서(一書)」에서는 신황산령존(神皇産靈尊)이라고 적고 있다. 『출운국풍토기』에서는 신혼명(神魂命), 『고어습유』에서는 신산령신(神産靈神)이라고 적고 있다.

『고사기』와 『일본서기』의 「일서」에서 천지개벽하였을 때 천지어중주신(天之御中主神) 고어산소일신(高御産巢日神) 다음에 고천원(高天原)에 출현한 신으로 조화(造化)의 삼신 중 하나이다.

3. 아거태도명(阿居太都命)

이 신의 이름은 더 이상 보이지 않는다.

---

381 【원문】

大椋置始連
　　縣犬養同祖.

【번 역】

대량치시련(大椋置始連; 오쿠라노오키소메노무라지)
　현견양(縣犬養; 아가타노이누카히)과 같은 조상이다.

【주 석】

1. 대량치시련(大椋置始連)

대량(大椋)은 대장성(大藏省)을 가리킨다. 치시(置始; 오키소메)는 치염(置染; 오키소메)으로도 표기되므로, 염색 관련 일을 가리킨다. 대장성이 관할하는 업무 가운데 염색 관련 일을 하는 염호(染戶)를 관장하던 씨족이 대량치시련이었을 것이다. 그러나 육국사나 고문서에서는 치시련이라 표기된 씨족만 보인다. 치시련씨가 처음 등장하는 것은 『일본서기』 백치 5년(654) 2월조다. 여기에서는 견당사로 파견된 소을상 치시련대백(置始連大伯)이 보인다. 대백은 다구(多久; 오호쿠)로도 표기되는데, 지통천황 7년(693) 하4월 신사조에 다시 보인다. 여기에서 그는 조정 창고의 열쇠를 관할하던 전약(典鑰)으로서 장물죄를 저질렀으나, 임신의 난 때의 공신이므로 사면받았다. 대백 이외에도 임신의 난 때에 치시련토(置始連菟)가 대해인황자[天武天皇] 측에서 활약하였다. 『속일본기』에서는 모두 5명의 치시련씨가 활약하고 있다. 육국사에 보이는 최후의 치시련씨는 치시련승계(置始連繩繼)로, 그는 『일본삼대실록』에서 원경(元慶) 5년(881) 하4월 28일조에 주계료(主計寮)의 사생(主計史生) 종8위상 치시련승계(置始連繩繼)가 은기국(隱岐國)의 사생(史生)으로 임명되었다고 적고 있다.

고문서에서는 천평 8년(736) 「이예국정세장(伊豫國正稅帳)」(『대일본고문서』 2-5)에 치시련도독(置始連稻足)이 보이고, 천평승보 4년 6월 17일자 「치시련오백족매물해(置始連五百足買物解)」(『대일본고문서』 25-48)에 치시련오백족(置始連五百足)이 보인다.

『신찬성씨록』 우경 신별조에는 장곡치시련(長谷置始連)씨가 보이는데, 이 씨족은 신요속일명(神饒速日命)의 7세손 대신하명(大新河命)의 후손이라고 하였다. 장곡치시련씨는 대화국(大和國) 성상군(城上郡) 장곡향(長谷鄕)을 근거지로 하던 치시련(置始連)씨였을 것이다(우경 신별 「장곡치시련」조 참조). 신요속일명은 석상조신씨의 조상이므로 장곡치시련은 치시련씨 중에서 석상조신씨와 긴밀한 관계에 있었던 씨족임을 짐작할 수 있다. 현견양숙녜씨와 같은 조상을 주장하는 치시련씨는 장곡치시련씨와 자신들을 구별하고, 자신들이 치시련씨의 정통임을 주장하기 위해 치시련씨가 담당하던 업무를 관할하던 대량(大椋)을 씨족명 앞에 붙였을 것이다.

2. 현견양동조(縣犬養同祖)

『신찬성씨록』의 완본에서는 현견양숙녜(縣犬養宿禰)와 동조라고 적고, "신혼명(神魂命)의 후손이다"라고 적었을 것이다.

382 【원 문】

雄儀連
　　角凝命十五世孫乎伏連之左京後也.

【번 역】

웅의련(雄儀連; 오기노무라지)

　　각응명(角凝命; 쓰누코리노미코토)의 15세손 호복련(乎伏連; 오후세노무라지)의 후손이다.

【주 석】

1. 웅의련(雄儀連)

웅의(雄儀; 오기)라는 씨명은 지명과 관련이 있을 듯하나, 확실한 것은 알 수 없다. 웅의련씨가 처음 보이는 것은 『속일본기』 천평신호 원년(765) 하4월 계유조로 여기에서 "좌경인 종7위하 수인조석승(手人造石勝)이 웅의련을 사성받았다"라고 적고 있다. 그러나 이 외에 웅의련씨는 보이지 않고, 수인조씨도 보이지 않는다.

2. 각응명(角凝命)

각응명은 『신찬성씨록』 우경 신별(상) 「조취련(鳥取連)」조(434)와 산성국 신별 「세부(稅部)」조(511)에서는 각응혼명(角凝魂命; 쓰누코리타마노미코토)이라고 표기하고 있다. 『고사기』 신세(神世) 제7대단에 보이는 각익신(角杙神; 쓰노쿠히노카미), 『일본서기』 신대(神代) 제3단의 「일서」와 『선대구사본기』 「신대계기(神代系紀)」에 보이는 각직존(角樴尊; 쓰노쿠히노미코토)과 같은 신이다.

383 【원 문】

竹田連
　神魂命十三世孫八束脛命之後也.

【번 역】

죽전련(竹田連; 다케타노무라지)
　신혼명(神魂命; 가미무스비노미코토)의 13세손 팔속경명(八束脛命; 야츠카하기노미코토)의 후손이다.

【주 석】

1. 죽전련(竹田連)

죽전련이라는 씨명은 죽전(竹田; 다케타)이라는 지명과 관련이 있었을 것이다. 죽전은 『일본서기』 신무천황 즉위전기 기미년 2월 신해조에 보이는 맹전(猛田; 다케타), 신무천황 2년 2월 기미조에 보이는 맹전읍(猛田邑)과 같은 곳일 것이다. 『동대사속요록(東大寺續要錄)』에 실린 강보(康保) 4년(967)의 「존승원소령문(尊勝院所領文)」에 「우타군죽전장(宇陁郡竹田莊)」이 보이는데, 이곳은 대화국 우타군(宇陀郡) 맹전(猛田)이다. 죽전련은 대화국 우타군 맹전을 근거지로 하던 씨족이었을 것이다.

그러나 죽전련씨는 다른 사료에는 보이지 않는다.

2. 신혼명(神魂命)

『고사기』와 『일본서기』의 「일서」에서 천지개벽하였을 때 천지어중주신(天之御中主神), 고어산소일신(高御産巢日神) 다음에 고천원(高天原)에 출현한 신으로 조화(造化)의 삼신 중 하나이다. 앞의 좌경 신별 「현견양숙녜」조의 신혼명 참조.

3. 팔속경명(八束脛命)

팔속경명은 여기에만 보인다. 그러나 팔국경(八掬脛; 야츠카하기)은 『일본서기』와 『월후국풍토기(越後國風土記)』에 보인다. 『일본서기』에서는 백치 4년(653) 5월 임술조에서 당의 파견한 대사 대산하(大山下) 고전수근마려(高田首根麻呂)의 다른 이름이 팔국경(八

掬脛; 야츠카하기)이었다고 적고 있다. '팔국(八掬) 정강이'라는 의미로 근마려의 키가 커서 붙인 이름일 가능성이 있다. 그런데 고전수씨는 『신찬성씨록』 우경 제번 「고려」조에 보인다. 여기에서는 고전수씨가 '고려국인(高麗國人) 다고자사주(多高子使主)'에게서 나왔다고 적고 있다. 즉 고전수씨는 고구려계 씨족이었으므로, 팔속경명의 후손이라고 하는 즉전련씨와는 다른 씨족이다.

『월후국풍토기』 일문(逸文)에서는 미마기천황(美麻紀天皇), 즉 숭신천황 대에 월국(越國)에 팔국경(八掬脛; 야츠카하기)이라는 사람이 있었는데, 그의 정강이[脛] 길이가 팔국(八掬)이며 힘이 셌다고 적고 있다. 마찬가지로 팔국경이라는 이름이 키가 큰 사람에게 붙인 것임을 짐작할 수 있다. 이 숭신천황 대의 팔국경 이야기는 전설적인 이야기이지만, 죽전련씨가 자신들의 조상 이름을 팔속경명이라고 주장한 것은 이 『월후국풍토기』에 보이는 팔국경을 참고한 것일 가능성이 있다.

384 【원문】

掃守連
　　振魂命四世孫天忍人命之後也.

【번역】

소수련(掃守連; 가니모리노무라지)
　　진혼명(振魂命; 후루무스비노미코토)의 4세손 천인인명(天忍人命; 아메오시히토노미코토)의 후손이다.

【주석】

1. 소수련(掃守連)

소수련은 소부련(掃部連; 가니모리노무라지)으로도 표기된다. 소수련이라는 씨명의 유래에 대해서는 화천국 신별 「소수수(掃守首; 가니모리노오비토)」조에서 "웅략천황 대에 청소 일을 감독하여 소수련을 사성받았다"라고 적고 있듯이, 청소 관련 업무를 관장한 반조씨족이었던 것과 관련이 있다.

소수련씨 중에서 육국사에 이름이 보이는 최초의 사람은 『일본서기』 대화 5년(649) 5월 계묘삭조에 사신으로 신라에 파견된 대산상 소부련각마려(掃部連角麻呂)이다. 『일본서기』 백치 4년(653) 5월 임술조에서는 소을상 소수련소마려(掃守連小麻呂)가 부사(副使)로 당에 파견되었다. 이후 소수련씨는 『일본서기』 천무천황 13년(684) 12월 기묘조에서 숙녜를 사성받았다. 숙녜를 사성받은 후 『속일본기』 대보 원년(701) 춘정월 23일조에는 아하류(阿賀流), 천평보자(天平寶字) 8년(764) 동10월 7일조와 동10월 28일조에는 광족(廣足)이 보인다. 『일본후기』 대동(大同) 원년(806) 춘정월 28일조에는 제족(弟足)이 보이며, 『속일본후기』 승화 3년(836) 5월 10일조에는 명(明)이 보인다.

소수숙녜를 사성받지 못한 소수련씨는 『속일본기』 신귀(神龜) 2년(725) 동10월 21일조에 소수련족광산(掃守連族廣山)이 보인다. 이후 『속일본후기』 승화(承和) 2년(835) 2월 13일조에 소수련풍상(掃守連豐上)과 소수련풍영(掃守連豐永)이 보이는데 이들은 선세숙녜(善世宿禰)를 사성받았다.

고문서에 이름이 보이는 소수련씨로는 천평 17년(745) 4월 17일자 「내소부사해(內掃部司解)」(『대일본고문서』 2-408)에 정7위상 행영사(行令史) 소수련(掃守連)이 보이는데, 이로써 내소부(內掃部)의 영사였던 소수련씨가 있었음을 알 수 있다. 또한 천평승보 2년(750) 8월 「경사상일장(經師上日帳)」(『대일본고문서』 3-456)에 미선사인(未選舍人) 소수련광야(掃守連廣野)가 보인다.

소수련씨는 『신찬성씨록』 하내국 신별에도 보이는데, 이 소수련씨도 진혼명의 4세손 천인인명의 후손이라고 주장하였다. 좌경 신별의 소수련씨와 동족임을 알 수 있다.

2. 진혼명(振魂命)

진혼명은 『선대구사본기』 신대계기(神代系紀)에 진혼존(振魂尊)으로 표기되고 있는데, 진혼존의 아들 전옥명(前玉命)이 소수련(掃守連) 등의 조상이라고 적고 있다.

『신찬성씨록』 하내국 신별에 소수숙녜(掃守宿禰; 가니모리노스쿠네)가 진혼명의 후손이라고 주장하고 있다.

3. 천인인명(天忍人命)

천인인명은 『고어습유』에서 소수련의 먼 조상으로 등장한다. 즉 "천조(天祖) 언화언(彦火尊; 히코히노미코토)이 해신의 딸 풍옥희명(豐玉姬命)과 결혼하여 언렴존(彦瀲尊)을 낳앉는데, 낳아 기를 때에 해변에 집을 지었다. 이때 소수련의 먼 조상 천인인명이 곁에서 받들어 모시며 빗자루를 만들어 게를 청소하고 포설(鋪設)을 관장하게 되어 이를 직책으로 삼게 되어 해수(蟹守; 가니모리)라는 호칭을 얻게 되었다"라고 적고 있다.

『신찬성씨록』 대화국 신별의 소수(掃守), 하내국 신별의 소수련(掃守連)과 소수조(掃守造), 화천국 신별의 소수수(掃守首)가 진혼명의 4세손 천인인명의 후손이라고 주장하고 있다.

385 【원문】

小山連
　　高御魂命子櫛玉命之後也.

【번역】

소산련(小山連; 오야마노무라지)
　　고어혼명(高御魂命; 다카미무스비노미코토)의 아들 즐옥명(櫛玉命; 구시타마노미코토)의 후손이다.

【주석】

1. 소산련(小山連)

소산련은 하내국 소산(小山)을 근거지로 하던 씨족일 것으로 추측된다. 소산이라는 지명은 승화 11년(844) 11월 12일자 「하내국용천사자재장사(河內國龍泉寺資財帳寫)」(『평안유문』 고문서편 新續補遺, 32쪽)에 「소산전사단륙습보(小山畠肆段陸拾步)」라고 적혀 있어 하내국의 지명이었을 것이다.

소산련씨에 관해서는 더 이상 보이지 않는다.

2. 고어혼명(高御魂命)

고어혼명은 고황산령존(高皇産靈尊; 다카미무스비노미코토), 고어산소일신(高御産巢日神)을 말한다. 『고사기』에서는 천지가 처음 출현하였을 때 천지어중주신(天之御中主神), 다음에 신산소일신(神産巢日神; 가무무수히노카미)과 함께 고어산소일신(高御産巢日神)이 생겼다고 적고 있다. 그러나 『일본서기』에서는 천지개벽 관련 기사의 본문에 보이지 않고 「일서(一書)」에만 등장하고 있다. 『고사기』와 『일본서기』 「일서」의 천손 강림 신화에서 천손에게 지상에 내려가도록 명하는 사령신(司令神)으로서 중요한 역할을 하고 있다. 좌경 신별(중) 「대반숙녜」조(374) 고황산령존 참조.

3. 즐옥명지후(櫛玉命之後)

즐옥명은 『일본서기』 신대(神代) 하(下) 제9단의 「일서(一書)」에 보이는 즐명옥신(櫛明玉神; 구시아카루타마노카미)과 같은 신이다. 『일본서기』에서는 고황산령존이 즐명옥신을 옥을 만드는 사람으로 삼았다고 적고 있다. 즐옥명을 고어혼명의 아들로 놓는 계보는 『화주오군신사신명장주해(和州五郡神社神名帳注解)』(권4, 補闕, 玉造神社)에서 "우명옥명(羽明玉命)은 즐명옥명(櫛明玉命)으로도 불리는데, 고황산령명(高皇産靈命)의 아들이다"라고 적고 있다.

386 【원문】
畝尾連
　天辭代命子國辭代命之後也. 日奉連高魂命之後也.

【번역】

무미련(畝尾連; 우네오노무라지)
　천사대명(天辭代命; 아메노코토시로노미코토)의 아들 국사대명(國辭代命; 구니노코토시로노미코토)의 후손이다.

【주석】

1. 무미련(畝尾連)

무미라는 씨명은 무미라는 지명과 관련이 있다. 무미는 『고사기』 신대 화신피살(火神被殺)단에 "향산(香山)의 무미(畝尾; 우네오)의 목본(木本; 고노모토)"이 보인다. 『일본서기』

에서는 신대(상) 제5단 제1서 제6에 "무구(畝丘; 우네오)의 수하(樹下; 고노모토)"로 적고 있다. 무미(畝尾; 우네오), 무구(畝丘; 우네오무미)는 대화국의 지명으로, 현재 나량현(奈良縣) 강원시(橿原市) 목지본정(木之本町)이다. 무미련씨는 육국사에는 보이지 않고, 평성궁에서 출토한 목간에 무미련흑마(畝尾連黑麿)라는 이름이 보일 뿐이다(『평성궁발굴조사출토목간개보』 5-7).

『신찬성씨록』 화천국 신별에 무미련(畝尾連)이 보이는데, 대중신조신(大中臣朝臣)과 조상이 같으며, 천아옥명(天兒屋命)의 후손이라고 주장하였다. 좌경 신별의 무미련과는 다른 계통의 무미련씨가 있었음을 알 수 있다.

2. 천사대명(天辭代命)

천사대명(天辭代命; 아메노코토시로노미코토)은 사대주신(事代主神; 고토시로누시노카미)과 같다. 『고사기』에서 대국주신(大國主神; 오쿠니누시노카미) 신옥순비매명(神屋楯比賣命; 가무야타테히매노미코토)과 결혼하여 낳은 자식이 사대주신이라고 적고 있다.

사대(辭代; 고토시로), 사대(事代; 고토시로)는 신들리어 신에게 고하는 것을 말한다.

우경 신별의 이여부(伊與部)는 고미모수비명(高媚牟須比命; 다카미무스비노미코토)의 3세손 천사대주명(天辭代主命)의 후손이라고 적고 있다. 고미모수비명은 고황산령존(高皇産靈尊; 다카미무스비노미코토)을 말한다.

3. 국사대명(國辭代命)

여기에만 보인다.

---

387 【원문】
久米直
高御魂命八世孫味耳命之後也.

【번역】
구미직(久米直; 구메노아타히)
고어혼명(高御魂命; 다카미무스비노미코토)의 8세손 미이명(味耳命; 우마시미미노미코토)의 후손이다.

【주 석】

1. 구미직(久米直)

구미(久米; 구메)라는 씨명은 구미부(久米部)의 반조씨족이었던 것과 관련이 있다.

구미직씨는 육국사에서는 『속일본기』 양로(養老) 3년(719) 11월 무인조의 구미직광도(久米直廣道)가 유일하다. 여기에서 잡호(雜戶) 소초위(少初位) 인해수인광도(忍海手人廣道)는 구미직을 사성받고 잡호에서 벗어난다. 『유취국사』 권99 서위(敍位), 천장(天長) 4년(827) 정월 갑신조에서 구미직전마(久米直田麿)가 외정6위상에서 외종5위하로 승서되었는데, 율전관(栗田寬)과 좌백유청(佐伯有淸)은 그가 이예국(伊豫國) 구미군(久米郡) 사람이었다고 보았다. 천평 20년 8월 「경사등상일장(經師等上日帳)」(『대일본고문서』 10-357)에 구미직가족(久米直家足)이 보인다. 천평 20년(748) 4월 25일자 「사서소해(寫書所解)」(『대일본고문서』 3-80)에 이예국 구미군 천산향(天山鄕) 호주 구미직웅응(久米直熊鷹)이 보이며, 연희 8년(908) 「주방국 구가군 구가향(周防國玖珂郡玖珂鄕) 호적」(『평안유문』 1-289, 304)에 구가향(玖珂鄕)의 구미직아고인환(久米直阿古人丸)과 구미직안환(久米直安丸), 구미직도남(久米直道男)이 보인다.

2. 고어혼명(高御魂命)

고황산령존(高皇産靈尊; 다카미무스비노미코토)과 같다. 좌경 신별(중)「대반숙녜」조(374) 고황산령존 참조.

3. 미이명(味耳命)

미이명은 『화주오군신사신명장대략주해(和州五郡神社神名帳大略注解)』 권4 보궐(補闕)에서 사가(社家)인 구미직(久米直)의 이야기에 미이명이 보인다. 여기에서는 신무천황이 대래목무부(大來目武部)를 무방산(畝傍山) 서쪽 천변에 살게 하고 그 땅을 내목향(來目鄕)이라고 이름 붙였다고 한다. 그 후 수정천황(綏靖天皇) 대에 대래목무부의 아들 미이명을 내목현주(來目縣主)로 삼았는데, 미이명은 내목에 폐창(幣倉)을 만들어 선어조언신(先御祖彥神)을 제사지내고 아버지 무부가 차고 있던 두추검(頭椎劍)을 이곳에 신으로 모셨다고 적고 있다. 아울러 이에 관련된 이야기가 『일본서기』, 『신찬성씨록』, 「본계장」 등에 자세히 실려 있다고 적고 있지만, 『일본서기』에는 신무천황 대에 대래목(大來目)을 무방산 서쪽 천변에 살게 하였고 이후 그 땅을 내목읍(來目邑)이라고 부르게 된다는 이야기만 보인다. 『화주오군신사신명장대략주해』에 실린 미이명과 관련된 내용은 『신찬성씨록』의 완본이나 구미직씨의 「본계장」에 있었을 것이다.

388 【원문】

浮穴直
移受牟受比命五世孫弟意孫連之後也.

【번역】

부혈직(浮穴直; 우키아나노아타히)

이수모수비명(移受牟受比命; 야수무스비노미코토)의 5세손 제의손련(弟意孫連; 오토오비노무라지)의 후손이다.

【주석】

1. 부혈직(浮穴直)

부혈직(浮穴直; 우키아나노아타히)이라는 씨명은 율령제 시대의 이예국(伊豫國) 부혈군(浮穴郡)과 관련이 있을 것이다. 이곳은 현재 애원현(愛媛縣) 상부혈군(上浮穴郡)이다. 부혈직씨로서 육국사에 이름이 보이는 사람은 3명이다. 『속일본후기』 승화(承和) 원년(834) 5월 병자에 이예국의 정6위상 부혈직천계(浮穴直千繼)와 대초위하 부혈직진덕(浮穴直眞德)이 춘강숙녜(春江宿禰)를 사성받았는데, 천계의 조상은 대구미명(大久米命; 오쿠메노미코토)이라고 적고 있다. 같은 책 승화 원년 11월 정사조에서는 하내국(河內國) 약강군(若江郡)의 여유(女孺) 부혈직영자(浮穴直永子)가 춘강숙녜를 사성받았다. 이들 3명은 이예국과 하내국으로 근거지는 다르지만 같은 씨족이었음을 알 수 있다.

하내국에 살던 부혈직씨는 하내국 신별 「부혈직(浮穴直)」조(661) 참조.

2. 이수모수비명(移受牟受比命)

대화국 신별의 문부련씨(門部連氏)는 모수비명(牟須比命; 무스비노미코토)의 아들 안모수비명(安牟須比命; 야스무스비노미코토)의 후손이라고 주장하였는데, 안모수비명과 이수모수비명은 같다. 모수비명(牟須比命; 무스비노미코토)은 고황산령존(高皇産靈尊; 다카미무스비노미코토)과 같으므로, 이수모수비명은 고황산령존의 아들이라고 할 수 있다.

3. 제의손련(弟意孫連)
여기에만 보인다.

389 【원 문】
宮部造
　天壁立命子天背男命之後也.

【번 역】
궁부조(宮部造; 미야베노미야츠코)
　천벽입명(天壁立命; 아메노카베타지노미코토)의 아들 천배남명(天背男命; 아메노세오노미코토)의 후손이다.

【주 석】
1. 궁부조(宮部造)
궁부조라는 씨명은 조정의 제사를 담당하는 궁부(宮部)를 관할하는 반조씨족이었던 것과 관련이 있다. 궁부조 일족과 관련된 사료는 이외에 보이지 않는다.

2. 천벽입명(天壁立命)
여기에만 보인다.

3. 천배남명(天背男命)
『선대구사본기』천신본기에서 천배남명이 미장(尾張), 중도(中島), 해부직(海部直) 등의 조상이라고 적고 있다. 『신찬성씨록』산성국 신별에 금목련(今木連)씨가 신혼명(神魂命)

의 5세손 아마내서호내명(阿麻乃西乎內命; 아마노세오노미코토)의 후손이라고 주장하고 있는데, 아마내서호내명과 천배남명은 같다.

390 【원 문】

間人宿禰
神魂命五世孫玉櫛比古命之後也.

【번 역】

간인숙녜(間人宿禰; 하시히토노스쿠네)

신혼명(神魂命; 가미무스비노미코토)의 5세손 옥즐비고명(玉櫛比古命; 다마쿠시히코노미코토)의 후손이다.

【주 석】

1. 간인숙녜(間人宿禰)

간인숙녜의 옛 씨성은 간인련(間人連)이었다. 간인련씨는 684년 12월에 천무천황에게 숙녜를 사성받아 간인숙녜(間人宿禰)가 되었다. 간인련씨는 궁궐의 옥좌에 앉아 있는 왜왕과 계단 아래에 서 있는 신하나 외국 사절 사이에서 심부름을 하는 간인(間人)을 관장하는 씨족으로 추측되고 있다.

왜국 조정에서 근무하였으므로 대화(大和) 지역에 거주하였을 것이지만, 그 근거지는 확실하지 않다. 『일본서기』에 등장하는 간인련씨는 모두 3명에 불과하다. 최초는 『일본서기』 추고(推古) 18년(610) 동10월 정유조에서 신라사와 임나사가 왜국 조정에 왔을 때 임나사를 접대한 간인련염개(間人連鹽蓋)이다. 그 후 제명 3년(657) 시세조에서 신라 사신의 배편으로 함께 당에 가도록 파견된 간인련어구(間人連御廐)가 있다. 그 후 천지 2년(663) 3월조에서 백제 구원군의 전장군(前將軍)으로 파견된 간인련대개(間人連大蓋)가 있다.

684년에 간인숙녜를 사성받은 후 육국사에서 간인숙녜씨로 활약하는 사람은 보이지 않지만, 8세기의 목간이나 고문서에는 그 이름이 보인다. 『신찬성씨록』에서는 좌경 신별의 간인숙녜 외에 좌경 황별의 간인숙녜씨가 중애천황의 황자 예옥별명(譽屋別命)의 후손이라는 계보를 남기고 있다. 좌경 황별(상) 「간인숙녜」조(85) 참조.

2. 신혼명(神魂命)

신혼명에 대해서는 좌경 신별(중) 「현견양숙녜(縣犬養宿禰)」조(380) 신혼명 참조.

3. 옥즐비고명(玉櫛比古命)

『선대구사본기』 천신본기에서는 천옥즐언명(天玉櫛彦命; 아메노타마쿠시히코노미코토)라고 표기하고 있다. 간인련(間人連) 등의 조상이라고 적고 있다.

391 【원 문】
爪工連
　神魂命子多久都玉命三世孫天仁木命之後也.

【번 역】

조공련(爪工連; 하타쿠미노무라지)
　신혼명(神魂命)의 아들 다구도옥명(多久都玉命; 다쿠츠타마노미코토)의 3세손 천인목명(天仁木命; 아메노쿠니키노미코토)의 후손이다.

【주 석】

1. 조공련(爪工連)

조공련이라는 씨명의 유래에 대해서는 『신찬성씨록』 화천국 신별 「조공련(爪工連)」조에서 웅략천황 대에 자색(紫色)의 개(蓋; 기누가사)와 조(爪; 하)를 만들어 옥좌를 장식하였으므로 조공련이라는 성을 사여받았다고 적고 있다.

　개(蓋; 기누가사)는 천황, 황태자, 친왕, 귀족 들의 뒤쪽에서 받쳐 주는 의식용의 큰 양산으로, 비단으로 원형 또는 방형으로 만들고 긴 손잡이를 달았다. 조(爪; 하)는 예(翳)와 같은 것으로, 새털, 얇은 비단, 사초(莎草) 등으로 만들어 긴 손잡이를 붙인 둥글

부채로, 일본 조정의 의식에서 여관들이 들고 서서 귀인의 얼굴을 가려 주었다. 위의 화천국 신별 조공련조에서는 개와 조로 옥좌를 장식하였다고 하므로 개는 옥좌 위에 늘어뜨린 천개(天蓋)이며, 조는 천황 옆에서 여관들이 들고 서 있던 둥글부채라고 할 수 있다.

조공련은 개(蓋)와 조(爪)를 제작하던 조공부(爪工部)의 반조씨족이었을 것이다. 조공련씨에 대해 육국사에서는 『일본서기』 천무천황 13년(684) 12월 기묘조에서 조공련이 숙녜를 사성받았다는 기사가 유일하다. 조공숙녜씨도 『속일본기』 천평보자(天平寶字) 2년 8월 경자삭조에서 조공숙녜반족(爪工宿禰飯足)이 종6위상에서 외종5위하로 승진하고 있는 기사가 유일하다.

고문서에서는 천평승보(天平勝寶) 2년 8월 「경사상일장(經師上日帳)」에 조공련가마려(爪工連家麻呂)(『대일본고문서』 3-427 등)가 보이며, 천평 17년경 「지식우파새공진문(知識優婆塞貢進文)」(『대일본고문서』 25-84)에 이세국 영록군(鈴鹿郡) 장배향(長背郷)의 호주 조공련어원(爪工連御垣)이 보이고, 정관 3년 2월 25일자 「기이국진천향간전매권(紀伊國眞川郷墾田賣券)」(『평안유문』 1-112)에 조공련숙엽(爪工連叔葉)이 보인다.

2. 신혼명(神魂命)

신혼명에 대해서는 좌경 신별(중) 「현견양숙녜(縣犬養宿禰)」조(380) 참조.

3. 다구도옥명(多久都玉命)

『신찬성씨록』 화천국 신별 「조공련」조에서는 다구무옥명(多久豆玉命; 다쿠츠마노미코토)이라고 표기하였다. 『연희식』 신명장 대화국 갈하군(葛下郡)조에 보이는 석원좌다구충옥신사(石園坐多久虫玉神社)의 제신(祭神)이 다구충옥(多久虫玉; 다쿠츠타마)로 추정되는데, 이 신은 다구도옥명(多久都玉命; 다쿠츠타마노미코토)과 같다.

4. 천인목명(天仁木命)

천인목명은 『신찬성씨록』 대화국 신별 「대전축산직(大田祝山直)」조에 보이는 천이지명(天爾之命; 아메노니키노미코토)과 같다. 「대전축산직」조에 의하면 천이지명은 천장명(天杖命; 아메노스웨노미코토)의 아들이라고 한다. 천장명은 더 이상 보이지 않는다.

392 【원 문】

多米連
　　多米宿禰同祖.神魂命五世孫天日和志命之後也. 成務天皇御世, 仕奉炊職賜多米連也.

【번 역】

다미련(多米連; 다메노무라지)
　　다미숙녜(多米宿禰; 다메노스쿠네)와 같은 조상이다. 신혼명(神魂命; 가미무스비노미코토)의 5세손 천일화지명(天日和志命; 아메노히와시노미코토)의 후손이다. 성무천황(成務天皇) 대에 취직(炊職; 미카시키노츠카사)으로 봉사하여 다미련(多米連; 다메노무라지)을 사여받았다.

【주 석】

1. 다미련(多米連)

다미련은 전목련(田目連; 다메노무라지)으로도 표기되는데, 미물(味物; 다메츠모노)과 관련이 있다. 미물은 음식물을 가리키는 말이다. 다미련은 궁정에서 요리와 관련 업무를 관할하던 씨족이었을 것이다. 육국사에서 다미련(多米連; 다메노무라지)씨를 살펴보면 『일본서기』 황극 2년 11월 병자삭조에 산배대형왕의 측근 사인(舍人)이었던 전목련(田目連)과 그의 딸이 보이는데, 여기에서는 이름이 누락되었다. 전목련씨는 천무천황 13년 (684) 12월 기묘조에서는 숙녜를 사성받았다. 숙녜를 사성한 후의 다미숙녜씨 일족은 고문서와 『신찬성씨록』, 『일본삼대실록』, 『유취국사』에 이름이 보인다(『신찬성씨록』 우경 신별 「다미숙녜」조와 대화국 신별의 「다미숙녜」조 참조).

『신찬성씨록』에서는 우경 신별 이외에 섭진국 신별과 하내국 신별에도 다미련(多米連)씨가 보인다. 『신찬성씨록』에서 다미련으로 등장하는 씨족은 숙녜를 사성받지 못한 다미련씨이다. 육국사에서 다미련씨 일족은 『속일본기』에 1명이 보일 뿐이다. 즉 연력 7년(788) 6월 신축조에서 외정8위상 다미련복웅(多米連福雄)이 조정에 공헌하여 외종5위하로 승서되었다.

고문서에서 다미련씨는 천평보자 5년 11월 2일자 「시전부조마려가지매권(矢田部造麻

呂家地賣券)」(『대일본고문서』 15-128)에 산배국(山背國) 우치군(宇治郡) 대국향(大國郷)의 향장(郷長) 다미련소림(多米連小林)이 보인다.

2. 다미숙녜(多米宿禰)
다미숙녜는 우경 신별(상)「다미숙녜」조(446), 대화국 신별「다미숙녜」조(537) 참조.

3. 신혼명(神魂命)
고황산령존(高皇産靈尊)과 같다. 신혼명에 대해서는 좌경 신별(중)「현견양숙녜(縣犬養宿禰)」조(380) 신혼명 참조.

4. 천일화지명(天日和志命)
천일화지명은 『일본서기』 신대 상 제7단의 일서(一書) 제3에 속국(粟國)의 기부(忌部)의 먼 조상 천일취(天日鷲; 아메노히와시)라고 적고 있고, 신대 하 제9단의 일서 제2에서는 천일취신(天日鷲神; 아메노히와시노카미)이라고 적고 있다. 『고어습유』에서는 천일취명(天日鷲命; 아메노히와시노미코토), 천일취신(天日鷲命; 아메노히와시노카미)으로 표기하고, 천일취명이 아파국(阿波國) 기부(忌部) 등의 조상이라고 적고 있다. 『신찬성씨록』 우경 신별의 「천어련(天語連)」조와 「다미숙녜(多米宿禰)」조, 대화국 신별의 「전변숙녜(田邊宿禰)」조에서는 천일취명(天日鷲命; 아메노히와시노미코토), 섭진국 신별「다미련」조(588)에서는 천비화지명(天比和志命; 아메노히와시노미코토)이라고 표기하였다.

5. 성무천황어세(成務天皇御世) 사봉취직사다미련야(仕奉炊職賜多米連也)
『신찬성씨록』 완본에는 '성무천황' 앞에 '치족언천황시(稚足彦天皇謚)'라는 글자가 있었고, '성무(成務)' 다음의 '천황'은 없었을 것이다. 성무천황은 제13대 천황이다. 우경 신별(상)「다미숙녜」조(537)에서도 "성무천황 대에 대취료(大炊寮; 오히노츠카사)로 봉사하였는데 향긋한 밥 냄새가 나서 특별히 좋은 이름을 사여하였다."라고 적고 있다. 『정사요략(政事要略)』 권제26, 11월「중축동일(中丑同日) 궁내성주어택전도수(宮内省奏御宅田稻數)」조에도 관련 내용이 인용되어 있다.

6. 취직(炊職)
취직은 율령제의 대취료(大炊寮; 오히노츠카사)이다. 양로령 직원령 대취료조에서는 제국(諸國)의 용미(舂米), 잡곡의 분급, 제사(諸司)의 식료를 관장한다고 적고 있다. 대취료에는 대취부(大炊部) 60인을 배치하였는데, 다미련씨는 이들을 관장하였을 것이다.

393 【원 문】
出雲宿禰
　　天穗日命子天夷鳥命之後也.

【번 역】
출운숙녜(出雲宿禰; 이즈모노스쿠네)
　천수일명(天穗日命; 아메노호히노미코토)의 아들 천이조명(天夷鳥命; 아메노히나토리노미코토)의 후손이다.

【주 석】
1. 출운숙녜(出雲宿禰)

출운(出雲; 이즈모)이라는 씨명은 출운국(出雲國)과 관련이 있다. 출운숙녜의 옛 씨성은 출운신(出雲臣) 또는 출운련(出雲連)이다.

　출운신씨(出雲臣氏)가 숙녜를 사성받은 것은 791년이었다. 즉 『속일본기』 연력(延曆) 10년(791) 9월 정축조에서 근위장감(近衛將監) 정6위하 출운신조인(出雲臣祖人)이 숙녜를 사성받았다. 그는 자신의 본계(本系)는 천수일명(天穗日命; 아메노호히노미코토)의 14세손 야견숙녜(野見宿禰)의 후손이며 같은 조상의 후손인 토사씨(土師氏) 등은 숙녜나 조신을 사성받았다고 하면서, 개성을 청원하여 숙녜를 사성받은 것이다.

　출운신씨는 『일본서기』 신대(神代)부터 보인다. 신대 상 제6단 서주맹약(瑞珠盟約)에서 소잔오명(素戔嗚命)이 천조대신(天照大神)의 몸에 장식하고 있던 옥구슬로 만든 신(神) 중에 천수일명(天穗日命; 아메노호히노미코토)이 보이고, 이 신이 출운신(出雲臣), 토사련(土師連) 등의 조상이라고 적고 있다. 이와 비슷한 이야기는 신대 상 제7단 보경개시(寶鏡開始)의 일서(一書) 제3에서도 보인다. 출운신씨 일족은 『일본서기』 천무천황 원년 7월 신묘조와 신해조에 보이는데, 출운신박(出雲臣狛)이 임신의 난에서 대해인황자 측에서 활약하였다. 이후 『속일본기』에는 11명의 출운신씨가 활약하는데, 그중 7명이 출운국조(出雲國造)로 임명되었다.

숙녜를 사성받은 것은 출운신씨 이외에 출운련씨(出雲連氏)도 있었다. 출운련씨가 숙녜를 사성받은 것은 812년과 833년이었다. 812년에 숙녜를 사성받은 사람은 출운련광정(出雲連廣貞)이었다. 광정은 육국사에 보이는 최초의 출운련다. 『일본후기』 연력 24년(804) 11월 갑오조에 의하면 섭진국인 외종5위하로서 좌경(左京)에 거주하게 되었다. 광정은 『일본후기』 대동 3년(808) 5월 갑신조에 의하면 외종5위하 시의(侍醫) 겸 전약두(典藥助), 단마권연(但馬權掾)으로서 『대동유취방(大同類聚方)』을 편찬하였다. 그 후 홍인(弘仁) 3년(812) 6월 무술조에서 좌경인 출운련광정이 종5위로서 숙녜를 사성받았다고 적고 있다. 『신찬성씨록』 좌경 신별의 출운숙녜 관련 내용은 바로 출운숙녜광정이 제출한 「본계장」에 의한 것이다.

출운련씨는 이후 833년에도 숙녜를 사성받았다. 즉 『속일본후기』 천장(天長) 10년(833) 2월 갑술조에서 섭진국 풍도군(豊島郡)의 산위(散位) 종7위하 출운련남산(出雲連男山), 하변군(河邊郡)의 정6위상 출운련웅공(出雲連雄公), 출운련이도기마려(出雲連伊都岐麻呂) 등 남녀 22인에게 출운숙녜(出雲宿禰)를 사성하였다고 적고 있다. 이상 광정을 비롯하여 출운숙녜를 사성받은 출운련씨는 모두 섭진국 출신이다. 따라서 출운련씨는 출운신씨 중에서 섭진국에 거주하던 사람들이었다고 할 수 있다.

그런데 출운련씨 출신으로 출운숙녜씨가 된 사람 중에는 조신을 사성받은 사람이 있었다. 즉 812년에 숙녜를 사성받은 출운숙녜광정이 조신을 사성받아 출운조신이 되었음을 『일본삼대실록』 정관(貞觀) 12년(870) 3월 30일 임오조의 관원조신봉사(菅原朝臣峯嗣)의 졸전(卒傳)을 통해 알 수 있다. 여기에서 봉사의 아버지를 출운조신광정(出雲朝臣廣貞)이라고 적고 있다. 광정의 아들 봉사(峯嗣; 미네츠구)는 잠사(岑嗣; 미네츠구)로도 표기하는데, 『속일본후기』 승화(承和) 2년(835) 춘정월 계축조에서 출운숙녜잠사가 정6위상에서 종5위하로 승서되었는데 승화 6년(839) 춘정월 갑자조에서는 출운조신잠사(出雲朝臣岑嗣)로서 미농권수(美濃權守)로 임명되었다. 835년 1월 7일에서 839년 1월 11일 사이에 잠사가 조신을 사성받았음을 알 수 있다. 잠사는 순화천황의 시의(侍醫), 전약두(典藥頭) 등을 역임하였으며, 『금난방(金蘭方)』의 편찬에 참가하였고, 정관 10년(868)에 관원조신(菅原朝臣)를 사성받았다.

'출운련→출운숙녜→출운조신'의 개성 과정은 광정과 그의 아들 봉사(또는 잠사)와 전사(全嗣)에 해당되었고, '출운조신→관원조신'의 개성은 봉사(또는 잠사)에게만 해당되었다.

2. 천수일명(天穗日命)

천수일명은 『고사기』에서는 천지보비능명(天之菩卑能命; 아메노호히노미코토), 천보비명(天菩比命; 아메모호히노미코토), 천보비신(天菩比神; 아메노호히노카미)이라고 표기하고, 『일본서기』와 비슷한 이야기를 적고 있다.

3. 천이조명(天夷鳥命)

천이조명은 『일본서기』 숭신 60년 7월 기유조에 의하면 무일조명(武日照命; 다케히나테루노미코토), 무이조(武夷鳥; 다케히나토리), 또는 천이조(天夷鳥; 아메노히나토리) 등으로 표기되었다. 『고사기』에서는 신대 천안하서약(建比良誓約)에서 건비량조명(建比良鳥命; 다케히라토리노미코토)이 천보비명(天菩比命; 아메모호히노미코토)의 아들이며, 출운국조(出雲國造), 무사지국조(無邪志國造), 상토상국조(上菟上國造), 하토상국조(下菟上國造), 이자모국조(伊自牟國造), 진도국조(津島國造), 원강국조(遠江國造) 등의 조상이라고 적고 있다.

『선대구사본기』 국조본기(國造本紀)에서는 출운국조(出雲國造)가 서리조(瑞籬朝), 즉 숭신천황 대에 천수일명(天穗日命)의 11세손 우가도구자(宇迦都久慈)를 출운국조로 삼았다고 적고 있다. 『일본서기』에서는 제명천황 5년 시세조에서 출운국조에게 명하여 엄신궁(嚴神宮)을 수리하게 하였다고 적고 있는 것이 출운국조에 대한 최초의 기사이다.

393 【원문】

出雲
　　天穗日命五世孫久志和都命之後也.

【번 역】

출운(出雲; 이즈모)

천수일명(天穂日命; 아메노호히노미코토)의 5세손 구지화도명(久志和都命; 구시와츠노미코토)의 후손이다.

【주 석】

1. 출운(出雲)

출운이라는 씨명은 출운국과 관련이 있다.

출운씨 일족은 육국사에서는 『속일본기』 연력 8년 6월 갑술조에 보이는 출운제상(出雲諸上)이 유일하다. 그 밖에 『유취국사(類聚國史)』 권87 배류(配流), 홍인 8년 5월 을묘조에 출운가도자녀(出雲家刀自女)가 보인다.

고문서에서는 천평 11년(739) 4월 15일자 「사경사계(寫經司啓)」(『대일본고문서』 2-163)에 출운사만려(出雲簔萬呂)가 보이고, 천평승보 2년 6월 5일자 「차대전해(借貸錢解)」(『대일본고문서』 3-406)에 출운안마려(出雲安麻呂)가 보이고, 천평승보 4년 윤3월 18일시 「천부법화경충본장(千部法華經充本帳)」(『대일본고문서』 3-567)에 출운오백의(出雲五百依)가 보이고, 천평승보 7년 9월 28일자 「반전사역명(班田司歷名)」(『대일본고문서』 4-82)에 출운시도(出雲時道), 보귀 3년 2월 9일시 「봉사일절경소경사묵충장(奉寫一切經所經師墨充帳)」(『대일본고문서』 6-262)에 출운소만려(出雲小萬呂)가 보인다.

2. 천수일명(天穂日命)

소잔오명(素戔嗚命)이 천조대신(天照大神)의 몸에 장식하고 있던 옥구슬로 만든 신(神) 중의 한 신이며, 출운신(出雲臣), 토사련(土師連) 등의 조상이다. 앞의 「출운숙녜」조의 천무일명 참조.

3. 구지화도명(久志和都命)

『서행잡록(西行雜錄)』에 실린 〈출운국조계도(出雲國造系圖)〉에 보이는 천수일명(天穂日命)의 5세손 즐월명(櫛月命; 구시과츠노미코토)과 같다.

395 【원문】

入間宿禰
　同神十七世孫天日古曾乃己呂命之後也.

【번역】

입간숙녜(入間宿禰; 이리마노스쿠네)

　같은 신의 17세손 천일고증내기려명(天日古曾乃己呂命; 아메노히코소노코로노미코토)의 후손이다.

【주석】

1. 입간숙녜(入間宿禰)

입간숙녜의 입간(入間; 이리마)이라는 씨명은 무장국(武藏國) 입간군(入間郡)이라는 지명과 관련이 있다. 이곳은 현재 기옥현(埼玉縣) 입간군(入間郡)이다. 입간숙녜의 옛 씨성이 물부직(物部直)이었음은 『속일본기』 신호경운(神護慶雲) 2년(768) 7월 임오조를 통해 확인할 수 있다. 이에 의하면 무장국 입간군의 정6위상 훈5등 물부직광성(物部直廣成) 등 6명에게 입간숙녜를 사성하였다고 한다. 그 후 입간숙녜광성은 환무천황 대에 육오개(陸奧介), 군감(軍監), 근위장감(近衛將監), 정동부사(征東副使), 상륙개(常陸介)을 역임하고, 연력 18년(799)에 조동대사차관(造東大寺次官)으로 임명되는 등 관인으로 활약하여 관위가 종5위하까지 승진하였다. 입간숙녜씨로서 그 활약이 보이는 사람은 광성 이외에 보이지 않는다.

2. 동신(同神)

천수일명(天穗日命)을 가리킨다. 《신찬성씨록》 완본에서는 천수일명이라고 적었을 것이다.

천수일명에 대해서는 앞의 좌경 신별(중) 「출운숙녜」조(393) 참조.

3. 천일고증내기려명(天日古曾乃己呂命)

천일고증내기려명은 『신찬성씨록』 화천국 신별의 「산직(山直)」조에서는 천수일명의

17세손 일고증내기려명(日古曾乃己呂命; 히코소노코로노미코토)이라고 적고 있다. 〈서각정계도(西角井系圖)〉에서는 천수일명의 8세손이 천일고증내기려명(天日古曾乃己呂命)이라고 적고 있다.

396 【원 문】

佐伯連
　木根乃命之子丹波眞太玉之後也.

【번 역】

좌백련(佐伯連; 사헤키노무라지)

　목근내명(木根乃命; 기네노미코토)의 아들 단파진태옥(丹波眞太玉; 다니하노마후노타마)의 후손이다.

【주 석】

1. 좌백련(佐伯連)

좌백련이라는 씨성은 좌백부(佐伯部)의 반조씨족이었던 것과 관련이 있다.

2. 목근내명(木根乃命)

여기에만 보인다.

3. 단파진태옥(丹波眞太玉)

여기에만 보인다. 단파진태옥은 단파국과 관련이 있는 인물일 것이다.『화명유취초(和名類聚抄)』에는 단파국(丹波國) 상전군(桑田郡)에 좌백향(佐伯鄕)이 보인다.

　이곳은 현재 경도부(京都府) 귀강시(龜岡市) 패전(稗田) 일대이다.

동북아역사 자료총서 57

新撰姓氏錄·上

초판 1쇄 인쇄 2020년 9월 4일
초판 1쇄 발행 2020년 9월 15일

역 주   연민수 외
펴낸이   김도형
펴낸곳   동북아역사재단

등 록   제312-2004-050호(2004년 10월 18일)
주 소   서울시 서대문구 통일로 81 NH농협생명빌딩
전 화   02-2012-6065
팩 스   02-2012-6189
홈페이지 www.nahf.or.kr
제작·인쇄 동국문화

ⓒ 동북아역사재단, 2020

ISBN 978-89-6187-555-4 94910

* 이 책의 출판권 및 저작권은 동북아역사재단에 있습니다.
  저작권법으로 보호를 받는 저작물이므로 어떤 형태나 어떤 방법으로도 무단전재와 무단복제를 금합니다.
* 책값은 뒤표지에 있습니다. 잘못된 책은 바꾸어 드립니다.